本书出版得到枣庄学院资金支持

一个融合中西文化的企业现代化历程

一曲捍卫中华利权、反抗外来侵略的爱国主义壮歌

一部屡跌屡仆、催人泪下的奋斗历史

一群又一群筚路蓝缕、接力前行的民族精英

一场伟大的、轰轰烈烈的中华民族复兴之梦

王庭芝　王壮　王展　著

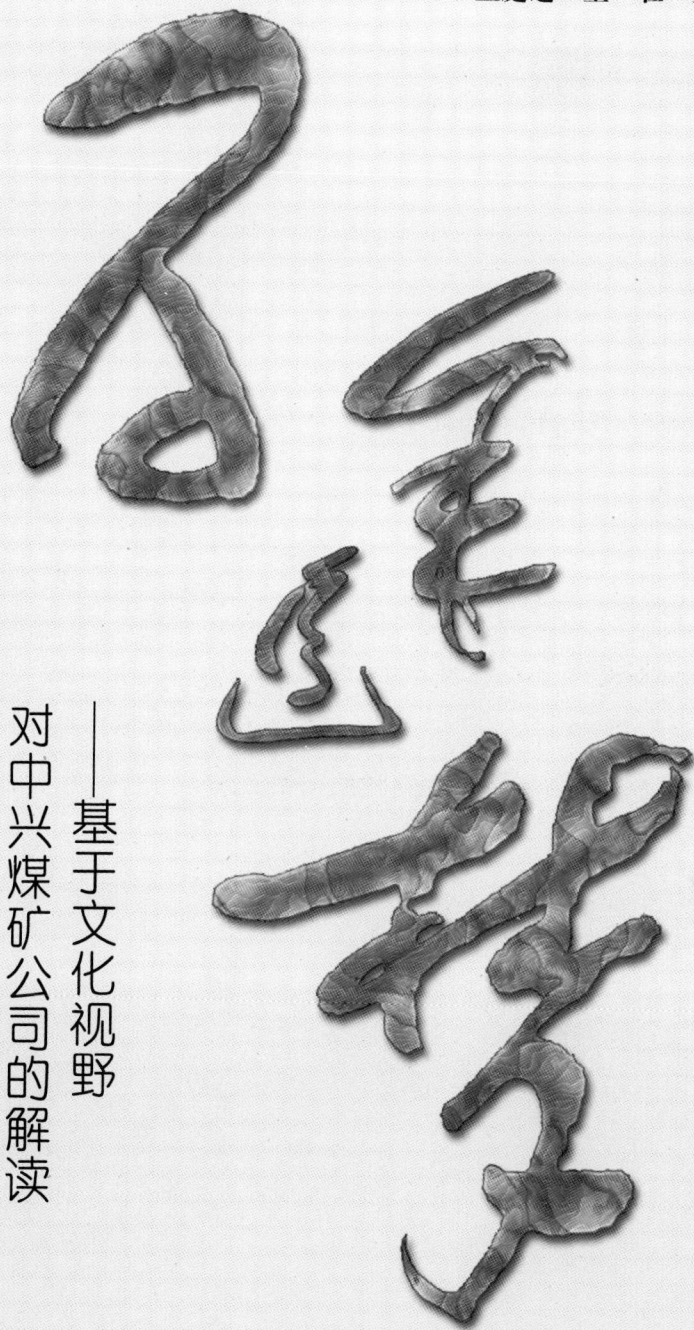

解蔽

——基于文化视野
对中兴煤矿公司的解读

人民出版社

目　录

序　言

　　近年来，学界对于近现代中国的研究形成热潮，这是一个可喜的现象。近现代中国是新中国得以脱壳而出的母体。对于这一段历史，过去讲国家、民族的屈辱和政治治理的黑暗、腐败居多，与之俱生的是中华民族反抗外来侵略和封建统治的斗争与牺牲。这些都是历史的事实，是需要我们的子孙后代永远铭记的。但是近年来的研究成果表明，近现代中国的历史是在传统中国基础上艰难蜕变的历史，这个蜕变的过程包含着多重丰富的意蕴，其中最为主要，也最为重要的是其文化意蕴。有着5000年灿烂文明、一直以世界中心自居的中华帝国突然间衰落了，一次次成为西方列强的刀俎之物。虽然也曾像西方国家那样造枪造炮，也曾像西方国家那样建设工厂，其结果如何？甲午一役，洋务运动中十数年经营的北洋海军全军覆没，中国面临瓜分豆剖的亡国危机。残酷的失败现实，逼着中国人不得不去做政治上的改良。于是一场伟大的、以挽救民族危亡为己任的变法改革和思想启蒙运动——戊戌变法爆发了。这场维新变法运动滥觞于1895年《马关条约》的签订，结束于1898年"百日维新"被镇压，持续3年之久。与从前仿学造枪造炮建工厂不同，变法维新擎起了文化复古的大旗，汲取西方最新文化成果，对汉代以降被专制统治神化、僵化的儒学展开清算。以先秦文化为代表的中国传统文化中，四海一家的开放性、有容乃大的包容性、自强不息的进取性、生生不息的变化观，是中国文化能主动吸取外来文化的先天禀赋。从康梁维新变法开始，在批判传统的基础上，展开了对近代西方文化的吸收、融合、嫁接，开始了中国传统文化的自我创新，前所未有地解放了那个时代中国人的思想。

戊戌变法之后，全国性的收回路矿主权运动、资产阶级立宪运动、辛亥革命、五四新文化运动等等，每一次的自强运动都把从戊戌变法开始的变法改革和文化创新推向更加深广的领域。以西方文化为参照，对传统文化批判、扬弃、创新的过程重新唤起了中华民族的文化自觉，激活了中华民族自强不息的生命力，凝聚起中华民族反抗外来侵略、救亡图存的强大力量。

虽然也出现过急功近利的"全盘西化"倾向，但是，在有着几千年传统文化积淀的中国的文人士子身上，"全盘西化"实际上是根本不可能的。"全盘西化"潮流只存在了很短的时间。不仅西方所谓的普世价值观，就连马克思主义，进入中国之后也经历了一个与中国优秀文化对接的本土化过程，这是已被中国革命进程证明了的。总体说来，近现代中国人民在中国新文化精神的辉映下，在救亡图存的斗争中，视国家、民族的独立为实现政治民主和个人权利的前提，视国家在国际关系中的平等地位为个人平等诉求的最高境界，视全体人民组织起来对一切反动势力的斗争为实现个人自由理想的必由之路。正因如此，才有了近现代中国前仆后继、艰苦卓绝、闪耀着刀光剑影的革命，才有了抗日战争的完全胜利，并最终推翻了三座大山，建立了新中国。

一个在过去的近现代中国历史研究中没有引起应有重视的群体，是中国新生的民族资产阶级。中国民族资本企业的产生始于洋务运动时期。在外国资本侵入的刺激下，洋务运动时期自上而下产生的民族资本企业以"强国家、雪国耻"为目标。虽然它没有完成自己的历史使命，却是近代中国步入世界现代化进程的有益尝试和不可或缺的阶段。随着清朝末年民族危机的进一步加重，出现了两次民族企业兴办的高潮：第一个高潮是 1895 年甲午战败、《马关条约》签订之后。在康有为、梁启超变法维新思潮的推动下，在全国人民"振兴工商以挽回利权，开设工厂以实行自救"的社会舆论的激励下，民族企业的兴办出现了第一个高峰。几年间，全国新开设的万元以上规模企业，超过甲午战前 22 年中所开办企业的总和。1905 年至 1911 年清王朝灭亡期间，在全国性的收回路矿主权和资产阶级立宪运动的推动下，民族企业的兴办再次出现高潮。这一次无论设厂总数还是投资规模，都数倍于第一个高峰期。这一事实表明，中国民族企业的产生、发展是思想文化领域启蒙推动下民族自强运动的产物，与生俱来地具有反抗外来侵略、维护国家主权、挽救民族危亡的特质。

经济的发展是社会发展的基础。从这个意义上说，在近现代中国新生与灭亡、进步与落后、光明与黑暗的激烈搏斗中，中国民族资产阶级的地位和作用是不可低估的，它给传统中国社会注入了新生的活力。

枣庄历史上的中兴煤矿公司产生于 19 世纪 70 年代末期，续办于民族危机深重的 1899 年，在全国收回利权运动高潮的 1908 年注销"华德"名号，成为完全由华商自办的企业。中兴煤矿公司通过筑铁路、办电厂、建港口、修码头、开办轮船公司，至 20 世纪 20 年代，成为与开滦、抚顺并列的全国三大煤矿之一，民族资本独资经营的全国第一大煤矿，是当时唯一"能与外煤竞争者"。徐世昌、黎元洪两任中华民国总统曾任中兴煤矿公司董事长，周自齐、朱启钤两任中华民国总理和代总理曾分别任该公司财务总监、总经理。中兴煤矿公司屡仆屡兴、百折不挠的艰难创业史，在多方掣肘的被动状态下引进西方先进技术、设备、人才和管理理念的智慧，坚决反抗外来侵略、维护国家和民族主权的一贯精神，感人至深！中兴煤矿公司是近现代中国民族企业的一个典型代表。

在百年的风雨历程中，在与中外各种势力的周旋、博弈中，中兴煤矿公司砥砺出自强不息、愈挫愈勇的品格。中兴煤矿公司的企业文化是一座富矿，中国民族企业的讯息如化石一样全息在百年中兴煤矿公司。考察百年中兴煤矿公司发展史，是考量中国民族企业百年发展历史的一个有效路径。中国近年来对枣庄地区中兴煤矿公司历史文化的研究已蔚成大观，出现了不少成果。而把中兴煤矿公司的创业发展史放在近现代中国宏阔的历史大背景下去考察，放在近现代中国一次次自强运动的背景下去考察，放在中国传统文化嬗变创新的过程中去考察，《百年追梦——基于文化视野对中兴煤矿公司的解读》还是第一部作品。

王庭芝母女是中兴煤矿公司历史文化研究的先行者。她们于2003年5月发表的电视纪录片文本《中兴之梦》，令中国近现代史上的中兴煤矿公司走出史志，进入了学者和大众的视野。她们多年来辛勤笔耕，参阅了大量史料和文献，以文化的视野审视百年中兴公司的发展历程，完成了这部书的创作。可以说，该书的出版，是中国近现代民族工业史研究的一大成果，是中兴煤矿公司历史文化研究的一大幸事。该书的出版，必将成为中兴煤矿公司历史文化研究园地里一朵靓丽的奇葩，也必将使中兴煤矿公司的历史文化研究及中国近代工业文化研究跃上新高度。

胡小林

（作者为枣庄学院党委书记、教授，

枣庄市中兴历史文化研究院名誉院长）

第一章　洋务运动与峄县中兴矿局

19世纪70年代初，洋务军工企业受制于原材料缺乏、运输不畅、经费短缺的情况已经十分明显。日益扩大的洋货倾销，更使中国的财政日趋枯竭。以李鸿章为首的洋务派官员提出了"强"与"富"并重、"寓强于富"的方针，开始创办以求富为目标的新式民用工业，以同入侵的列强展开商战，维护国家利权。

位于直隶省的开平煤矿是继轮船招商局之后，李鸿章于1878年创办的第二个大型民用企业。就在同一年，山东峄县枣庄人金铭从报纸上得知轮船、铁路已入中国，需煤尤广，于是在枣庄开办股份制的砂石大窑。几个月后，本尽工停。金铭与枣庄士绅李朝相北赴天津，寻求直隶总督兼北洋通商大臣李鸿章的帮助，建起了官督商办的峄县中兴矿局。李鸿章麾下的诸多热心时务者周盛传、刘铭传、戴宗骞等人参与其中。中兴矿局成为早期洋务民用煤炭企业中最为成功的一例。

一、金铭：引发枣庄采煤业革命第一人

洋务运动是由洋务派官员自上而下推动的，位于枣庄的峄县中兴矿局却是自下而上产生的。

　　枣庄，位于山东省最南部、微山湖东侧。枣庄矿区东北部重峦叠嶂，山脉绵绵西延；南部又有一道较为低矮的山脉，由东向西接微山湖。两道山脉之间的平坦地带，富含煤、铁、铜等各种矿藏，尤以优质煤炭闻名于世。

　　枣庄地区自三代迄汉唐属徐州，宋代属沂州承县，金、元改承县为峄州，明代改峄州为峄县，20世纪60年代设枣庄市，辖原峄县全境及滕州市。据《峄县志》记载，枣庄地区采煤之迹"肇至上世，其年代茫昧"。于1903年监修《峄县志》的二品衔充沂曹济道、华德中兴煤矿公司总办张莲芬，根据《路史》所载"颛顼氏采葛绎之铜以藏天下神主"，认为："此矿务之见于三代前者也。汉于铁冶独设专官，迄唐五代不废，所谓沂之承旧有铁官也。"[①] 这里所指矿务为冶铁业。冶铁虽然需要煤，但当时是否有采煤业尚不可考。

　　1918年担任商办山东峄县中兴煤矿公司第二任总经理的朱启钤，根据《峄县志》所引《寰宇记》"宋置宝丰监于沛，利国监于徐"，及苏东坡任徐州刺史期间所作《石炭行》诗句"岂料山中有遗宝，磊落如礓万车炭"，认为北宋苏东坡做徐州刺史时期，以铜山之煤，炼利国之铁，铜山、利国都与峄县近在咫尺，所以，应使用峄县枣庄之煤。山东大学历史系所编《枣庄煤矿史》说："据现存最可靠的史料（枣庄附近甘泉寺即窑神庙的碑碣）记载，在元朝至大元年（1308年），确实就有人在这里掘窑采煤。"明代以后，枣庄的采煤业兴盛起来。《峄县志》记载："方乾嘉盛时，县当午道，商贾辐辏，炭窑时有增置，而漕运数千艘，连檣北上，载煤动数百万石，由是矿业大兴"。第二次鸦片战争后，由于财政枯竭、关税加重，峄县地区"商旅疑畏，百货底滞，而煤价遂大绌，诸业矿者皆大困。重以洞深煤少，开挖维艰，往往竟岁一无所得。间有

---

① 《峄县志·峄县官窑创办记》，1903年重修。

得之，亦不足更所费十之一，以故诸开窑者，家破身亡相属，而峄之矿务不可问也"。①

《峄县志》所述第二次鸦片战争后峄县地区"百货底滞"的衰败景象，是当时整个中国国弊民穷的缩影。光绪五年（1879年），受李鸿章委托到峄县察访的知府朱采见峄县境内"只有崔姓土窑一处……梁姓、王姓相连开二处，其用不过千人"，沿袭"用牛皮包犀水，马骡拉挽"的提升方法，"开挖稍深，人力与牲力汲水不及，窿为水淹，无可取煤，便成废弃"。②朱采所言，道出了当时峄县采煤业的凋敝和土法采煤的落后，却有意或无意地忽略了1879年元月开业几个月后因本尽工停歇业的股份制的枣庄砂石大窑。

这个股份制的枣庄砂石大窑正是枣庄峄县中兴矿局的前身，它的发起人为枣庄本地绅耆金铭。金铭写于1920年的一封信——《致中兴公司函》，揭秘了李鸿章麾下颇有影响的几位淮军人物与创办峄县中兴矿局的关系，由此也揭示了金铭作为引发枣庄采煤业革命第一人应有的地位。《致中兴公司函》写道："铭累代耕读，世守矿业，历有年所。迨光绪四年（1878年），有自上海来者，赠新闻纸一本，始知轮舟铁路渐入中国，且鉴于峄县地瘠民贫，非提倡实业，大开煤矿，上不能为国家谋富强，下不能为万民谋衣食。况文明已启，轮舟铁路等需煤尤广，不似古代之仅供烧烟耳。于是纠集股金万余，在县立案，于光绪五年（1879年）正月二十六日开办枣庄砂石大窑。旋因本短井深，兼系土法，未及数月，本尽工停。志未遂而心难已。乃商同李君辅廷③，北赴天津，由米君瑞符④介绍，得谒周武壮公、戴君孝侯、制造局王道、营务处黄

---

① 《峄县志·峄县官窑创办记》，1903年重修。
② 山东枣庄地方煤炭工业局编：《枣庄地方煤炭志》，1987年出版。
③ 李辅廷即峄县贡生李朝相，辅廷是其字。
④ 金铭自注：米瑞符为"清进士，即补县，与我有表亲谊"。

3

道、贾军门诸君，陈说峄矿之佳美。诸君皆热心时务者，据情转禀李中堂。铭等又据以干结：倘峄矿煤田不广，煤层不厚，煤色不佳，愿担欺纲之罪。得蒙中堂批准，由周武壮公等集股三万余金，米君瑞符复集两千金，铭同李君辅廷集一千金，官商合办。并派戴君心斋、米君瑞符为委员，来枣庄查看情形，于六年（1880 年）年次开工。未开工之先，峄令李子峨以戴、米二公行踪诡秘，忽城忽乡，为招摇撞骗，禀请东抚查办；以铭等无故勾引匪人，即欲逮捕，置之有司。铭等不得不避其蛮横，未敢在家度岁。东抚周恒岐亦甚荒谬，不查确实，竟而转禀李中堂。李中堂接禀甚怒，遂公文私函交相斥责云：尔为直隶藩台时，米君瑞符系直隶属员，其人朴实耐劳，兼有学问，尔不知乎？七年（1881年）春，购来大机器一架，彼时谣言四起，以为拉来大炮。铭千方百计解释，即在五年（1879 年）停工之砂石大窑重新续办。比及命名，各执一说，铭云以'中兴'二字为宜。戴、米二公皆谓以中兴二字固有理由，然失之太偏，俟办有成效，将公等万余金复出即可。铭云：非指复兴^①之中兴，盖取中堂、中国两意。二公皆拍手称善，遂名中兴窑。"^②

金铭的这封信首先介绍自己出身于"累世耕读之家"。旧时有一句名言叫作"耕读传家久"，耕读之家即典型的乡间读书人家。金铭出身于以耕读传家且世守矿业的家庭，这是他对于时务具有敏锐洞察力的基本条件。金家是枣庄崔、宋、黄、梁、金、田、李、王八大家之一。在中国传统社会里，士子文人是联系上层官员和基层民众的一个重要阶层。有功名的士子文人是地方民众心目中的领袖。政府对基层社会的控制主要依靠士子文人，依靠他们对民众的教化，依靠他们在民众中的影响。士子文人能够承担这种重要的角色，一则是由于政府赋予他们一定

---

① 这里的复兴，指复兴枣庄砂石大窑。

② 金铭：《致中兴公司函》，载枣庄市政协文史资料第 19 辑《中兴风雨》，第 52 页。

的政治地位，二则是由于他们在经济上也有相当的地位，一般都拥有田产或其他产业。这也造就了士子文人强烈的社会责任感。每当危机来临时，优秀的士子文人总会振臂高呼，首当其冲，动员起相当的社会力量。中国传统儒学也是靠着文人士子们的作用，深深植入教育资源匮乏的乡村社会。优异的士子文人于是更加自励其志，以修身、齐家、治国、平天下的远大抱负为终生奋斗目标。近代中国经世致用的洋务派思想家就是这样的先知先觉者，他们最先接受了西方先进文化，并以儒学的精神内质去理解、阐释西方文化。金铭则是枣庄地方一位先知先觉的儒者。

其次，金铭信中的话，让我们感受到金铭忧国忧民的情怀和敢作敢为、立说立行的气概。他在看过了从上海来者所赠的那本报纸之后，对当时的洋务派有了认识，并且十分认同，立即联想到"峄县地瘠民贫，非提倡实业，大开煤矿，上不能为国家谋富强，下不能为万民谋衣食"，于是"纠集股金万余，在县立案"，开办起股份制的砂石大窑。"股金万余"当指 1 万多两银子。在很短的时间能够凑集到这么一笔巨款，投入开矿，一可见金铭的号召力，二可见金铭不惧风险的胆魄。说他忧国忧民，不仅体现在开办砂石大窑的决策过程，也表现在他在为"中兴窑"，即峄县中兴矿局起名字的过程中坚持用"中兴"二字，并解释说："盖取中堂、中国两意"。"中堂"是清代对大学士和协办大学士的尊称。李鸿章当时的行政职务为直隶总督兼北洋通商大臣，他还有一个虚衔，即"武英殿大学士"，时人称其"李中堂"，并誉其为"中兴名臣"。金铭所谓"取中堂、中国两意"，表达了对李鸿章支持办矿的敬意，更蕴含着与李鸿章同样的振兴中华的追求和梦想。

再次，金铭信中的话让我们如同身临其境般地感受到金铭勇气之大。1880 年的那个春节，金铭等人因"勾引匪人"罪遭峄县县令李子峨通缉，没敢在家中过年。而受李鸿章委派来枣庄查看情形的米瑞符、戴华藻二人，则被峄县县令李子峨直指为"匪人"。李子峨不知道戴华藻、米瑞符二人是李鸿章派来的吗？他也许不完全清楚，但肯定知道戴华藻、米瑞符二人是有来头的，否则的话，就可以像通缉金铭等人一样直接对付他们了。李子峨没这么做，而是把戴华藻、米瑞符二人的事禀报给了山东巡抚周恒岐，说明他对戴华藻、米瑞符的身份还是略知一二的。李子峨既然知道戴华藻、米瑞符的身份不比寻常，还敢有上述一系列无礼的动作；而周恒岐不仅不制止李子峨的无礼，反而把李子峨所言戴华藻、米瑞符二人"行踪诡秘"种种耸人听闻的话转禀李鸿章。可见，他们一来并没怎么把直隶总督兼北洋大臣李鸿章放在眼里；二来，他们对开办洋务企业既不明白，又十分抵触。及至买来抽水机，还以为是拉来了大炮，谣言四起，则表明当时的枣庄、当时的中国，是多么的闭塞落后。在朝中，洋务派要面对那些守卫"祖宗之法"的大臣们的讥讽、非议；在社会上，洋务企业要面对一片文化教育十分落后、眼界十分闭塞的小农经济的汪洋大海。由此，我们更深刻地感受到金铭之所以忧国忧民及其魄力之大、意志之坚。

最后，无论是中兴煤矿公司的档案，还是有关洋务运动的书籍、文献，都把峄县中兴矿局的创办时间定于1880年。由金铭的这封信，我们知道，峄县中兴矿局既是于金铭等人"在县立案"的股份制砂石大窑基础上成立的，又是金铭和李朝相共赴天津向李鸿章具结画押，才得到李鸿章的支持而创办的，因此可以说，峄县中兴矿局的创办是自下而上的。它创办的时间应再提前两年，即砂石大窑"在县立案"的时间——1878年。出身于耕读之家、世守矿业的金铭，是引发枣庄地区采煤业革命第一人。

前文说到，1879年赴峄县察看情况的知府朱采"有意或无意"地忽略了金铭等人所开办的砂石大窑。说他无意，是因为砂石大窑于1879年1月正式动工，几个月之后"本尽工停"——朱采去的时候，可能已经停业了；说他有意，是因为在中兴煤矿公司的档案中，关于中兴煤矿公司的矿务和中兴煤矿公司的创办，极少提及金铭的名字。朱采曾于1908年出版《清芬阁集》，其中收入他在1883年关于将新式煤矿与土窑相比较的言论："假令官窑停止，此等寻常土窑能筹款接办乎？"表达了他对寻常土窑的否定态度。学者汪敬虞在《论中国资本主义两个部分的产生》一文中说："朱采是新式煤矿的当事人……他的话免不了有夸张的一面。但是，这个当事人对当时客观形势的估计，仍然有值得肯定之处。"① 汪敬虞这篇文章的主旨，是否定中国原有的手工开采的煤窑有自发地向资本主义企业转化的可能性，当然，对于手工开采的煤窑也是持否定态度的。这没有错，手工开采的煤窑作为落后的、封建性的生产方式，理应由新的生产方式所取代。也许正因如此，作为当事人的朱采才会"有意"忽略枣庄股份制砂石大窑的存在。由于峄县中兴矿局正是在砂石大窑的基础上创办的，作为官方代表人物的朱采，在理性上否定土窑，在下意识中不愿意承认峄县中兴矿局与砂石大窑之间的联系，这在等级森严的封建社会似乎也在情理之中。当金铭提议以"中兴"命名矿局时，被李鸿章委派为矿务委员的戴华藻、米瑞符二人最初以为"中兴"是指砂石大窑的中兴，立即表示反对，言道"失之太偏，俟办有成效，将公等万余金复出即可"，就是说，等把你金铭等人投入砂石大窑的钱挣出来拨还给你们之后才可以，表达了官方撇清矿局和砂石大窑关系的态度。也许正因为这些，中兴煤矿公司以后的档案中才从未出现金铭参与创办峄县中兴矿局的只言片语。然而，当事人可以有偏见，历史却是公正的。不管创办砂石大窑的一万余两银子是否交还给了金铭等人，峄县中兴矿局是在枣庄砂石大窑的基础上创办的。峄县中兴矿局的创办过程是自下而上的。峄县中兴矿局挂牌成立后，金铭和他的搭档

---

① 汪敬虞：《论中国资本主义两个部分的产生》，载《近代史研究》1983年第3期。

李朝相负责外事，但他们的名字理应出现在"创办人"一栏。说到底，枣庄砂石大窑是在洋务思潮的影响下产生的。

二、武壮公周盛传的中兴情结

李鸿章的淮系军队主要包括盛军、铭军、毅军、树军等。周盛传为盛军统帅，逝世之后被朝廷追谥为"武壮公"。[①]

1879 年，金铭和李朝相北赴天津寻求李鸿章的支持，"得谒周武壮公、戴君孝侯、制造局王道、营务处黄道、贾军门诸君"，"得蒙中堂批准，由周武壮公等集股三万余金"。[②] 由金铭的叙述可知，周盛传对峄县中兴矿局的创办是起到了重要作用的。

李鸿章担任直隶总督兼北洋大臣 20 余年，办外交、兴矿厂、用人、筹款，一切便宜行事，朝廷并不多加干涉，靠的是什么呢？靠的就是他有一支举足轻重的军队。由于八旗兵腐败无能，朝廷对李鸿章的淮军十分倚重。李鸿章对他的淮军将领则不仅是看重，而且有深厚的感情。因为所谓盛军、铭军、毅军、树军等，都出自他的家乡安徽合肥县或肥西县，都是跟随他南征北战十数年的乡里乡亲。因此，作为盛军统帅的周盛传为金铭牵线搭桥，使李鸿章下决心批准在枣庄办矿，是峄县中兴矿局得以创办的一个十分重要的因素。但是，在《峄县志·峄县官窑创办记》中有一段话说："又数年而功绩始彰，乃复谋湖南提督周武壮公盛波……益筹款项"。周武壮公怎么又成了"盛波"呢？

淮军中的确有一个叫"盛波"的，不是别人，正是周盛传的哥哥周盛波。在肥西县周氏家族中，周盛波排行第四，周盛传排行第五。当初

---

① 孙家鼐：《周盛传神道碑碑文》，载安徽肥西县政协文史委编：《肥西淮军人物》，第118 页。
② 金铭：《致中兴公司函》，载枣庄市政协文史资料第 19 辑《中兴风雨》，第 52 页。

为镇压太平天国起义，李鸿章拉起淮军，周盛波带一队人马加入，编为"盛字营"，周盛传也在其中。周盛传战功卓著，李鸿章又拨出部分军队编为"传字营"，由周盛传统领。后以军功，周盛波、周盛传兄弟先后升为湖南提督，周盛波为盛军统帅，周盛传为盛军副统帅，但一般人并称二人为盛军统帅。那么，1879 年帮助金铭并为筹建峄县中兴矿局筹得了"三万余金"的"周武壮公"，究竟是周盛波还是周盛传呢？一些研究者也颇为迷惑。"武壮公"是周盛传的谥号。周盛波死后也有谥号，即"刚敏公"。① 把"武壮公"安到"刚敏公"周盛波的头上，怎么也讲不过去。于是在许多研究文章中，只提"湖南提督周盛波"，不提周盛传。历史的真相究竟是怎样的呢？

周盛传是安徽肥西县人。1991 年，安徽出版了一部《淮军将领家世资料》，对周盛传的介绍有"独资开办山东枣庄煤矿，经济收入大于田产"，对周盛波的介绍则没有提及在枣庄煤矿有过投资。在该书《昔日周老圩子》一文中，更有一段介绍周家驹的文字，说周家驹带家人去杭州游玩，花去数以万计的银两，便拍电报给上海中兴煤矿公司的总办张仲平，要求张仲平汇款。这段介绍属于逸事，但周家驹确有其人，周家驹是谁呢？正是 1914 年、1916 年、1919 年连续三届当选中兴煤矿公司董事的周家驹，也正是周盛传的长子周家驹。周家驹，字子昂。这些事实充分说明，金铭在《致中兴公司函》中所说的"周武壮公"没有错，就是周家驹之父武壮公周盛传。

周盛传之所以愿意帮助金铭，因为他本人就是一个十分热衷于洋务的人，甚至可以说是李鸿章办洋务的积极支持者。大学士孙家鼐在《周盛传神道碑碑文》中，说周盛传于同治十年（1871 年），随李鸿章赴天

---

① 周焘：《周盛波家事与轶事》，载安徽肥西县政协文史委编：《肥西淮军人物》，黄山书社 1992 年版，第 109 页。

津，屯兵河北青县，守卫天津。其间，"于泰西器械，必穷其良楛所在，克虏伯炮、哈治开司枪，初未异之也。公力请于李公，多购以为备。手订《操枪章程》十二篇，阴阳向背、风雨晦暝之数，剖析微茫。于北洋练法，恒为他军则"。①孙家鼐所言并非溢美之词。著名历史学家费正清在他的皇皇巨著《剑桥中国晚清史》中，专有一段对周盛传的介绍。他说："李鸿章似乎把淮军的训练交给了直隶的三位统帅，其中以周盛传最为积极认真"。②周盛传"在十九世纪七十年代统带着淮军中装备最好的一支劲旅，通常他管辖一万多人。和李鸿章一样，周盛传也极端强调现代武器的重要性。他相当通晓这些武器，所以他一再向李鸿章推荐要买克虏伯大炮，林明敦式、斯奈德式等现代来福枪，加特林式炮等等。他给李鸿章的呈文和他给自己部下下达的指示都表明，他所注意的是不仅要弄到和保养好西洋新式武器，而且要系统地训练官兵去使用他们"。"周盛传和其他勇营统领不一样的是，他还相信西式教育和操练的优越性。他不仅印发操典，而且经常监督他的军队的操练。他还不断告诫营官和哨兵也要参加操练。对优秀神枪手又是发奖金，又是发'功牌'；操练不好者，则要受处分。""虽然周盛传不想在他的部队中雇佣西洋教官，但他经常向外国人求教。""周盛传和李鸿章一样，对应用科学（特别是医药）和现代化的交通通讯工具（如电报、铁路）有着持续不衰的兴趣。"③"至少以当时的中国标准来看，周盛传所部的各营是第一流的武装力量，日本人、德国人、英国人和美国人对他的军队的报道

---

① 孙家鼐：《周盛传神道碑碑文》，载安徽肥西县政协文史委编：《肥西淮军人物》，黄山书社1992年版，第118页。

② 费正清：《剑桥中国晚清史》（1800—1911）下卷，中国社会科学出版社1985年版，第279—280页。

③ 费正清：《剑桥中国晚清史》（1800—1911）下卷，中国社会科学出版社1985年版，第279—280页。

基本上都是一片赞扬之声。"①

这，就是周盛传。

他是盛军统帅，他训练出了当时中国第一流的军队。

不仅在军队的建设上，他在诸如医药、电报、铁路等方面也与李鸿章一样，有着持续不衰的兴趣。周盛传和他的哥哥周盛波还是天津武备学堂的创办者。

如此热衷于洋务的周盛传，见到了千里迢迢赶来、为办新式煤矿而求助于李鸿章的金铭等人，怎么会不施以援手呢？

于是在获得李鸿章批准之后，周盛传积极奔走，为即将动工的峄县中兴矿局筹集到3万余两银子。

周盛传是创办峄县中兴矿局的积极支持者、参与者，也是峄县中兴矿局的大股东。当然，他是以长子周家驹的名义投资峄县中兴矿局的。

为什么在中兴煤矿公司的档案中，没有周盛传的名字，而在1903年张莲芬监修的《峄县志》中，还出现了"周武壮公盛波"这样安错头衔的事情呢？这可能是笔误，也可能与周盛传与李鸿章的一段矛盾有关。

周盛传对外来侵略一向是主战的抵抗派，这与李鸿章的"和戎避战"是相抵触的。1883年，李鸿章奉命办理法越交涉，周盛传力请率部从征。李鸿章以天津防务重要为由，未准。周盛传不能上前线，就先后写信给广西驻越将领和驻粤将领，希望支持刘永福的黑旗军抗法，并提出"御夷之计十要"；广西北宁失守后，周盛传急忙上书李鸿章，表示自己"受恩至重，领兵较多，于泰西枪炮操法讲求稍有把握，有事自当尽力

---

① 福岛安正：《邻邦兵备略》卷三，第45—46页；贝耳：《关于直隶省等地的军事报告》第二册，第57—58页；特洛特：《记李鸿章的军队》，英国陆军部档案，33/4（1880年），第127—130页。以上转引自费正清：《剑桥中国晚清史》（1800—1911）下卷，中国社会科学出版社1985年版，第280页。

以报"，希望李鸿章"力持定议，使彼族知朝中有人，必可折其凶焰"，还是想上前线。1884年3月，法国使节福禄诺北上诱和，李鸿章奉召入京。周盛传再次上书李鸿章坚持意见，"宜言战不言和"。1884年4月，在中法战争中国胜利的情况下，李鸿章与法使签订《中法天津简明条约》，并向法国赔偿白银50万两。周盛传无奈，提出购买炮械，"务使北洋一带固若金汤"。1884年7月，中法战争爆发。周盛传见李鸿章寄希望于美国的调停，向李鸿章上《再请决战禀》。1884年8月，法军攻占基隆，台湾危殆。周盛传又上书李鸿章《恳请救台湾禀》，要求李鸿章支持刘铭传继续抗法，认为刘铭传"才气无双，优于将略，实为当今人杰"。在中法战争中，李鸿章与法国领事林椿往来频繁。周盛传极为不满，再三提示李鸿章："现在战局已成，拟望中堂专意料理战事，筹备一切军需"；并向朝廷上《请驱法官法使片》，要求采取断然措施，将法国驻华官员和使节"一体驱逐"。这显然会触怒李鸿章。1885年，周盛传的母亲病故。周盛传、周盛波兄弟按定例同时请假回籍奔丧。李鸿章没有批准为兄的周盛波，却批准了作为弟弟的周盛传。周盛传悲恸不已，于六月初三抵达故乡时，已"不食者十余日，病已不支。及入门抚棺长恸，声泪俱竭"。于是战争年代所受之伤，"遍体皆裂"。周盛传于6月14日，即回籍的第二天病死，终年52岁。①

峄县中兴矿局为李鸿章所支持创办，由于李鸿章、周盛传二人的关系，周盛传参与支持峄县中兴矿局创办一事不见于中兴煤矿公司的档案，似乎不太可能；但由于二人交恶，对周盛传确有影响，则是不争的事实。在肥西县政协文史委编撰的《肥西淮军人物》一书中，李鸿章对张树声有《张荫谷墓表》，对周盛波有《周盛波事迹折》，对唐定奎有《唐定奎神道碑》一文，对叶志超有《叶氏重修宗谱序》，唯独对刘铭传之

---

① 参见马昌华编：《淮系人物列传·周盛传》，黄山书社1995年版。

死和周盛传之死没有任何文字。刘铭传死于甲午战争失败、《马关条约》签订的 1895 年，李鸿章当时成众矢之的，已无可能有所表示；而对死于 1885 年的周盛传没有任何表示，就有些反常了。在《肥西淮军人物》一书中，有《淮军诸将挽张树声联》及 9 篇关于张树声的碑文、家世等纪念文章，有 18 篇关于刘铭传及其后代的文章，有 13 篇关于唐定奎的文章，有 5 篇关于叶志超的文章。而直接涉及周盛传的，只有一篇大学士孙家鼐的《周盛传神道碑碑文》。其身后的冷清，不能不认为与李鸿章对周盛传的态度有关。

于 1903 年监修《峄县志》的二品衔充沂曹济道张莲芬，既是周盛传的养子，又是李鸿章的幕僚。以张莲芬的为人，他绝不会因为周盛传与李鸿章交恶而错安头衔。再看《峄县志》中那句话："又数年而功绩始彰，乃复谋湖南提督周武壮公盛波"，后面还有："今充沂曹济兵备道张观察莲芬，以及通永镇总兵贾军门起胜，直隶候补道戴观察宗骞益筹款项"。与中兴煤矿公司档案中的相关记载对照、分析，这次筹款的时间应为 1881 年之后，所以，有可能就是湖南提督周盛波。既然是周盛波，就应该是"刚敏公"，而前面却冠以"武壮公"，这可能是编史者之误。而张莲芬身为监修，为纪念两位至亲对中兴煤矿公司的贡献，也就没有加以纠正。

1884 年的中法战争期间，周盛传身在天津驻防，无时不以战事为念，昕夕不遑。及和议将成，远近交相庆，周盛传却忧心忡忡地对诸将领说：法人未受大创，今虽就抚，未必海上遂无事也。倘周盛传在世，甲午战争中平壤一战，参战的盛军必不致一误战机，再误战机，遂致悬白旗，乞止战，使日军更加有恃无恐，导致甲午战争的初战失利。周盛传在晚年自号北海老农，其在 1874 年驻防天津时，曾不畏艰辛，指挥开垦天津以南的洼地潦水套。他率领将士引甜水，去碱水，改良土壤，试种水稻，历时 6 年，边练兵，边屯垦，开引河 20 公里，开新河 45 公里，分辟支河数十条，设立桥闸不计其数，成稻田 6 万余亩，既利民生，又巩固了海防。从此，潦水套改名新农镇，成为北洋著名的练兵重镇——天津小站。

至于周盛传带兵，大学士孙家鼐称他"驭下严而甘苦共之，有疾苦死丧者矜哀过其家人，故士卒惮其威，积而愈乐为用，凡所规划，务远且大，不为苟且目前计。假今不死，所效岂有量哉"！①

苍天不负苦心人。周盛传的拳拳爱国之志虽未能在抗击侵略者的战场上施展，却为一系列利国利民伟业的崛起埋下伏笔，中兴煤矿公司就是其中的一例。

三、戴宗骞不愧真英雄

1920 年，金铭在《致中兴公司函》中，述及他和李朝相北赴天津向李鸿章求助，帮助他们的第一个是周盛传，第二个便是"戴君孝侯"。这位"戴君孝侯"就是戴宗骞，"孝侯"是戴宗骞的字。《中国近代史词典》关于戴宗骞的词条说："戴宗骞，安徽寿州人，字孝侯。早年曾组织乡团，反对捻军。同治初，入李鸿章幕，升知县。1872 年（同治十一年）受命率淮军练军治畿辅水利，成稻田六万亩。1880 年（光绪六年）随吴大澂治吉林边务，徙民屯垦，设局殖业，迁知府。后撽防威海卫，经营台垒以实海防。1892 年晋道员。中日甲午战争时任威海卫陆路清军统领，自率绥军四营驻北帮炮台。1895 年 1 月，日军进犯威海卫，攻占南帮炮台后，径扑北帮。他奋力守卫，兵单势弱，败走刘公岛。旋吞金而亡。著有《海上屯田志》，后人辑有《戴孝侯诗集》"。②

① 孙家鼐：《周盛传神道碑碑文》，载安徽肥西县政协文史委编：《肥西淮军人物》，黄山书社 1992 年版，第 118 页。

② 陈旭麓主编：《中国近代史词典》，上海辞书出版社 1982 年版，第 765 页。

　　戴宗骞是一位清末知识分子，也是一位军队统领。

　　戴宗骞曾与周盛传共同兴修水利，治成新农镇稻田 6 万亩。吞金而亡，使戴宗骞以一个道员级的官员进入《中国近代史词典》，而他败走刘公岛的过程远不是一个词条所能揭示的。

　　1895 年 1 月 24 日，在占领旅顺口并占领清廷后院金州、海城等城市之后，日军在山东荣成登陆。两大师团兵分两路西进，一路向威海卫南帮炮台以东鲍家村方向推进，另一路向南帮炮台东南的桥头集方向推进。威海卫是一个天然军港，港湾成"弓"形，"弓"的南北两端深入大海，"弓"的中间有刘公岛，恰好把港湾屏蔽起来。

　　经过惨烈的黄海大战，从旅顺口撤出的北洋海军的军舰就停泊在这里。威海湾南北壁立的半岛上设有南帮炮台和北帮炮台。有这两大炮台做拱卫，又有刘公岛做屏障，威海卫可谓易守难攻。

　　在此之前，当日军尚未从荣成登陆时，北洋海军提督丁汝昌在位于刘公岛的提督署内召开了一个海、陆军联席会议。南帮炮台统领已是畏敌如虎，而丁汝昌因是败军之将，此时唯唯诺诺。戴宗骞作为北帮炮台统领却语出惊人，他提出，不管日军从哪个方向过来，都应扼守外险，力战图存，不能让日军靠近威海卫。要扼外险，就要出兵往剿，阻止日军从威海卫登陆。日军不能登陆，威海卫有南、北炮台守卫，便可万无一失，如果守炮台的只守炮台，等日军逼近炮台再战，炮台势必难以守卫。炮台守不住，则停泊在威海湾内的海军军舰就危险了。因此，他自告奋勇，积极请战：由丁汝昌派舰船上的将士协守北帮炮台。他本人率部主动出击，力战于外。

　　戴宗骞在这里犯了三个"错误"。第一个"错误"是，他只是北帮炮台统领，不是海、陆军总统领，不能建议海军如何如何。别说丁汝昌听了不高兴，其他海军将领也会对他嗤之以鼻。当即就有一位海军将领反驳他：荒唐，做海军的上陆，还要陆军干什么？戴宗骞也不示弱：海军本应决胜于海上，你现在缩进威海湾做什么？

戴宗骞的第二个"错误"是，作为北帮炮台统领，你那北帮炮台交给别人，自己去主动出击，阻止日军登陆。你的心是好的，可是，擅离职守的罪名等着你呢。所以，当即就有一位将领冷冷地对他说，李中堂在来电中明确讲，叫你谨守炮台，与北洋海军互成依托。你怎么说要主动出击呢？

戴宗骞当时就无话可说了，只能先行告辞。走出门，他才大呼一声：苍天在上，见着了吗？世人皆醉，唯我独醒呀！

戴宗骞的第三个"错误"是，威海卫在山东的地盘上，除威海卫的南、北帮炮台和刘公岛之外，其他地方归山东巡抚李秉衡节制。你戴宗骞怎么能率部去荣成阻击日军登陆呢？何况，你那北帮炮台守军总计不超过3000将士。

当有人攻击戴宗骞会坏了威海卫，一位叫作牛昶昞的水陆营务处提调却说：其实，戴宗骞是对的。可惜，他的手里只有3000兵，却想做一篇统筹全局的大文章，真是至蠢至愚的事情了。见听他这番话的那人不解，牛昶昞又说：不想想，李中堂不比戴宗骞老辣十倍？为何只叫他死守炮台？还不是因为山东是新任巡抚李秉衡指挥的地盘，就连李中堂也插不进手的。

对方大惊，问道：这么说，这威海卫是没有指望了？

牛昶昞顺口来了一首《一剪梅》：

时势究研要精工，京信常通，人情常丰。莫谈时事逞英雄，一味圆融，一味谦恭。

牛昶昞太明白了！

戴宗骞不愧真英雄。当日军从荣成湾登陆并占领城门大开的荣成时，戴宗骞果然派出一营人马驰援荣成。而当日军两个师团分两路进攻威海卫南帮炮台的时候，戴宗骞果然又派出两个营的人马，并亲自督率，进驻南帮炮台所在地南虎口，与从荣成方向而来的日军展开激战。

从日军登陆荣成起，威海卫已面临险境；当日军进逼南帮炮台，威海卫便危在旦夕。这时，窝在威海湾内的数条军舰就该冲出港湾。中国近代史上很有名的蔡廷干就向丁汝昌进言：趁天未大明，日舰还未能封死威海卫，应率舰冲出，遇敌即战，而后南下入长江口，为大清保住北洋海军。可是，丁汝昌因为没有得到命令，不敢率队撤离。他对蔡廷干说：北洋海军被困，朝廷势必拼死救援。如果违令冲出去，再被日舰全部歼灭了呢？那就死有余辜了。即使不遇日舰，老夫我一炮不发而南下，将要遗骂于天下，一家老小要被朝廷抄家、没籍、发配。我拼杀一世，怎能甘心这样的结局？丁汝昌最终允许窝在威海卫的全部舰船悬挂白旗，而他自己则躺在事先做好的棺材里自杀毙命。他终于保住了自己的名节。

戴宗骞眼看南帮炮台难以守住时，突然间想到，如果北帮炮

海军公所即北洋海军提督署，位于山东威海刘公岛。甲午战败后，由李鸿章手书的"海军公所"横匾被掠至日本，现藏于靖国神社。

17

台失守，自己却不在场，那会是什么后果？自己也将死有余辜了。于是，他指挥着队伍掉头就回了北帮炮台。本来大智大勇的戴宗骞一时为名分所累，也干了一件不应该责备他的傻事。实际上，既然日军已从陆地上包抄了威海卫的后路，而山东巡抚李秉衡又坐视不救，威海卫的败局从荣成失陷时便已经铁定了。

1895 年 2 月 15 日，是所有中国人都必须永远铭记的耻辱日：威海卫失守，北洋海军全军覆没。甲午战争中，中国完败于日本。

停泊在威海湾的 6 艘军舰、11 艘鱼雷艇，除左一艇在蔡廷干的"福龙舰"的掩护下突出重围进入烟台港，其余全部被编入日本联合舰队！那违抗坐以待毙军令而冲出的左一艇官兵还被光绪帝以"逃亡"罪名，严令地方官："雷艇管带驾艇临敌辄逃，如有由浅沙登岸者，著饬令地方官拿获，即行正法。"①

《中国近代史词典》中一句"败走刘公岛。旋吞金死亡"，结论了戴宗骞的命运归宿。而这个过程所折射出的清末官员生存环境及其造成的文化心理，却令人在悲哀、窒息中感到无奈的震撼。

众多官员的头颅都攥在皇上手里，只要皇上一句话，说"搬家"就得"搬家"。不光官员的头颅随时准备"搬家"，就连其家人也要随之没籍、充军、发配。正是在这样的现实中，丁汝昌才让大清国的北洋海军坐以待毙。不是他愿意这么做，是因为他没有接到让他率队冲出威海卫的命令；而英雄戴宗骞，也在紧要关头不寒而栗，扔下激战中的南帮炮台回到自己的岗位——保住了自己安于职守的名分，却致使失败来得更快一些！

在这样的生存环境下，谁还敢越雷池一步？何谈勇气？何谈智谋？

---

① 王明皓：《1895：大清帝国大变局》，中共中央党校出版社 2007 年版，第 343 页。以上关于威海卫海战的情节，亦参考王明皓：《1895：大清帝国大变局》，中共中央党校出版社 2007 年版。

有的只能是愚忠和服从。近人王尔敏写作的《晚清政治思想史论》曾引用《沅湘通艺录》中的一句话："世人皆以西洋为巧，而予独以为拙。惟其拙也，故用力能坚，坚斯专，专斯强矣；而中土之圆融，亦往往过之，其不专不强矣，则又圆融误之矣。"[①] 这段话用来描述甲午战争期间中国将士的心态，惟妙惟肖。

有清一代，皇帝为控制各级官吏，还实行一种举报制度。皇帝的亲信和一定级别的官员可以给皇帝上密折，报告同级别官吏的所作所为。皇帝高兴或者冷静的时候，会调查一下再做处理；不高兴的时候，就会以这种密折为凭据，随心所欲地处分或斩杀官员。上行而下效。甲午战争的大东沟海战中，死战日舰的"济远"舰管带方伯谦孤军作战，因作战中一度诈降，反败为胜并带舰回到旅顺口，被负有战败责任的同僚诬告到李鸿章处。李鸿章也急于给大东沟海战的失败找到个原因，便不分青红皂白，把诬告当成事实报告给皇上，方伯谦的脑袋因此"搬了家"。在这样的生存环境下，官员们怎能不人人自危、钩心斗角、互相猜忌、遇事推诿？所以，会有"一味圆融，一味谦恭"。戴宗骞的确智慧了一次，提出了拒日军于威海卫之外的大棋局，却顿遭讥讽、驳责。大家明知道他是对的，明知道不这样就是一局死棋，却宁可守着这局死棋，也不敢有"分外"之想。官员们想什么呢？想升官。升官不成，就想保住清白名分。说来说去，"名分"是谁给的呢？是皇上给的，是上级给的，是专制政治下的社会舆论给的。无怪乎有论者说："中国两千年之政术，皆为王者一家而设，其措施经营之迹，非有所特异，而其钳制压抑之术，实积重于隐微……王者或知之或不自知，至于服领矜缨之徒，惟有喁喁沫沫于文网之中，束手钳舌而不敢动，盖势力之重，积为风气，风气之久，成为义理，童而习闻，壮而率守，虽奉天下至小极纤之事虑，

---

① 王尔敏：《晚清政治思想史论》，广西师范大学出版社 2005 年版，第 100 页。

无不自设一名分度量以圈限之。"① 上有皇权专制，中有官员群体的阴暗文化心理，下有整个社会的麻木，何事能成功？英雄者，不成功，便只有成仁了。我中华祖先那"穷则变，变则通"的大智慧呢？我古代先哲那"人即天，天即人"的傲然气度呢？先秦思想家那"天下以民为本"的王道精神呢？孔孟所谓"养浩然之气"，使"贫贱不能移，富贵不能淫，威武不能屈"的浩然之气呢？

戴宗骞于 1879 年与周盛传等人共同支持了峄县中兴矿局的创办。他的堂兄戴华藻当时为即补知县，受李鸿章委派，与候补知县米瑞符（即米协麟）一道前往峄县枣庄查勘筹备，又通过戴宗骞，先后函请通永镇总兵贾起胜、直隶候补道张莲芬等一批清政府官员帮助集股 6 万余两白银。戴宗骞挑头集股，无疑成为峄县中兴矿局的股东。而就在他吞金而亡的 1895 年，峄县中兴矿局发生了一场受甲午战败牵连的事变。

1881 年，戴宗骞牵头为峄县中兴矿局招集股资，与张莲芬、贾起胜三人"共招寅友集凑股本五万余两；江苏同知陈丞德浚先后亦集有款（万金），俾资接济"。② 从此，峄县中兴矿局有了南、北股之分。1893 年，戴华藻之弟戴睿藻主持峄县中兴矿局时，发生了半截筒子小窑的灾变，100 多工人被大水夺走了生命。灾变发生后，李鸿章撤销了戴睿藻峄县中兴矿务委员的职务，改委"南股"代表陈德浚为峄县中兴矿局转运委员。大水过后，矿井相对安全，因而"炭矿大出，遂致资百万"。③ 但是，当时掌握权力的官僚贪污腐化、中饱私囊，虽然生产好转，却导致股本亏耗。于是，峄县中兴矿局内南、北股的矛盾激化。此时，恰碰上山东

---

① 《皇朝经世文新编》卷一下册，第 49 页；转引自王尔敏：《晚清政治思想史论》，广西师范大学出版社 2005 年版，第 192 页。

② 《会禀直督东省封存挖煤机器可否恳请转咨免移并准暂行出租文并批》，中兴公司档案文牍第一册，光绪二十四年三月。

③ 参见《峄县志·峄县官窑创办记》，"致资百万"以什么单位计算，不清楚。

巡抚李秉衡封禁矿务。因甲午战败，朝廷上下一片诛杀李鸿章的骂声。李秉衡封禁山东矿务的奏折就在这种形势下被批准，中饱私囊的峄县中兴矿局官僚趁势请求撤局。李秉衡不愧为官场上钩心斗角的高手。他身为山东巡抚守土有责，荣成失守，已罪责难逃，威海卫危急之时又见死不救；李鸿章既败，他又踏上一只脚，连山东矿务都一律封禁。

峄县中兴矿局撤局后发生的事情，又可见官场一斑。

峄县中兴矿局"南股"的代表人物、矿局转运委员陈德浚关闭矿局时，甚至不知会"北股"股东，私自将机器出租。"北股"股东、通永镇总兵贾起胜于是致函峄县知县姚某，要求让其亲戚戴绪盛前去峄县经营中兴矿局。姚某为了两边都不得罪，便以未咨明宪台为由，下令双方均不准动用原矿局机器。1897年，"南股"来人硬行启封。峄县知县赓勋便施展其前任的手法，继续超然于两者之外。他一面张贴告示，严禁绅民开窑；一面禀请山东巡抚李秉衡转咨直隶总督兼北洋通商大臣王文韶，提出："现官窑既已停歇，机器即应随时移去，不当仍留峄境……深恐滋生事故。"[1] 赓勋的确超然，但他身为地方长官，到了1897年，竟还没有1878年时年轻士绅金铭的眼光，一心只想做太平官，不想着地方发展、百姓生计。

1897年是什么年头？是中华民族危亡深重，德国占领山东胶州湾，全国维新变法的呼声最为高涨的一年。赓勋的麻木不仁到了何种地步呀！说来说去，他就是"一味圆融"。当然，他的圆融是低层次的，山东巡抚李秉衡的见风使舵、落井下石才是高层次的。

然而，毕竟有重开峄县中兴矿局的呼声，让人感受到这是戊戌变法的前夜。

----

[1] 《直督王准东抚咨据峄县赓令勋禀请将开矿机器移置，局房拆毁，地归原主，转饬查复核咨文》，中兴公司档案文牍第一册，光绪二十三年七月二十六日。

四、刘铭传辞官不赋闲，为中兴煤炭销售出奇招

一部《台湾首任巡抚刘铭传》使刘铭传在台湾的文治武功得以展示，却无人知道，在赴台抗法之前，从1881年到1884年，刘铭传曾任峄县中兴矿局煤炭督销，为峄县中兴矿局的生存、发展做出了巨大贡献。

在金铭的《致中兴公司函》中，有这样一段话："斯时张前总理由南交卸来矿，见煤销路不广，经济难支，乃约刘省三君办理督销，以资接济。"①

这段话里的"张前总理"即张莲芬。张莲芬，字毓蕖，浙江余杭县人，生于1851年，是李鸿章的幕僚，也是李鸿章麾下盛军统帅周盛传的养子。在1899年被任命为华德峄县中兴煤矿股份公司总办之时，张莲芬为二品衔直隶候补道，先后担任过永定河道和津榆铁轨公司经理；被任命为华德中兴煤矿公司总办之后，先后任二品衔天津道、兖沂曹济道、头品顶戴山东盐运使。1908年，华德中兴煤矿股份有限公司取消"华德"名号，改为完全商办，并在晚清商部注册之后，他在中兴煤矿公司的职务由总办转为总理，以后又改为正经理。1915年，张莲芬在中兴煤矿公司正经理任上病逝。金铭的《致中兴公司函》写于1920年，所以称张莲芬为"张前总理"。而"刘省三君"正是刘铭传，刘铭传，字省三。金铭在下文中说："未几，戴米二公先后离矿……督销则因中法之役，刘省三赴台湾"。②因中法之役赴台湾的刘省三，不是台湾首任巡抚、抗法英雄刘铭传，还能是谁呢？

刘铭传官高位重，早在1864年，年仅28岁就被授予直隶提督官职，4年后又晋为一等男爵，人称"爵帅"。他怎么会来到峄县中兴矿局担

① 金铭：《致中兴公司函》，载枣庄市政协文史资料第19辑《中兴风雨》，第53页。
② 金铭：《致中兴公司函》，载枣庄市政协文史资料第19辑《中兴风雨》，第53页。

任煤炭督销呢？这要从刘铭传的性格和经历说起。

刘铭传出生于安徽肥西县一个农民家庭，少读私塾。自1858年随六安举人李元华办团练，他因军功屡屡升迁，由千总至都司，而总兵，而直隶提督，而一等男爵，后于1870年受命督办陕西军务。1872年督办陕西军务期间，刘铭传因病回乡养病，其所部军队出现哗变，他因此被革职。两年后予以复职，但刘铭传并未赴任，此后多年赋闲。有学者引用李鸿章对刘铭传的评价，认为刘铭传性不耐官，因而一生中多次辞职。这种分析也确有道理。其中原因，刘铭传的《偶作》一诗有过透露。该诗写道："卸甲归乡去，入山种翠微，何须老大返，依旧少年归，朋辈疏音问，官场任是非，此身欲闲散，故与宦情违。"[1]刘铭传的另一首诗写道："入山顿与世情违，利锁名缰俱摆脱。"[2]由这些诗句，的确可以看到刘铭传对官场的厌烦以及对自由、闲适生活的向往。然而，刘铭传真的是一个只图闲适生活的、闲云野鹤般的人物吗？其实不然。1874年，刘铭传赋闲回乡休养，"家居时，每日与人饮酒、赋诗、下棋，消遣时光。游历时，喜与文人名士交谈处友。吴汝纶、马其昶、薛福成、陈宝琛、徐润等具有洋务改良思想的知名人士都曾是他的座上宾。他还喜欢购置和阅读西方报刊译作和中国史籍，精研中外得失。'独酒酣太息敌国外患，辄孤啸不忍言。'在一次宴会上，刘铭传突然拍案而起，说：'公等识之，中国不变法，罢科举，火六部例案，速开西校，译西书以励人才，不出十年，事且不可为矣'"。[3]

一个有胆有识、忧国忧民、充满浩然正气的士大夫形象巍然呈现在

---

[1] 戴健：《刘铭传诗联评说》，载程必定主编：《刘铭传与台湾建省》，黄山书社2007年版，第249页。

[2] 董丛林：《刘铭传性不耐官析》，载《刘铭传与台湾建省》，黄山书社2007年版，第326页。

[3] 马昌华主编：《淮系人物列传·武职·刘铭传传》，黄山书社1995年版，第149页。

我们眼前。尤其值得注意的是，"这期间，他将'平捻'、'平吴'期间的文牍奏议等一火焚之，仅留下督办陕甘军务奏议四卷"①，表明刘铭传对令他致仕升迁的镇压太平天国和捻军起义的"军功"，已经有了超越当时社会一般水平的认识。督办陕甘军务，是他和左宗棠部一起抵抗沙俄对新疆的侵略。刘铭传唯独保留下任陕甘总督期间的文牍，印证了他"辄孤啸不忍言"的内心痛苦所在，即不能为朝廷所重用，以改革来振兴中华并抵御外侮，所以"独酒酣太息敌国外患"。清朝实行文官制度，尤其在镇压太平天国和捻军起义之后，湘军、淮军势力强大，所以，朝廷更加限制武官的权力。武官最高升至提督，只能管理军队，不能做封疆大吏，如总督、巡抚等。不能做封疆大吏，也就不能在治国理政方面一展身手。刘铭传空有改革弊政的宏伟抱负而不能见用，正是他的痛苦所在。一个时刻渴望报效国家的人是不会如闲云野鹤的。吴汝纶、薛福成、徐润、陈宝琛等人都是近代中国著名的经世致用的思想家，具有强烈的维新思想。刘铭传在赋闲期间与他们的交往和对西学的专心研究，正是为振兴国家进行知识储备，并在思想上使自己站到救国治世的制高点。1880年，中俄因伊犁问题关系紧张，刘铭传再度被朝廷召回。这一次，他从国防、军事着眼，向朝廷呈上了《筹造铁路以图自强折》："以为夫今不图自强，后虽欲图，恐无及矣。自强之道，练兵、造器固宜次第举行，然其机括则在于造铁路"。②刘铭传还在折子中提出了许多具体方法。他提出修建四条铁路干线，其中一条"由清江至山东"，即后来津浦铁路的部分线路；还有一条由"京师通盛京"，即后来的京沈铁路。刘铭传认为，有了铁路，兵将输送快捷，可以以一当十，既利商旅，尤利国防。可刘铭传的建议一提出，立即遭到了顽固派官僚的强

---

① 马昌华主编：《淮系人物列传·武职·刘铭传传》，黄山书社1995年版，第149页。

② 刘庄肃公奏议卷二谟议略《筹造铁路以图自强折》（光绪六年十二月初二在京发），http://wenxian.fanxen8.com/06/09/913.htm。

烈反对，引起了一场关于铁路问题的大争论。1881 年 2 月 14 日，清廷发出了如下谕旨："前因刘铭传奏请筹造铁路……铁路火车为外洋所盛行，若以创办，无论利害多少，且需费至数千万，安得有此巨款？若借用洋债，流弊尤多。叠据廷臣呈奏，建议铁路断不宜开，不为无见。刘铭传所奏，著毋庸议。"①失望之下，刘铭传再度辞职。甲午战败后，有学者曾提出，若有铁路通沈阳，则便于陆上运兵，朝鲜平壤对日之战及其后东北金洲、海城之战，中国军队不至于一败涂地。而刘铭传却是早有预见。

正是在 1881 年，也就是光绪七年，刘铭传受张莲芬之请来到峄县枣庄，担任中兴矿局的煤炭督销——所提建议既然不能被朝廷采纳，便为一个洋务企业做点事情。可见，刘铭传之志不在做官，而在做事。

刘铭传来到枣庄时，正值峄县中兴矿局销路不广、经济难支。针对这种局面，刘铭传做了两件事。

第一件事，请权威机构对枣庄的煤炭进行测试、鉴定。清光绪八年二月，也就是 1882 年春，将"小井之煤运往南京和天津制造局试烧"。试烧的结果怎么样呢？天津制造局评价："较日本上等煤尤佳，与英国松白煤相仿。"②

1881—1884 年，刘铭传赴台湾抗法前的 3 年间，出任峄县中兴矿局煤炭督销

① 《清德宗实录》第 126 卷，第 13 页；转引自王守中：《德国侵略山东史》，人民出版社 1988 年版，第 242 页。

② 《枣庄煤矿志》记载了这件事，但未言明是刘铭传所做。然而，刘铭传此时为峄县中兴矿局煤炭督销，此为其分内之事，也只有他有此远见与条件去做这件事。

这是一个有重大意义的发现。自 1861 年以后，洋务派在"强国"的旗号下，纷纷于各省设立枪炮局，其中尤以李鸿章创办的江南制造总局、金陵制造局、天津制造局等较有成效。其他的，还有左宗棠办的福州船政局等。这些军工企业在起初的时候从技术、设备到原材料，全部依赖从国外进口。从 19 世纪 70 年代开始，以李鸿章为首的洋务派官员开始改变这种情况，开办自己的煤矿、铁矿等。煤矿的开办尤为重中之重，因为开铁矿、炼钢铁、造机械样样离不开煤。煤炭的质量又尤为关键。晚清张之洞办的汉阳铁厂，先建好了铁厂，后沿着长江找煤，建起了大冶王三石煤矿和江夏马鞍山煤矿。有了煤之后，不知道那煤必须炼成焦才能炼铁，于是又悬赏征求炼焦之法。掘地为坎，终日营营，而不知马鞍山等处之煤，灰磺并重，万不合炼焦之用。张之洞办这件蠢事是从 1890 年开始的，而刘铭传在 1881 年就知道煤炭质量优劣的重要性。

枣庄之煤在天津制造局试烧获得高度评价之后，刘铭传为峄县中兴矿局又做了一件大事——通过李鸿章向朝廷建议，减少煤炭外运的税厘，打开煤炭的销路。清光绪九年，即 1883 年的 7 月 13 日，李鸿章向清政府呈《峄县开矿片》①，详陈峄县中兴矿局的情形。晚清时代，清政府国库空虚。为了增加财政收入，清政府想了很多办法，影响最大的就是抽收厘金。厘金，是指关税以外的货物过境税。1853 年，清政府的江北大营为筹集军饷"剿灭"太平天国，开始强征厘金。凡到市场出卖的中国货物，无论多少、大小都须抽收厘金，税率一般为 1%。货物在运输过程中也要逢关抽税、遇卡征厘，商品销售愈远，重复征厘愈多。厘金制在江苏兴起之后，立即传遍全国。全国各省抽厘，比江苏初期抽厘更苛重。一般由百文抽一改为百文抽三，有些货物厘金的税率高达 5%以上，甚至还有"按十纳一者"。不仅如此，各省还任意增设局卡，

---

① 《枣庄煤矿志·大事记》，中华书局 2001 年版，第 13 页。

"有一处而设数卡者，有一卡而分数局者"，以致全国"五里一卡，十里一局"①几成普遍现象。由于厘金有重复之征，有些远运商品的纳税率达 100% 以上，这就严重阻碍了民族工商业的发展。而外国商品不需纳厘金，便可行销中国各地。所以，厘金制的推行，起到了打击民族工商业、保护外国商品倾销的恶劣作用。据《峄县志》记载，枣庄地区在19 世纪 50 年代以前，煤炭的开采十分活跃；就因为厘金的抽取大大加重了煤炭的成本，50 年代后逐渐凋零，只有为数不多的几家还能勉强维持。峄县中兴矿局的煤炭要想打开销路，必须设法减免税厘。当时，除了外国商品享有不纳厘金的特权外，以李鸿章为首的洋务派官僚所兴办的官办企业或官商合办企业报请清廷批准，也能蠲免厘金。

李鸿章向朝廷上《峄县开矿片》，显然是听取了刘铭传的建议。自此以后，峄县中兴矿局享受到与国计民生有重要关系的洋务民用企业的待遇：对峄县中兴煤炭，每吨征收税银一钱；运往各省轮船、机器制造局的用煤，一律免税。这里的"免税"，当然是指免除重复征收的过境厘金。对于峄县中兴矿局来说，无疑是打开了一扇通往广阔市场的大门；对于当时的洋务军工企业和民用企业而言，无疑是增加了一个可靠的能源基地。1887 年 9 月 17 日，《捷报》报道："山东峄县的煤矿甚为活跃，很多大的沙船装载着上等煤斤运往清江浦。"由此可知刘铭传对峄县中兴矿局的贡献，同时也可看出，峄县中兴矿局对当时的国计民生已经产生了很大的影响。

正是在峄县中兴矿局，刘铭传迎来了他人生中大展宏图的机遇：中法战争爆发后，驻防天津的周盛传竭力向李鸿章谏言请出刘铭传。在李鸿章的极力举荐下，刘铭传先任福建巡抚，节制台湾军事；后来台湾建省，刘铭传被任命为台湾首任巡抚，有了施展平生抱负的舞台。刘铭传

---

① 参见凌耀伦、熊甫、裴倜：《中国近代经济史》，重庆出版社 1982 年版，第 130 页。

担任台湾首任巡抚之后，在给清政府的奏折中表示，要使台湾成为东南门户，成为全国各省的模范，成为抵抗外来侵略的前哨堡垒，即"以一隅之设施，为全国之范"。① 因此，在战胜法国侵略者、实现台湾设省之后，刘铭传在台湾设立全台樟脑总局、硫黄总局、盐务总局、煤务总局、铁路总局；恢复了基隆煤矿；修筑了台北—宜兰、"台北—基隆"、"台北—台南—新竹"的铁路，铁路总里程100多公里，为当时全国之最；铺设了通往大陆的海底电缆，开办起邮政业务；设立台北通商局，专管城内建筑、市政建设；设立清道局，安装自来水设施；整顿海关税收；在新加坡设立招商局，招徕侨资商股；调整全省郡县设置……为台湾的现代化奠定了基础，得到了史学家们众口一词的称赞。连横在写作《台湾通史》时就特地为刘铭传立了专传，评价其功绩说："铭传则管、商之流亚也"，"溯其功业，足与台湾不朽也"。② 连横将刘铭传的功绩与中国古代改革家管仲、商鞅相比较，足见刘铭传对台湾的贡献之大、影响之深远。

迄今为止，没有任何一位史家或研究者提及刘铭传赴台之前的3年在峄县中兴矿局督销煤炭，但是毫无疑问，刘铭传在峄县中兴公司督销煤炭的这3年，及此前与薛福成、马其昶、徐润等改革派思想家的密切往来，都是刘铭传在台湾建功立业的不可缺少的历练和思想准备。

五、李秉衡封禁山东矿务和中兴撤局

1896年1月4日，山东巡抚李秉衡向朝廷上了一道奏折。奏折中

① 《清史稿·刘铭传传》，《刘铭传文集》，第525页；转引自程必定主编：《刘铭传与台湾建省》，黄山书社2007年版，第111页。
② 来新夏：《刘铭传与台湾开发》，载程必定主编：《刘铭传与台湾建省》，黄山书社2007年版，194页。

说:"山东历办矿务并无成效……开矿所用,率多犷悍之人,方其开也,藏亡纳叛,奸宄日滋。及其停也,大匪巨凶,无业无家,尤虑铤而走险。方今威海所驻倭兵已七八千人,深恐此等不逞之徒,散无可归,因而起衅,为患不堪设想。"李秉衡据此,要求朝廷同意将"登莱等府矿务暂行一体封禁以靖地方"。①

这位李秉衡李大人当威海卫危急时,当孤守在刘公岛的北洋舰队承受着来自海上与陆上日军三面炮击,与日军殊死搏斗之时,坐视不救,反而上奏皇上,说什么"倭人登岸,应以兵船奋力攻击,毁其运船,于保全威海有裨"。②实在滑稽得很!李秉衡作为一方封疆大吏,有兵有权,守土有责。其始未能阻止日军从荣成登岸,继而对威海卫见死不救,任由日军一日复一日地向北洋舰队炮击,令天然军港变成一座埋葬大清朝北洋舰队的死港,罪不可恕!却还有脸向皇上上奏折,命令威海卫内的兵船如何如何,真是其心当诛!

山东沿海矿务因他的这一道奏折,全部被封禁,峄县中兴矿局也被裹挟进去。李秉衡是个什么样的人呢?《中国近代史词典》"李秉衡"词条是这么介绍他的:"李秉衡,奉天海城人,字鉴堂。捐纳县丞出身。1879年为冀州知州,1881年,升永平知府。张之洞以其有'廉吏'之称,荐为浙江按察使,未到任,转为广西按察使。中法战争期间,主持广西龙州西运局,创设医局,收治伤员;又不分主军客军,均给粮不绝。1885年春,法军大举进攻,广西巡抚潘鼎新率兵败入镇南关内,不久被革职,由他署理广西巡抚。支持冯子材统率前敌各军,团结抗法,取得胜利。1894年,中日甲午战争爆发,升山东巡抚,以威海卫失守被谴责。1897年,德军借口巨野教案,强行在胶州湾登陆,他认为德国

① 转引自苏任山:《枣庄煤炭经济发展史话》,载《枣庄煤炭志资料选》,枣庄矿务局志编印办公室1984年出版。

② 王明皓:《1895:大清帝国大变局》,中共中央党校出版社2007年版,第331页。

29

蓄谋已久，表示决心抗击。后在德国压力下，革职。1900 年起用为长江巡阅水师大臣，联军攻陷大沽，他由江苏北上勤王，即奉慈禧太后之命，统率万本华、夏辛酉等诸军，赶赴京津前敌阻击联军，在武清河西务与联军相持一昼夜后败退，后在通州张家湾服毒自杀。"①

根据这个词条的介绍，李秉衡似乎也是一身正气，廉洁、忠君、爱国。那么，如何解释他在甲午战争中的行为呢？要知道，光绪皇帝在 1894 年 7 月调李秉衡任山东巡抚，明确威海卫海军各营归李鸿章调遣，山东沿海防卫是李秉衡的责任。正是李秉衡的失误，使日军包抄了威海卫的后路，使威海卫陆路炮营陷于绝境，军港的最后防线被毁。难道李秉衡看不出日军的意图，在于彻底摧垮清政府十数年来耗费巨资组建的北洋舰队这样一支有生力量吗？稍有头脑就能看出来的事情，身为巡抚的李秉衡怎会看不出来？那么，对李秉衡在甲午战争中的表现又该如何解释呢？

这里借梁启超对李鸿章及甲午战争失败的看法做个说明："是役也，李鸿章之失机者固多，即不失机而亦必无可幸胜之理……西报有论者曰：日本与中国战，实与李鸿章一人战耳。其言虽稍过，然亦近之。不见乎各省大吏，徒知划疆自守，视此事若专为直隶满洲之私事者，其有筹一饷出一旅以相急难者乎？即有之，亦空言而已。乃至最可笑者，刘公岛降舰之役，当事者致书日军，求放还广丙一舰，书中谓此舰系属广东，此次战役，与广东无涉云云。各国闻者，莫不笑之，而不知此语实代表疆臣之思想者。"②

李鸿章一般被认为是晚清后党成员，而梁启超为后期的维新派领袖，属帝党。梁启超当然不会为李鸿章开脱、粉饰。其文中"代表疆臣

---

① 陈旭麓主编：《中国近代史词典》，上海辞书出版社 1982 年版，第 316 页。

② 梁启超：《李鸿章传》，百花文艺出版社 2003 年版，第 57 页。

之思想"的言论，是否也代表了身为疆臣的李秉衡的思想呢？从李秉衡的表现来看，他毫无疑问是这类所谓疆臣中的一分子。李秉衡是湖广总督张之洞提拔的。当年在广西抗法，那场战役是张之洞在指挥，他李秉衡当然要"士为知己者死"。甲午战争既然被所谓疆臣们看作日本人对李鸿章之战，李秉衡于是宁肯坐观其败。如果真是这样，那就太可怕了！只知有帮派山头，不知有国家社稷。而对李秉衡的所作所为，又只能做这样的解释。疆臣尚且不知有国家社稷，中日甲午战争中，中国怎可能有胜利的希望！

封建社会历朝历代都有帮派山头，而晚清尤重。自太平天国被镇压，湘淮军事力量突起，朝廷控制地方实力派的威望和力量显著减弱。各省督抚于是成为各方诸侯，钩心斗角，尔虞我诈。李鸿章作为洋务派重臣，向来为朝廷守旧势力所嫉。各省疆臣自然也对他侧目而视，当其得势时，表面客套，背后踢脚；当其失势时，群起而攻之。当日军进攻威海卫，李鸿章军事集团在甲午战争中已是一败再败，如江河日下。善于见风使舵的李秉衡正要看李鸿章的笑话，怎会驰援威海卫呢？上有帝后党争，李鸿章夹在中间，左也不是，右也不是；下有各省同僚相嫉，李鸿章前也不是，后也不是。

甲午战争既败，身为山东巡抚，李秉衡又要一体封禁登州、莱州等府矿务的真正原因是什么呢？

1895 年之前，山东登莱地区，即山东沿海地区，并无其他矿务，仅有一招远金矿而已。招远金矿的开采范围较大，涵盖平度、宁海、牟平、五莲、莒州等县。

招远金矿是谁创办的呢？是广东富商郭德礼于 1883 年投入 40 万两白银创办的。另一位广东富商、山东候补道李宗岱于 1885 年插手其间。李宗岱深得李鸿章支持，从李鸿章处领得官款 25 万两银子，又贷款白银 18 万两，扩大投资，成立官商合办的招远矿务公司，并以济青泰武临道的身份总办该矿。李宗岱先经营平度金矿，"于该处开始施行新式采矿，以规模过大，不数年全部财产损失殆尽，而贻笑于世人。顾其事业心并未由此消除，转图开采本矿（即招远金矿——作者注）以雪前耻。于是在光绪十五年（1889年）春，彼再度倾注全力进行采矿。是年秋季，终于发现良好矿床于罗山及玲珑山麓。李以幸运复来狂喜不已，一面改修道路，将平度之轻便铁路及矿车等项拆来，一面着手修建厂房，招募矿工。自十六年（1890年）春起，聘请美国技师一人，开凿第一号矿井，是年秋季，开始按中国方法提炼。十七年（1891年）续开第二及第三号矿井，十八年（1892年）续开四、五、六、七、八等各号井。本矿矿脉约为二十尺乃至四十尺，厚于平度，其含金率之高，与平度相伯仲，因此，李极力图谋振兴"。① 就是这样一座由李宗岱等人投入巨资、苦心经营的金矿，李秉衡却向朝廷汇报"山东历办矿务并无成效"，把当时山东仅有的另一矿务——峄县中兴矿局也一锅煮了进去。李秉衡称，开矿所用之人为"不逞之徒"，这倒有可能。山东曾是捻军的发源地，后来又是义和团的发源地，都是官逼民反。

但法不责众，即便是官府，也不能叫这些人饿死，连个出苦力的差事都给砸了吧？李秉衡唯恐这些人将来"散无可归，因而起衅，为患不堪设想"。照理说，越是这样，身为一省行政兼军事长官的巡抚大人越应该设法保证他们的饭碗，让他们能够有一条活路，怎么反而要砸掉他们的饭碗，查禁矿务呢？而李秉衡偏偏就根据这些，禀请朝廷批准他将山东"登莱等府矿务暂行一体封禁以靖地方"。这不能不让人认为，李秉衡封禁山东矿务的行为是对李鸿章再踏上一只脚！

当时的李鸿章正身背卖国贼的骂名，而李秉衡也因为威海卫失守受

---

① 《支那矿业时报》抄本第21—22号；转引自汪敬虞编：《中国近代工业史资料》，科学出版社1957年版，第1062页。

到朝廷的谴责。李秉衡为挽回自己的名声，不惜颠倒黑白，以封禁山东矿务表示与李鸿章划清界限。我们只能这样解释李秉衡的倒行逆施。

李秉衡封禁山东矿务的做法，当时就在清政府内部引起了一场争论。1896年，御史陈其璋上奏说："现在帑项支绌，筹款为艰，前经通谕各直省疆吏体察本省情形，将矿务实力开办，原期收地利以裨国用……山东开矿不宜停止，请饬派贤员实力开办。"[①]12月28日，某军机大臣也奏称："揽该抚前奏，不过以办理不得其人，暂请封禁，今该御史谓不宜停业，颇属有见，自未便因噎废食。"[②]清政府于是很快又通令准予复开山东矿务。而招远金矿创办人李宗岱却已因封禁之事抑郁而死。

峄县中兴矿局股东、二品衔天津候补道、津榆铁轨公司经理张莲芬，于1898年禀报直隶总督裕禄要求重开峄县中兴矿局的禀文中有一句话："前山东督宪李禁停官矿，陈丞即乘势禀请撤局。"[③]陈丞，即峄县中兴矿务委员、"南股"代表陈德浚。为什么陈德浚要趁撤销山东矿务之机，禀请撤销峄县中兴矿局呢？

六、从峄县中兴矿局看李鸿章洋务企业的体制创设

在《中国现代化历程》（第一卷）所载《资本主义工业化的最初尝试》一文中有一张图表，即《1875—1900年洋务中小型民用企业状况

---

① 转引自苏任山：《枣庄煤炭经济发展史话》，载《枣庄煤炭志资料选》，枣庄矿务局志编印办公室1984年出版。

② 转引自苏任山：《枣庄煤炭经济发展史话》，载《枣庄煤炭志资料选》，枣庄矿务局志编印办公室1984年出版。

③《直督裕准东抚咨据张道禀业饬准其开采转饬查照办理文》，中兴公司档案文牍第一册，光绪二十四年九月初七日。

表》①，表中介绍了这期间 41 家洋务中小型民用企业的状况。按创办时间顺序，峄县中兴矿局排列在第五位，其经营方式为官督商办。表中所列 41 家企业，有 31 家是官督商办，另有 9 家是官办，还有 1 家是官商合办。由这一图表不难看出，1875 年之后创办的洋务中小型民用企业的主要经营方式为官督商办。这 41 家企业还有一个特点，即绝大部分既是民用，又是服务于军工企业的煤、铁、铜、银、铝、金等采矿企业。这表明这一阶段发展起来的中小型民用企业，在很大程度上是为了突破 1860 年之后兴办的军工企业的瓶颈，也着眼于为承载着强国梦的军工企业服务。

1860 年之后的军工企业主要是官办，财政拨款，无偿调拨，在资金上极为短缺，难以为继。官办工业，官气太重，无核算，低效益，所需原材料几乎完全依赖进口，受制于洋商。单纯发展军工企业，不仅不能强国，反而给国家造成很重的负担，一些半拉子工程更是造成了极大的浪费。在这种情况下，李鸿章提出："欲自强，必先裕饷，欲浚饷源，莫如振兴商务"②，"必先富而后能强，尤必富在民生，而国本乃可固"。③

洋务派首脑李鸿章更深切地感受到，洋人实行公司制度，不仅使欧洲各国致富，而且严重侵扰了中国的利权。中国开埠后，由买办起家的许多有钱人把他们的钱财投入洋人开设的公司，反过来与洋人一起剥削中国的国民。仿洋人的公司制度，创办中国自己的民用企业，一能富民生，二能堵塞利权外溢，三能支援军工企业。具体该怎么办？诚如郑观

① 虞和平主编：《中国现代化历程》第一卷，江苏人民出版社 2001 年版，第 140 页。
② 李鸿章：《议复陈启照条陈折》，光绪六年十二月十一日，载《李文忠公全集》奏稿卷 39，第 32 页；转引自李玉：《晚清公司制度建设研究》，人民出版社 2002 年版，第 7 页。
③ 李鸿章：《试办织布局折》，光绪八年三月初六日，载《李文忠公全集》奏稿卷 43，第 43 页；转引自李玉：《晚清公司制度建设研究》，人民出版社 2002 年版，第 7 页。

应所言："全恃官力，则巨费难筹；兼集商资，则众擎易举。然全归商办，则土棍或至阻挠；兼倚官威，则吏役又多需索，必官督商办，各有责成，则上下相维，二弊俱去。"[①] 郑观应首先提出官督商办，其实是借用清政府在盐业、茶叶等传统经济领域实行过的一种机制，但其内涵已完全不同。前者为封建专制之下的政府企业，而郑观应所指的"官督商办"，其中"商"为具有资本主义公司性质的企业经营者，而非专制下的官商。这种名称的借用也是一种智慧，它易于为清政府所接受，减轻一些来自保守派的阻力。李鸿章于是力倡力行，在 1872 年创办轮船招商局时，实行官督商办的经营体制，并于 1876 年开

1879 年，李鸿章支持了峄县中兴矿局的开办

始创办第二家官督商办的大型企业—开平煤矿。峄县中兴矿局是李鸿章支持下的全国第四家官督商办的洋务民用企业。

在前述《1875—1900 年洋务中小型民用企业状况表》中，峄县中兴矿局排列在第五位，前面的 4 家企业分别是直隶磁州煤矿、湖北兴国煤矿、台湾基隆煤矿、安徽池州煤矿。除创办于 1877 年的安徽池州煤矿为官督商办，其他 3 家都是官办体制。由这个图表可以判定，峄县中兴矿局是洋务中小型民用企业中第二家实行官督商办经营体制的企业。加上大型企业轮船招商局和开平矿局，峄县中兴矿局为全国第四家实行

---

① 夏东元编：《郑观应集》（上），上海人民出版社 1982 年版，第 704 页；转引自李玉：《晚清公司制度建设研究》，人民出版社 2002 年版，第 46 页。

官督商办机制的企业是没有疑问的。

所谓官督商办，李鸿章说过："本仿西国公司之意，虽赖官为扶持，一切张弛缓急事宜，皆由商董经营"①，"招商之事，不可尽摄以官势"②，企业用人应"由其自择，本非官场所能过问"。③ 具体地说，首先在资金方面，仿西方的贸易章程，集股办理；企业的经营、盈亏，"商务应由商任之"。④ 官方的作用在于保护、扶持、监督、稽查，即"事虽商办，官仍督察"。⑤ 由峄县中兴矿局的创办可以看出，官督商办是李鸿章对洋务企业经营机制的一个实事求是的创设。首先看资金。19世纪70年代的中国，虽然沿海门户已经被列强的炮舰打开，但依旧是一个农业大国。除沿海地区由于洋人公司的示范效应，一些买办起家的人愿意把资金投入洋人的公司，内地绅商更愿意把不多的钱财投入到收入稳定的房地产行业甚至高利放贷，而不愿意或者说不会考虑向现代企业投资，尤其是像煤矿这类高风险、回报周期长的企业。就当时的峄县而言，由于境内有大运河贯通，商业相对比较发达，采煤业也不乏投资者，但都是一家一户的小本经营。峄县的崔、宋、黄、梁、金、田、李、王八大家无不因煤窑致富，但其家庭的主业则是田地和房产。开小煤窑，采露头煤，投资少，回报快，风险低，这和开办现代大型煤炭企业完全不可同

① 朱寿朋编：《光绪朝东华录》（二），总第1768页；转引自李玉：《晚清公司制度建设研究》，人民出版社2002年版，第55页。

② 中国史学会主编：《洋务运动》（六），第350页；转引自李玉：《晚清公司制度建设研究》，人民出版社2002年版，第55页。

③ 李鸿章：《复沈幼丹制军》，光绪三年十月初一日，载《李文忠公全集》朋僚函稿卷17，第27页；转引自李玉：《晚清公司制度建设研究》，人民出版社2002年版，第55页。

④ 李鸿章：《复陈招商局务片》，光绪六年三月二十七日，载《李文忠公全集》奏稿卷36，第35页；转引自李玉：《晚清公司制度建设研究》，人民出版社2002年版，第9页。

⑤ 《李文忠公全集》奏稿卷40，第24页；转引自虞和平主编：《中国现代化历程》第一卷，江苏人民出版社2001年版，第146页。

日而语。所以，当金铭从报纸上得知信息，决心大办煤矿，并在官方立案后，仅募集股金万余。1万余两银子对于开办小煤窑来说已是一笔不小的款子，但是要想打深井，开采地表深处藏煤，却又是个太小的数目。几个月后，本尽工停，金铭等人不得不北赴天津寻求李鸿章的帮助。李鸿章则指示盛军统帅周盛传帮助集股。正是由于李鸿章及其部下热心洋务人士的帮助，峄县中兴矿局才筹集到开采深井所需资金，并采用了现代化的抽水机器，于1880年正式开张营业。而李鸿章的部属之所以愿意把自己的钱财投入峄县中兴矿局，一方面是由于自觉的强国富民之梦，另一方面则因为看到了官督商办这种体制的优越性。因为在峄县中兴矿局之前，已有轮船招商局和开平煤矿的示范。轮船招商局成立前的1871年，上海已有股票市场，上海较早的华文报纸《上海新报》就已设置了股票行情表。当然，那是洋人公司的股票市场。轮船招商局则成为晚清第一家发行股票的华商企业。继轮船招商局之后，由于开平煤矿的创办者是第一家官督商办企业轮船招商局的负责人唐廷枢，而且开工后工程进展顺利，华商股票的声誉日隆。时人称："中国初不知公司之名，自轮船招商局获利以来，风气大开。"[1] 华商"忽见招商、开平等（股）票逐渐飞涨，遂各怀立地致富之心，借资购股，趋之若鹜"。[2] 上海股市在1882年达到日兴月盛，峄县中兴矿局也于1882年在上海增募股本。[3] 可以说，是官督商办机制的创设，为洋务民用企业打开了资金之门。

---

[1] 《书某公整顿矿务疏后》，《申报》1884年5月3日；转引自李玉：《晚清公司制度建设研究》，人民出版社2002年版，第18页。

[2] 《答暨阳居士采访沪市公司情形书》，《申报》1884年1月12日；转引自李玉：《晚清公司制度建设研究》，人民出版社2002年版，第55页。

[3] 李玉：《晚清公司制度建设研究》，人民出版社2002年版，第20页。"安徽池州煤矿、湖北荆门煤铁矿和山东峄县煤矿虽然分别创办于1877年、1879年和1880年，但亦均于1882年在上海增募股本"。

其次看社会环境。枣庄士绅金铭在他于 1920 年所写《致中兴公司函》中说，1879 年，李鸿章派戴华藻、米瑞符为矿务委员到枣庄勘查。"峄令李子峨以戴、米二公行踪诡秘，忽城忽乡，为招摇撞骗，禀请东抚查办；以铭等无故勾引匪人，即欲逮捕，置之有司。铭等不得不避其蛮横，未敢在家度岁。东抚周恒岐亦甚荒谬，不查确实，竟而转禀李中堂。李中堂接禀甚怒，遂公文私函交相斥责云：尔为直隶藩台时，米系直隶属员，其人朴实耐劳，兼有学问，尔不知乎？"[1]一场官司这才作罢。紧接着，"（光绪）七年（1881 年），购来大机器一架，彼时谣言四起，以为拉来大炮。铭千方百计解释"。[2]金铭在信中说的这两件事，一件惊官动府，告状告到了直隶总督兼北洋大臣李鸿章处；另一件则生动再现了当时社会对新生事物的惊诧、恐惧，接受起来非常困难。诚如郑观应所言，洋务民用企业若"全归商办，则土棍或至阻挠"。[3]其实何止土棍，连官府和一般社会舆论也是横加阻挠。

再看政策环境。据《峄县志》记载，自第二次鸦片战争后，由于实行厘金制度，峄县地区百货底滞，煤炭因税厘过重不能远销，价格大幅度下降，以采煤为业者相继家破人亡，采煤业基本停止。对于清政府，由于财政枯竭，让它停收沉重的课税厘金简直是不可能的；而如果课以重税和厘金，则洋务民用企业根本不可能发展起来。李鸿章在创办开平煤矿时，奏请朝廷同意对该矿出产的煤炭每吨征收税银一钱，不再重征税厘，使开平煤炭所纳税银不足土煤的 1/6。这一优惠待遇后来被多家矿务企业援引，晚清不合理的厘金制度实际上被洋务民用企业突破——李鸿章为保护洋务民用企业的发展可谓费尽心机，最大限度地使用了他

---

① 金铭：《致中兴公司函》，载枣庄市政协文史资料第 19 辑《中兴风雨》，第 53 页。

② 金铭：《致中兴公司函》，载枣庄市政协文史资料第 19 辑《中兴风雨》，第 53 页。

③ 夏东元：《郑观应集》（上），上海人民出版社 1982 年版，第 704 页；转引自李玉：《晚清公司制度建设研究》，人民出版社 2002 年版，第 46 页。

对朝廷最高决策者的影响力。这项优惠政策也惠及峄县中兴矿局。1881年，刘铭传担任峄县中兴矿局煤炭督销。他将峄县中兴矿局的煤炭运往南京和天津制造局试烧。天津制造局试烧之后证实，枣庄的煤炭比日本的上等煤还要好，与英国的松白煤相仿。有了这个试烧结果，李鸿章遂于1883年7月向清朝廷上《峄县开矿片》。经朝廷批准，对峄县中兴矿局的煤炭征收税银一钱；运往各省轮船、机器制造局的用煤，一律免税。

　　纵观峄县中兴矿局从开始筹备的1879年到1883年，李鸿章极力支持，指示其部属帮助筹募股资，派员勘察，购买机器，力排地方官府和社会上的种种阻挠，奏请朝廷大幅度减免税厘，确确实实体现了官督商办企业中官员的保护、扶持作用。可以说，没有官督商办这种机制，没有李鸿章的大力扶持，峄县中兴矿局是难以生存和发展起来的。除了资金、政策及社会环境之外，人才是洋务企业生存、发展的关键因素。在前文《戴宗骞不愧真英雄》中，述及晚清官员人情常丰、一味圆融、一味谦恭、互相猜忌、钩心斗角、人人自危、不敢为先的猥琐心理；在《李秉衡封禁山东矿务和中兴撤局》中，述及晚清官场山头林立，重山头甚于重朝廷，甚至于只知道有山头、不知有国家的集体堕落。官员群体是一个社会的精粹，官员行为引导着社会的价值取向。晚清官员猥琐、堕落至此，人才何来？早在鸦片战争之前，龚自珍便大声疾呼："九州风气恃风雷，万马齐喑究可哀。我劝天公重抖擞，不拘一格降人才！"随着晚清社会江河日下，一大批经世致用的学者力倡变革。经过太平天国起义和两次鸦片战争的冲击，晚清政府不得不避重就轻地支持洋务派官员推行的变革，即所谓的洋务运动。洋务运动遭到了朝廷上下守旧派官员的竭力阻挠，却在曾国藩和李鸿章所代表的湘淮集团的官员中受到追捧。左宗棠、张树声、沈葆桢、刘铭传等力主洋务的封疆大吏都是湘淮集团出身，更不必说曾国藩、李鸿章左右的大批幕僚人物和提督、总兵及其以下的武职官员。正所谓上有所好，下必效之。其二在于，他们在平定太平天国起义的战争中直接接触到了洋人的枪炮舰船，目睹了西洋器物的威力。其三在于，出身于武职的湘淮官员大都远离科举或与科举无缘，他们的思想较少官场禁锢，更易接受新生事物。其四在于，他们大多耕读出身，有儒家文化基础，加以常年南征北战，培养了对国家、社稷的强烈责任感。比如前文所述，武职出身的刘铭传虽然家境贫困，但也念过几年私塾；武职出身、做到提督的周盛传，同样是文武兼备；戴宗骞更是以道员身份，担任威海卫北帮炮台统领。刘铭传赴台湾前曾三次辞官，于洋务却孜孜以求；周盛传快人快语，敢说敢做，敢为人先；戴宗骞为保卫威海卫不惮烦言，顾全大局，主动出击日本侵略军。他们的行为方式，与晚清官场上众多庸碌昏聩之辈迥然相异。正是这样一批人，在两次鸦片战争之后力图改变国家积贫积弱、被动挨打的状况，成为经世致用派思想家们忠实的追随者，成为晚清洋务运动的中坚力量，成为力促老大中国开启现代化道路的民族精英。

这样一批精英人才，汇聚于当时地处穷乡僻壤的峄县中兴矿局。刘铭传、周盛传、戴宗骞对于峄县中兴矿局的作用已无须赘述，就以矿务委员戴华藻这位即补知县而论，他对峄县中兴矿局的奉献也是不得了的。1879年，他奉命赴峄县枣庄勘查，"即得请，轻行至峄，躬自相度，择地兴办，于光绪六年（1880年）春立官窑总局，而以职员戴君凤藻总其任。然事属创始，一切矿局章程皆手厘定，所有开井凿石，日属徒数百人，并用民窑之制而以官法行之。越二岁，规模乃大定，其后凤藻以劳瘁感疾卒。周君纲堂、戴君睿藻继之"。[①] 戴华藻、戴凤藻、戴睿藻都是戴宗骞的堂兄弟。戴华藻初到峄地勘查，峄县知县李子峨就给他来了个下马威，以"勾结匪人"罪通缉金铭等当地士绅，又向山东巡抚周恒岐状告戴华藻和另一位勘矿的人——进士米瑞符。在这样的环境

---

① 《峄县志·峄县官窑创办记》，1903年重修版。

下，戴华藻没有退缩，事必躬亲，终于在1880年创办起峄县中兴矿局。当时，除李鸿章委派唐廷枢建设的开平矿局及安徽池州煤矿外，官督商办的洋务煤矿中，峄县中兴矿局是全国第三家，可以想见戴华藻创办峄县中兴矿局有多么艰难！戴氏几兄弟以戴宗骞为首，像跑接力赛一样奋斗于峄县中兴矿局的创办。如果没有这样一群精英人才的扶助、参与、擘画，就不会有峄县中兴矿局的成功创办。

正是官督商办机制的创设，使洋务民用企业成为人才高地、资金洼地。然而，这种体制后来饱受诟病，连最先提出官督商办概念的郑观应后来都喊出了"名为保商实剥商，官督商办猛于虎"[1]的声音。原因何在呢？

仍然是晚清官场文化浸淫的结果。李鸿章深知官场腐败，极力主张赋予洋务民用企业自主权。1880年，当保守派官员向朝廷奏请对轮船招商局进行查账整改，李鸿章专折指出，如果官员随意调簿清查，"不特市面滋生摇惑，生意难以招徕，且洋商嫉忌方深，更必乘机倾挤"。李鸿章还指出："该局商务账目，悉听入本各商阅看稽查，若该商总等任意开销侵蚀，则众商不待官查，必已相率追控；而自开办至今，并无入股商人控告者，局外猜疑之言，殊难凭信。"[2]事实情况是怎样的呢？最先实行官督商办机制的轮船招商局，由于享有众多政策上的补贴、专利，的确卓有成效；但是由于企业负责人本身就是官场中人，企业的官气浓重、人情浓厚，账目不能定期公开，经营不透明，用人自主，谁当家就用谁的人，官场的帮派山头被移植到企业内部，贪污腐败也就不可避免。这本来是晚清官场风气浸润所造成，改进的方法在于实行真正的

---

① 夏东元编：《郑观应集》（下），上海人民出版社1982年版，第1370页；转引自李玉：《晚清公司制度建设研究》，人民出版社2002年版，第65页。

② 中国史学会主编：《洋务运动》（六），第37页；转引自李玉：《晚清公司制度建设研究》，人民出版社2002年版，第56页。

在股权面前人人平等的公司制度，增加企业管理的透明度和股东的权利，事态却偏偏朝相反的方向转化了。1884 年，中法战争爆发。由于清廷主政者和字当头、步步退让，前方的败讯不断传到朝廷，怨谤沸腾。有大臣上书请求革新政治、振作精神。更有一位叫作崔国因的翰林院编修，建议朝廷仿效英美诸国设立上、下议院，反对由少数人裁决国家大事，将政事分开，上下一样。他还建议，在国家，必以民主代替专制，国家才能有力量、有生机；在企业，必实行真正的公司民主，才能克服洋务民用企业内的官场腐败之气。而崔国因的上书被逐一驳回。慈禧太后借大臣们提出革新政治之机，将支持洋务事业的恭亲王奕䜣撤职，成立了以昏庸无能的礼亲王世铎为首的新的军机处班子，这就是著名的"甲申易枢"。本来，恭亲王奕䜣和李鸿章等改革派大臣声气相通。奕䜣被撤职后，李鸿章在朝中失去援手，面对保守派的进攻，便显得力不从心。1885 年之后，由于官督商办的洋务民用企业有诸多不足，加之朝廷中保守派的攻击，李鸿章不得不加强官督商办企业中"官督"的作用，使企业的经营管理权落到了以督办身份高踞于企业之上的官员身上。李鸿章设计的官督商办机制没能与时俱进，向完全商办的股份制过渡，反而折向专制体制，终于导致了洋务民用企业一步步下滑，并导致整个洋务运动失败。

峄县中兴矿局同样经历了这样一个由盛而衰的过程。峄县中兴矿局建立之初，虽然定制为官督商办，但矿局内并没有设置督办，只有两名矿务委员。峄县中兴矿局还声明"不领官本"①，实际上也可算得上是完全商办。既为商办，有很大的自主权，又有官员扶持，峄县中兴矿局的发展势头良好。但是随着刘铭传赴台湾，戴华藻和米瑞符两委员分别

---

① 苏任山：《枣庄煤炭经济发展史话》，载《枣庄煤炭志资料选》，枣庄矿务局志编印办公室 1984 年出版，第 40 页。

实授知县离开枣庄，峄县中兴矿局的经营出现困难，山头之争亦日益明显。金铭的《致中兴公司函》，便述及因与矿务委员意见不合而股东抽走股本之事。戴睿藻接任矿务委员后，更是固执己见，不听从金铭等富有经验的股东的建议，从而招致半截筒子小窑发生水灾、淹毙窑工100多人的惨重事故。至此，戴氏家族所代表的峄县中兴矿局内的"北股"失势。一年后，李鸿章又派候补知府陈德浚为矿务委员。陈德浚为1882年峄县中兴矿局在上海招股时加入的股东，代表"南股"。金铭的《致中兴公司函》中所提出的"南官股派来陈小庄为委员"，指的正是此事，陈小庄即陈德浚的侄子陈宝嵘。陈德浚自己不到任，委托他的侄子陈宝嵘代替他进行督理，实际上就是官权私授。大水过后，矿井的险情排除，峄县中兴矿局"未及二年获利十余万金"。[①] 但是，由于官权独大，派系之争严重，峄县中兴矿局与地方势力的矛盾也日益加剧。所以，当山东巡抚李秉衡封禁山东矿务之时，陈德浚便乘势撤局。陈德浚是怎样撤的峄县中兴矿局呢？金铭说："陈即席卷而去，各股东分文只字未见，仅剩机器四架，堆置荒郊。"[②] 矿务委员权力之大，撤局这么重要的事情都可以不与任何人商量，甚至于不打个招呼，连账目都不公布、不交接，即连财带物"席卷而去"！腐败也到了极点。

　　然而，官权在洋务民用企业中独大的局面绝非创设官督商办体制的李鸿章之所愿，前文已叙述明白。翰林院编修崔国因于1885年上书清廷的《设议院、讲洋务二条请力行片》[③]，实际上是得到李鸿章支持的。崔国因，安徽太平县人，与李鸿章关系密切。李鸿章曾经称赞崔国

---

① 金铭：《致中兴公司函》，载枣庄市政协文史资料第19辑《中兴风雨》，第54页。

② 金铭：《致中兴公司函》，载枣庄市政协文史资料第19辑《中兴风雨》，第54页。

③ 《随手登记档·光绪十年夏季档》，中国第一历史档案馆馆藏；转引自孔祥吉：《淮系人物在近代中国社会变革中的作用》，载程必定主编：《刘铭传与台湾建省》，黄山书社2007年版。

因"惠人究心时事,朴健耐劳,洋务西学,尤所熟悉,洵为翰林中不可多得之才"。[①] 可见,在甲申年政局转折关头,李鸿章希望国家政体向民主方向前进,相应的,更希望洋务民用企业的官督商办机制进一步向股权面前人人平等的西方公司制度转化。后来,事态朝着相反的方向转化,终于导致了官督商办洋务民用企业的普遍腐化,并导致整个洋务运动的失败,不能因此否定官督商办体制的创设。毫无疑问,官督商办体制在洋务民用企业的启动及初期阶段发挥了至关重要的作用。如果没有这种体制,怎么会有数十家洋务民用企业在 19 世纪 80 年代前后如雨后春笋般的发展?怎么会有上海股市当时的火爆?怎么会有那么多精英人才进入洋务民用企业,从而以极大的力度抗击了从朝廷到乡间的有着数千年小农经济文化根基的保守力量的百般阻挠,而使洋务事业蔚成大观呢?一般认为洋务运动最终失败了,然而在洋务运动中发展起来的洋务企业、在洋务运动中主动引进的西方科技、由洋务运动催生的中西文化融合,却成为中华民族 100 多年来抵御外来侵略、维护国家主权、振兴民族精神、崛起于世界民族之林的现代化启动器。

峄县中兴矿局成立于洋务民用企业刚刚起步之时,经历了洋务民用企业由盛而衰的全部历程,在中国进入现代化历程的早期即叩开了枣庄地区现代化的大门。1895 年撤局之后,在峄县中兴矿局的基础上崛起了华德峄县中兴煤矿股份公司,证明了洋务运动生命力的延续。而峄县中兴矿局在其初创阶段所遭遇到的巨大阻力,则提示我们洋务运动启动之艰难,并告诉我们,那一代改革者筚路蓝缕的拓荒,同其后历代的改革者一样,是十分不容易、十分伟大的。而官督商办体制,则是他们在改革进程中的一项实事求是的创举。

---

① 李鸿章:《致皖抚陈六舟》,《李文忠公尺牍》第四册;转引自孔祥吉:《淮系人物在近代中国社会变革中的作用》,载程必定主编:《刘铭传与台湾建省》,黄山书社2007 年版,第 351 页。

第二章　戊戌变法与华德中兴煤矿公司的成立

戊戌变法是以康有为、梁启超为首的一批怀着挽救国家危亡激情的热血精英披肝沥胆的呼号呐喊，是浸润于他们灵魂的传统优秀文化的彰显迸发，是他们站立于中华 5000 年文明之上全方位融合中西文化的果敢尝试。正是文化给予的力量和智慧，鼓舞、激励着中国人从此更加不屈不挠地奋斗，更加不屈不挠地反抗外来侵略、争取民族的独立富强。正是这文化的力量，促使中兴煤矿公司在数十年中，为企业的生存发展、为维护国家利权，战胜了难以想象的艰难困苦，于 20 世纪二三十年代成为全中国唯一能与外煤竞争的大型煤矿公司，成就了中国工业史上的一个壮丽传奇。

一、戊戌变法：以中学为根本，博采西学之切于时务者

以中学为根本，博采西学之切于时务者，是光绪皇帝在 1898 年 6 月 11 日颁布的《明定国是诏》中宣示的变法指导理念。

甲午战争失败，《马关条约》签订，面临亡国危险，中国人不得不睁开眼睛以新的目光看世界，不得不承认泱泱帝国真的落后了。1895

年5月2日，从广东南海县进京赶考的康有为率18省3000举子上书朝廷，拉开了维新变法的序幕。康有为在《上清帝第三书》中痛切陈词："窃以为今之为治，当以开创之势治天下，不当以守成之势治天下。""夫富国之法有七：曰钞法，曰铁路，曰机器，曰轮舟，曰开矿，曰铸银，曰邮政……养民之法，一曰务农，二曰劝工，三曰惠商，四曰恤穷。"①他在紧接着的《上清帝第四书》中又提出"立爵赏以励智学"，"设议院以通下情"，设"民会以专门讲求"。②其上清帝第五书、第六书、第

七书，更明确提出效法日本明治维新、变更国体问题。康有为的上清帝书从政治、经济、保护工商、激励人才创新等方面，提出了一系列振聋发聩的主张。他还先后设立强学会、保国会，开中国民会组织先河。一批维新派人士和翁同龢、张之洞、袁世凯、徐世昌等清廷大臣，一时间都成了强学会的支持者甚至加入其中。

著名学者严复则明确提出"以公治天下"，使天下成为民之公产，使王侯将相"成为通国之公仆隶也"③，对官民关系提出了颠覆性的创意。

梁启超则从人的精神层面鲜明地指

戊戌变法中的启蒙思想家康有为

---

① 康有为：《上清帝第三书》，载汤志钧编：《康有为政论集》上册，中华书局1981年版，第140页。

② 汤志钧编：《康有为政论集》上册，中华书局1981年版，第150—151页。

③ 《严复集》，第3、36页；转引自虞和平主编：《中国现代化历程》第一卷，江苏人民出版社2001年版，第282页。

出："竞争者，文明之母也。竞争一日停，则文明进步立止"①；并据此提出，开民智、振民气、新民德为富强之源。

大臣中，张之洞特别强调发展工业是救国图强的根本所在："世人皆言外洋以商务立国，此皮毛之论也，不知外洋富国强民之本，实在于工……而后商贾有懋迁之资，有倍蓰之利……但能于工艺一端蒸蒸日上，何至有忧贫之事哉。此则养民之大经，富国之妙术。"② 李鸿章则提出立国之根本问题，他说："盖用出于税，税出于商，必应尽力维持，以为立国之本。"③ 顺天府尹胡燏棻，是甲午战败后在向西方强国学习方面特别坚决的大臣。胡燏棻向光绪皇帝进呈的《条陈变法自强事宜折》说："日本一弹丸国耳，自明治维新以来，力行西法，亦仅三十余年，而其工作之巧，出产之多，矿政、邮政、商政之兴旺，国家岁入租赋，共约八千余万元，此以西法致富之明效也……今士大夫莫不以割地赔费、种种要挟为可耻，然时势所逼，无可奈何，则唯有急求雪耻之方，以坐致强之效耳。昔普法之战，法之名城残破几尽……然法人自定约之后，上下一心，孜孜求治，从前弊端，一体蠲除，不及十年，又致富强，仍为欧洲雄大之国。今中国以二十二行省之地，四百余兆之民，所失陷者不过六七州县，而谓不能复仇洗耻，建我声威，必是无理。但求皇上一心振作，破除成例，改弦更张，咸与维新。事苟有益，虽朝野之所惊疑，臣工之所执难，亦毅然而行之；事苟无益，虽成法之所在，耳目之所习，亦决然而更之。实心实力，行之十年，将见雄长海上，方

---

① 梁启超：《新民说》，《饮冰室合集》专辑之四，第18页；转引自虞和平主编：《中国现代化历程》第一卷，江苏人民出版社2001年版，第295页。

② 张之洞：《吁请修备储才折》，《张文襄公全集》，载《海卫邨古籍丛刊》第37卷，中国书店1990年影印本，第17—33页；转引自虞和平主编：《中国现代化历程》第一卷，江苏人民出版社2001年版，第209—210页。

③ 李鸿章：《钦差大臣李鸿章谢恩折》，《江南商务报》第三期，第1页；转引自虞和平主编：《中国现代化历程》第一卷，江苏人民出版社2001年版，第210—211页。

驾欧洲。旧邦新命之基，自此而益巩，岂徒一雪割地赔费之耻而已……纵观世界，抚念时艰，痛定思痛，诚恐朝野上下，高谈理学者，狃于清议，鄙功利为不足言……今日即孔孟复生，舍富强外亦无治国之道，而舍仿行西法一途，更无致富强之术。"①

面对屈辱，不气馁，不放弃，向西方学习，以工商为本，救国图强，雄长海上，方驾欧洲。这批大臣们在维新思潮的鼓荡下，也从心底发出了振兴中华的时代强音。这正如《易经》所言："天行健，君子以自强不息。"中华民族 5000 年文明绵绵不绝的根本正在于此。

正当维新运动日趋高涨之时，1897 年 11 月，预谋已久的德国侵略者悍然出兵强占胶州湾。强迫清政府与之签订了《胶澳租界条约》，将山东划为德帝国主义的势力范围。紧接着，列强争相效仿，中国出现了前所未有的被瓜分豆剖的危险。以康有为为首的维新派人士奔走呼号，指出民族危机的严重性和维新变法的紧迫性：

> 夫自东师辱后，泰西蔑视，以野蛮待我，以愚顽鄙我。昔视我为半教之国者，今等我与非洲黑奴矣。昔憎我为倨傲自尊者，今侮我为聋瞽蠢冥矣……三年来泰西专以分中国为说，报章论议，公托义声，其分割之图，传遍大地，掣画详明，绝无隐讳……英国《泰晤士报》为其政府之报，其论德国胶事，处置中国，极其得宜，赞美不绝于口，并谓诸国应以为法。
>
> 不料盈廷缄默之风，沉痼更甚于昔日。瓜分豆剖，渐露牙机，恐惧回惶，不知死所。②

① 沈桐生辑：《光绪政要》第 21 卷，第 15—16 页；转引自孙孝恩、丁琪：《光绪传》，人民出版社 1997 年版，第 292—293 页。

② 康有为：《上清帝第五书》，载汤志钧编：《康有为政论集》上册，中华书局 1981 年版，第 201 页。

1898年6月11日，光绪皇帝颁布《明定国是诏》，正式宣告变法维新。诏曰：

> 数年以来，中外臣工讲求实务，多主变法自强。迩者诏书数下，如开特科，裁冗兵，改武科制度，立大小学堂，皆经再三审定，筹之至熟，甫议施行。惟是风气尚未大开，论说莫衷一是，或托于老成忧国，以为旧章必应墨守，新法必当摈除。众喙哓哓，空言无补。试问今日时局如此，国势如此，若仍以不练之兵，有限之饷，士无实学，工无良师，强弱相形，贫富悬绝，岂真能制梃以达坚甲利兵乎……
>
> 即以中国大法而论，五帝三王，不相沿袭，譬之冬裘夏葛，势不两存。用特明白宣示，嗣后中外大小之百臣，自王公以及士庶，各自努力向上，发奋为雄，以圣贤义理之学植其根本，又须博采西学之切于时务者，实力讲求，以救空疏迂谬之弊。专心致志，精益求精，毋徒袭其皮毛，毋竞腾其口说。总期化无用为有用，以成通经济变之才。①

在维新派人士大声疾呼向西方学习的热潮中，光绪皇帝提出"以圣贤义理之学植其根本，又须博采西学之切于时务者，实力讲求"，实际上提出了维新变法的指导思想，仍然是"以中学为根本"。

提出"以圣贤义理之学植其根本，又须博采西学之切于时务者"的光绪皇帝，自1898年6月11日颁布《明定国是诏》，至9月21日被慈禧太后软禁失去人身自由，在103天中先后发布革新诏令约180条。

---

① 参见《清德宗实录》第418卷，第482页；转引自孙孝恩、丁琪：《光绪传》，人民出版社1997年版，第345页。

其内容涉及选拔任用通达时务、有志于维新的人才以推动变法；变通科举，发展近代教育以培养人才；改革行政规制，裁减机构，裁减冗员以整顿吏治；鼓励所有臣工和天下士民上书言事，冲破塞言闭听的重重障碍以广开言路；提倡译书、办报以开化风气而广博见闻；振兴农、工、商及交通、邮政等事业，奖励发明创造；整建新式陆军、海军以富国强兵；等等。光绪皇帝提出的改革变法措施，如设厂、开矿、兴商、修筑铁路、编练近代海军以及办学、译书等，都曾是洋务运动时期进行过的内容，但是其广度和深度都远远地超过了过去。过去只是这里开个厂、那里办个矿。改革则要求各省设商务局，从体制上保障商务活动，为讲求工艺、学到西方经济的精髓开道，而非简单引进。此外，颁布了一系列奖励发明创造的诏令，对著书立说、发明创造给予爵赏、奖励和专利。以制度给予倡导、扶持，以专利权保护设厂、发明、创造，这些都是前所未有的；把效法西方的改革推进到农业、财政、教育、思想舆论、社会风气、民政吏治，这些更是与经济领域改革相配套的社会变革和政治变革；翻译西书也不再仅仅立足于吸取外国先进的技艺，光绪帝还试图"藉以考征政治得失"，并尝试设懋勤殿以议制度。这是一系列欲把积弊如山的中国全面推向现代化的有力举措。而这一切的指导思想正是光绪帝在《明定国是诏》中所表述的："以圣贤义理之学植其根本，又须博采西学之切于时务者。"光绪皇帝提出的这一变法指导思想，是否含有对朝中保守势力妥协的成分？既然康有为、梁启超等一批变法维新的领袖人物都主张力行西法，直至变更国体，"中学"作为根本的地位又何以体现呢？这是一个不能忽略的问题，它涉及近代以来为反抗外来侵略、振兴中华而砥砺前行的一代代英杰先驱们的灵魂依归，更是本书中一代代奋斗者前仆后继的力量源泉。

变法，是中国自古就有的思想。中国哲学不仅最早提出了万物变动不居的"易"的概念，还在世界古文明中最早提出了无中生有、一生

二、二生三、三生万物的物质世界的演化形成过程。《易经》有"穷则变，变则通"。中国文化更把阴阳相生相克的变化视为人类社会和自然界普遍的"道"，视人类与自然界为一体，提出"天人合一""物我合一"。在观念上与天地万物为一体的中华民族具有天然的开放性和包容性，自有历史记载以来，从来不拒斥外来文化，并在其数千年的强盛时期，友好地与周边弱小国家和平共处、礼尚往来。这种兼容并蓄的品格，同时建立在"君子自强不息"的民族自信心之上。因为"天行健"，所以，自认与天地为一体的中华民族积极进取、充满自信。这是任何一种外来文化所不具有的博大精深。只是自佛教传入中国以后，在两晋时期封建专制的高压之下，谈玄之风盛行，士大夫的进取精神一度衰落。宋明理学为恢复传统文化积极进取的精神，高倡"义理"，并提出"格物致知"的概念。其义理之学却提出"存天理，灭人欲"，把人欲与自然天理对立起来；"格物致知"本来应提倡研究客观事物以达到对其本质的认识，却将自我内心的道德修养作为认识的对象和人生的最高实践，进一步摧折人生积极进取的内在动力，使义理之学沦落为脱离社会实践的心性之学，成为封建专制的卫道之学。玄学和心性之学加上科举制度，禁锢了中国学术的创新，严重阻碍了中国社会的发展。明末清初，随着中国资本主义的萌芽、国家政局的动荡，经世致用学派猛烈抨击心性学说，自强不息的进取精神再度主导学术思想界。第一次鸦片战争前后，经世致用思想家们更对清朝衰世的种种黑暗进行了无情的针砭和尖锐的批判。他们要求振兴实业，补救弊政，变革的目光甚至聚焦于漕运、盐法、河工、农业等诸多领域。经世致用派学者于 19 世纪初年便敏锐地捕捉到西学的价值，于是有了后来的洋务运动。历史的轨迹表明，近代中国学术思想界向西方学习并不是被动的，而是源于中国优秀文化传统的自觉努力。

　　19 世纪 60 年代兴起的洋务运动推动了中西文化的融合。例如前述刘铭传早在同治、光绪年间就曾说过："中国不变法，罢科举，火六部例案，速开西校，译西书以励人才，不出十年，事且不可为矣！"王韬、徐润、薛福成等经世致用思想家也都托古制而言变法，主张学习西方文化。但是，他们的思想既不能被朝廷接受，更招致朝中顽固派的反对，因而整个洋务运动的指导思想，没有超出"师夷长技以制夷"的范围。文化上的自满自足导致思想上的道统至上，导致政治体制的一成不变，导致空虚迂阔的腐儒继续主导话语权，成为阻碍变革的最大障碍，终于导致洋务运动的失败。正如康有为所言："今天下非不稍变旧法也，洋差商局学堂之设，开矿公司之事，电线机器轮船铁舰之用，不睹其利，反以蔽奸。夫泰西行之而富强，中国行之而奸蠹，何哉？上体太尊而下情不达故也。"①"皇上九重深邃，堂远簾高，自外之枢臣，内之奄寺外，无得亲近，况能议论。小臣引见，仅望清光，大僚召见，乃问数语。天威俨穆于上，匍匐拳跪于下，屏气战栗，何能得人心而尽下情哉？""枢臣位尊体重，礼绝百僚，卿贰大臣，不易得见。""京师百僚千万，非无人才，而惟九卿台谏，方能上达。""若夫督抚之尊，去民益远。"官僚体制"如浮屠十级，级级难通，广厦千间，重重并隔。譬咽喉上塞，胸膈下滞，血脉不通病危立而至固也。""夫天地交则泰，天地不交则否，自然之理也。"②"盖变者，天道也"。③ 要挽救国家、民族危亡，必须革除封建专制体制；而要改革封建专制体制，则必须革除文化上的自我满足、自我中心、自我禁锢。"中学为体，西学为用"遂成为甲午战争后

---

① 康有为：《上清帝第一书》，载汤志钧编：《康有为政论集》上册，中华书局1981年版，第59页。

② 康有为：《上清帝第七书》，载汤志钧编：《康有为政论集》上册，中华书局1981年版，第220—221页。

③ 康有为：《进呈俄罗斯大彼得变政论序》，载汤志钧编：《康有为政论集》上册，中华书局1981年版，第225页。

兴起的向西方学习的思想理论，并逐步成为朝野共识。"中学为体，西学为用"的提出，承认西学是一种"学"，而不仅仅是一种"技"。"学"就包含了语言文化、制度文化、意识形态文化、科技教育文化，也就是承认了西方文化是一种独立形态的文化，是一种与中国文化并行的文化。这就打开了向西方学习的思想之门。光绪皇帝所谓"以圣贤义理之学植其根本，又须博采西学之切于时务者"，正是当时"中学为体，西学为用"的本意。

"中学为体，西学为用"的提法，被 20 世纪 20 年代初期产生的一股全盘西化的思潮视为保守，也被此后的正统意识形态所批判。例如，李侃等人所著的《中国近代史》一书，论及晚清湖广总督张之洞写于 1898 年 3 月的《劝学篇》，即斥其"全书宗旨，仍然是以'中学为体，西学为用'为基调"。[①]　其实，他们在书中所批判的主要是张之洞打着"中学为体，西学为用"的旗号，对维新派进行攻击，以维护封建专制的理论。这种批判本来是正确的，但是由此而质疑"中学为体，西学为用"这一当时影响广泛而深刻的理论，却值得反思。今日论及戊戌维新变法，不能不稍微赘言。

"中学为体，西学为用"的提法有一个发展过程，大致从"本末论"、"还我论"（即从中国传出，又从西方返回）、"内外论"、"道器论"，发展至戊戌变法时期的"会通论"。[②] 会通，即中学、西学融会贯通。当时最为激进的湖南湘学会的办会宗旨，即体现为"中学为体，西学为用"的中西文化会通融合观念。它开宗明义地说："使孔孟程朱生此时，不能舍西学不讲。中国自有教旨教派，二千年来，信从已久，岂能尽弃其学，全学西人。西学近乎格物致知，孔孟程朱，虽不曾见此等专门之

---

① 李侃等：《中国近代史》，中华书局 1994 年版，第 254 页。
② 王尔敏：《晚清政治思想史论》，广西师范大学出版社 2005 年版，第 44—55 页。

学，而其理已俱在。格物之内，中学、西学，源流虽别，而能多读中西之书，比附其义，以观其会通，则亦未尝不可相通。兼讲西学以补中学，可也；尽弃中学，专用西学，不可也。学会所以广开民智，联合学派，意主开通，不主闭塞。"①早期"中学为体，西学为用"的代表人物之一王韬，视中学为道，视西学为器，但同时又说："道不能即道，只假器以道之。火轮舟车所以载道而行之也。东方有圣人焉，此心同此理同也。西方有圣人焉，此心同此理同也。"②他表达的意思是，道与器合一；东方文化有东方文化的道与器，西方文化有西方文化的道与器；中西方文化融合则以东方文化的道与器为本原、为基础，学习西方文化一切先进的方面。王韬是一位兼营商业的思想家，他不可能把封建专制文化视为传统文化的优势。由此观之，旨在融汇中西文化的"中学为体，西学为用"理论，并不必然是维护封建文化道统和封建专制体制的。

康有为是坚决主张变法的。康有为自19世纪七八十年代中期即已遍研经书，大量涉猎西方文化中的进化思想、典章制度、价值观念、风俗人情，从社会人生及生活中的现象出发，以中国哲学中的阴阳辩证关系为基础，以中国古代史料为证据，对传统文化的核心价值观仁、义、礼、智、信，以及人性的善与恶，及传统文化涉及人性的所有理论进行了论述、批判，逐步形成了一套从中国实际出发的变法维新的启蒙思想体系③，最终借助当时流行的"今文经学"框架，解释孔子学说的微言大义，否定自汉代以降2000多年封建专制文化的糟粕，否定程朱理学"存天理，灭人欲"对自然人性的压抑、扼杀，否定作为专制制度根基的三纲五常，直至否定封建专制制度。而康有为也是"中学为体，西学为用"理论的坚定支持者。戊戌变法期间，他在代御史宋伯鲁所拟的《奏

---

① 王尔敏：《晚清政治思想史论》，广西师范大学出版社2005年版，第52—53页。

② 王尔敏：《晚清政治思想史论》，广西师范大学出版社2005年版，第46页。

③ 参见董士伟：《康有为评传》，百花洲文艺出版社2010年版。

请经济岁举归并正科并各省岁科试迅即改试策论折》中写道:"臣窃维中国人才衰弱之故,皆缘中西两学不能会通之故,故由科举出身者,于西学亦茫然不解。夫中学体也,西学用也,无体不立,无用不行,二者相需,缺一不可。今世之学者,非偏于此即偏于彼,徒相水火,难成通才"。[①] 在代御史宋伯鲁所拟的《请改八股为策论折》中,康有为写道:"伏读本月二十三日上谕,令士庶以圣贤义理之学为根本,又博采西学之切于时务者实力讲求,以救空疏迂谬之弊,以成通经济变之才,尚虑风气不开,特加戒谕,煌煌圣言,明并日月,勇过雷霆矣。"[②] 是否由于是代御史宋伯鲁所拟,而屈就于宋伯鲁的观点呢? 1898 年 6 月 17 日,康有为在代宋伯鲁所拟《请讲明国事正定方针折》中还这样写着:"臣考泰西论证,有三权鼎立之义。三权者,有议政之官,有行政之官,有司法之官也。夫国之政体,犹人之身体也。议政者譬若心思,行政者譬若手足,司法者譬如耳目,各守其官,而后体立事成。"[③] 敢于阐述西方三权鼎立之政治,可见绝非康有为屈就宋伯鲁,而是宋伯鲁追随康有为。所以可以说,康有为是"中学为体,西学为用"理论的坚定支持者,并且以他融贯中西的思想体系和大破大立的政治实践大大丰富了这一理论的内涵,导引了这一理论的发展方向。或许有人质疑,康有为的托古变制,是否只是把"中学为体"作为一个幌子而实际上只推重西学呢?康有为"托古"的确是一种寻求改革途径的方法,但弘扬、保存中国古代优秀文化传统,更是他实实在在的追求和思想本源。这种追求,不仅体现于他变法维新的思想体系是以古代中国文化思想政治制度演进为历史依据、以中国实际为出发点的,而且体现于他改革的目的和归宿。他作于 1877 年之前的《不忍篇》哀叹:"穷民终岁勤动而无衣食也……政

---

① 汤志钧编:《康有为政论集》上册,中华书局 1981 年版,第 294 页。

② 汤志钧编:《康有为政论集》上册,中华书局 1981 年版,第 265 页。

③ 汤志钧编:《康有为政论集》上册,中华书局 1981 年版,第 262 页。

事有未修，地利有未辟，教化有未至而使然耶？斯亦为民上之过也"。①
既然为"民上之过"，所以，康有为最终走上变法维新之路，谓"皇上
不忍匹夫之失所，但九重深居，清道乃出，不知之耳。若亲见其呼号天
诉，脓疡卧道，岂忍目睹乎？以一人而养天下，势所不给，宜设法收恤
之"。②康有为呼吁变法，上至国体，中及制度局，下涉民生的各个方
面，可见其用心之仁、其学问之实。他上奏光绪帝："臣愿皇上日读《孟
子》，师其爱民之心。"③可见其仁爱、忠直之性情。对传统儒学的核心
价值观仁、义、礼、智、信进行重新认识后，康有为吸收西方先进科学
技术和人类学的最新成果，将传统偏重于处世哲学的"智"改造为认识
客观世界的能力之"智"，以提高人的认识能力为价值核心，而其最终
目的，则是"人道以智为导，以仁为归"。④可见，康有为其维新变法
的目的仍体现为"仁"这一传统价值观的根本。当然，康有为的"仁"
已不是孔学所谓有差等的爱，而是先秦墨家就曾宣扬的"尚贤""兼爱"，
是西方自由、平等、博爱观念的中国化。学者费正清对康有为的出发点
看得很清楚。他说："从一开始，康有为就看到西方扩张的威胁不仅仅
在社会政治方面，而且也在文化和宗教上面。除了民族危机之外，中国
又因受西方基督教吞没的危险而陷入一场精神危机。因此，处于危难关
头的不仅是作为'国'的中国，而且还有作为'教'的儒家。为了对付
西方扩张的挑战，'保教'和'保国'同样重要。这双重目标终于构成

---

① 汤志钧编：《康有为政论集》上册，中华书局1981年版，第15页。
② 康有为：《上清帝第二书》，汤志钧编：《康有为政论集》上册，中华书局1981年版，
　第125页。
③ 康有为：《上清帝第六书》，汤志钧编：《康有为政论集》上册，中华书局1981年版，
　第212页。
④ 康有为：《内外篇·仁智篇》；转引自董士伟：《康有为评传》，百花洲文艺出版社
　2010年版，第28页。

了康有为改革纲领的核心。"①正是出于挽救国家危亡和保护中国优秀传统文化的目的，康有为的改革学说从国家政体和传统文化两个方面对守旧势力展开激烈的批判，力求吸收西方先进文化，改造儒学，在优秀传统文化的基础上，建立起崭新的中国文化体系，为天地立心，为生民立命，为往圣继绝学。为此，康有为在《上清帝第二书》中，建议弘扬孔子的经世之学："今宜亟立道学一科，其有讲学大儒，发明孔子之道者，不论资格，并加征礼，量授国子之官，或备学政之选。其举人愿入道学科者，得为州县教官。其诸生愿入道学科者，为讲学生，皆分到乡落，讲明孔子之道，厚筹经费，且合各善堂助之。并今乡落淫祠，悉改为孔子庙，其各善堂会馆俱令独祀孔子，庶得化导愚民，扶圣教而塞异端。其道学科有高才硕学，欲传孔子之道于外国者，明诏奖励，赏给国子监、翰林院官衔，助以经费，令所在国使臣领事保护，予以凭照，以资游历。若在外国建有学堂，聚结千人，确有明效，给以世爵。余皆投牒学政，以通语言、文字、测绘、算法为及格，悉给前例。"②当然，康有为在这里所说的"道学"指的是中国优秀传统文化，也指兼容了西方文化精髓的传统文化。他特别使用了"发明孔子之道者"一语，应该就是这种用意。而康有为在这里所谓的"异端"，则主要指信奉上帝、鬼神的外来宗教，因为孔子之教是不信鬼神的，中国传统文化是顺应自然天地之道的人类宇宙文化。对中华传统核心价值观的推重及其力推向海外传播孔学的建议，表明了康有为作为变法维新的领袖，是自觉地把"中学"作为中西文化融会贯通的根本和基础的。"中学为体，西学为用"正是在康有为的推动下，实现了质的飞跃。

---

① 费正清编：《剑桥中国晚清史》(1800—1911) 下卷，中国社会科学出版社 1985 年版，第 325 页。

② 汤志钧编：《康有为政论集》上册，中华书局 1981 年版，第 132 页。

　　戊戌变法时期兴起的"中学为体，西学为用"的文化观念，彰显了中国知识分子阶层对民族文化的自信、对推动民族文化发展的自觉。在向西方文化学习的过程中，他们充分挖掘、梳理传统文化概念，以新的观念和新的知识重新认识、重新解释传统文化的一切重要观念，以传统文化的开放、包容、进取精神吸收西方文化，从中国世俗社会制度、风俗习惯、社会心理、生活实际出发去吸收西方文化中一切有用的东西，从而实现中国传统文化的大破大立。而康有为深入挖掘黄帝以及尧、舜、禹三代因时变革、为民立命、促进古代物质文明发展、推动中国从野蛮走向文明的进程，特别是从周公制礼，到孔子托古三代之治对当时的社会制度实行变革的史实，全面论证晚清社会实行君主立宪民主政治的合理性、迫切性，这就使君主立宪这一西方政体形式打上了鲜明的中国传统印记。康有为借用古代经典对于大同社会的描绘，改造传统的治、乱相承的历史循环论，提出人类社会发展必然经历"治乱世""升平世""太平世"三个阶段，不仅烛照了此后中国革命追求建立大同世界的理想境界，也使移入中国的西方进化论呈现出强烈的中国文化色彩。而康有为于1888年的《上清帝第一书》中，便敢于直刺当时的政治，并直指颐和园的修建，称"徒见万寿山、昆明湖土木不息，凌寒戒旦，驰驱乐游……天下将以皇太后皇上拂天变而不畏，蓄大乱而不知，忘祖宗艰大之托，国家神器之重矣"。[①] 以后，他又接连写出《上清帝第二书》《上清帝第三书》，直至《上清帝第七书》，历数政体的专制壅塞、政治的腐败、民生的凋敝、国家的存亡危机，呼吁改革，条陈变法。其以天下为己任的无畏情怀，更是中国传统文化杀身成仁、舍生取义的实践。正是由于立足于本国固有的优秀文化传统，从本国实际出发并向外国优秀文化学习，推动变法维新，戊戌变法获得了当时知识界的认同、

---

① 　汤志钧编：《康有为政论集》上册，中华书局1981年版，第56页。

接受，获得了广泛的社会支持，开启了对于阻碍中华民族前进的封建文化糟粕持续的批判，唤醒了中华民族固有的文化自觉和爱国主义传统，提振了中华民族锐意改革创新、反抗外来侵略压迫的信心和决心，为近代中国的艰难前进初步奠定了思想的基石，描绘了伟丽的蓝图，鼓荡起了希望的风帆。在思想文化上，戊戌变法开启了"科学与民主的启蒙"；在国民素质上，戊戌变法启动了"人的现代化工程"；在社会建构上，戊戌变法"引发了现代团体活动的意识"；在经济秩序上，戊戌变法"初步建立了资本主义经济伦理"。①

五四时期著名的国学大师胡适曾提出中国"文艺复兴运动"的概念，认为中国的文艺复兴运动于宋代"格物致知"的概念提出后拉开帷幕，这个运动的目的"就是要恢复佛教传入中国以前的中国固有文化，以此来代替中古那种非人的、反社会的宗教哲学。但是由于宋明理学家们缺乏科学的背景和工具，导致他们倡导的格物致知无处落实，无形之中，理学也沾上了很多印度化的思想，这使得它逐渐陷入了迂腐空谈的境地，根本完成不了中国本位文化的建设运动。只有当全面的反玄学运动兴起后，随着清代思想的逐渐形成，中国文化的发展才展现出一个迥然不同的面貌"。②

戊戌维新变法正是胡适所谓中国文艺复兴运动的高潮。

从戊戌变法开始，中国人民无论在怎样艰难、险恶、黑暗的政治环境下，从未放弃文化思考，从未放弃救亡图存，从未放弃复兴中华的历史使命。戊戌变法虽然失败了，但是，它创立的融合中西方文化的启蒙思想影响了近代以来一代又一代志士仁人，它倡导的教育体制改革为近代社会培育了一批又一批英杰俊才，从那时开始的以工商立国的方针，

---

① 参见虞和平主编：《中国现代化历程》第一卷，《戊戌维新，早期现代化的社会动员》，江苏人民出版社2001年版，第227页。

② 颜军：《胡适清代思想史研究浅议》，载《近代史研究》2000年第1期。

此后没有改变。正是在戊戌维新变法的推动下，"中国开始了以辛亥革命为结果的政治瓦解的进程"。[①] 也正是在戊戌维新变法的推动下，晚清中国出现了第一个兴办民间企业的高潮。从 1895 年至 1900 年，全国新增企业 182 家，资金投入量为 2013 万元。华德中兴煤矿公司正是在戊戌变法的深刻影响下，肩负着救亡图存、维护国家和民族利权的神圣使命而诞生的。它从无到有、从土到洋的发展历程，正是一代代中兴人秉持中华优秀文化传统，坚持学习西方先进管理理念和科学技术，坚决反对外来侵略、维护国家主权和企业利权的光辉实践。

二、王文韶关键时刻启用张莲芬

王文韶是什么人呢？王文韶，字夔石，浙江杭州人，咸丰年间进士。1895 年，李鸿章赴日本议和前，王文韶调任直隶总督兼北洋通商大臣。他曾疏陈统筹北洋海防，开办吉林三姓金矿、直隶磁州煤矿，奏设北洋大学堂、铁路学堂、育才馆、俄文馆以造就人才。此前，王文韶历任湖北安襄郧荆道、按察使，1871 年署湖南巡抚，1889 年授云贵总督。《中国近代史词典》还说，他曾"列名强学会"。[②] 强学会是维新变法领袖康有为在 1895 年 11 月先后于北京和上海发起成立的，旨在聚志同道合之士，研究变法自强、救亡图存之道。由王文韶的经历，可以看出他不是反对洋务派的官员。在康有为发起成立强学会初期，不少洋务派官员出钱资助并加入其中，王文韶就属于这类官员。1897 年旧历三月，王文韶接到山东巡抚李秉衡转来的山东峄县县令赓勋禀请咨会直隶总督，查明原峄县中兴矿局被封禁的机器"应归何所，饬令委员速行移

---

① 费正清：《剑桥晚清中国史》（1800—1911）下卷，中国社会科学出版社 1985 年版，第 331 页。

② 陈旭麓主编：《中国近代史词典》，上海辞书出版社 1982 年版，第 88 页。

置，并饬将局房拆毁，地基归还原主，以杜事端而弥后患"。[①] 原峄县中兴矿局发生了什么事情呢？

光绪二十一年，即 1895 年的年末，峄县中兴矿局"南股"代表、矿局转运委员陈德浚闻知山东巡抚李秉衡对山东矿务有一体封禁的奏折上报朝廷并得到批准，便趁机要求撤销峄县中兴矿局，而且没有知会任何一位股东。当时正是康有为、梁启超发起的维新变法思潮进入高潮时期，李秉衡封禁山东矿务的做法在清政府内部引起轩然大波，故清政府很快又通令复开。但是自峄县中兴矿局关闭之后，南、北股之间的矛盾更加尖锐。陈德浚先是在撤局时将账目、财物席卷而去，继之于 1896年又私自将大、小四件机器出租，在枣庄附近开挖民窑。十数年中在矿井投资颇巨、以戴氏族亲为代表的"北股"股东，自然不能吞下这口气，吃这个大亏。李鸿章既已失势，戴家这时在政界已经没有靠山，只有同为"北股"股友的通永镇总兵贾起胜还握有兵权。于是，贾起胜致函峄县县令姚某，要求令其亲戚——已故威海卫北帮炮台统领戴宗骞的儿子戴绪盛去峄县经管中兴矿局。姚某只好两边都不开罪，以未咨明宪台为由，令双方均不准动那些机器，把它们封存起来。"南股"代表陈德浚本是候补知府，哪会把峄县县令放在眼里？便派出一名知县级的代表来峄县，硬行启封，拿出机器，强行出租。贾起胜也是军长级的高级官员，便派来戴绪盛力禁"南股"代表出租机器，双方颇有大打出手之势。新任峄县县令赓勋一面在峄县枣庄附近张贴告示，严禁绅民开窑；一面请求山东巡抚李秉衡转咨直隶总督兼北洋通商大臣王文韶下令，移去峄县中兴矿局的机器，拆毁厂房，将原矿局所占地基归还原主。这是 1897 年 7 月发生的事情，距离康有为率 3000 举子"公车上书"已两

---

① 《钦差大臣办理北洋通商事务直隶总督部堂王札饬准山东巡抚部院李咨》，中兴公司档案文牍第一册，光绪二十三年三月初八日。

年有余，距德国侵略者强占山东胶州湾还有三个月。县一级的官员毫无危机意识，竟然做出这样的决定，实属麻木不仁！由此也可见，开始于1895年的维新变法，虽然较之以前的经世致用思想启蒙具有更广泛的社会性，但是其影响范围客观上由于通信、交通的落后闭塞而极其有限。

王文韶接到李秉衡转来的禀文之后，便札委通永镇总兵贾起胜会同津榆铁轨公司经理、直隶候补道张莲芬前往查办。贾起胜年老体衰，不久病逝。查办之事便落在张莲芬一人身上。

金铭在《致中兴公司函》中提到过张莲芬。金铭说："斯时张前总理由南交卸来矿，见煤销路不广，经济难支，乃约刘省三君办理督销，以资接济。每日无事必邀铭并马而出，遍阅矿区，谆谆相问：何处煤佳，何处煤广，何处煤深？铭以推诚据实相告，伊均一一笔之于册。如遇阴雨，则作叶子戏以消遣，交谊之厚，定于此时。"① 金铭所说"张前总理"即张莲芬，前文已有叙述；"斯时"，承上文意，指1880年峄县中兴矿局初建之时。金铭这段话透露出的关于张莲芬的信息是十分丰富的。其一，张莲芬与峄县中兴矿局的关系十分密切，能够急中兴矿局之所急。张莲芬与中兴矿局有着怎样的关系呢？据中兴煤矿公司的档案记载，张莲芬为李鸿章麾下盛军统帅周盛传的养子。张守德、张远辉主编的《枣庄人物》一书也说："张莲芬幼年时，曾被著名淮军统帅周盛传收为养子，改姓周，进入官场后，归宗复姓。"② 中兴煤矿公司的档案中，还存有一份关于在山东桓台为周盛传修建祠堂、清政府向张莲芬征求意见及筹资办法的函文，也可佐证张莲芬为周盛传养子的说法。周盛传在金铭等人赴天津求助于李鸿章时，热心地牵线搭桥，为尚未建

---

① 金铭：《致中兴公司函》，载枣庄市政协文史资料第19辑《中兴风雨》。
② 张守德、张远辉主编：《枣庄人物》，济南出版社1996年版，第66页。

设的峄县中兴矿局筹集到 3 万多两白银的股金，成为峄县中兴矿局的鼎力支持者和大股东。张莲芬自然就与峄县中兴矿局发生了密切的关系。其二，张莲芬与淮军中的铭军统帅刘铭传也关系密切。这当然传承于周盛传与刘铭传的关系。刘铭传与周盛波、周盛传兄弟都是安徽肥西县人，又一同起家办团练并最早加入淮军，相互以兄弟相称。1870年，李鸿章出任直隶总督兼北洋通商大臣，周氏兄弟所部盛军随李鸿章驻防京津地区。刘铭传则因在陕甘前线督办军务时，与左宗棠意见不合辞职归里。虽然天各一方，然而袍泽之情长存，音讯不断。"中法战争初起，周盛传即上书李鸿章，要求随行到两广参加筹防，同时致函铭军将领刘盛休、刘朝干，介绍新式军备和操练之法，并转请刘朝干向其叔祖父致意，敦促其出山。及至刘铭传临危受命，奔赴台湾前线，即上折要求奏调正在家乡招募勇营的周盛波赴台相助。"①1885 年 6 月，周盛传病逝，正在台湾与法军作战的刘铭传遥寄挽联。上联是："国步历多艰，三十年戮力同心，念我平生几知己"；下联是："君恩天罔极，千百载报功崇德，如公忠孝是完人"。② 可见刘铭传、周盛传友情之深。虽然如此，因张莲芬相约，此前曾四次向清政府辞官的刘铭传慨然应允赴峄县中兴矿局任煤炭督销，说明他们二人之间不单是一般的亲谊，更有刘铭传对张莲芬的器重和信任。古语说：道不合，不相为谋。张莲芬与刘铭传二人心系国家、社稷，致力于洋务实业的情怀、理念一致，是不言而喻的。其三，张莲芬不是一般地热心于洋务实业，而是时时留意、孜孜以求、不耻下问、极其认真。其四，张莲芬为人有情趣，善与人交友，没有官僚习气。张莲芬当时是"由南交卸来矿"，说明他已经有一

---

① 翁飞：《从史料一束看周氏兄弟与刘铭传保台建台》，载程必定主编：《刘铭传与台湾建省》，黄山书社 2007 年版，第 408 页。

② 翁飞：《从史料一束看周氏兄弟与刘铭传保台建台》，载程中定主编：《刘铭传与台湾建省》，黄山书社 2007 年版，第 408 页。

定的官职。当时是1880年。1881年，即光绪七年，张莲芬曾受戴华藻之请，与通永镇总兵贾起胜、戴华藻的族亲戴宗骞等人共同为峄县中兴矿局募集股本银5万余两。之后，峄县中兴矿局才"陆续购置机器四架，扩充采办"。① 当时的社会，募集股本是天下最难之事，非有影响力的人不能办这件事。张莲芬既然受戴华藻之请为峄县中兴矿局募股并获得成功，说明他已经有相当的社会地位和活动能力。以张莲芬的地位，来到峄县枣庄后，每日无事便邀请金铭"并马而出，遍阅矿区"，虚心请教；遇阴雨天则"作叶子戏以消遣"，以至于金铭说他们二人"交谊之厚，

前排左四为中兴煤矿公司的创办人张莲芬

① 《会禀直督东省封存挖煤机器可否恳请转咨免移，并准暂行出租文并批》，中兴公司档案文牍第一册，光绪二十四年三月。

定于此时"。金铭寥寥数语，就把孜孜于洋务实业，急峄县中兴矿局之所急，待人真诚、有情趣，交友广泛、厚道，作风认真、虚心、踏实、勤奋，又极有活动能力的青年官员张莲芬，鲜活地勾勒出来了。

张莲芬受王文韶委托赴原峄县中兴矿局查办问题的时间是 1897 年 7 月，职务是直隶候补道、津榆铁轨公司经理。在中国铁路史上，李鸿章力抗朝中顽固派的反对，为满足开平矿局运煤需要修筑的 9 公里长的从唐山到胥各庄的铁路——唐胥铁路，是中国第一条铁路。津榆铁路则是唐胥铁路向山海关的延伸，是包含唐胥铁路在内的中国最早的大铁路——关内外铁路的一部分。张莲芬以直隶候补道身份办理津榆铁轨公司，显然受任于力主修筑关内外铁路的原直隶总督兼北洋通商大臣李鸿章。黄山书社出版的《淮系人物·李鸿章幕僚·文职》卷内有张莲芬的名字，由此可见，张莲芬确为李鸿章的幕僚。对李鸿章来说，从天津到山海关的津榆铁路能否修建成功是至关重要的，因为该铁路是他极力争取才得以修筑的。铁轨公司顾名思义是管理铁轨铺设和物料供应的。中国铁轨使用国际标准轨距，是唐胥铁路修筑时经过一番激烈的辩论才得以确立的。所谓车同轨，一个国家的铁路使用什么样的规范必须是统一的，这是铁路衔接技术上的需要，也是一个国家独立和统一的重要标志。在中国的第一条铁路——唐胥铁路上，铁轨铺筑的技术要求和物料供应都围绕轨道的标准化进行，从而为中国铁路的发展奠定了良好的基础。而铁路的物料供应当时完全依靠进口，需要与洋人打交道。李鸿章把这样一项工作交给张莲芬，可见他对张莲芬的器重与信任。在《峄县志·峄县官窑创办记》中有这样一段话评价张莲芬："观察，故相国所识拔深沉有局干，通晓各国政制而于中外商务皆能洞悉情弊规划久远"。观察，为时人对于道台的尊称，承前文，指时任兖沂曹济道、华德中兴煤矿公司总办的张莲芬。《峄县志》重修于 1903 年，监修《峄县志》的正是张莲芬。《峄县官窑创办记》有可能是张莲芬亲自撰写的，即使不是他亲自撰写，也是经过他审查认可的。1903 年，李鸿章已经辞世，张莲芬还特意在该文中写上这件事，可见他对李鸿章的深厚感情；反过来，也印证了李鸿章对他的培养和器重。

津榆铁路建成于 1894 年，而管理这条铁路的津榆铁路总局组建于1896 年，是新任直隶总督兼北洋通商大臣王文韶接受在天津小站主持新式练兵、成立定武军 10 营、于 1895 年上书主张变法维新的大臣胡燏棻的提议而组建的。胡燏棻除了主持小站练兵，当时还兼任津芦铁路督办。津芦铁路即从天津经开平至芦台的铁路，也是由唐胥铁路展修而成，与津榆铁路同属中国第一条铁路即关内外铁路的一部分。戊戌变法维新失败之后，胡燏棻由总理各国事务大臣降为关内外铁路会办，以全部精力致力于中国铁路建设。胡燏棻于 1896 年之前与张莲芬在同一条铁路线上工作，是上、下级关系。胡燏棻为 1874 年的进士，选庶吉士，之后被李鸿章招为幕僚，授天津道，与张莲芬同幕。不仅如此，胡燏棻祖籍浙江萧山，与张莲芬还有同乡关系——对于那个时代的为官者，同乡关系是很重要的关系。根据这些关系，以及张莲芬之后在创办中兴煤矿公司及台枣铁路时百折不挠的坚持，可以断定张莲芬与胡燏棻之间不仅关系密切，而且声气相通。胡燏棻是力主变法改革的大臣，所以，张莲芬必然也是变法维新的坚定支持者。

实际上，据史料记载，李鸿章在维新变法期间也曾提出加入康有为、梁启超的强学会，却因甲午战败之事及《马关条约》的签订而未被吸收。由李鸿章对变法维新的态度，也可以推知张莲芬的态度。

其实，变法思想，张莲芬的好友刘铭传早在 1885 年就已有之。刘铭传曾提出要"改弦易辙，发奋为雄"，"以商立国"。他说："人事随天道为变迁，国政即随人心为旋转。今之人既非上古先朝之人，今之政岂犹是上古先朝之政？使事事绳以成例，则井田之制，自古称良，弧矢之威，本朝独擅，行至今日，庸有济乎？泰西制造之精，日新月异，中国踵而行之，已居人后，若再因循坐误，一旦变生仓卒，和战两穷，其将何以自立？"①甲午战败，一心发奋为雄的刘铭传眼疾暴发而死，其言、其行及其猝死对张莲芬的影响和刺激也可想而知。

在原峄县中兴矿局股东内部闹得不可开交，峄县县令欲将局房拆毁、机器移走，而德国侵略者即将武力侵犯胶州湾、觊觎山东矿产的关键时刻，王文韶派张莲芬赴峄县查办原中兴矿局之案，历史已经证明，这是一个难能可贵的正确选择。

三、威廉二世的世界强权政策及德国入侵山东半岛

1895年4月17日，《马关条约》签订。战败的中国向日本赔偿白银2亿两，并向日本割让台湾、澎湖列岛及辽东半岛，允许日本在中国的通商口岸设立工厂等等，开启了帝国主义列强瓜分中国的狂潮。这一事件令中国创巨痛深，从故步自封的酣梦中警醒。以夷制夷的洋务运动被否定，向列强争夺利权的以工商立国的方针在戊戌变法中得到确立，并在变法失败后，由慈禧太后所继承。令日本没有想到的是，西方列强中，德、俄、法三国于1895年4月23日，即《马关条约》签订后的第六天，向日本提交了内容大体相同的声明。其中，德国的声明称："当德国政府看到中日讲和条约后，不能不认为由于贵国要求领有辽东，而把中国的首都置于任何时候也不安全的位置，并使朝鲜的独立化为泡影，因而成为远东和平持久的障碍。所以希望贵国政府断绝永久占领辽东之念，本政府谨敬劝告。"②在此之前三天，即1895年4月20日，德国外交大臣马沙尔会见日本驻德公使青木，措辞严厉地阐明德国干涉

---

① 刘铭传：《复陈津通铁路利害折》，载《刘铭传文集》；转引自沈寂：《刘铭传近代化思想剖析》，载程必定主编：《刘铭传与台湾建省》，黄山书社2007年版，第204页。
② 潘琪昌主编：《百年中德关系》，世界知识出版社2005年版，第20页。

"还辽"的缘由："德意志自去秋开战以来，已充分对日本表示了厚意，打破了欧洲干涉的企图，并以其他种种办法帮助日本。然而日本对此并未给予任何报酬。而且不顾德意志及其他欧洲各国在中国已有的通商关系，擅自单独规定和平条件。所以德意志早已不能不站在欧洲各国及德国的利益上，故就此对日本政府提出抗议。""日本必须让步，因为对（德、俄、法）三国开仗是没有希望的。"① 显然，德、俄、法三国干涉"还辽"，是由于日本侵占辽东半岛打破了列强在中国的利益均势。日本面对三国，特别是称霸欧洲的强权国家德国，不敢怠慢，于 1895 年 5 月 5 日向三国做出答复："日本帝国政府基于德、俄、法三国政府的友好忠告，决定抛弃永久占领辽东半岛。"②

在德、俄、法三国干涉"还辽"的过程中，德国的态度特别强硬。按常理，辽东半岛对德国的重要性远没有对俄国更大。因此，德国的强硬态度大大出乎日本所料，甚至也出乎俄国所料。而对德国皇帝威廉二世来说，这不仅完全符合他的世界政策，而且完全符合他本人的性格特点。

威廉二世来自于德意志的霍亨索伦家族，是他的先辈通过种种手段在北德扩张势力范围，将整整 5 个世纪中攫取的土地合并建立起普鲁士王国。为了对付王国内各个族群的离心力，霍亨索伦家族的前辈建立了严密的军事管理体制和封建等级制，用严酷的手段驯服臣民效忠王朝。18 世纪初期，普鲁士王国实行普遍兵役制，并发展了无限期兵役制度，使普鲁士人人自危，宗朋之间不敢往来。自古以来，高寒地带艰苦的生存条件造成的内心的不安全感，不但促使普鲁士历代国王不断挑起战争，也促使他们永远不能安宁。驯服欧洲、征服世界，成为他们一代代

---

① 潘琪昌主编：《百年中德关系》，世界知识出版社 2005 年版，第 20、21 页。

② 潘琪昌主编：《百年中德关系》，世界知识出版社 2005 年版，第 20 页。

的梦想。19 世纪初期的军事改革，造就了普鲁士军队的强大。令世界震惊的普鲁士王国首相俾斯麦于 1871 年率领普鲁士军队打败法国，占领巴黎凡尔赛宫。普鲁士王国从此统一了分裂的德国。威廉一世自行加冕，成为德意志帝国威廉一世皇帝。俾斯麦推行了一系列有利于资本主义发展的政治、经济政策，德意志帝国迅速成为欧洲最强大的国家。28岁的威廉二世于 1888 年从威廉一世手中接过德意志帝国的权杖时，他已经不能满足于德意志仅仅是一个欧洲强国。他坚决反对俾斯麦的大陆政策，并于 1891 年迫使俾斯麦退休赋闲。威廉二世在俾斯麦下台后开始建立强大的海军舰队，以"人民没有生存空间""不对外扩张，德国就会窒息"① 为借口，建立海外殖民地，甚至制造日耳曼人是世界上最优秀种族的舆论，妄图独霸世界。威廉二世得知日本人在中国获得大片土地，而俄国人还想保持中立，英国也与日本就各自侵占的中国领土达成某种互不干涉的默契，立即感觉到一种于德国不利的危险性，进而产生一种由日本代表的"黄祸"威胁欧洲的危机感，那是他无论如何不能容忍的。于是，威廉二世坚决地推动了德、俄、法三国干涉"还辽"。

独霸世界是威廉二世的目标，他需要一步一步地把这一目标付诸实现。强迫日本"还辽"，威廉希望借此促使中国政府知恩图报，让德国在远东得到好处。清政府当然也知道这一点，根据德国驻北京公使的要求，同意德国在天津和汉口两地设立永久租界，并满足了德国共同参与对华贷款的要求。但是，德皇威廉二世早就确定了利用中日战争之机攫取远东基地的既定方针，不会满足于清政府给予的利益，授意驻北京公使向清政府提出割让一个煤站的要求。说是割让一个煤站，其实就是要求得到一个海军基地。当时侵略中国的列强，一国索得某种利益，其他

---

① ［德］艾米尔·路德维希：《德国人——一个民族的双重历史》，杨成绪、潘琪译，东方出版社 2006 年版，第 369 页。

各国便纷纷仿效。清政府以"援照要索后患难弥"[①]为由，婉言拒绝了德国的要求。1896年6月，李鸿章在参加俄国沙皇尼古拉二世的加冕典礼后顺访柏林。德国外交大臣马沙尔借机再一次提出在中国华北地区设立海军兵站，以避免德国的舰队"依赖非德国的煤站和粮食供应"[②]，同时承诺支持中国修改关税税则。李鸿章未得到朝廷授权，自然不便回答，只表示将在北京支持德国方面的要求。李鸿章回国后，德国驻华公使又多次到总理各国事务衙门商谈，均无结果。

这期间。德国政府在权衡，究竟在中国的何地建立一个海军基地。早在19世纪六七十年代，就有一些德国殖民主义分子极力鼓动政府在中国建立一个舰队基地或煤炭基地，或将中国的一个沿海城市占为基地。在此期间，山东的胶州湾成为德国重点关注之地。胶州湾的重要性，是德国地理学家李希霍芬经过七次来华考察后提出来的。1869年，李希霍芬根据对山东的考察做出判断："胶州湾的开放和上述与内陆连接的交通线的开辟，是山东的丰富的煤炭资源的前途所在"[③]，德国欲图远东势力发达，非

孤傲专横的德皇威廉二世

---

① 潘琪昌主编：《百年中德关系》，世界知识出版社2005年版，第22页。
② 潘琪昌主编：《百年中德关系》，世界知识出版社2005年版，第13页。
③ 潘琪昌主编：《百年中德关系》，世界知识出版社2005年版，第13页。

占领胶州湾不可。后来，德国驻沪领事又向德国政府报告："胶州湾乃山东全省第一要地，经我德国占领，即可握山东全省之利权。若我能立定根本计划着着执行，则不但尽得山东之利权，且可操中国全国之死活权，而朝鲜又为我手中之物。即他国在华之权利亦将归我有矣……我宜速与之订立条约，由烟台建筑一条铁路，直达济南，是为至要之事。我能将此铁路筑成，则我无穷之利益，皆在此铁路上。盖此路若成，则由中国内地可直达胶州海口，中国内地所生产之货物，可由海路运至德国，是即如英在印度之办法。此条干路，为烟台至济南之一段。此线既成之后，亟宜引而长之，以行向直隶河南间为第一要义。盖我铁路所至之处，即我占地所及之处。"① 德国驻沪领事的这份报告与威廉二世的世界强权政策可谓一脉相承，其强盗嘴脸毫不掩饰。威廉二世的海军少将和海军建港专家也都认为，胶州湾有安全的舰队停泊处，易于设防；山东内地资源丰富，经济利益看好；便于修筑交通设施；气候宜人，是最适合人类生活的地方；等等。曾在天津海关供职的德国人德璀琳还特别指出胶州湾的六大优点，包括其地理位置不仅有利于控制山东，也有利于控制中国北部等等。

由这些送达德皇威廉二世的建议可以看出，当时的德国统治者完全秉持帝国主义思维，与发动甲午战争的日本侵略者毫无二致。

外交无小事。当德国明确提出索要一个基地并密谋策划之时，中国政府除了因害怕引起连锁反应而予以婉拒外，没有对此事集中讨论并拿出一个预案，等于是不作为。1897 年 2 月 19 日，威廉二世在一个文件上批示："不！在这样拒绝之后，那将是一个耻辱。这已是最后一次了。不要再问了！一旦地点确定之后，立即予以占领。"② 威廉二世天生左臂

---

① 《1897—1898 德国侵占胶州湾史料选编》，山东人民出版社 1986 年版，第 427 页。
② 潘琪昌主编：《百年中德关系》，世界知识出版社 2005 年版，第 23 页。

残疾。为了弥补这一缺陷，他从少年时代起，就在母亲的逼迫下比常人更加刻苦地训练，这造成了他心灵上极大的创伤。他自卑又自傲，近乎神经质，视荣誉为生命。当然，他是把荣誉建立在侵略扩张的基础之上的。威廉二世认为，他是世界第一，他的话不容否定，他的要求不容怠慢，否则就是大逆不道。他显然已经把软弱的清政府当成了砧板上的牺牲，随时准备满足他的欲望。

正当威廉二世寻找动手机会的时候，1897年11月1日夜，"巨野教案"发生，两名德国传教士被杀。德意志民族的尚武传统和长期的军人统治，造成了其民族性中绝对服从的性格，而对上的绝对服从同时衍生了对下的粗暴凶残。为德国侵略扩张服务的德国在山东的传教士数年中横行霸道，压迫地方，动辄诉讼，引起了当地人的强烈不满。同德国人相比，中华民族崇尚中庸，一贯秉持人不犯我、我不犯人，人若犯我、我必犯人。山东大刀会的兴起，正是山东人民反抗外来侵略的体现。而那两名德国传教士正是死于大刀会之手。威廉二世在11月7日接到德国驻华公使海靖关于德国传教士被杀的报告后，立即指示外交大臣毕鲁："中国人终于给我们提供了您的前任——马沙尔——所期待已久的理由和事件。我决定立即动手。"[1]威廉二世指示其远东舰队立刻兵发胶州湾，占领该地。该指示写道："上千的德国教民将扬眉吐气，当他们知道德皇的战舰在他们跟前；数百个德国商人将欢欣鼓舞，当他们知道德意志帝国最后已在东亚取得了一个坚强的据点；成千上万的中国人将发抖，当他们感觉德意志帝国铁拳沉重地压在他们的颈上……希望全世界人们从这件事上取得这个教训，对于我可以说是'逆我者亡'。"[2]11月14日，威廉二世派海军上将率舰队驶入山东胶州湾，并派海军陆

---

① 潘琪昌主编：《百年中德关系》，世界知识出版社2005年版，第25页。
② 潘琪昌主编：《百年中德关系》，世界知识出版社2005年版，第25页。

战队登陆夺取青岛。次日,威廉二世又派他的弟弟、海军大将普鲁士亨利亲王率三艘军舰组成第二舰队前往青岛。1898 年 3 月 6 日,中国被迫与德国签署《胶澳租界条约》。《胶澳租界条约》规定:德国以 99 年期限租占面积约 550 平方公里的胶州湾及其南北两岸陆地。这一区域通归德国管辖,德国可任意驻扎军队、停泊舰船。另有 6500 多平方公里的区域实行中德共管,德国官兵可自由通行,但中国若派军队须与德方商办。德国享有在山东修筑铁路、开采矿山和承办任何工程的优先权。

德国工人阶级对德国入侵中国给予了坚决的揭露和严厉的谴责,多名社会民主党领袖纷纷撰写文章、发表演讲予以抨击。其中,奥古斯特·倍倍尔在国会演讲中说:"这是一次骇人听闻的暴行。中国在光天化日之下遭到武装入侵,中国爱好和平的士兵被驱赶,他们的领土被强占。德国通过占领这块地盘控制衰弱的中华帝国,并强迫它承担义务,德国从而变得更加强大,这就是德国推行的所谓和平政策。"[1]

随着各帝国主义国家纷纷效尤、瓜分中国,中国这个睡狮终于由震惊而悲哀,由悲哀而奋起。从甲午战争战败后开始的变法维新思潮,于 1898 年 6 月演变为戊戌变法运动。痛定思痛,晚清政府终于放弃了以夷制夷的自我中心思维,决心立足于中国文化的根本向西方学习。

中国文化,其本质可以从民间信奉的八卦窥见一斑。其一为阴阳互根。组成八卦的基本线条阳爻"—"和阴爻"— —"构成的一对卦象,即所谓的"一阴一阳之谓道",象征阴阳互生互根、和谐统一。这种和谐一旦被破坏,事物便失去平衡,出现混乱或动乱。其二为生生不息。由阴爻和阳爻位置的变化构成八种卦象,即八卦。八卦又可变为六十四卦象、三百八十四爻,对应世界的万事万物。即所谓道生一,一生二,二

---

[1] 《1897—1898 德国侵占胶州湾史料选编》,山东人民出版社 1986 年版,第 548 页。

生三,三生万物。其三为过犹不及。由三个纯阳爻构成的卦象称为"老阳"。纯阴爻组成的卦象称为"老阴"。"老阳"与"老阴"都极不稳定,必将转化为"少阴"和"少阳"。上述八卦阴阳文化的三大特点本质上可以归结为一点,即和谐平衡。无论是阴阳互根的道,还是阴阳变化创造的生生不息和宇宙社会,还是过犹不及的昭示,都指向对和谐平衡的追求。所谓道中庸,正是由中华民族对客观世界的这种认识决定的理念。道中庸同时包含着中华文化对世界万物变化规律的深刻理解。但是对于如何推动变化朝着有利于我的方向发展,中华文化则缺少思考。这是由天人合一理念的保守解释所造成的。天人合一是一种博大、开放、兼容的人类宇宙情怀,而东汉以降的保守解释却倡导人事遵循天理,而天理根据这一解释是不变的,所以,有"天不变,道亦不变"的僵化观念。人的进取精神被规定在所谓天道的范围内,久而久之,封建专制文化形成,僵化保守成为一种常态,有着5000年灿烂文化的华夏中国逐渐衰落。经历了甲午战争和德国强占胶州湾引发的列强瓜分,积淀在民族意识中的中国优秀精神被激活,中国人终于找到了一条促使老大中国起死回生的道路:向战胜自己的敌人学习,奋起直追。正如梁启超所说:竞争是社会进步的动力。竞争一日停,则社会进步立止。中国优秀的古代文化不是在春秋战国时期的激烈竞争中形成的吗?强盛的德意志帝国不是在永不满足的竞争精神指引下建立起来的吗?达尔文的"优胜劣汰"说不就是物种竞争的法则吗?感谢列强,毫无顾忌地、野蛮地侵略中国时,对中国的阴阳转化学说做了一个补充。这就是:竞争是进步的必要条件。戊戌变法失败了,但是,竞争的理念已移植于中华文化。以工商立国、与列强竞争、把列强强占的属于中华的利权夺回来、让中华民族平等地站立于世界民族之林的信念扎下根来。我们已经知道,这条路是多么的曲折、艰难、漫长。

德意志永不满足的个性是这个民族强盛、发达的文化根源,假如它不是把这种文化优势用于侵略和掠夺，我们不仅应当学习它，而且应当尊敬它。当时的情形却恰恰相反。正当德国侵略者进一步凌辱山东、侵占山东矿产之时，直隶候补道、津榆铁轨公司经理张莲芬，抱持着坚定的信念来到山东南部的峄县。这里有山东最为富庶的、令德国侵略者垂涎已久的一块大煤田。

四、三次上禀直隶总督折射出的严峻政治局势

1898 年旧历三月，张莲芬第一次具文禀复直隶总督兼北洋通商大臣王文韶，文中说："峄令赓勋禀请饬令将机器移去、局房拆毁、地基归还原主各情……职镇等及戴姓昆季所集各股东不时函催本利，有此矿局机器尚可望归还原本之日，若撤局移机又将何辞以对各股东？""且此项机器从前系外洋购买料件，至枣庄装配，笨重难移，一经拆卸即成废弃，实有不能迁徙之苦衷""职镇等正在筹议间，适戴从九睿藻由籍来津，再三面商，值此时事多艰，外人窥伺，每见各省凡有可开之矿无不奏明兴办，况此已成之基，煤多质佳，岂可因资本不足，弃之不顾"。①

张莲芬在这里讲了三条不能对山东原峄县中兴矿局弃之不办的理由。这三条理由实事求是、有理有据、无可辩驳，是对峄县县令赓勋及山东巡抚李秉衡要求将原中兴矿局的房产、机器拆毁移走的有力驳斥；也是对王文韶进行说服、劝告，希望他能收回成命，批准续办原中兴矿局。为什么这么说呢？因为直隶总督兼北洋通商大臣王文韶于 1897 年 7 月，要求直隶候补道张莲芬和直隶通永镇总兵贾起胜对原峄县中兴矿

---

① 《统领淮练兵马步各营直隶通永镇总兵贾起胜、二品衔办理津榆铁轨公司直隶候补道张莲芬禀直督王》，中兴公司档案文牍第一册，光绪二十四年三月。

局南、北股纠纷及局房、机器等进行查办，实际上就是要求他们按照山东巡抚李秉衡和峄县县令赓勋的要求去办。这不是我们今天的猜度，有张莲芬于 1898 年旧历九月给直隶总督荣禄的禀文中的话为证。在那份文件中，张莲芬说道："光绪二十四年初，前督宪王已饬令将机器迁移，局房矿地退出……职道及贾故镇秉复核夺等因"。[①] 这句话清楚地证明了王文韶令张莲芬、贾起胜"前往查办"的本意。张莲芬和贾起胜都是在 1881 年为峄县中兴矿局招募股资的人，他们俩对"前督宪王"，即前直隶总督兼北洋通商大臣王文韶的要求是什么态度呢？"职道与贾故镇秉复核夺"一句表明，张莲芬、贾起胜二人当时接受任务的时候，态度是"核夺"，也就是核查之后再行定夺。身为直隶总督兼北洋大臣，王文韶在变法维新潮流热浪滚滚的 1897 年 7 月居然做出那样的决定！

按照王文韶一贯对待洋务派的态度及其加入强学会的举动，他似乎不应该做出这样的决定，但史载他是一个圆滑的官僚。王文韶作为一个圆滑的官僚，尊重山东巡抚李秉衡的意见，那倒是顺理成章。这正是所谓的"一味圆融"了。对比他的前任李鸿章，可谓有天壤之别。与李鸿章相比，王文韶这样的人算什么呢？他怎能担当得起直隶总督兼北洋通商大臣这样的重任？张莲芬心里会这么想，但不能这么说，只能委婉地摆事实、讲道理。张莲芬禀复王文韶的函文写于光绪二十四年三月，也就是 1898 年阴历三月。1898 年 3 月 6 日，《胶澳租界条约》签订，北京变法维新、挽救国家危亡的运动再掀高潮。张莲芬是在光绪二十三年（1897 年）7 月接受任务，查办原峄县中兴矿局问题；到光绪二十四年（1898 年）三月才向王文韶禀复，要求准予招添股本，再行禀请开办。这期间，他要说服、动员原峄县中兴矿局的股东同意续办，这项工作并

---

① 《直隶部堂荣准巡抚部院张咨转饬峄令仍准将机器暂存枣局不必迁移等因》，中兴公司档案文牍第一册，光绪二十四年九月初七日。

不容易。据张莲芬在多个文件中提及的，原峄县中兴矿局的股东，特别是以戴氏家族为代表的"北股"股东，自矿局成立之后投入很多，从未分过红利。因而，他们要求抽回股本的想法肯定是有的。然而大敌当前，经过再三商议，大家终于统一起意见，要求王文韶同意续办原中兴矿局，以便"前集资本不致终归无着，而利源自我开，利权自我揽，既可杜他人侵占之心，亦可收中国富强之实，似于当今时事不无小补"。①

王文韶没有任何理由不予批复，但他批复同意的时间很耐人寻味，是光绪二十四年四月二十五日，也就是1898年6月13日。两天前，即1898年6月11日，光绪皇帝颁布了《明定国是诏》，正式向中外宣告要进行变法维新；一天前，即1898年6月12日，光绪皇帝谕申"商务为富国要图，自应及时举办"②，命各省设商务局，扶掖工商业。为官圆滑的王文韶在1898年6月13日批准原中兴矿局续办，更可见其为官的圆滑。

王文韶在批准原中兴矿局续办的第三天，即1898年6月15日，即奉命调任户部尚书、协办大学士、入赞军机处。他顶替的是帝师翁同龢。翁同龢是光绪皇帝变法维新的核心支柱，在同一天被慈禧太后罢官赶回原籍。慈禧太后同时任命她的亲信荣禄署理直隶总督兼北洋通商大臣。直隶总督换了人，张莲芬的工作却没有停顿。既得批复同意，张莲芬便着手筹办。他主动联系督办直隶全省矿务和开平矿局的道员张翼，从续办原中兴矿局的资金到领导班子安排，以及对中兴矿局原有资产的处置，一件一件详细商议。之后，张莲芬又把事情的来龙去脉禀报给荣禄。禀文中说："值此国家振兴庶务，凡开矿筑路实为当务之急，且山东为海疆择要之区，胶海昆连，强邻逼处，若欲杜窥伺而基富

① 《统领淮练兵马步各营直隶通永镇总兵贾起胜、二品衔办理津榆铁轨公司直隶候补道张莲芬禀直督王》，中兴公司档案文牍第一册，光绪二十四年三月。
② 孙孝恩、丁琪：《光绪传》，人民出版社2002年版，第367页。

强，则此矿之开尤属不容延缓。"① 为了防范占据山东为势力范围的德国人的干扰，禀文中特别提出"因该地近接胶澳必须兼招洋股"。这显然是与张翼商定的。那么，代表德国股东的德国人是谁呢？正是曾向威廉二世皇帝推荐胶州湾六大好处的德国人德璀琳。德璀琳是李鸿章多年的洋幕僚，李鸿章离开天津后，他成为督办直隶、热河矿务及开平矿局的张翼的顾问。至此，张莲芬联络到的两个人，一个是掌握开平财源的张翼，另一个是可以招募德国股份的德璀琳，资金来源和领导班子成员已清晰呈现。这时，直隶总督换成裕禄。裕禄也是满族权贵，但是一度倾向戊戌变法。裕禄批复"即便遵照办理"② 是在光绪二十四年旧历十一月二十六日，阳历正是 1898 年年底，百日维新被慈禧太后镇压已逾三个月。应该说，百日维新被镇压并没有对原中兴矿局的续办产生太大影响；因为毕竟张莲芬是李鸿章的幕僚，而李鸿章一直是慈禧太后倚重的大臣，与荣禄同属后党一系。问题在于，旨在以工商立国的戊戌变法的失败，必然会大大恶化新办工矿企业的社会、政治环境。

1899 年旧历六月，张莲芬向新任直隶总督裕禄再上禀文，在报告了调查的情况及与当地士绅商议扩充开办的情形之后，汇报了他对续办中兴矿局的总体构想，即：添购机器，开凿大井，修造从枣庄至台儿庄运河码头的 45 公里长的运煤铁路。张莲芬豪迈地预言："今峄矿煤旺质佳，若能筹得巨款刳日举办，出煤在东省各矿之先，三五年后固可大浚，利源且可先着我鞭，淮运长江销煤利权，亦可归我掌握。"③ 由张莲

① 《直隶部堂荣准巡抚部院张咨转饬峄令仍准将机器暂存枣局不必迁移等因》，中兴公司档案文牍第一册，光绪二十四年九月初七日。
② 《直督裕准督办直矿张咨札委张道莲芬查勘峄矿文》，中兴公司档案文牍第一册，光绪二十四年十一月二十六日。
③ 《禀复直督查勘峄矿筹办情形并绘呈图说文并批》，中兴公司档案文牍第一册，光绪二十五年六月。

芬宏大气魄流露出的豪迈情志，可以领略到他的决心和信心。他的决心首先来自捍卫国家利权的强烈责任感。德国占领胶州湾引起列强瓜分中国的狂潮，而德国在《胶澳租界条约》签署之后便开始将侵略的黑手从沿海伸向山东腹地。德商山东矿务公司获取了潍县、博山、莱芜、沂州等条约规定的，沿胶济、胶沂济铁路线两侧矿产的开采权；1898 年 9 月，德英两国私下交易，英国将攫取的津镇铁路承筑权中的北段承筑权让予德国。津镇铁路北段即天津到山东南部韩庄段，恰巧经过峄县枣庄煤田；而 1898 年一年中，德商礼和洋行的探矿队 4 次窜到枣庄购买煤地——德国人对枣庄煤田的野心不言而喻。要想抵制德商的侵略，唯有捷足先登，在枣庄办起机械化的大型煤矿。只有办起机械化大矿，提高竞争力，才能堵塞德商吞并枣庄煤田的企图。张莲芬的决心也来自对枣庄煤田的勘查及当地士绅的支持。随张莲芬来枣庄勘查的中国矿师邝荣光，是 1872 年由李鸿章派往美国学习的首批学童之一，专攻采矿专业，回国后成为中国最权威的地矿专家。富里克是德璀琳推荐的德国矿学专家。邝荣光和富里克的考察认定，枣庄之煤"灰轻磺少，较开平九槽更觉质佳，块多煤平易取，大可扩充办理"。① 对张莲芬来说，没有比这更好的消息了。

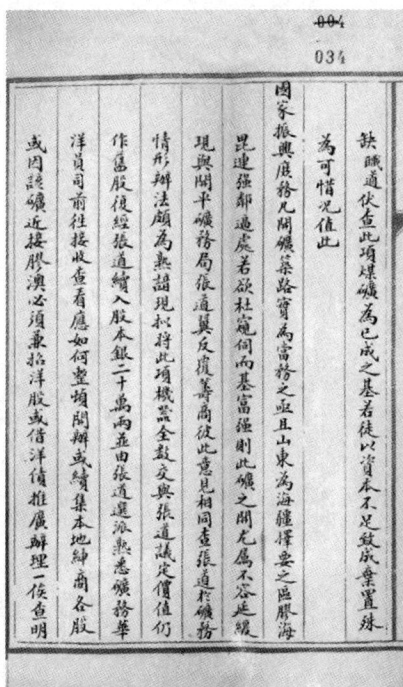

张莲芬第二次上禀直隶总督，要求在原中兴矿局的基础上续办华德中兴煤矿公司

---

① 《禀复直督查勘峄矿筹办情形并绘呈图说文并批》，中兴公司档案文牍第一册，光绪二十五年六月。

　　张莲芬的信心和决心还来源于清政府的政策。戊戌变法期间，光绪皇帝颁布的《振兴工艺给奖章程》包含的奖励范围涉及科技、学务、著作和工商等多个方面。关于奖励工商方面的规定主要有：(1) 如有能发明制造船械、枪炮等器，"驾出各国旧时所用各械之上"，则"临时酌量情形，奏明请领特赏，并许其集资设立公司开办，专利五十年"。(2) 如能制造民用器物，"其法为旧日所无者"，奏请赏给工部郎中实职，许其专利 30 年。(3) 如能仿造西人尚未传入中国的器物，且"成就可用者"，奏请赏给工部主事职衔，许其专利 10 年。(4) 如有"独捐及募集巨款，开辟地利若干"，则视功用之大小、款项之多寡，奏请分别赏给世职或郎中、主事等职。(5) 如有关于农学、商学的新著，且"确有心得"，则"请赏给庶吉士、主事、中书实职，发交总署及出使各国大臣、各洋务省份，因材器使"。① 《振兴工艺给奖章程》仅工商一类就有这么多的内容和相当大的力度，并设专利条，保护创新，表明以工商立国不是虚言，是有实实在在的内容和举措的。其中第四条，如有"独捐及募集巨款，开辟地利若干"，正符合创办公司、进行采矿。戊戌变法虽然失败，但这些政策并没有废止。"准专利以劝百工"，在戊戌变法期间即成为直隶总督荣禄和湖广总督张之洞等人坚定支持并奉行的政策。所以，尽管戊戌变法失败了，以工商立国、夺回利权却已基本成为共识。工商业者的社会地位，也随着奖励政策的出台及变法维新期间的社会舆论而大大提高；再者，戊戌变法的启蒙思想已深深融入力主反抗外来侵略、复兴中华的士子精英的血液，成为他们自觉的追求，这正是张莲芬在向朝廷汇报关于创办中兴煤矿公司构想时充满昂扬精神的原因所在。正是基于朝廷的鼓励和抵制外洋、争夺利权的实际需要，基于枣庄煤田的丰富蕴藏和上佳煤质，张莲芬构思了中兴煤矿公司的宏伟蓝图，同时

---

① 　李玉：《晚清公司制度建设研究》，人民出版社 2002 年版，第 189 页。

向朝廷提出了对专利的要求并给予税收优惠待遇。在给直隶总督裕禄的禀文中，张莲芬提出："此次矿局添集资本百余万，尤称巨款，自应遵照路矿新章专利之条，十里内不得用土法开窑，峄境内不得用机器仿西法开矿"。① 除专利之外，张莲芬汇报了从前办矿时，"台儿庄以下关卡林立，本重利轻，是以煤质虽佳，销路不广"，"应照路矿总局章程参以直隶开平成案，凡出煤一吨，完纳税银一钱外，另加厘金五分。此项税厘应由山东抚臣派员在厂征收，发给运照，无论运往何处销售不得重征"。② 张莲芬强调"此次矿局添集资本百余万，尤称巨款"，是因为无论专利的享有，还是税厘的优惠，都基于两个前提条件，即募集股款达到 50 万元以上，并使用机器生产。很明显，这是鼓励资本主义机器化大生产的政策。当时的中国社会，关卡林立，过关收厘，而外商根据不平等条约一直享有税厘优惠。清廷为了鼓励中国工商业的发展，早在甲午战争前即规定，大机器生产企业，经朝廷特许，即可获得与外企同样的税厘优惠政策，开平矿局正是这类大企业中的一家。这种政策导向，也是张莲芬决心募集巨款、修铁路、建大矿的重要原因。但是，张莲芬没有想到，或者他想到了却宁可直接面对的现实是：由于戊戌变法被镇压，列强进一步瓜分中国，中国人民反抗帝国主义的斗争日趋高涨。当1899 年张莲芬上禀直隶总督裕禄，提出在峄县枣庄创办近代化大煤矿并铺设台枣铁路的宏伟蓝图，以对抗洋商、争夺中华利权之时，山东的大刀会已演变为"扶清灭洋"的义和团，从山东发展到直隶。1899 年 3 月升任山东巡抚的毓贤曾八次下令禁止义和拳，但是当看到德国人强占胶州湾之后，德国教会的气焰更加嚣张，他对义和团的镇压不是那么卖

---

① 《禀复直督查勘峄矿筹办情形并绘呈图说文并批》，中兴公司档案文牍第一册，光绪二十五年六月。

② 《禀复直督查勘峄矿筹办情形并绘呈图说文并批》，中兴公司档案文牍第一册，光绪二十五年六月。

力。而慈禧太后随后根据毓贤的建议对义和团由"剿"而抚，并利用义和团激起的民气，极不理智地对八国宣战。中国战败后，其实际统治者慈禧太后卑躬屈膝，愿"以中华之物力，结与国之欢心"[①]，中国的主权前所未有地丧失，从根本上伤害了国家振兴的元气，伤害了工商企业发展的元气。

光绪二十五年（1899 年）11 月 16 日，中兴煤矿公司续办一事获得朱批："该衙门知道，钦此。"[②] 而根据《枣庄煤矿志》和《枣庄矿务局志》的记载，中兴煤矿公司的续办，或者说华德峄县中兴煤矿股份公司的创办，是在 1899 年 1 月。这又是怎么回事呢？

五、张翼与华德中兴煤矿公司的匆忙上马

由张莲芬三次给直隶总督的禀文可以看出，扩充大办是张莲芬因应时局变化提出的请求。而直隶总督裕禄于光绪二十四年（1898 年）十一月二十六日，在张莲芬上呈直隶总督荣禄的禀文上批复"即便遵照办理"，就已经批准了华德中兴煤矿公司的成立。不过，那时一切还都是纸上谈兵。1899 年旧历六月，张莲芬在上呈直隶总督裕禄的禀文中要求以大矿规模批给百里矿界，即百里之内不准再有开办机器大矿者；而为安全起见，十里之内不得再有开办土窑者。税厘则要求仿照开平煤矿的成例。就规模看，要创建机器大矿、修造铁路，这些事都不是直隶总督能够决定的，必须上报朝廷。于是，直隶总督裕禄和直隶热河矿务督办、内阁侍读学士张翼共同具文上奏慈禧太后与光绪皇帝，确定华德峄县中兴煤矿公司的投资额为 200 万元，100 元做一股，

---

① 李侃等：《中国近代史》，中华书局 1994 年版，第 303 页。

② 《督办直矿张抄折录批行令遵照文》，中兴公司档案文牍第一册，光绪二十五年十二月初三日。

为 2 万股，华商占六成，德商占四成，华商拥有控股权。领导班子以张翼兼任督办，张莲芬为总办，德国人德璀琳为洋总办。税收仿开平煤矿的成例。百里、十里矿界内，为华德峄县中兴煤矿公司的专利。此外，特别强调：洋总办许其稽核银钱出入，但不得揽权掣肘；一切事权归华总办。1899 年 11 月 16 日，该方案获朱批："该衙门知道，钦此。"①华德中兴煤矿公司成为在朝廷正式备案的中德合资的晚清大型煤矿公司。

从程序上看是这样，但实际情况是，早在旧历 1899 年元月，华德中兴煤矿公司就已经匆忙上马。在接到直隶总督裕禄批文"即便遵照办理"的第二天，即 1898 年旧历十一月二十七日，张莲芬便带着矿师从天津启程奔赴枣庄。当时没有铁路、公路，他们一路骑马而来，到达枣庄的时间是 1898 年旧历十二月八日，1000 多里路用了 13 天。他们路过济南时，恐怕还必须去拜见山东巡抚，所以，行程相当紧迫。从旧历十二月八日到达枣庄，到 1899 年元月挂牌成立华德峄县中兴煤矿股份公司，也就是一个月多一点的时间。为什么这么匆忙呢？

首先，看看当时发生了什么事情。

1897 年 11 月 14 日，德国以武力占领胶州湾，并强迫清政府于 1898 年 3 月 6 日与其签订《中德胶澳租界条约》。根据这个条约，德国强占胶州湾为租借地，并且取得在山东境内修筑胶济、胶沂济两条铁路的权益。该条约还规定，沿铁路两侧 15 公里内的矿藏允许德国自由开采。但是德帝国主义并不满足于到手的利益。1898 年 9 月 1 日至 2 日，德英两国金融资本代表在伦敦召开分赃会议，擅自议定两国在中国修建铁路的利益范围。德国代表提议：

---

① 《督办直矿张抄折录批行令遵照文》，中兴公司档案文牍第一册，光绪二十五年十二月初三日。

一、英国的利益范围包括：扬子江流域。但得将山东各铁路接至镇江、扬子江以南各省、山西省，以及接至京汉线上正定以南某点，和跨过黄河通至长江流域的连接线。

二、德国的利益范围包括：山东省和黄河流域并接至天津和正定，或京汉线上另一地点，南面通到镇江或南京，与扬子江相连接。黄河流域经谅解，只限于山西省内的连接线，以及通到长江流域的连接线，前者为英国势力范围的组成部分，后者也属于上述利益范围。①

分赃会议同意德国代表的提议，并作了如下修改，即：

自天津至济南或至山东省北界另一地点的铁路线，以及自山东省南部某地至镇江的铁路线，都由英德两国辛迪加承筑。

具体办法为：

自天津至济南或至山东省北界另一地点的铁路，由德国方面建筑、装备及经营。自山东省南部某地至镇江的路线，由英国方面建筑、装备及经营。②

由这份会议记录的摘录，不仅看到了英德帝国主义攫取中国铁路修筑权的胃口之大，而且看到了德帝国主义对津镇铁路的野心。由于德帝国主义将山东视为自己的势力范围，所以，它不提山东境内的一段铁

---

① 王守中：《德国侵略山东史》，人民出版社 1988 年版，第 243—244 页。

② 王守中：《德国侵略山东史》，人民出版社 1988 年版，第 243—244 页。

路，只提"自山东省南部某地至镇江的路线，由英国方面建筑、装备及经营"，"自天津至济南或至山东省北界另一地点的铁路，由德国方面建筑、装备及经营"。实质上，就是把清政府原先答应由英国人承筑的天津至镇江铁路的山东境内一段，变成像《胶澳租界条约》允许给德国的胶济铁路线等一样，由德国享有修筑权！如果津镇铁路山东段变成德国所有，那么，德国就会援引《胶澳租界条约》关于铁路两旁15公里内的煤田，德国有权开采的规定，攫夺紧靠津镇铁路的广阔的枣庄煤田！更不要说，德商礼和洋行的探矿队自1898年开始，已经对山东博山、章丘、沂州、莒州、大汶口、金岭镇、峄县枣庄等地进行勘探，并连带购买煤地；其中，对峄县枣庄煤田，1898年一年之中就来过4次。德帝国主义妄图垄断山东全部矿产资源的野心昭然若揭。

德英两国金融寡头私下达成协议之后，便照会清政府。德国要求明确给予它津镇铁路在山东一段的修筑权。一向总要找个借口的德国，这次的借口是：《胶澳租界条约》规定的胶沂济铁路的铺筑，受到当地老百姓的抵制，所以，要换成津镇铁路山东段。这个借口也太不讲理了，清政府没有应允。德国驻华公使海靖因此于1898年10月26日，蛮横无理地向清政府总理各国事务衙门声称："德商请办津镇路，出自国家之意，如果不允，德中友谊就此中止"。[①]此时，督办直隶、热河矿务的张翼已被任命为津镇铁路会办大臣，奉命参与同英德银行方面谈判借款合同。在谈判中，津镇铁路督办大臣许景澄坚持，津镇铁路山东境内一段，亦归中国借款修造，不能由德国自行筑造。身为津镇铁路会办大臣，张翼对枣庄煤田的危机当然看得很清楚。所以，张莲芬接到裕禄总督的批示后，第二天便启程奔赴枣庄。

1899年元月，天津城发生了一件事情：一名德国人私闯中国民

---

① 王守中：《德国侵略山东史》，人民出版社1988年版，第244页。

宅，强奸民女被殴毙。一位叫莫里逊的英国《泰晤士报》记者在日记中写道：德国人又有理由强迫清政府批准其对津镇铁路山东段的占有权了。莫里逊还愤慨地说：怎么可能将一条铁路的一段割出来让另一国修筑？何况，提出这种无理要求的理由也极为可笑！一个外国记者尚且对德英两国的勾搭如此反感，更不要说作为被侵犯方面的中国官员！这正是旧历1899年元月华德中兴煤矿股份公司匆忙上马的原因。

1899年元月的时候，华德峄县中兴煤矿股份有限公司筹办得怎么样了呢？这里引用原峄县中兴矿局股东金铭于1920年《致中兴公司函》中的一段话加以说明。1895年，"时值东抚李鉴堂查禁官矿，陈（德浚）即席卷而去，各股友分文只字未见，仅剩下机器四架，堆之荒郊。斯时忌官矿者思欲将机器付之一炬，以泄私愤。铭等闻言，加派多人日夜巡视。思此非久远之计，以有用之物置诸无用之地，且时虞意外之变，乃函招米瑞符大公子献巨来峄，同赴上海与陈小庄订立合同，集股开办，另移地点，改为民矿。电知南北各股友，无论赔赚，机器作股抽利。又招坏人唆使，峄姚令阻拦，开工延迟数日。南北当道各股友函电纷至，峄姚令始不为无味之干涉。铭等便即开工，改名曰公兴窑。时值连年荒乱，雨水过多，见炭年余，为老股友抽炭五万七千余筐。是时张前总理① 来矿，谓我已邀约张公燕谋及德人德璀琳股本四万金（此处应该是"五万金"——引者注），仍接老股续办。今德人横闹，公等资力薄弱，恐难对峙，且咱原系一家，实无彼此，于是在今局前开工，名曰华德中兴煤矿股份有限公司。此时即含有扩充大办之意，铭等私心欣慰，百凡接济，凡公司初办一切物料，皆由铭等供给，未分畛域，今戴经理即在场矣，曾下榻于铭之客舍住居数月，公司规模初定，始行挪去。铭

---

① 指张莲芬。

等意思，即系一家，何必两势，遂将公兴窑停工。机器所余物件并所抽之炭五万七千筐，统运入华德公司"。① 金铭这段话主要说了两层意思。第一层意思在于说明公兴窑开办的原委和过程。这段说明文字，对于告到直隶总督王文韶处的原峄县中兴矿局南、北股之间的争斗，也是一个很好的解释。那场争斗起源于金铭等枣庄当地股东希望把机器等利用起来重新开矿的初衷，这不仅没有任何不对的地方，而且是因应形势和当地实际情况的正确举动。第二层意思说了 1899 年元月华德中兴煤矿股份公司挂牌成立时的物质条件：将金铭所办公兴窑及老股抽炭 5.7 万筐、抽水机等作价折股，加上张翼的 5 万两白银股金，这些就是全部家当。金铭在这里有一句话值得注意，即"此时即含有扩充大办之意"。既然 1899 年元月时，张莲芬即有大加扩充原峄县中兴矿局之意，为什么急匆匆地就在金铭所开的公兴窑基础上，挂牌成立了华德中兴煤矿股份公司呢？金铭信中说得好："今德人横闹"。

张莲芬在 1899 年旧历六月给直隶总督裕禄的禀文中，也有一段对当时情形的叙述。张莲芬说："光绪二十四年（1898 年）十一月二十七日，莲芬同华矿师邝荣光由津起行，十二月初八日抵枣庄矿局。适德璀琳所延德矿师富里克等亦于初九日由胶抵峄。连日督同华洋矿师，详勘戴令旧矿所租境内，东、西、南三面浅处，均有昔年民人用土法采煤旧井。而南半窑各旧井，从前虽曾见煤，闻出煤不多，向北煤厚"，"据邝荣光面称：'照西法炼化，现出之煤，灰轻磺少，较开平九槽更觉质佳，块多煤平易取，大可扩充办理'"，"另据峄绅股友金铭等面称：'今年已有四次德人前来查看矿情，托伊等购买煤地，伊等答以无人卖地。'第恐日久不肖之徒为其所诱，职道即将各情电述督办。旋接复电兼汇巨款，嘱令赶紧筹办。职道当即给款，令旧伙金铭等，仍将所开各窑照常

---

① 金铭：《致中兴公司函》，载枣庄市政协文史资料第 19 辑《中兴风雨》，第 54 页。

办理，并将失火窑旧井淘挖，移安机器，以杜窥夺"。① 这里的督办即指张翼。张莲芬在 1898 年年底到达枣庄后，没有回天津过年，而是把德国人觊觎枣庄煤田的危急情况电达张翼。张翼接到张莲芬的电报之后，嘱令赶紧筹办并汇来股款。张莲芬就在 1899 年春节期间紧张地进行安排部署，并于当月挂牌开工，宣告华德中兴煤矿股份有限公司成立。根据《胶澳租界条约》，在德国人所承筑的铁路两侧 15 公里之内，凡华人已开之矿，允许其继续开办，所以，华德中兴煤矿股份有限公司必须抢时间。时间就是机遇，就是中兴煤矿公司的生命。华德中兴煤矿股份有限公司于 1899 年元月匆忙挂牌成立后，1899 年 6 月，张莲芬又给裕禄呈上禀文，对未来的中兴煤矿公司构图宏伟，其中还有一个重要原因：1899 年 4 月，德国天津瑞记洋行的洋商田夏礼等人，以与华商吴熙麟、吴熙贤共同出资的名义，向清政府禀请集股创设采矿公司，要求勘办沂州、沂水、诸城、潍县、烟台等 5 处矿务。可是，吴熙麟、吴熙贤从未出面，该公司中也从未有议事华董、办事华商。所谓共同出资，不过是德国侵略者玩弄的一种欺骗伎俩。他们要求勘办的 5 处矿区如下：

> 第一处在山东沂州地方，东至黄海边，南通江苏界，西由沂水转而向南直抵江苏界，北由沂州府向东直达海边。
>
> 第二处在沂水县地方，自城外 120 里为界。
>
> 第三处在诸城县西北 10 里路开算，顺 36 度向东直抵德国租界为界。
>
> 第四处在潍县西南 110 里之温河北大地方，该处以 50 里为界。
>
> 第五处在烟台周围，以 250 里为界。

---

① 《禀复直督查勘峄矿筹办情形并绘图说文并批》，中兴公司档案文牍第一册，光绪二十五年六月。

这五处矿区，包括登莱青沂胶五府——直隶州属境在内，英人议租文登县威海卫附近地界亦在其中，西南两边远接江苏，东北两边近抵黄海，沿海险要咸隶，约计共有 12 万平方里之多。而他们又处处援照山东铁路两旁 30 里矿章办理，所揽山东矿政利权甚大。①

德帝国主义如此贪得无厌，在《胶澳租界条约》规定的范围之外强索横夺。地处鲁南的中兴煤矿公司唯有立即大办，才能保住这里的矿脉。于是，在华德中兴煤矿股份有限公司成立之初就计划扩充大办的张莲芬，于 1899 年 6 月写出了那份给直隶总督裕禄的禀文。裕禄随后与张翼共同具文，由张翼向慈禧太后和光绪皇帝上了一道折，即《会奏筹办山东峄县煤矿大概情形恭折》。1899 年 11 月 16 日，慈禧太后和光绪皇帝批准了这个折子。华德中兴煤矿股份有限公司至此成为晚清拟建中的机械化大型煤矿。

在华德中兴煤矿股份有限公司匆忙上马的过程中，张翼起到了十分重要的作用。张莲芬在 1898 年给直隶总督荣禄的禀文中有这样一段文字："现与开平矿局张道翼反复筹商，彼此意见相同。查张道于矿务情形办法颇为谙熟，现拟将此项机器全数交予张道议定价值，仍作旧股，复经续入股本银二十万两，并由张道选派熟悉矿务华洋员司，前往接收查看。应如何整顿开办？或续集本地绅商各股，或因该地近接胶澳必须兼招洋股，或借洋债推广办理，一俟查明妥定章程，再由职道与张道详细禀请核夺。如此办法，俾此矿不至日久荒废，更得以免意外之虞。业经函商各股友，无不欣然乐从。"②

① 王守中：《德国侵略山东史》，人民出版社 1988 年版，第 246 页。
② 《禀复直督峄县中兴煤矿原置机器议明作股并再续行招股开办请予转咨文》，中兴公司档案文牍第一册，光绪二十四年八月。

　　这段文字中说的张翼续入股本白银 20 万两，先期只到账 5 万两。两年后，发生庚子事变。张翼和开平矿局都没有再续股本。张莲芬作为老股东，与戴家等在原峄县中兴矿局建局初期共续入股本白银 8 万两，经过近 20 年的坎坷，股利分文无有。所以，这时候无法续银。峄县当地士绅本来承诺入股中兴煤矿公司，利益共沾，但是随着山东的义和团运动像滚雪球般越闹越大，他们都不敢再入股。义和团的矛头是针对外国人的，尤其是针对德国对山东的侵略，因而，德国人德璀琳也不敢入股中兴煤矿公司。这样，张翼汇来的 5 万两银子就成为华德中兴煤矿股份公司开业时的全部启动资金。加上旧有机器和十几间局房，以及金铭抽给老股东的 5.7 万筐炭，折合股金 7 万两白银。7 万两银子加上张翼汇来的 5 万两银子，华德中兴煤矿股份公司开业时仅有股本银 12 万两。

　　在华德中兴煤矿股份公司筹办过程中，张翼的官职几经变化。1898 年年底，他和张莲芬一样是道员，张莲芬称其为"开平矿局张道翼"。而 1899 年旧历六月，张莲芬通过直隶总督裕禄向朝廷提出专利请求和税厘优惠要求时，对张翼的称呼已变成督办。张翼不仅是直隶热河矿务督办、开平矿局督办，也成为新创办的华德中兴煤矿股份公司的督办，并且还是津镇铁路会办大臣、内阁侍读学士。戊戌变法之后，张翼的职务几经升迁，与其出身有密切的关系。张翼原本是醇亲王府神机营的人，可以说是光绪皇帝的家人。而张翼的如夫人又与慈禧太后有点亲戚关系。张翼善于察言观色，慈禧自然视他为亲信。那份《会奏筹办山东峄县煤矿大概情形恭折》由张翼呈给慈禧和光绪之后，很快获得批准，与张翼同帝、后二人的特殊关系是分不开的。

六、清政府批准的第一家中外合资矿业企业及其严厉定章的时代背景

光绪二十五年（1899年）旧历十一月十五日，张翼在给慈禧太后和光绪皇帝的奏折中说："该道张莲芬禀经臣张通盘筹划，并与前税务司德璀琳筹商，现拟连旧股及华股并开平矿局，共招集股本洋一百二十万元，德璀琳拟召集股本洋八十万元，共凑集二百万元。以一百元为一股，作为两万股，其矿即名为山东峄县华德中兴煤矿公司。十一月十六日，朱批：'该衙门知道，钦此。'"① 至此，中国第一家由清政府批准的中外合资矿业企业正式成立。

怎样确知华德中兴煤矿股份有限公司是中国第一家由清政府批准的中外合资矿业企业呢？首先，在甲午战争之前，外国列强从未取得过在中国建厂开矿的权利。当时，外国人的投资主要集中在轮船航运业、船舶修造业、进出口商品加工业和银行业。1895年的《马关条约》规定"日本臣民得在中国通商口岸城邑任便从事各项工艺制造，又得将各项机器任便装运出口"，成为继《南京条约》之后又一个划时代的卖国条约。但是，这个条约仍然没有允许外国人在中国开矿。1897年11月，德国以武力占领胶州湾，并强迫清政府于1898年3月与其签订《中德胶澳租界条约》。根据这个条约，德国强占胶州湾为租借地，并且取得在山东境内修筑铁路的权利，沿铁路两旁15公里内的矿藏允许德国开采，开了允许外国人在中国开矿的先例。随后，德国除胶济铁路沿线15公里之外，又强取在山东潍县、诸城、沂州、沂水、烟台5处的矿产开采权。《胶澳租界条约》规定，德国所筑铁路两侧15公里内"亦可德商华

---

① 《督办直矿张抄折录批行令遵照文》及附录奏折，中兴公司档案文牍第一册，光绪二十五年十二月初三日。

商合股开采"①，但是，这一规定仅仅停留于纸面之上。旧历1900年2月21日，德国驻青岛矿务公司、总理山东矿务的米海里·司米德，又与时任兵部侍郎兼山东巡抚的袁世凯签署了《山东矿务章程》。该章程对《胶澳租界条约》中的"亦可德商华商合办"加以补充，规定"应设立山东德华矿务公司"，并"照公司召集中国官商股份，先由德人暂时经理"。②说明在此之前，华商、德商合股开矿之事还在议论中；并且，一切主动权都在德国方面，华商不能控股。而1900年旧历二月二十一日以前，在山东境内由华商控股的华德峄县中兴煤矿股份有限公司已经成立。另据地质学家丁文江于1923年所撰《五十年来中国之矿业》一文记载："李鸿章西使，英人摩尔根以中外合办之说进，遂有光绪二十六年（1900年）四川会同公司之约。立约者以开采委诸外人，而政府坐享其利。后因庚子之乱，约不果行，然是为中国政府与外人合资办矿之始。"③丁文江在这里并不是疏忽了成立于1899年的华德中兴煤矿股份有限公司，而是把它放在了"民矿"一节中。丁文江指出："民矿中成立既以中兴为最早，成绩亦当以中兴为最也。"④华德中兴煤矿股份有限公司于1908年注销"华德"的名号，改为商办山东峄县中兴煤矿公司，其前身又是完全商股的峄县中兴矿局，并且由于种种原因，华德中兴煤矿股份有限公司并无德国人的股份，所以，丁文江把它归入"民矿"一节是有充分道理的。而华德中兴煤矿股份有限公司于1899年正式成立也是历史的事实。从时间上看，它早于根本没有开办起来的四川会同公司。因此，完全可以断言，华德中兴煤矿股份有限公司是中国第一家由清政府批准的中外合资矿业企业。

---

① 《胶澳租界条约》第二端第四款，光绪二十四年二月十四日。
② 《山东矿务章程》第一款，光绪二十六年二月二十一日。
③ 《丁文江文集》第三卷，湖南教育出版社2008年版，第49—50页。
④ 《丁文江文集》第三卷，湖南教育出版社2008年版，第62页。

　　管理好这中国第一家中外合资煤矿企业，对晚清政府来说不是一件简单的事情。由华德中兴煤矿股份有限公司的定章看，清政府是极为慎重的。这份定章见于前述张翼给慈禧太后和光绪皇帝的奏折，承前文写道：山东峄县华德中兴煤矿公司"所有办法悉遵路矿总局定章，皆由华商主持，即派张莲芬为该公司总办，并命德璀琳为洋总办，许其稽核银钱出入等事，但不可揽权掣肘。所有该公司招股章程及一切办法，悉由臣张随时督饬华洋各员认真经理"。① 这里的措辞非常严厉。使用严厉的措辞，将丑话说在前头，可以减少中外合资企业员工之间的摩擦，更是为了保证中方对该企业的控股权，以免该企业落入强势的德国人手中。那么，为什么如此害怕外资对中国矿业企业的控股权呢？

　　首先是因为，当时的中国，人为刀俎，我为鱼肉。列强疯狂地瓜分中国，争夺势力范围，其重要目的之一，就是为了给本国垄断资本的投资创造有利条件。以德国攫取在山东的势力范围为例：在胶州湾的租界内，德国有炮台、兵营、军队。在武装力量的保护下，德国侵略者实行殖民政策，垄断了租界内土地的买卖；垄断了土地价格和税收；规定中国的青岛海关税务司必须由德国人充任；对于运入租界内的货物，不再运出的，一律不征收进、出口税；对于已经在中国其他通商口岸征过关税又进入青岛的外国货物，还要求发还关税；对租界内的土产、土货及由海上运入租界以内加工的制成品，出口时一概免纳出口税。德国的山东铁路公司，也于1899年10月取得了铁路物资免税进入中国内地的权利。② 德华矿务公司在山东攫取了除枣庄以外的几乎所有矿权，也强行援引《胶澳租界条约》，不向中国政府纳税。既然德国如此，其他帝

---

① 《直督裕、督办直矿张会奏筹办山东峄县煤矿大概情形恭折》，中兴公司档案文牍第一册，光绪二十五年十一月十五日。

② 参见王守中：《德国侵略山东史》，《德国在青岛的殖民地经营》，人民出版社1988年版。

国主义国家也纷纷效法，要求攫取到修筑权的铁路两侧15公里以内的矿权。众所周知，由于一个又一个屈辱的不平等条约的签订，中国不断割地、赔款。大笔的赔款主要来自关税和多如牛毛的厘金，这些税收和厘金压在中国技术落后的小企业及老百姓身上。自1842年《南京条约》签订后，中国政府就失去了制定关税税则的权利，而必须和英国共同"议定"关税。外国货物只需在第一关交上5%的子口税，就可遍运中国内地，而不必像中国商人的货物那样，逢关纳税，遇卡抽厘。列强自获得在中国的租界和势力范围之后，更有不向中国政府纳税之说，中国何能喘息？中国百姓何能生存？如果不加抵制，任由列强投资，中国弱小的民族工业如何得以生长？

税收之外，更有领事裁判权对中国行政权的侵害。随着一个又一个不平等条约的签订，不仅所谓的租界成了中国法律不能实施的国中之国，而且扩而大之，所有外国列强的非法活动，中国法律一律不得加以制裁。如果任由列强在中国投资，中国已经少得可怜的主权等于自行拱手相让。而中外商民之间的冲突，也会是清政府的不能承受之重。

为什么义和团运动在山东发起？因为德帝国主义在山东的侵略、掠夺更甚于其他列强。

为什么义和团运动蔓延数省？因为中国人民不堪忍受帝国主义列强的欺压。

在帝国主义列强侵略中国的100多年中，中国人民何来主权和人权？何有公正和公平？

面对中国第一个中外合资矿业企业——山东峄县华德中兴煤矿股份公司的成立，刚刚经历了戊戌变法失败、欲以工商立国、与列强争夺利权的光绪皇帝虽然被幽禁，但还是名义上的皇帝，强调该公司的中方控股权，也表达了他的理念。作为戊戌变法"遗嘱执行人"的慈禧太后，在这一点上和光绪皇帝并无二致。令今人稍稍感到宽慰的是，在列强疯狂瓜分中国之时，居然能产生一个定章严厉、由中方控股的华德中兴煤矿股份有限公司！而德国人德璀琳居然能够接受这样的一个定章，并愿意充任该公司的洋总办，这又是为什么呢？

七、华德中兴煤矿公司洋总办德璀琳

华德中兴煤矿股份有限公司洋总办德璀琳究竟是一个怎样的人？

1900 年的庚子事变中，他与美国人、时任英国墨林公司职员的胡佛相勾结，骗占中国第一家近代化大型煤矿——开平煤矿，从中牟取暴利，给中国造成巨大损失，从此在中国声名狼藉。但他又是从青年时代就来到中国，在数十年的岁月里受到中国最有权势、最有头脑的政治家李鸿章青睐与重用的人。1896 年，德璀琳陪同李鸿章出使俄、德、英、美四国。抵达柏林后，德国外交大臣马沙尔当面向李鸿章提出"感谢的报偿"[1]——对德国牵头进行的德、俄、法三国干涉"还辽"的报偿问题。德国方面要求在中国获得一个海军兵站。李鸿章让作为顾问的德璀琳为谈判代表，并授意德璀琳不能允诺。德璀琳表面上强调德国向中国要求领土是不明智的，在背后却告诉德国海军部，胶州湾作为德国的口岸是"很合适的"。[2]德璀琳还列举了胶州湾的六大优点：其地理位置不但有利于控制山东，也有利于控制中国北部；适合于修造船坞和码头；能够开发富饶的山东腹地；易于修筑交通线；对于修筑一条通往北京的铁路来说是一个好地方；此地居民的体力和智力是中国最好的。德璀琳的提议促使德国人在外交手段不能达到目的时，决定使用武力占领胶州湾。

---

① 《欧洲各国政府的大政方针》第 14 卷，第 28 页；转引自丁建弘：《李鸿章与俾斯麦》，载《德国史论文集》，青岛出版社 1992 年版，第 353 页。

② 丁建弘：《李鸿章与俾斯麦》，载《德国史论文集》，青岛出版社 1992 年版，第 353 页。

德璀琳是一个两面派。

艾米尔·路德维希的巨著《德国人———一个民族的双重历史》，对普鲁士王国的统治者及构成其统治基础的容克地主阶层是这样叙述的：由于地理和历史的原因，普鲁士人的内心永远缺乏安全感，并因为缺乏安全感而渴望战争和征服。战争和征服使普鲁士成为军事专制国家，军事专制造成统治者的残暴、猜忌、奸诈、毒辣以及统治世界的梦想和野心，并造成了下级对上级绝对服从的奴隶性格。二者结合，使普鲁士人具有高度的组织纪律性，办事有条不紊、认真负责、效率极高。自1871 年普鲁士王国在其首相俾斯麦的带领下统一了德意志，建立起资产阶级议会制帝国，普鲁士的精神就变成德意志的精神，使德意志帝国迅速强大起来。但德意志帝国仍然是普鲁士贵族和容克地主统治的国家，普鲁士贵族和容克地主内在的不安全感、统治世界的征服欲、永不满足的贪婪、相信自己的借口、不信守诺言的两面性等等，仍然是当时德意志帝国统治者性格中特有的因素。艾米尔·路德维希浓墨重彩地描写了令德国人骄傲的科学家、艺术家和思想家，如古腾堡、开普勒、丢勒、荷尔拜因、伊拉斯谟、路德、歌德、席勒、莫扎特、舒伯特、贝多芬、康德、黑格尔、莱布尼茨、叔本华、马克思等等，可他们绝大多数生活在气候温暖的南德意志，少数是其他族裔，例如马克

华德中兴煤矿股份有限公司洋总办德璀琳

思是犹太人。总之，几乎无一是普鲁士人。艾米尔·路德维希认为普鲁士专制独裁体制造成人性扭曲，是不可能产生德国那光耀世界的一批又一批伟大人物的。

德璀琳正是普鲁士专制独裁体制下上流社会的人物，他没有给德国带来荣誉。丁建弘在《李鸿章与俾斯麦》一文中曾写到德璀琳，说德璀琳的父亲是俾斯麦年轻时的同事，两家是世交，关系密切。而就任普鲁士王国和德意志帝国首相长达 26 年的俾斯麦，正出身于普鲁士一个容克地主家庭。在等级森严的专制体制下的普鲁士，一般平民和农民是没有权利也不可能进入官吏行列的。德璀琳的父亲既然能进入官吏行列，又与出身于容克地主家庭的俾斯麦是世交，如果不是贵族，就是一个普鲁士容克地主。

德璀琳这样一个人，怎么会接受华德中兴煤矿股份有限公司严厉的定章，并成为该公司的洋总办呢？

也许，首先在于他存在着幻想。德璀琳派到枣庄勘探的矿师富里克会告诉他，枣庄煤炭的质量是如何的好、储量是如何的丰富。富里克是在 1898 年旧历十二月初九，比张莲芬和邝荣光晚一天从青岛赶到枣庄的。他在临行之前，肯定知会了青岛的德国总督。1898 年一年之中，德国礼和洋行的人已经 4 次赴枣庄购买煤地，可惜碰了一鼻子灰。可见，枣庄煤田是德国人尚无法插手的地方，青岛的德国总督当然支持富里克赴枣庄勘探。俗话说，无利不起早。看到有利可图，不管是德国派驻青岛的总督还是德璀琳，都决心首先参与其中。只要参与，就有机会。于是，德璀琳会找到李鸿章，并告诉李鸿章：如果中国政府开办枣庄煤矿，德国洋行愿赊机器，或出资合办。对这些，我们可以通过中兴煤矿公司第二任总经理朱启钤的回忆录有所了解："此时天津李（鸿章）总督，又受到天津税务司德璀琳的鼓动，（德璀琳）声称如果中国政府要开办枣庄煤矿，德国洋行愿赊机器，或出资合办，既合胶济条约，又可解决官矿局招股的困难。此动议北洋大臣、山东巡抚都极赞成。那时开滦煤矿总办张翼和张莲芬都是北洋幕府的主要人物，酝酿结果，遂有中德合办山东峄县中兴煤矿公司之出现。"① 由此可见，德璀琳起初完全是以主动的姿态要求中德合资兴办中兴煤矿公司的。

德璀琳的主动不能不令张莲芬和张翼格外警惕。二人商议后，遂有前述德华中兴煤矿"公司一切事权归华总办。德总办许其稽核银钱出入，但不得揽权掣肘"。不仅规定了德方总办能干什么，还规定了德方总办不能干什么。对于当时气焰甚嚣尘上的、傲慢的德国人来说，这种措辞是不能接受的。德意志普鲁士王国几百年中不断发动战争，既出自其内心的不安全感，更出于其显示自身优于其他民族的狂妄。德璀琳作为德国上层社会的一员，怎么会接受这样严苛的措辞呢？但是，他面对这样一个令自己尴尬的定章又不得不接受——虽然是德国人，他却拿着中国朝廷的俸禄，对中国皇太后、皇上朱批过的文件不能表示半点儿异议。当然，他也可以反对，因为中国的法律治不了他的罪，但他还得考虑在中国升官发财的问题。德璀琳大约于19世纪60年代来到中国，育有5个女儿。他的大女婿汉纳根参与了中国甲午战争，当时正在谋求得到直隶省井陉煤矿的开采权；德璀琳最小女儿的丈夫就在开平煤矿任技术员。这些利益关系是德璀琳不能不考虑的。再说，只要参与，总还是有机会的。对利益的考量，最终战胜了德璀琳血液中傲慢的基因。其实，德璀琳如果是个有一点儿良心的人，他的良心也要求他接受华德中兴煤矿股份有限公司的定章。因为，毕竟他对中国犯了罪，正是他的提议坚定了威廉二世以武力强占胶州湾的决心。事实上，德璀琳认为，以武力

---

① 朱启钤：《中兴公司创办纪实》，载枣庄市政协文史资料第19辑《中兴风雨》，第21页。

占领胶州湾是不妥当的。在《近代中外条约汇编》一书中，有一份德国驻圣彼得堡公使拉杜林公爵呈德意志帝国首相何洛熙公爵的公文。公文中有一段话是这样说的："经常对我表示很尊敬德国，并愿德国势力在中国发展的中国公使昨日特派使馆参事金楷理（金楷理系德国人，时任清政府驻俄、德公使馆参赞——作者注）昨日极机密地通知我：海关税务司德璀琳最近曾被外交大臣马沙尔接见，他曾竭力劝说德国政府放弃想攫取中国领土之意，而只做道义的取得（例如铁路特权等）。他所提出的理由是：设防这样一个占领区域将使德国做极大的牺牲，并且要保卫它以对付其他列强，无论如何，就是对付日本也是困难的。再者，这样取得领土只能在牺牲德国的威信下实现，因为德国一向所标榜的大公无私势将发生疑问。"撰写这个文件的时间是 1896 年 11 月 19 日，距离德国武力侵占胶州湾还有约一年的时间。这时候，李鸿章对俄、德、英、美四国的访问刚刚结束，晚清朝廷还把德国当成恩人。所以，那位"中国公使"谄媚地向德国驻圣彼得堡公使拉杜林通风报信，并通过拉杜林向德国方面表示忠心。从告密的内容来看，说的是德璀琳竭力劝说德国外交大臣马沙尔，并希望通过马沙尔劝说德国政府，放弃攫取中国领土之意，而只做道义上的取得，例如铁路特权等。很显然，德璀琳这时的态度与几个月前向马沙尔提议攫取胶州湾，是很不一样的。发生这种态度上变化的原因是什么呢？首先是因为他对自己关于占领胶州湾为海军兵站的提议产生了怀疑。作为一个"中国通"，作为李鸿章的重要幕僚，德璀琳深谙李鸿章"以夷制夷"的外交平衡之道，也深知列强之间在中国的钩心斗角，所以，他担心"设防这样一个占领区域将使德国做极大的牺牲，并且要保卫它以对付其他列强，无论如何，就是对付日本也是困难的"。德璀琳的这种担心完全是有根据的。其次，他说："这样取得领土只能在牺牲德国的威信下实现，因为德国一向所标榜的大公无私势将发生疑问。"联系德国刚刚进行的所谓的干涉"还辽"就可知道，德国侵略中国是以"侠肝义胆"的面目出现的，打的是"和平、友谊"的旗号。因而，德璀琳才会这样说。实际情况是，威廉二世已经迫不及待地要占领胶州湾了。两面性其实就是一面性，只是表面的一套为内心的一套服务罢了。德璀琳的后一想法与威廉二世的想法显然不那么合拍。最后，德璀琳在德国向中国索要海军兵站事件上对李鸿章耍了两面派，李鸿章不可能毫无察觉。如果觉察到了，以李鸿章的性格，他会怒斥德璀琳。从时间上看，李鸿章离开德国时，德璀琳没有随同返回中国，是不是他被李鸿章留在德国继续就海军兵站一事进行交涉呢？如果是这样，那么很显然，他的交涉失败了，没有完成李鸿章的嘱托。作为李鸿章多年的幕僚，德璀琳的两面派行为愧对了李鸿章。接受张莲芬和张翼商定的严厉定章，也算是他对李鸿章一个小小的补偿。

另外，德璀琳毕竟在中国几十年，受到了巨大的信任和恩惠。德璀琳于1864年进中国海关为四等帮办，后升任天津税务司。1878年，时任直隶总督兼北洋通商大臣的李鸿章举荐德璀琳协助英国人赫德兴办华洋书信局，中国近代邮政事业即以此为发端。1880年，李鸿章又委派德璀琳为北洋大沽船坞的总办，对德璀琳已十分信任。1886年，李鸿章受命办理北京蚕池口教堂迁移事宜。德璀琳与另一洋员受李鸿章委托，作为清政府的代表，在中法政府和罗马教廷之间联络并参与谈判，最终达成完全有利于中方的协议，蚕池口教堂迁至西什库。这次外交上的成功，挽回了李鸿章因中法战争与法国在天津签署《中法新约》丢失的面子。从此，李鸿章遇到外交事宜，无不征求德璀琳的意见。以至甲午战败后，李鸿章竟派德璀琳赴日本求和。《马关条约》签订后，德璀琳又受李鸿章之托，请求德国驻华公使巴兰德设法干预日本侵占台湾。在数十年的中国生涯中，德璀琳既为中国做了些好事，也得到了巨大的个人实惠。而同为李鸿章的幕僚，张莲芬和张翼都是德璀琳熟悉的朋友。虽然德璀琳身上流淌着普鲁士容克地主的血液，但是他的生活圈子在中国，于是对张翼和张莲芬商定的那个定章，既经皇太后和皇上批准，他就必须接受了。德璀琳就是这样，担任了中国第一家中外合资矿业企业——华德山东峄县中兴煤矿股份有限公司的德方总办。

八、华德中兴煤矿公司与原峄县中兴矿局的异同

光绪二十五年（1899年）11月16日，中兴煤矿续办一事奉朱批："该衙门知道，钦此。"在此之前，直隶总督兼北洋通商大臣裕禄根据张莲芬所呈《筹办峄县煤矿大概情形》，会同督办直隶矿务的内阁侍读学士、开平矿局督办张翼呈给慈禧太后和光绪皇帝一道折子。这道朱批就是对这道折子的批示。众所周知，这时候的光绪皇帝被囚瀛台，早已失去了人身自由。慈禧太后以"训政"身份主持朝政，颁布诏令时不过还得利用光绪皇帝的名义而已。所以，仍然是慈禧太后批准了华德中兴煤矿股份公司在原峄县中兴矿局的基础上续办，并建立现代化大煤矿的。

与原峄县中兴矿局相比较，新的华德中兴煤矿股份公司有着很大不同。

第一个不同就是名称的不同。新的中兴煤矿公司全称为华德山东峄县中兴煤矿股份公司，是中德合资企业。既然是要与洋商，尤其是霸占了山东多处矿产的德商争夺利权，为什么还要与德国人合资开矿呢？张莲芬在1898年上呈给直隶总督荣禄的禀文中有一句话是这么说的："或因该地近接胶澳必须兼招洋股"。① 这句话的意思很明白，只有兼招洋

---

① 《禀复直督峄县枣庄中兴煤矿原置机器议明作股并再续行招股开办请予转咨文》，中兴公司档案文牍第一册，光绪二十四年八月。

股，即德股，才能减少或者避免占据山东为势力范围的德国侵略者找麻烦。这是为中兴煤矿公司涂上一种保护色，解决生存和发展的外部环境问题。再者，跟德商合作，要看合作的对象是谁。当时的山东铁路公司、山东矿务公司、山东德华矿务公司，主要投资者为德国的德华银行、礼和洋行、瑞记洋行。这 3 家德国企业，是《胶澳租界条约》的直接受益者，也是制定所谓《山东矿务章程》时的德方代表商。礼和洋行曾在 1898 年一年中 4 次到峄县枣庄购买煤地而未得逞，瑞记洋行在《胶澳租界条约》之外又强取了山东 5 处矿产，它们的凶恶、贪婪令人发指。为了对抗伴随德国武力侵略山东的德商，长期担任李鸿章外交顾问的德璀琳，是一个中方能够对话、较容易控制的合作伙伴。事实上，1898 年冬，随同张莲芬前来枣庄勘矿的除中国矿师邝荣光之外，德国矿师富里克就是德璀琳荐举的。据 1918 年担任中兴煤矿公司第二任总经理的朱启钤回忆，德璀琳早在华德中兴煤矿股份有限公司创办之初就答应为中兴公司购买德国的机器设备——根据《胶澳租界条约》，山东境内中国人开办的矿厂、公司，若需购买外国的机器设备，必须先从德商处商购。而垄断山东铁路和矿产的德商是礼和洋行与瑞记洋行。可以想象，德璀琳的合作，对抵制山东德商的垄断和觊觎、对成功办成机器大矿并兴修铁路，是十分重要甚至是必不可少的。

与原峄县中兴矿局的第二个不同，在于新的华德中兴煤矿股份公司明确地提出了与占据山东的德国侵略者，及占据淮河、运河、长江市场的列强势力争夺利权的目标。原峄县中兴矿局尽管从命名开始便有复兴中华之意，但是没有超出洋务派泛泛提出的"强国富民"的宗旨，没有明确提出维护中华利权的目标。峄县中兴矿局于 1880 年挂牌成立时，中国基本上还是自给自足的自然经济。虽然经过两次鸦片战争损失惨重，被迫开埠通商，失去了关税自主权和部分法权，但还没有大伤元气。洋务运动提出了"塞厄漏、收利权"①的目标，可见，当时利权的损失还在"厄漏"的范围。对列强的外交方针还是"以夷制夷"。然而，当 1899 年华德中兴煤矿股份公司成立时，由于甲午战败、《马关条约》签订，中国割地、赔款，元气大伤。而随着德国于 1897 年以武力占领胶州湾，列强仿而效之，纷纷在中国划分势力范围，强夺中国的铁路承筑权和矿山开采权，中国岌岌可危。外交上的"以夷制夷"完全失败。戊戌变法因此提出了"保国保种"②的严峻现实问题；同时，提出了向西方学习，以工商立国，以教育强国，政治上实行君主立宪制，以开民智、新民德、强民力，最终挽回中华利权，使中华民族能够平等地自立于世界民族之林的改革课题，为中国勾画了一条实现现代化的途径。在利权问题上，已不再是"塞厄漏"的问题。正如康有为所言："方今大地守旧之国，未有不分割危亡也。有次第胁割其土地人民而亡之者，波兰是也。有尽取其利权一举而亡之者，缅甸是也。有尽亡其土地人民而存其虚号者，安南是也。有收其利权而后亡之者，印度是也。有握其兵权而徐分割而亡之者，土耳其、埃及是也。我今无士、无兵、无饷、无船、无械，虽名为国，而土地、铁路、轮船、商务、银行，唯敌是命，听客取求，虽无亡之形，而有亡之实矣"。③ 所以，必须走新路子，对从前的体制、方法动大手术，鼓励民间资本创建公司，多条腿走路。唯其如此，才能实现与列强争夺利权。可是，无论是对处于被瓜分状态下的当时的中国，还是对于主动承担起捍卫国家利权使命的中兴煤矿公司，要实现这一切，都是极其严峻的挑战。张莲芬豪迈地

---

① 参见虞和平主编：《中国现代化历程》第一卷，江苏人民出版社 2007 年版，第 130 页。

② 参见《保国会章程》（1898 年 4 月 17 日），载汤志钧编：《康有为政论集》上册，中华书局 1981 年版，第 233 页。

③ 康有为：《上清帝第六书》（1898 年 1 月 29 日），载汤志钧编：《康有为政论集》上册，中华书局 1981 年版，第 211 页。

提出，三五年后，"淮运长江销煤利权，亦可归我掌握"，展示了他的抱负和决心，更展现了新的中兴煤矿公司力当中华民族中流砥柱的奋勇姿态。

与原峄县中兴矿局的第三个不同之处是，新的中兴煤矿公司坚定不移地学习西法，用西法开办机器大矿。这既是与外商争夺利权所必需的，也是维新变法人士从洋务派官督商办企业失败的教训中悟出的道理。其实，早在 1864 年，李鸿章就在给总理各国事务衙门大臣恭亲王奕䜣的信中说："鸿章窃以为天下事穷则变，变则通。中国士大夫沈浸于章句小楷之积习，武夫悍卒又多粗蠢而不加细心，以致所用非所学，所学非所用。无事则嗤外国利器为奇技淫巧，以为不必学；有事则惊外国之利器为变怪神奇，以为不能学。不知洋人视火器为身心性命之学者已数百年，一旦豁熟贯通，参阴阳而配变化，实有指挥如意、从心所欲之快。夫今之日本，即明之倭寇也，距西国远而距中国近。我有以自主，则将附丽于我，窥伺西人之短长；我无以自强，则并效尤于彼，分西人之利薮。日本以海外区区小国，尚能及时改辙，知所取法，然则我中国深维穷极而通之故，夫亦可皇然变计矣！"[1] 李鸿章当时就立足于穷则变、变

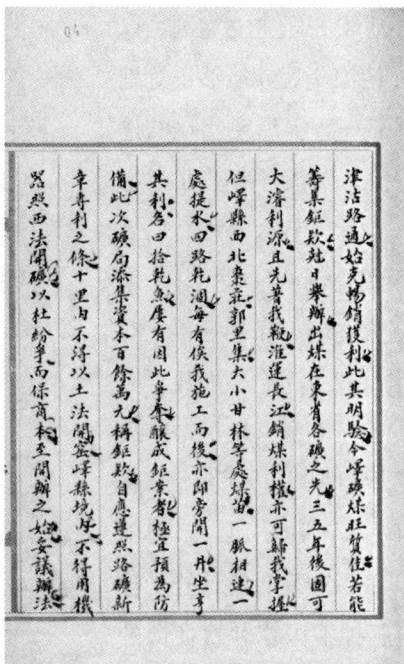

张莲芬禀告直隶总督裕禄《筹办峄县煤矿大概情形》，誓言办机械化大型煤矿，兴修运煤铁路，与列强争夺利权

---

[1] 丁建弘：《李鸿章与俾斯麦》，载《德国史论文集》，青岛出版社 1992 年版，第 347—348 页。

则通的中华文化的辩证法，提出要"皇然变计"，亦即大力推进变法改革，向西方学习。然而，他和与他同时代的一批精英只不过推进了"塞厄漏"的洋务运动。直到甲午战争失败后，以康有为为首的改革志士呐喊呼号："夫天久而不敝者，为能变矣。地不变者也，然沧海可以成田，平陆可以为湖，火山忽流，川水忽涸，故至变者莫如地。夫地久而不敝者，为能变也。夫以天地不变而不能久，而况于人乎……当变不变，鲜不为害。法《易》之变通，观《春秋》之改制，百王之变法，日日维新，治道其在是也。"① 终于促使光绪皇帝颁布《明定国是诏》，提出以中学为根本，博采西学之切于时务者，在变法维新的 103 天中，先后发布各种革新诏令约 180 条，强力推进向西方学习，以工商立国。戊戌变法虽然失败了，但是，它促使国人张开眼睛看世界，开始正视人强我弱的客观事实，抛弃了传统的防夷观念，确立了学习世界上一切先进文化的理念，认识到兴商求富能够增强与外资竞争的能力并挽回利权，也是达到国家强大的必由之路。新的中兴煤矿公司明确规划在枣庄至台儿庄运河码头之间修建 45 公里长的运煤铁路，"令所出之煤悉运台儿庄，由运河分头运销"，所建之矿"日出煤少亦在千吨之外"，并请求朝廷"遵照路矿新章专利之条，十里内不得用土法开窑，峄境内不得用机器仿西法开矿"。② 这些宏伟规划正体现了戊戌变法的精神。在当时的中国，能达到这个水平的煤矿唯有开平一家。原峄县中兴矿局小打小闹近 20 年终究归于失败，新的中兴煤矿公司则锐意进取，出手不凡。

与原峄县中兴矿局的第四个不同是体制的不同。原峄县中兴矿局是

---

① 康有为：《变则通通则久论》（1895 年春），载汤志钧编：《康有为政论集》上册，中华书局 1981 年版，第 111 页。

② 《禀复直督查勘峄矿情形并绘呈图说文并批》，中兴公司档案文牍第一册，光绪二十五年六月。

官督商办体制，一切由官方委员说了算。以至 1895 年李秉衡封禁山东矿务，原峄县中兴矿局的矿务委员将矿局的账簿席卷而去，停办矿局。官督商办体制的弊端在戊戌变法之前已饱受批判。"甲午战争不久，就有一些官员开始提出改变官办和官督商办企业为商办企业的主张。"① 在维新人士和朝廷官员的建议下，"清廷开始推行劝商、保商政策。如对于旧有洋务企业，立意改归商办。下旨昭示：'亟应从速变计，招商承办，方不至有名无实。'应设法招徕海外华商承办，或将旧有局厂令其纳资认充，于官厂之外，另集股本，择地建厂，一切仿照西例，商总其事，官为保护。对于新办工商业，提倡商为主办，官为保护"。② 在矿业方面，戊戌变法中，光绪皇帝颁布诏令，无论官绅商民均准开矿，打破了官方对开矿权的垄断，也就从根本上动摇了官督商办的体制。华德中兴煤矿股份公司由于是朝廷批准的大矿，虚官督，而实总办。张翼仅是挂名督办，负责为华德中兴煤矿股份公司筹募股资；张莲芬虽为官员，实则兼为商绅，是中兴煤矿股份公司的重要投资人，为华德中兴煤矿股份公司负总责；德璀琳为洋总办，负责稽核银钱出入，并招德国股份，实际上起到现代公司中监察人的作用。这样的领导体制从本质上已区别于过去的官督商办体制，在大公司初创时既高度集权，又不失强有力的监督，只要所用之人德才兼备，就能够促使公司高效率地运作。而总办张莲芬正是一个"深沉有局干，通晓各国政制，而于中外商务皆能洞悉情敝规划久远"③ 的人。从长远看，华德中兴煤矿股份公司既然是股份公司，发展方向必然是实行西方公司的股东大会制和董事会、经理人、监察人三权分立的制约机制，向现代企业体制发展。这种安排，也正体现了实事求是、西为中用的精神。

---

① 虞和平主编：《中国现代化历程》第一卷，江苏人民出版社 2001 年版，第 214 页。
② 虞和平主编：《中国现代化历程》第一卷，江苏人民出版社 2001 年版，第 214 页。
③ 《峄县志》卷七，《峄县官窑创办记》，1903 年重修。

九、慈禧太后再度批准中兴公司创办的历史契机及其心路历程

1899 年农历十一月十三，根据张莲芬呈报的筹办峄县煤矿大概情形秉文，督办直隶全省和热河矿务大臣张翼与直隶总督兼北洋大臣裕禄在天津行馆共同拟好了《会奏筹办山东峄县煤矿大概情形恭折》。两天之后，即 1899 年农历十一月十五，张翼根据裕禄的要求，将拟就的折子送呈慈禧太后和光绪皇帝。第二天，即农历十一月十六，便"奉朱批，该衙门知道，钦此"。要知道，华德中兴煤矿股份公司是一个投资 200 万元的大项目，不光要建机械化矿井，还要修 45 公里长的台枣铁路。1881 年，当修筑 9 公里长的唐胥铁路被提上议程时，朝廷里的争议是何等激烈。最终，历时一年多，修成了一条马拉火车的铁路。后来，李鸿章提议修天津到北京通州的铁路。慈禧又令大臣们反复讨论，历时弥久。最后津通铁路方案被否决……类似事例不胜枚举。可这次，对这一投资 200 万元的大项目，可以说当天就批准了。当时，光绪皇帝已经被囚禁，所以，虽然上奏的折子上写明"恭请皇太后皇上圣鉴"，但是实际上，批准华德中兴煤矿股份有限公司成立的是慈禧太后。

其实，1880 年批准峄县中兴矿局成立的也是慈禧。据中兴煤矿公司档案中《暂行及添招新股章程》第一款介绍："光绪六年（1880 年），经前直隶望都知县戴华藻等在山东峄县枣庄地方查勘，煤苗佳旺，邀约（张）莲芬及戚友等先后召集股本，禀蒙前北洋大臣、直隶阁爵督宪李（鸿章），奏准试办。"[1]

"奏准试办"四个字，表明峄县中兴矿局是经朝廷批准的。光绪六

---

[1] 《暂行及添招新股章程》，中兴公司档案文牍第五册，光绪三十一年十月。

1899 年，慈禧太后批准在原中兴矿局基础上续办华德中兴煤矿股份有限公司

年（1880 年）的时候，皇帝载湉才 8 岁，他的宝座后面坐着两位垂帘听政的太后——慈安太后和慈禧太后。慈安太后遇事多退让，对这一类事情的处理，向来是慈禧太后说了算。因此，实际批准峄县中兴矿局创办的是慈禧太后。

当时的清廷，顽固、守旧势力十分强大。但是，慈禧太后批准创办峄县中兴矿局并不偶然。凭借过人的智慧，慈禧太后其实一直是认可和支持洋务事业的，只不过为了权力的需要，她又一直在守旧派与革新派大臣之间玩弄平衡术。关于慈禧太后支持洋务事业，还有些有趣的故事。据司马烈人主编的《慈禧 108 则忍智》，1861 年年初，办理外交事务的总理各国事务衙门成立后，对外国语言不通，文字难辨，一切隔膜。于是，奕䜣奏请设立同文馆，聘请洋人为师，培养外语人才和外交人才。慈禧太后欣然批准，并给予洋教员月薪 1000 两银子的待遇。当时，中方教员的月薪为 100 两银子。以后，同文馆又增设天文算学馆，但遭到以理学大师倭仁为代表的朝廷内外顽固派的激烈反对，认为要中国的知识分子拜外国"异类"为师，纯是胡闹。倭仁甚至以辞职相威胁。慈禧太后不给倭仁来硬的，她让军机大臣们摘抄曾国藩等人的奏折给倭仁看，教育倭仁：国家要自强，必须向西方学习制造坚船利炮，必须与洋人打交道。与洋人打交道，就必须学习他们的语言、文字。倭仁不再反对设天文算学馆以后，仍然反对聘洋人为天文算学馆教习。那时，中国依然以天朝自视，视洋人为"夷"。夷人与不懂礼仪的野人大致是同样的，所以，倭仁坚决反对让"夷人"任教。慈禧太后也不与他辩理，只是命倭仁荐举能够教授天文学、算学的人才。倭仁无才可荐，这才不再坚持反对意见。同文馆在以后的几年里，又开出化学、数学、天文、物理、国际法、外国历史、医学、生理学和政治经济学等新课目，成了中国第一所综合性高等学府。[①] 在它的带动下，继之而兴的有上海方言馆、广州同文馆、福建船政学堂、天津水师学堂、广东水师学堂、湖北武备学堂、上海南洋公学等一批新式学堂，为近代中国培养了一大批新式人才。除同文馆外，经慈禧批准，1872 年夏秋之交，第一批留美幼童从上海乘船出发。同在 1872 年，慈禧批准李鸿章奏呈的《试办轮船招商局折》，建起了中国第一家股份制民用企业——轮船招商局。1880 年 9 月 18 日，慈禧又发布上谕说，现在筹办防务，南、北洋必须消息灵通，以期无误事机。她令李鸿章妥为筹办津沪陆路电报。

然而，华德中兴煤矿股份有限公司以与洋人争夺中华利权为宗旨，以建立股权面前人人平等的股份制公司为理念，以全面引进西方先进的设备、技术、管理方法为方针，充满了戊戌变法的精神。刚刚镇压了百日维新的慈禧太后，怎么会批准中外合资的华德中兴煤矿股份有限公司成立呢？其实，戊戌变法前期，慈禧太后并没有公开反对。这并不是因为她同意自 1895 年兴起的变法维新思潮，而是因为这次变法维新思潮缘起于甲午战争的失败和《马关条约》的签订，生怕背上卖国骂名的慈禧当然不会公开反对这股思潮。再者，维新派提出向西方学习，开矿，练兵，兴办邮政、铁路，兴办新学等等，都是洋务运动时期已经兴办的，只是自上而下处处受到阻挠而已。只要不损害慈禧个人的权柄和利益，裁汰一些冗员、设置一些新式办事机构，慈禧从

---

① 参见司马烈人主编：《慈禧 108 则忍智》，华侨出版社 2001 年版，第 336 页。

根本上说也不完全反对。1895年之后，在康梁变法影响之下，5年之中，全国新设企业182家，合计资本达2013万元。如果慈禧反对，这是不可能的。只是，当变法触及晚清的政治体制，波及慈禧安插在朝廷各部门的亲信，危及慈禧在朝廷中的实际权力时，慈禧毫不犹豫地扼杀了百日维新。在国家利益和个人的权力、地位之间，慈禧对后者的维护是没商量的。

可以说，慈禧批准华德中兴煤矿股份有限公司的成立顺理成章，但批准速度之快出人意料。1899年旧历十一月十三，裕禄、张翼拟定奏折；十一月十五日，由张翼呈给慈禧；十一月十六日，就获朱批"该衙门知道，钦此"。从上奏到批准，只一天的时间。晚清行政的弊端之一就是公文批转手续繁复。一个投资200万元的大公司要想得到批准，不仅是文牍层层转呈直至御览，甚至还要召集廷议，统一意见，绝不是十天半月就能完成的。这一次对华德中兴煤矿股份有限公司的批准，为何如此快捷、利落呢？

首先，呈送折子的张翼虽然当时的官职不算高，仅是督办直隶和热河矿务的三品京官，但他是慈禧的亲信、宠臣之一。张翼，字燕谋，满族镶黄旗人，出身于醇亲王府神机营。神机营是皇帝的禁卫侍从。醇亲王府是光绪皇帝出生的府第，因而，它能够保有这么一支队伍。醇亲王奕譞的福晋是慈禧的亲妹妹，而张翼的如夫人与慈禧也有亲戚关系。另外，张翼还是开平矿局的督办。开平矿局当时年产煤炭80万吨，按每吨煤卖10两银子计算，一年的销售收入也有800万两白银。张翼掌管着这样一个大煤矿，对于奢侈好虚荣的慈禧，每一年节日、生辰的份子礼自然数目不会少。再者，张翼虽然出身于醇亲王府，但老醇亲王奕譞的继任人载沣在戊戌变法中不是光绪皇帝的同党，一直深受慈禧信任，这对张翼也必有好处。直隶总督兼北洋通商大臣裕禄同意华德中兴煤矿股份公司办大矿的意见后，自己没有向朝廷递折子，而是让张翼呈报。这件事的过程是这样的：张莲芬于1899年旧历六月禀呈裕禄要求办大矿、修铁路，并要求仿开平矿局的成例照章纳税，给予百里、十里矿界的开采专利等。在禀文的末尾处，张莲芬写道："恭呈宪鉴，如何筹办之处恳乞转咨张（翼）督办核夺办理，是否有当，伏候批示"。[①] 裕禄批示："据禀已悉，候咨张（翼）京堂核查办理。"[②] 可见，无论张莲芬还是裕禄，都十分看重张翼与慈禧太后和光绪皇帝的关系。张翼接到裕禄的批示后，于"光绪二十五年（1899年）十一月十三日在天津行馆会同贵大臣专弁具奏筹办山东峄县煤矿大概情形一折，当经备文具会回稿咨送在案，兹于本月十八日差弁赍回原折，十六日奉朱批，该衙门知道，钦此"。[③] 一般说来，送呈皇太后、皇上的折子要经过军机处，因为军机处在清朝是皇帝的高级顾问秘书班子。而张翼显然是绕过军机处，直接把折子呈送给慈禧太后和光绪皇帝的，所以，才会这么快。

除了张翼有着特殊身份外，接触过中兴煤矿公司事务并表示同意支持张莲芬续办中兴煤矿公司的三任直隶总督兼北洋通商大臣王文韶、荣禄、裕禄，也都是慈禧信任的人。戊戌变法开始后，慈禧调王文韶入军机处；派宠臣荣禄接替直隶总督兼北洋通商大臣的职务，并委以统率北洋三军的重任；之后，又把满族亲贵裕禄调任直隶总督兼北洋大臣以接替荣禄。从这三个人在关键时候的升迁变化，可以看出他们受慈禧信任的程度。当然，这三个人也都不是变法的坚决反对者。除荣禄之外，王

---

① 《禀复直督查勘峄矿筹办情形并绘呈图说文并批》，中兴公司档案文牍第一册，光绪二十五年六月。

② 《禀复直督查勘峄矿筹办情形并绘呈图说文并批》，中兴公司档案文牍第一册，光绪二十五年六月。

③ 《督办直隶矿务张抄折录批行令遵照文》，中兴公司档案文牍第一册，光绪二十五年十二月初三日。

文韶尤其是裕禄都曾经一度倾向变法，但他们都是慈禧后党的人。既然这三任直隶总督兼北洋通商大臣都是支持中兴煤矿公司继续兴办的，慈禧当然会批准得很痛快。

还有一层心理上的原因，那就是原峄县中兴矿局是李鸿章在早期兴办的洋务民用企业之一。李鸿章担任直隶总督兼北洋通商大臣20年，是整个洋务运动的统领者。甲午战争中，帝党与后党意见相左。李鸿章看着慈禧的眼色行事，加之兵源、财力匮乏，船舰、枪械不济，造成保守畏战，故而前线指挥不利，一再贻误战机，铸成甲午战争惨败。战后，李鸿章忍辱赴日本谈判，割地、赔款，承担起卖国奸臣的千古骂名。慈禧心里明白得很，李鸿章是替她这个主子承受着一般人臣难以承受的屈辱。而张翼、张莲芬都曾经是李鸿章的幕僚。慈禧念及故旧之情，也就同意中兴煤矿公司继续兴办，并批准了中兴煤矿公司要求的一系列优惠待遇。

最后还有一点需要提及，就是张翼呈报的折子中有这样一段话："该道张莲芬禀经臣张通盘筹划，并与前税务司德璀琳筹商，现拟连旧股及华商并开平矿局，共招集股本洋一百二十万元，德璀琳拟认集股本洋八十万元，共凑集二百万元……其矿即名为山东峄县华德中兴煤矿公司。所有办法悉遵路矿总局定章，皆由华商主持，即派张莲芬为该公司总办，并令德璀琳为洋总办，许其稽核银钱出入等事，但不得揽权掣肘"。[①] 这段话表明，新创办的中外合资的华德中兴煤矿股份有限公司由中方控股，在控股权及事权上十分明确，也十分严格，甚至可以说严厉。在当时的情况下，慈禧是乐于看到这样严厉的定章的。因为在她看来，戊戌变法就是以西法改变大清的祖宗之法，差点儿危及她的权位。

---

① 《督办直隶矿务张抄折录批行令遵照文》，中兴公司档案文牍第一册，光绪二十五年十二月初三日。

而戊戌变法失败后，她欲废黜光绪的帝位，又遭到列强反对。因而此时的慈禧，对列强恨得咬牙切齿。如果中兴煤矿公司的创办再晚一年，或许就不会是这个样子。因为八国联军侵华后签署了《辛丑条约》的慈禧，已变成"量中华之物力，结与国之欢心"的一副对列强摇尾乞怜的模样。我们只能说，在戊戌变法失败之后的严酷政治环境下，为了使创办华德中兴煤矿股份有限公司顺利得到批准，张莲芬利用各种有利因素，抓住了历史给予的不可多得的机遇。

第三章　庚子事变与华德中兴煤矿公司

1900 年是世界进入 20 世纪的第一个年头。这一年，发生了义和团起义和八国联军攻入北京等重大政治事件，中国遭受到了有史以来最大的劫难。列强大兵压境、烧杀抢掠。逃亡西安的清政府被迫于 1901 年在《辛丑条约》上签字，又搭上了 4.5 亿两白银的巨额赔款。继向日本赔偿 2 亿两白银之后，这笔中国有史以来最大数额的赔款迫使清政府再度大笔举债，中国的财政经济命脉由此被列强牢牢控制，整个中国如同干涸的土地。其间发生了开平矿局被盗卖事件，震惊朝野。这一事件三位主角中的两位——张翼和德璀琳，分别是刚刚成立的华德中兴煤矿股份有限公司的督办和洋总办。这给华德中兴煤矿股份有限公司造成了不可估量的损失。德国驻华公使趁机施展招数，企图扼杀华德中兴煤矿股份有限公司于襁褓之中。

一、德国驻华公使穆莫向华德中兴煤矿公司发难：不准使用机器生产

1898 年 3 月 6 日，《中德胶澳租界条约》签订。根据这个不平等条约，德帝国主义获取了从胶州到济南（胶济）、从胶州到沂州再到济南

（胶沂济）两条铁路的修筑权，以及铁路两旁 15 公里内的矿产开采权。该条约还规定，山东境内无论开办何项事务，德国均有优先权。在欧洲与法、俄、德有矛盾的英帝国主义，为制衡俄、德在中国北方获得的权益，随即胁迫清政府同意，攫夺威海卫为租界，并获得了天津至镇江（津镇）铁路的承筑权，使它的势力范围从长江流域扩展到华北。津镇铁路途经山东。在欧洲正与英国交媾的德国施展手段，于 1898 年 9 月和英国私下达成协议：英国放弃津镇铁路山东段的承筑权。随后，德国驻华公使穆莫与清政府交涉，企图援引《胶澳租界条约》，获得津镇铁路山东段的修筑权。修筑权和承筑权是不一样的。德国依据不平等条约拿到胶济和胶沂济铁路的修筑权，直接损害了中国的主权。现在，它又想攫取津镇铁路山东段的修筑权，这是绝对不能允许的。英德两国私相授受中国境内的铁路承筑权已经是不可接受的，而德国的要求更是无理至极。清政府借助舆论的压力与德国驻华公使穆莫反复交涉，于 1899 年 3 月否决了德国要求的津镇铁路山东段的修筑权。但结果是：修筑权仍归中国，承认德国对该段铁路的承筑权——不仅承认了德国对该段铁路的承筑权，而且同意德国方面对该段铁路两侧 15 公里之内的矿藏拥有开采权！ 1899 年 4 月，为镇压山东人民的反抗斗争，德国军队入侵山东日照，入城后大肆烧杀抢掠，迫使清政府再次请求谈判。德帝国主义借此机会，强迫清政府签订了《津镇铁路借款草合同》。该合同将拟建的津镇铁路以山东南部峄县境内的韩庄为界，分为南、北两段，北段由德商承筑。枣庄煤田正在津镇铁路北段线路旁。

在山东境内，华德中兴煤矿股份有限公司是当时唯一一家经清廷批准备案的、建设中的大型机械化煤矿公司。这是视整个山东为囊中之物的德国人所不能容忍的：如果华德中兴煤矿股份有限公司真的建成机械化大矿，德方虽然取得了在这里开矿的权利，却无法得到这块令他们垂涎欲滴的富饶大煤田。因为根据袁世凯于 1900 年 3 月与之签订的《山东矿务章程》，德方在山东境内修筑的铁路两侧 15 公里之内的矿产，凡中国已开之矿，允准其继续开采。

新任德国驻华公使穆莫开始找借口。

光绪二十八年（1902 年）三月初，穆莫照会清廷外务部。照会称：听说比利时工程师数人受华德中兴煤矿股份有限公司督办张翼的授意，前往峄县采买煤矿。按照《胶澳租界条约》和中德商定的《山东矿务章程》，山东各处"如有开办制造矿务等事须先问德商愿否。这次未先问德商，竟先令比国商人赴峄县采买煤矿，则与德国在山东利权显然相悖"。① 穆莫这是无事生非。此时，张翼已由原来的督办直隶全省及热河矿务升任工部侍郎、督办路矿大臣。张翼接到外务部转来的这份照会后，立刻转给了张莲芬，并具文说："该矿系该道与德璀琳订立合同合办之矿，本大臣并未派比人前往查勘。今德使函称，闻比工程司受本大臣之意，前往查勘预备购买等情，不知其何所闻据，究竟有无比人自行前往情事，合亟札行查复，札到该道。"②

当初，在给慈禧和光绪的折子里，张翼称"由臣张督视该公司赶紧招足股本"。如今面对德国驻华公使穆莫生事找茬儿，张翼却绝口不提自己是华德中兴煤矿股份有限公司的督办，只说中兴煤矿是张莲芬和德璀琳合办之矿，撇清了自己。张翼是害怕了。德国人想做的事儿，哪一次不是找个借口当说辞，又哪一次不是不达目的不罢休？张翼一看到德国人在中兴煤矿问题上找茬儿，便赶紧先打退堂鼓，一推了之。

自 1900 年庚子事变后，张莲芬就被调往天津，这时任二品衔天津道，负责处理与列强划定租界的事务，其中包括与比利时划定租界的事

---

① 《督办路矿大臣候补京堂张准外务部咨开准德穆使函》，中兴公司档案文牍第一册，光绪二十八年三月初六日。
② 《督办路矿大臣候补京堂张准外务部咨开准德穆使函》，中兴公司档案文牍第一册，光绪二十八年三月初六日。

务。张莲芬接到张翼转来的穆莫的照会后，立刻回复"无比（利时）人勘矿情事"，并未雨绸缪，特别强调了两点：第一，华德中兴煤矿股份有限公司是在原峄县中兴矿局基础上续办的，已经有几十年的历史了；第二，华德中兴煤矿股份有限公司是与德国人德璀琳合办的。张莲芬强调这两条，第一是告诉德国驻华公使，华德中兴煤矿股份有限公司是在《山东矿务章程》签订之前成立的，按照该章程的规定，应准许其继续开办；第二是告诉穆莫，这是中德合资的煤矿，你不应该如此无事生非。对于张翼撇清与华德中兴煤矿股份有限公司的关系，张莲芬也不勉强，在复函中称："经职道与德人德璀琳议定章程，招华股十分之六，洋股十分之四，设立山东峄县华德中兴煤矿公司。"①

第一个借口被驳回，穆莫开始找第二、第三个借口。

针对张莲芬说华德中兴煤矿股份有限公司是与德国人德璀琳合办的，穆莫揣着明白装糊涂，再次照会清政府说："该公司并未在德员处报名，应仅视为华公司"。②穆莫身为德国驻华公使，他说华德中兴煤矿公司没在他那儿报名备案，别人又能拿他有什么办法呢？假如他承认华德中兴煤矿公司为中德合办公司，那么，他就没有权利对华德中兴煤矿公司说三道四，也不能限制该公司的发展，更不能在华德中兴煤矿公司的百里矿界内再插上一只脚；因为《胶澳租界条约》第二端第四款规定，德国于所开各铁路附近之处相距 15 公里内，"允准德商开挖煤斤等项及须办工程各事，亦可德商华商合股开采"。既然穆莫要限制甚至扼杀华德中兴煤矿公司，那他就不能承认该公司为中德合办。穆莫正是这么办的，只要德璀琳不开口，别人还没办法反驳他。

---

① 《禀复路矿大臣查明并无比（利时）工程师查勘峄矿请予转咨文并批》，中兴公司档案文牍第一册，光绪二十八年五月二十三日。
② 《德穆使为照复事接准照称》，中兴公司档案文牍第一册，光绪二十八年五月二十三日。

穆莫的第二个借口，别人无法反驳。但仅仅否认华德中兴煤矿公司为中德合办，还无法扳倒它。穆莫又拿出了他的第三个借口。

穆莫说："查胶州湾专约所准沂州至济南府之铁路已改津镇铁路，现峄县煤矿居在将造津镇铁路相距三十里内，是以倘办理峄县煤矿过于订立山东矿务公司章程时日办法之外，则显与此章程不符。"①山东巡抚袁世凯代表清政府与德国方面签订《山东矿务章程》是在 1900 年 3 月 21 日（光绪二十六年二月二十一日）。该章程对《胶澳租界条约》略有细节上的补充，即："山东铁路两旁三十里之内，凡华人已开之矿，准其继续办理。"②1899 年 4 月，中国政府同意德国提出的无理要求，将德国不愿意根据《胶澳租界条约》享有修筑权的胶沂济铁路改换为承筑津镇铁路天津至韩庄段，向德国做出了很大的让步。所以，1900 年 3 月议定《山东矿务章程》之时，袁世凯争取到了"山东铁路两旁三十里之内，凡华人已开之矿，准其继续办理"。既然是"华人已开之矿，准其继续办理"，那么，凡是《山东矿务章程》签订之后再开的华矿，就不能被允准了。张莲芬在接到张翼转来的穆莫的照会后，即强调指出华德中兴煤矿公司已经开办了几十年。但是，穆莫不理那个茬儿，他强调的时间节点是 1900 年 3 月《山东矿务章程》的签订。咬文嚼字，穆莫可谓挖空心思。但是很可惜，华德中兴煤矿公司经清廷正式批准百里矿界并确定名称，是在 1899 年旧历十一月十六日，距《山东矿务章程》签订仅三个月零五天。华德中兴煤矿公司的正式批准时间如果再晚那么一点儿，麻烦可就大了。

穆莫对他的第三个借口也感到没有把握。也许，他只是想唬一下。唬着就唬着了，唬不着，他还有第四个借口。

---

① 《德穆使为照复事接准照称》，中兴公司档案文牍第一册，光绪二十八年五月二十三日。

② 《山东矿务章程》，中兴公司档案文牍第一册（附）。

在同一个照会里，穆莫说什么"光绪二十六年（1900年）春间，彼此议定之山东矿务公司章程德文第十七款内，载明山东铁路两旁三十里内，凡经华人已开之矿，仅准按照向来办法仍行续办，亦不得碍难山东矿务公司所办之矿务，此意在该款德文内言明，本大臣仅视德文为主"。①《山东矿务章程》第十七款不是规定"山东铁路两旁三十里内，凡华人已开之矿，准其继续办理"吗？穆莫稍作篡改，说这句话按照德文的意思就是："山东铁路两旁三十里内，凡华人已开之矿，仅准其按照向来办法仍行续办。"中兴煤矿公司不是只有4台抽水机以土法办窑吗？那么，以后就只准按土法办窑，不准建机械化生产的大煤矿。穆莫这么歪曲《山东矿务章程》之后，还傲慢地说："不得碍难山东矿务公司所办之矿务"。他所谓的"山东矿务公司"就是德国人垄断山东矿务的公司，还说什么"本大臣仅视德文为主"。清廷外务部没有对穆莫照会的内容进行具体分析，仅针对华德中兴煤矿股份有限公司创办的时间问题回复说，华德中兴煤矿公司已经办了好几十年了，与《山东矿务章程》第十七款并无不符，应准其继续办理。

1902年旧历六月十一日，张翼再次接到外务部转来的穆莫的照会。穆莫在这份照会中承认，华德中兴煤矿公司设立的时间在议定《山东矿务章程》之前。这次，穆莫特别强调说："本大臣绝无意争论峄县煤矿公司续办之理，本大臣之意只系特为提明，山东矿务公司章程德文第十七款内，载明山东铁路两旁三十里内，凡经华人已开之矿仅准按照向来办矿之法仍行续办，亦不得碍难山东矿务公司所办之矿务等语，此意在该款德文内言明，本大臣仅视德文为主。今不能不将此意再为声明。"② 穆莫的这段话明白无误地告诉清政府：华德中兴煤矿公司只准用

① 《德穆使为照复事接准照称》，中兴公司档案文牍第一册，光绪二十八年五月二十三日。

② 《德公使穆莫照会清外务部》，中兴公司档案文牍第一册，光绪二十八年六月。

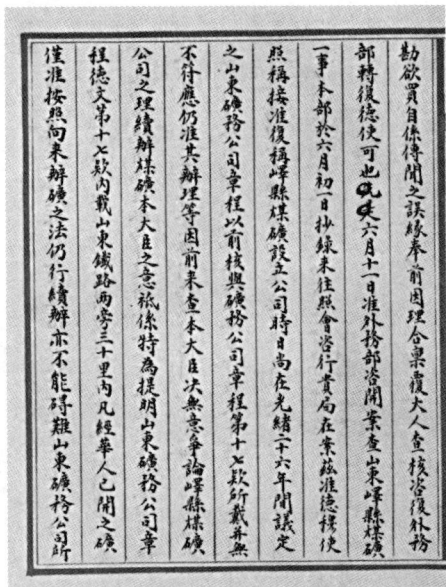

德国驻华公使穆莫于 1902 年 5 月 23 日照会清政府，强调凡经华人已开之矿，仅准"照向来之办法仍行续办"，即不准中兴煤矿公司使用机器生产

土法办矿，不准创办机械化大煤矿。

那么，张翼接到这份照会后是怎么处理的呢？张翼说："到本大臣准此，合行札知，并照录外务部六月初一日咨文及来往照会，即便查照可也。"[1] 张翼的态度也很明确，说他已经同意了穆莫的意见，你中兴煤矿公司就照办吧。

张莲芬如果照办，中国近现代煤矿史就要改写了。张莲芬在 1902 年旧历七月二日回复张翼道："不得不声叙者，德使两次照会，所引山东矿务公司章程第十七款均与原章程之华文不甚符合，该照会乃称仅视德文为主，原章程首节内载明此项章程用华文德文缮就，其中语意彼此相符等语。此外并无专以德文为主字样。查该章程华文第十七款内载有凡经华人已开之矿应准其办理等语，又有倘华人在某处已开大矿，该公司意欲购买如华矿主人不愿将所开之矿卖去则应作罢论，不能搅扰其事等语。是华人已开之矿该公司不能搅扰其事，章程载有明文。本公司于光绪二十五年（1899 年）议添新股，改称峄县华德中兴煤矿公司，亦经北洋大臣会同宪台奏明附近百里之内他人不得再用机器开采，附近十里之内不得另用土法开采，并由本公司枣庄矿局修造运煤铁路九十里至台儿庄运河以便转运等因。均经奉旨批准在案，此本公司奏案之界限

---

[1] 《督办路矿大臣候补部堂张准外务部咨开案准德穆使照》，中兴公司档案文牍第一册，光绪二十八年六月十一日。

有不得不声明者也……应请宪台咨明外务部复德使照会，实为公便。"①

　　张莲芬在这里针锋相对地强调了三点，对穆莫予以迎头痛击。第一点，中德《山东矿务章程》明文规定，章程的中文、德文文本是同一个意思；没有什么德文的意思，也就没有什么按"向来办矿之法"办理华德中兴煤矿公司的意思。穆莫说了不算，我张莲芬该怎么办还会怎么办。我还要建大矿，我还要修铁路，这些都是朝廷批准的。第二点，我有百里矿界，任何人不得在我的百里矿界内办矿。第三点，穆莫一再照会，是在搅扰华德中兴煤矿公司的工作，这也是违背《山东矿务章程》的。面对华德中兴煤矿公司的极度困难，面对德国公使穆莫气势汹汹的发难，面对昔日同事、现已成为清政府督办路矿大臣的张翼的软弱甚至背叛，张莲芬据理力争，迎风而立。

　　穆莫会善罢甘休吗？当然不会。在开滦矿局的历史档案中，有一份光绪二十九年即 1903 年旧历元月十二日，穆莫照会清廷外务部的抄件。穆莫在照会中说："窃查胶约（即《中德胶澳租界条约》——引者注）第二端第四款末句，专为治理商务起见，并无他意……峄县煤矿虽名为华德中兴煤矿公司，然经奏明遵照路矿总局定章，皆有华商主持，出井煤斤一律完纳税厘，由山东巡抚派员在厂征收，与铁路三十里内德华矿务公司迥不相同，所得利益何能援照一律？"② 穆莫在这里说出了大实话。峄县华德中兴煤矿公司的确与不需要纳税的德国控制的矿务公司迥不相同，它实际上就是个挂名的中德合资企业。但穆莫由此得出结论，说华德中兴煤矿公司"所得利益何能援照一律"又是什么意思呢？它的什么利益与德国公司"援照一律"呢？我们看一看穆莫所说的"胶

---

①　《禀复路矿大臣峄矿前经奏准办法特再声明请咨转复德使文并批》，中兴公司档案文牍第一册，光绪二十八年七月初二日。

②　枣庄煤矿史志办抄自开滦矿务局矿史办：《驻京穆公使致函》光绪三十年十一月二十六日刘字七百八十五号，案卷第 1450 号。

约第二端第四款末句"究竟说了什么。它说：山东铁路两侧15公里之内，"允准德商开挖煤斤等项及须办工程各事，亦可德商华商合股开采，其矿务章程亦应另行妥议，较诸在中国他处华洋商务公司办理各事所得利益不得向隅"。穆莫拿这句话说事儿，是说华德中兴煤矿公司不是根据《胶澳租界条约》第四款所指"亦可德商华商合股开采"而开办的公司，即不是与德商控制的所谓山东矿务公司合作开办的公司，而是按照中国的路矿章程开办的公司，所以，不能算是中德合资企业，而是如穆莫在1902年所说的"仅应视为华公司"。既然仅应视华德中兴煤矿公司为中国公司，那么按照穆莫的逻辑，就不能影响德国人在枣庄煤田上另开大矿。

1904年旧历十一月二十五日，穆莫又一次照会清政府说："为照会事，按光绪二十四年（1898年）二月十四日所定胶澳条约第二端第四款内开，于所开各道铁路附近之处，相距三十里内，允准德商开挖煤斤。中国国家意，应将德商一律优待，较诸在中国他处之华洋商务公司办理各事，所得利益不使向隅等因。按此条约，在光绪二十六年（1900年）二月间，经山东大使及山东矿务公司商定矿务章程，照第十七款所定，在铁路附近三十里内，凡经华人已开之矿，仅准照向来办法仍行续办，毋致碍难有损山东矿务公司所办矿务。此项章程，即系帮办山东交涉副都统荫昌及总工程司锡乐巴先商定德文，即显系以德文为主。所有他项各约章，亦系以洋文为主，不以译出华文为主。如有因第十七款华德两文不符而批评者，不足为凭。且照光绪二十六年（1900年）七月十七日贵亲王致葛署大臣照会内称：已准山东峄县中兴煤矿公司附近百里内他人不得再用机器开采，附近十里内民人不得再用土法开采等因。既然以上所提条款不准将德商较诸它项华洋公司薄待，则山东矿务公司理应在三十里内索得利益，同中兴公司所得者一律情形。如此虽无疑，所有在三十里内之华矿仅准按照到光绪二十六年（1900年）春间所用办法续办。然不免时有新开及用机器所办之矿，以致山东矿务公司所办之矿务时有窒碍至今"。[①]穆莫显然已经急不可耐，他强词夺理地按照他个人的意思曲解《山东矿务章程》第十七款的意思，赤裸裸地说什么"所有在三十里之华矿仅准按照到光绪二十六年（1900年）春间所用办法续办"，坚持不许所有中国矿商和华德中兴煤矿公司采用机器办矿。

二、没有磅秤引发的风波

德国驻华公使穆莫一直到1904年还在叫嚣不准华德中兴煤矿公司使用机器生产，其实还有一层原因：华德中兴煤矿公司原定招股200万，修铁路，建大矿，三五年内大浚，掌控淮河、大运河及长江的销煤利权。但是，三五年过去了，该公司基本还是在土法办矿。穆莫由此看到了可乘之机。

1901年11月，华德中兴煤矿公司成立已逾两年，却还没有一台磅秤，由此引发的一场风波令人欲哭无泪。

1901年11月，发生了驻矿征收税厘委员曾西屏状告华德中兴煤矿公司的事件。曾西屏说，本来是11筐多就满1吨的，双方约定章程12筐算1吨，华德中兴煤矿公司是按14筐1吨在纳税。言外之意是，华德中兴煤矿公司纳税纳得少了。另外，曾西屏还说，华德中兴煤矿公司的自用煤和零星售煤一概不交税，数量太多。话说得很不好听。这个状告到山东巡抚那里，接下来又转到了此时已担任直隶总督兼北洋通商大臣的袁世凯手中。袁世凯批示："到本署本大臣准此"。[②]信被转给了张莲芬。这是光绪二十七年（1901年）旧历十一月二十九日。一个多月

---

① 《袁氏奏章》，存于山东大学图书馆。
② 《直督袁准东抚咨据商务局详定峄矿税厘转饬遵照文》，中兴公司档案文牍第三册，光绪二十七年十一月二十九日。

后，曾西屏再次告状说，他已经按 12 筐 1 吨征收税厘了，但华德中兴煤矿公司的管事方有谷、戴绪万不听。方有谷年纪大了，还不怎么的。就是这个戴绪万，才 28 岁，他不顾大局，零售煤还是不纳税。山东巡抚又把这个情况转报给袁世凯。袁世凯再次批示"到本署本大臣准此"，要求张莲芬"切切遵章办理"。①

不就是一场纳税纠纷嘛，怎么会把状告到直隶总督兼北洋通商大臣袁世凯那里？

说起来，袁世凯与华德中兴煤矿公司的创办人张莲芬、张翼都有过交往。袁世凯是李鸿章一手提拔起来的，与同属淮系的张莲芬的关系更为密切一些。由于张翼出身于醇亲王府神机营，曾经背叛过光绪皇帝的袁世凯与张翼是有一些心结的。但因为华德中兴煤矿公司是慈禧太后批准成立的，又是在李鸿章支持创办的原峄县中兴矿局基础上续办的，所以，袁世凯在华德中兴煤矿公司创办初期给予了大力支持。

1899 年年初，华德中兴煤矿公司正式挂牌成立时，袁世凯刚刚担任山东巡抚。该公司成立后，一面修理旧窑，一面用土法开辟新窑。两年中，袁世凯主持下的山东省政府没有向华德中兴煤矿公司征收税厘。直到光绪二十七年也就是 1901 年的正月，时任二品衔天津道的华德中兴煤矿公司总办张莲芬上禀袁世凯，请求派员驻矿征收华德中兴煤矿公司的税厘，这件事才被提上日程。张莲芬在这份禀文中提出了三点要求。

第一，根据清廷给予华德中兴煤矿公司的优惠政策及参照直隶开平矿局的成例，华德中兴煤矿公司凡出煤 1 吨，除完纳税金 1 钱银子外，另加厘金白银 5 分。此项税厘，应由山东府臣派员驻矿征收，发给运

---

① 《直督袁准东抚咨据洋务局详请催解税厘拨充经费转饬遵照文》，中兴公司档案文牍第三册，光绪二十八年正月二十二日。

照，所产煤炭无论运往何处销售，不得重征。

张莲芬还请求袁世凯，将清廷给予华德中兴煤矿公司的由山东省总抽税厘的政策形成文件，并通告两江总督、漕运总督、江苏和安徽巡抚部院及淮关监督，转行各署关卡，以便煤炭运销的各个环节能够免去重征税厘，畅通顺利。

第二，张莲芬要求派驻华德中兴煤矿公司征收税厘的委员，除按规定对出井、出口的煤征收税厘以外，同时要发给华德中兴煤矿公司加盖印铃的"免收税厘"分运单，这就类似今天的税务发票。这样，手持分运单的华德中兴煤矿公司沿大运河各销煤分厂的商贩就不用再重复地缴纳税厘了。

由以上两条不难看出，张莲芬之所以主动向山东巡抚袁世凯提出缴纳税金，主要是因为华德中兴煤矿公司的煤出井外运之后，应付沿大运河的关卡抽厘是一件很难的事情。与其不得不过关抽厘，还不如依照清廷给予华德中兴煤矿公司的税厘优惠政策，由山东巡抚派人驻矿征收税厘，然后发给分运单，通过沿大运河关卡时就不必缴纳厘金，可以畅行无阻。这样不仅经济实惠，而且名正言顺。当然，以张莲芬对国家的忠诚，只要华德中兴煤矿公司具备了纳税的条件，即便没有过关抽厘的问题，他也会照章办事。不过，当时不少国家为了鼓励工矿业的发展，对新办企业在 3 年之内不收税。煤矿企业投资大、见效慢，创办 3 年之内不纳税是完全应该的。张莲芬之所以在 1901 年旧历元月向山东巡抚请求驻矿收税，一定有他不得不如此的更深层次的原因，姑且不论。

张莲芬要求的第三点是，对华德中兴煤矿公司自用煤炭及附近平民用木头换炭的免征税厘。这一点在清廷的优惠政策之外，却在情理之中。

袁世凯接到张莲芬的禀文之后，批示"如禀办理"①，并标明已"咨请各督抚监督一体查照"②，令所属关卡免税放行。这是 1900 年的旧历七月初八，距离发生税务纠纷只差四个月多一点。而袁世凯恰在这期间因李鸿章去世，升任直隶总督兼北洋通商大臣。有关向华德中兴煤矿公司征税的事情是袁世凯定的，袁世凯又是现任管洋务的北洋通商大臣；而张莲芬时任二品衔天津道，虽然是道员，却是北洋核心地区的天津道，其职级也与山东巡抚相当。山东巡抚去处理天津道下辖的煤矿事务纠纷，显然不太合适。再加上张莲芬与袁世凯同属淮系的关系，山东巡抚也会觉得处理起来的分寸不好拿捏，所以，事情就到了署理直隶总督兼北洋通商大臣袁世凯那儿。

张莲芬在调查后给袁世凯上了一道禀文，叙说了事情的原委：

> 征税委员曾西屏称中兴煤矿税厘应按十二筐为一吨；其零售煤斤亦应照收税厘；自烧之煤每日只准以百筐为度。而该厂管事方有谷等坚持不允。③

曾西屏所谓零售煤，即袁世凯还是山东巡抚时，与张莲芬定下来的华德中兴煤矿公司附近平民用木头换炭的煤，约定给予免征税厘；华德中兴煤矿公司的自用煤炭也在约定的不征税之列。曾西屏却要求对民用煤征税，并将自用煤限制在每日百筐之内。最主要的是对于外

---

① 《禀请东抚派员驻厂征收峄煤税厘并恳请转饬各省文并批》，中兴公司档案文牍第三册，光绪二十七年正月十七日。
② 《禀请东抚派员驻厂征收峄煤税厘并恳请转饬各省文并批》，中兴公司档案文牍第三册，光绪二十七年正月十七日。
③ 《禀复直督山东峄县煤矿以后税厘办法请查核转咨文并批》，中兴公司档案文牍第三册，光绪二十八年正月十九日。

销煤的度量。曾西屏要求以 12 筐为 1 吨，而华德中兴煤矿公司常以 14 筐为 1 吨。曾西屏认为这就是偷税漏税。实际情况是怎么样的呢？原来，华德中兴煤矿公司有两种筐：一种叫作"大筐"，每筐按苏砝秤称 150 斤；另一种叫作"客斛"，每斛 130 斤。筐有大小，度量的时候自然就有筐数的区别。张莲芬要求管事的方有谷与征税的曾西屏当面交换意见，和平磋商，按洋秤合校，做成一个标准筐，印上字，按筐计吨，以保公平。

　　然而，事情并非如此简单，问题出在收税委员曾西屏借故找茬儿。"曾（西屏）委员自到峄后，屡欲自征零售各户"，这是一；"又欲以钱折银，令矿局交伊转解"。① 零售户本来是免征税的，税金以铜钱折成银两徒生麻烦，又令矿上吃亏，所以，"经方有谷等函商职道是否可行，职道答以多弊，实未肯允办，仍饬遵照禀定章程办理为妥"。② 张莲芬把事情揽到了自己身上。曾西屏为什么要如此节外生枝呢？张莲芬说："该委员前后禀称矿局获利甚厚，又言戴绪万倚势抗违，自系未知办矿之艰难，故当此苛责之论。现在德国窥觊（山）东省矿产，几欲全为所有。峄矿之仅存，全赖东省大宪及地方印委保护维持，庶几经久。区区戴绪万似不敢故违定章。"③ 曾西平在给山东巡抚的告状信中的确说过华德中兴煤矿公司"获利已为至厚"的话，还说什么华德中兴煤矿公司"独专其利，何来煤斤运往各处，逢关纳税，遇卡抽厘"？④

---

① 《禀复直督山东峄县煤矿以后税厘办法请查核转咨文并批》，中兴公司档案文牍第三册，光绪二十八年正月十九日。

② 《禀复直督山东峄县煤矿以后税厘办法请查核转咨文并批》，中兴公司档案文牍第三册，光绪二十八年正月十九日。

③ 《禀复直督山东峄县煤矿以后税厘办法请查核转咨文并批》，中兴公司档案文牍第三册，光绪二十八年正月十九日。

④ 《直督袁准东抚咨据商务局详定峄矿税厘转饬遵照文》，中兴公司档案文牍第三册，光绪二十七年十一月二十九日。

这样讲话就太不公道了。逢关纳税、遇卡抽厘是当时全国性的痼疾，华德中兴煤矿公司虽享有清廷的优惠政策，但事实上并不能免除税厘。至于"获利已为至厚"，更是小肚鸡肠，站着说话不腰疼。华德中兴煤矿公司是在原峄县中兴矿局的基础上续办的，原峄县中兴矿局因督办陈德浚撤局，戴姓及"北股"股东"耗折股本七万余金"[1]，华德中兴煤矿公司续办之后，"添本七万有奇，经营三年之久，始有小效。然不添六七十万巨本赶造由矿至台（儿）庄运煤铁路，仍属滞销亏本，税厘之不能按季纳解，亦此之故"。[2] 曾西平只看到华德中兴煤矿公司的煤炭换回了银子。他只会算小账，不会算大账，或者也不愿意算大账。他看不到开办山东坊子、淄川煤矿的德国商人不仅一分税厘不交，而且不管煤炭运往何处售卖，没有人敢于向他们征收厘金。不只山东德商，列强在中国所开之矿所出之煤一律不交厘金。对于尚以土法办矿的华德中兴煤矿公司，他们维持生存、维护国家利权的道路走得是何等艰难！曾西平戴着有色眼镜看华德中兴煤矿公司，所以才会有这场征税、抗税的风波。

问题总得解决。张莲芬叙述原委后提出的解决办法是：第一，飞饬方有谷等人仍与曾西屏妥定办法，并速筹解应税银两；第二，零售、自烧之煤仍按原议免征税厘，数量按曾西屏提议的，由每日百筐改为每日10吨；第三，如前所言，外销之煤，以做成的标准筐计量吨数征税。

张莲芬在这份禀文中感慨地说："嗣后矿局能通用磅秤更为省便。"[3]

---

[1] 《禀复直督山东峄县煤矿以后税厘办法请查核转咨文并批》，中兴公司档案文牍第三册，光绪二十八年正月十九日。

[2] 《禀复直督山东峄县煤矿以后税厘办法请查核转咨文并批》，中兴公司档案文牍第三册，光绪二十八年正月十九日。

[3] 《禀复直督山东峄县煤矿以后税厘办法请查核转咨文并批》，中兴公司档案文牍第三册，光绪二十八年正月十九日。

这说明，华德中兴煤矿公司当时连磅秤都还没有。

袁世凯在禀文上批示："据禀已悉。候咨山东抚部院查照饬遵缴。"

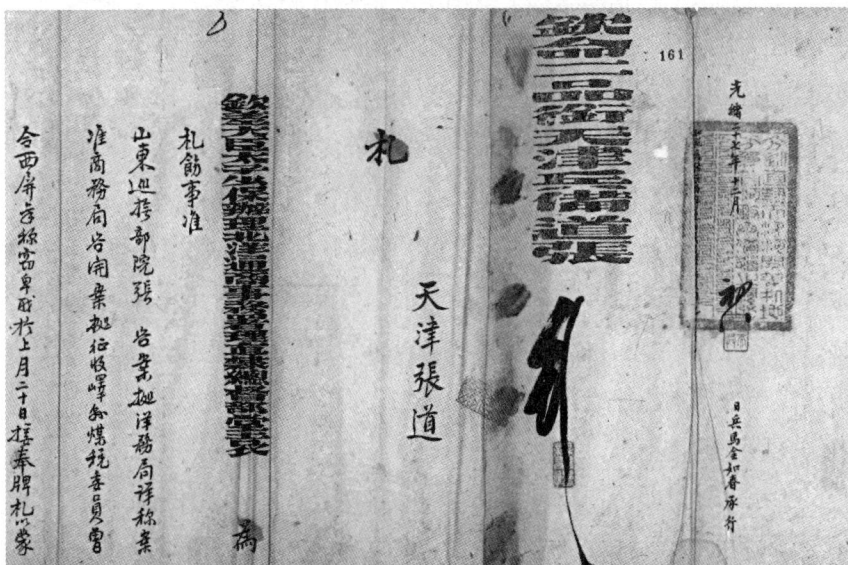

时任中兴煤矿公司总办的天津道张莲芬，就中兴煤矿公司税务风波与署理直隶总督袁世凯交涉

三、开平矿局事件：张翼和德璀琳是主角

关于华德中兴煤矿公司的情况，1904年的《捷报》有一篇通讯这样写道："矿厂建设方面所显示的特有的节省，给人的印象很深。这里的建筑都极简陋，甚至遮盖着吊车的大棚架显然是以木柱支着芦粟杆涂上一些三合土做成的。所有的矿工都是中国人，而且负责开机器及开吊车的照例都是上海人。水是用巨大的生牛皮桶一上一下地抽出的，和当地其他土矿的办法一样。除了供给锅炉用水的水泵以外，别处未见有水泵。据说有一个水泵是放在地上的，大概就是在那里安装起来的，矿场

里没有车子，没有升降机，也没有轨道；这个矿场简直就是一个用土法开采的大矿，只是普通用绞车和畜力的地方代之以蒸汽力而已。"①《捷报》的这篇报道为我们展现了华德中兴煤矿公司当时的艰难，同时也展现出华德中兴煤矿公司管理层和员工们的奋斗精神——他们用土办法办起了一座大煤矿——华德中兴煤矿公司的土窑已扩展至 15 座，沿大运河的销煤点除台儿庄总煤场外，已有济宁、滕县、码头镇、高邮、界首、瓜州 6 座分销煤场。《时报》曾于 1907 年报道说："峄县中兴煤矿公司自开办至（光绪）三十二年（1906 年）底止，除去费用外，净得余利十四万六千二百金有奇，作为各股东红利。并闻各股东并不提取此款，仍行充作股本云。"② 由这一报道，可知那位征税委员曾西屏对华德中兴煤矿公司的指控是多么褊狭、无知，真应了那句"以小人之心，度君子之腹"的俗语。

华德中兴煤矿公司为什么没有能够迅速大办呢？为什么穷到开办两年了连磅秤都没有呢？光绪二十七年正月十七日（1901 年 3 月 7 日），张莲芬给山东巡抚袁世凯的禀文中有这样一句话："职道正与张阁侍读学士筹商集股，适逢去年直北匪乱，未能大办，而于（光绪）二十五年（1899 年）先照土法开拓失火各窑，迄今两载。"③ 这里的"张阁侍读学士"即是张翼。也许正是根据张莲芬的这段话，有关研究人员过去一致认定：华德中兴煤矿公司的华股招不上来是因为政局动荡，无人敢入股；而德璀琳则因华德中兴煤矿公司的定章太严，且山东的义和团大潮汹涌，所以也不愿招徕德股。应该说，这种分析是有道理的，是大局势令华德中兴煤矿公司举步维艰。

---

① 汪敬虞编：《中国近代工业史资料》第二辑下册，科学出版社 1957 年版，第 769 页。
② 汪敬虞编：《中国近代工业史资料》第二辑下册，科学出版社 1957 年版，第 769 页。
③ 《禀请东抚派员驻厂征收峄煤税厘并恳转饬各省文并批》，中兴公司档案文牍第三册，光绪二十七年正月。

德国对山东的侵略和对当地人民的残酷镇压，使山东的义和团声势浩大，蔓延到整个华北。一般华商士绅不可能在此时入股，德璀琳未能招得一股洋元也顺理成章。但是，开平矿局始终正常生产，张翼在华德中兴煤矿公司上马后一股未招就不那么合情合理了。到底出于什么原因呢？ 1906 年 6 月 5 日，张莲芬在关于华德中兴煤矿公司物料招商的一份禀文中说道："正筹办间，即值拳乱（指义和团运动——引者注）到来，未招有股本。而原议筹招新股之前阁读学张及津海关税务司德璀琳又因直隶开平矿事，均未兼顾。"[1] 张翼、德璀琳在华德中兴煤矿公司筹款招股过程中本来应该起到什么样的作用？直隶开平矿局到底发生了什么事情，致使他们对华德中兴煤矿公司招股之事未能兼顾？

让我们回过头再去看看1899 年旧历十一月十五日，由张翼呈给慈禧太后和光绪皇帝折子中的一段话："该道张莲芬禀经臣张通盘筹划，并与前税务司德璀琳筹商，现拟连旧股及华股并开平矿局，共召集股本洋一百二十万元，德璀琳拟召集股本洋八十万元，共凑集二百万元。以一百元为一股，作为两万股，其矿即名为山东峄县华德中兴煤矿公司……所有该公司招股章程及一切办法，悉由臣张随时督饬华洋各员认真经理。"

这段话清楚地表明，张翼不仅是华德中兴煤矿公司的督办，负责监督招股章程的制定及公司一切大政方针；而且作为开平矿局督办，他是计划中以开平矿局作为华德中兴煤矿公司后盾的最大股东——开平矿局的代理人。而德璀琳则是 80 万元德国股金的集股人。可以说，华德中兴煤矿公司 200 万元股份中的绝大部分，是分工由张翼和德璀琳承担的。开平矿局一直正常运转，张翼为什么在庚子事变后没有再为华德中

---

[1] 《禀东抚杨购料筑路需款半现半欠文并批》，中兴公司档案文牍第四册，光绪三十二年八月。

张翼任督办的开平煤矿

兴煤矿公司招得分文股金呢？

唐山文史资料《开滦》一书为我们解开了谜团。

1900 年 6 月，八国联军发动侵华战争。6 月 22 日，兼任开平矿局督办的张翼被英军逮捕。逮捕张翼的理由子虚乌有，因为张翼家养了很多鸽子，英军据此断言：张翼是利用鸽子与义和团暗通消息。6 月 23 日，张翼的私人顾问德璀琳赶到关押张翼的地方探望，威胁张翼将开平矿局置于英国旗帜下加以保护。德璀琳告诉张翼说，俄国军队已经包围了开平，只有挂上英国国旗，才能保住开平。张翼情急之下，不得已出具了一个授权书，委托德璀琳为开平煤矿总代理人，全权管理开平公司的财产。德璀琳拿到授权书之后的第二天，张翼即被释放。可见，这是一个事先设计好的圈套。张翼出狱后，德璀琳又进一步诱骗张翼说，必须把开平矿权完全转移给英国公司。这样做等于是招募外股来扩充业务，把开平公司变成中外合办公司。但表面上得立一个卖契，在英国注册，才能使开平公司的财产得到保障。德璀琳还哄骗张翼说：将来，张大人仍是新公司的督办，权力仍操在张大人手上。德璀琳的话牛头不对马嘴，既然是中外合办公司，为什么一定要在英国注册呢？仅从这一点，就不难看出其中的诡诈。

早在 1898 年，接受德璀琳的建议，张翼曾以开平矿局全部资产为抵押，向英商墨林公司借款 20 万英镑修筑秦皇岛码头。张翼上当，应该从那个时候就开始了。试想，已将开平矿局全部资产通过德璀琳抵押给英国墨林公司的张翼，对德璀琳的话还敢不言听计从吗？英国军队为什么看准了张翼，居然以用鸽子向义和团通风报信的莫须有罪名逮捕了他？还不是为了已经成为抵押品的开平矿产？正所谓欲加之罪，何患无辞！

德璀琳的谎言牛头不对马嘴，但张翼宁可相信是真的。在被释放半个月后，他没有请示当时再次担任直隶总督兼北洋通商大臣的李鸿章，竟在诱骗之下，私自又补写了一份正式向德璀琳授权的文件。1900 年 7 月 30 日，德璀琳全权代表开平矿务局，与代表英国墨林公司的胡佛私订开平资产"卖约"合同，将开平矿局的所有产业及应享权利、利益，一并卖于、移交于胡佛。其中包括唐山、林西、胥各庄三座煤矿，承平银矿，天津总局的房产，天津、塘沽、上海、香港、广州等地的码头，以及为运煤修筑的开平运河、地亩、轮船等，连秦皇岛港口及津唐铁路都包括了进去。虽然是"卖约"，但并无价格。把这一事件的前后联系起来看，大概 1898 年向英商墨林公司借的 20 万英镑就是这次开平矿局被出卖的价格。然而，用那 20 万英镑修筑的秦皇岛码头不是也归了英商墨林公司吗？所以实际上，在阴谋、枪炮和谎言编织的罗网中，身为开平矿局督办和清廷大臣的张翼，白白地把中国近代洋务运动最丰硕的一个果实拱手送给了英国墨林公司。

在这场阴谋和骗局中，还有一个关键人物，他的名字叫胡佛。

他就是后来的美国第三十一届总统赫伯特·克拉克·胡佛，当时的身份是英国墨林公司驻天津的代理人，同时兼任直隶全省与热河矿务督办张翼的技术顾问。1898 年，胡佛作为英国墨林公司的雇员从澳大利亚来到中国天津。那场由英国借贷 20 万英镑修筑秦皇岛码头、以开平矿局全部矿产做抵押的骗局，就是那一年他和德璀琳共同策划的。1899

年，作为开平煤矿的技术顾问，胡佛向他的老板——英国墨林公司呈上了一份报告，全面评估了开平煤矿的矿产资源和发展前景，对墨林公司决定骗占开平矿局起到了决定性的作用。胡佛实际上是一个经济间谍，也是骗占中国开平矿局的主谋和整个事件的操纵者。骗占开平矿局成功之后，胡佛又勾结英国墨林公司，转手将开平矿局卖给了英国墨林公司占有很大股份的东方辛迪加，将开平矿局改组为开平矿务有限公司，胡佛担任董事。他纵横捭阖，从中牟取暴利，掘得了他政治生涯中肮脏的第一桶金。德璀琳和张翼也得到了英记开平矿务有限公司的重金酬谢。

关于开平矿局被骗卖的经过，汪敬虞主编的《中国近代工业史资料》是这样记载的："一九零零年义和团反对帝国主义的运动兴起，八国联军进行干涉。英军借口张翼'通匪'，将他逮捕，不久又释放。为了寻求帝国主义保护，张翼乃札派曾经任天津税务司的德国人德璀琳和洋人进行谈判。当年七月，德璀琳便和英商墨林（公司）的代表美国人胡华（佛）订立了'卖约'，将开平煤矿卖给了'东方辛迪加'。'东方辛迪加'是个英、法、比资本家的集团，曾替张翼办过借款，墨林有很大的股份。"[①] 请注意，这里的"曾替张翼办过借款"，应该就是提供修筑秦皇岛码头的 20 万英镑借款。《中国近代工业史资料》还说："依'卖约'所载，出卖的财产，除唐山、林西、胥各庄三个煤矿外，还包括了承平银矿、秦皇岛地皮四万亩，新河地皮八万亩，运河十四、五里，以及天津、塘沽、烟台、牛庄、上海、香港、广州等地码头八处，在上述各地及在杭州、苏州、吴淞、胥各庄、天津英租界等地皮一百余英亩，此外尚有轮船六艘，建平金矿、永平金矿、洋灰厂和津塘铁路的股份，天津总局房屋，胥各庄煤栈，秦皇岛借款未用款等。这真是惊人

---

① 汪敬虞编：《中国近代工业史资料》第二辑上册，科学出版社 1957 年版，第 61—63 页。

之举。'收买'这一重要的矿权和庞大财产，英人却没出什么代价。依'卖约'，墨林将成立一'英国有限公司'，即之后的'开平有限公司'。此公司资本一百万镑，即以其中三十七万五千镑的股票分给中国老股东，作为'一切利益之完全赔偿'。原开平矿务局的股本是一百五十万两，依当时汇率约合十六万五千镑，现换给三十七万五千镑的股票，故英人说'已加价过半'。但一究实际，却是个骗局。第一，开平原股本虽只一百五十万两，但经营二十几年，资产已扩张数倍。墨林曾透露当时已值八十五万镑。至其债务，在'卖约'中所载共二百九十六万两。配合其他材料，我们推测当时开平的净值（即资产除负债）约在二百七十万至三百五十万两之间。而英方所分给的股票，就票面折合也不过三百四十万两。第二，英国公司一百万镑的股票，除分给中国老股东的三十七万五千镑外，墨林分得五万镑，'东方辛迪加'分得十五万镑，'东方辛迪加'所指定之人分得四十二万四千九百九十三镑，其余七万镑酬劳签押人。其中只墨林的五万镑大约缴足了股金，'东方辛迪加'的十五万镑股票中有十万镑曾在契约中规定限期缴纳，其余都未缴过股金，而是虚设。尤其是数目最大的'东方辛迪加指定之人'的一笔，甚至后来伦敦法院的判词中也说：'此四十二万多股，并未于该公司详细项目外载明银已缴足。'那末，'又何为而给予东方公司（即辛迪加）指派之人四十二万四千九百九十三股？本官（法官）欲求其故而不得。然而就审讯时所得之实情而论，被告公司亦骗去四十二万五千股者，盖非无因。'"[1]"东方辛迪加指定之人"是谁？是谁一分钱不花就拿走了那42.5万镑的股票？他们凭什么？应该就是凭借从1898年为开平矿局借款开发秦皇岛码头开始，前前后后设局，骗到了开平矿局。他们于东方辛迪加和英国墨林公司功莫大焉！他们不会是别人，一定是美国人胡佛

---

① 　汪敬虞编：《中国近代工业史资料》第二辑上册，科学出版社1957年版，第61—63页。

和德国人德璀琳。

开平矿局既然已经成为英国公司，张翼也就失去了对开平煤矿的话语权。开平煤矿再也不可能成为华德中兴煤矿公司的后盾和最大股东。

1902年年初，张莲芬对开平矿局被骗卖一事还毫不知情，因为张翼一直隐瞒着这件事。开平矿务有限公司在英国伦敦注册约一年后的1901年6月，张翼才向清廷报告，谎称开平矿局加招洋股，改为中外合办有限公司，以保利权而维商本。听说张翼能保利权、维商本，清廷于1901年10月又将张翼由内阁侍读学士升为内阁学士；11月，升他为工部侍郎、督办路矿大臣。到1902年9月，张翼还在升官，这次升至工部右侍郎。张莲芬怎么可能知道其中的蹊跷呢？一直到1903年东窗事发之后，张莲芬才明白张翼、德璀琳在华德中兴煤矿公司创办后未能给公司招募股金，原来是因为开平矿局事件。无怪乎看到德国驻华公使穆莫虎视眈眈地对华德中兴煤矿公司发难时，张翼干脆与华德中兴煤矿公司撇清了关系，称华德中兴煤矿公司是张莲芬和德璀琳合办之矿；也无怪乎当穆莫称华德中兴煤矿公司"应仅视为华公司"时，不仅德璀琳没有发出一点儿声音，连张翼也唯唯诺诺地称"至本大臣准此"。

四、开平矿局事件对华德中兴煤矿公司的影响

清光绪二十八年旧历十月十七日，也就是1902年11月16日，开平唐山煤矿井楼上与英国国旗对悬的中国龙旗被降了下来。当地中国官员发现后立即带领缉私兵排着整齐的队列，庄严肃穆地又将中国龙旗升了起来。随后，英国驻天津总领事竟然函告中国外务部，要求饬令中国士兵退到开平矿界外，并将升起的龙旗降下。

龙旗事件震惊中国朝野。

外务部急速向已是督办路矿大臣的张翼查问此事。张翼也懵了，因为张翼在"卖约"之后，曾与英国人签订了一个副约。副约上写明新的开平公司为中英合办，并写明张翼为新公司的督办。既然是中英合办开平公司，哪能把大清的龙旗降下来呢？张翼不知道那个副约不过是个把戏，搞这么个把戏，就是为了使张翼乖乖地在开平矿局财产移交约上签字而已。试想，正式文件上没有的内容，副约上写了又有什么用呢？或许张翼认为有这么个副约，出卖开平矿局的事情，英国人就可以永远为他遮掩住了。他哪儿想到，既然已经请君入瓮，所谓的刀下鱼肉要切要剁、何时切剁，就全看主人的需要了。张翼一脸茫然地争辩说："一定要按中英合同办事，应该悬挂中国龙旗。"①

开平矿局可是直隶省的滚滚财源。这时候的直隶总督兼北洋通商大臣正是袁世凯。袁世凯于是质问英国驻华公使萨道义：开平公司既然为中英合办，为何不允许悬挂中国的龙旗？萨道义回答说：开平公司已卖给英国，在英国注册，现属英国公司，并不是中英合办，断不能悬挂中国国旗。萨道义还拿出了张翼委托德璀琳全权代理开平矿局的凭据、德璀琳以开平矿局代理人身份与胡佛私定的"卖约"、由张翼签字向英国墨林公司移交财产的移交约。袁世凯提出，"卖约"未经张翼签字，应属无效。但英方提出，既然开平矿产已全部授权给德璀琳，德璀琳的签字就是合法的。袁世凯又提出，既然是出卖，就应该有价格，但"卖约"中没有出卖开平矿局的价格。英方竟把给予德璀琳和张翼个人的 5 万英镑新公司股票（合银 50 万两），说成是收买开平矿局的价格。袁世凯一怒之下，于 1903 年 3 月 13 日向清廷奏本，举报了张翼私卖开平矿局的行为，并指出未经清政府批准的契约是不能成立的。到这时候，清政府才明白了真相，但是并没有处罚张翼，而是责成张翼设法收回开平矿

---

① 唐山市政协文史资料《开滦》，第 30 页。

局。张翼唯唯诺诺，却是无可奈何。1903 年 11 月，袁世凯再次上书清廷，参奏张翼故意拖延。光绪皇帝遂于 12 月 19 日批示："张翼着先行革职，仍着袁世凯严饬张翼勒限收回，不准稍有亏欠。倘有延迟，定将该员从重治罪。"[①] 至此，开平矿局事件大白于天下。

我们注意到一件事，就是在光绪二十八年（1902 年）四月初十，天津道张莲芬曾经函禀时任督办路矿大臣的张翼，说华德中兴煤矿公司的煤原来已由山东巡抚认可，除了出井煤每吨征税一钱、厘金五分之外，沿运河各关卡不得再重收税厘。现在，华德中兴煤矿公司的煤到了淮安关和宿迁分关却要征收船钞料费，合计每吨煤增加了白银一钱二分的成本，希望张翼帮助解决。张翼收到禀文后，立即咨问淮安关监督，要求他们按照原来的规定办，不准勒索船钞料费。淮安关监督回复说，征收船钞料费是户部的规定，不能违背。淮安关监督答复的时间，是在1902 年旧历七月二十四日。此后一年多，这件事在华德中兴煤矿公司档案中没有出现过只言片语。一直到光绪三十年即 1904 年的 10 月，中兴煤矿公司的档案中才又出现了张莲芬给新任淮安关监督的回函，表示先按照淮安关的要求缴纳船钞料费，等新建的商部有了规定，再照办。也就是在这一年多当中，袁世凯三次参奏张翼，张翼的督办路矿大臣和工部侍郎职务被革除，开平矿局事件大白于天下。华德中兴煤矿公司被迫在运煤经过淮、宿两关时，船钞料费连同关卡上书役索要的杂费等项，每吨煤要多缴纳一钱五分银子。而一向强硬的张莲芬居然没有据理力争，会不会就是因为受了张翼、德璀琳的牵连呢？要知道，华德中兴煤矿公司三名高管中的两名陷入了特大丑闻，这个影响非同一般。

我们还注意到，1904 年 10 月，在张莲芬同意加征船钞料费的那份

---

① 唐山市政协文史资料《开滦》，第 34 页。

公文中，他的职务已经由二品衔天津道变成了二品衔兖沂曹济道。虽然天津道和兖沂曹济道都是二品衔，但实际地位可是大不相同。当张莲芬任天津道时，他是直接同山东巡抚、直隶总督、督办路矿大臣打交道的。连一个小小的税务纠纷案，山东巡抚都不敢轻易处置，需上报给直隶总督兼北洋通商大臣袁世凯。但改任兖沂曹济道之后，张莲芬的顶头上司变成了山东农工商总局，办事情要通过几个部门周转，比从前困难得多了。

　　自 1904 年 10 月淮安关和宿迁分关加征船钞料各费白银一钱五分之后，安徽的天长县秦栏和江苏东安又要求华德中兴煤矿公司缴纳落地捐，仅江苏东安就是吨煤两钱银子。这吨煤两钱银子的落地捐是怎么算出来的呢？原来，"系按徐曹宁苏沪五局各捐银四分"[①] 算出来的。张莲芬通过山东农工商务局反复交涉，江苏才勉强同意将东安的厘金由吨煤两钱降为一钱。江苏的理由很充分："伏思苏省厘金系解支各项要饷赔款洋债之需，关系甚重，近来收数日绌，拨款日增，百计腾挪，倍形竭蹶，此项煤焦从前运销江苏各属曾经照完厘金有案，当此筹款万难之际，似未便一律免收，致与苏省厘收饷源有碍"。[②] 这的确是实在情形。"庚子赔款"的 4.5 亿两白银，分 39 年还清，连同本息共 9.8 亿两，清政府每年要还款 2000 万两左右，其中江苏被摊派的份额最大。江苏自然得变着法子抠钱。对华德中兴煤矿公司的煤过关抽厘，从前不敢。现在，华德中兴煤矿公司高管，三人中有两人犯了事，江苏省厘金局自然认为机会来了。至于江苏省厘金局说什么"此项煤焦从前运销江苏各属照完厘金有案"就有些荒唐了，它指的是"于光绪十一年（1885 年）

① 《农工商务局奉东抚饬转准苏抚咨据金陵厘捐总局详定抽厘办法移行遵照文》，中兴公司档案文牍第三册，光绪三十年九月十一日。

② 《农工商务局奉东抚饬转准苏抚咨据金陵厘捐总局详定抽厘办法移行遵照文》，中兴公司档案文牍第三册，光绪三十年九月十一日。

四月间奉前督部堂曾（国藩）札"。① 中兴煤的出井税厘为一钱五分银子，到淮、宿两关为一钱二分，到江苏东安厘金局又是一钱，不算书役索要，税厘总额已高达吨煤三钱七分。华德中兴煤矿公司当时每天出煤300吨，每吨成本合银二两多。除交出井税厘一钱五分，每吨净得利三钱四五分。这三钱四五分去掉淮、宿两关的一钱五分和东安的一钱，只剩下不到一钱的余利。中兴煤向外分销，自枣庄煤矿至台儿庄，每吨煤的脚价杂费又耗银三两。为求广销，在台儿庄的售价仅定五两五钱，运销环节等于分利不得。自台儿庄沿运河向南，到江苏的码头、界首，运销只加脚价费，码头镇卖价七两，在高邮、界首卖七两五钱，比英国、日本的开平煤还要便宜。而英日开平之煤是只按值百抽五的比例，每吨煤仅交税一钱五分。而且，英日开平之煤，用轮船运输，六七天就可上岸，运费低廉；中兴煤得辗转一个多月才能到达镇江，运费昂贵。华德中兴煤矿公司的煤价定得比它们还要低，就是为了让买主觉得华德中兴煤矿公司的煤用着合算，所以，实在不能再接受这一钱银子的落地捐。张莲芬只好一而再、再而三地恳请山东农工商务局转山东巡抚协调。他再三申诉：一者，"公司正料理添设瓜州、镇江两处分厂，试卖煤焦，冀广销路而敌外产，非从减定价使买主比用英日煤合算不能畅销，今再加落地煤捐，直使公司之煤不能运销长江上下矣"；二者，"中国特设商部，叠奉御旨，整顿商务，保护华商，免利外溢。英日开平各煤仅进口正半税银，无论运入内地何省不再重征；近年山东潍县、博山、淄川德商开采各矿所出之煤，既不允在矿统纳税厘，亦未定内地行销税厘。今敝公司日出之煤除机器自用煤十吨准免税厘外，余均按实出数目在矿征收。其南运煤焦经过淮宿两关又加纳钞税正耗约一钱二分。是公司煤比

---

① 《农工商务局奉东抚饬转准苏抚咨据金陵厘捐总局详定抽厘办法移行遵照文》，中兴公司档案文牍第三册，光绪三十年九月十一日。

之山东德矿固相悬远，即较南省英日开平各煤已多纳淮宿两关钞银一钱二分。泰西各国本国货税未有不从轻征者，我国欲望商务兴旺，似须体恤商艰，不宜自重其税。况各省佳矿为外人已揽者十之八九。现有数省绅民激励公义，议设自办公司，欲杜外人侵夺，姑无论本巨工繁，见功不易，即使办有成效，如将来各省纷征税厘，多方阻勒，亦必终终自困"。①

这是张莲芬的呐喊。

这是中国民族工业的呐喊。

直到光绪三十一年九月，也就是1905年秋天，这个问题还是没能解决。最后，张莲芬咨请山东工农商务局转山东巡抚，再转商部，让呐喊的声音直达清廷。

商部尚书载振当时还是很想有一番作为的。他立即上奏光绪和慈禧，请旨通饬一律照章以符奏案而恤商艰。折子内称："圣鉴事：窃自中外互市以来工商各业尚未振兴，全恃天然富有之矿产，以资补救。向以商情不固、运道不通、税厘苛扰，致令华商所办之矿，仅有开平、萍乡两处差强抵制，现开平尚与英国涉讼未结，萍乡亦资本未充。煤炭为轮船、铁路所必需，正待竭力扩充以免利权外溢。臣部于光绪三十年（1904年）二月奏定矿务章程第三十四条内开：矿产出井视品类之贵贱以别税则之重轻；第三十五条内开：矿产出口关税仍照税关章程征收，纳此税后其内地厘卡概不重征等语，原系于国家抽收经费之中仍寓体恤华商之意，业通饬各省遵照在案。近来风气日开，各省请办煤炭等矿渐多，然商力绵薄，尚未有造端宏大者。观瞻所系，如果办有成效，群情鼓舞，自在意中。惟各省所收厘税未尽遵照定章，往往于出口、出井两

① 《咨复商务局督同华德各商议请免加苏厘转请咨复文》，中兴公司档案文牍第三册，光绪三十一年九月二十一日。

项外，藉词加征。即如山东峄县之华德中兴煤矿公司，自光绪二十四年（1898年）归盐运司张莲芬接办之后，每煤一吨在山东、淮关两处，统共完纳税厘银二钱七分，系在臣部未设以前遵照路矿总局章程参以开平煤矿成案办理，核其数目，已较臣部定章每吨溢收银一钱二分。而江省督抚复据沪宁各厘局详议，拟征落地厘金每吨一钱。臣部按山东巡抚咨称，据张莲芬禀，各处厘金分局声称现奉总局，仍饬峄煤落地捐项，纷纷饶舌。峄煤销数因之大减……若皆引此为辞，则部章几同虚设。中国地大物博，磅礴郁积至今日而将大泄其精华。目前风气初开，正宜因势利导，抽收厘捐岂容歧异。明知各省库藏支绌，在各疆臣注兹挹彼，亦有不得已之苦衷，而奏定章程，自宜一律遵守。且查长江一带向销英日煤焦，山东则多用德煤，洋煤之税既轻，华商之力又薄，相形之下，不足抵制，为丛驱雀，尤可隐忧。相应请旨，饬各省将军督抚一律遵照，无论所属地矿禀请开办在臣部是否先后，不得于奏定章程出井、出口税外，别有征收，以恤商艰……恭折具奏，伏乞皇太后、皇上圣鉴。"①

光绪三十一年（1905年）十二月初三，山东巡抚杨士骧收到商部的通知，慈禧和光绪已批准商部关于煤炭收税一折，令山东巡抚转饬华德中兴煤矿公司："遵章完纳出井、出口两税，此外一切厘捐概不重征。并希转饬两江各督抚查照办理。"②

慈禧和光绪下旨，中兴煤过关纳厘一事终于解决。不过，对华德中兴煤矿公司的煤炭重复征厘一事，来来回回已拉锯4年之久。从商部上奏的折子看，商部"于光绪三十年（1904年）二月奏定矿务章程"，即明确对煤炭除征纳出井、出口两税外，"其内地厘卡概不重征"。而

① 《东抚杨准商部咨煤矿收税一律按照部章业经奏明允准转饬遵照文并原折》，中兴公司档案文牍第三册，光绪三十一年十二月初六日。

② 《东抚杨准商部咨煤矿收税一律按照部章业经奏明允准转饬遵照文并原折》，中兴公司档案文牍第三册，光绪三十一年十二月初六日。

对中兴煤过卡抽厘之事一直持续到光绪三十一年（1905 年）年底。也就是说，从光绪三十年二月，即 1904 年 2 月，到光绪三十一年十二月底，即 1905 年年底的近两年时间内，中兴煤甚至享受不到一般煤矿的待遇。

　　回过头来看，张莲芬当时调任兖沂曹济道，是否与直隶总督袁世凯有关系呢？天津道隶属于直隶总督，人事问题必然要经过袁世凯。袁世凯和张莲芬的关系本来还是不错的。而袁世凯和张翼一向就有心结。1903 年，袁世凯发现直隶的重要财源开平煤矿变成了英国人的，他的愤怒可想而知。而他第一次参奏张翼之后，清廷只是轻描淡写地让张翼去收回开平矿局，张翼却拖延不办。袁世凯再次参奏张翼。张翼被革职，清廷让他继续办理收回开平矿局的事情。张翼办不成，也不可能办成。袁世凯第三次参奏张翼，清廷反而恢复了张翼的三品衔，让他去伦敦打官司收回开平矿局。结果，张翼去了伦敦，一年之后没有半点儿成效，清廷居然也没给他什么处分。在袁世凯愤怒的情绪无处发泄的情况下，张莲芬继续留任天津道已经是不可能的了。

第四章　清末新政与华德中兴煤矿公司

作为戊戌变法"遗嘱的执行人"，慈禧太后在《辛丑条约》签订之后，被迫推行新政。振兴实业、奖励工商是清末新政最为突出的部分，使民族工矿企业的兴办继甲午战争之后再次掀起高潮。中国资产阶级力量的增长和强烈的爱国精神，推动了轰轰烈烈的收回路矿主权运动。清政府对这一运动始而支持，继而压制。由于财力竭蹶，整个新政期间，清政府不断加重旧税，增设新税，巧取豪夺。新政大部邮传部更是利用清政府政策的变化，与列强内外勾结。华德中兴煤矿公司在新政期间遭受的种种磨折，正是所谓清末新政的真实反映。华德中兴煤矿公司总办、头品顶戴山东盐运使张莲芬在与腐败专横的邮传部大员的较量中耗尽了心力，最终维护了华德中兴煤矿公司对台枣铁路的修筑权，维护了企业的生存，却毅然辞去了头品顶戴山东盐运使，正代表了中国资产阶级民主意识的成熟和对清王朝的绝望。

一、风起潮涌的收回路矿主权运动与华德中兴煤矿公司

20 世纪初在全国范围内兴起的收回路矿主权的运动此起彼伏，如

风起潮涌。收回路矿主权运动开始于清末新政推行之后的 1903 年，缘起于帝国主义列强在 1900 年庚子事变前后对中国路矿主权的疯狂掠夺，一直持续到 1911 年辛亥革命之前。华德中兴煤矿公司维护路矿主权的努力和成功，是这场斗争中光辉的一部分。

　　1898 年之后，列强根据不平等条约划分势力范围、攫取中国的路矿主权后并不满足。1902 年，英国强迫清政府与其签订《续议通商行船条约》，规定清政府"应招徕华洋资本，兴办矿业"。[①] 继英国之后，1903 年，美国又强迫清政府签订了《续议通商行船条约》。美国强迫中国签订的《续议通商行船条约》第七款规定："美国人民若遵守中国国家所定为中外人民之开矿及租矿地、输纳税项各规条章程，并按照请领执照内载明矿务所应办之事，可照准美国人民在中国地方开办矿务及矿务内所应办之事。"两江总督张之洞当时便致电吕海寰、盛宣怀、袁世凯等清廷大臣："英约虽亦有矿物一条，但只订明中国采取各国矿章，自定章程，今美约则许美人各处租买煤地，漫无限制，直是遍地通商。且此款末尾有遵照中、美两国该管官员日后所定税捐数目一语，尤为可骇。中国矿务，美国焉得有该管官员？日后酌定税款，乃中国自主之权，何须与美员会定。此句不删，中国从此失自定矿税主权矣。"[②] 也许正因为中国方面的力争，"中美两国该管官员日后所定税捐数目"一语最终被从该条约的第七款删除，但是美国人可以在中国地方租买矿地，仍然保留下来。1904 年，小小的葡萄牙也仿效英美，逼迫清政府与其签订《通商条约》。1900 年庚子事变后的中国，财政枯竭，民贫如洗，所谓"招徕华洋资本兴办矿业"，实际上就是向列强开放中国矿产的开采权。新的不平等条约签订之后，列强却广占寡开，例如："英法在云

---

① 《中英续议通商行船条约》第九款（1902 年）；转引自汪敬虞编：《中国近代工业史资料》第二辑上册，科学出版社 1957 年版，第 27 页。

② 汪敬虞编：《中国近代工业史资料》第二辑上册，科学出版社 1957 年版，第 27—28 页。

南所办隆兴公司，取得云南、临安、开化、楚雄等七府矿权，最终未开一矿；法商亨利、来福等公司在贵州谋取的正安、思南、印江、铜仁等地矿产，所开者仅铜仁水银一矿……英商伦华公司核准开采铜陵铜官山矿，逾期不办，最后抢挖了一些浅坑；英商获取山西盂县、平定州、潞安、泽州、平阳府属境煤铁煤油及其他各矿，英国惠工公司揽办的浙江衢州、严州、温州、处州四府煤铁矿，法商大东公司在广东索得的高州、廉州、雷州各府属矿，均系一矿未开"。[①] 既然不开矿，为什么要垄断如此多的矿权呢？这要从英商摩尔根在李鸿章的支持下，于1899年4月与四川矿务总局所设华益公司代表签订《四川矿务华洋合办章程》说起。

《四川矿务华洋合办章程》规定：中英合组会同公司，筹股1000万两白银，为期50年，开办四川全省各矿。结果，英商派人勘查后，先是因义和团运动搁置，其后又只愿以私人资格开办某一金矿，并擅订开办金矿的私约，被四川省否决。之后的1902年、1903年、1904年，英法商人先后又与四川省订立过6个合资开矿合同。算会同公司的合同在内，合同总金额达白银3000万两，涉及的矿区广布四川25个州县。实际上直至1907年2月，才有一家公司在华商原土窑基础上开矿一个，总投资不超过30万两银子。为什么圈了矿地不办矿呢？古语有：蜀道之难，难于上青天。四川地势险峻，交通不便；矿业又是投资大、见效慢的行业；加之其间四川省对外商实行统一管理，对涉外合同条款严格审定，尽量减少利权的流失，列强感到赚不了太大便宜，所以，并没有投资的积极性。没有投资的积极性，却有圈地的积极性。当时，"英法两国驻华公使、驻川领事自始至终与本国矿商如影随形，或代为呈请，或代为展限，两国竞相攀比。甚至置已有的或正在交涉的合同于不顾，

---

① 杨蕴成：《论清末四川外资办矿》，载《近代史研究》1995年第3期，第146页。

直接出面强索"。①四川总督岑春煊被闹得三天内两次致电外务部，内称："英法办矿互争多寡，先后法已有八属，煤油二属未定，又请四属。英已议十四属，宁雅五金未定，又请勘全川。似此争多较少，已定者不办，未能者需索不休"，法国领事"不认前约，并续有要索。英闻之义又相继效尤，竞争多寡先后，绝无了期"。②这一切到底是为了什么呢?原来早在1895年，当法国通过中法界约及商约获取中国西南地区的开矿、通商、筑路权时，法国报纸就曾直言不讳地评论说，法国的政策"就是要企图把法国的三色旗自湄公河而上带入云南和四川，并且在英属缅甸和英国国家在华势力的堡垒扬子江流域之间，打入一个法国的楔子"。③1897年，法国里昂赴华贸易考察团团长布勒里向法国政府提交的报告也称，考察的目的不但是为法国人的普通利益开发四川等省的资源，而且要看出"假定能有某些宽大的让与权，我们究竟能够希望把四川直接附入我们的政治或贸易势力范围到何种程度"。④说到底，英法两强签订合同的目的，就在于无须付出经济代价，就能够将中国的庞大地域纳入其势力范围，则其利益就绝不限于开矿一途。英法如此，其他列强也是同样。一方面，它们利用强索的势力范围和不平等条约掠夺中国的矿产资源，为本国资本赚取超高额利润服务；另一方面，对于一时难以开采的矿产，它们强索强要，为进一步扩大势力范围铺垫道路，以图更长远、更大的政治利益和经济利益。德国在山东的侵略和掠夺既属于前者，也属于后者。1898年10月，在与英国私下约定之后，德国驻

---

① 杨蕴成：《论清末四川外资办矿》，载《近代史研究》1995年第3期，第138页。
② 杨蕴成：《论清末四川外资办矿》，载《近代史研究》1995年第3期，第144页。
③ 菲利普·约瑟夫著、胡滨译：《列强对华外交》，第135、218—219页；转引自杨蕴成：《论清末四川外资办矿》，载《近代史研究》1995年第3期，第144页。
④ 菲利普·约瑟夫著、胡滨译：《列强对华外交》，第135、218—219页；转引自杨蕴成：《论清末四川外资办矿》，载《近代史研究》1995年第3期，第144页。

华公使强行向清政府索要津镇铁路山东段的修筑权，并在只得到承筑权的情况下，强迫清政府同意德国援引《胶澳租界条约》，获取该段铁路两侧 15 公里之内的矿产开采权。说白了，就是企图把山东置于德国的势力范围，垄断山东全省的矿产资源，并进而吞并已经成立的华德中兴煤矿公司。而德国驻华公使当时强要津镇铁路山东段修筑权的理由是，原来获得修筑权的胶沂济铁路遇到了当地中国人民强烈的反抗而无法修筑。其内在的原因则是，认为原定胶沂济铁路两侧的经济价值不如津镇铁路山东段的高。但是，在索要津镇铁路山东段修筑权的谈判中，德国驻华公使同时提出，虽然放弃了原定胶沂济铁路的修筑权，但那条线路两侧 15 公里内的矿产开采权依旧必须为德国保留。德国驻华公使这样做的目的，如同司马昭之心，路人皆知。德商瑞记洋行在《胶澳租界条约》规定范围之外，强行索取山东烟台、沂水、沂州、诸城、潍县 5 处矿产，一开始就提出了 12 万平方公里广大地域的要求。其目的当然也不在于眼前的开发，而在于先圈地，在于长久的政治、经济利益。

列强在争夺中国矿权的过程中，更热衷的是不用投资，直接拿过来。开平煤矿就是这样的恶例。开平煤矿被英国骗占的过程，就像阴谋家、强盗和骗子联袂上演的系列剧。其无法无天的卑劣、丑恶，令西方标榜的所谓进步、文明一文不值。使中国人悲哀和愤怒的是，开平矿局事件之后，其他列强仿而效之。著名地质学家丁文江在《五十年来中国之矿业》一文中说："自庚子之乱，直隶开平煤矿，经德璀琳而移于英人之手，外人之要求矿权者，踵而相接。溯其方法，不外四端，一因铁路之铺设，而傍及附近之矿权者，如光绪二十九年（1903 年）之中俄吉黑煤矿是也。抚顺、烟台之烟煤，即根据前者而移于南满铁道会社。满洲里扎赉诺尔之褐炭，亦根据后者而移于东清铁道公司，要皆引胶济铁道之条件为先例。二与政府直接交涉，取有全省或其一部之矿权者。如福公司之于山西，瑞记洋行之于山东五矿，隆兴公司之于云南七府是也。三指定矿地得政府之特许者，如凯约翰之铜官山铁矿，立德乐之四川江北厅煤矿，科乐德之外蒙金矿是也。四先向私人订立合同，事后由政府追认者，如直隶之井陉、临城各煤矿是也。"① 丁文江所言"中俄吉黑煤矿"，分别指《中俄吉林煤矿条约》和《中俄黑龙江煤矿条约》。前者规定："第一条，中国东省铁路公司②在吉林省有采掘便益该路之矿权，其开工采掘用何种方法，概由铁路公司自行酌定。第二条，于采掘煤矿等事，铁路公司有独擅之权，可先于他公司之人施行采掘。若有华人，或洋人，或华洋合办之人，欲在该公司所经营之煤矿铁路两旁三十里之内施行采掘，则未经该铁路公司允许，一概不准举办。"《中俄黑龙江煤矿条约》与《中俄吉林煤矿条约》大体相同，同样要求垄断铁路两旁15公里以内的矿权。1905年日俄战争后，日本从俄国手中拿到长春至旅顺间的铁路及附属一切事业，成立南满铁道公司。抚顺煤矿即援引《中俄吉林煤矿条约》转入日本之手，满洲里扎赉诺尔的矿权则根据《中俄黑龙江煤矿条约》归于俄国。英国福公司与德国瑞记洋行一样，逼迫清政府特许，先缔结山西全省煤铁合同，又扩展至河南焦作，所占河南焦作矿区的面积达200余平方公里。丁文江在这里把德国瑞记洋行霸占山东五矿，归于受开平矿局事件的连累影响。德国瑞记洋行所要求的5处矿产，面积约计12万平方公里，且又"处处援照山东铁路两旁三十里矿章办理，所损山东矿政利权甚大"③，清政府刚开始没有批准。1902年1月，在德国驻华公使穆莫的逼迫下，清政府与德国方面草议5处矿章21款。瑞记洋行在山东勘矿发生在开平矿局事件之后，显然与开平矿局事件有直接关联。据《中国近代经济史》记载，英控滦州煤矿，日资大冶煤矿，英资焦作煤矿，日资抚顺、本溪煤矿，德资井陉煤矿，都

① 《丁文江文集》第三卷，湖南教育出版社2008年版，第50页。
② 指俄国在我国东北地区强占铁路权益后成立的铁路公司。
③ 王守中：《德国侵略山东史》，人民出版社1988年版，第246页。

是列强"从中国人手中巧取豪夺得来的"。[①]

列强除了根据不平等条约霸占中国的矿权外，或巧取豪夺，或以所筑铁路不断要求矿权。而铁路带给列强的绝不仅仅是眼前的利益，更是长远的政治和经济利益。德国在武力占领胶州湾之前，就预先谋划修筑一条从胶州湾到北京的铁路，认为这样就可以控制整个中国北方地区；之后的1898年，又与英国私下达成协议，两国几乎瓜分了长江、黄河流域的铁路网线，计划将这些铁路网线所网络的中国广大区域，作为它们互相认可的更广大的势力范围。俄国于1903年中俄共筑的中东铁路修成之后，完全排斥中方的管理权，在俄国人控制下的中东铁路管理局，下设学务部、矿业处、航运处、民政部、军事部等等，实际上就是要依托中东铁路干线控制整个东北地区。日俄战争后，日本从俄国人手中接过南满铁路，使南满成为日后日本全面侵华的大本营。

列强对中国铁路和矿产的掠夺，已成为灭亡中国的重要步骤和隐患。自1903年开始的轰轰烈烈的全国民众要求收回被列强侵占的路矿主权的运动，其意义远远超越经济范畴。收回路矿主权运动的发起者和领导者是各省绅商，即中国新兴的资产阶级。他们看到工商业的命运是和国家命运相互依赖的，从而把自己的生存发展与国家主权的保持与否紧密地联系在一起。他们又切身感受到，工商业的衰落使国家日益衰落，亡国危机日益加深，国运会随着商命的死亡而终止。因此，他们把抵制列强侵略、保卫国家主权视为自己义不容辞的责任。他们提出，国家非一人一族之国家，而是全体人民之国家，国格即人格。他们力图通过维护路矿主权的斗争，与列强建立一种平等的关系。

收回路矿主权运动以山东最具代表性。山东又以华德中兴煤矿公司为最早，也最为成功。

---

① 凌耀伦、熊甫、裴倜若：《中国近代经济史》，重庆出版社1982年版，第253页。

华德中兴煤矿公司粉碎德国驻华公使穆莫企图吞并枣庄矿区阴谋的斗争始于 1902 年。其后 3 年中，穆莫多次照会清政府，妄图扼杀华德中兴煤矿公司于初创之时；并迭次发出叫嚣，不准华德中兴煤矿公司使用机器生产。1904 年，华德中兴煤矿公司欲修筑台枣铁路。德国驻华公使穆莫又照会清政府：台枣铁路必须与德华公司合办。所谓德华公司，即在《胶澳租界条约》之外，霸占了山东 5 处矿产的瑞记洋行及礼和洋行等德国财阀的变身。与穆莫相呼应，德商瑞记洋行董事长、美国人田夏礼要求入股台枣铁路 100 万马克，合银约 55 万两，企图掌握该铁路的控股权，进而吞并华德中兴煤矿公司，遭到了华德中兴煤矿公司的坚决抵制。在整个台枣铁路修筑期间，德商接连出招，令台枣铁路的修筑一波三折。

与华德中兴煤矿公司的斗争相呼应，整个山东省收回路矿主权的斗争一浪高过一浪。1904 年，清政府被迫与德、英两国签订《津镇铁路借款草合同》。该合同规定：路权方面，该铁路南、北两段所有建造、行车事宜，均由中英公司和德华银行代为经理。借款以全路产业作为抵押；到期不能归还本利，将全路及一切矿产归借款银行管理。借款期限为 50 年，不能提前还款；若提前还款，加还 0.25%。借款以 9 扣完付。借款总额为 740 万英镑，实付 666 万英镑；亏 74 万英镑，合银 600 多万两。津镇铁路修成通车后，德英两国在 50 年内要提营业余利的 20%。草合同签署之后，德、英两国更提出津镇铁路两侧的矿产开采权。德国驻华公使穆莫在多次照会清政府企图吞并枣庄煤田的同时，并屡次要求封闭大汶口、磁窑等处原有的中国煤矿。1905 年，中国留日学生致电清政府，要求废除与英、德银行签订的《津镇铁路借款草合同》。直隶、江苏、山东三省的京官于 1905 年上书清廷，要求将津镇铁路收回自办。此后，中国留日学生慷慨陈词："英国统印（度），法国驾越（南），皆以铁路为前驱。德国在山东势力之膨胀，也因胶济全路。

此路而存，则苏鲁直三省将以俱存；此路而亡，三省将以俱亡矣！"

全国收回路矿主权的运动开始于1903年，一直延续到1911年。"在收回路权方面有：1904年至1910年，湖南、湖北、广东三省绅商收回粤汉铁路路权；浙江和江苏收回苏杭甬铁路路权；直隶、山东、江苏、安徽四省绅商收回津镇铁路路权；云南绅商收回滇越铁路路权；四川绅商收回川汉铁路路权。在收回矿权方面有：山西绅商收回了福公司矿权；安徽绅商收回了铜官山矿权；四川绅商收回了江北厅矿权；黑龙江绅商收回俄国所占矿权；云南绅商收回澄江等七府矿权；1908年至1911年，山东绅商收回中德合办的中兴煤矿、华德矿务公司和山东矿务公司矿权。由此形成了一个全国性的收回被列强所占据的铁路和矿产的运动"。①

收回路矿主权的运动，是与外商争夺利权、使中国平等地立于世界民族之林的成功实践，是中国新兴资产阶级的一次力量展示。它反对外来侵略、维护民族独立和主权的精神，成为中国资本主义发展的持续动力，更成为中兴煤矿公司数十年间在内外交困中从不气馁、从不言败，进行艰苦卓绝斗争的持续动力。

二、修筑台枣铁路被提上日程

清末新政开始于1901年。从华德中兴煤矿公司蹒跚的步履可以看到，虽然振兴实业是清末最大的重头戏，但是由于1900年庚子事变后清政府对列强极为软弱，财力竭蹶，民族工业的发展阻力重重、极其艰难。华德中兴煤矿公司总办、二品衔兖沂曹济道张莲芬面对中兴煤过关纳厘，以至于毫无盈利的状况发出呐喊，据理力争。直到1906年春

---

① 虞和平主编：《中国现代化历程》，江苏人民出版社2001年版，第185页。

天，中兴煤过关抽厘一事才得以解决，华德中兴煤矿公司之困境显而易见。1904年7月，张莲芬致信华德煤矿公司各大股东称："自矿至台儿庄，运煤铁路一日无款购造，即一日不能扩充大筑，且不能成为完全之矿……尚希诸股东或认添新股，或转代召集，发期众擎易举，克奏全功。"

极端困难的华德中兴煤矿公司居然要修筑铁路了！

早在1899年6月，于匆忙中上马的华德中兴煤矿公司的总办张莲芬，在呈给直隶总督兼北洋通商大臣裕禄的函文中就慷慨激昂地说："值此国家振兴庶务，开矿筑路实为当务之急，且山东为海疆扼要之区，胶海毗连，强邻逼处，若欲杜窥伺以基富强，则此矿之开尤属不容延缓……查枣（庄煤）矿至台儿庄计陆路九十里始达运河，从前煤斤出销均资民车拉运，车少费重，常年载运无多。"加之台儿庄以下关卡林立，本重利轻，是以煤质虽佳，销运不广，现欲扩充开办，欲图富强，将来日出煤少亦在千吨以上。必须由枣庄煤矿修造铁路直达台儿庄，由运河分头运销。修造台枣运煤铁路的重要性是不言而喻的。在中兴煤居高不下的成本中，除税厘外，最重的就是运输费用。正如张莲芬在给山东巡抚的信中所说："自矿至台儿庄，每吨脚价杂费又耗银三两"。本来，因为土法采煤，吨煤的成本已在二两银子以外，加上脚价费，中兴煤到台儿庄时，成本已达白银五两以上，而中兴煤在台儿庄的售价仅五两五钱银子，华德中兴煤矿公司何来利润呢？为了跟英日煤炭竞争市场，中兴煤的价格比英日煤炭的还要低！这种局面从1899年至1904年，已经持续了5个年头。华德中兴煤矿公司是怎么生存的？这种生存状态还能延续下去吗？所以，修造台枣铁路以减轻运费、缩短中兴煤进入长江口岸的运输时间，是当务之急。

从维护矿权的角度，华德中兴煤矿公司也必须尽快修筑这条台枣铁路。当时，华德中兴煤矿公司已经有了15座亦土亦洋的煤窑，由于运输艰难，就是这样的煤窑也不能实现产能，这一点在张莲芬给山东巡抚的禀文中有过多次表述。而德占煤矿呢？ 1904 年 12 月《捷报》的报道中有这样一段话："把这个矿（指位于枣庄的中兴煤矿——引者注）的出产量和开采成本和北部坊子或淄川用德国最新机器开采的一些矿加以比较，是很有意义的。那些矿井共有二十个'大丈'以上，即将近 350 英尺深。据说煤层有些地方有 12 英尺厚，似乎是上等烟煤……地下的横坑道都是相互连结的，同时新的导坑有几处正向外推进了半华里。"[1]机械化程度高，又无须纳税，德占煤矿快速发展。在激烈的竞争中，华德中兴煤矿公司如果不能冲破产销恶性循环的瓶颈，必将不进则退。德国驻华公使穆莫一次次照会清政府，不准华德中兴煤矿公司使用机器生产，正是要逼退华德中兴煤矿公司，实现穆莫所谓在津镇铁路两旁 15 公里之内，"亦不得碍难山东矿务公司所办之矿务"[2]，以及所谓"山东矿务公司理应在三十里内索得利益，同中兴公司所得者一律情形"。[3]这里的山东矿务公司与德华矿务公司一样，也是德国人的公司，只不过大股东有所不同。如果在华德中兴煤矿公司的土窑旁办起德国人的机械化大矿，华德中兴煤矿公司还能有生存之地吗？正是在德国驻华公使的步步紧逼之下，张莲芬毅然决定修筑台枣铁路。

1904 年提出修筑台枣铁路还有着重要的历史契机，那就是晚清商部的建立和《公司律》的出台。根据《辛丑条约》之后陆续与列强签订的所谓通商条约，外国公司大批涌入中国。如果不能对这些公司实施管理，中国的利权将大量丧失。为了能够对外商进行管理，为了保护中

---

[1] 汪敬虞编：《中国近代工业史资料》第二辑下册，科学出版社 1957 年版，第 769 页。

[2] 《总办路矿大臣候补京堂张准外务部咨开案准德穆使照》，中兴公司档案文牍第一册，光绪二十八年六月十一日。

[3] 枣庄煤矿史志办抄自开滦矿务局史志办《驻京穆公使致函》，光绪三十年十一月二十六日刘字七百八十五号，案卷号第 1450 号。

国工商业的发展，从而与外商争夺利权，1903 年，光绪皇帝发布上谕，正式成立商部，并于 1904 年 1 月颁布《公司律》。《公司律》的第一大贡献在于，以法律形式对民办企业给予了应有的权利和便利，并保障了入股人的权益，即：两人或两人以上即可集资营业，7 人或 7 人以上即可创办股份有限公司。公司股本募足后，"创办人即应定期召集各股东会议，即由众股东推出一二人作为查察人，查察股数是否招齐及公司各事是否妥当"。如果查明创办人未遵照招股公告的规定办理，或有他项弊窦，"众股东可以解散不予承认"（第 19 条）。"无论官办、商办、官商合办等各项公司及各局（凡经营商业者皆是），均应一体遵守商部定例办理"（第 30 条）。不仅降低了民办企业的门槛、降低了入股人的资金风险，而且给予了民办公司与官办公司、官商合办公司同等的地位。从前官办企业或官督商办企业垄断经营权利、排斥民办企业、暗箱操作资金的制度弊端，从法律上被铲除。《公司律》的第二大贡献在于，确立了股权面前人人平等的公司管理制度。《公司律》规定：附股人不论官职大小，"与无职之附股人均只认为股东一律看待，其应得余利暨议决之权以及各项利益与他股东一体均沾，无稍立异"（第 44 条）。公司每年举行一次股东大会，公司的年度报表等应于股东大会前 15 天"分送股东查核"（第 45—47 条）。举行股东大会时，"公司董事应对众股东宣读年报，并由股东查阅账目。众股东如无异言，即行列册作准，决定分派利息，并公举次年董事"（第 48 条）。股东"有一股者即得一议决之权"（第 140 条）。《公司律》的第三大贡献，就是排除了官方对公司事权的干涉。《公司律》关于公司内无论有官职还是无官职的股东，都只视为一般股东看待的规定，实际上就否决了官员在公司内的特权。而《公司律》规定，凡社会各界所设公司及局、厂、行、号、铺、店，均需向商部注册，这就打破了以往开办公司需官方特许的规定。既然无须官方特许，公司也就既不需要官方派员督办，也不需要看官方的脸色行事，只要依《公司律》行事，即可"以享一体保护之利益"（第 23 条）。换言之，公司的一切事权归于自己。这一点在《公司律》的字里行间十分明确，如："凡会议各事，决议可否，以众所言为定"（第 101 条），"凡议决之事一经主席签押作准后，该公司董事等人必须遵行"（第 52 条），"如果有董事认为所议决之事违背商律或公司章程……均准赴商部禀控核办"（第 53 条），"董事办事不妥或不孚众望，众股东可于会议时决议即行开除"（第 77 条）——这些字句都表明，按照《公司律》，企业从人事任命到大事决策，一切由企业自主。对于良商避官吏如虎狼的晚清社会，这些规定的意义是不言而喻的。《公司律》的第四大贡献在于，规定了公司的财务账目必须对股东和全社会公开，"查账人可以随时到公司查阅账目及一切簿册，董事及总办人等不能阻止，如有询问，应即答复（第 84 条）"。综上所述，《公司律》以法律的形式保障了民办企业的平等地位，保障了公司股东对公司重大事务的议决权和企业的自主权，保障了公司经营的透明度，一扫从前官督商办企业的种种弊端，前所未有地将工商立国置于国家法律的地位上，使晚清的公司有法可依。这无疑将大大促进晚清工商业的发展。[①]1904 年 3 月，新成立的商部办理全国企业注册，从原路矿总局移交的档案中见到有德国驻华公使穆莫反复照会外务部、阻止华德中兴煤矿公司开办与发展的照会，于是向外务部询问华德中兴煤矿公司的情况。外务部也不知道，便致函询问山东巡抚。山东巡抚又转咨山东农工商务局。山东农工商务局通知华德中兴煤矿公司："将现在筹办情形并摘抄章程移覆过局以便令详施行。"[②] 札文转商部咨文称："光绪三十年（1904 年）三月十四日承准商部咨案，查路矿总局移交卷内，光绪六七年间（1880—1881 年），北洋大臣奏准设

[①] 参见李玉：《晚清公司制度建设研究》，人民出版社 2002 年版。

[②] 《农工商务局奉东抚饬准商部咨查峄矿现在筹办情形妥议详覆并摘抄章程移行查照文》，中兴公司档案文牍第一册，光绪三十年三月二十九日。

立煤矿局,派员开采。嗣因资本不敷,由张道莲芬与德璀琳集股合办,光绪二十五年(1899年)冬间复经奏准有案。(光绪)二十八年(1902年)间,德穆使(指德国驻华公使穆莫——引者注)照会外务部……等因。当经抄录往来照会,咨行路矿总局查照在案。查此矿现在是否停办,相应咨行查明声复本部可也。"[1]原任督办路矿大臣的张翼正在英国打官司呢,京城里谁都不知道在德国驻华公使穆莫的一再催逼之下,当初由慈禧和光绪批准成立、资金极其匮乏的华德中兴煤矿公司的生死存亡。商部通过山东巡抚打听清楚了,华德中兴煤矿公司不仅还存在,而且日产煤炭已达到300吨,于是再次致函山东巡抚:"惟路矿为国家利权所系,本部自奉命接管以来,亟思整饬维持,以冀有起色。只以案牍缺失,综核为难,迭经遇事咨查,终虑未能赅备,不得不详细稽查,以重要政。"[2]看商部这段告白,似乎对不知道华德中兴煤矿公司的存在与否在自圆其说。不过,就其一再询问查核的过程看,商部对这件事情的确很认真。商部随函寄来了要求华德中兴煤矿公司填报并赴商部注册的表格。张莲芬就是在接到商部寄来的注册报表之后,决定立即筹备修筑从枣庄总矿到台儿庄运河码头的45公里多的运煤铁路。根据商部要求呈报公司章程一事,张莲芬马上着手草拟了《暂行及添招新股章程》一式10份报商部查核。这正应了一个哲理:机会只眷顾那些有准备的人。

张莲芬于1904年决定修筑台枣铁路还有一个重要的时代背景,那就是全国已经开始的如火如荼的收回路矿主权运动,以及与收回路矿主权运动同时兴起的商办铁路的热潮。1903年12月,商部奏定《铁路简

---

[1] 《农工商务局奉东抚饬准商部咨查峄矿现在筹办情形妥议详覆并摘抄章程移行查照文》,中兴公司档案文牍第一册,光绪三十年三月二十九日。

[2] 《农工商务局奉东抚饬准商部咨饬令按照部颁格式逐次填注并应行随送各件送部移行查照文》,中兴公司档案文牍第一册,光绪三十年五月初八日。

明章程》，其中第八条规定："华人请办铁路，如有独立资本至（白银）五十万两以上，查明路工实有成效者，由本部专折请旨给予优赏，以资鼓励。"

《铁路简明章程》对华商兴办铁路的鼓励，以及对修筑铁路的资金、标准等一系列具体规定，体现了与洋商争夺铁路修筑利权的指导思想。正是在《铁路简明章程》出台之后的 1904 年，由于列强违约，视中国的利权如虚无，湖南首先倡议废除与美国合兴公司签订的《粤汉铁路借款草合同》，将粤汉铁路收回自办，湖北、广东继起响应。直、鲁、苏废除《津镇铁路借款草合同》的斗争也在这一年兴起。粤汉铁路最终改废约为赎回。继粤汉铁路收回路权之后，沪杭甬、沪宁、京汉、广九、滇缅、滇越、吉长诸铁路废约的声音同时并起，声势浩大。随着部分路权的收回，商办铁路公司如雨后春笋。其中，有 1903 年成立的商办潮汕铁路公司，1904 年成立的江西全省铁路总公司，1905 年成立的商办福建全省铁路有限公司、商办浙江全省铁路有限公司、商办安徽全省铁路有限公司、滇蜀铁路总公司、山西同蒲铁路有限公司，1906 年成立的商办江苏省铁路股份有限公司、新宁铁路公司，以及广东全省粤汉铁路总公司、商办湖南全省铁路有限公司、商办湖北铁路股份有限公司、商办川省川汉铁路有限公司、商办洛潼铁路有限公司等等。1899 年，当华德中兴煤矿公司为了与山东的德商争夺枣庄煤田开采权而匆匆挂牌成立时，由于百日维新刚刚被镇压，全国万马齐喑。1900 年庚子事变以来的几年间，在德国驻华公使穆莫的一再阻挠、压制下，在外部环境极为恶劣、资金极其匮乏的困境中，张莲芬独支危局、备尝艰辛，华德中兴煤矿公司终于积攒起一点点家底。面对全国汹涌澎湃的收回利权运动和商办铁路热潮，张莲芬该多么激动、多么兴奋。如果说，戊戌变法是中国知识精英发起的一场以挽救国家危亡为宗旨的运动，那么，这一次的收回利权运动则是各省士绅首先发起和领导的斗争，范围之广、影响之大，前所未有。这是中国民众的觉醒！无论怎样困难，台枣运煤铁路都必须抓住这大好机遇，乘势而上。

但是，钱从哪里来呢？

从枣庄煤矿至台儿庄运河码头计 45 公里。要修筑 45 公里的台枣铁路，需要多少银钱呢？张莲芬在 1899 年向清政府呈交的报告中估计："建造四十五磅运煤铁路九十里，连车头、煤车、工料、地价，共需银约五十万两"。到 1905 年为台枣铁路添招股份时，这个数额增加到银洋 90 万元。

华德中兴煤矿公司在 1899 年挂牌成立时仅有 12 万两银子的股本，合银洋 20 万元。这 20 万洋元除去存煤、机器、局房的折价，现银只有 5 万两。新开煤窑、修理机器样样需要现款，这点儿钱也就只够先办个土窑。而华德中兴煤矿公司就是在枣庄士绅金铭的"公兴窑"基础上挂牌成立的，像滚雪球似的一生二、二生三，到 1904 年，已建成 15 座煤窑，日产煤炭达到 300 吨；除在台儿庄建起总煤厂外，又新建了济宁、滕县、韩庄、码头镇、界首、高邮等沿运河的分销煤厂，总股本已达 40 万元，比 1899 年匆忙上马时翻了一番！5 年翻了一番不算多，但是与华德中兴煤矿公司所处的艰难环境相比，这是不可想象的成就。俗话说：大难不死，必有后福。5 年翻的这一番，给华德中兴煤矿公司的股东们带来的是信心和更大的勇气。这正是张莲芬在 1904 年敢于把台枣铁路的修筑提上日程的原因。

山东的德国人不愿意了。德国驻华公使穆莫照会清政府外务部，称台枣铁路必须与德华矿务公司商办。[①] 德商瑞记洋行董事长田夏礼于是提出，要入股 100 万马克。100 万马克折合银洋 55 万元。华德中兴煤

---

① 《矿务档》(2)，第 1367 页；转引自王守中：《德国侵略山东史》，人民出版社 1988 年版，第 249 页。

矿公司计划募股用于台枣铁路的资金是 90 万元，如果德国人真的一次入股 55 万元，那就拿到了台枣铁路的控股权。德商瑞记洋行通过控制铁路来控制煤矿的野心昭然若揭。

面对来势汹汹的德国驻华公使穆莫，面对财大气粗的德商瑞记洋行董事长田夏礼，华德中兴煤矿公司该怎么办呢？

三、德公使魔高一尺，张莲芬道高一丈

华德中兴煤矿公司修造台枣运煤铁路，与德国人有什么相干？德国驻华公使穆莫为什么强硬地提出：必须与德华矿务公司商办？

首先，让我们来认识一下德华矿务公司。

《中德胶澳租界条约》于 1898 年 3 月 6 日签订之后，德国国内的许多银行、公司为了取得在中国山东建筑铁路的特权，展开了激烈的竞争。最后，由组成德华银行的 14 家主要竞争者达成协议，共同组成了德华山东铁路公司。该公司于 1899 年 6 月 1 日在柏林成立。组成德华山东铁路公司的德国财团资本家为了同时获得山东的矿业开采权，还组织了一个德华山东矿务公司。这两家公司实际上是一而二、二而一的东西。

德华矿务公司秉承德国政府的旨意，在《胶澳租界条约》签订后，不断扩大对于山东的侵略，把整个山东看成了德国的殖民地，"把山东的一切主权利益看成了它的囊中之物，予取予夺，随心所欲"。[1]1899年 6 月 1 日，德国政府特许给德华山东铁路公司的第一项权利就是："中国政府不得将（山东境内）铁路的铺设授予其他外国企业。"[2] 一看这个

---

① 王守中：《德国侵略山东史》，人民出版社 1988 年版，第 241 页。
② 潘琪昌主编：《中德百年关系》，世界知识出版社 2005 年版，第 44 页。

条款，就知道德国政府视中国晚清政府为何物了！本来，《胶澳租界条约》中的铁路铺设权仅仅特指德国根据该条约获取的胶济铁路和胶沂济铁路的修筑权，但是德国政府偷换概念，把它扩大为整个山东境内的铁路线。当德国强行索取津镇铁路山东段修筑权时，它的理由就是津镇铁路穿越山东，而"德国不允有他线经过山东，谓山东造路之权，为德人所专有，无论何人，不能在山东另造铁路"。① 津镇铁路山东段夺下来后，德国方面又提出修造两条支线铁路，一条由山东德州至河北正定，另一条由山东兖州至河南开封。德国如此贪婪、强横，它怎能允许华德中兴煤矿公司在它控制下的山东境内修筑铁路呢？

但山东事实上并不是德国的殖民地，根据《胶澳租界条约》，德国人只是"租借"了胶州湾。而华德中兴煤矿公司早在1899年12月，也就是《山东矿务章程》制定之前，就已获清政府批准，修筑从总矿枣庄至台儿庄的运煤铁路。德国驻华公使穆莫有什么理由阻止台枣铁路的修筑呢？那时候，强权就是公理。穆莫和德华山东矿务公司为阻止华德中兴煤矿公司发展，不择手段。

首先，违背《胶澳租界条约》，强行扩大对山东矿务的垄断，不准华德中兴煤矿公司使用机器生产。本来，根据《胶澳租界条约》第二款和第三款，德国在山东修造胶济和胶沂济两条铁路，应设立"德商、华商公司，各自集股，各派妥员领办"，"一切办法，两国迅速商定合同"。但是，德国特许德华山东铁路公司一手包办，根本无视条约规定。根据《胶澳租界条约》，德国只取得胶济和胶沂济两条铁路线的修筑权。德国政府却千方百计攫取了津镇铁路山东段的承筑权，并逼迫清政府同意其对于津镇铁路两旁15公里内矿权的要求。根据《胶澳租界条约》，德国攫取的胶济铁路和胶沂济铁路沿线的矿产，由德商、华商合股开采，并

———————
① 王守中：《德国侵略山东史》，人民出版社1988年版，第242页。

且另行妥议章程。德国政府却无视条约规定，它在 1899 年 6 月 1 日颁布给德华山东矿务公司的特许令称："特许令受领者五年内，有在山东拟建筑的各铁路（包括《胶澳租界条约》中规定的两条和津镇铁路经过山东境内部分）两旁三十里内探查呈请开采各种矿产的特权。"① 袁世凯担任山东巡抚后，利用山东人民反抗德国侵略的声浪，及这种反抗致使德国修筑胶济铁路的工程无法施工的情况，迫使德华山东铁路公司和德华山东矿务公司的代表锡乐巴坐到谈判桌前，议定了《胶济铁路章程》和《山东矿务章程》，之后交德华矿务公司总办米海里·司米德签字。其中，《山东矿务章程》规定：铁路两旁 15 公里内，"华人已开之矿，应准其继续办理"。② 但是，德国政府为了垄断山东全省矿产，在《津镇铁路借款草合同》于 1899 年 5 月签订后，不仅要求该铁路沿线 15 公里内的矿产开采权，"并迭次无理要求封闭华人已开之大汶口、磁窑等处煤矿"。③ 德商瑞记洋行组成的德华贸易公司索要的 5 处矿区，其"东、南两路附近居民，向恃土法采矿借资生计"。瑞记洋行"谬谓五处矿界既经准其查勘，即于准其开采无异，如有华人已开之矿，今公司欲并则并之。其公司所弃地段，亦只准华人用土法开采，既不准擅用机器，更不得与他国人合股"。④ 德帝国主义总是喜欢将自己的枪炮披上华丽的外衣，那华丽的外衣就是它所标榜的"日耳曼人或条顿人是世界上最优秀的民族"⑤ 这一理论以及他们的所谓"正义"与"公平"。可是在上述

---

① 《鲁大矿业公司二十年史》；转引自王守中：《德国侵略山东史》，人民出版社 1988 年版，第 223 页。

② 中兴公司档案文牍第一册，附《山东矿务章程》。

③ 《山东路事述闻》，载《东方杂志》第七卷第三期；转引自汪敬虞编：《中国近代工业史资料》第二辑上册，科学出版社 1957 年版，第 53 页。

④ 汪敬虞编：《中国近代工业史资料》第二辑上册，科学出版社 1957 年版，第 56 页。

⑤ ［德］艾米尔·路德维希：《德国人——一个民族的双重历史》，杨成绪、潘琪昌译，东方出版社 2006 年版，第 370 页。

所有事例中，我们看到的只有背信弃义和霸权行径。

德国倘若能垄断山东全省矿务，华德中兴煤矿公司当然也就不在话下了。不过，德帝国主义是滴水不漏的。《胶澳租界条约》于1898年3月6日签订，该条约规定山东胶州湾为德国的租借地。德国探矿队却在1898年一年之中4次窜到位于山东南部的枣庄购买煤地。正是在这种情况下，华德中兴煤矿公司于1899年元月匆忙上马。而从1902年开始，德国驻华公使穆莫一再照会清政府，阻止华德中兴煤矿公司继续开办；在阻止未果的情况下，赤裸裸地照会清政府，不准华德中兴煤矿公司使用机器生产，且不能妨碍德华公司在枣庄煤田享有与华德中兴煤矿公司同样的利益。华德中兴煤矿公司总办、兖沂曹济道张莲芬一次次予以正面反驳，并于1904年决定立即修筑台枣铁路，突破德帝国主义的重重包围。穆莫气急败坏，叫嚣华德中兴煤矿公司修铁路必须与德华公司商办。穆莫的无理要求被中国方面拒绝之后，他于1904年12月16日，再次照会清政府外务部，"以清政府已准山东峄县中兴煤矿公司附近百里内，他人不得再用机器开采，附近十里内，民人不得另用土法开采为由，提出矿务续章四款：1. 在铁路两侧30里内仅准德华矿务公司用机器开矿。2. 华矿只准用土法照向来之大小续办，不许用机器。3. 德华矿务公司禀报用新法开矿时，在新矿十里以内各华矿，必须于两年内一律停止，不得再开矿井。4. 在（铁路两侧）30里以内德华矿务公司用机器开矿，中国官场无辩驳之权"。①

1900年3月21日，时任山东巡抚袁世凯代表清政府与德国方面签订的《山东矿务章程》中，有"三十里内，华人已开之矿准其继续办理"，"华人已开之矿不得搅扰其事"的规定。德国驻华公使穆莫几年来一直

---

① 《德国公使照会外务部》，光绪三十一年十一月十日，载汪敬虞编：《中国近代工业史资料》第二辑上册，科学出版社1957年版，第30页。

搅扰华德中兴煤矿公司的正常经营,并且一再胡搅蛮缠地搞文字游戏,说什么按照德文的意思,铁路两侧 15 公里之内华人已开之矿,"仅准其按照向来之法办理"。[①] 在华德中兴煤矿公司欲修筑台枣铁路的刺激下,穆莫连文字游戏也不玩了,直白地告诉清政府:铁路两侧 15 公里之内,就是不准中国人办矿,更不准中国人使用机器办矿;至于德国人,铁路两侧 15 公里之内,不管有没有华矿,都能开矿。还能更霸道些吗?

在德国驻华公使穆莫赤裸裸地叫嚣的同时,德商以金钱为利刃,妄图迫使华德中兴煤矿公司屈服。继 1898 年购买枣庄煤田失败、华德中兴煤矿公司成立之后,德商企图利用华德中兴煤矿公司资金极为匮乏、难以支撑的现实,逼迫张莲芬出售华德中兴煤矿公司。1904 年 6 月底,德国探矿队对枣庄煤田勘查后做出结论称:"峄县煤田由四层构成,其主要层煤厚达四米,品质良好,可制成上等焦炭,也适于锅炉及暖炉之用。唯土人所开煤井错杂。其中以中国政府特许之中兴公司为最大。该公司藐视德国特权,盛引机器采掘,虽经北京德华银行经理尔特慕斡旋,向之婉商购买,迄未达到目的。德公司如果要在该处施行企业,不无困难。"[②]

这倒说出了实话。不过,德商不达目的,誓不罢休。

当初,德璀琳对华德中兴煤矿公司一股未入,是因为华德中兴煤矿公司定章太严,想要控股,无机可乘。既然无机可乘,不如饿死华德中兴煤矿公司。

饿不死,也逼不死,德帝国主义就大摇大摆,想要通过控制台枣铁路,进而控制华德中兴煤矿公司。

---

① 《路矿大臣张准外部咨转德使照会》,中兴公司档案文牍第一册,光绪二十八年六月二十二日。

② 王守中:《德国侵略山东史》,人民出版社 1988 年版,第 236—237 页。

怎么办呢？其实，不跟山东的德商商议都不可能，因为《胶澳租界条约》第五款规定："以后山东省无论开办何种事务，或需外资，或需外料，或聘外人，德国商人有尽先承办之权。"华德中兴煤矿公司修铁路，所需物料国内没有，必须进口，要进口必须先找德商商议。当华德中兴煤矿公司筹办期间，德璀琳曾经承诺帮助华德中兴煤矿公司从德国购买物料，但时过境迁，现在的德璀琳早已不是当初的德璀琳。别说德璀琳因嫌华德中兴煤矿公司定章太严而未投资分文，他已经不可能再为华德中兴煤矿公司做什么；就是他愿意帮忙，在开平矿局事件之后，张莲芬还敢相信他吗？与其找德璀琳，不如直接与山东的德商打交道。穆莫和德商瑞记洋行不是想要华德中兴煤矿公司的控股权吗？张莲芬的原则是：不管怎么办，必须保证中方对华德中兴煤矿公司的控股权。为此，张莲芬做了三件事。

第一件事，制定规则。于1905年正式制订了《暂行添招新股章程》。该章程第一款阐明了修造台枣铁路的原因，即："自光绪二十九年（1903年）至今，日出煤三百吨内外……论目前井下情形，本可多出，因运煤铁路未造，不能全运外埠分销，深为歉憾。仍需添招股本，赶造运煤铁路，添购机器，续开大井，以附原奏而广销路。"这第一款是申请建造铁路所必需的，同时也是说给德国驻华公使穆莫听的。穆莫不是一再照会清廷外务部，不准华德中兴煤矿公司使用机器，而只准沿用土办法办煤窑吗？这第一款就先告诉他，华德中兴煤矿公司使用机器生产，修造铁路，建设大矿，添开大井，既符合原来向清廷奏定的章程，也是华德中兴煤矿公司面临的急迫需要解决的问题。德国虽然蛮横，不是还一直披着华丽的外衣，标榜与中国和睦友好吗？他们无理索要津镇铁路山东段的修筑权时，不是还说什么"如果不允，中德友谊就此中止"吗？允许了呢？按照逻辑，就应该还保留"友谊"。既然口头上还有所谓的"友谊"，就有讲一点道理的余地。华德中兴煤矿公司向清廷呈报兴办大矿、修造铁路计划的时候，德国人还没有把津镇铁路山东段拿到手呢。按照《胶澳租界条约》，那津镇铁路根本就与德国无关，只是由于清政府软弱、退让，德国才拿到了津镇铁路山东段。说到底，穆莫根本就无权对华德中兴煤矿公司的事说三道四。华德中兴煤矿公司既然已经发展起来了，既然已经必须修运煤铁路才能适应需求，穆莫再强行阻止，有哪一条能够说得过去呢？为了进一步让德商死心，中兴添招新股章程第二款内说明："本公司系华商创立，奏定立案，嗣又奏禀商部批准注册。大致办法须遵原奏部章，公司一切事权归华总办主持，洋总办许其稽核银钱出入，考察公司情弊，但不得揽权掣肘。"①把华德中兴煤矿公司初创时对德商的限制再重述一遍，恰好驳斥了德商瑞记洋行董事长田夏礼欲入股100万马克，从而控制华德中兴煤矿公司的图谋。这就告诉田夏礼：这也不是针对你的。德璀琳的名气比你的大得多，他现在还是华德中兴煤矿公司的洋总办呢。华德中兴煤矿公司的定章一直就是这样的。德璀琳都接受了，你田夏礼也就不要想入非非了吧。《暂行及添招新股章程》第十一款写道："现议添招华股数十万元，嗣华股集有成数，仍符原奏华德分招之议。"②这一条显然让德商不太好接受。当时众所周知的事实是，由于国弊民穷，招收华股极为困难。如果华股未招上来而洋股已到位，就会在事实上造成洋股控股的局面，诚如张莲芬所言："职道仍虑德股易招华股难集。"③所以这十一款就是为了断绝田夏礼控股华德中兴煤矿公司之路。

第二件事，与山东的德商接触、谈判。1906年，张莲芬在呈给山东矿政调查局的文牍中说："本司亦竭力筹招华股，共集有现银四十万两，遂向在济（南）德商瑞记、礼和、禅臣各洋行妥商，拟购每米达重

---

① 《暂行及添招新股章程》，中兴公司档案文牍第五册，光绪三十一年十月十七日。
② 《暂行及添招新股章程》，中兴公司档案文牍第五册，光绪三十一年十月十七日。
③ 《暂行及添招新股章程》，中兴公司档案文牍第五册，光绪三十一年十月十七日。

三十啟罗钢轨……连火车头，三个分道，四十分煤平各车九十辆，约共需银五十余万两，议明先交现银五成，其余五成作为商借商还之款，分五年归还，常年六厘起息，毋庸中国政府、山东抚台担保，不以矿产作押，只将原买各货抵保，似此办法既无后患，亦保主权。"[1] 这段话清楚地表明，张莲芬在出台《暂行及添招新股章程》之后，与山东的德商进行了广泛的接触和有效的谈判。从张莲芬的经历看，他具有与洋人打交道的经验和能力。津榆铁路是中国继开平矿局唐胥铁路后成功自办的一条铁路，张莲芬曾任津榆铁轨公司经理，处处须同洋人打交道。1900年庚子事变后，李鸿章被重新任命为直隶总督兼北洋通商大臣，负责同侵占了北京与天津的八国列强谈判。八国列强为攫取最大利益，拒绝退兵。张莲芬正是在这样的情况下由二品衔直隶候补道转任天津道，这一任命显然是为了让他协助李鸿章收拾乱局，表明张莲芬作为李鸿章的幕僚，李鸿章认为他具备这方面的能力。据天津文史资料记载，张莲芬在天津道任上，曾代表中方与俄国和比利时谈判并签署租界条约。正是长期同洋人打交道的经验，使他对于处理与洋人的关系有着清醒的认识。那就是，在当时的情况下，只能是斗而不破。洋人到中国来是侵略的，必须坚决抵制、坚决斗争；而中国要发展、要进步，又离不开向西方学习，离不开引进西方的设备和技术、人才。一般认为，德璀琳入股华德中兴煤矿公司，也是华德中兴煤矿公司的需要。对于这一点，张莲芬在给直隶总督的文牍中表达得十分明确：或因峄县地近胶澳，必须兼招德股。那个严厉的定章，即华德中兴煤矿公司的股份"华六德四，洋总办许其稽核银钱出入，但不得揽权掣肘"，正是华德中兴煤矿公司总办张莲芬与德国总办德璀琳关系的真实反映，也是张莲芬对列强的斗争保持"斗而不破"理念的实践。所以，张莲芬不会因德国驻华公使

---

[1] 《禀东抚周添招华股文并批》，中兴公司档案文牍第四册，光绪三十二年五月。

穆莫咄咄逼人的蛮横而拒斥德商；相反，他会主动寻求与德商平等合作的机会。他与德商瑞记洋行的董事长田夏礼应该是老熟人，因为他担任天津道的时候，田夏礼正是八国联军在天津的行政办事机构——天津都统衙门的秘书长。张莲芬和德商礼和洋行的首脑也应该是熟人。十九世纪七八十年代的德国首相俾斯麦奉行欧洲大陆政策，不主张远侵中国。李鸿章为制衡列强，决定大量订购德国军火，德商礼和洋行正是克虏伯大炮等德国军火的推销商。即使以前从来没有打过交道，张莲芬也有与之打交道的有效切入点，这个切入点就是华德中兴煤矿公司的名号。尽管德国驻华公使穆莫不承认华德中兴煤矿公司为中德合资企业，但穆莫是穆莫，穆莫代表的是德国官方，而德商是德商。礼和洋行、瑞记洋行的老板虽然都是有官方背景的经销商，但他们毕竟是商人。德国商人具有一般德国人所具有的精明、务实、严谨、认真、高效的品质特点。他们知道德璀琳是德国人，而且是在中国很有影响的德国人。他们当然相信华德中兴煤矿公司就是中德合资企业。经过多年的斗智斗勇，他们也了解张莲芬。张莲芬的意志、勇气、智慧令他们一筹莫展，也必定引起他们发自内心的钦佩，因为在世界各个民族之间，人性是相通的。再说，面对中国声势浩大的收回路矿主权运动，他们也深深感觉到今非昔比。总之，张莲芬与山东德商的接触和谈判取得了成效。

第三件事，竭力筹措资金。在这方面，1902 年担任山东巡抚的周馥帮了张莲芬很大的忙。1914 年，在中兴公司第四次股东大会上，张莲芬曾对众股东说过这样一段话："迨至光绪二十五年（1899 年）正月开办后甫及期年，即值此拳乱（指义和团运动——引者注），张公（指负责招募一百二十万元华股的督办张翼——引者注）仅交股银五万二千两。旋因开平矿事，张（翼）、德（璀琳）二君均赴英国，不能兼顾，斯时峄矿危险万分。幸莲芬调任兖沂曹济道，得以就近设法挽救。又蒙前山东府院周玉山先生、朱养田、萧绍庭君先后维持，使得转危为安。"① 周玉山即周馥，字玉山，1901 年，李鸿章病逝后，曾署理直隶总督兼北洋通商大臣。1902 年，山东巡抚袁世凯升任直隶总督兼北洋通商大臣。周馥接替袁世凯，由直隶省来到山东，担任山东巡抚。也正是在 1902 年，张莲芬由天津道改任兖沂曹济道，算是和周馥同时调来山东。而和袁世凯一同赴直隶的，有以候补道身份筹办山东大学堂的周学熙。周学熙是周馥的儿子，按照回避原则，其父任山东巡抚，他就不能继续留在山东。周学熙又是袁世凯的得力助手，袁世凯也离不开他，所以，他随袁世凯赴直隶也是顺理成章的事。周学熙赴直隶之后，很快升任天津道。清代虚衔很多，实职却是一个萝卜一个坑。因此，张莲芬调离天津赴山东，极有可能是出于主动。周馥和张莲芬从前都是李鸿章的幕僚，交谊是久远深厚的。无论公义，还是私谊，周馥帮助张莲芬都义不容辞。从华德中兴煤矿公司的档案中可以看出对中兴煤在沿运河的关卡被重复收费一事，周馥正式就任山东巡抚之后便极力斡旋、解决。对华德中兴煤矿公司来说，最大的困难始终是资金问题。1904 年计划修筑台枣铁路时，华德中兴煤矿公司的资产约 40 万元，但那些大多是固定资产，能够拿出来修路的钱很少。周馥从三个方面给予了帮助。一是对中兴公司的《暂行及添招新股章程》很快报请商部批准。二是把张莲芬由兖沂曹济道提名为山东盐运使。盐税收入历来是封建王朝的重要财源。盐运使并非各省都有，清代只在沿海和四川各重要产盐省份设盐运使，全国只有 18 个。山东盐运使管理山东、河南两省盐政。顾名思义，盐运使要管理盐场、盐商。因为历朝历代都实行食盐专卖，所以，盐商都是官商，一般都十分富有。对于筹措台枣铁路的股资，张莲芬担任山东盐运使，无疑是打开了一条资金通道。从中兴煤矿公司的档案看，张

---

① 《第四次股东会经理报告书》，中兴公司档案文牍第六册，民国三年四月三十日。

莲芬以山东盐运使身份出现，是在光绪三十一年（1905 年）旧历四月二十四日。这时候，周馥刚刚升任两江总督，接替周馥署理山东巡抚的是袁世凯的另一亲信杨士骧。提名张莲芬任山东盐运使的，不可能是刚刚署理山东巡抚的杨士骧，只能是刚刚升任两江总督的周馥。周馥的两个儿子周学渊和周学辉都是华德中兴煤矿公司的大股东，他们两人应该是在这个时候由周馥动员入股华德中兴煤矿公司的。也就是说，周馥曾亲自为华德中兴煤矿公司募集股份。周馥之下，山东农工商总局道员朱钟琪，即朱养田，山东矿政调查局道员萧树春，即萧绍庭，都在他们管辖的领域对华德中兴煤矿公司给予多方面的帮助。在台枣铁路征地遇到"拦路虎"的时候，山东农工商总局最终以公用的名义，用公款将铁路所需土地征购，入股华德中兴煤矿公司。朱钟琪于 1914 年在华德中兴煤矿公司第四次股东大会上当选为董事会会长。萧树春在华德中兴煤矿公司与地方发生冲突时，秉公执法，不徇私情，帮助华德中兴煤矿公司渡过了一个个难关。不仅如此，萧树春也曾为中兴"倡助巨款"。① 可以说，华德中兴煤矿公司是得道者多助。所以到 1906 年，张莲芬能够在呈给山东矿政调查局的文牍中说："本司亦竭力筹招华股，共集有现银四十万两"。②

　　制定章程，与德商谈判，得道多助，筹股金达 40 万两银子，张莲芬接连出招，终于成功地在 1906 年为台枣铁路订购了物料，台枣铁路的修筑即将动土。德国驻华公使穆莫又会耍什么花招呢？

---

① 《咨矿政调查局文》，中兴公司档案文牍第四册，光绪三十二年六月初五日。
② 《咨矿政调查局文》，中兴公司档案文牍第四册，光绪三十二年六月初五日。

四、近代中国第一个开标招商、符合国际惯例的公正的商务合同

光绪三十二年（1906 年）六月初五，华德中兴煤矿公司总办、山东盐运使张莲芬向山东矿政调查局打了一份报告。该报告中说："本司于（光绪）三十年（1904 年）五月酌拟先招华股章程，禀恳前升抚宪周(馥)转咨商部，蒙批，允准照办，亦在案……既商贵议员倡助巨款，本司亦竭力筹招华股，共集有现银四十万两，遂向在济（南）德商瑞记、礼和、禅臣各洋行妥商，拟购每米达重三十啟罗钢轨、五十啟罗钢轨，合华里九十余里，连火车头；三个分道，四十分煤平各车九十辆，约共需现银五十余万两，议明先交现银五成，其余五成作为商借商还之款，分五年归还，常年六厘起息。毋庸中国政府、山东抚台担保，不以矿产作押，只将原买各货作保。依此办法，既无后患，亦保主权。兹特抄录现拟合同借款，咨请贵局转呈商部鉴核如何，俯准照办。再如开标办法，函令瑞记等行各开实在价值，封寄本司，俟三行价单到齐，再请贵议员临睹同拆，择价廉之行与之订立合同，以凭信守。至所筑铁道路线，俟奉准后再派员勘测绘图，咨请转报。"[1]

即使以今天的眼光看，张莲芬与德商瑞记洋行、礼和洋行等议定的这个合同也是公正、公平的商务合同。礼和洋行是德国的德华山东铁路公司和德华山东矿务公司的大股东，瑞记洋行则是德华采矿公司的大股东。"德帝国主义为了垄断山东全省的矿产，1899 年又创办了一个德华矿务贸易公司（又称德华采矿公司）……1901 年 6 月 20 日，德国帝国会议通过决议，授予这个公司在山东五处地方开采各种矿产的权利。"[2]

---

[1] 《咨矿政调查局文》，中兴公司档案文牍第四册，光绪三十二年六月初五日。

[2] 王守中：《德国侵略山东史》，人民出版社 1988 年版，第 264 页。

早在 1899 年 4 月，就要求在山东沂州、沂水、诸城、潍县、烟台勘办矿业的正是瑞记洋行。瑞记洋行强占山东 5 处矿产并处处要求援照《胶澳租界条约》铁路两侧 15 公里内的特权，都是德国驻华公使出面索取。礼和洋行的官方色彩比瑞记洋行的更为浓重。德华山东矿务公司总办米海里·司米德正是礼和洋行的首脑,1900 年 3 月代表德国与中国签订《山东矿务章程》的也正是这个人。能够通过开标招商，与礼和洋行及瑞记洋行签订公平、公正的商务合同，这在当时简直就是一个奇迹。

遍查中国近代工业史料，在纺织等轻工业领域，有向外商公平息借洋债的记录。而在涉及原材料和能源的工矿业部门，自 1895 年甲午战败、《马关条约》签订之后，绝无不牺牲主权利益而向外商借款的事例。之所以出现这种情况，是因为自那个时间节点起，列强开始了瓜分中国、疯狂掠夺中国路矿主权的进程。兹摘录汪敬虞编《中国近代工业史资料·民族工业在资金上对封建主义和帝国主义的依存关系》中之《对帝国主义的依存关系》，其中所有的 1895—1906 年期间上述工矿业的相关史料:

其一:清光绪二十二年（1896 年），曹骧等人禀准（上海）巡道刘骐祥，知会粤商杨文骏、唐荣骏等人筹设自来水公司，向洋商息借款项建筑工厂，购置机械。至光绪二十八年（1902 年）正式开幕……翌年，债权者拟收办该公司。（上海市年鉴，1936 年）

其二:《1904 年 3 月上海道禀陈兴商务利弊情形》，各前道拟仿租界设立自来水公司，屡议未成。迨光绪二十三年（1897 年），虽经刘前道照会杨绅文俊、唐绅荣骏，集资拟章禀准举行，无如资本太巨，周转为难。该公司暗向瑞记抵押，并延欠洋厂银行计共十万之巨。职道查知，恐其不了，行县督绅筹议，以地方善举存典之项，改放公司，先清瑞记押款，再行设法，将耶松、正金之债，一律偿还，永杜后患。（《中外日报》，1904 年 3 月 20 日）

其三：汉镇创设水火公司（即济水电厂），议定由华商自办，不准洋商入股。嗣有经手某甲暗招洋股，冒充华商，经张制台访闻，即向总董张观察诘问。观察知为甲所愚，立将甲斥退，所有甲经手股票，亦皆注销。（《中外日报》，1900年2月）

其四：河南六河沟煤矿公司矿区，在安阳县西北六河沟，距平汉路之丰乐镇站约一十八公里……光绪二十九年（1903年），安阳县人马吉森等集资二万两，以土法开采六河沟烟煤，获利颇厚。光绪三十年（1904年）由部立案，定名为：安阳六河沟机器官煤矿……初为资本银二万两；光绪三十年（1904年）扩充，招股七十万元；宣统三年（1911年），增至一百四十万元（加入德股）；民国三年（1914年），又增至二百七十万元（加入比股）。清理以后，共计资本总额三百万元。名为完全华股，闻暗中已全矿抵押于日本。

在这一时期，开平矿务局借英商墨林公司二十万英镑开发秦皇岛码头而以全部资产做抵押，最后，其庞大的资产为英商所骗占。其他如东北、内蒙古、山东、四川、广东、广西等地矿产为列强所瓜分强占，不在此列。所以可以说，中兴煤矿公司于1906年能够与强势的德商礼和洋行、瑞记洋行达成这样一个公平、公正、符合国际通例的商务合同，是一个奇迹，也是一个创举。

分析一下这一时期的政治、经济局势，也可以支持这一观点。首先，自1895年至1906年，在铁路修筑方面，中国或借款修路而丧失主权，或自筑铁路而拒斥外资。

清政府从甲午战败后开始重视兴修铁路，由于财政入不敷出，倾向于借商筑路，抵制西方列强对中国路权的占夺，但是应者寥寥。1896年10月，清政府设立铁路总公司，以盛宣怀为总办，大举借外债筑路。借款修路的结果是，路权基本上由借款国操纵，外国借款公司一般享有行车管理权、稽核权、用人权和购料权；同时，借款公司还享有高利息、大折扣、购料佣金、还本付息佣金，铁路运行后在完全还款之前，还要提取红利 20%。在那种情况下，不可能有对洋商开标招商之事。1898 年之后。列强瓜分中国，对洋商开标招商就更不可能了。1898 年，清政府为保路矿主权，设立矿务铁路总局。路矿总局再度鼓励商办路矿，并对洋商进行限制。但是，随着义和团运动爆发、《辛丑条约》签订，路矿总局的政策未能执行即宣告中断。1903 年设立的商部接办路矿总局后，重新颁布《铁路简明章程》24 条，极力提倡商办铁路，规定："华人请办铁路……应准该公司以机器、房产抵偿洋款，概不准以地作抵。惟借款至多之数，按照原定用款，不得过十成之三。"(第 9 条) "集股总以华股获占多数为主，不得已而招附洋股，则以不逾华股之数为限。"(第 5 条) "华人请办铁路，如系独立资本在五十万两以上，查明路工实有成效者，由本部专折请旨给予优奖，以资鼓励。其招集华股五十万两以上者，俟路工告竣，即按照本部奏定之十二等奖励章程核办"(第 8 条)。商部的一系列政策，目的在于收回路权、促进路政统一。正是商部所颁布的政策为全国性的收回路矿主权运动提供了法理依据，而收回路矿主权运动激发起的民族觉醒与列强对这一运动的仇视形成尖锐冲突，使得各省的商办铁路公司为维护路权而不得不完全拒斥外资。关于这一点，孙中山曾有过精辟的论述："吾国向来闭关自守，深绝固拒。故当铁路萌芽之始，人民则惊疑，政府则顾虑，遂致买而拆卸之，弃其铁轨机头于孤岛，有如韩昌黎之驱鳄鱼焉。此三十年前淞沪铁路之结果也。及后知铁路之不能不筑矣，而犹有拒外资、争路权之事。然以国力不胜，资本缺乏，争之不得，则路权与主权并落于强邻之手。"[1] 由上可以推定，张莲芬与德商瑞记洋行、礼和洋行等议定的借款购买台

---

[1] 《孙中山全集》第二卷，中华书局 1982 年版，第 383 页；转引自方举：《中国铁路史论稿》，北京交通大学出版社 2006 年版，第 159 页。

枣铁路物料商借商还的合同意向，在这一阶段是公平、公正、独此一家的。

另外，甲午战争之前，在开平矿务局唐胥铁路基础上延伸的、从天津到山海关的津榆铁路，是中国借外债成功修筑的第一条铁路。正是由于津榆铁路以借款而迅速修成、运行，并有了余利，清政府才有资金和能力修筑了京张铁路。由这一事实可知，当时的借款条件应该是公平、公正的。张莲芬身为津榆铁轨公司经理，或许也正因为有那一次的成功经验，所以，才有信心、有决心与山东的德商洽谈，达成借款购买修筑铁路所用物料的公正公平的商务合同。由于津榆铁路是向英国借款修筑的，极力主张修筑津榆铁路的李鸿章与英商十分熟悉，当时中国的政治局势也比甲午战争之后要好很多，外商还较少进入中国，所以，津榆铁路借款筑路应该不存在招、投标的需要和可能。

台枣铁路的借款"毋庸中国政府、山东抚台担保，不以矿产作押，只将原买各货作保"，这一精神在商部于1903年颁布的《铁路简明章程》中即有体现。该章程第9条说："华人请办铁路……集股时意计不到，致有不敷，无可续集股本者，应准该公司以机器、房产抵借洋款……惟借款至多之数，按照原定用款，不得过十成之三。并须先行禀呈本部，声明所借实数方可议借。"虽然有这一规定，但是，当时各省的商办铁路是拒斥外资的。当清廷欲收回商办铁路，才又有借外资修路之事。一般认为："1908年1月签订的《津浦铁路借款合同》（此合同签订之前，原来由天津至镇江的铁路改为由天津到浦口）是这一时期中外签订铁路借款合同的一个蓝本，反映了这一时期路权的基本状况。该合同第17条载明'此铁路建造工程以及管理一切之权全归中国国家办理'。规定由中国政府选用公司认可之德、英总工程师各一人，此两总工程师须听命于总办或代办；其聘用该两总工程师之合同，也由督办大臣自行独定。有关铁路专门人员的任免，由总办或代办与该段总工程师商酌办理，如意见不合则禀请督办大臣定夺，彼此均不得异言。另规定铁路完工后在借款期内须任用一欧人为总工程师但不必与银行商酌。有关铁路材料问题，合同第18条规定在借款期内仍由借款公司经理，但定购材料及支取费用须经总办核准"。[①] 与1899年5月签署的《津镇铁路借款草合同》相比，这一正式出台的借款合同显然在相当程度上维护了中国的路权。然而，不仅在人事上对使用英国和德国的技术人员做出了规定，而且铁路材料完全由借款方经管，中方仍只"核准"而已。这还不算，当初德国方面在《津镇铁路借款草合同》签署之后，为向河南、河北扩大势力范围，又提出修筑津镇铁路两条支线，一条由兖州至开封，另一条为德州至正定。津镇铁路既然已收归中国自办，这两条支线铁路及《胶澳租界条约》规定的胶沂济铁路，当然都应作为津镇铁路的支线收归中国自办。其实对胶沂济铁路，德方认为利益不大，原来就已不打算修筑；另外两条支线铁路，原本就没有立约。德国借津镇铁路借款合同谈判，口头上同意让出，实际上却要求"清政府必须向德国借款，聘用德国工程师，购买德国材料，在15年内建成由德州至正定、兖州至开封两条铁路"[②]，并声明"中国政府必须在1915年1月1日前，将胶沂济路筑成，如需用洋款，须与德华公司商定，并用德国工程师"[③]，"胶沂济铁路和往山东西界的铁路附近30里内的开矿权，德国仍保留"。[④] 只是在山东士绅的坚决斗争之下，德国政府才不得不做出让步，胶沂济铁路线两侧的矿权于1911年由山东地方赎买。

虽然津浦铁路为全路借款并归中国政府自办，与台枣铁路由华商自办不同，但在维护路矿主权问题上应该是一致的。将台枣铁路的借款购

---

① 崔志海：《论清末铁路政策演变》，载《近代史研究》1993年第3期，第84—85页。
② 王守中：《德国侵略山东史》，人民出版社1988年版，第264页。
③ 王守中：《德国侵略山东史》，人民出版社1988年版，第264页。
④ 王守中：《德国侵略山东史》，人民出版社1988年版，第264页。

料合同意向与《津浦铁路借款合同》相比可知，以张莲芬为首的华德中兴煤矿公司在维护路矿主权的斗争中取得了多么了不起的成就。

无论修筑台枣铁路还是借洋债，二者都须得到清政府的批准。1906年旧历十二月十三日，山东巡抚杨士骧会同直隶总督兼北洋通商大臣袁世凯向光绪皇帝打了个报告。这个报告对华德中兴煤矿公司与德商洋行议妥的条件给予了高度评价，内称："华德中兴煤矿公司拟招添华德股份，由矿厂至台儿庄运河自修运煤铁路一条，以资转运，曾经禀明有案……（光绪）三十年（1904 年）五月，该公司又酌拟先招华股章程，亦经商部核准。本年六月间，因续招华股及公司存款已集有银四十万两，遂向德商各洋行妥商，拟购钢轨、火车头、车辆等件，约共需银五十余万两。议定先交现银五成，下余五成作为商借商还之款，分五年归还，常年六厘起息，毋庸公家担保，亦不以矿产作押，只将原买各货抵保，各等情，禀请咨部核办。核与矿章第十七条相符。惟所筑路线长九十余里，按照矿章第二十二条，程途在十里以外者，应另行奏请办理等因，咨由臣（杨士骧自称——引者注）转饬遵照。并据运司张莲芬禀议合奏，前来复经臣查核，该公司所办煤矿质佳苗旺，成效久著，只因艰于转运，未能及时扩充，兹拟就所招华股暨公司存款购办料物，自修运煤铁路，系为保持矿政，保全商利起见，且核与奏定矿章相符，应即照章奏明办理。除俟部复核准后，即饬该公司迅派熟悉路工人员详细勘测路线，绘具图说，再行咨送农工商部、邮传部备案外，谨会同北洋大臣、直隶总督臣袁世凯附片具陈，伏乞圣鉴谨奏。"[1]1906年旧历十二月二十九日，"差弁赍回，原片内开：奉朱批，该部知道，钦此。除分别咨行外，合行恭录，札知札到该司，即便钦遵查照"。[2] 也就是说，

---

① 《东抚杨会同直督袁札》，中兴公司档案文牍第四册，光绪三十二年十二月十三日。
② 《山东抚宪杨为恭录札知事》，中兴公司档案文牍第四册，光绪三十三年正月初九日。

計粘抄原片一紙

右札仰中興煤礦公司張運司准此

光緒三十二年十二月二十一日
再前准商部咨復據辦嶧縣華德中興煤礦有限公司鹽運使張蓮
芬票稱公司前因陸運艱難擬招華德股份由礦廠至台莊運河自修
運煤鐵路一條以資轉運曾經咨請泰明有案嗣因拳匪滋事未照原議
籌招新股三十年五月該公司又酌擬先招華股程亦經商部核准本
年六月間因續招華股及公司存款已集有銀四十餘萬州途向德商各
洋行宏商擬購鋼軌火車頭車輛等件約共需價銀五十餘萬德商議先
交現銀五成下除作爲商借商還之款分五年歸還常年六釐起息
勿庸公家擔保亦不以礦產作押只將原價各貨抵保各等情票請咨部
核辦核與礦章第十七條相符惟所築路線計長九十餘里按照礦章第

十七

（天津德記印刷印）

山東撫憲楊　爲恭錄札知事照得本部院於光緒三十二年十二月十三
日會同直隸總督部堂袁　專弁附
嶧縣華德中興煤礦有限公司稟請自築運煤鐵路仰懇防部核准一
案已抄稿防知在案茲於光緒三十二年十二月二十九日差弁齎回原
片內開奉
硃批該部知道欽此除分別咨行外合行恭錄札知礼到該司仰便欽遵查照
此札

右札仰中興煤礦公司張運司准此

光緒三十三年正月初九日

十八

（天津德記印刷印）

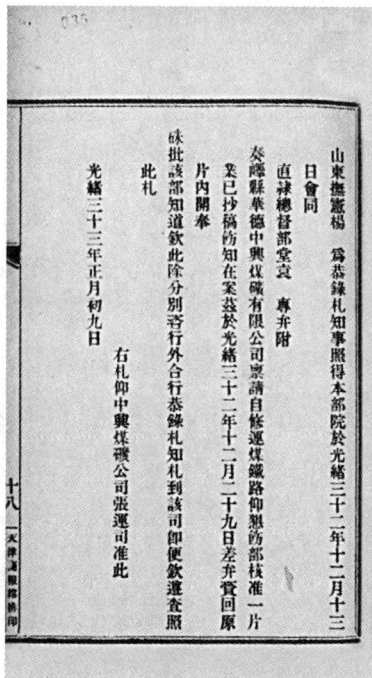

山东巡抚杨士骧会同直隶总督袁世凯上奏光绪皇帝，高度评价中兴煤矿公司与德商签订的商务合同

山东巡抚部院转光绪皇帝朱批：同意修筑台枣铁路

中国政府最高首脑光绪皇帝同意张莲芬修筑台枣铁路了。1899年旧历十一月是第一次，这一次批准算是第二次了。

当然，德国人不会善罢甘休。

五、枪打出头鸟

华德中兴煤矿公司成功地与德商礼和、瑞记洋行签订了赊款订购修筑台枣铁路所用物料的合同，得到了山东巡抚杨士骧和直隶总督兼北洋通商大臣袁世凯的充分肯定，在当时的全国收回路权运动中也称得上一枝独秀。必须看到的是，《津浦铁路借款合同》能够在相当大的程度上收回主权和利权，得益于声势浩大的收回路矿主权运动；台枣铁路购料借款招商能够争取到公平、公正，也得益于收回路矿主权运动。但是，事情正在悄然变化。

获清廷朱批同意之后，1907 年旧历三月，华德中兴煤矿公司总办张莲芬在济南"照开标办法函令德商瑞记、礼和、禅臣、荣华各洋行开送如胶济铁路现用钢轨、车头、煤平各车价单，公同拆阅，旋与开价最廉之礼和、瑞记两洋行于三月十一日议定价值，书立合同，签字付款"。① 五月初十，农工商部对所立合同予以批准并备案。1906 年新成立的邮传部也在 1907 年六月初三予以备案。于是华德中兴煤矿公司紧锣密鼓，一面继续招商融资，一面招揽人才。张莲芬为慎重起见，特别上禀山东巡抚杨士骧，汇报台枣铁路的规划情形："查此路须由峄县北三合庄南起，经过峄县城北折向东南泥沟东台庄西运河沿上，约长九十里，并拟在三合庄南峄县城外东北角泥沟东台庄西建立车站四所，台庄小陈庄东设总煤厂一处，统计需占用民地三千余亩。惟是峄县地方距各商埠较远，风气未开，若不预恳宪台札饬峄县先期出示晓谕，将来测量路线，难免绅民阻抗，至丈买民地，尤赖有廉政耐劳、性气平和之员秉公办理，方期妥恰。查有正任阴平县知县姚令光浚，前曾委派胶济铁路丈购地亩差使，情形极熟，拟请宪台札委该员，会同工程师张丞并庚前往测勘路线，一面由姚令会同峄县谢令仿照胶济铁路买地办法，按照各地时值，从优定上中下三等地价。将应用地亩用藩司署较准峄县官桿丈清，注名地主姓名亩数价数，详细造册，先期会同地方官按段粘单，出示晓谕，定期发给，不许吏役暗中私扣分文。遇有无主迁移之坟墓，亦

① 《禀直督袁东抚杨遵照开标办法办理文并批》，中兴公司档案文牍第四册，光绪三十三年三月十六日。

179

由印委酌定，每棺给迁移费若干，出示定期迁移。以便工作，而洽民情。"① 这份禀文的落款时间是 1907 年旧历六月二十一日，距离与德商洋行签订购料合同只有三个月，距离邮传部同意备案不到 20 天。筑路工程师已经到位，是河北青县人张并庚。山东巡抚杨士骧批示："已如禀檄委姚令光浚会同印委将勘测路线丈量民地各事宜妥为经理，并饬峄县先期出示晓谕矣。"② 旧历八月二十三日，张莲芬再禀山东巡抚："现值峄县一带秋禾大半收割，自应选派妥员前往总理勘估土道，集夫挑筑，以便开山采石，购储物料，以期早日兴工。"张莲芬提议调东直隶候补知府、黄河下游办采石委员沈宝贤担任，认为沈宝贤勤廉干练、熟悉工程，堪以委派。这时，杨士骧已升任直隶总督，署理山东巡抚吴批示："据禀已悉。正檄饬沈守将下游河工经手事件交代清楚，迅赴该公司将购办铁路物料事宜认真经理，并将到差日期及办理情形随时具报矣。"③这样，工程师张并庚负责铁路修筑，姚光浚总管征地，沈宝贤总管采石、购料、挑垫土道，张莲芬总负责，华德中兴煤矿公司枣庄总矿为台枣铁路的总后盾。车、马、炮摆好了。两枚造路专用的木质印章——中兴煤矿铁路工程采办关防和中兴煤矿买地弹压关防，也由山东巡抚饬山东铁路矿政局分别刊刻颁发。这就到了 1907 年旧历十月。一场台枣铁路修筑大会战在这个过程中已经开始。

转眼到了 1908 年旧历二月。德商方面传来消息：头批货在三月初可达镇江，第二、三批货于三四月份均可到达镇江，续订的铁路桥在

---

① 《禀东抚杨派员勘路量地文并批》，中兴公司档案文牍第四册，光绪三十三年六月二十一日。
② 《禀东抚杨派员勘路量地文并批》，中兴公司档案文牍第四册，光绪三十三年六月二十一日。
③ 《禀东抚吴派员开山采矿文并批》，中兴公司档案文牍第四册，光绪三十三年八月二十三日。

六七月亦必定运到。让所有人目瞪口呆的事情就在这个时候发生了。1908 年旧历二月二十日，主管铁路、邮政、交通的清末新政大部邮传部突然饬令华德中兴煤矿公司总办张莲芬："查该公司拟筑由矿厂至台庄运煤铁道，经前任山东巡抚杨（士骧）奏明咨部请核有案，本部以峄县系津镇（铁路）正线，应俟津镇正线定后核办。现在津镇改定津浦，该公司拟筑之路应由本部咨商督办大臣，将路线核明有无窒碍，分别办理。唯原奏内称，俟部核准后饬该公司绘图咨部备案等因。查铁路章程内载，各省官商筹股办路，须绘具图说，及集有的实股本若干，呈部候核等语，该铁路详图及股份银数、股东姓名册未据送报部，与定章不符，碍难遽核。"①

张莲芬一看，不对啊！台枣铁路是在光绪二十五年（1899 年）上奏清廷获批的成案，原来没能修，这次正式修筑已经准备好多年了。从光绪三十年，即 1904 年就开始筹谋招商，拟了一个台枣铁路《暂行添招华股章程》；得商部同意后，1905 年又正式颁布《暂行及添招新股章程》，当时管铁路的商部批准了这个章程，并报清廷批准，请旨予以注册，说要"一体予以保护"②；商部报清廷批准了，张莲芬这才开始筹划为台枣铁路购买物料实行招标；招标办法协商好之后，报山东巡抚和直隶总督审查；他们对招标办法十分满意，又向清廷请旨，清廷再次批准了台枣铁路修筑事宜；清廷批准后，华德中兴煤矿公司开始订立招商购料合同；订好了合同，又请示农工商部和刚成立的邮传部，两大部都备了案，这就到了光绪三十三年，也就是 1907 年的五六月份；农工商部和邮传部备案批复之后，张莲芬又请示山东巡抚，派来征地委员、工程

---

① 《东抚吴饬将路线详图及股份银数报部文》，中兴公司档案文牍第四册，光绪三十四年二月二十五日。

② 《商部公司注册局为给发执照事》，中兴公司档案文牍第五册，光绪三十一年十月十七日，第三类第十三号注册第六十六号执照。

委员，颁发了造路关防，于是开始测路、征地……张莲芬"并未奉有峄县系津镇（铁路）正线，应俟津镇正约定后核办之文，亦未奉有饬令绘具图说及造股份银数、股东姓名名册"。①

邮传部饬令台枣铁路候核，等于说台枣铁路工程尚未获得批准，这不是大白天说瞎话吗？对已经动工的台枣铁路来说，"碍难遽核"，这不是要华德中兴煤矿公司的命吗？这到底是怎么回事？细看邮传部那段所谓的饬令，内容不多，却先后出现了"核办""俟部核准""候核""碍难遽核"，全部意见在于一个"核"字。台枣铁路的合法性，因邮传部的这些"核"字出现了危机。

首先看邮传部所引那句"惟原奏内称，俟部核准后饬该公司绘图咨部备案"。②邮传部成立于1906年，之前，办铁路事宜全归商部主管。查华德中兴煤矿公司的档案，有商部于光绪三十二年（1906年）七月十七日关于台枣铁路的一段意见："前本部查核，公司拟造运煤铁路九十余里，所欠德商料价五成作为借款，声明商借商还，国家概不担承，核与部章第十七条相符。惟该公司现拟造运煤铁路计程九十余里，按照矿章第二十二条，程途在十里以外者应另案禀办，自应由贵抚奏请办理。"③接到山东巡抚杨士骧转来的商部的指示后，张莲芬于光绪三十二年（1906年）八月初三又上禀杨士骧。张莲芬在这份报告中说："奉此……除俟奏奉准办后再派熟悉路工之员详细勘测路线，绘具图说，请咨部备案外，理合具禀恳请大帅鉴核迅赐奏请办理。"④张莲芬在这里

---

① 《总办峄矿公司盐运使张莲芬禀署理山东巡抚吴文》，中兴公司档案文牍第四册，光绪三十四年二月二十八日。

② 《东抚吴饬将路线详图及股份银数报部文》，中兴公司档案文牍第五册，光绪三十四年二月二十五日。

③ 《东抚杨札文》，中兴公司档案文牍第四册，光绪三十二年七月二十五日。

④ 《总办山东峄县华德中兴煤矿有限公司、山东盐运使张莲芬禀山东巡宪杨》，中兴公司档案文牍第四册，光绪三十二年八月初三日。

说了"俟奉奏准办后再派熟悉路工之员详细勘测路线绘具图说请咨部备案"，只是"咨部备案"，因为前提是"奏准"，即皇上批准。既然需皇上批准，主管部门当然只能"备案"。而杨士骧、袁世凯的附片内，确有"俟部复核准后即饬该公司迅派熟悉路工人员详细勘测路线，绘具图说，再行咨送农工商部、邮传部备案"一语。唯有"勘测路线，绘具图说，再行咨送农工商部、邮传部备案"这一点，邮传部抓住了把柄。其实，张莲芬在要求山东巡抚杨士骧调派征地委员的那份报告中说："查此路须由峄县北三合庄南起，经过峄县城北折向东南泥沟东台庄西运河沿上，约长九十里"。但是，当时并未详细勘测，因为就在同一份禀文中，张莲芬说："若不预恳宪台札饬峄县先期出示晓谕，将来测量路线，难免绅民阻抗"。[①] 为什么不能提前详细勘测呢？这一句话是很好的回答：害怕在地方官未出示晓谕的情况下详细勘测会遇到阻抗，因为当时的峄县"距离各商埠较远，风气未开"。[②] 能不能等到地方官出示晓谕、详细勘测好之后，绘具图说上禀山东巡抚，由山东巡抚呈报农工商部和邮传部，等农工商部和邮传部备案之后，再办路工购料等事情呢？那就真是本末倒置了。

事实上，商部在 1905 年批准华德中兴煤矿公司为修筑台枣铁路制定的添招股本章程时，就已经同意了台枣铁路的修筑；光绪皇帝朱批同意杨士骧、袁世凯关于华德中兴煤矿公司向德商定购台枣铁路所需物料的折子，就正式批准了台枣铁路的修建；1907 年旧历三月十一日，华德中兴煤矿公司正式与德商订立招商购料合同，并再次上禀山东巡抚、直隶总督，并咨农工商部、邮传部，他们都没有意见，更是正式批准台枣

---

① 《禀东抚杨派员勘路量地文并批》，中兴公司档案文牍第四册，光绪三十三年六月二十一日。

② 《禀东抚杨派员勘路量地文并批》，中兴公司档案文牍第四册，光绪三十三年六月二十一日。

铁路修筑的明证。邮传部在同意备案时提都没提勘测绘图那档子事，现在却抠字眼儿、找后账，这哪是正人君子干的事儿？再说，物料都买了，怎么可能再等着地方官出示晓谕、勘测好了线路再行禀报呢？不仅没必要，邮传部事先也没有这个要求。现在为什么突然提出"碍难遽核"？早就核过很多遍的事情，哪里存在邮传部"核"的问题？杨士骧、袁世凯请旨批准修建台枣铁路的折子中也只说"咨商农工商部备案"。"备案"与"核"是等次相差好多级的两个概念。

事实上，1903年12月商部颁行的《铁路简明章程》第二条规定："各省官商，集有股本请办何省干线或支路，须绘图贴说，呈明集有的实股本若干，详细具禀。听候本部行咨该官商原籍地方，查明其人是否公正，家资是否殷实，有无违背定章各情，俟咨覆到部，以定准驳。"《铁路简明章程》第二条的意思主要在于，防止有人为了拿到朝廷的奖励而蒙蔽、吹嘘，所以，这一条的审核归结于"听候本部行咨该官商原籍地方，查明其人是否公正，家资是否殷实，有无违背定章各情，俟咨覆到部，以定准驳"。对于华德中兴煤矿公司和张莲芬来说，存在这些问题吗？不存在。邮传部实际上就是找茬儿。

在程序上，张莲芬没有错误。

但是，有人犯了错误。

根据《铁路简明章程》第二条的规定，批准商办铁路的权力在哪个部门呢？在商部。商部为什么于光绪三十二年（1906年）旧历七月十七日，对山东巡抚杨士骧说什么"惟该公司现拟造运煤铁路计程九十余里，按照矿章第二十二条，程途在十里以外者应另案禀办，自应由贵抚奏请办理"呢？即便应该奏请皇上批准，那也应该是商部请旨办理，为什么推给山东巡抚呢？当时，中兴煤在大运河沿岸被各个关卡重复征费，致使吨煤税厘达到三钱七分银子，就是商部奏明慈禧太后、光绪皇帝说："若皆以此为词，则部章几同虚设……目前风气初开，正宜因势利导，抽收厘捐岂容歧异，请旨要求令各省将军督抚遵照商部奏定章程，完纳出井、出口税，不得别有征收，以恤商艰。"①获得圣旨后，对中兴煤沿途过关抽厘乱收费的问题才得以解决。同是商部，这一次为什么把应该自己做主或自己请旨办理的事情交给了山东巡抚呢？也许因为1906年商部尚书载振因"杨翠喜案"败露面临弹劾，也许因为商部知道要改为农工商部，其负责铁路邮政等事宜要交给邮传部了，所以就不负责任。不论是哪个原因，最初的错误在商部。正是商部的错误，导致政出多门，给了邮传部找茬儿的机会。

时任山东巡抚杨士骧在这里耍了滑头。他作为山东巡抚，是有权向朝廷进言的，他却拉上直隶总督兼北洋通商大臣袁世凯共同上了个附片。张莲芬的禀文中不可能提到袁世凯，因为他接到的公文是让山东巡抚"奏请办理"。杨士骧拉上袁世凯，这就让张莲芬有些难堪了。事实上，杨士骧奉圣旨后札知张莲芬说："为恭录札知事，照得本部院于光绪三十二年（1906年）十二月十三日会同直隶总督部堂袁（世凯）专弁附奏峄县华德中兴煤矿有限公司禀请自修运煤铁路，仰恳饬部核准一片，业已抄稿饬知在案，兹于光绪三十二年十二月二十九日差弁赍回，原片内开：奉朱批，该部知道，钦此。除分别咨行外，合行恭录，札知札到该司，即便钦遵查照。"②这里确有请皇上"饬部核准"的话，而皇上朱批："该部知道，钦此。"杨士骧把这件事办得可谓滴水不漏，对刚刚执掌大权的邮传部可谓恭敬有加。

事情到了这里，应该画上句号了。而邮传部却抓住杨士骧、袁世凯上奏的附片中那句"俟部复核准后，即饬该公司迅派熟悉路工人员详细勘测路线，绘具图说，再行咨送农工商部、邮传部备案"大做文章，否

---

① 《奏为煤矿收税各省歧异请旨通饬一律按照部章以符奏案而恤商艰恭折》，中兴公司档案文牍第三册，光绪三十一年十一月二十一日。
② 《山东抚宪杨恭录札知事》，中兴公司档案文牍第四册，光绪三十三年正月初九。

定台枣铁路的合法性。当初，杨士骧为什么要在给皇上的附片中说什么"俟部复核准后"？难道不符合部章规定的事情，杨士骧会奏请皇上批准？皇上既然已经批准，还需邮传部"核准"吗？而邮传部呢？皇上既已批给你，让你知道了，怎么非要夺走皇上这个批准的权力呢？只有一个解释：杨士骧和邮传部尚书陈璧都是袁世凯的死党、亲信，光绪皇帝是袁世凯的仇人，还是慈禧太后的囚徒，杨士骧和陈璧于是演了这么一出"双簧"。至于华德中兴煤矿公司的张莲芬，正所谓枪打出头鸟。清代官场就是这么可怕，新政时期也不例外。

邮传部尚书陈璧可谓铆足了劲儿整治华德中兴煤矿公司，是否还另有隐情？

六、陈璧翻云覆雨，棒杀中兴

1908年旧历二月，清末新政大部邮传部抓住前山东巡抚杨士骧给光绪皇帝的附片内有"俟部复核准后饬该公司绘图咨部备案"的话，说什么"查该公司拟筑由矿厂至台庄运煤铁道，经前任山东巡抚杨（士骧）奏明咨部请核有案，本部以峰县系津镇（铁路）正线，应俟津镇正线定后核办。现在津镇改定津浦，该公司拟筑之路应由本部咨商督办大臣，将路线核明有无窒碍，分别办理。唯原奏内称，俟部核准后饬该公司绘图咨部备案等因，查铁路章程内载，各省官商筹股办路，须绘具图说，及集有的实股本若干，呈部候核等语，该铁路详图及股份银数、股东姓名册未据送报部，与定章不符，碍难遽核"。[①]

其实，除了铁路详图尚未报备（原因如前文所述），股份银数早在

---

① 《东抚吴饬将路线详图及股份银数报部文》，中兴公司档案文牍第四册，光绪三十四年二月二十五日。

1906年向商部呈报台枣铁路同德商订购物料合同意向请批的时候就已经报过了，那时候还没有邮传部；而股东名册并不在修建铁路报批的必要程序之内，也从未有哪个上级衙门提过这档子事。颁布于1903年年底的《铁路简明章程》虽然有对于呈报铁路线路图说及股份银数的规定，但是，那一规定主要是为了防止有人蒙骗、造假。华德中兴煤矿公司对于修建台枣铁路的股份银数从一开始就上报过，而对台枣铁路的走向，张莲芬也在呈文中叙述过。算起来，对这条华德中兴煤矿公司的运煤铁路，前后三次呈报慈禧太后、光绪皇帝请旨批准。第一次是在1899年11月公司成立之初；第二次是在1905年，公司为修筑台枣铁路制定《暂行及添招新股章程》，报送商部批准并注册；第三次是在1906年年底，由山东巡抚杨士骧和直隶总督兼北洋通商大臣袁世凯联名上了一个附片，请旨同意修筑台枣铁路。所以，不论山东巡抚还是原来管理铁路的商部，都没有也不会把"绘具图说"当成个事。山东巡抚杨士骧在给光绪皇帝的附片中提到这件事，圣旨说"该部知道"之后，杨士骧再也没提过这件事。纵观1903年颁布的《铁路简明章程》，贯穿着维护利权、限制洋商的精神。张莲芬正是根据这一精神，与德商签订了公正、公平的供货购料合同。邮传部丢西瓜、捡芝麻不说，竟然把多次奉旨批准的台枣铁路说成"候核"工程，实在是别有用心。

对于邮传部所谓"峄县系津镇正线，应俟津镇正线定后核办"的话，张莲芬说"从未奉有"这类公文、饬令。张莲芬此言不可能有假。从中兴煤矿公司档案中可以看出来，当时，大小事情必须先请示山东商务局，再由山东商务局请示山东巡抚。如果邮传部有过那样的饬令，一级级的衙门都有存档，谁想否定是做不到的。即使从逻辑上说，也不可能在1908年旧历二月邮传部发难之前有过这类公文、饬令。

1907年3月，清政府命令袁世凯、张之洞商办直、鲁、苏三省绅民要求废除1899年5月与德国签署的《津镇铁路借款草合同》，收回筑路权，自筑津镇铁路。袁世凯、张之洞利用三省绅民的斗争，与德、英两国银行代表争执 5 个月之久，会晤数十次，终于在 1908 年 1 月 13 日与英国汇丰和德国德华两银行签订了《津浦铁路借款合同》，迫使英、德两国在利、权两个方面较之草合同做了让步。《津浦铁路借款合同》的名称，也意味着原拟修筑的津镇铁路改为津浦铁路。而直、鲁、苏三省绅民本来是要求津镇路废约自筑的。其间，清政府对三省绅商恫吓、利诱，并向三省绅商许诺："迨至第十年后，中国国家清还借款之时……准令三省绅商自集成本，将此路股票，拨一半任其收回"，改为"官商合办之路"，要求三省(津镇铁路改津浦铁路后，为直隶、鲁、苏、皖四省) 绅商在 10 年内集股银 2050 万两，以备赎路之需，还说什么"无论何年，不得退还商股"。① 稳住了三省绅商，这才签订了《津浦铁路借款合同》。然而，这个借款合同里夹带着德国的"私货"，即：兖州—开封、德州—正定两条津浦铁路支线，必须借德款、用德国的工程师，由中国在 15 年内筑成。德国放弃修筑的胶沂济铁路，中国必须在 1915 年 1 月 1 日前筑成。并且，胶沂济铁路和济南通往山东西部的铁路附近 15 公里以内的矿权，德国仍然保留。② 德国的无理要求遭到中国人民的反对。《津浦铁路借款合同》签订后，山东绅民及青年学生坚决反对，成立了山东矿权保存会，揭露德帝国主义掠夺路矿主权给山东人民带来的严重危害。这场斗争一直持续到 1911 年收回津浦铁路附近的矿权和德国瑞记洋行所霸占的山东 5 处矿权。据此，在 1908 年 1 月 13 日与英、德两国银行代表签署《津浦铁路借款合同》之前，袁世凯、张之洞根本不可能对外界表态，说华德中兴煤矿公司的台枣铁路须在津镇铁路（后改为津浦铁路）借款正约签订之后再核办这样的话，而且也根本不会考

---

① 王守中：《德国侵略山东史》，人民出版社 1988 年版，第 258—259 页。

② 《续记山东士绅对于路况之计议》，载《东方杂志》第六卷第十期；转引自王守中：《德国侵略山东史》，人民出版社 1988 年版，第 264—265 页。

虑这件莫须有的事情。袁世凯、张之洞不表这样的态，邮传部又怎敢擅自胡说？所以，在《津浦铁路借款合同》签署之前，邮传部不可能对华德中兴煤矿公司有这么一道饬令。

《津浦铁路借款合同》签订于 1908 年 1 月 13 日，邮传部给华德中兴煤矿公司的饬令发自 1908 年二月二十日，中间只有 30 多天的空当，在这 30 多天中，邮传部并没有对华德中兴煤矿公司发过什么文件。所以，邮传部在 1908 年旧历二月二十日对华德中兴煤矿公司说什么"本部以峄县系津镇（铁路）正线，应俟津镇正线定后核办"，完全是临时起意。邮传部作为中央大部，每说一句话都是有重大影响的，必须十分严肃、严谨。台枣铁路屡经清廷批准在案，邮传部怎么可以如此翻手为云、覆手为雨？看看这一时期邮传部办的另一件事情，或许能有助于对邮传部棒杀华德中兴煤矿公司的理解。

在收回路矿主权运动中，各省绅商经商部批准纷纷成立商办铁路公司，其中最有成效的就是沪甬杭铁路。中英沪甬杭铁路草约订于 1898 年。1905 年，浙江绅商成立全省铁路公司，强烈要求废除中英沪甬杭铁路草约，将铁路收回自办。清政府表示支持，浙商创办了兴业银行，积极为沪甬杭铁路融资。1907 年 10 月，当江浙绅民自办的沪甬杭铁路接近完工之时，邮传部悍然下令恢复中英沪甬杭铁路草约，令江苏、浙江两省的铁路公司停止经营，已经开筑、接近完工并且部分通车的沪甬杭铁路由清政府收归国有，借英款修筑。1908 年 3 月 8 日，"邮传部与中英银公司正式签订了《中国国家沪甬杭铁路五厘利息借款合同》，以邮传部的名义部借部还，总额英金 150 万镑，按 93% 折扣交款，期限 30 年"。①

一条已接近完工的商民自办铁路，邮传部一声令下，不分青红皂白

---

① 转引自方举：《中国铁路史论稿（1881—2000）》，北京交通大学出版社 2006 年版，第 113—115 页。

地收归国有不说，还与英商签订了如此不公正的合同。这不单是欺民，更是公然卖国！邮传部为什么敢这样做？原来是清廷反悔了。1895年甲午战败前，晚清朝廷对修筑铁路问题一直争论不休。1895年甲午战败后，清朝统治者总结战争失败的原因，认为没有铁路运兵缓慢是重要原因之一。于是，兴修铁路遂成为一项基本国策。兴办铁路需要大笔款项，甲午战败后割地、赔款，国家拿不出钱，而外国人愿意借给钱。但是，靠借洋债修铁路必然导致权利丢失，清廷倾向于商办铁路。国弊民穷，应者寥寥，于是又借洋债。1901年《辛丑条约》签订后，列强不把中国的主权当回事儿，随意加大铁路造价者有之，随意破坏合同、延长工期者有之，随意将所得权益转让他国或他人者亦有之。南起广州、北接卢汉铁路的粤汉铁路就是这样的一个典型，引起了粤、湘、鄂三省人民的强烈不满和对国家命运的进一步担忧，收回路权、废约自办铁路的运动从粤汉铁路发端。在这种局面下，1903年，新成立的商部出台《铁路简明章程》，鼓励各省士绅、华商成立铁路公司，筹款自办铁路。以收回路权为宗旨的商办铁路热潮盛极一时。1905年，在中国土地上进行的日俄战争以日本胜利而告结束。中国国民将俄国的失败归结于君主专制制度，而把日本的胜利归结于君主立宪制度，要求实行民主宪政的思潮空前高涨。清政府在舆论的压力下，被迫表示准备实行民主立宪政治。在铁路方面，清政府目睹了日俄战争期间俄国是如何利用西伯利亚大铁路和中国东北地区的中东铁路调集军队的，因而对于外国资本控制中国铁路产生了极大的恐惧。1905年9月，清政府借助民间舆论的力量与美方谈判，以巨大的代价废除了中美粤汉铁路合同；并与英方谈判，准备废除中英沪杭甬铁路草约。清政府的行动，促使立宪运动和民间收回路矿主权的运动掀起了新的高潮。可是，清政府很快又害怕了，害怕民主立宪政治会损害满族贵族的权力；害怕铁路商办后不能统一节制，同样会损害中央集权。于是，一方面借官制改革，把中央的权力进一步向满族亲贵手中集中；另一方面成立邮传部，统一管理各省铁路，并准备将各省的商办铁路收归国有。由于收回路矿主权运动沉重打击了列强的嚣张气焰，并使列强的利益受到严重损害，所以，列强这时候也愿意以稍微优惠一点儿的条件向清政府放款。清政府就变脸了，又开始借外国贷款修中国铁路，实行铁路国有。

邮传部作为清末新政大部，它的意见直接影响到清廷的政策。陈璧担任邮传部尚书是在 1907 年 4 月。在他之前，新成立不久的邮传部已先后有过四任尚书。毫无疑义，邮传部尚书的理念与清廷的铁路政策密不可分。在陈璧之前，邮传部还是支持商办铁路的。陈璧一改前弦，鼓动清廷将商办铁路收归国有。这本身并没有错，但是，陈璧首先拿办得最有成效的沪杭甬铁路开刀，将已经接近完工的沪杭甬铁路交给英国人去办，并以大折扣、高利息向英国借款，这就令人不可思议了。陈璧在干什么？显然是借铁路国有之名，行出卖国人利益之实。陈璧的所作所为，激起极大民愤。江、浙两省绅民自发组织起来拒款护路。拒款会遍及两省各地，上至绅士、商人，下至学生、码头工人，乃至乞丐、妓女也纷纷加入护路团体。续招路款的热潮顿时而兴。很短时间，两省绅民就集得 4280 万元，比邮传部的借款数额超出一倍多。《申报》为此评论："向日旧约作废，经政府之宣告，英人之承允，凡我父老子弟知土地因是可以保全，财产可因是永守，故不屑掷其数千百万之巨资，绞脑沥血而成之。今乃英人之一要求，政府之一退缩，遂双手供献而让之。我苏浙两省之父老子弟，即不为目前计，而不为子孙计乎！国可灭，民心不可灭，我父老子弟其磨砺以待。"①

陈璧有那样的品质、那样的作风，他在台枣铁路问题上的做法也就

① 转引自方举：《中国铁路史论稿（1881—2000）》，北京交通大学出版社 2006 年版，第 113—115 页。

不足为怪了。但令人奇怪的是，铁路收归国有，应首先从干线开始。台枣铁路虽然长达 45 公里，却是企业的运煤铁路，陈璧为何也要下如此狠手呢？

七、从抢夺沪杭甬铁路到棒杀台枣铁路

位于韩庄以北、津浦铁路东侧的枣庄大煤田，北面是东西横亘数十里的崮形山体，壁立陡峭，重峦叠嶂，泉流交错，以抱犊崮最为雄奇；南面也是东西横亘数十里的山脉，但山势平缓，盛产各种山果，尤以万亩石榴园闻名于世。枣庄煤田正位于南北山脉之间狭长的冲积平原上，其西是碧波万顷的微山湖。这里温暖湿润，气候宜人，蕴藏着贮量丰富的铁、石膏、石灰岩、大理石，尤以煤炭著称于世。枣庄地下出产的块煤黝黑闪亮，在阳光照耀下反射出白色光芒，犹如黑色的金子上镀了一层银似的。当地人赞美它、热爱它，而当年的德国强盗对枣庄的煤、对枣庄的一切的美都因不能掠夺到手而妒火中烧。华德中兴煤矿公司从枣庄总矿向南 45 公里至台儿庄运河码头的运煤铁路，更成了横在德商喉咙里的一根刺。

早在 1898 年，德国礼和洋行的探矿队就 4 次来到枣庄，欲收购煤田土地，却遭到当地士绅的婉拒。1898 年 5 月，德国在以武力侵占日照城之后，强迫清政府与之谈判，宁可放弃《胶澳租界条约》规定的胶沂济铁路，而力争津镇铁路山东段的修筑权，一则看中了津镇铁路在中国政治、经济上的重要性，二则看中了津镇铁路山东段两侧的矿产，尤其是枣庄煤田。因此，在《津镇铁路借款草合同》签署之后不过 10 多天，德国政府便"特许"德华山东矿务公司在津镇铁路山东段两侧呈请开采矿产；德国驻华公使穆莫一次又一次照会清政府：不许华德中兴煤矿公司使用机器生产；德国德华银行经理尔特慕则提出收购华德中兴煤矿公

司。1904 年，张莲芬于德国的重压下，在资金环境极为艰难的情况下，向各大股东写信：台枣铁路一日不修，华德中兴煤矿公司即一日不能办成大矿。他号召股东们添股募资。接着，张莲芬为台枣铁路的修筑，起草了暂行及添招新股章程，赴商部注册。穆莫气急败坏，霸道地照会清政府：华德中兴煤矿公司修建台枣铁路，必须与德华矿务公司商办。另外，德商瑞记洋行董事长田夏礼欲一次入股台枣铁路 100 万马克，控股台枣铁路。张莲芬制定章程后，先招足六成华股，再招德股，又断了德商吞并之路。紧接着，张莲芬利用收回路权运动的声势和力量，与德商斗智斗勇，使一直觊觎枣庄煤田的德商礼和洋行、瑞记洋行成为台枣铁路的供货方。表面看来，德商开始按照国际通行规则与华德中兴煤矿公司做公平交易，但是，傲慢的德国人真的会就此罢手吗？不会的。

据《时报》1907 年 11 月 5 日报道："峄县中兴煤矿前因拟建铁路，股份不足，照会青岛各德商入股。昨有胶济铁路总办锡乐巴带同文案杨子明来省，与张都转[①] 面商入股各节。闻锡乐巴拟入股一百万两，建路事宜，由锡（乐巴）主之。（张）都转以再入洋股百万，则洋股过多，与原定华六德四章程不合，只允入二十万两，而事权仍归（张）都转主持云。"[②] 这则报道中的锡乐巴不仅是胶济铁路总办，也是德华铁路公司总办，1900 年代表德方与山东巡抚袁世凯谈判山东铁路公司章程和山东矿务公司章程的人，都是这位锡乐巴，《山东矿务章程》是锡乐巴谈好之后交给司米德·米海里签字的。可以说，锡乐巴是德国侵华势力在山东的一个总代表。这则报道，再清楚不过地记录下了当年侵华德商对枣庄煤田绝不放弃的吞并欲望。事情很清楚，一旦德商主持台枣铁路，台枣铁路就会变成德商制约华德中兴煤矿公司的工具、吞并华德中兴煤

---

① 张都转即张莲芬。其山东盐运使职务前有"都转"二字。

② 汪敬虞编：《中国近代工业史资料》第二辑下册，科学出版社 1957 年版，第 1062—1063 页。

矿公司的跳板。张莲芬在大体招足台枣铁路所需华股后希望招徕四成德股，从前是德璀琳一股未招，现在是锡乐巴老调重弹。

有一个重要的时间点耐人寻味：袁世凯、张之洞于1908年旧历一月十三日与德、英签订《津浦铁路借款合同》（俗称"津浦正约"），邮传部于1908年旧历二月二十日胡说台枣铁路应俟津镇铁路正约签订后核办，中间只相隔30多天。我们不禁要问：袁世凯、张之洞及邮传部与英、德两国银行（英国汇丰银行、德国德华银行）代表谈判《津浦铁路借款合同》时，是否暗中有涉及台枣铁路的交易？事实上如前所述，津浦正约谈判中夹带了不少德国的私货。私货之一：1899年《津镇铁路借款草合同》签署之后，德国曾要求修筑两条津镇铁路支线，一条从山东德州到河北正定，另一条从山东兖州到河南开封，以扩大势力范围，但始终没有谈下来。津浦正约谈判中，袁世凯却把这两条铁路许给了德国人。之所以断定是袁世凯把这两条铁路许给了德国人，是因为袁世凯自担任直隶总督兼北洋通商大臣后，一直兼任津浦铁路督办大臣，又曾经担任山东巡抚，与德国人打交道，较之张之洞为多，他的意见自然是主导性意见。私货之二：1899年，德国要求修筑津镇铁路山东段，放弃修筑胶沂济铁路，给出的理由是胶沂济铁路附近中国百姓反抗，无法修筑。清政府被迫同意德国承筑津镇铁路山东段，并承认山东段铁路两侧，德国拥有15公里之内矿产的开采权；同时，仍然承认德国对其不打算修筑的胶沂济线两侧15公里内矿产的开采权。这一次津浦正约谈判，正值全国收回利权运动高涨。袁世凯、张之洞完全可以迫使德国放弃这些无理要求，但是他们二人再次同意了德国在上述两条铁路线两侧霸占矿产开采权的无理要求，这显然又是袁世凯退让所致。至此，我们可以看出，津浦正约谈判中，尽管中国在津浦铁路借款方面比之草合同减少了很多利权损失，但对于德国方面从前对山东铁路、矿产的要求全部予以保留甚至扩展。德国对华德中兴煤矿公司的无理要求难道不会被再次提出来？要知道，当 1904 年照会清廷外务部，要求台枣铁路必须与山东德华矿务公司商办被拒之后，气急败坏的穆莫居然提出所谓矿务续章四款："1. 在铁路两侧 30 里内仅准德华公司用机器开矿。2. 华矿只准用土法照向来之大小续办，不许用机器。3. 德华矿务公司禀报用新法开矿时，在新矿 15 里内之各华矿，必须于 2 年内一律停止，不得再开新矿。4. 在 30 里以内德华矿务公司用机器开矿，中国官方无辩驳之权。"[1] 穆莫这种赤裸裸的霸道行径表明了德国方面对枣庄煤田志在必得的心态，他们是不会放过任何可能的机会的。

对于德国驻华公使穆莫提出的矿务续章四款，1905 年 1 月 6 日出版的《中外日报》有一篇报道进行了尖锐的批驳。该报道称："去岁德使曾以山东矿务续章四款要求外务部……按其续章四款：一曰，只准德人用机器开矿。二曰，不准华人用机器开矿。三曰，德人矿厂十五里内，华人已开矿须即停止，未开者不得续开。四曰，德人用机器开矿，华官不得干预。此四者，无论度诸公法，揆诸人情，足令人发指皆裂，愤不能平也。即就原约[2] 而言，在德人索之已为得步进步，若中国许之，即为自戕生机，自损利权。原约第十七款云：其附近铁路两边三十里内，除现办华矿外，只准德公司开挖煤矿及他项矿产。夫约文即明有除现办华矿一语，是华人矿务初非德人所能与闻，而其如何开采之法，亦非德人所能与闻。今乃有华人不许用机器开采之语，此何说也！华人不许用机器开采，而德人乃得用机器开采，一厚一薄，判若天涯。德人用意，抑何太酷！总之，德人命意所在，其始则犹有顾忌，第不欲使外人均沾其利益，今则明目张胆，并不许土人自保其利益。喧宾夺主，莫此为甚，刮糠及米，岂有限制。又原约第十七款云：其当时正在开办之

---

① 《德国公使照会外务部》，光绪三十年十一月十日；转引自汪敬虞编：《中国近代工业史资料》第二辑上册，科学出版社 1957 年版，第 30 页。

② 指 1900 年 2 月签署的《山东矿务章程》。

华矿，仍得照向章办理，唯不得使德国矿务因之吃亏。按此约专就德国言之，不复顾及华人一面，以为不得其平。德人不能吃亏，华人乃应吃亏乎？然犹参以活笔曰，应向华矿之人议购，如不愿出售，公司不得勉强云①。据此以言，则是华人费尽心力，费尽资本，幸而开办有成之矿者，皆须拱手以让德人；而德人虬知某处有华人已开之矿，亦可以用新法开采为名，取而夺为己有，并可使十五里内之矿产，任德人笼为己有，而华人不得过问。夫外人铁路所经之地，即为权力所到之地，已为众所共知，乃当时迁就太过，并许其因路权而揽及矿权。今则进而益上，并欲使附近铁路之矿产，独为德人之所有，不得复为华人之所有。德人夺地之机何其工，扩张势力之策，又何其至也。此端一开，将使山东各省不复属之中国，倘各国尤而效之，而中国内地悉为各国权力之所及，而中国已为不亡之亡。"②德国驻华公使穆莫提出的矿务续章四款直接针对台枣铁路的修筑，所以，这则报道也可以说是为华德中兴煤矿公司抱不平，有力地揭露了穆莫夺地扩张、掠夺中国人民、阻碍中国任何微小进步的凶恶嘴脸。

当时的斗争如此激烈，清政府最终没有批准所谓矿务续章四款。不达目的、誓不罢休的德国强盗，在津浦正约的谈判中，一定会向袁世凯和参与谈判的邮传部官员提出台枣铁路的问题。这才会在津浦正约签署后仅仅一个多月，分管全国铁路的邮传部就要出手扼杀台枣铁路。

津浦正约的签署，还导致英国人企图重新索回已收归江浙绅民自办的沪杭甬铁路的承办权。这有当时《申报》的文章为证："苏杭甬之路约，宣言撤废已及两年，苏浙两处之路线树标、铺轨，逐段开车，而英人无

---

① 德华银行经理正是根据这一规定，向张莲芬商购华德中兴煤矿公司。商购未成，德国驻华公使穆莫一再照会清政府，对华德中兴煤矿公司办矿进行阻挠、破坏。

② 汪敬虞编：《中国近代工业史资料》第二辑下册，科学出版社 1957 年版，第 1062—1063 页。

一言。是英人未尝不知契约逾期之为无效也。只以津镇借款一事，启其得寸进尺之心。于是连类以及，援例以求，遂欲博我两省人民之手足。以夺其在阬之食，褫其切肤之皮，而外部犹昧于个人契约之性质，不知人民之尊贵，贸然思以不许干预路政之语，掩尽天下之耳目，断送两省之利权。嗟乎，悲哉！"①由《申报》这篇文章可知，津浦正约的签订，不啻是对当时轰轰烈烈的收回路矿主权运动的一个反动。德国方面参与津浦正约谈判的银行，正是 1904 年之前企图收购华德中兴煤矿公司而被张莲芬拒绝的德华银行。德华银行能把之前德国要求的涉及铁路的所有矿权在谈判中端出来，也一定会把台枣铁路的事情端出来。但是，台枣铁路并非津浦铁路支线，这个意思在津浦正约内无法体现，怎么办呢？寻找代理人是个不错的办法：邮传部能下令停办沪杭甬铁路，就不能停办台枣铁路吗？这正是德国人对华德中兴煤矿公司使出的杀手锏。

至此，我们不能不好好认识一下邮传部尚书陈璧这个人物了。陈璧是个十分聪明、干练的人，光绪三年（1877 年）进士及第的时候仅 25 岁。1900 年八国联军侵占北京时，他是清廷留守人员，主持总理公所，关键时刻，出头联络在京的 33 名官员，电请李鸿章主持和局，从此深得清政府赏识。1901 年 7 月，陈璧升任太仆寺少卿兼顺天府尹，先后创办京师工艺局、顺天中学堂、金台校士馆。他把京师工艺局办成半工半读学校，兴工业、设织坊局等。陈璧的确是一位能臣干吏。但是，1902 年 4 月 16 日出版的《捷报》有一段关于他的报道："现在据说陈璧已经从户部领款七万余两（白银），购买轧花机及其他机器，并且只派了丁姓、沈姓两人到日本采办。据说这是陈璧为了怕还有人说他袒护义和团，因此讨好日本以求得日本人支持的计划的一部分。"②陈璧在京城

---

① 　方举：《中国铁路史论稿（1881—2000）》，北京交通大学出版社 2006 年版，第 114 页。

② 　汪敬虞编：《中国近代工业史资料》第二辑下册，科学出版社 1957 年版，第 928 页。

办了些好事，钱原来是从户部拨出来的。有能耐从户部拿钱办北京的事也算是好，但是专意派人赴日本采办机器，似乎就不太地道。假公济私、看风使舵、投机取巧，《捷报》告诉今人的，就是这样一个陈璧。陈璧为了给自己涂上一层保护色，当年不惜拿户部的钱去迎合日本，他会不会为了同样的目的讨好德国人呢？中兴煤矿公司档案中记载的一件事令人费解，这事儿会不会与时任商部侍郎的陈璧有关呢？

1904年旧历三月十四日，张莲芬上禀山东巡抚周馥欲开筑台枣铁路的文牍中有一段话是这样说的："（光绪）二十六年将旧井积水提涸，逐渐出煤，至（光绪）二十九年井下工程稳固，日出煤三百吨。惜无运煤铁路，不能运抵台儿庄分运销售，旋禀请拨借公款或准借德款，分十年归还，似较多招德股为宜。当奉批示，饬照原奏华六德四分招股份。职道仍虑德股易招华股难集，拟先招足华股六成再招德股，禀恳宪台签核，允准咨明立案。"① 向谁"咨明立案"呢？禀文最后是："现在筹办各缘由并附呈现拟添招华股章程十份，理合具禀，恳请大帅俯赐，转咨商部备案。"② 细读这段话可以发现，1904年春决定修筑台枣铁路时，关于资金问题，张莲芬曾考虑过借公款或者借德款；从"似较多招德股为宜"这句话，可知此前曾有"多招德股"的意见。而张莲芬提出借公款或者借德款，正是对"多招德股"意见的抵制。因为借款修铁路不是没有先例，中国第一条铁路津榆铁路就是借英款修筑，利权完全在我；而多招德股，则德方就有可能夺走台枣铁路的控股权，进而控制华德中兴煤矿公司。那么，是谁提出"多招德股"意见的呢？根据山东文史资料，德商瑞记洋行董事长田夏礼曾于1904年提出向台枣铁路投资100万马克。"多招德股"应该就是由此引起的。华德中兴煤矿公司在1899年成

---

① 《山东巡抚部院周札文》，中兴公司档案文牍第四册，光绪三十年三月十四日。
② 《山东巡抚部院周札文》，中兴公司档案文牍第四册，光绪三十年三月十四日。

立时，制定的矿章是"华六德四"比例。而田夏礼提出向台枣铁路投资 100 万马克，折合大洋 55 万元。台枣铁路的预算是 90 万元。如果同意田夏礼一次性投资 100 万马克，华德中兴煤矿公司就要修改原定章程，突破"华六德四"的股份比例。虽然对于华德中兴煤矿公司 200 万元的总股本来说，投资 100 万马克拿不到控股权，但是田夏礼是向台枣铁路投资，从而能够达到以小搏大、由台枣铁路而控制华德中兴煤矿公司的目的。张莲芬当然不会接受。由于华股难招，为抵制田夏礼，情急之下，张莲芬就提出借公款或借德款，希望资金一步到位，尽快修好台枣铁路，灭了德商插足的念头。我们今天难以确知的，是谁向华德中兴煤矿公司提出"多招德股"的。这个提议多招德股的人，应该就是为田夏礼说项的人。

先来认识田夏礼其人。德商瑞记洋行董事长田夏礼并非德国人，而是美国人，是美国前驻中国公使田贝之子。田贝是 1898 年美国所谓中国应对所有列强门户开放、以使后起的美国能够与其他列强利益均沾政策的倡导者。田夏礼在 1900 年八国联军入侵中国时，曾任联军驻天津都统衙门秘书长。由他的出身、经历可知，他和美国人胡佛是同一类人物。田夏礼可能通过什么人向华德中兴煤矿公司提出"多招德股"呢？会不会是张莲芬呢？有这个可能。1900 年八国联军占据京津的时候，张莲芬临危受命担任天津道，而田夏礼则是联军驻天津都统衙门的秘书长，两人有认识并打交道的机会。但是，田夏礼会找张莲芬吗？他应该知道，以张莲芬多年来对德商的抵制、对矿权的坚持，必然回绝。所以，田夏礼不会直接找张莲芬。再说，如果是田夏礼直接找张莲芬，张莲芬可以直接回绝，大可不必在给山东巡抚周馥的禀文中以请示、商量的口吻说"似较多招德股为宜"。田夏礼会不会托德璀琳说项呢？有可能，因为德璀琳在晚清政坛的名气太大了，田夏礼与德璀琳必然相熟。然而，除了创办华德中兴煤矿公司时德璀琳出了点儿力，之后，他以种种借口没有招一分德股，而他又是德国人，身上还有骗占开平矿局的污名。即便他本人不避嫌，张莲芬也不会听信德璀琳的话。是山东巡抚周馥吗？也有可能，因为瑞记洋行当时的业务主要在山东，田夏礼找周馥很方便。如果周馥为田夏礼说项，张莲芬自然要以请示、商量的口吻说"似较多招德股为宜"。但是，周馥自担任山东巡抚后，对华德中兴煤矿公司多有帮助。在1914年召开的华德中兴煤矿公司第四次股东大会上，张莲芬还面对全体股东表达对周馥的感激之情，可见周馥与张莲芬关系的密切。依周馥和张莲芬的关系，他如果想为田夏礼说项，不会以下指示的方式，而会当面商量。倘若他曾当面与张莲芬商议过，张莲芬即使不同意，也会当面婉拒，一般不会以公文的方式拒绝周馥。会不会是商部的指令呢？如果商部有过类似的指令，张莲芬的确要谨慎应对，以公文的形式委婉地强调"似较多招德股为宜"。可是，中兴煤矿公司的文牍中没有发现商部有过类似的指令。况且商部自1903年年底成立以后，做了不少有利于推动工商业发展的好事。商部颁订的《铁路简明章程》特别注重维护铁路主权，明确规定"集股总以华股占多数为宜，洋股以不逾华股为限"，并且明确提出对商办铁路维持保护。既然如此，商部怎么会向华德中兴煤矿公司提出"多招德股"的要求呢？如果不是正式要求，仅示意"多招德股"的可能性有没有呢？这是极有可能的。那么，商部中谁最有可能示意华德中兴煤矿公司多招德股呢？

田夏礼会向谁请托这件事呢？极有可能是商部尚书载振。据枣庄煤矿史志办在1986年抄于开滦煤矿史志办的一份资料，1900年旧历三月十二日，德国驻华公使克林德照会清廷外务部关于瑞记洋行议办《山东矿务章程》的文件［中德1453（案卷号）］内称："三月十二日，德国公使克林德照会清外务部，称德商瑞记洋行代德国公司禀请在山东开矿一事，前于光绪二十五年九月初八日，函致贵王大臣，共在五处开矿。"

克林德所说的这个"贵王大臣"是谁呢？当时当政的只有庆亲王奕劻，也就是载振的父亲。有过这样的交往，瑞记洋行董事长田夏礼托商部尚书载振或通过载振的父亲奕劻出面，令华德中兴煤矿公司多招德股，算是熟门熟路。但是，载振自从任商部尚书后，力主收回路矿主权，还是很有一番作为的，他会因为他父亲的关系而为田夏礼说项吗？似乎要打一个问号。除了商部尚书载振，田夏礼还可能找谁呢？袁世凯是田夏礼很好的人选。前面说过，袁世凯曾任山东巡抚，与德国人打交道最多。袁世凯部队里的教官很多都是德国人，袁世凯一向与德国人处得不错。田夏礼也是有头脸的人物，他去请托袁世凯是有可能的。袁世凯对华德中兴煤矿公司是熟悉的，对它的困境尤其知道。所以，在他看来，华德中兴煤矿公司欲修台枣铁路，资金问题难以解决，田夏礼想投资 100 万马克，未尝不可。但他深知张莲芬，因而不会直接给华德中兴煤矿公司说，而会示意商部的人去办这件事——当时的商部也是在袁世凯分管范围之内的。示意谁去办这件事情呢？袁世凯在商部的代理人不是别人，正是陈璧。陈璧于 1904 年调至商部，1904 年 7 月升任右侍郎，至年底升任左侍郎，职务仅次于载振。他升迁如此之快，说明他不仅深得袁世凯的赏识，而且深受载振的信任。因此，事情有可能就是这样：商部侍郎陈璧示意山东巡抚周馥说，德商瑞记洋行董事长田夏礼欲投资华德中兴煤矿公司台枣铁路 100 万马克，你看怎样？这样做，也正能缓解华德中兴煤矿公司资金不足的燃眉之急。当然，田夏礼也可能直接去找陈璧，因为他知道陈璧是个很灵活的人。县官不如现管，陈璧正管着这件事呢！

　　总之，陈璧有可能是为田夏礼说项的人。而如果真是陈璧说项，他本来觉得张莲芬会给面子的，没想到张莲芬不但婉拒，而且出台了一个先招华股、再招德股的章程。仕途上一直一帆风顺的陈璧若是气量大也就罢了，偏偏他不是。可能归可能，在没有发现确凿证据之前，并不能下结论。但是，从抢夺沪杭甬到棒杀台枣路，陈璧媚外邀宠的事实毋庸置疑。

八、新颁矿章明令缩小矿界，中兴祸不单行

正当华德中兴煤矿公司因台枣铁路承受巨大压力之时，由张之洞于1907年主持制定的《大清矿务章程》出台。新颁布的矿务章程不仅增加了许多捐税，而且规定：不管新老矿务，矿地一律不准超过900亩。900亩是什么概念呢？还不到1平方公里。对于由商部改换名称而成的大清农工商部来说，新颁矿章可以为农工商部带来不少新增税种，当然是个好东西。按照1904年2月商部颁布的暂行矿务章程，煤矿只向政府缴纳出井、出口两税。至于运到埠外后沿途关卡所收的过路费、落地捐等，都是些不合法的、巧立名目的东西。而根据新颁布的矿章，企业除了必须缴纳煤炭出井、出口税，昂贵的注册费，还要按年缴纳矿界年税，以及勘矿费、绘图费、矿政公费、矿务局费，政府甚至还要与矿地业主均分本来归煤矿的余利。由于缩小了矿界，一块大煤田上可以开数家小煤矿。开矿越多，农工商部所得税费就越多。对农工商部来说，执行新颁矿章带来的利益太大、太诱人了。然而，对于原定百里矿界的华德中兴煤矿公司来说，这不啻是灭顶之灾。

在华德中兴煤矿公司方面，正因矿界问题面临一桩公案。对这桩公案，当时的《时报》有报道。据《时报》1907年7月27日报道："峄县绅董崔广澍等具禀矿政调查局，略谓有小屯村地方旧开煤井，现在废弃已久，拟重新开采等情。该局以峄县德人所办中兴煤矿公司开办时曾经鲁抚奏明，该矿外不论何矿，百里之内，不得用西法开采，十里之内，不得用土法开采。今小屯村相距甚近，当即批驳（可谓忠于外人）。近日崔绅等又赴抚辕递禀，谓小屯村确在中兴煤矿十里以外。莲帅（指时

任山东巡抚杨士骧——引者注）以此事非派员前往未易洞彻，并不足以服（可谓更忠于外人！）众绅之心，现以委周直刺凤鸣赴该县详细查勘矣。"①

　　写这篇报道的记者显然并未尊重事实。事实是，小屯村在中兴总矿枣庄所在地 7 里许。另外，华德中兴煤矿公司虽名为"华德"公司，但是，其定章规定的股份比例为华六德四，一切事权归中国总办，怎么能说成是"德人所办中兴煤矿公司"，并且在括号中特别加上"忠于外人"的字眼儿呢？对这样做的解释只有一个：抹黑华德中兴煤矿公司。

　　张莲芬对《时报》该记者的做法紧接着给予了驳斥，说明了事件的真相。1907 年 8 月 15 日，张莲芬致《时报》馆的文章写道："敬启者，昨阅贵报六月十八日（公历 7 月 27 日）所登实业界山东派员查勘煤矿界限一节，亟为歧异。峄县中兴煤矿，本于光绪六年禀蒙前北洋大臣李（鸿章）奏明试办，后经前东抚李（秉衡）饬停，（光绪）二十四年经莲芬同各老股东商请前内阁侍读张（翼）添筹巨本，复行开办。续议添招新股洋一百六十万元，添购新式机器，自筑运煤铁路，以期推广大办。许由海关前税务司德璀琳帮招德股三四成，于（光绪）二十五年十月会奏，改名华德中兴煤矿公司，派莲芬为总办，声明用人办矿一切事权，均由华总办主持……（光绪）三十年由莲芬拟定先招华股章程，禀蒙升任抚院周（馥）咨奉商部批准照办，曾将所拟章程，分登上海《新闻报》、《中外日报》、天津《官报》、山东《旬报》……想贵馆不能一无所见。今竟目为德人所办之矿，且一则曰忠于外人，再则曰更忠于外人等语，在贵主笔深明各国报律，断不至受人情托，颠倒是非，惟访事之人，难免不轻听人言。刻值（华德中兴煤矿）公司招股、造路之际，若

---

① 汪敬虞编：《中国近代工业史资料》下册，科学出版社 1957 年版，第 1112 页。

不函请贵报更正，殊令公司暗受阻力。"①《时报》馆为澄清事实，对张莲芬的来函全文照登。

这件事情虽然得到解决，华德中兴煤矿公司与崔广澍等人之间的矛盾却不可能就此化解。此时《大清矿务章程》明令缩小矿界，对于华德中兴煤矿公司岂不是雪上加霜、祸不单行！

任何解读，都不如当事者的感受和描述更准确。笔者在此，将时任山东盐运使、华德中兴煤矿公司总办张莲芬强烈要求保留原定矿界的有关文字照录于下：

  窃查各报刊登农工商部议准矿务正副新章一百四十七款，并于光绪三十四年（1908年）二月初宣布实施之说，本司详加阅读，限制之严，稽查之密，俱见创拟者为保利权之苦心，而与目前振兴商务之道，似未可尽施诸实行。夫立法贵能因时商情所宜。体察中国矿学，素鲜专门。近十数年来，附近省会商埠官商绅庶渐知东西各国无不讲求矿务，以致富强，始有奋兴防效之意，有独立创办者，亦有集股试采者，然或因产槽细微，或因质色恶劣，或因经理非人，或因成本不足，大半款付东流，百无一效，反视开矿为畏途，竟指招股为撞骗。自立路矿总局，旋设农工商部，详改矿务暂行条款，多方劝奖，力认保护，各商因恃维持有人，群争集款举办，风气始开。当此矿务萌芽之际，正宜从宽大以广招徕。今于出井出口两税之外，又收矿界年租，且勘矿开矿注册，俱需纳费，尚有矿政公费、矿务局费等项，其以矿地做股者，国家与业主均分余利，而亏耗专归矿商承认，并有科罚监禁之条。中国各项商业盈亏悉由自主，从无严（厉）限制及取用各费明条，独于矿业尚未振

---

① 汪敬虞编：《中国近代工业史资料》下册，科学出版社1957年版，第1113页。

兴，遽拟重叠征收，施以强硬办法，恐非朝廷仁育商民讲求公益之本意也。况煤炭虽为燃料佳品，实粗重之物，在矿厂售价至贵不过每吨二两以外，除去工料、杂支、股利，所余甚微。运赴外埠，价虽稍增，加以水陆运费，亦少余利。且开矿与他项贸易不同，所买机器、所办工程、所租地亩、所建局厂，煤尽工停，无论已费资本多少，大半皆成无用，全恃历年余利抵归原本。在国家，既征出口出井两税，余利似应从宽免提。煤层有厚薄，煤槽有宽窄，内多石隔，开凿极难。即使最宽最厚之煤，每矿除留护井护路顶柱各煤，每亩能出净煤若干吨，每吨能获净利若干，不难预算，迥非金银铜各矿可比。若实费数十百万资本，亦仅予九百余亩界限，恐甫得出煤之喜，即抱界满之忧。直隶开平出煤未满三十年，闻井下已逾十里，山东潍县开办不过七八年，井下远至数里，直隶临城、江西萍乡总分厂井口，闻亦多相距甚远，附近各井若干里，亦均禁他人开采。是九百六十亩之矿界不独大矿不敷展布，既中等之矿亦难足用。前商已准办之区，后商再被另开，两界中间尤须多留余地，万不能使两矿太近，隧洞通联，致启无穷争斗祸端也。峄县煤矿自光绪六年（1880年）经前直隶望都县知县戴华藻等禀，蒙前北洋大臣、直隶阁爵督宪李（鸿章）奏准试办，先后集股十余万金，至（光绪）二十一年（1895年）停止，不特股东分厘股利未得，合计尚实亏股本七万余两。本司于（光绪）二十四年（1898年）见曹州教案条约议成，知山东青、莱、济、沂、泰五府矿产几被德人夺尽，深恐兖属峄滕煤矿又为侵占，力商前督办直隶矿务内阁侍读学士张（翼），筹款接办。仍虑德人藉词阻挠，禀商前北洋大臣、直隶阁爵督宪荣（禄），准令前海关税务司德人德璀琳帮招德股四成。商议甫定，接中兴旧矿股东、峄绅金铭、李朝相电告，云屡有德人到旧矿厂左右测量，并暗令华人买地等情，本司立即带同华德矿师到峄勘定矿址，添租地亩，于（光绪）二十五年（1899年）正月初三在三合庄北开工淘井。禀请前北洋大臣、直隶督宪裕（禄），会同前督办直隶矿务内阁侍读学士张（翼），专折奏陈，改名峄县华德中兴煤矿有限公司。声明距公司矿井百里内，他人不得再用机器开煤，十里内不准民人照土法采取，当奉朱批"该衙门知道，钦此。遵转奉饬知"在案。（光绪）二十八年（1902年）三月五日，叠奉路矿总局转准外务部咨，准驻京德穆使照会。因传闻有比利时人赴峄勘矿，严词诘问，意在阻我开煤。旋又照会，云胶州专约所准沂州府至济南府之铁路已改津镇铁路，峄县煤矿系在定立山东矿务公司章程时日之后，则显与约章不符；并云中国国家因德国在津镇铁路一段顾全睦谊，体察情形，和衷办理，中国愿答以感谢之心，应请将前因转知中兴公司，以免后生枝节等语。本司先后具复，云未请比（利时）人赴峄，亦无将矿授予他人之事，并声明原奏中兴公司矿界百里内不得再用机器开煤等情。禀蒙路矿总局咨呈外务部，照复穆使，云山东峄县煤矿前于光绪六七年间奏准设立煤矿局开采，嗣因资本不足，本司与德璀琳议集股本，接办于（光绪）二十五年冬间，复经奏准有案，中兴公司设立时日尚在山东矿务公司定章之前，核与矿务公司章程第十七条所载并无不符，应仍准其办理。相应照复等因亦在案。本司嗣虑将来津镇铁路筑成，德人再藉词别生枝节，即咨明本省农工商务局在峄县边界之山家林，添开分矿一所，以杜后患。旋即咨请转呈农工商部注册绘照及矿界图说，禀请购筑运煤铁路，文内均声明百里十里矿界，历奉照准，是敝公司前百里矿界意在杜绝外人觊觎，实非专为公司年利。此等愚忱，早蒙农工商部暨外务部所洞悉……

伏思敝公司（光绪）二十五年正月起，结至（光绪）三十三年（1907年）底止，共用过股本五十余万两。（光绪）三十三年又新买大小机器，添租矿地二千余亩，增造运船，加做工程，工费银二十余万两，加以订买大钢轨、火车头、煤平各车、大小铁桥，买地买石，约计连筑道铺路、建盖厂房，设立机械厂、各车站等项，已逾二百万……闻新章颁布有日，从前认股者多有观望，公司办事者亦生懈怠。尤为难者，允借一半贷价之德商亦来面问，并云前允息借八十万马克贷价，原见公司奏准有百里矿界利权，预料公司必开数十百年，不但欠款必可归还，尚望公司日增发达，多购机器材料。倘果新政实行，改小矿界，事（失）彼方信而无言。本司思维再四，目前未接准贵局颁行新章后办法，万一届时饬令更改，既虑德使藉此生枝，再事要挟，尤惧数十万德商贷价亦误偿期。与其事败获罪于将来，莫若冒昧直陈于今日。

细绎新章第一款：此章自宣布之日起即当奉行。所有从前颁行矿章一概收回等语，应系指宣布以后办矿不再援引旧章，并非未宣布以前所办各矿旧案一律作废。律语简赅，是在个人引申。忝以第八款，凡现开之矿商，与已经准许矿地之人，若以新章某一款或若干款与其已得权利有损碍之情，准自新章颁行之日起，仅六个月内，将其损害之情形，具禀本省总局，详请督抚转咨农工商部察核定夺等语，相应咨局请转呈农工商部。俯念本司经营九年之基础，保全一隅之苦心，仍照原奏所准百里内他人不得再用机器开煤，十里以内民人不得以土法采取煤斤，以顾商本，而免交涉，大局幸甚，公司幸甚。并准免提余利，以恤商情。其余正副各款，凡他矿所能遵办者，敝自应遵章办理。①

---

① 《咨铁路矿政局公司碍难遵照新章缩小矿界及提余利请转呈文》，中兴公司档案文牍第一册，光绪三十四年正月十六日。

由张莲芬的这些文字，可见 1907 年新颁矿章完全抛弃了 1904 年商部所颁定的暂行矿务章程恤商保商、扶持工矿企业的精神，而且不顾实际情况地命令缩小矿界，违背了煤矿生产的特殊规律，如果强制施行，对刚刚兴起的煤炭工业将是极其沉重的打击。危害是显而易见的。就华德中兴煤矿公司而言，如果矿界缩小到 900 亩，它已经投入到煤矿、机械厂、铁路上的 200 多万元资金还有收回的可能吗？百里矿界既无，德国人便可在华德中兴煤矿公司的矿地之外大开煤矿，大肆掠夺；原来以半价借款购买的德商机器的款项也将无法按期偿还，德商已经开始上门催款。重重重压之下，华德中兴煤矿公司还能生存下去吗？

近现代以来，轻工业在中国有一定程度的发展。而重工业，尤其是煤炭工业，民族资本很难涉足，即使涉足，也败多成少。原因之一是：投资大、见效慢、利润低，使一般投资者望而生畏。收回利权运动中，各省绅商认为中国人能多购一分股票，则利权就多从洋人手中夺回一分，因此不计代价，收回了部分矿权，如陕西福公司、云南隆兴公司、湖北炭山湾煤矿、安徽铜官山铁矿、山东瑞记洋行五矿等等。然而，"收回以后自能开采者如保晋公司者，已稀如凤毛不可多得"。[①] 这主要是因为缺乏经营大煤矿的技术、知识和管理经验，更重要的原因在于列强的压迫。华德中兴煤矿公司的经历就是列强压迫的典型例子。开平煤矿的丢失更是一个反面的典型。1906 年，在收回路矿主权运动中，直隶总督兼北洋通商大臣袁世凯支持周学熙创办滦州官矿，投入巨额资金，给予许多特权，主要目的在于排挤英商的开平煤矿，达到以滦州煤矿收回开平煤矿的目的，最终却被开平煤矿合并过去。江西萍乡煤矿是开平之外另一个开办得较有成效的煤矿，后来因经营管理腐败，为日本

---

① 丁文江：《外资矿业史料》，载《丁文江文集》第三卷，湖南教育出版社 2008 年版，第 109 页。

所控制。列强的经济力量、技术力量，以及在税收等许多方面享有的特权，再加上列强的横行无忌，使民族工矿业实在难以生存。

就以张之洞在 1907 年主持制定的《大清矿务章程》而论，是"广泛参照西方多国矿律，也主要是为了能使西方勉强接受"。[①] 为什么张之洞会主要考虑西方列强的感受呢？是因为"1902 年签订的中英《续议通商行船条约》和次年签订的中美《续议通商行船条约》均做了要求清政府于限期内'迅速认真考究'西方矿务章程，以期'招收外洋资财无碍'的规定"。[②] 既然主旨在此，也就不难理解《大清矿务章程》为什么不考虑中国矿商的艰难处境了——张之洞既想迎合洋商，又想限制洋商，一个华德中兴煤矿公司就不会在他的考虑之列。

张之洞不仅考虑到西方列强能够接受，还充分考虑到了大清税收。清政府于《辛丑条约》签订后被迫推行新政，肯定要增加支出，而新政各部更难免成为各级官吏榨取民脂民膏的渠道。趋利心理加上国库空虚，就使《大清矿务章程》不免有竭泽而渔之嫌。

张莲芬在呈文中坚决表示："除将从前两奉路矿总局转外务部与穆使往来照会及本司禀稿批示另折录请贵局附呈外，理应将敝公司碍难遵新章改小矿界及提余利各缘由备文"[③]，并表示"与其事败获罪于将来，莫若冒昧直陈于今日"。由张莲芬信中的强硬态度，不难感受到他对晚清朝廷的极度失望和愤怒。

虽然由于张莲芬的奋争、斡旋，华德中兴煤矿公司最终保住了原定矿界，但是，由国家和业主提取 1/2 余利之事没有下文。所谓国家、地主提取余利，即新颁矿章第十八款规定：凡各矿所得利益，"除开支一

---

① 李玉：《晚清公司制度建设研究》，人民出版社 2002 年版，第 177 页。

② 李玉：《晚清公司制度建设研究》，人民出版社 2002 年版，第 177 页。

③ 《咨铁路矿政局公司碍难遵照新章缩小矿界及提余利请转呈文》，中兴公司档案文牍第一册，光绪三十四年正月十六日。

切费用外，净存余利，业主（即地面业主，即地面上的土地所有者）应得十成之二五，国家酌提十成之二五，矿商应得十成之五"。时人评论："此项地主权利，为矿业者之根本障碍"。[①] 该矿章还规定：开矿领照，必先得地主之同意。时人评论：此一规定"为迷信者开阻挠之门，奸猾者留敲诈之具，宜商民之裹足不前"。[②] 新颁矿章一反从前令地方官保护矿商的态度，其对地方保守主义的鼓励与矿界划分引起的波澜，令华德中兴煤矿公司顿时陷入地方势力诉讼之门，令台枣铁路征地工作遇到了顽固的阻力。加之邮传部三令五申的破坏，华德中兴煤矿公司陷入前所未有的绝境之中。

九、邮传部上下其手，中兴陷十面埋伏

1908 年旧历二月二十日，邮传部以"峄县系津镇（铁路）正线，应俟津镇正线定后核办。现在津镇改定津浦，该公司拟筑之路应由本部咨商督办大臣，将路线核明有无窒碍，分别办理"[③] 的饬令，堂而皇之地下达到山东巡抚部院，又下达到华德中兴煤矿公司，便掀动了一场风暴的风眼。

本来，台枣铁路是经商部同意招股并两次奉了圣旨批准筑修在案的，怎么突然又冒出须"核明有无窒碍"呢？而这话是清廷新政大部邮传部说的。铁路物料买来了，路基土方工程已在进行中。当地老百姓

---

① 丁文江：《修改矿业条例意见书》，载《丁文江文集》第三卷，湖南教育出版社 2008 年版，第 222 页。

② 丁文江：中国矿业纪要《民矿》，载《丁文江文集》第三卷，湖南教育出版社 2008 年版，第 58 页。

③ 《东抚吴饬将路线详图及股份银数报部文》，中兴公司档案文牍第四册，光绪三十四年二月二十五日。

因为台枣铁路的修筑又多了几项生计：砸石子去，做路工去，运土垫道去，开小吃摊、卖杂货去……台枣铁路工地上，施工队伍浩浩荡荡、热气腾腾，一股杀气却从天而降。本来想入股的，裹足不前了；本来已同意出卖路基土地的，不卖了；本来积极踊跃的，也打起了退堂鼓。这毫不奇怪，因为按照邮传部的饬令，华德中兴煤矿公司的台枣铁路是应该停工候核的。所谓"候核"，也就是等候查核。没有通过查核，怎么能够施工呢？邮传部如果不收回成命，台枣铁路就会胎死腹中。台枣铁路胎死腹中，华德中兴煤矿公司的大量投资将无法收回，面临的前景只有一个：破产。

自1899年华德中兴煤矿公司成立以来10年的艰辛努力将毁于一旦。

自1878年以来承载着几代中兴人的梦想将付诸东流。

当然，华德中兴煤矿公司总办张莲芬不会停下脚步，尽管他的每一步都如此艰难。

光绪三十四年（1908年）二月二十八日，张莲芬在呈报给山东巡抚的禀文中断然声明："邮传部咨复内开，除合同存案备查外，相应咨复查照等各在案，并未奉有峄县系津镇（铁路）正线，应俟津镇正约定后核办之文，亦未饬令给具图说及造股份银数、股东姓名清册。"[①] 张莲芬申明，邮传部既然有要求，他将立即令人绘具详细图说呈送邮传部。至于股东名册等，张莲芬解释，必须全路施工完成，详细据实造册后才能呈报。原因在于，华德中兴煤矿公司办台枣铁路不是初创，向德商订购的物料也不单是台枣铁路所需，还有枣庄总矿所用；台枣铁路是边招股、边施工，现在用的钱有欠德商的货款，有提用公司的存款，还有暂行息借的商款，无法完整、准确地统计出台枣铁路的股

① 《禀东抚吴铁路材料请免税厘文》，中兴公司档案文牍第四册，光绪三十四年二月二十八日。

份银数和股东名册。张莲芬这份呈文里用了"惟有上紧竭力筹办，断不敢因循自误"一语，委婉地表明了邮传部企图让台枣铁路一切推倒重来，是华德中兴煤矿公司绝对不能接受的"因循自误"的做法，指出了邮传部这一做法的违背常理，也道出了台枣铁路施工工程的紧张程度。

关键在于，台枣铁路是否于津浦铁路有妨碍。

张莲芬在禀文中做了详细的分析。其一，津镇改津浦，线路不会变化。"从前德工程师草勘津镇路线，系由滕县驿路测勘，经过滕（县）境临城驿沟营，至峄（县）境韩庄镇，过运河往徐州府城，现改津镇为津浦，似更应当从韩庄至江苏徐州府，安徽宿州、凤阳以达浦口。韩庄虽系峄境，与台儿庄峄县城东西相隔八十里，中兴总矿至滕境临城驿亦隔六十余里，彼此相距甚远，断无窒碍处。"① 在这段分析中，张莲芬提出了三个根据。第一，根据从前德国人勘定的津镇铁路线草图。张莲芬多年与外商打交道，深知德国人做具体事情是极为认真的，他们又讲究科学方法，所以，相信德国工程师在 1904 年草勘的津镇铁路线是准确的。第二，根据鲁南、苏北的地理情况。徐州—韩庄—临城—滕县这条路是南北古驿道，从春秋战国时代起，就是中国的南北通衢。这条路不可替代的原因有三点。第一，它的东边是绵延的丘陵山脉，不容易开路；第二，它的西面是微山湖，更不宜开旱路；第三，这条路基本上为正南正北，是一条直路、捷径，没必要另外开路。直到今天，无论是津浦铁路还是京沪高铁、京沪高速公路，依然是必须走这条线路。其二，津镇改津浦，原来不经过安徽，现在须经过安徽。安徽的方位较之江苏偏西，因此，津浦路按理须西移。但是在鲁南、苏北这一带，西移必须

---

① 《禀东抚吴铁路材料请免税厘文》，中兴公司档案文牍第四册，光绪三十四年二月二十八日。

跨微山湖，所以不可能西移。既然不能西移，津浦路经过鲁南、苏北，势必仍循原来的线路，即必须经过滕州、临城、韩庄南下。其三，津浦铁路运行之后的效益，应是邮传部优先考虑的问题。既然华德中兴煤矿公司总矿枣庄距津浦铁路的直线距离为30公里，对津浦铁路无丝毫窒碍，那么，邮传部阻止台枣铁路的修筑，是否出于希望华德中兴煤矿公司接筑从总矿枣庄至津浦路的铁路支线，以便将来供给津铺铁路的自身用煤和货车转运呢？基于此，张莲芬提出："公司尚拟候津浦正线勘定，禀请由总矿接筑至滕境临城驿与津浦干路联络一气，俾使津浦干路运用公司煤焦，以期两有裨益。"①张莲芬说理之充分、谋划之周到，无可挑剔，无可辩驳。

在这份呈文的最后，张莲芬写道："前买钢轨车辆等件，已由德国分三批装运来华。头批货三月初可抵镇江，二、三两批三四月内均可到镇（江）。续订铁路桥等项六七月亦必运到。时期迫促，土石各夫亦早齐集，开办更难停待，致多亏损。"②于是，他请求山东巡抚转请邮传部："恩准将中兴公司前后购买运煤铁路各项材料，援照各省商办铁路准免税成案，咨商税务大臣、农工商部，会同奏请免税，并恳税务大臣、邮传部迅饬镇江海关，遇有中兴公司铁路材料抵关报验，援案发给免税护照放行。"③

张莲芬提出这种要求，是撞到了枪口上。

1907年4月，农工商部和邮传部的确曾制定一项政策，对各省的

① 《禀东抚吴铁路材料请免税厘文》，中兴公司档案文牍第四册，光绪三十四年二月二十八日。
② 《禀东抚吴铁路材料请免税厘文》，中兴公司档案文牍第四册，光绪三十四年二月二十八日。
③ 《禀东抚吴铁路材料请免税厘文》，中兴公司档案文牍第四册，光绪三十四年二月二十八日。

商办铁路与官办铁路一视同仁，铁路物料免税进入内地。但此一时彼一时，清政府已改变主意，欲将各省的商办铁路收归国有。由国家借款筑路，这话清政府当时没有明说，却已经在做了。邮传部先拿沪杭甬铁路开刀，就是杀鸡给猴看：看到了吧？你们各省都看到了吧？沪杭甬铁路不是由江浙绅商将要修筑完毕吗？不是已有部分路段通车了吗？可我邮传部偏要再续 1898 年与英国签订的借款筑修沪杭甬铁路合同，偏要由政府向英国借款修筑这条铁路。这就是你们商办铁路都要走的路。沪杭甬铁路拒绝借款，开展护路运动，引发了全国收回路矿主权运动的第二个高潮。这第二个高潮不仅仅针对外国列强的侵略，而且矛头直指朝秦暮楚的清政府。当时的《时报》曾登载文章，认为沪杭甬铁路之所以被当作邮传部的靶子，就因为它办得好，因而"深招政府之忌，痛心疾首，必欲破坏之而后快"。① 试想，在清廷与主张收回路矿之权的绅商之间剑拔弩张的关口，邮传部还不早就对那个商办铁路物料免税政策悔死了？所以说，张莲芬这是撞到了枪口上。

当然，就清末实行铁路国有政策而言，也是向西方学习的结果，维护中央统一权威的出发点也不能算错。但是，就此而否定先前提倡的商办铁路政策，并且拿办得好的商办铁路开刀，则不仅破坏了政策的连续性，其做法的出发点也令人不能不打个问号。

华德中兴煤矿公司的台枣铁路与沪杭甬铁路的情况还不一样。沪杭甬铁路是干路，台枣铁路不过是华德中兴煤矿公司的运煤铁路。即使按邮传部当时的政策，除干线国有外，支线铁路仍准华商自办，何况一条运煤铁路呢？

署理山东巡抚吴廷斌完全同意张莲芬的观点，于是上书邮传部，对

① 《论勒借路之影响》，《时报》，1907 年 11 月 2 日；转引自《近代史研究》1993 年第 3 期，第 94 页。

免征材料税一笔带过，重点说的是能否准予筑路。巡抚吴大人是这样写的：“前来查该公司拟筑运煤铁路果与津浦铁路线并无关涉，自应准其开办，以兴公利。”[1] 邮传部的答复很有意思：“惟查津浦（铁路借款）合同指明以峄县为中心点，前经抄案咨商吕（海寰）大臣，去后嗣准复称津浦路线现正派员往勘，一俟勘定后再将该矿厂请筑运煤铁路有无窒碍并如何办法详细咨复”。[2] 邮传部把责任推到了督办津浦铁路大臣吕海寰身上。这是 1908 年旧历四月。

事情就出在邮传部所称“惟查津浦（铁路借款）合同指明以峄县为中心点”上。由于张莲芬的驳斥和山东巡抚吴廷斌对张莲芬观点的支持，邮传部尚书陈璧实在无以回答，又不能不答，就把《津浦铁路借款合同》中这方面的相关内容抛了出来。由前文我们知道，德国曾在津镇铁路借款草合同签订后的 1904 年详细测量过津镇铁路线，他们最清楚峄县的韩庄是该铁路的中心点。而韩庄虽然隶属峄县，却距离峄县城东西直线距离 40 公里之遥。津浦铁路借款正约谈判，是在张之洞、袁世凯、外务部、邮传部与英国汇丰银行、德国德华银行之间进行的，对这条线路的情况最清楚的莫过于一直觊觎枣庄煤田的德华银行。

以德国人的强势，他们又是以韩庄为分界点的北段津浦铁路的承筑者，对这段线路的发言权无疑是最大的。明明距津浦路的直线距离有40 公里之遥，却偏偏把峄县说成是中心点。这如果不是邮传部的杜撰，就只能是德华银行混淆概念、以肆其行的“杰作”。德华银行的如意算盘，就是为台枣铁路埋下一颗定时炸弹。把韩庄说成峄县错吗？好像也不错。可邮传部呢，它就这么好耍？陈璧身为邮传部尚书，就弄不清也

---

[1] 《署山东抚宪吴为行知事准邮传部咨俟详查与津浦路无碍再行咨复文》，中兴公司档案文牍第四册，光绪三十四年四月初九。

[2] 《署山东抚宪吴为行知事准邮传部咨俟详查与津浦路无碍再行咨复文》，中兴公司档案文牍第四册，光绪三十四年四月初九。

不去弄清韩庄与峄县的关系、距离，接下来就信口雌黄、乱下饬令？俗话说：真糊涂不怕，就怕装糊涂。陈璧正是揣着明白装糊涂。

所谓津浦铁路以峄县为中心点，这个偷换过来的假概念，就成为陈璧扼杀台枣铁路的依据，引发了台枣铁路大风暴。

距离枣庄总矿不过几华里的齐村崔家也是世代经营煤窑继而购置田产发家，成为峄县八大家之首。崔家出了个翰林崔广沅。1898 年，张莲芬赴枣庄筹办中兴煤矿公司，"峄绅王曰智、梁振铎、梁步闾、田楹、崔锡基等，亦各面言：如果此矿扩充开办保我利益，伊等皆愿助股"。①其中的崔锡基，就是崔广沅的父亲。此后因庚子事变，当地士绅多未入股，崔家也没有入股。华德中兴煤矿公司获朝廷批准专利矿界，5 公里内不准再有以土法开矿者，实在是出于井下安全的考虑。而这一规定，就与没有入股华德中兴煤矿公司的崔家的利益发生了冲突。1907年，崔广沅的兄弟崔广澍欲在枣庄以西小屯村附近开矿，被山东巡抚杨士骧制止，也使崔家与华德中兴煤矿公司的矛盾暗流涌动。修筑台枣铁路，从枣庄至峄县段的 12.5 公里必须经过崔家和梁家的土地。梁家也是峄县八大家之一，与崔家有姻亲关系。征地过程中，崔、梁两家开始都同意出卖铁路用地：梁家已拿到征地款；崔家同意征用，只是还想讨价还价。

办矿本来是为了维护利权、抵御外侮、富民强国，秉持这一理念的张莲芬十分注意照顾当地百姓的利益。在为反对缩小矿界事给山东巡抚的禀文中，张莲芬有一段有关这方面的陈述："至敝公司在峄（县）开办九年，用地亩则给租钱，租煤场、买物料则按时值付价，从无被控强勒拖欠之案，井上下招募煤夫、工匠、杂役多至三四千人，无非附近穷

---

① 《禀复直督查勘峄矿筹办情形文并批》，中兴公司档案文牍第一册，光绪二十五年六月。

黎。加以秋、冬、春农隙道干之际雇佣牛马人力车千余辆，日运煤数百吨。如前年邻境水灾，去岁本县亢旱，粮价异昂，贫民全赖此工资、运费得免饥寒。合峄（县）端正绅民无不同声称颂公司有益地方生计，较之从前豪富开矿，忽开忽停，长欠短赊，穷民不能久沾利益者，相去天壤等语，此皆峄人之公论，实非本司之自誉"。[1] 张莲芬在这里陈述的事实听起来理当如此，但是联系华德中兴煤矿公司创办以来的困难境况，能做到实在是很不易的。

就台枣铁路征地而言，华德中兴煤矿公司将土地分成三等，按照时值分别定价；地上青苗由原地主收割；遇有坟墓，公平地付给迁移费，无主坟则由华德中兴煤矿公司置义地迁移。原中兴矿局重要创办人、当地士绅金铭、李朝相，直接参与征地和铁路线路的测量。他们二人"帮同工程师查看沿路地段路线，适经峄城迤南回族墓地，回教中人出而阻拦，不让测量"[2]，金铭、李朝相"竭力解劝始息。伊等旋受峄绅唆使，复约多人，手持刀枪，情势汹汹，思欲拼命于争"。[3] 金铭、李朝相又冒险邀同礼拜寺长教央出多人解劝，重以人情，始允起坟，风潮乃息。[4] 李朝相的曾孙女李冬岩听老辈人讲，也就是在台枣铁路征地过程中，她的曾祖父李朝相购买了大量土地，用自己买的好地去置换台枣铁路占用的回族群众的土地。

华德中兴煤矿公司原计划台枣铁路由总矿所在地枣庄向南，经峄县县城东关折向东南至台儿庄，但是，当地士绅因"紫气东来"，坚决反对。张莲芬尊重风俗，决定绕道南关。这一改道，多筑了 50 米铁桥 1

---

① 《咨铁路矿政局公司碍难遵照新章缩小矿界及提余利请转呈文》，中兴公司档案文牍第一册，光绪三十四年正月十六日。
② 金铭：《致中兴公司函》，载枣庄市政协文史资料第 19 辑《中兴风雨》，第 55 页。
③ 金铭：《致中兴公司函》，载枣庄市政协文史资料第 19 辑《中兴风雨》，第 55 页。
④ 金铭：《致中兴公司函》，载枣庄市政协文史资料第 19 辑《中兴风雨》，第 55 页。

座、10 米铁桥 2 座，大弯道 1 段，使台枣铁路的造价提高了 10 多万两银子。

华德中兴煤矿公司征地中的这些事实足以说明，张莲芬始终秉持为民谋利的办矿宗旨，从来不以官势压人。正因如此，华德中兴煤矿公司老股东金铭、李朝相才不惜冒险涉难，为台枣铁路的修筑牺牲个人、家庭的利益。然而，邮传部 1908 年旧历二月的那道饬令，带着腾腾杀气扑向华德中兴煤矿公司。正向华德中兴煤矿公司讨价还价的崔家不卖地了。翰林崔广沅不但自家的土地不卖了，还鼓动与其有姻亲关系的梁家收回已经出卖给华德中兴煤矿公司的铁路用地。在这种情况下，张莲芬不理会邮传部饬令候核那个茬儿，果断决定，台枣铁路暂不从枣庄总矿筑修，先从距枣庄 12.5 公里的峄县县城向台儿庄筑修。

华德中兴煤矿公司步步退让。崔广沅却恼羞成怒，一纸诉状把华德中兴煤矿公司告到了邮传部。

邮传部本来已理屈词穷，不得已抛出了老底：津浦铁路借款正约"以峄县为中心点"。这是连傻子都骗不了的胡扯淡。可现在拿到了当地绅士崔广沅的告状信，邮传部立刻来了精神，于 1908 年旧历四月三十日，向山东巡抚部院发出密电。电称："据峄县绅士崔广沅等电，禀华德中兴煤矿公司建筑运煤铁路种种苛虐等语，速派妥员密查。"① 这时候，吴廷斌不知何故已经去职，换上袁树勋署理山东巡抚。这位袁树勋也是清末一位新派人物。袁树勋接到邮传部的饬令后，赶紧翻阅前任吴廷斌留存的档案，发现崔广沅已数次向吴廷斌状告华德中兴煤矿公司，而且言语离奇。这次所告是什么内容呢？邮传部的电文如下：

---

① 《东抚袁准邮传部据峄绅崔广沅等禀建筑运路种种苛虐文》，中兴公司档案文牍第四册，光绪三十四年五月二十三日。

济南袁中丞鉴辰密：顷据峄县绅士崔广沅、王宝田公电，称华德中兴煤矿公司总办、山东运司张莲芬在彼开筑由枣庄至台儿庄运煤铁路九十里，借德款、制德旗、包外工、掘民墓、割民麦、霸民田，未经批准，擅竟开工，人民惶骇。土地国政托命外工，种种苛虐……查中兴公司拟筑运煤铁路虽经筹咨，请予立案，本部以峄县为津浦线中心点，应俟吕（海寰）大臣勘定路线，咨复到部，再行酌核办理……兹据前情，虚实均应辙查。希速派妥员详细密查，电复本部。①

邮传部上下其手，满嘴谎言，煽风点火，唯恐天下不乱。

署理山东巡抚袁树勋接电后，一面派员前往枣庄调查华德中兴煤矿公司，一面复电邮传部。邮传部接到袁树勋的复电后，态度更加强硬，饬令华德中兴煤矿公司，台枣铁路"俟津浦路勘定再行核办，毋再违延"。② 其实，就是命令台枣铁路必须立即停止施工。

本来就已经人心惶惶，现在更是黑云压城。一时间，德商催要货款，股东要求退股，员工疑窦重重，从京城至枣庄，舆情哗然，华德中兴煤矿公司陷入十面埋伏。

十、台枣铁路大风暴：张莲芬使出太极功夫

邮传部一再饬令台枣铁路"候核"，张莲芬却一次次在回复山东巡抚的禀文中请求转咨商部和邮传部，对到达镇江的铁路物料免税。张莲芬是真不明白邮传部不会给予免税，还是真不知道邮传部实际上在命令

---

① 《邮传部来电》，中兴公司档案文牍第四册，光绪三十四年四月三十日。
② 《禀东抚运路无碍津浦正线并呈东省详图、公司现筑路路图各份并原案清折文附批》，中兴公司档案文牍第四册，光绪三十四年五月二十七日。

台枣铁路停工？对"候核"的意思，张莲芬不会不清楚。正因为太清楚了，所以，张莲芬才一次次要求体恤商艰，体会其维护利权之苦心、办矿之不易，援案给予台枣铁路的物料免税待遇。张莲芬其实是在用事实和自己拥有的道德优势争取同情，抵制邮传部的无理，为台枣铁路施工争取时间。面对雷霆万钧的压力而保持镇静，这需要多么强大的内力！

张莲芬的坚守和智慧，先后征服了两位署理山东巡抚。前任署理山东巡抚吴廷斌为台枣铁路向邮传部说了话："前来查该公司拟筑运煤铁路果与津浦铁路线并无关涉，自应准其开办，以兴公利。"①吴廷斌的争辩，逼得邮传部不得不亮出所谓"津浦合同指明以峄县为中心点"②的底牌。吴廷斌很快调离山东，又调来一位袁树勋袁巡抚。这位袁巡抚上任后即调阅案卷，发现崔广沅状告华德中兴煤矿公司的信函已有一大摞，言语离奇。在 1908 年旧历四月三十日接邮传部电文要求派员秘密调查华德中兴煤矿公司"苛虐民众"事之前的四月二十一日，袁树勋向张莲芬透露了一个消息：督办津浦铁路大臣吕海寰"巧电内开，津浦铁路南段路线现已查照奏案，派总办罗道暨总工程司德纪带同测绘人员自浦口启程前往踏勘，经过皖属之滁州、定远、凤阳、灵璧、宿州多处，再入徐州府属之萧县铜山，至山东峄县韩庄止。请饬沿途经过地方文武官弁认真妥为保护"。③这个消息太重要了，因为既然津浦铁路南段至韩庄，"北段亦必从韩庄仍循（光绪）三十年（1904 年）德国工程司勘

---

① 《东抚吴为行知事准邮传部咨俟查于津浦路无碍再行咨复文》，中兴公司档案文牍第四册，光绪三十四年四月初七日。

② 《东抚吴为行知事准邮传部咨俟查于津浦路无碍再行咨复文》，中兴公司档案文牍第四册，光绪三十四年四月初七日。

③ 《禀东抚运路无碍津浦正线并呈东省详图、公司现筑运路图呈请分送并原案清折文》，中兴公司档案文牍第四册，光绪三十四年五月二十七日。

测之线路，北经滕县之沙沟营临城驿官桥滕县城邹县兖州府……断无改由韩庄折向正东几十里至台（儿）庄及峄县城、复折向西至滕境临城官桥一带多筑百余里山路之理"。① 这说明，张莲芬原来的分析、判断是正确的，所谓"以峄县为津浦铁路中心点"是根本不可能的。既然峄县县城不是津浦路的中心点，台枣铁路距津浦路韩庄站的直线距离40公里，对津浦路毫无妨碍，邮传部当然就应该收回成命，同意修筑台枣铁路。问题不就没有了吗？张莲芬心里有了底儿。

正在这时候，署理山东巡抚袁树勋奉邮传部之命派到枣庄调查华德中兴煤矿公司被告发事实的人员回来了。他也姓袁，名大启，是一名县令级的官员。袁大启调查之后，觉得华德中兴煤矿公司实在很冤枉。所谓借德款，即张莲芬向德商礼和、瑞记洋行订购钢轨所订合同，先付半价，余款5年内清偿，按年计息，以原货抵押，商借商还。这是前山东巡抚杨士骧和前直隶总督兼北洋通商大臣袁世凯向朝廷奏报，奉了圣旨批准的。所谓制德旗，当地百姓从未见华德中兴煤矿公司各总、分矿厂有悬挂德国旗的，只见到台枣铁路施工过程中，每遇路工转弯处便立标杆为记号，标杆上系红、白两色布条各一小方，便于施工人员从远处瞭望，哪里有什么德旗？所谓包外工，也是子虚乌有。台枣铁路施工采用分段包工，包工头聘自济南、济宁等处，一般小工全部用本地人，根本没有外国人的踪迹。所谓掘民墓，据当地百姓说，凡路工遇有坟墓，百姓自迁者，每座给京钱十千、棺木一具，合葬之墓加倍；对无主之坟，华德中兴煤矿公司自置义地为之迁葬。所谓割民麦，当地百姓说，华德中兴煤矿公司所购之地若立待兴工，公司给麦种费京钱四千，麦苗仍由原地主自割，没有割民麦之事。所谓霸民田，当地百姓说，华德中兴煤

---

① 《禀东抚运路无碍津浦正线并呈东省详图、公司现筑运路图呈请分送并原案清折文》，中兴公司档案文牍第四册，光绪三十四年五月二十七日。

矿公司购地之价，自六十千至二三十千不等，系印委与绅董会议之数，丈量之后立即给价，唯崔姓、梁姓之地尚未买成，何来霸民田之事？至于崔广沅所说台枣铁路未经批准擅自开筑，袁大启觉得那更是冤枉，因为台枣铁路不仅前后两次奉旨开办，而且路工兴办是光绪三十三年（1907年）冬天由前署理山东巡抚吴廷斌派员来峄县设局，并会同峄县地方出示晓谕，怎么说是擅自开筑呢？

署理山东巡抚袁树勋立即把调查情况电告邮传部。原以为邮传部这一次该无话可说，收回成命了，谁知道邮传部又有了新说法。邮传部复电袁树勋说："辰洽电敬悉。峄绅崔广沅电禀各节既据查覆，着无庸议。惟前年中兴公司拟筑运煤铁路奏案内原有俟部复核准之语，此段路线先未经本部核准，现又与官办之津浦干路并行，仍饬令遵照前咨，俟吕（海寰）大臣勘定路线后再行酌办，以免国有铁路利益致被侵害"①，又把1907年杨士骧的奏折中那句话拎了出来。数天之前说什么"惟查津浦合同指明以峄县为中心点"，现在事实俱在，"中心点"一说站不住脚了，又来了什么"与官办之津浦干路并行"，所以仍不能办。说到底一句话，邮传部是铁了心要扼杀台枣路于在建之时。

袁树勋这个人，在晚清是个有争议的人物。他与盛宣怀关系密切，而且入仕前进行过多项投资。有人揭发他"在上海任内贩米出洋，又行三十万金得山东巡抚"②，说明这袁树勋是个很会"做官"的人。邮传部是清廷新设立的新政大部，邮电、交通等最重要的新政实业都在其统辖之下，清廷对它倚重有加。邮传部一再饬令台枣铁路停工候核，看来是醉翁之意不在酒。令台枣铁路候核不过是个幌子，这背后的关系深不可测，袁树勋认为不可再为华德中兴煤矿公司辩护。于是，袁

---

① 《署理山东巡抚袁为札饬事准邮传部电开》粘抄来往电稿，中兴公司档案文牍第四册，光绪三十四年五月二十三日。

② 汪敬虞编：《中国近代工业史资料》第二辑下册，科学出版社1957年版，第946页。

树勋决定迎合邮传部的意思，命令台枣铁路停工。他于1908年旧历六月三日批示："查中兴煤矿公司运煤铁路既准邮商两部叠次来咨，自应俟津浦路线勘定，再行核办。现接准邮传部来咨，并据峄绅崔广沅等具禀，业已分别批行查照。该公司自来未便执定原勘路线延不停工，致干部诘，并滋物议"。[①] 袁树勋一改原来的态度，把当地士绅上告及造成的种种流言蜚语，都归罪于华德中兴煤矿公司没有执行邮传部"候核"的命令。

袁树勋的批示，是针对张莲芬于1908年旧历五月二十七日呈给他的禀文做出的。张莲芬在禀文中说："惟思津浦路线长二千余里，若俟全路勘定再行咨复核办，为期太久，公司亏耗太巨，情迫难待。"[②] 张莲芬还揣摩着邮传部的意图进行解释说："公司叠次请筑由总矿至台（儿）庄铁路，盖欲由台儿庄用船装运煤焦，分售淮、运两河沿岸之苏属淮、海、杨、镇，皖属凤、颍、滁、泗等处，以期逐渐畅销抵敌洋煤，并无侵夺津浦利益之处，兹备山东全省地图四份，将津浦应过路线、公司现筑路线及拟请续筑接连津浦之线分别颜色详细绘注，又备公司路线详图四份，一并呈请鉴核，分送农工商部、邮传部、督办津浦铁路大臣查阅，即知津浦矿路两线毫无碍窒矣。"[③]

对邮传部所谓"与官办之津浦干路并行"一语，张莲芬认为邮传部在理屈词穷之后打出维护津浦路利益的幌子，是在给自己找下台的台阶，于是向邮传部解释说，华德中兴煤矿公司修台枣铁路是为了巩固沿

[①] 《东抚袁准邮传部咨运路暂难核准仍俟吕大臣复到再行核办文》，中兴公司档案文牍第四册，光绪三十四年六月初三日。

[②] 《禀东抚运路无碍津浦正线并呈东省详图、公司现筑运路图呈请分送并原案清折文》，中兴公司档案文牍第四册，光绪三十四年五月二十七日。

[③] 《禀东抚运路无碍津浦正线并呈东省详图、公司现筑运路图呈请分送并原案清折文》，中兴公司档案文牍第四册，光绪三十四年五月二十七日。

运河的煤炭市场，以抵敌洋煤；公司还要接筑至津浦线的运煤铁路，以便由津浦路向南北转运，增加运输进款。看看山东全省地图和津浦、台枣路线图就知道了，台枣铁路虽与津浦线并行，却绝对不会侵夺津浦线的利益，而只会增加津浦线将来转输煤炭的收入。周到如此，辛苦如此，心苦如此！

解释之后，张莲芬恳请："迅咨督办铁路大臣，俯准按照山东全省地图察核公司现筑路线，如无关碍津浦正线，乞速咨复邮传部早赐核准。并垂念公司召集华股之不易，保守利权之苦心，迅咨税务大臣，援照各省商办铁路材料暂准免税成案，准将公司先后购办铁路应用材料札饬常镇道一律免税，以恤商情，而示大公。"①

张莲芬还想着台枣铁路物料免税的事情。这一方面表明了他本人对台枣铁路前途的信心，另一方面也是对外的宣示——华德中兴煤矿公司在坚持。此时的华德中兴煤矿公司在高压、诽谤的摧残之下，几乎山穷水尽。张莲芬在给袁树勋的禀文中还说："自本年三月，奉邮传部饬，俟津浦正线勘定后核办之文，外间传闻异词，竟有谓部饬停工者。"②"部饬停工"四个字的意思其实就包含在"候核"两字之中，张莲芬不是不明白，只是不愿意明白。如果明白了怎么办？停工？所以，他宁可糊涂。而现在，他不得不正视了，因为由于谣言四起，"使前认各股观望不交，借定之款迟疑不付，现立须应付礼和、瑞记两行尾批货价及续购铣铰、洋灰、车头、转盘、大磅秤、修造机器，各价共约现金三十余万马克，合银十四五万两；加以由镇江至台儿庄运费，及应发石料、土方、员司、匠役薪工各项，统计需银四十万两以外，若不早蒙核

---

① 《禀东抚运路无碍津浦正线并呈东省详图、公司现筑运路图呈请分送并原案清折文》，中兴公司档案文牍第四册，光绪三十四年五月二十七日。
② 《禀东抚运路无碍津浦正线并呈东省详图、公司现筑运路图呈请分送并原案清折文》，中兴公司档案文牍第四册，光绪三十四年五月二十七日。

准，使众周知，则股本难以收集，号庄不愿通融，付款无出，倾危立见。尤恐货价逾期，别生交涉"。[①]

张莲芬绝对想不到，袁树勋在批示中把所有流言蜚语的起因归罪于华德中兴煤矿公司没有停工候核，因此，就连张莲芬呈上的关涉台枣路与津浦路关系的路线图也拒绝送达，说什么"此次仅据该公司绘呈山东全省暨公司路线各图，并未声明停工日期，殊属不合"。[②] 要求查明公司是否停工，然后补报。这是 1908 年旧历六月三日。

真是怕什么、什么来。

自 1908 年旧历二月到六月，几个月来，张莲芬顶着巨大压力，以事实驳斥谎言，以内力化解罡煞，以忍耐坚守台枣铁路，现在真到山穷水尽了吗？没有。张莲芬的坚守感动了一个人，即督办津浦铁路大臣吕海寰。

吕海寰，字镜如，山东掖县人，1897 年由李鸿章举荐出使德国兼管荷兰，1901 年回国。当时，正是德国在中国以武力占领胶州湾后，不断扩张势力范围，巧取豪夺山东路矿权益之时。吕海寰不惧艰难、危险，不断向德国政府进行解释、交涉与辩解，曾成功地促使德国政府撤换挑拨生事的驻中国公使海靖，并力促德国从山东撤兵。这段经历使吕海寰有了"德国背景"。1907 年年底，袁世凯升任军机大臣，吕海寰接替了袁世凯的督办津浦铁路大臣职务。一方面是慈禧想架空袁世凯；另一方面，大概也考虑到津浦铁路北段由德国承修，而吕海寰有同德国人打交道的经验，办事又极为认真的缘故。由于接任督办津浦铁路大臣的时间很短，所以，吕海寰对情况不很熟悉。陈璧恰恰利用这一点大做

---

① 《禀东抚运路无碍津浦正线并呈东省详图、公司现筑运路图呈请分送并原案清折文》，中兴公司档案文牍第四册，光绪三十四年五月二十七日。

② 《东抚袁准邮传部咨运路暂难核准仍俟吕大臣复到再行核办文》，中兴公司档案文牍第四册，光绪三十四年六月初三日。

文章，阻挠华德中兴煤矿公司修筑台枣铁路，并把这一责任推到吕海寰身上，反复说什么要"咨明吕大臣""待吕大臣将津浦正线勘明"等等，冠冕堂皇。似乎对吕海寰很尊重，实则既破坏台枣铁路，也给吕海寰设下了陷阱。做事认真的吕海寰必然会重勘津浦铁路路线，但是，当于1908年4月开始勘测津浦铁路南线时，便在给署理山东巡抚袁树勋的札函中间指明了津浦铁路的走向和所经之地，与张莲芬的分析完全一致。这无疑是对张莲芬巨大的鼓舞，也间接批驳了所谓津浦路"以峄县为中心点"的奇谈怪论。按照常理，邮传部当时就应该收回令台枣铁路候核的饬令，可邮传部偏偏又以台枣路与津浦路并行，因而侵夺津浦路的利益为借口，强调必须待吕海寰勘定津浦全线才能"核办"台枣铁路。台枣路多次经清廷立案批准，都在津浦路借款合同签订之前，天下哪有这样罔顾事实也不讲先后顺序的事情？就在署理山东巡抚袁树勋命令台枣铁路停工的第二天，1908年旧历六月四日，邮传部路政司来电了。路政司的电文透露说，督办津浦铁路大臣吕海寰因"北段开工期迫，已派总工程司带同测绘人员先尽由天津至济南详细勘踏，以期早日兴筑中兴煤矿公司所筑之路"。吕海寰旗帜鲜明！邮传部路政司要求华德中兴煤矿公司"仍遵前文，静候办理可也"。[①] 口气和缓了很多。

袁树勋收到这份电文，立即感觉到事情大有转机，于是又一改前非，根据张莲芬的要求，将张莲芬五月二十七日那份禀文咨送吕海寰，以便吕海寰根据华德中兴煤矿公司所绘制的山东地形图、津浦路线图、台枣铁路图缩短勘路时间。吕海寰接到后，立即电谕张莲芬，请张莲芬派员赴天津开会。张莲芬收到电文，将山东盐运司的大印交给袁树勋，挂印请假赴津，大有破釜沉舟、背水一战之势。而这个时候，虽然台枣

---

① 《东抚袁饬准邮传部咨运路暂难核准仍俟吕大臣复到再行核办文》，中兴公司档案文牍第四册，光绪三十四年六月初四日。

铁路已经停工，可是，从峄城至台儿庄的 32.5 公里铁路路基已挑垫完毕。张莲芬以忍耐、智慧、勇气，为台枣铁路工程赢得了宝贵的时间。

十一、台枣铁路大风暴：尘埃落定

督办津浦铁路大臣吕海寰接到袁树勋转呈的张莲芬的禀文和备具的山东地图、津浦路线图、台枣运煤铁路图之后，立即请张莲芬到天津参会。张莲芬于 1908 年旧历七月到达天津。吕海寰当即派津浦铁路北段总办、道员李德顺及总工程师，共同"考阅津浦北段线图"。张莲芬查阅全图，发现眼前的线路图所绘果然就是 1904 年德占胶济铁路总办锡乐巴派人勘测的路线。让他倍感惊讶的是，该图的津浦线上，由峄县境内的韩庄"绘有支路一线，经峄县城西至公司矿厂，其线自峄县城西起，与公司现垫土道相并"！这是不是就是邮传部所说的"峄县为津浦正线中心点"？这是不是就是邮传部后来所说的台枣铁路与津浦正线相并行？只能是它。只能是这条韩枣支线！这条韩枣支线从津浦铁路南、北段分界的韩庄向东 40 公里至峄县县城，再由峄县县城折向北 12.5 公里至华德中兴煤矿公司的枣庄总矿，总长度约 52.5 公里。

可以想象张莲芬当时的愤怒。

直到现在，邮传部手里握着的津浦铁路图（北段）仍然是德国人在 1904 年勘测、绘制的路线图，邮传部凭什么一次次要求台枣铁路停工候核呢？凭借陈璧丰富的想象力？

韩枣支线的线路图也是德国人于 1904 年绘就，津浦铁路借款正约内并没有这条线路，邮传部凭什么以这条并不存在的线路一再打击、破坏华德中兴煤矿公司？

峄县县城的确是所谓韩枣支线铁路的中心点，但是，韩枣支线铁路怎么能等同于津浦干路？

如果津浦干路需要这么一条通向华德中兴煤矿公司枣庄总矿的支线铁路，以便运输、使用枣庄的煤炭，可以明明白白地告诉华德中兴煤矿公司。为什么偏偏以所谓津浦干路利益为借口，几个月来强令台枣铁路停工呢？

津浦路既然需要华德中兴煤矿公司，如果中兴公司被压垮，这条所谓韩枣支线铁路还要它有什么用呢？

即使以津浦干路将来用煤、运煤计，张莲芬不是不止一次提出要修筑一条由枣庄总矿至津浦路临城站的铁路，由华德中兴煤矿公司出资自筑吗？为什么邮传部不予回应，却加大对中兴公司的打击力度，催逼台枣铁路停工？

新政大部邮传部代表着晚清中央政府，代表中央政府的邮传部如此行事，良心何在？

当时在场的人，代表津浦铁路北段的是总办李德顺和一名德国工程师，华德中兴煤矿公司方面，除了张莲芬，还有与他一同来天津的公司股东代表、山东商务局道员朱钟琪。津浦铁路北段总办李德顺在1907年之前是山东矿政调查局的属员，曾随同朱钟琪处理过德商瑞记洋行在山东勘办5处矿产的问题。除了德国工程师，大家彼此相熟。

张莲芬当时看到津浦铁路北段线路图，想到的第一件事就是德国人于1904年在津浦铁路线路图上画上这条韩枣支路的意图。当时，德国驻华公使不是立逼着不准华德中兴煤矿公司使用机器生产吗？不是一次次照会清政府要求在枣庄煤田办德国人的煤矿吗？这条韩枣支线铁路当然是德国人企图为自己修造的一条铁路。德国在1904年欲为自己掠夺枣庄煤炭修筑的铁路，怎么就会在4年之后的1908年，原封不动地被邮传部照搬过来，成为扼杀台枣铁路和华德中兴煤矿公司秘而不宣的武器呢？在津浦铁路借款正合同签署之后，德国方面仍未放弃对津浦路山东段两侧15公里矿产的开采权，也就是说，仍未放弃夺取枣庄煤田。

而袁世凯在津浦铁路借款正约的谈判中，也未能坚持收回山东段的矿权。邮传部对华德中兴煤矿公司一系列做法的目的也就昭然若揭了：邮传部在为德国人做事。正是德国人在幕后挑起了这场台枣铁路大风暴。

德国的礼和、瑞记洋行表面上以公平的条件成为华德中兴煤矿公司的供货方，以他们为大股东的山东铁路公司暨胶济铁路、德华银行等却策划了另一篇文章，早已为台枣铁路设下了埋伏。

张莲芬压住满腔怒气，对李德顺说："津镇（铁路）前勘此项支路达矿，实与胶济铁路添设淄博支路同一用意，盖目的所在，路人皆知矣！"

胶济铁路的淄博支路，正是德国人为掠夺淄川、博山的煤炭而修。

李德顺无言以对。

张莲芬又说："中兴公司先经奏明由矿厂筑路至台（儿）庄，则矿至韩庄支路似可不修。"

张莲芬强调了台枣铁路"先经奏明"。台枣铁路第一次奏明开办是在1899年11月，比津浦铁路签订借款正合同早8年；第二次奏明开办是在1906年旧历十二月，比签订津浦铁路借款正合同早1年。而邮传部却以津浦路线未勘定而不准修筑台枣路，这在道理上是说不过去的。但津浦路是国有干路，国有为大，一条民办的台枣铁路怎敢与之抗衡？韩枣支线就不一样了，这条支线还从来没有公之于世呢！津浦借款条约中根本不包括这条所谓的韩枣路，邮传部竟以这条铁路压制两次报请清廷批准开办的台枣路，凭什么？所以，张莲芬才不客气地对李德顺说：韩枣支路似可不修。

说出"韩枣支路似可不修"，张莲芬郁积心中数月的怒气才算吐出了一小口。

张莲芬接着说："若为津浦干路用煤运煤计划，应由（华德中兴煤矿）公司山家林分矿筑至滕（县）境临城驿与津浦干路相连，不过三十里，再由山家林接筑至公司总矿，统共不过六十里内外。闻津浦所借德款正苦不敷，倘此六十余里能准公司一手接筑，不独煤矿与运路连成一气，亦可永杜外人垂涎峄（县）矿之心。而于津浦干路，不费钱即获用煤运煤之益，询属有利。"

接下来，张莲芬进一步论证了从韩庄筑造韩枣支路的坏处：一是距离远。韩庄至峄县县城是 40 公里，峄县县城至枣庄总矿是 12.5 公里，合起来 50 多公里，比之从枣庄总矿接筑至临城的 30 公里铁路多出了约一倍。二是给使用枣庄煤炭的商民制造麻烦。从津浦铁路南段过来的商民倒没什么麻烦，但是韩庄以北的商民，由滕县、兖州、济南过来的，得从临城向南，多走几十里路到韩庄，然后从韩庄折回，向东北方向再多走 50 多公里才到枣庄，合起来多走了 70 多公里。这得多费多少时间、多少金钱呀！再者，华德中兴煤矿公司的传统客户在沿运河的淮安、高邮、界首、扬州、镇江，若修成台枣铁路，那些客户就能更方便，并且能以更低的成本使用中兴的煤炭。若是放弃修筑台枣铁路而修筑韩枣铁路，沿运河的客户若用中兴的煤炭，就必须沿水路到台儿庄，再从台儿庄撑船到达韩庄的中兴煤炭销售厂。从台儿庄至韩庄的这段运河长 40 公里，有 8 道闸门，俗称"八闸三湾"之阻，又有大泛口之浅，盛夏过后，伏秋流急，船行危险，春冬水浅，船只难以通过，往来船只无不视这段运河为畏途。在这种情况下，沿运河 400 多公里的华德中兴煤矿公司老客户必因中兴之煤运输艰难、费用又高，而仍然购用洋煤。是中方自弃市场，还凭什么与洋商争夺利权？华德中兴煤矿公司自峄县县城至台儿庄的运煤铁道路基已挑垫完毕，如果就此放弃，石料、地价、道工及台儿庄煤厂、码头、石岸各项已投资金，合白银 10 余万两，就全部打了水漂儿。舍易就难，舍近求远，于公司有百害无一利，于商民有百害无一利，于津浦铁路也只有害没有利。本来，津浦路是借英、德款项修筑的，为修韩枣支路，还要花费更多外债；并且，原本修 30 公里就能使用、运输枣庄的煤炭，却要修筑 50 多公里韩枣支路。

李德顺哑口无言。

李德顺能说什么呢？身为津浦铁路北段总办，邮传部三令五申要台枣铁路停工候核，他是难辞其咎的。李德顺不了解津浦铁路的走向吗？线路图就在他手中，他最了解。李德顺不了解台枣铁路吗？ 1907 年以前，他任职山东矿政调查局，他会不了解从枣庄至台儿庄这条铁路的走向？既然了解，李德顺对邮传部所作的令台枣铁路停工候核的错误决定为什么一直保持沉默呢？津浦线路图在他手中，邮传部就是从他那里搜求到所谓"中心点"、所谓"并行"等子虚乌有的根据的。李德顺的沉默显然没有道理，他更可能是这场台枣铁路大风暴的操盘手。由此，我们不能不认识认识邮传部尚书陈璧的这位高参究竟是什么样的人。

对李德顺其人，几处史料上记载过他的事。

其一，在山东人民收回利权的斗争中，烟台绅商曾提出修建烟潍铁路。视山东为势力范围的德国哪能允许山东人自己修筑铁路呢？所以，商办烟潍铁路的事情一提出，德国方面就乘机要求合办，被当地绅商拒绝。德国不甘心，于 1909 年春，暗招德股四百万，勾结身为津浦铁路北段总办的李德顺，由李德顺的一个至亲出面，禀请邮传部给予立案，德国欲独占烟潍铁路的修筑权。

烟潍铁路和台枣铁路的情形何其相似：德国先是插手合办，合办被拒，就通过代理人妄图独占。烟潍铁路的德国代理人显然就是李德顺和邮传部。李德顺是代理人毫无疑问，为什么扯上邮传部呢？因为根据《铁路简明章程》，邮传部是负责审核批准的。既要审核，首先就要审核申办人的资格。一条烟潍铁路投资额巨大，稍加考查就能查出李德顺的那位至亲有没有能力和资格申办那么一条铁路。邮传部居然给予立案，不是德商代理，又是什么？

烟潍铁路如此，台枣铁路更为典型。李德顺和邮传部能为烟潍铁路做德商代理人，自然就能在台枣铁路上做德商代理人。看看邮传部那一系列的丑恶行径，不是德商代理人，怎么可能对华德中兴煤矿公司和台枣铁路下那样的狠手！如果华德中兴煤矿公司总办张莲芬稍微软弱一点，台枣铁路胎死腹中早成定局，而华德中兴煤矿公司也必将在经济的拖累和舆论的围困之中土崩瓦解，德商便可乘虚而入。这就是李德顺等人的险恶居心。

其二，李德顺在1908年3月担任津浦铁路北段总办后，曾利用权力，从德华银行支出津浦铁路借款100万元，在天津针市街开设谦顺银号，名为方便华商和津浦铁路局华员，实则利用银行利益和高利贷手段，中饱私囊。

这样一个李德顺能不对德国人感恩戴德？

其三，李德顺派其亲信和女婿主持津浦路北段购地局，在购地中对乡民极力压价。津浦铁路北段全线测定后，李德顺即会同德籍总工程师，确定在天津赵家场设立总站。之后，李德顺便指使其女婿寻找代理人，先行把赵家场一带方圆数顷的民地以极便宜的价格购进，又以高价卖给津浦铁路局，从中赚取暴利，约合白银50万两。但在购地中，有一穆姓回民坚持不出售自家的坟地，也不移葬，遭到威逼后，将情况反映给主办天津《民兴报》的亲戚刘孟扬。刘孟扬联合竹图报社社长、同是回民的丁子良，以赵家场离居民区太近为由，要求津浦铁路局改站，李德顺自然不会买账。刘孟扬和丁子良一面暗中搜集李德顺及其亲信的贪污劣迹，一面向各报馆揭发，激起天津商民的极大愤慨。刘孟扬、丁子良二人又详尽地写好两份状子，投到了清政府总理各国事务衙门和邮传部。李德顺贪赃枉法遂大白于天下，被革职交刑部严办。李德顺娶的是德国妻子。其妻于事发后联系驻天津德国领事馆，请北京的德国公使向清廷交涉。德国驻华公使提出，李德顺已加入德国籍（不知真假），应由德国方面处理。李德顺最终以革职逍遥法外，携带大量赃款逃往德国。

　　娶了德国妻子又似乎入了德国籍的李德顺，怎么可能不为德国做事呢？当时的清政府处处仰洋人的鼻息。庚子事变前后，先后有三位山东巡抚李秉衡、张汝梅、毓贤因德国要求而被撤换，能够搞好与德国关系的袁世凯、杨士骧则先后升任直隶总督兼北洋通商大臣。李德顺最早给德国驻青岛总督当差，后来成为袁世凯的亲信，再后来又成为杨士骧的亲信。杨士骧由山东巡抚升任直隶总督兼北洋通商大臣之后，把李德顺也调往直隶，担任了津浦铁路北段总办。李德顺一路仰仗着会说几句德语平步青云，他成为德国在津浦铁路北段的代理人也就不足为怪了。李德顺如此，陈璧也是善于见风使舵的聪明人，二人勾结联手，搞垮华德中兴煤矿公司简直就是小菜一碟。只是他们没有想到，下了那么大力气，张莲芬的华德中兴煤矿公司居然打不烂、拖不垮、整不倒。

　　感谢吕海寰，是他布了这么一个局，让李德顺不得不面对张莲芬，不得不面对张莲芬摆出的事实，李德顺的西洋镜被彻底戳穿！

　　台枣铁路的事因邮传部尚书陈璧煽风点火，在京城早已沸沸扬扬。当时，正值苏、浙两省掀起的二度收回路矿主权的热潮。听说华德中兴煤矿公司擅修铁路，掣德旗借德款、用外工，苛虐当地民众，津浦铁路所经过的直隶、山东、江苏、安徽4省在京官绅不明真相，痛心疾首。得知华德中兴煤矿公司总办已到天津，他们强烈要求张莲芬赴京回答问题。经请示督办津浦铁路大臣吕海寰同意，于1908年八月初二在北京琉璃厂工艺局集会。张莲芬与同他一起来京的华德中兴煤矿公司股东代表、山东商务局道员朱钟琪一同赴会，一一回答了京官们提的问题，并当场出示接办煤矿、修筑台枣运煤铁路的案卷，及已入各股票的存根。众人这才知道，华德中兴煤矿公司筹办运煤铁路，系屡经禀请奏准。公司虽名为中德合办，但实以抵制德人霸占为宗旨，所以，其中并无德人所投分文，仅有德璀琳在公司创办时所得酬劳股3万元。台枣铁路不仅奉旨开办、购买物料等都在津浦路借款正约签署之前，而且无碍津浦路运营；况且，华德中兴煤矿公司正拟由枣庄总矿向津浦路的临城站接筑运煤支路，以利津浦路营运，并节省津浦路经费……顿时，群疑尽释。当听到张莲芬表示，因公司内并无德股，从前借"华德"名号以抵制德国攘夺，现在已无此需要，愿意到农工商部重新注册，去掉"华德"名号，改为完全华商自办公司，众人报以热烈的掌声。

到此，再无阻挠台枣路修筑的理由。1908年旧历八月二十五日，督办津浦铁路大臣吕海寰在山东峄县华德中兴煤矿有限公司总办、山东盐运使张莲芬的禀文上批示："来牍阅悉，已据情转咨邮传部，请其照案核实、咨复"。

1908年旧历九月十三日，邮传部在张莲芬呈报的禀文上批复："据禀，及章程清折均悉，简明章程应准备核，至所谓由枣庄至台（儿）庄筑造运煤铁路……历经奏明奉准，与津浦干路无妨等因。嗣据禀称，现收华股洋七十余万元，并无洋股。将来陆续收集华股，不招洋股。拟定公司名称消除华德合办字样各节，系为省除胶葛起见，自应遵照奏案，准其筑造。"

京城里的风浪平息了，枣庄当地的风暴却正在酝酿新的高峰。气急败坏的翰林崔广沅以中兴煤矿公司的矿界违背矿务章程，合并此前的台枣铁路诬告状一起，于1908年旧历十一月二十九日告到军机大臣处，并转都察院，称张莲芬身为"监司大员开矿筑路藉势营业，侵夺地方生计"。这时，3岁的宣统已登基。清廷军机处奉上谕："著农工商部、邮传部、吕海寰、袁树勋按照所陈各节会同秉公查明，切实具奏，毋稍循隐。"农工商部、邮传部、督办津浦铁路大臣吕海寰、山东巡抚袁树勋联合调查之后，对于罗织的中兴煤矿公司"罪状"逐项驳回。

就在这份联合调查报告上奏清廷之前，1909年的春节刚过，邮传部尚书陈璧因贪污罪被革职罢官。有人评说，像陈璧那样的大贪官在晚清政府多了去了。陈璧被捉，主要还是受了袁世凯的牵连。其实，陈璧为晚清皇朝掘了一个又一个墓坑，仅仅被革职还乡，又何冤之有呢！

十二、从头品顶戴^①山东盐运使到普通股友

1908 年旧历八月底，仍在京城等待台枣铁路结局的张莲芬上禀山东巡抚袁树勋："惟思运司假期早满，现俟部核，尚需时日。当此盐斤甫经加价，督销催课，均关系重要，未便久旷职守。且峄县煤矿正值仿效大井创筑运路，筹款用人，皆须运司主持，再四思维，实有顾此失彼之虑。惟有仰恳宪恩，俯准奏请开去运司实缺，俾得不时在矿，认真督率。庶期工速费省，早收成效，以副我宪台振兴实业之意"。^②袁树勋在张莲芬请假之时已上奏清廷派员署理山东盐运使，此时接到张莲芬的辞呈，即再次上奏："臣查该运司所陈各节委系实在情形，相应仰恳天恩，俯准该运司张莲芬开缺，专办矿路事宜。谕允所遗山东运司员缺，并请迅赐简放，以重职守，仅恭折具陈，伏乞皇太后、皇上圣鉴训示。"^③光绪三十四年（1908 年）十月二十九日，内阁奉上谕："山东盐运使著丁

---

① 按照清制，盐运使一般为三品，候补道一般为四品。而张莲芬在 1898 年即以二品衔直隶候补道、津榆铁轨公司经理身份赴枣庄筹办矿务，后来升授山东盐运使。中兴煤矿公司的档案中，其印章显示为"头品顶戴"。1898 年，路矿总局成立后即颁布《振兴工艺给赏章程》，1902 年颁布《改定奖励华商公司章程》和《华商办理农工商实业爵赏章程》，1903 年颁布《奖励公司章程》。张莲芬的职衔高于实职，应为兴办实业成效卓著所受奖赏。

② 《袁树勋请求俯准张莲芬开缺并迅饬简放所遗缺文并批》，中兴公司档案文牍第四册，光绪三十四年十月二十九日。

③ 《袁树勋请求俯准张莲芬开缺并迅饬简放所遗缺文并批》，中兴公司档案文牍第四册，光绪三十四年十月二十九日。

达意补授，钦此。"①

因办矿筑路而辞职，此前此后都未见有载于文字史料者，张莲芬可谓晚清第一人。洋务运动中，李鸿章创设官督商办的企业机制，目的就在于以官为督率、以官为扶持、以官为保护，无论当时还是后来，对这一理念都是给予肯定的。这是因为当年的中国风气未开，洋务运动是自上而下、由官方推动的。由此可见，官员在近代企业中的地位和作用。官督商办企业由于官方权力过大、干涉过多、职责不清，容易滋生腐败，在甲午战争后饱受诟病。1903 年商部颁布《公司律》之后，民办企业迅速增加。虽然无论是民办企业，还是官商合办企业、官督商办企业，在股份制公司内，无论是官是民，在法律上都只认作一般股民，实际上，官员在企业中的作用仍然十分重要。就中兴煤矿公司看，无论总办张莲芬还是帮办戴绪万、征地委员姚光浚、后勤委员沈宝贤、铁路工程师张并庚，都有官员身份。官员身份代表的是权威，是资历，是能力，是人脉和社会资源。中兴煤矿公司无论招股还是办路，每走一步都必须经过一级级官员的批准，同这些手中持有生杀大权的官吏打交道，自己的资历、能力、人脉关系等都是必不可少的。就是同老百姓打交道，官员身份也是相当重要的。传统中国社会的纽带为士绅阶层，士绅阶层正介于官、民之间。这种身份令普通百姓十分尊重、乐于听从，而官员，正是士绅实现人生价值的目标。官本位在中国已有数千年历史，不会因为近代中国弱小的资本主义的发生、发展而产生大的改变。既然如此，张莲芬为什么要辞去山东盐运使的职务呢？从张莲芬要求辞职的禀文来看，他有不得已之处。

其一，张莲芬在台枣运煤铁路生死存亡之际，挂印请假赴京，实为

---

① 《袁树勋请求俯准张莲芬开缺并迅饬简放所遗缺文并批》，中兴公司档案文牍第四册，光绪三十四年十月二十九日。

破釜沉舟，背水一战，已为后来辞职埋下了伏笔。中兴煤矿公司为山东的利源，而且又办有成效，山东巡抚应力为保护。山东巡抚袁树勋屈服于邮传部的压力，明知台枣铁路历经奏准，也明知崔广沅等人诬告中兴煤矿公司纯粹出于私利，但最终在邮传部压力之下，严令台枣铁路停工："查中兴煤矿公司运煤铁路既准邮商两部叠次来咨，自应俟津浦路线勘定，再行核办。现接准邮传部来咨，并据峄绅崔广沅等具禀，业已分别批行查照"①，并批评张莲芬："未便执定原勘路线延不停工，致干部诘，并滋物议。此次仅据该公司绘呈山东全省暨公司路线各图，并未声明停工日期，殊属不合"②。连张莲芬要求袁树勋转呈给邮传部、农工商部及督办津浦铁路大臣吕海寰的禀文和台枣铁路路线图，袁树勋都因为台枣铁路未停工而不予转呈。至此，邮传部、农工商部、山东巡抚、地方势力完全同流合污，中兴煤矿公司事实上已陷入绝境。所以，当吕海寰电谕张莲芬派员赴天津开会时，张莲芬决定亲自面见吕海寰，详细说明情况。中兴煤矿公司的命运牵于一线，成败在此一举。张莲芬向袁树勋交出山东盐运司的大印之后，袁树勋立即奏明清廷，委任道员崔钟善署理山东盐运使。张莲芬的退路实际上已介于有无之间。

其二，张莲芬的假期已满，而邮传部这一关口还没有过。张莲芬于1908年旧历六月底请假一个月，在七月二十一日到津。督办津浦铁路大臣吕海寰派津浦路北段总办李德顺及总工程师，与张莲芬共同考阅津浦路北段路线图。张莲芬与李德顺等人正筹议间，清廷宗人府主事王宝田来到张莲芬的寓所，说在京的直、鲁、苏、皖4省官绅正在筹招津浦路股，希望邀约张莲芬共同研究。吕海寰则令直隶候补道丁维鲁告诉张

① 《东抚袁准邮传部咨运路暂难核准仍俟吕大臣复到再行核办文》，中兴公司档案文牍第四册，光绪三十四年六月初三日。
② 《东抚袁准邮传部咨运路暂难核准仍俟吕大臣复到再行核办文》，中兴公司档案文牍第四册，光绪三十四年六月初三日。

莲芬，可将中兴煤矿公司现筑台枣运煤铁路的情形详告王宝田诸人，以便合议办法。这是七月二十六日。赴京后，经过一番准备，八月初二和初五，张莲芬和公司股东代表朱钟琪两次与4省官绅在北京琉璃厂工艺局召开会议。4省在京官绅都没有意见了，吕海寰才于八月二十五日批示："来牍阅悉，已据情转咨邮传部，请其照案核实，仰候咨复，再行知照。"[①] 吕海寰把张莲芬要求尽快批复同意修筑台枣铁路的禀文以及张莲芬两次会见4省在京官绅的记录都转给了邮传部，请邮传部核实，把最后的决定权交给了邮传部。吕海寰这步棋十分巧妙，他把津浦路沿线4省在京官绅拉了过来。4省官绅是干什么的呢？津浦路借款正合同签订之后，4省绅民十分不满，认为山东应自己筹资修筑津浦铁路。参加津浦路借款正约谈判的张之洞答复4省官绅，津浦路10年内由官方经理，10年赎路届期，由4省绅民备齐路款，交付英、德银行，将津浦路收回归4省自办。此时，英、德两国最怕废约，遂同意借款的条件可以商改。4省官绅集于京城，就为津浦路的事，听到有关台枣铁路的谣言后自然义愤填膺。4省官绅正是邮传部压制台枣铁路借用的力量。吕海寰的设计，让张莲芬把4省京官拉到了中兴煤矿公司一边，现在就等邮传部"核实"了。

虽然该做的工作都做了，但张莲芬还是忐忑不安。经历了太多苦难的人，凡事不敢往好处想，更多的是从坏处打算。他在写了"上邮传部呈运路材料到齐停工久待势难支持"的呈文后，向袁树勋提出了辞职的请求。从这份呈文的标题，不难感受到，张莲芬已做好了与邮传部尚书陈璧决战的心理准备。在这篇呈文中，针对邮传部一直诬称台枣铁路未经邮传部复核，张莲芬首先列举了1899年、1906年两次奉清廷批准和

---

① 《禀督办津浦铁路大臣吕文附批》，中兴公司档案文牍第四册，光绪三十四年八月二十五日。

分咨邮传部、农工商部备案，两部无任何异议的事实，以及到京、津后的一系列过程，指出台枣运煤铁路对津浦路毫无妨碍，已为众人所共见，而"德员前勘由韩庄到枣庄支线，名为运煤起见，实则与胶济铁路添设淄博支路同一用意，久为路人所知。然津镇、津浦两合同内并未载明此项支路。而中兴公司运路奏明在津镇勘路以前，津浦定约又在中兴公司购料兴工以后，则中兴公司运路自可照案修筑"。[①] 对邮传部一系列污蔑、谎言和霸道行径给予有力的驳斥，并提出了解决津浦干路用煤和运煤问题最合理、最符合各方利益的办法，说理透彻，绵里藏针。其奉陪到底的决心也在给邮传部的呈文中跃然纸上。这时已是光绪三十四年（1908 年）九月初八。张莲芬终于等来了邮传部的批复。批复的最后一句说："自应遵照奏案，准其筑造。除咨农工商部备案，山东巡抚饬属保护外，合行批示，仰该运司即便遵照办理，并举定总理呈部札派。"[②] 张莲芬本来就是中兴煤矿公司的总办，邮传部提出"举定总理"，有另外选举的意思。按说，中兴煤矿公司即使改为完全由华商自办，即使有另外"举定总理"的必要，也是该由农工商部管的事情。邮传部越权揽管这事，而且还是在中兴煤矿公司改归完全商办、报农工商部批准之前，实际上就是威胁张莲芬：或为山东盐运使，或为中兴煤矿公司的总理，你二选一吧。就"一味谦恭、一味圆融"的清廷官场文化来说，张莲芬实际上已不能为邮传部所容，甚至不能为整个清末官场所容。张莲芬在邮传部批复之前递交辞呈，实有自知之明、先见之明。

其三，当张莲芬与李德顺正在筹议间，宗人府主事王宝田来到他的寓所，告诉张莲芬直、鲁、苏、皖 4 省在京官绅约他开会。而督办津浦

[①] 《上邮传部呈运路材料到齐停工久待势难支持文并批》，中兴公司档案文牍第四册，光绪三十四年九月初八日。

[②] 《上邮传部呈运路材料到齐停工久待势难支持文并批》，中兴公司档案文牍第四册，光绪三十四年九月初八日。

铁路大臣吕海寰也令直隶候补道丁维鲁告诉张莲芬，台枣铁路的事须与4省官绅商议解决办法。这个细节应该对张莲芬触动很大。本来，张莲芬是寄最后希望于吕海寰的，曾在台枣铁路不得不停工之后，再次请求袁树勋转呈他给吕海寰的禀文。而吕海寰也在接到他的禀文之后，立即请张莲芬赴津开会。对于台枣铁路的命运，这是至关重要的一步。然而，吕海寰不愿由自己做出对台枣铁路的决定，而让张莲芬与4省官绅商议解决办法。这不仅显示了当时收回路矿主权运动的力量，而且显示了自戊戌维新以后，新生资产阶级追求政治民主已取得了相当的成果。张莲芬对两次会见4省在京官绅的描述十分精彩，现转录于下：

　　本月（1908年旧历八月）初二日初次集议，运司当将自（光绪）二十五年接办峄矿及历年筹购运路票请奏咨各情形详细婉告，众质疑款内有德股，别无他言。初五日二次约在琉璃厂工艺局会议，运司检带接办峄矿请筑运路各案卷，并已入各股票存根，请众详加公阅，咸知筹办运路均系屡经奏咨奉准有案，所收股本亦无德人一股，群疑为之少释。惟内有议云：凡津浦铁路左近支路应归津浦筑造，不应由中兴公司自筑，或请由津浦拨款归偿所有费用项等语。运司答言：各国铁路公例，凡办大矿及制造厂各营业，例准自筑运路至相宜水口暨附近干路，中兴公司自筑运路未奉饬驳，禀请咨明订购材料系在津浦定约以前，既不碍津浦正线，又系华股，值此津浦路款尚不充足之际，若竟轻挪干线正款而筑支路，似非万全之道，宜加慎重。众颇动听。又有议论公司停筑由峄城至台儿庄一段，改筑由矿场至韩庄者。运司答言：由韩庄至台儿庄运河既有八闸三湾之阻，复有大泛口之浅，伏秋流急，船行危险，春冬浅滞，多延时日，往来船只无不视为畏途。即以台儿庄至镇江沿河八百里商民购运煤斤而论，每吨必须多费运价银五六钱之谱，扬镇一带以峄煤运艰费重，势必仍买洋煤。况公司现费地价、道工、石料以及台（儿）庄煤场、码头、石岸各项银十余万金，无论何人所出，亦所不赀，更无舍易就难之理。众亦谓然。又有议云：虽无实在德股，公司名号有华德二字，终有后虑。运司答言：从前德人在东情形与今不同，故议由德璀琳代招德股，藉此联络，以杜争夺。嗣因德璀琳久未招得一股，特于（光绪）三十年票请咨明商部先招华股六成。现在既无德股，虽有华德二字亦属虚名，公司与德璀琳并未立有合同，事隔多年，伊亦无从借口。惟德璀琳前既随同创办，曾请德矿师富里克到峄查勘，未便没其微劳。从前公司议给酬劳股三万元，连历年余利，共有四万七千元之股，自应仍与华股一律付利。今众意如愿销去华德字样，应由股东代表具呈，一经筹商，事亦甚易。总之，运司经营十年，专以抵制为宗旨，断无藉虚名以贾实祸之理。现以总矿接筑至临城驿六十余里，约估银六十万即可敷用。此项路股，应先尽四省分认筹招，以年底交清为限。尚不足数，仍由中兴公司老新股东认招。如此办理，既可同沾峄矿利益，亦免动支津浦正款。且矿本路款均系华股，更可防隐患于无形矣。此议众颇赞成。运司复言：中兴公司现付轨车半价及购铁路桥梁洋灰杂料条碎各石地价土方员司薪费各项，共计有七十万两，连欠一半轨车价银，已近百万金，应给股利借息薪工局用一万四五千金，停工瞬届三月，损耗四五万金，若再迟延不决，愈多愈巨，将何了局。众亦颇知为难，旋即撤议。①

两次集议后，吕海寰才对张莲芬的禀文作了"来牍阅悉，已据情转

---

① 《禀督办津浦铁路大臣吕文附批》，中兴公司档案文牍第四册，光绪三十四年八月二十五日。

咨邮传部，请其照案核实，仰候咨复"的批示。从台枣运煤铁路最终得到批准继续修筑的过程看，吕海寰请张莲芬赴津开会是关键的一步，而4省在京官绅集议则起了决定性的作用。俗话说，民心不可欺。吕海寰让4省京官说话，邮传部尚书陈璧再无借口。这一事实对张莲芬最终决定辞职是重要的触媒。那些为津浦路收回自办而筹款的4省在京官绅，是和张莲芬抱有同样理想、情怀的贤达之士。在经历了那么多的磨难、那么多的冤枉、那么多的痛苦之后，张莲芬看到了收回利权运动再次鼓荡起的民族精神和民主力量。哪怕自由一刻，也值得付出牺牲。张莲芬的辞职，与其说出于无奈，不如说是出于对理想境界的追求。

人生最快意之事莫过于价值的实现。对于张莲芬，建成台枣铁路，建成现代化的、能与外商竞争的煤矿，早已成为他的使命。中兴煤矿公司正处于成败之间，"中国创设公司，恒有经理员司不顾股东血本事，甫举办或任意开销，或挪移肥已，竟将股本无形亏折，甚至曾不数年全本化为乌有"。[1]与外煤的竞争正任重道远，而台枣铁路和机械化大矿的筹建也正千头万绪，与官场打交道之疲累实在不堪忍受，何不辞去官职，专意办矿，做一普通股友？

对官场的厌恶，在张莲芬实在由来已久。早在1907年，张莲芬就曾为华德中兴煤矿公司制定《暂行规条》。其中，第一条即指出：公司原系集股商办，一切应遵商律办理，不得沾染官场习气。第八条说：顾客无论买数多少都是主顾，员司务当一律待以客礼，不准盛气凌人、出言不逊。《暂行规条》透射出的主体精神、平民意识、平等理念秉承了戊戌变法的精神，也正是张莲芬日后辞去头品顶戴山东盐运使的思想基础。

无论如何，辞去头品顶戴山东盐运使，做一普通股友，需要巨大的勇气。勇气，正是张莲芬从来都不缺少的。

---

① 《第四次股东会经理报告书》，中兴公司档案文牍第六册，1914年5月。

第五章　晚清交通系与中兴煤矿公司

晚清朝廷最终在保路风潮引发的革命中寿终正寝，也证明晚清的铁路事业是最有成就的新兴事业。铁路事业凝聚起来的人才，于清末民初形成在政坛上呼风唤雨的交通系。中兴煤矿公司与津浦铁路强强合作，其中的推手是谁？津浦铁路一度欲入股中兴煤矿公司半数股份，为何没有实现？阻挠者又是谁？

一、感动各方"神圣"，奠定与津浦路合作基础

自 1904 年起的收回路矿主权运动风起潮涌。当时，要整垮某个人或某个企业，没有比给他戴上一顶"忠于外人"的帽子更给力的了。峄县士绅崔广澍于 1907 年为能在中兴煤矿公司枣庄总矿 10 里之内的小屯村开煤窑，就曾串通《时报》馆记者罗织此类罪名，在报纸上公开造舆论攻击华德中兴煤矿公司，被公司总办张莲芬一一驳回。崔广澍势小，邮传部势大，1908 年，邮传部尚书陈璧为达到不可告人的目的，更是利用峄县地方士绅不明就里的告状信，及信中编织的台枣铁路制德旗、用外工、苛虐民众等等莫须有的事情，大造舆论。连争取津浦路权的在京 4 省官绅，都质疑华德中兴煤矿公司是否为德国所控制、是否侵害了

津浦铁路的利益。不仅国内，甚至日本报纸都插上一脚，污蔑华德中兴煤矿公司："该矿华股不过十分之一，余尽为德股"。[①] 可见当年那场抹黑华德中兴煤矿公司的风暴有多么猛烈，华德中兴煤矿公司的形象受到了多么大的损害。张莲芬在北京琉璃厂工艺局会议厅会见4省在京官绅，一一解疑释惑，台枣铁路最终得以获批修筑，华德中兴煤矿公司的形象开始为外界所认知。

树欲静而风不止。1908年旧历十一月二十九日，在华德中兴煤矿公司已经呈请农工商部注销"华德"名号，改为商办山东峄县中兴煤矿公司，总办张莲芬已经辞去山东盐运使职务，由公司股东代表报请农工商部札委为中兴煤矿公司总理之后，枣庄当地士绅、翰林崔广沅仍然不肯罢休，以中兴煤矿公司的矿界违背新订矿务章程等为由，再次告到朝廷，称"监司大员开矿筑路藉势营业，侵夺地方生计"。[②] 上谕曰："著农工商部、邮传部、吕海寰、袁树勋按照所陈各节会同秉公查明，切实具奏，毋稍循隐。"[③] 农工商部、邮传部、吕海寰、袁树勋联合派员调查，于1909年旧历六月二十三日上奏清廷，逐条批驳，还中兴煤矿公司以本来面目。

联合调查报告开头说：

> 谨奏为遵旨查明监司大员开矿筑路被控各款会同据实覆陈恭折仰祈圣鉴事：先光绪三十四年（1908年）十一月二十九日承准军机大臣字寄，奉上谕，都察院奏有人赴院呈，称监司大员开矿筑路藉

---

① 汪敬虞编：《中国近代工业史资料》第二辑下册，科学出版社1957年版，第756页。
② 《农工商部会奏查明公司被控各款原折稿》，中兴公司档案文牍第五册，宣统元年六月二十三日。
③ 《农工商部会奏查明公司被控各款原折稿》，中兴公司档案文牍第五册，宣统元年六月二十三日。

势营业侵夺地方生计，请饬查办，据情代奏一折……遵旨，前来臣
等当即往复咨商，分别选派山东劝业道萧应椿，直隶候补道任凤
苞，山东候补道杨耀林，会同亲赴中兴公司矿场及筑路处所逐加查
勘。按照所控各款明察暗访，务得确情。兹据该道等逐款呈复，或
证诸卷宗，或访诸舆论，实已无所遁隐。臣等覆经切实考核，如原
呈内称张莲芬旧为直隶候补道员，于光绪二十四年（1898 年）禀
请前直隶总督裕禄、直隶矿务督办张翼会奏，在山东峄县开办华德
中兴煤矿公司，呈内声明该矿附近百里内不准用机器开采，十里内
不许用土法开采。所谓十里百里之数或为四至，或为面积，故意不
定限制，希图蒙混；该运司自直隶调补山东兖沂曹济道后，升任盐
运司，仍监管山东峄县矿业，峄县为所属，尤易藉势妄为，遂将其
十里者四面延长四十里，百里者四面延长四百里，谨按矿务正章
第二十九款及三十款所定，一矿界每旁三百官尺，至大亦不得过
九百六十中亩，今该公司之所侵越岂止倍徙；正章第十四款之地面
权利，业主准其自用，谨按此条规定，先准业主自行开采，似非该
公司之所能禁止；正章第一款又云自宣布之日起，当即奉行，乃该
运司故援旧章，以便私图等语。[1]

　　崔翰林是文章高手，还曾担任过清廷工部主事，解读清廷颁行的
政策当然得心应手。对中兴煤矿公司的矿界十里百里的专利规定，他
用"四至"十里和百里来解释，一下子把中兴煤矿公司的矿界放大了许
多倍。其实，中兴煤矿公司的所谓十里内不准再有土法采煤，指的是已
开之矿四至十里之内，这没有错；而百里矿界只是为了抵制外商的笼统

<hr>

[1] 《农工商部会奏查明公司被控各款原折稿》，中兴公司档案文牍第五册，宣统元年六
月二十三日。

规定。无论十里百里，地面业主的一切生产活动照常进行。中兴煤矿公司用地，必须向地面业主或租或买，公平定价。崔广沅根据大清新颁矿章指出中兴煤矿公司矿界的不合理性似乎也没有错，所以，清廷格外重视。

针对中兴煤矿公司的矿界问题，联合调查报告列举了中兴煤矿公司的矿界历经奏准，并报商部备案，且《大清矿务章程》出台之前专案批准的华洋各矿所占矿界尚未改归一律。联合调查报告特为强调："峄矿为业经奏准之案，开办在先，卓有成效，若必绳之以新章，强令缩小地段，与其已得利权大有损碍，且并无侵夺妨损之情事，自应准予通融办理。"①

针对诉状所引矿务章程第十四款煤矿地面权利，准业主自用，因而业主可以在地面自行开采煤矿，联合调查报告解释：准许业主自用"指地面而言，其地腹开矿权仍专归矿商。并载明开矿应办事宜，业主及他人均不得阻碍。并无准业主自行开采之语"。②

针对原呈文内称"该公司低价格抵制民矿，擅威权封禁民矿，致使峄（县）境矿商统归歇业，将全峄民人自元迄今生活之利源均被该公司侵夺"③等，联合调查报告指出："查峄县煤矿浅处均被前人采取，咸丰以来从无采及深处者。间有民绅开办小窑，资本微薄，时掇时作……是该县民窑非该公司所能擅权封禁。至该公司井口十里以外照案仍准民人用土法开采，如南安城地方煤矿，前有职商梁步海禀准领照开办至今，

① 《农工商部会奏查明公司被控各款原折稿》，中兴公司档案文牍第五册，宣统元年六月二十三日。
② 《农工商部会奏查明公司被控各款原折稿》，中兴公司档案文牍第五册，宣统元年六月二十三日。
③ 《农工商部会奏查明公司被控各款原折稿》，中兴公司档案文牍第五册，宣统元年六月二十三日。

是峄境矿商并未统归歇业。公司历年所出之煤从前售价较廉，近年银价
人工百物俱贵，售价亦渐增加。询据土人声称，公司售煤价廉之时，且
较民矿售价为昂，因公司煤质较佳，人均乐购，故民矿出煤不能相抵系
属实情，并无抵制民矿之事。"①

联合调查报告又指出："该公司自接办峄矿以来，与绅民交际极力
和平，公司交易妥按商规，从未稍藉官势。公司井口上下日有人夫数
千，皆赖煤矿为生计。附近数十里村庄，贩煤烧焦分运售卖者所在多
有，自不得谓峄民生活利源皆被公司侵夺。张莲芬前以道员承办峄矿，
系奏明委派，其后调任兖沂曹济道，升授运司，系出有特简，嗣由臣
树勋奏请开缺，专充该矿总理。是该运司迭经奏派，更不得谓为违例
经商"。②

联合调查报告对涉及台枣铁路的一套老生常谈的诬陷一一予以批
驳，肯定了修筑台枣铁路的正当性，并提出："现议由临城驿干路筑至
枣庄，约五十八里，地多平坦，一路矿苗极旺，中间经过之山家林煤
矿，中兴公司业已开采。如将津浦支路改由临城西至枣庄，较由韩庄为
宜，应由臣海寰咨明邮传部查核办理"。③

联合调查报告称："该运司经营峄矿计已十年，上为国家开利源，
下为峄民广生计，实于（山）东省大局裨益良多。该矿原系华德合股开
办，上年（1908 年）经该运司设法议退洋股，专集华股，当请销去'华
德'公司字样，尤足挽回利权。（山）东省矿产已多入外人之手，华商

① 《农工商部会奏查明公司被控各款原折稿》，中兴公司档案文牍第五册，宣统元年六
月二十三日。
② 《农工商部会奏查明公司被控各款原折稿》，中兴公司档案文牍第五册，宣统元年六
月二十三日。
③ 《农工商部会奏查明公司被控各款原折稿》，中兴公司档案文牍第五册，宣统元年六
月二十三日。

出色之矿只此峄地一隅，且煤质佳旺，人竞垂涎，诚宜厚集资本，接筑运路，推广采运，藉以抵制洋煤销路……惟该矿经此番波折，商情观望，集股更难。拟由农工商部附以官股。"①

这是督办津浦铁路大臣吕海寰、山东巡抚袁树勋、邮传部、农工商部的联合调查结论。在这个联合调查开始之初，即光绪三十四年（1908年）旧历十二月十五日，《商务官报》第三十三期特意登载了中兴煤矿公司取消"华德"字号的消息，消息来源为光绪三十四年十一月二十四日农工商部的奏折。消息称："据山东峄县中兴煤矿股份有限公司股东朱道钟琪禀称：峄县中兴煤矿，系光绪六年（1880年）经前北洋大臣奏明开办……光绪二十五年（1899年）复奏请改为华德中兴煤矿公司，以山东盐运使张莲芬为华总办，前海关税务司德璀琳为洋总办，议添定股本二百万元，华六德四，分任筹招。嗣德璀琳以定章太严，德商不愿附股，致日久未招一股，全赖张莲芬等筹招华股，独立支持。十年以来成效已著，现华股已足，毋庸再招洋股，应请咨明农工商部允准注销华德字样，刊颁关防，名曰山东峄县中兴煤矿股份有限公司，并咨部委张莲芬为公司总理……近来出产日丰，销场日旺，洵足抵制洋产，自保矿权。"②《商务官报》登载这则消息是在崔广沅再度告状之后，无疑既为中兴煤矿公司树立了正面形象，也为联合调查营造了舆论氛围。

张莲芬为中兴煤矿公司的命运辞去头品顶戴、山东盐运使，张莲芬多年来对中兴煤矿公司的坚守，张莲芬为维护中兴煤矿公司路矿主权所经历的波折、磨难，无疑感动了各方"神圣"。舆论开始披露真相，清廷大员终于俯下身来实地考察，听取张莲芬的意见，还了中兴煤矿公司一个清白，还了历史一个公正。

---

① 《农工商部会奏查明公司被控各款原折稿》，中兴公司档案文牍第五册，宣统元年六月二十三日。

② 汪敬虞编：《中国近代工业史资料》第二辑下册，科学出版社1957年版，第769页。

　　截至 1911 年，全国商办铁路热潮中创办的 16 家铁路公司完成铁路总里程 568 公里。其中，中兴煤矿公司兼营客、货运输的台枣铁路完成 41.5 公里，占总里程的 7.3%。[①] 中兴煤矿公司注销了"华德"字号，改归商办。它与山西绅商收回福公司矿权、安徽绅商收回铜官山矿权、四川绅商收回江北厅矿权、云南绅商收回澄江等七府矿权、山东收回山东矿务公司和德华矿务公司等一道，形成了一个全国性的收回列强所占据的矿产的运动。[②]

　　1910 年 6 月，《东方》杂志《山东路矿新闻》报道："山东峄县中兴煤矿有限公司，前由侍郎张翼等招六成华股为督办，德璀琳认招四成德股为洋总办，前山东盐运司张莲芬为华总办，奏准名为华德中兴煤矿有

中兴煤矿公司购于德国的蒸汽火车

----

① 《清末商办铁路概况》附表，载方举：《中国铁路史论稿（1881—2000）》，北京交通大学出版社 2006 年版，第 128 页。

② 虞和平主编：《中国现代化历程》第一卷，江苏人民出版社 2001 年版，第 185 页。

限公司。股未招齐，即值庚子拳乱（指义和团运动——引者注），而德璀琳专顾滦州开平矿事，所有认招德股，德商屡以定章太严，一股亦未招成。时张莲芬调授兖沂曹济道，东挪西贷，勉力支持。复经杨文敬（士骧）抚山东时，迭谕朱道钟琪帮同筹招股本，经费始渐充裕，因之不再招入洋股，并将华德字样注销……仍派张莲芬为总理，戴绪万为协理，禀由农工商部、外务部存案。该矿产煤极富，煤质亦佳，前为推广销路计，因台儿庄滨临运河，上达济宁，下抵镇江，遂由城北枣庄起，直达东南台儿庄止，筑一轻便铁路，名曰台枣铁路，计长 90 华里，估费 170 万马克。未久即落成，于（1910 年）4 月 26 日行开车礼。"①

1910 年 9 月，《东方》杂志的《山东矿务之一斑》，再次述及中兴煤矿公司："至峄县中兴煤矿公司，乃自开煤矿之卓著成效者。日本报纸谓该矿华股不过十分之一，余尽为德股云云，语实不确。该矿初办时，本拟中、德合股。华股占十之六，德股占十之四，嗣以德股并未招齐，经该公司股东议决，将德股赎回，今已纯然为华商产业，与德人绝无干系。"②

《时报》也曾于 1907 年 8 月 2 日报道中兴煤矿公司，称："峄县中兴煤矿公司自开办至（光绪）三十二年（1906 年）底止，除去费用，净得余利十四万六千二百金有奇，作为各股东红利。并闻各股东并不提取此款，仍行充作股本"。

中兴人的精神，中兴路矿的卓著成就，中兴领路人张莲芬无私无畏、维护路矿主权的作为，也感动了新任邮传部尚书徐世昌和津浦铁路北段总办朱启钤。约 20 年后，继张莲芬之后担任中兴公司总经理的朱启钤曾回忆说："公司先虽于台儿庄至枣庄总矿自修运道一段名曰台枣

---

① 汪敬虞编：《中国近代工业史资料》第二辑下册，科学出版社 1957 年版，第 756 页。
② 汪敬虞编：《中国近代工业史资料》第二辑下册，科学出版社 1957 年版，第 756 页。

路，以便运输。然自津镇（铁路）改线以后情形一变，每年除由运河行销少数外，不得不以津浦路以为转运枢纽。是以该路之荣枯实为公司盛衰之关键。公司于光绪二十五年（1899 年）奏准开采煤矿之际，张前总理（莲芬）固为杜绝外人窥夺，亦实预为国路将来计，故于津浦（铁路）修造伊始，初则请求代修临枣支路，继复以该路系借外款修造，全路告成，客货所入能否足敷还款，殊无把握，路矿本有互相扶助之益，提议合办，日后发达，既可供应该路，兼可推广运销，更可以合办所得余利补助该路还款之需。凡此筹划，岂仅为维护公司久远之计，实亦为经营该路切要之图。当时该路虽未采纳，然而对于公司亦认为系其良友，路矿联合益大利溥，所以协助甚力，此后交谊日见密切。"①

感动各方"神圣"，张莲芬的努力奠定了中兴煤矿公司与津浦铁路合作的基础。

二、徐世昌首度涉足中兴煤矿公司事务

徐世昌首度涉足中兴煤矿公司事务是在 1910 年 4 月。

据《东方》杂志报道，台枣铁路于 1910 年 4 月 26 日行开车礼。其实，当时并未全路通车，仅峄县县城至台儿庄的 30 公里开始通车。由于征地时受到重重阻挠，台枣铁路是从枣庄以南 12.5 公里的峄县城南开始向台儿庄修筑的。铁路铺轨还未结束，大井建设必须跟上，机修厂、发电厂必须与大井工程同步进行，处处需要银子。台枣铁路曾停工数月，本来就资金不足的中兴煤矿公司更加困难。公司自 1899 年成立时即计划招股 200 万元，但 1904 年筹议台枣铁路时新、老股仅 40 万元。1905年经商部批准的《暂行及添招新股章程》计划再招股 160 万元，以合原

---

① 《中兴公司与津浦铁路关系案略》，取自朱启钤旧居，由朱海北提供。

定的 200 万元。到 1909 年 6 月农工商部会奏清廷时，中兴煤矿公司仅招到股银 80 万两，台枣铁路用款多半为息借。从 1899 年到 1909 年，10 年了，台枣铁路大部分已竣工通车，所招股银才 80 万两，招股之难，简直难于上青天！所以，经农工商部批准，1909 年 10 月，中兴煤矿公司再次出台招股章程，计划招股 220 万两白银，加上已招股银 80 万两，共 300 万两。

凡事都有提议者。1909 年 6 月 23 日的会奏中提议由农工商部向中兴煤矿公司附以官股的人，会是谁呢？这个人必定是由农工商部派出，会同邮传部督办津浦铁路大臣吕海寰、山东巡抚袁树勋所派人员一同赴中兴煤矿公司调查案情的。1909 年 10 月出台的中兴煤矿公司招股章程开篇即写道："宣统元年农工商部奏派丞参上行走、长芦盐运使周学熙君来矿调查，以本公司煤质最佳，矿脉丰富，且办理得法，出产日渐增加，遂呈农工商部允拨官股加入，以厚公司之力。"① 宣统元年是 1909 年，这个时间，中兴煤矿公司正因控案接受联合调查，其中就有农工商部的人。这说明，周学熙就是奉农工商部委派到中兴煤矿公司参与控案调查，并提议向中兴煤矿公司附股的那个人。周学熙不是别人，正是曾经帮助过中兴煤矿公司的前山东巡抚周馥的儿子。农工商部也正是根据周学熙的提议，在奏稿中提出向中兴煤矿公司附股。

宣统元年（1909 年）10 月，中兴煤矿公司发布的招股章程第二条说："本公司先后蒙山东抚宪提倡筹拨官款，附入之股暨农工商部札准续筹官款协助之股，均为维持矿政起见，应享利益与商股一律，不稍异。"② 是否就因为这句"应享利益与商股一律，不稍异"，农工商部最终并未加入官股呢？

---

① 《商办峄县中兴煤矿有限公司汇订招股章程》，中兴公司档案文牍第七册。
② 《商办峄县中兴煤矿有限公司汇订招股章程》，中兴公司档案文牍第七册。

在资金极度困难的情况下，1910年4月，张莲芬到济南拜会了时任邮传部尚书、督办津浦铁路大臣徐世昌。1909年元月，邮传部尚书陈璧被革职罢官。随后，由于吕海寰坚持从重处分津浦铁路北段总办李德顺，招致袁世凯在朝中亲信的报复，被免去督办津浦铁路大臣一职，于1910年创办中国红十字会。原任东三省总督、协办大学士徐世昌接替了他们二人的遗缺，一身而兼二职。张莲芬找徐世昌就是为了借钱。徐世昌能不能帮这个忙呢？当时，津浦铁路尚未建成通车，徐世昌并没有钱，但是，徐世昌麾下有新成立的交通银行。交通银行经营的是津浦铁路向英、德两国银行的借款。关键在于，徐世昌愿不愿意借、能不能够借、以什么方式借。

徐世昌，号菊人，字卜五，生于1855年，自小勤学苦读，因父亲去世早，16岁便奔波于黄河南北。七八年间，他的大部分时间都在别人家中或幕中做事。徐世昌在早年结识袁世凯，由袁世凯资助入京应考中举。1886年中进士，授翰林院编修。1895年甲午战败之后，内外交章，争上练兵之策，袁世凯呈上《为练新建陆军上督办禀》，随即被派往天津小站练兵。徐世昌也与同署的6人联名奏请练习将才、增练新军。建议归建议，徐世昌并没有想到老友袁世凯会聘请他充当小站军幕。清朝官场历来重文轻武，以翰林充军幕的就更少。可是，徐世昌答应了。一来因为他与袁世凯关系密切，愿助一臂之力；二来也可借此增加收入——徐世昌重友情、重实际、不为浮议所左右的品质，由此可见一斑。1900年庚子之变后，慈禧太后携光绪皇帝逃往西安，权势低落到极点。徐世昌见北京的翰林院已被焚毁，安排好家眷后便赴西安。有人讥讽徐世昌奔赴西安，是善于投机，这未必不是偏见。早在1895年甲午战败、割地赔款之时，康有为率三千举子上书光绪皇帝，便要求拒割地、不赔款、迁都西安，以与日本再作决战。徐世昌曾经列名强学会，也是戊戌变法的支持者。眼见八国联军烧杀抢掠，光绪也已被迫跟随慈禧去了西安，徐世昌奔赴西安，正是爱国气节使然。从小站军幕到西安赴难，徐世昌既表现出了他的务实主义，又表现出审时度势、不避艰难的勇气。所以，他不仅得到老友袁世凯的倾心佩服，而且得到张之洞的赏识。随后，袁世凯、张之洞分别向慈禧保荐徐世昌。慈禧因此对他青眼有加，徐世昌被越级提拔，先后在商部、练兵处、兵部任职，1904 年年底署理兵部左侍郎，1905 年以军机大臣兼任新设立的巡警部尚书。巡警部新设，一切都要从头开始，徐世昌也算是敢头一个吃螃蟹的履新者。1905 年，日俄在中国东北地区的战争以俄国失败结束。清廷为加强对满族发祥地的统治，决定在东北地区设总督，代替原来的东北将军。徐世昌自请前往，于 1907 年任东三省第一任总督。有人说，原邮传部尚书陈璧被革职，根本原因在于他是袁世凯的亲信，但徐世昌更是袁世凯的至交。袁世凯以所谓足疾回籍养病，徐世昌为避忌惮，称病请辞东三省总督。没想到，清廷驳回他的申请，并让他接替陈璧出任邮传部尚书兼督办津浦铁路大臣，不久再入军机处，并被授予体仁阁大学士，再后来被授予太子少保、太子太保。有史料说，徐世昌性格拘谨，恪守中庸之道。但是，在这段快速升迁的经历中，徐世昌实现了晚清政体改革的两个第一，即第一任巡警部尚书和第一任东三省总督，东三省总督还是主动请缨，不能不说他具有敢为天下先的智慧和能力；而他同时又能妥善处理复杂的官场关系，被定格为恪守中庸之道，可见徐世昌对中国传统文化哲理的深刻把握和娴熟运用。中庸，即不偏不倚、虑事周全、忠厚温和、待人平易。徐世昌中庸，却有主见、有谋略、敢任事、有担当。

徐世昌在 1909 年担任邮传部尚书之后，立即提拔了包括叶恭绰、詹天佑等人在内的一大批人员，奠定了以唐绍仪、梁士怡为首的清末民初交通系的基础。

中兴煤矿公司处于困难时期，但它的困难非往昔可比，已然卓有成效，距建成完全的大矿仅一步之遥；中兴煤矿公司有个张莲芬，有张莲芬精神在，中兴煤矿公司的成功就毫无悬念；中兴煤矿公司在收回路矿主权运动中卓然独立，确立了自己的崇高地位。徐世昌作为经过戊戌变法洗礼的政治家，对于这样一个中兴煤矿公司，当然愿意伸出援手。

徐世昌在济南会见了张莲芬，两人谈得很深。张莲芬说道，由于中国所办公司已信誉扫地，所以屡次招股都极为困难。徐世昌深以为然，当即派人前往枣庄的中兴煤矿公司调查，决定以津浦铁路购用中兴煤矿公司煤价作保，饬令交通银行息借 60 万两漕平银以解中兴煤矿公司燃眉之急。因津浦铁路北段尚未建成，而南段已通车，徐世昌又饬令南段总办修筑从临城至枣庄井口的 30 公里运煤铁路——由津浦铁路局修造临枣支线，对中兴煤矿公司发展的提速不可以年计。

1911 年，中兴煤矿公司的资金依然紧张。张莲芬再度拜会督办津浦铁路大臣徐世昌和会办津浦铁路大臣沈云沛。徐、沈二人"允准由津浦路局附股一半以期路矿两得裨益"，"嗣因款未借得，改由公司息借保商行化银一百三十万两，路局担保"。①

张莲芬为向保商银行借款，再次呈文徐世昌。这篇呈文及徐世昌的批示，是津浦铁路与中兴煤矿公司互利合作的见证，也是徐世昌首度涉足中兴煤矿公司的见证，兹部分摘录于下：

> 钦宪中堂大人钧座：敬禀者，窃运司于上年（1910 年）四月，因山东峄县中兴煤矿公司股款不敷，在济南面恳中堂维持，当蒙俯允扶助。运司五月抵京叩谒中堂大人，仰蒙训示周详，曷胜钦

---

① 《第三次股东会经理提议案可否仍照前议由津浦路认股二百万元》，中兴公司档案文牍第六册，民国二年五月初六日。

感。八月先向交通银行息借银六十万两，以津浦路购用公司煤价拨抵。承饬派任道凤苞、邝道荣光到矿调查匝月回京票复，即由股东代表、奉天朱署度支司钟琪到京会议办结。今年（1911年）春间，孟太史锡钰、任道凤苞又赴济南续议，先后会拟各款，均蒙督察。运司随即布告各股东，金以所议条款至公，溥均深感激，群盼早日定局。六月二十二日，接奉电谕，饬令运司入京，即日束装前来，趋叩崇阶，并谒邮传部大臣盛（宣怀），均蒙训示一切，具仰列宪维持振兴之意至，感戴莫名。惟前议各条款经各股东认可，若再更议办法，仍须通告股东允诺，运司方得照办。而公司需款正殷，势难久待。不久就商京津股东，或以先行借款接济目前之急务。日前因事赴津，即偕同在津股东，商诸直隶保商银行。该行情愿借行平化宝银一百三十万两，但须仍照交通借款办法，由津浦路担任代扣。路局每年购用公司煤价拨付该银行，以抵本息。查津浦铁路济南以南至浦口皆可购用公司之煤，前曾与北段总办朱京堂约备估计，按南北两段测算，每年至少可用六万吨；如全路通车，一二年后货物渐增，开车次数逐加，必不止此数。现拟恳请中堂大人始终维持，俯允转饬北段总办朱京堂专立定购块煤六万吨合同，在枣庄车站交煤，每吨从减价洋五元，合洋三十万元，即以此款扣备拨付保商银行。每年公司应还本息不敷，仍由公司补足，有余留抵运煤脚价。公司得此借款，除归还前借交通银行六十万两外，即可赶添机器，觅聘矿司、机器司，竭力进行。约计大井明年（1912年）春夏必可告成。彼时津浦全路亦通，运输亦便，出煤亦多，全路畅旺。以后非特前项每年煤价定可扣还本息，即应缴路局运费亦无虞缺乏，实于津浦峄矿两有裨益。

运司用敢代表各股东再申呼吁，伏求宪恩俯念峄矿须款孔亟，股东爱戴至诚，曲予成全，迅赐批行北段总办朱京堂核办，并于公司同保商银行正式合同内作证签字，盖用路局关防，以凭信守。①

1911 年旧历七月十四日，徐世昌阅过张莲芬的禀文后批示：

> 禀悉。查路与矿本属互相维持，本大臣无不乐为扶助，以期将来两有裨益。据禀各情，检查拆开合同两件，大致由该公司自行借款，以本路应付煤价担任偿还。另就本路需用煤斤数目，专订合同，使与分年还款数目相合。是该公司借款合同必以本路购煤合同为依据，自应格外慎重，以免窒碍。候饬北段总办与该公司协商，逐条研究，以期周妥。其最重要者，凡关于本路担任扣还借款一切事项，如合同所订煤价，将来他处或更低廉，该合同自应再减。但因减价之故，使所扣煤价不敷代还数目，该公司应如何预先筹补，又或将来出煤成色低劣，不堪供本路之用，或本路尚未全通以前用煤不多，应付之价不敷代还之数，此项担还之款如何取偿，皆必详细讨论，切实规定，并宜妥定本路监督办法，务于担任还款一事，将来毫无危险，方为妥当。候协商后，即由北段总局呈送，核定批饬签字，再行将合同一并签订。②

看一看徐世昌的这个批示，回想陈璧任邮传部尚书时对中兴煤矿公司一再反映的问题不理不睬的官僚气，假话连篇的流氓气，动辄"毋违"、不可一世的盛气，真感觉有天壤之别。在这个批示中，徐世昌表现出了实事求是的精神，承认"路与矿本属互相维持"。自 1908 年清政

---

① 《禀恳恩准批饬津浦北段总办订立每年购煤六万吨合同并担任代扣煤价拨还保商银行本息由》，中兴公司档案文牍第五册，宣统三年七月初八日。
② 《钦差督帮办津浦铁路大臣徐、沈批》，中兴公司档案文牍第五册，宣统三年七月十四日。

府对全国的主干铁路或从商民手中收回自办，或借外国资金从洋人手中收回自办，国有铁路的"官路"性质就似乎具有了某种神圣性，以至于批准创办在津浦铁路之前的台枣45公里运煤铁路受尽了磨折，几乎夭折。徐世昌却能放下"官路"的架子，实事求是地承认"路与矿本属互相维持"，实属难能可贵。徐世昌对担保借款一事，一方面表示乐为扶助，另一方面，对整体的实施方法又表现出十分重视、十分谨慎、十分认真、十分细密。2000多年来，中国知识分子崇尚形而上的学问，鄙薄科技百工类的所谓形而下者，崇尚"治国齐家平天下"的"治术""王道"，鄙薄经济事务，尤其是具体管理过程中的细枝末节。而徐世昌身为军机大臣、体仁阁大学士，实有"相国"之位，却能对津浦铁路代扣煤价还款一事做出极为细密的安排、指示。由此，怎能说中国的洋务运动、维新变法以及清末新政都是失败的呢？正是这一系列看似失败的自强运动，培育出了像张莲芬、徐世昌这样的新型精英人才。

张莲芬给徐世昌的呈文还透露出一个信息：张莲芬任山东盐运使的时候，每次向邮传部反映情况，都须经过山东巡抚；而在辞官为民后，他可以不经过任何中间环节，直接面见徐世昌、盛宣怀等中枢官吏，不能不说这是晚清社会的一种进步，等级森严的专制制度在官场之外的商场已经被打破。

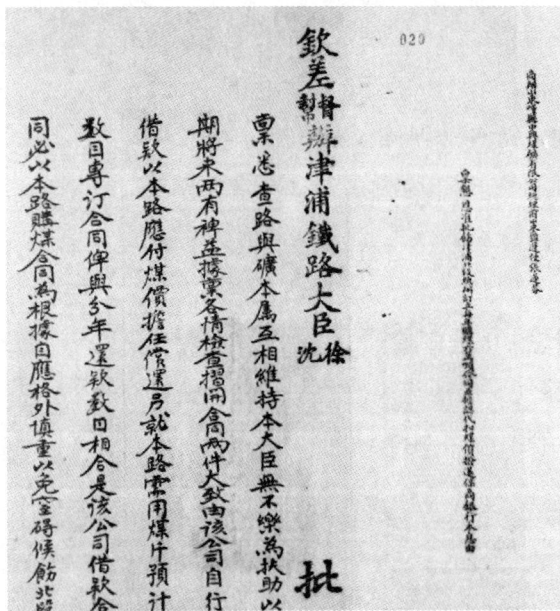

1911年，担任督办津浦铁路大臣的徐世昌支持津浦铁路与中兴煤矿公司合作

三、朱启钤促成中兴煤矿公司与津浦路合作

朱启钤，字桂辛，号蠖园。作为徐世昌的助手和津浦铁路北段总办，朱启钤在中兴公司与津浦路的合作中起着无可替代的作用。

张莲芬给徐世昌的禀文及徐世昌的批示，可称得上是两份珠联璧合的文件。其中，张莲芬写道：津浦铁路代扣、代还中兴煤矿公司的借款，"实于津浦峄矿两有裨益"；而徐世昌在批示中写道："路与矿本属相互维持"。正是这两份文件，为以后双方几十年的合作定下了基调。而能否真正实现合作，取决于双方有没有相向而行的推动力、有没有助推合作的有力的操作者。中兴煤矿公司是生产煤炭的，津浦铁路是需用和运营煤炭的，供与需，天生就是搭档。就当时说，台枣铁路即将完竣，大井、发电厂、机器厂的设备也已运到镇江，一个完全由华人自办的近代化大煤矿将要取得成功，这在国内企业界首屈一指。缺的是现金，不缺的是煤炭。而津浦铁路南段已通车，北段还在建设中。两大企业比肩齐案。运输煤炭将是津浦铁路一大经营项目，而铁路自身更需优质好煤。中兴煤矿公司每年愿意供给6万吨优质块煤，吨煤5元，质优价廉。所以代扣还款对津浦铁路也是利好。无论从长远看还是从眼前看，双方都具备合作的内驱力。然而，前邮传部尚书陈璧必欲置中兴煤矿公司于死地的做派说明一个道理：凡事都在人为。中兴煤矿公司与津浦铁路的合作，在谋事者，在决策者，在具体操作者。

1911年，由津浦铁路担任代扣煤价还款以帮助中兴煤矿公司借款的谋事者是谁呢？在中兴煤矿公司是张莲芬，在津浦铁路正是中国近代史上另一位著名人物朱启钤。

说起来，朱启钤与中兴煤矿公司也颇有缘分。据中兴煤矿公司创办人之一张翼的儿子张叔诚回忆，朱启钤在光绪年间中叶，由大学士瞿鸿机推荐给当时的路矿帮办张翼，张翼派他在公署内担任候补道员职衔的

官员。朱启钤办事勤恳，张翼很是赏识，屡次在徐世昌面前称赞朱启钤的才干。1904年，徐世昌把朱启钤推荐到直隶总督兼北洋通商大臣袁世凯处，任职于天津游艺教习所。游艺教习所是袁世凯新设置的收容、管理、改造、培训城市无业游民的机构，朱启钤对这样一份工作十分认真，干得很成功。1905年，徐世昌出任新创办的巡警部的尚书，举荐朱启钤担任北京外城警察总厅厅丞，后转为内城警察部监。朱启钤从此成为徐世昌的得力助手。

不仅因为有张翼这层关系，朱启钤由于自身的经历和志向，对张莲芬也十分钦敬。朱启钤出身于贵州开阳县的一个书香门第，但3岁丧父，一直跟随任南阳兵备道的外祖父傅寿彤生活。他15岁时傅寿彤过世。朱启钤协助办理了外祖父的丧事，此后便跟随在姨夫瞿鸿机左右。瞿鸿机任四川学政时，朱启钤随其走过眉嘉、叙泸、重庆、酉阳、顺庆、保宁、潼川、龙安、邛州、雅州、宁远等府郡，为瞿鸿机代阅试卷。在瞿鸿机的帮助下，朱启钤于青年时代还担任过合江盐局灌滩救生水军、云阳大荡子新滩工程等差事，与张莲芬一样，在青少年时代即经历了人生诸多磨折和历练。据朱启钤年谱记载，1889年前后，不满20岁的朱启钤即"结交湘人唐才常、杨笃生、张邵希等人，青年奋发，常私购变法维新书籍，交相传习"。[①]唐才常、杨笃生后来成为中国同盟会成员，为革命牺牲。所以，和张莲芬一样，朱启钤也是戊戌维新变法的拥护、支持者。朱启钤出生于1872年，张莲芬出生于1851年，年龄相差悬殊，这使朱启钤对于长自己一辈的张莲芬更加敬重。朱启钤接任津浦路北段总办之后，对中兴煤矿公司与津浦铁路的纠葛自然十分清楚。前文已经说过，张莲芬既维护台枣铁路，又充分考虑津浦铁路利益

---

① 启功主编：《朱启钤学术研讨会论文集·冉冉流芳惊绝代》，贵州人民出版社2005年版，第288页。

的举措，成为他们两人友谊的基础。朱启钤后来撰写的回忆文章曾追忆张莲芬："在运河自造 1 艘官舫及 10 余只货船，下水把中兴公司的煤炭运往瓜州，回头则接运机器逆水上行十多天到达台儿庄，运河上游水浅，还要卸载过闸，另觅木船划载。"①45 公里台枣铁路和枣庄总矿大井、发电厂、机修厂的设备等等，就是这样从镇江一点一点运过来的。张莲芬他们一边承受着巨大的压力，一边承受着难以想象的种种劳苦和艰难，朱启钤说："几位老总为中兴公司的发展，不辞劳苦的奋斗精神，令人钦佩"。② 朱启钤这段话。说的正是他担任津浦铁路北段总办时期耳闻目睹的中兴煤矿公司的事情。那时候，从德国进口的钢轨、钢枕、火车头、煤斗车、起重车、客车、锅炉、大绞车、煤楼、煤筛、抽水机、发电机等各类设备由外轮运至镇江卸载交货后，由中兴煤矿公司自己从镇江沿运河运至台儿庄，再由台儿庄运往枣庄总矿，前后约计 3 年的时间。对中兴人的钦敬，促使朱启钤愿意为中兴煤矿公司和津浦路的合作尽一份力量。

张莲芬给徐世昌的信件的名称是《禀恳恩准批饬津浦北段总办订立每年购煤六万吨合同，并担任代扣煤价，拨还保商银行本息》，从标题可以看出，张莲芬与朱启钤已经达成了一致意见。

禀文内还有一段话说道："查津浦铁路济南以南至浦口皆可购用公司之煤。前曾与北段总办朱京堂（启钤）约备估计，按南北两段扯算，每年至少可用六万吨，如全路通车，一、二年后贸物渐增，开车次数逐加，必不止此数。"③朱启钤与张莲芬先期议成，再由张莲芬请求督办津浦铁路的徐世昌饬令朱启钤与中兴煤矿公司订立合同，除非朱启钤与顶

① 朱启钤：《中兴公司创办纪实》，载枣庄市政协文史资料第 19 辑《中兴风雨》，第 19 页。
② 朱启钤：《中兴公司创办纪实》，载枣庄市政协文史资料第 19 辑《中兴风雨》，第 19 页。
③ 《禀恳恩准批饬津浦北段总办订立每年购煤六万吨合同并担任代扣煤价拨还保商银行本息由》，中兴公司档案文牍第五册，宣统三年七月初八日。

头上司徐世昌有特殊关系，事情一般是不能这么办的。

朱启钤与徐世昌是什么关系呢？自 1905 年担任北京外城警察总厅厅丞、内城警察部监之后，朱启钤的仕途即随徐世昌的升降而起伏。在担任北京外城警厅厅丞期间，朱启钤表现出雷厉风行的风格。学者曹聚仁先生在《听涛室人物谭·悼念朱启钤老人》一文中说："我们如今看来，警察算得了什么？在当时，却是了不得的大事，也只有年轻有胆识敢作敢为的敢去推行。那时，他们在城外大栅栏推行过单通道制，而敢违反这规矩的乃是肃王善耆的福晋，他们有勇气判罚那福晋十元，真是冒犯权威，居然使肃王听了折服，这才施行得很顺利。"[①]1907 年，徐世昌调任东三省总督，荐举朱启钤担任了东北蒙疆事务局督办。在蒙疆事务局督办任上，朱启钤周历蒙古哲理木 10 旗，考察山川险要、民情风俗，以及蒙古统治阶层腐朽危败之状，著为《东三省蒙务公牍汇编》呈徐世昌参阅。[②]1909 年，徐世昌担任邮传部尚书、督办津浦铁路大臣，朱启钤随即被任命为津浦铁路局北段总办。由此可见徐世昌对朱启钤的信任。这期间，曾发生过袁世凯与瞿鸿机于 1906 年围绕"杨翠喜案"引发的政争。先是商部尚书载振被弹劾罢官，之后，瞿鸿机又因莫须有的私通报馆罪名被革职还乡。瞿鸿机是朱启钤至亲的姨父，袁世凯是徐世昌的莫逆之交，瞿袁政争如此惨烈，徐世昌与朱启钤的情谊却丝毫不受影响，不能不说徐世昌有识人善任、用人不疑的气度，而朱启钤的确能力超群。

不过，熟悉民国史的人都知道，徐世昌是一个特别注重礼仪细节，看重个人身份、面子的人。朱启钤怎么能在为中兴煤矿公司担任还款一

---

① 启功主编：《朱启钤学术研讨会论文集·冉冉流芳惊绝代》，贵州人民出版社 2005年版，第 289 页。

② 启功主编：《朱启钤学术研讨会论文集·冉冉流芳惊绝代》，贵州人民出版社 2005年版，第 290 页。

事上有操急之举呢？他一定事先与徐世昌通过气。

　　从张莲芬给徐世昌的禀文不难看出，上一年，即 1910 年，通过徐世昌向交通银行借了 60 万两银子之后，想再向交通银行续借遇到了阻力。阻力来自哪里呢？来自新任邮传部大臣盛宣怀。

　　张莲芬在禀文中写道："今年春间，孟太史锡钰、任道凤苞又赴济南续议，先后会拟各款，均蒙督察。运司随即布告各股东，佥以所议条款至公，溥均深感激，群盼早日定局。"①孟锡钰、任凤苞都是津浦铁路局要员。1909 年 10 月，徐世昌升任军机大臣、体仁阁大学士、太子少保，不再担任邮传部尚书，但仍然兼任津浦铁路督办大臣。因此，这时候有以津浦铁路入股中兴煤矿公司之议。徐世昌派孟锡钰、任凤苞赴济南续议，应该就是前文说过的续议以交通银行借款作为津浦路向中兴煤矿公司入股的股金。中兴煤矿公司于 1910 年经农工商部批准，总股本为 300 万两白银，已有老股 80 万两，须再招 220 万两。津浦路欲入股一半，即 110 万两银子。1909 年，交通银行已借给中兴煤矿公司 60 万两银子，再拿出 50 万两即够半数。这 110 万两银子算是津浦铁路借交通银行的，由津浦铁路运营中兴煤矿公司煤炭的运费扣付交通银行。1913 年，第三次中兴煤矿公司股东大会经理提议案中说："二年前本蒙前津浦铁路督办徐（世昌）、会办沈允准由津浦路局附股一半，以期路矿两得裨益，嗣因款未借得，改由公司恩借保商银行"。②"嗣因款未借得"，当然指的是津浦铁路想入股中兴煤矿公司而没能借到银子。津浦铁路会向谁借银子呢？一定是交通银行。1909 年，中兴煤矿公司向交通银行借 60 万两白银，是由津浦铁路担保，代扣运煤费用偿还交通银行的；这一次，津浦铁路是直接借款。路矿联手，在交通银行还能谋取

---

① 《禀恩恩准批饬津浦北段总办订立每年购煤六万吨合同并担任代扣煤价拨还保商银行本息由》，中兴公司档案文牍第五册，宣统三年七月初八日。

② 《第三次股东大会经理提议案》，中兴公司档案文牍第六册，民国二年五月。

利息，这是一个"三赢"的计划。这个计划不会是徐世昌这位优雅文人想出来的，一定是富有经营眼光的朱启钤向徐世昌提议的。有这个前因，所以张莲芬上禀徐世昌，恳请恩准批饬津浦铁路北段总办订立年购煤6万吨的合同，并担任代扣煤价，拨还保商银行的借款，就顺理成章了，丝毫不存在朱启钤操之过急的事儿。不过也能说明，在这类具体事务的处理上，徐世昌对朱启钤言听计从。

但是，邮传部大臣盛宣怀不同意。盛宣怀不但不同意交通银行向津浦铁路放款，而且不同意1909年商定的由津浦路担保中兴煤矿公司向交通银行借款的具体办法。因而，张莲芬在禀文中说："六月二十二日，接奉电谕，饬令运司入京，即日束装前来，趋叩崇阶，并谒邮传部大臣盛（宣怀），均蒙训示一切。具仰列宪维持振兴之至意，感戴莫名。惟前议各款系经过各股东认可，若再更议办法，仍需通告股东允诺，运司方得照办。"① 盛宣怀提出的"更议办法"是什么样的，今天已不得而知，但是肯定于中兴煤矿公司不利。所以，张莲芬决定改向保商银行借款，由津浦路担保，代扣煤价偿还。津浦铁路督办大臣仍然是徐世昌，徐世昌说了能算数。中兴煤矿公司向保商银行借款130万两白银，借到之后，立即归还了前借交通银行的60万两银子。这也进一步说明，盛宣怀对中兴煤矿公司向交通银行借60万两银子一事是不满的。

盛宣怀不同意津浦铁路入股中兴煤矿公司，也不同意津浦铁路担负代扣煤价还款向交通银行借款，冠冕堂皇的理由可以说出两条：第一条，津浦铁路是国有铁路，与民营煤矿搅和在一起，有失国企老大的身份——盛宣怀是晚清主张借外款修建国有铁路的最积极的鼓吹者和实施者；第二条，盛宣怀有可能在利息高低上做文章。不过，这两条都是

---

① 《禀恩准批饬津浦北段总办订立每年购煤6万吨合同并担任代扣煤价拨还保商银行本息由》，中兴公司档案文牍第五册，宣统三年七月初八日。

说得出口的，还有说不出口的。早在 1896 年，盛宣怀就是新成立的中国铁路总公司的总经理，积极主张借外款修筑国有铁路；不光铁路，盛宣怀还是李鸿章首创的轮船招商局的重要成员，由会办而督办；也是李鸿章首倡的天津电报总局的创办人。所以，晚清的航运、邮政、铁路，这些后来归并到邮传部的事业，盛宣怀都是首创者。可是，盛宣怀在 1906 年被袁世凯排挤到了一边。1911 年 1 月，盛宣怀被任命为邮传部尚书，后改任邮传部大臣，再度掌管原本由他亲手开创的事业。但是，在徐世昌、唐绍仪、沈云沛先后担任邮传部尚书的几年中，邮传部内和整个铁路系统中，交通系的班底已经初步形成，盛宣怀一时难以掌控。而徐世昌的权位又在盛宣怀之上，这就更让盛宣怀郁郁不平。对徐世昌想办的事，盛宣怀自然就看着不顺眼，就想改一改规则。盛宣怀是老资格的清廷重臣，徐世昌既然奈何他不得，也就不想奈何他。

朱启钤一心帮助中兴煤矿公司，一计不成，再生一计，支持张莲芬给徐世昌上了那么一道禀文。徐世昌于 1911 年 9 月 11 日在张莲芬那道禀文上作了批示。9 月 12 日，朱启钤即接到这个批示。朱启钤接到批示后，即邀请张莲芬到北段铁路局面议。经过磋商，双方就津浦路担任代扣煤价还款的办法拟订 10 条合同草案。朱启钤以《申钦宪稿》和《附禀钦宪稿》两次上书徐世昌，进一步分析了路矿关系。朱启钤提出，津浦路用煤，自天津总站至黄河北岸，应就近购买开平、滦州的煤炭。黄河以南至浦口，其间虽有磁窑、贾汪等煤矿，但产量低、质量差、块煤少，均不可恃为大宗供应。唯有峄县中兴煤矿，经邝荣光等人以专门矿学勘测、化验，苗厚质佳，为津浦路附属第一佳矿，且位置适中，中兴煤矿公司又极力减价揽售，自可先尽峄县中兴煤矿购用。预计路工告竣后，每年所需之煤，必不下 6 万吨，所请订立每年购煤 6 万吨的合同，也可照办。对于担任代扣后向保商银行还款，朱启钤认为，购煤合同为担任扣付煤价、拨还借款的依据，稍有不慎，即滋流弊。因此，他建议，除慎重拟订合同条款外，应设监理员，长期驻矿，实行稽查考核，对此次借款的用法并收支账目进行监督考察，并制定随时查账、按月开单之细节的具体制度，使该监理员的监督于中兴煤矿公司的扩充、进步毫无窒碍，于津浦路担任还款绝无危险。

1911年9月30日，中兴煤矿公司与中国保商银行在天津订立合同，由保商银行借予中兴煤矿公司白银130万两，由津浦铁路担任代扣中兴煤矿公司的运费偿还，借期10年。

10多天后，辛亥革命爆发。

第六章 资本的力量与张莲芬之死

从开平、滦州煤矿合并开始，周学熙便有意吞并中兴煤矿公司。其弟周学渊担任中兴煤矿公司董事长后，逼得张莲芬一次次提出辞职。德商会善罢甘休吗？他们是怎样安排一个五金工程师担任中兴煤矿公司总矿师的？德国矿师高夫曼无视工人对井下险情的汇报，导致1915年2月1日枣庄煤矿水火瓦斯爆炸的特大灾变。冤魂呼号，债主围门，心力俱疲的张莲芬一病不起。周学熙欲以100万元借款自任中兴煤矿公司总经理，吞并中兴公司，趁火打劫。商场就是战场。

一、中兴煤矿公司·周氏家族·保商银行案

1911年9月30日，中兴煤矿公司与天津保商银行签订借款合同之日，正是清政府统治岌岌可危之时。自1906年清政府在立宪派的压力下实行预备立宪，至1911年宣布成立责任内阁，实则为皇族把持要津的"皇族内阁"。在预备立宪的6年中，资产阶级立宪派一边组织请愿，请求速开国会、商定国是，一边为阻止清政府借外债修铁路、继续损失利权而保路拒款。两股潮流形成全国性的力量，与清政府展开了针锋相对的斗争。新兴资产阶级最终以武昌起义为发端，以摧枯拉朽之势推翻

了清政权，中国历史掀开了新的一页。

1912年元月1日，中华民国成立。台枣铁路已竣工通车，中兴煤矿公司的大井、发电厂正在建设中。这一年，津浦铁路临枣支线也在建设。中兴煤矿公司作为民族资本经营的最大煤矿，拨云见日，迎来了发展的机遇。但资金紧张一直是中兴煤矿公司面临的难题，这就难怪它引起了一个野心勃勃的著名实业家的瞩目，这人就是周学熙。

周学熙，字缉之，生于1865年，1895年中举，后亦官亦商，是袁世凯任直隶总督期间推行"北洋新政"时的核心幕僚。开平煤矿被盗卖和滦州煤矿最终与开平煤矿合并是中国近代工业史上的重大事件，这两件事都与周学熙有密切关系。当开平煤矿于1900年在英军的威胁和德璀琳、胡佛的诱骗之下被盗卖，周学熙时任开平煤矿会办，不过因请假送母亲赴川，恰好避过了那段混乱时期。开平煤矿的事情败露后，周学熙以唐山细棉土厂是独立经营的、开平煤矿的兄弟厂，张翼签名的"卖约"并未载明包括唐山细棉土厂，因此，英国人无权把该厂也攫为己有为由，在袁世凯的支持下，成功地收回了唐山细棉土厂，创办了启新洋灰厂。在收回利权运动中，这也是一大成就。之后，为达到挤垮英商、收回开平煤矿的目的，袁世凯于1906年支持周学熙创办滦州煤矿。滦州煤矿占地300多方里，享有诸多特权。袁世凯不仅加入官股，还支持周学熙创办天津官银号，以官银号的资金支持滦州煤矿的开办。由于资金充裕，滦州煤矿很快建成。赢利之后，周学熙将启新洋灰厂和滦州煤矿的官股逐渐转为商股，启新洋灰厂遂成为当时中国最大的水泥股份有限公司，滦州煤矿也成为当时中国最大的民营煤矿。周学熙的名字伴随着启新洋灰公司、滦州煤矿和天津官银号，如日中天。

滦州煤矿的创办以收回开平煤矿为目的，所以，直隶地盘上这两大煤矿的竞争和倾轧无时无刻不在进行。两家煤矿相互压低煤价，争战3年。1911年12月29日，中华民国即将成立，滦州煤矿方面竟然在这个时候同意与开平煤矿合并！滦州煤矿收开平煤矿不成，反而被开平煤矿收入囊中。两家煤矿虽然产权各自独立，经营权却归于英商。3 年的争战，周学熙都挺过来了。为什么在此时，两个冤家居然合并，周学熙居然拱手将滦州煤矿的经营权交出？这其中的内幕是怎样的？有没有政治交易？不得而知。一失足成千古恨的周学熙，就在这时盯上了事业蒸蒸日上，但资金极度困难的中兴煤矿公司。

1911 年 9 月 30 日，中兴煤矿公司与北洋保商银行在天津订立借款合同，由保商银行借予中兴煤矿公司 130 万两白银，规定自合同画押半个月内，先付银 20 万两，其余 110 万两于 1911 年 12 月底交清，借款利息为长年周息 8 厘。还款期自 1912 年旧历正月初一计算，由津浦铁路使用中兴煤矿公司的煤炭折价偿还，第一、第二年只还利息，10 年还清。合同签署之后，保商银行于 1911 年 10 月底付银 47 万两，年底又付银 8 万两，其余的即以湖北武昌起义爆发为借口，不肯按期拨付。经中兴煤矿公司催问，保商银行答以须增加利息，首批交付的 47 万两银子要增加 2 厘，其余已支付的 8 万两和尚未支付的 75 万两，年利增至 1 分 2 厘。中兴煤矿公司董事会不允，托津浦铁路驻中兴煤矿公司监理员任凤苞调解。1913 年 4 月，保商银行始允按 1 分年息计算。1913 年 5 月，保商银行方面按 1 分年息又支付白银 55 万两，总共交付借银 110 万两。中兴煤矿公司在 1909 年经农工商部批准，招股至白银 300 万两，除掉老股 80 万两，再招 220 万两。这 220 万两银子主要是为了还上台枣铁路修筑期间的借款。农工商部先说加入官股，但未加，津浦铁路欲入股白银 110 万两却未成，向保商银行借款 130 万两，而保商银行到规定交清的 1911 年年底只交付了 55 万两。中兴煤矿公司还要用借保商银行的款子，清偿 1910 年向交通银行借的 60 万两。所以事实上，中兴公司自 1909 年决定招股 220 万两之后，只是增加了向保商银行息借的 110 万两行平化宝银，连还款都不够。而这 3 年正是中兴煤矿公司扩张建设、跨越式发展的 3 年，中兴煤矿公司资金方面的压力之大可想而知。

资金一旦断绝，那就是某些人的机会。

据政协唐山市委员会文史委编撰的《开滦》一书记载："在中华民国正式成立的前三天，即 1911 年 12 月 29 日，一直未出面的周学熙同那森（那森为英国人，时任开平公司总经理——本文作者注）就两公司合并问题举行了会谈。"周学熙提出，按"滦（州）四开（平）六"分利即可达成协议。那森当即表态，对周学熙亲自出面和所谈条件进行了分析。那森认为，周学熙来谈判，原因主要是辛亥革命爆发，中国政局动荡不定，袁世凯又一度被清廷贬职，周学熙失去了依靠势力。再者，周学熙还想利用滦州、开平两公司合并后，不用花多少钱就可将山东峄县中兴煤矿搞到手，以加强自己的地位。

周学熙与那森谈两公司合并的 1911 年 12 月 29 日，也正是中兴煤矿公司和北洋保商银行签署的合同规定的、保商银行应将 130 万银子全部支付给中兴煤矿公司的期限——1911 年 12 月底。而保商银行继先期交付 47 万两之后，在这个时间只交付了 8 万两，共 55 万两。此后一年半的时间内，保商银行违背合同，单方面要求增加利息，未向中兴煤矿公司支付其余款项。二者之间是巧合，还是有某种默契？若是没有关系，那森为何作出那样的揣测？

周学熙与北洋保商银行是有些关系的。就在当时，周学熙与北洋保商银行之间，达成了一项交易。这笔交易的结果，使周学熙的启新洋灰公司吞并了湖北一家水泥厂。

启新洋灰公司吞并湖北大冶水泥厂一事，很能说明周学熙其人的性格与做事的套路。我们在此略作介绍。

湖北大冶水泥厂在湖广总督张之洞支持下创办于 1907 年，两年后建成。因长江一带土质优良，宜于生产水泥，大冶水泥厂建成投产后，势必占据长江中下游一带的大市场。对于立志成为"北方工业王国霸主"的周学熙，这无疑是个威胁。于是，周学熙在1909年派人赴长江一带考察，于1910年决定在江苏南京句容县和安徽芜湖两地，开设启新洋灰公司的分厂。大冶水泥厂总理程祖福于是上禀由直隶总督调任署理湖广总督不久的杨士骧，以大冶水泥厂"成本较巨，大局粗定"[1]为由，希望阻止启新洋灰公司南下设厂竞争。程祖福此举无疑触怒了周学熙。周学熙随后便不加掩饰地利用自己作为农工商部丞参上行走的官权和周氏企业集团的雄厚资财，赤裸裸地开始了对大冶水泥厂的吞并。他先是派人对程祖福进行恫吓，由其同父异母的弟弟周学辉交给程祖福"苛条五则，意图兼并"[2]，被程祖福拒绝。兼并不成，周学熙便制造舆论，称大冶水泥厂"万不可靠，所订机器，物劣价昂……如入股本，必致无着"。[3]且不说大冶水泥厂所订机器是否物劣价昂，单是周学熙摆出的这副竞争架势，就令一般人对势单力薄的大冶水泥厂招股之事不敢问津。别说一般人，甚至大冶水泥厂原来的股东、曾做过云贵总督的李经羲都抽走了股本，大冶水泥厂招股还怎么进行？偏偏程祖福是个不服输的人，在招股无着的情况下借款办厂，并很快生产出"货色之佳，甲于中外各厂"[4]的水泥。周学熙就再出歪招儿，由农工商部饬令湖北劝业道查核大冶水泥厂的账目。查核结果并无问题。周学熙又以私人名义致信湖北劝业道，问大冶水泥厂是否借有洋债。湖北劝业道回答，有洋

---

[1] 《商办湖北水泥厂总理、湖北补用存留道程祖福禀护理湖广总督杨士骧文》，载汪敬虞编：《中国近代工业史资料》第二辑下册，科学出版社1957年版，第1082页。

[2] 《1911年湖北大冶水泥厂总理程祖福启事》，载汪敬虞编：《中国近代工业史资料》第二辑下册，科学出版社1957年版，第1085页。

[3] 《1911年湖北大冶水泥厂总理程祖福启事》，载汪敬虞编：《中国近代工业史资料》第二辑下册，科学出版社1957年版，第1085页。

[4] 《1911年湖北大冶水泥厂总理程祖福启事》，载汪敬虞编：《中国近代工业史资料》第二辑下册，科学出版社1957年版，第1085页。

债，但并无损害中国利权的情况。周学熙立即翻脸，斥责湖北劝业道居然同意大冶水泥厂借洋款办厂。但是，当年在不损害中国利权的情况下，借一点儿洋款无可厚非。周学熙发这种无名之火，可见他的忌恨是多么强烈。接下来，1911 年正月，周学熙带人亲赴上海与程祖福会面，作出一副友好的样子，希望两家水泥厂联合起来以抵制外洋。程祖福见周学熙言之有理，便把本厂情况如实相告，包括大冶水泥厂的股东有借用吉林银号之款。周学熙摸清底细后，立刻变脸，函托吉林省管财政的度支使和吉林官银号，要他们立即将大冶水泥厂的欠款"勒限提回，如敢逾期，即将大冶厂充公，由启新公司代缴认款承办"。[1] 其理由是，程祖福此人极不可靠。吉林度支使和官银号接信后，大概也感到周学熙以势压人，太过霸道，于是"秉公筹议，婉言答复"[2]，没听周学熙的。谁知没过几个月，1911 年春天，吉林发生火灾，吉林官银号归并办银行，需要清理账目。某京官赴吉林办理此事，周学熙便向其诋毁大冶水泥厂总理程祖福，意思是大冶水泥厂的借款极不可靠，必须勒限追还，否则将把大冶水泥厂充公，由农工商部官办，作为启新洋灰公司接管的跳板。吉林方面经过调查，认为大冶水泥厂的 48 万两借银有 58 万两的股票抵押，"事尚可行，应准照办"。[3] 周学熙又未得逞。这一段经过，有 1911 年 8 月 26 日《时报》的报道为佐证。该报道称："湖北大冶水泥厂开办以来，成效昭著，销场甚广，以致周学熙京堂所办之启新洋灰公司大受影响。年来诽谤丛生，势在破坏水泥厂之成局，本年水泥厂添招新

---

① 《1911 年湖北大冶水泥厂总理程祖福启事》，载汪敬虞编：《中国近代工业史资料》第二辑下册，科学出版社 1957 年版，第 1086 页。

② 《1911 年湖北大冶水泥厂总理程祖福启事》，载汪敬虞编：《中国近代工业史资料》第二辑下册，科学出版社 1957 年版，第 1086 页。

③ 《1911 年湖北大冶水泥厂总理程祖福启事》，载汪敬虞编：《中国近代工业史资料》第二辑下册，科学出版社 1957 年版，第 1087 页。

股时大为阻挠，入股者不甚踊跃。厂中因添购机件，需款孔亟，遂向吉林官银号押借银四十八万两，并向某洋行商借款项，以资应付。事后经农工商部 饬湖北劝业道，查明该厂所借洋款有无损失利权之处，彼经劝业道查明复部，以该厂借款合同尚属妥当，遂未干涉。现部派吴查办吉林官银号，牵涉该厂押款，立须提还。闻有该厂若缴还无力，即将该厂收归官办之议，其原动力亦启新公司所罗织。"①

　　中华民国成立之后，周学熙成为袁世凯政府的财政总长，对湖北大冶水泥厂继续穷追猛打，致使该厂的资金更加困难，负债很多。周学熙提出以 70 万元收购该厂，但大冶水泥厂索价 170 万元，没有成交。随后，启新洋灰公司通过北洋保商银行贷款 140 万两白银给大冶水泥厂。双方签订合同，分 20 年还清，年息 8 厘。在借款未还清之前，大冶水泥厂的营业、用人、工作均委托给债权者保商银行，保商银行并有权将合同让渡。这个合同的条款对大冶水泥厂是相当苛刻的。它失去了经营权，实际上也因 140 万两借款失去了所有权。周学熙就用这种暗度陈仓的办法控制了大冶水泥厂，于 1914 年正式吞并该厂。从这个案例可以看到两个事实：第一，周学熙能够操控北洋保商银行。北洋保商银行原系担任直隶总督的杨士骧与德、法商人合办。周学熙作为天津官银号的负责人，至少与其有密切关系。第二，北洋保商银行同一时期对大冶水泥厂放贷也是年息 8 厘，如果没有人从中作梗，不应该对中兴煤矿公司的借款利息从 8 厘强行增至 1 分 2 厘。这个从中作梗的人会是谁呢？

　　说起来，周氏家族与中兴煤矿公司、周学熙本人与张莲芬都颇有渊源。周学熙的父亲周馥与张莲芬曾同为李鸿章的幕僚。1900 年庚子事变后，张莲芬由二品衔永定河道转为天津道。周馥则由四川调任直隶按察使，协助李鸿章与八国联军议和。1902 年，周馥接替袁世凯任山东

①　汪敬虞编：《中国近代工业史资料》第二辑下册，科学出版社 1957 年版，第 1083 页。

巡抚。正在济南创办山东大学堂的周学熙为回避而随袁世凯赴天津,以候补道员身份办理洋务。紧接着,张莲芬由天津道改任兖沂济曹道,而周学熙担任了天津道。清朝的候补官员有缺才能递补,周学熙极有可能是接替了张莲芬留下的实缺。张莲芬对这次调动一直抱着欣然接受的态度,可见他对周学熙的情义之深。周馥担任山东巡抚之后,对中兴煤矿公司呵护有加,当时,正值中兴煤矿公司内无资金,外有德国驻华公使施压、破坏,中间还有运河关卡乱收厘税。周馥坚定地支持张莲芬于1904年把修筑台枣铁路提上日程。

周家入股中兴煤矿公司应该就在1905年中兴煤矿公司为修筑台枣铁路出台《暂行及添招新股章程》之后。1912年5月,在中兴煤矿公司第一次股东大会上,周学熙的弟弟周学渊当选为董事长。周学熙的另一个弟弟周学辉也是中兴煤矿公司股东。

周学熙本人对中兴煤矿公司的情况也十分熟悉。前文已经说过,1909年,农工商部、邮传部、吕海寰、袁树勋接清廷谕旨,会查中兴煤矿公司被告大案,农工商部派去的正是周学熙。周学熙当时是农工商部丞参上行走。他到中兴煤矿公司之后,为中兴公司做了一件大事。中兴煤矿公司在1899年创办时获得的专利是百里内不准再有用机器采矿的,十里内不准再有用土法采矿的。告状者提出"四至"的概念,百里四至即东、西、南、北四面都是百里。实际上,枣庄矿区的北面和南面都横亘着东西数十里的山脉,煤田则在自枣庄向东西延伸的狭长的冲积平原下。周学熙那一次到枣庄来,科学地测勘了中兴煤矿公司的矿脉占地,划定了330方里的矿界。由农工商部向清廷呈上的奏折充分肯定了中兴煤矿公司和张莲芬,并提出农工商部向中兴煤矿公司加入官股,以帮助中兴公司解决招股的困难,渡过难关。这个奏折应该就是周学熙起草的。周学熙这一次的中兴煤矿公司之行令中兴人印象深刻,张莲芬对他的感激是不用说的。周学熙之弟周学渊于1912年5月在中兴煤矿公司第一次股东大会上能够当选董事长，与周学熙那一次的中兴之行不无关系。

可周学熙为什么一改对中兴煤矿公司的态度，在开平、滦州煤矿合并之时透露出要以较小的代价吞并中兴公司呢？农工商部本来是要向中兴煤矿公司投入官股的，后来却为什么没有兑现呢？在1909年中兴煤矿公司经农工商部批准后出台的招股章程中有这样一句话："本公司先后蒙山东抚宪提倡筹拨官款附入之股，暨农工商部札准续筹官款协助之股，均为维持矿政起见，应享利益与商股一律不稍异。"[1]"与商股一律不稍异"有怎样的权利呢？招股章程第七款规定："凡有十股以上之股东，年已逾冠者，始有发议权；五十股以上之股东始有一决议权；余准以五十股递加。如有不满十股之股东联合，其股数至满十股者，介举一人到会亦可发议，数至五十股亦有一决议权，惟一人至多不得逾二十五决议权。"[2]"选举总经理必须人品端正，操守可信，熟悉矿务，才具稳练，有本公司股份二百股以上之股东，方可被选"。[3] 周学熙有一句名言："要搞实业，首要的是抓权。"[4] 他作为农工商部派出调查中兴煤矿公司的官员，提出加入官股，自然是想把中兴煤矿公司变为官商合办之矿，有当时给清廷的《农工商部会奏查明公司被控各款原折稿》为证。该奏折中提议加入官款的那句话是这样说的："惟该矿经此番波折，商情观望，集股更难，拟由农工商部附以官股作为官商合办之矿，以竟全功。"[5] 如果中兴煤矿公司变成官商合办之矿，官权就会成为中兴公司管

---

[1]　《商办峄县中兴煤矿公司汇订招股章程》，中兴公司档案文牍第七册。

[2]　《商办峄县中兴煤矿公司汇订招股章程》，中兴公司档案文牍第七册。

[3]　《商办峄县中兴煤矿公司汇订招股章程》，中兴公司档案文牍第七册。

[4]　文昊编：《我所知道的资本家族》，中国文史出版社2006年版，第109页。

[5]　《农工商部会奏查明公司被控各款原折稿》，中兴公司档案文牍第五册，宣统元年六月二十三日。

理层的主导权。张莲芬既然已经辞官为民，周学熙控制中兴煤矿公司就成为理所当然。但是，官商合办体制早已暴露出严重的弊端，周学熙麾下的那些官商合办企业都是收购退出官股之后改为商办的。所以，张莲芬没有那样做，而是坚定地以《公司律》为据，维护了中兴煤矿公司商办的性质。就周学熙专制的性格和他一贯的做派来看，这当然会触怒他。

当时的周学熙野心勃勃，在他麾下，已有启新洋灰公司、滦州矿务公司和矿地公司，并正在一步步吞并湖北大冶水泥厂，即将创办中国实业银行，稍后还开设了拥有天津、青岛、唐山、卫辉4个工厂的华新纺织公司和耀华玻璃厂。吞并陷入资金泥淖的中兴煤矿公司，在他简直是很自然的事情。周学熙要展示他资本的力量，要追逐更大的利润。虽然失去了滦州矿务公司，但只要拿到中兴煤矿公司，他在中国煤矿界的地位和名望仍然不可撼动。不仅如此，他在中兴煤矿公司调查时便极力称赞中兴公司办理得法。如此一个办理得法的中兴煤矿公司既有运河水路通长江市场，又将有津浦铁路经鲁、皖、苏通往长江，中兴煤矿的煤质优良，胜过滦州煤矿，将来势必成为滦州煤矿的强劲竞争对手。吞并中兴煤矿公司的意图也就由此而生。以后的事实证明，周学熙的确迈出了吞并中兴煤矿公司的脚步。所以，北洋保商银行在1911年12月底以提高利息为名，单方面挑起与中兴的纠纷，停止向中兴公司交付借款，是否与他有关，值得存疑。

二、相煎何太急

台枣铁路于1912年元月1日正式全线运营通车之后，股东名册、股本总额、所费资金等一概明了。按照原议，召开股东大会、选举董事会、确立公司领导班子被提上日程。中兴煤矿公司总理已经由股东代表提名，经农工商部批准，确定为张莲芬；董事长人选成为众所瞩目的焦点。按说，最有资格的就是朱钟琪。朱钟琪，号养田，字旭初。朱钟琪这个名字在前文已经多次出现，他是晚清山东商务局道员。1904年，当中兴煤矿公司的3名高管中两名陷入开平矿局盗卖丑闻、张莲芬独支危局时，朱钟琪就曾协助中兴煤矿公司招募股资；1908年的台枣铁路案中，朱钟琪作为股东代表，与张莲芬一起赴京，接受4省官绅的质询，揭穿围绕台枣铁路的谣言，说服4省京官支持中兴公司修筑台枣铁路；紧接着，又是朱钟琪代表中兴煤矿公司的股东向直隶总督杨士骧和农工商部呈文，要求注销"华德"的名号，改"华德山东峄县中兴煤矿股份有限公司"为"商办山东峄县中兴煤矿股份有限公司"，并提名已辞去山东盐运使的张莲芬为中兴煤矿公司总理。按照朱钟琪的资历和贡献，他理应成为中兴煤矿公司的首任董事长。但是1912年5月，中兴煤矿公司召开第一次股东大会①时，却是周学熙的同父异母弟弟周学渊当选董事长。周学渊当选中兴煤矿公司董事长前后，都做了哪些事情呢？

第一件事，就是呈报民国农工商部，将张莲芬的"总理"改为"正经理"。在《商办峄县中兴煤矿公司汇订招股章程》中有一条写道："本公司于民国元年五月股东常会议决，仿照开滦汉冶萍两公司章程改订总协理名称为正经理一人，副经理二人。"②

民国元年（1912年）五月，正是周学渊当选中兴煤矿公司首任董事会长的时间。"总理"和"正经理"，一字之差，内涵却大不相同，大

---

① 一般研究者大概因中兴煤矿公司有档案记载的第三次股东会召开于1913年，遂认定该公司首次股东会召开于1911年，并于此次会议上选举产生首届董事会。而据中兴煤矿公司文牍第七册《汇订招股章程》庚条："本公司于民国元年五月股东常会议决，遵照商律组织董事会，并设查账员，均经呈部立案"，中兴煤矿公司首届股东会召开的时间应为1912年5月。当年8月，工商部批准经选举产生的董事，中兴煤矿公司召开了特别股东会，是为第二次股东会。

② 《商办峄县中兴煤矿公司汇订招股章程》，中兴公司档案文牍第七册。

大削弱了张莲芬的权力和地位。

　　周学渊在中兴煤矿公司首届董事会产生之前做的第二件事，即是以莫须有的理由调查张莲芬。派谁调查张莲芬呢？派津浦铁路驻中兴煤矿公司监理员、交通银行协理任凤苞。任凤苞，又名任振采。1908 年年底，台枣铁路案已经水落石出，枣庄的地方势力再次就中兴煤矿公司占地面积等事，通过军机大臣告到清廷，清廷命邮政部、农工商部、督办津浦铁路大臣、山东巡抚院联合调查。任凤苞即代表津浦铁路局赴枣庄，终于还中兴煤矿公司和张莲芬以清白。1909 年 4 月，津浦铁路北段总办李德顺贪污事发，任凤苞时任北段帮办，对该案漏网分子进行了检举揭发。这表明，在台枣铁路案中，任凤苞始终是站在中兴煤矿公司一边的。

　　1910 年 4 月，张莲芬经徐世昌批准，以津浦路代扣煤价担负还款，向交通银行息借 60 万两漕平银以解燃眉之急。任凤苞和邝荣光赴中兴煤矿公司调查，后又和孟锡钰一起制订担负代扣还款的合同。中兴煤矿公司的股东一致认为合同条款至公，对徐世昌均深感激。1911 年，中兴煤矿公司和保商银行签订借款合同时，又是任凤苞代表津浦铁路担任驻中兴监理员，以监督落实津浦铁路代扣煤价还款的具体事宜。任凤苞对于中兴煤矿公司功莫大焉。任凤苞的父亲任锡汾是中兴煤矿公司首届股东大会选举出的五董事之一。张莲芬在给任凤苞的一封信中自称"姻愚弟"①，由此可知，他们之间还有一层亲戚关系。就是任凤苞这样一位张莲芬的得力助手，竟受中兴煤矿公司首届董事会长之请暗中调查张莲芬，可见周学渊对张莲芬的打击不遗余力。这一举动，逼得张莲芬在中兴煤矿公司首届董事会甫一成立就提出辞职。无奈众股东恳切挽留，张莲芬也怕中兴煤矿公司的事业功败垂成，因而忍辱负重，留任

---

① 《张莲芬复任凤苞函》，中兴公司档案《往来信函》，1913 年 10 月 19 日。

正经理。

　　周学渊担任董事长后做的第三件事就是制衡张莲芬，剥夺张莲芬身为经理应有的权力。一是规定经理只有千元以内的资金支配权，二是规定中兴煤矿公司的一切对外交涉归董事会。哪有经理不能对外交涉的？哪有经理不能支配资金使用的？

　　周学渊所作所为，分明就是逼迫张莲芬下台。对于一手创办中兴煤矿公司、支撑中兴走过一路狂风暴雨的张莲芬，周学渊相煎何急！

　　有张莲芬留下的文字为证。

　　1913 年 10 月 19 日，张莲芬在被逼无奈的情况下给任凤苞写了一封信，摘要于下：

　　　　弟在矿两月，会同两协理将各机关改组，均有条理。大井亦恢复原状，日出煤三百吨，连小井出八百吨，以后仍可渐多出……

　　　　周四先生前议早暗取消，倪丹忱、王祝三附股事亦恐不能成事实。周立之现仍说合一处，不知是否周四先生化身，但亦恐未必有成。弟仗公同燕老暗中扶助之力……前借中国（银行）及贵京行二十万元已到期，现先付六个月利息，稍缓仍照上年办法，续订合同，续向贵各行酌借若干。愚见周四既不能遂其所欲，中国（银行）之十万元似宜年前归还为是……董事会文案马君彦珣交到本月八日赐书，再三展读，甚骇。我公责备鄙人，中多误会。我公对于公司，自前清（光绪）三十四年（1908 年）奉派会查（台枣）铁路始，力主公道，尽心维持，迄今五年有余……迨自上年春间，股东中一二人意图揽权，忽造谣言，致令多人怀疑，请公到矿暗查鄙人事实。在矿员司风闻警疑，第一闻知，即于股东会成立时宣告辞职。经我公同到会诸股东挽留，弟因创办艰难，甫见成效，若负意气半途舍去，前劳尽弃，未免可惜。又兼环顾股东中实无内行可托

279

之人，不得已勉允再办一、二年，俟全功告成，再行卸肩。然自有此警戒，立意公司重要事件以及银钱巨款悉由董事会负责。上年八月正式董事会成立，所定规条遇有用款千金以外，必须董事会认可，始为有效；对外公文交涉，亦由董事会主持，禀明商部，撤销总理，改为正副经理各办法，此皆我公所亲见，深知众股东公同议决矣。[1]

信中的"周四先生"指的就是周学熙。周学熙排行第四，时人也称其"周四"。"周立之"是周学渊，周学渊字立之。由张莲芬信中的这段内容，可以想见中兴煤矿公司第一届股东大会召开之前，公司内由周学熙之弟周学渊，大概还包括他的另外一个弟弟周学辉，在股东中搞了一次激烈的夺权斗争。周氏兄弟之所以能掀起这样一场风浪，一是因为1912年2月袁世凯窃取中华民国大总统宝座之后，其昔日亲信周学熙就被任命为内阁财政总长。周学渊、周学辉有兄长做靠山，就有了几分呼风唤雨的本钱。二是因为1909年周学熙代表农工商部调查中兴煤矿公司的案情时，不仅在农工商部为中兴煤矿公司说了些实事求是的好话，而且还科学地为中兴煤矿公司确定了矿界，令以矿界攻击中兴煤矿公司的枣庄地方势力失去了口实。这件事提高了周氏兄弟在中兴煤矿公司的威信。第三个原因，无论张莲芬还是朱钟琪，这时都已失去了官职。张莲芬早在宣统元年（1909年）便主动辞官，朱钟琪则因中华民国成立自动失去了原来的职务。数千年的官本位不可能在那个时代消除，周学渊、周学辉于是有了比其他股东更多的政治资本，因为他们的哥哥是新任财政总长周学熙。

张莲芬接着在信中写道：

---

[1] 《张莲芬复任凤苞函》，中兴公司档案《往来信函》，1913年10月19日。

280

保商（银行）借款虽在董事会成立以前，而合同外加利一层，实发生于董事会成立之后。当此公司财源困弱之际，忽增意外之巨款，弟不能不请董事会斟酌。董事会既以保商四十七万（两白银）不应自今年再加息二厘，保商（银行）历次复信又不稍让步，并直斥董事会不应干涉，此董事会不得不抱定合同立言，以冀我公得以从中调和也。前此周（学渊）、许（珩）、朱（曜）、郑（学懋）诸董事，历在津、京与公面议，均以四十七万（两白银）不应再加息二厘为请，亦不以我公所允办法为全。兆今来书，直接责弟，不独弟含冤莫白，且误董事会之用意矣。至保商上年不肯交款，我公同弟历次议论，亦只言续交之款可以酌加利息，并未言及四十七万（两白银）一并加利。本年旧历二月底，弟由沪宁回矿，始闻胡圣余略为言及，亦不甚详细。其时我公并无正式来信知会。弟即函告我公，保商（银行）加息一层只能按续交之款，不能连及四十七万（两白银）。我公于四月六日复信，尚言巴（贝）、叶（兰舫）在京磋商，除八月内所交之四十七万（两白银）按合同年息八厘，九月以后所交之款统按年息一分；又自今年起至年底止，连四十七万（两白银）均暂按年息一分，至年终察看大局金融情形再议办法。又利上加利。据称上年该行与汇理交往是如此，且为数无多，请通融照算云云。我公仍坚持不允等语。彼时弟已到津，即向我公声明续交之款按年息一分利上加利，均可照允，惟四十七万（两白银）自今年一月一日起，统按一分算息，实在不合，万难承认，并将情理详细声说。我公亦云此系我一时忽略，此事自难承认，容我再与交涉。此议贵津行林、张二君亦在旁闻之。弟亦曾同张朗轩面向叶兰舫言过，不料保商（银行）竟持势不稍退让，执定同公与胡圣余议决所语，一再复信董事会，强硬万分。此董事会亦执定自七月一日起，只能按照合同办理之实情也。总之借款一事虽在保商（银行）心目中久已视弟为不足轻重之人，然弟感我公盛情，决不能置身事外。如保商（银行）能稍议退让，将四十七万（两白银）仍照合同八厘年息，此外，弟即力与董事会劝释，或将续交之款仍按年息一分，以至本年十二月底止，作为交清全款日期。彼此将合同取出，注明明年一月一日起，按照原订合同规定，第一、二两年只付利息，以后分八年还本。如此办理，彼此和好如初。在保商（银行）已得额外利银巨数，在公司亦少七千余金之赔累，此最曲全之法。倘保商必欲将四十七万（两白银）自今年加利二厘，恐不特董事会不能承认，即众股东亦必有反对之日……公当知弟此时亦处于调停地步，并无权专主。想公亦股东，当不能责我太甚也。弟二十一日到京，一切当再面商。更有请者，津浦（铁路局）实共欠七万余元，理应早拨七万元与津行，俾得先付保商（银行）七、八、九三个月额定利息银（行化）二万六千两矣。加利事说定，再交续款二厘加息。津浦（铁路局）意因无款一再拖延。将来公司认贵行之利银及保商（银行）过期息上加息，究归谁付？我公有监理之任，彼时想又多一番饶舌。弟因种种为难，实无能为力，再任经理……①

张莲芬的这封信及张莲芬与任凤苞之间的误会，都是因保商银行案而产生。从信中可以看出，1913 年 5 月，经任凤苞斡旋，保商银行不再坚持 1 分 2 厘的年息，同意以 1 分年息再支付 55 万两白银。可是到 7 月 10 日，中兴煤矿公司董事会再次函请任凤苞，提议以 1913 年 6 月 30 日为限，在 1911 年先交给中兴煤矿公司的 47 万两白银按年息 8 厘计算，先后续交的 63 万两白银按 1 分计利。130 万两白银于 1913 年 6 月 30 日全部交清，7 月 1 日为中兴煤矿公司还款期限的第一年，其余

---

① 《张莲芬复任凤苞函》，中兴公司档案《往来信函》，1913 年 10 月 19 日。

保商银行未交付的 20 万两白银仍按年息 8 厘。这令居中调解的任凤苞十分为难，就写给张莲芬一封信。张莲芬见信"甚骇"，于是有了上述复信。

张莲芬的信透露出多层意思。

其一，张莲芬对周学熙欲吞并中兴煤矿公司的野心洞若观火。信的主体部分三次提到"周四先生"。旧时称呼有身份的人，一般不能直呼其名而称其字。例如，张莲芬字毓菓，谈及张莲芬时尊称张毓菓；任凤苞，名振采，字凤苞，一般称凤苞。周学熙字缉之，1912—1913年任民国政府财政总长，张莲芬却直呼其"周四先生"，毫不掩饰对这个人的厌恶之深。周学渊、周学辉兄弟在中兴煤矿公司第一次股东大会召开前兴风作浪，意欲夺权，而其背后的主谋必是有权有势的周学熙。信中"周四先生前议早暗取消"，当指周学熙提议农工商部向中兴煤矿公司注入官股一事。1909 年 6 月，周学熙代表农工商部调查中兴煤矿公司之后提出由农工商部向中兴煤矿公司注入官股，改中兴煤矿公司的商办性质为官商合办。中兴煤矿公司在当年十月出台招股章程，规定商股、官股一律平等看待。紧接着，农工商部便札饬中兴煤矿公司："至本部官股，原为保护维持起见，应俟商股集有成效，再行酌拨。"[1] 这完全是推脱。商股若能招得上来，还用得着官股吗？《商办峄县中兴煤矿公司汇订招股章程》中有一段说："以上招股章程（应指1909 年 10 月的招股章程——作者注）十一条，本公司于宣统元年十一月奉部批准开办，时本公司一面添招新股，一面将矿井工程及台枣铁路切实进行。宣统三年冬间，台枣铁路九十华里完全竣工，十五吨煤车八十辆一律装配，运销益畅。唯招股难以应急，又值兵兴，农工商

---

[1] 《1909 年农工商部札山东中兴煤矿》，载《申报》1909 年 12 月 17 日；转引自汪敬虞编：《中国近代工业史资料》第二辑下册，科学出版社 1957 年版，第 1049 页。

部前准拨付官款无着，不得已遂借天津保商银行银一百三十万两"。①
根据这段文字，周学熙提议农工商部向中兴煤矿公司加入官股一事当
然是取消了。"周立之现仍说合一处，不知是否周四先生化身，但亦恐
未必有成"一句，指的是周学渊招股之事。身为董事长，原有为中兴
煤矿公司招募股资之责，而周学渊却两年不曾为中兴招得分文。周学
渊自知说不过去，所以也得表现一下，说正"说合一处"。张莲芬推测，
那"说合"的"一处"便是周学熙，认为未必有成。张莲芬为什么做
这种推测呢？"愚见周四既不能遂其所欲"，结合前文"前议早暗取消"，
周学熙之欲不能遂的原因，应该是因为1910年中兴煤矿公司的招股章
程明确规定无论官股、商股，一律视为一般股东，平等享有权利，致
使周学熙不可能因所在的农工商部注入官股而达到控制中兴煤矿公司、
最终化官为私、以周氏集团吞并中兴煤矿公司的目的。周学熙集团的
滦州煤矿、启新洋灰公司等，都是周学熙利用与袁世凯的关系和掌控
天津官银号及芦纲公所的财权，先注入官股，利用官款办起来，赢利
之后再清退官股而成为周学熙名下的资产的。之后，周学熙再利用滦
州煤矿和启新洋灰公司的财力开办一个个企业，而致野心越来越大，
欲垄断北方、称雄中国。

其二，张莲芬对周学渊因揽权而造谣生事，对自己进行人身攻击极
为愤怒。"上年春间"，即1912年春天，正是中兴煤矿公司第一次股东
大会召开之前。"股东中一二人意图揽权，忽造谣言，致令多人怀疑，
请公到矿暗查鄙人事实。"既然意欲揽权，就不是一般股东，而是本来
就在社会上有权势的高层人士；居然还能请到任凤苞暗查张莲芬，这
"一二"股东不会是别人，一定是周学熙之弟周学渊和周学辉。暗查张
莲芬是一次有预谋的夺权行动。张莲芬最终因众股东挽留，忍辱负重，

① 《商办峄县中兴煤矿公司汇订招股章程》，中兴公司档案文牍第七册。

284

没有辞职，周氏兄弟抢班夺权的图谋一时未能完全实现。

其三，对于"所定规条遇有用款千金以外，必须董事会认可，始为有效"，"对外公文交涉，亦由董事会主持"，"呈明商部，撤销总理"三条，张莲芬是有意见的，但是，他选择了委曲求全。保商银行借款协议本来是他和津浦铁路、保商银行三方面达成的，可他实际上已被排除于事件之外。而任凤苞对此并不能完全理解，因为张莲芬的威信仍在。任凤苞受中兴煤矿公司董事会委托，负责调解中兴煤矿公司与保商银行之间的纠纷，也收到了较好的效果。但保商银行无理要求对1911年先期支付的47万两借银加息，中兴煤矿公司董事会坚决反对。任凤苞夹在中间受不白之冤，因而严词责难张莲芬。张莲芬仍然好言慰勉，摆事实，讲道理，要求任凤苞继续为中兴煤矿公司的利益尽力，可见张莲芬委曲求全的气度和对中兴煤矿公司的赤胆忠心。

让任凤苞去暗查张莲芬，其实等于在砍去张莲芬的左膀朱钟琪之后，再砍去张莲芬的右臂，因为不管查出来还是查不出来张莲芬的问题，都会使二人从此产生芥蒂。而任凤苞又不能不接受这项任务，因为他是津浦铁路局驻中兴煤矿公司的监理员，他有这方面的责任。任凤苞或许正因为有过暗查张莲芬的事情，所以才会在保商银行借款纠纷中误会张莲芬。而张莲芬通过这封信表明了对任凤苞一贯的信任，对任凤苞的贡献充分肯定，对具体事情有一说一、有二说二。张莲芬的智慧、诚信、包容，让周氏兄弟的图谋难以实现。

其四，虽然对周氏兄弟十分愤怒，但在保商银行借款纠纷中，张莲芬对中兴煤矿公司董事会的意见给予了理解和肯定，因为董事会的意见是集体的意见，是维护中兴煤矿公司利益的。张莲芬不仅自己理解，而且要求任凤苞也给予理解，并告诫任凤苞："倘保商（银行）必欲将四十七万（两白银）自今年加利二厘，恐不特董事会不能承认，即众股东亦必有反对之日。"

问题在于，周学熙能借保商银行之手吞并湖北大冶水泥厂，周学渊身为中兴煤矿公司董事长，为什么不能通过其兄与保商银行亲自交涉呢？董事长负有筹款的责任，而周学渊只会对任凤苞施压，只会对撞保商银行令矛盾升级，这样的董事长也配做董事长吗？张莲芬在1914年给任凤苞的一封信中写道："自前年会议，对内对外，以及筹款诸要事均归董事完全担任后，两年以来未见董事招得万元股金。若非我公嘱令济津各行随时通融，上年冬季戴理庵招来十万余股洋，即不能支持到今日。"①周学渊身为中兴煤矿公司董事长，背靠周氏家族的资本王国，竟两年未能为中兴煤矿公司招得万元股金，于公于私、于情于理，都是说不过去的。

湖北大冶水泥厂总理程祖福揭露周学熙利用官权破坏逼迫的启事写于宣统三年，即1911年3月。当时，《时报》据实发表了一篇报道，称破坏大冶水泥厂，其"原动力系为启新公司所罗织"。而程祖福的启事至1913年方在《时报》见报，于1913年3月9日、10日、12日连载3天。

张莲芬对周氏与保商银行的关系清清楚楚。同时，张莲芬知道，中兴煤矿公司的情况与湖北大冶水泥厂又不一样。

北洋保商银行总经理叶兰舫是中国人，兰舫是其字，其名为叶登榜。但保商银行的大股东是德商瑞记洋行与礼和洋行，其董事长巴贝就是瑞记洋行的总经理。②叶登榜怎能当得了巴贝的家？周学熙吞并大冶水泥厂固能得到保商银行的支持，他要吞并中兴或许只需一个示意的眼

---

① 《张莲芬再致任凤苞函》，中兴公司档案《往来信函》，1914年。
② 天津北洋保商银行为杨士骧任直隶总督时联络德、法商人创办，德商瑞记洋行、礼和洋行都是大股东。德商瑞记洋行董事为美国人田夏礼。据天津文史资料《八国联军时期的天津都统衙门》一文记载，田夏礼担任天津都统衙门秘书长时，曾与瑞记洋行总经理巴贝有过合作。本书张莲芬致任凤苞的信中出现"我公于四月六日复信，尚言巴、叶在京磋商"一语，"叶"为保商银行总经理叶兰舫，"巴"为保商银行董事长巴贝。

神。张莲芬明白，对付周氏兄弟的吞并图谋，必须谨慎从事，凝聚公司内部力量，分清是非曲直，董事会是董事会，周氏兄弟是周氏兄弟。张莲芬不仅自己把握分寸，同时告诫任凤苞不能意气用事。

三、是谁安排了高夫曼

或因保商银行借款纠纷，中兴煤矿公司遭受到来自两大财团无形的竞争和挤压。一大财团是周学熙代表的"工业王国"，另一大财团仍然是昔日的老对手——德商瑞记洋行与礼和洋行——这两家洋行作为北洋保商银行的大股东，已暗暗地把黑手卡在了中兴煤矿公司的脖子上。然而，毕竟已经是中华民国时代。民国初年先后担任工商总长的刘揆一和张謇，广泛听取工商界人士的意见，认真总结清末经济法规政策的经验教训，从中国的实际出发，加速制定经济法律法规，革新、稳定金融市场，改革不合理的税收制度，奖励和补助民营企业，改革官办企业制度，针对国内资本严重短缺的局面，特别提出在满足一定条件的前提下，利用外资振兴实业。其中的减免税厘、降低新办企业注册费、扩展融资渠道、统一货币等等，对全国市场的畅通和统一，对解决企业沉重的税厘负担和融资难问题，对推动全国民营企业发展，都发挥了重要作用。从中兴煤矿公司的档案中，也可以看到这些政策的影响。例如1913年，中兴煤矿公司第三次股东大会《提议公司股票改用银元案》便提出："诚以使用生银平色不一计算为难，反不如通用银元之利便而适用也"[1]；同时，股东大会还推出《宽筹资本推广营业案》，提出"招股俾满三百万元之数，次之发售不记名股票"[2]，不记名股票持有者没有

---

[1] 《第三次股东会提议公司股票改用银元案》，中兴公司档案文牍第六册。
[2] 《第三次股东会提议宽筹资本推广营业案》，中兴公司档案文牍第六册。

议决权，因此准许外商购买，体现出有条件地吸收外资；而企业法人地位的确立、"执行业务者为股东之全体或其中数人"①这一对股东权利的法律规定，则促使中兴煤矿公司在同一次股东大会上，由全体股东行使权利，基本废除了"官利制"，大大缓解了中兴煤矿公司的资金压力。也就是在这次股东大会上，中兴煤矿公司的管理层出现了一张新面孔。

1913年3月30日，一个德国人——高夫曼来到枣庄，应聘担任中兴公司矿师。谁都不知道，高夫曼原来是五金工程师。是谁把这个五金工程师安排到中兴煤矿公司担任矿师的呢？

首先，根据《胶澳租界条约》规定，山东省内兴办各项事业，如需引进外资或设备、技术、人员，必须先考虑德国人。中华民国虽然成立了，但是近代以来与列强签订的一系列不平等条约并未废除。由于袁世凯政府的善后大借款，美、英、法、德、俄等国势力不仅再次成为中国的债主，而且进一步夺取了中国的盐税——这一中国重要经济命脉的主权，列强在中国的特权有增无减。中兴煤矿公司的一号大井和发电厂此时已基本建成，矿师和电机师都必须到位。由于所购设备都是从德国进口，所以，雇佣德国人成为必要。而既然使用德国设备，依靠德国人培训中兴煤矿公司技术人员也成为必要——中国自己的矿学人才实在少之又少，而民国初年对西方制度、文化的崇尚，也促使舆论对洋人的警惕氛围大为淡化。矿师在德国人当中挑选既然顺理成章，那么，应该选谁、怎样挑选，决定权在中兴煤矿公司呢？还是在德国人？应该说，表面上在中兴煤矿公司，实际上在德国人。这是不言而喻的事情。

自1899年中兴煤矿公司挂牌成立，德国与中兴煤矿公司争夺枣庄煤田的斗争大致经历了4个阶段：第一阶段，德国强行索要津镇铁路山东段的修筑权，政治上的目的在于向中国北方地区扩张势力，进而一步

---

① 虞和平主编：《中国现代化历程》第二卷，江苏人民出版社2001年版，第424页。

步独霸中国；经济上的重要目的在于夺占津镇铁路山东段沿线的矿产，尤其是枣庄煤田。由于中兴煤矿公司抢先挂牌，德国在争夺中兴煤矿公司的第一个回合中失败。第二阶段，德国驻华公使以德国国家名义，要求中国在津镇铁路两侧已开办之矿只能延用土法，不能使用机器生产。津镇铁路并不在《胶澳租界条约》的规定之内，但津镇铁路草合同签订之后，"德国接着就提出了该路沿线30里以内的矿产开采权，并迭次无理要求封闭华人已开之大汶口、磁窑等处煤矿"。①1904年12月，德国驻华公使穆莫又提出矿务续章4款，其中第二条明确提出，津镇铁路两侧，"华矿只准用土法照向来之大小续办，不许用机器"。②1907年，德华矿务公司与山东地方当局签订的《关于淄川附近土法采煤合同》规定：在德国霸占的庞大矿区以内，除现存的华人土法煤井外，不得再设新井。1909年，《东方杂志》记载："淄川民营煤矿由于德商垄断煤焦运价，多数歇业，尚有两处出煤尚旺，且在德人所开之矿界以外，德人以有碍利益，由德领事要求封闭"。德国的侵略政策，"使山东全省之利益，不尽入其手不肯休"。③就在这期间，德国驻华公使多次照会清政府阻止中兴煤矿公司使用机器，并企图在中兴煤矿公司百里矿界内开矿。第三阶段，修筑台枣铁路被提上日程，德商要求注资合办，通过控制台枣铁路，进而控制中兴煤矿公司。这一阶段从1904年延续到1907年。第四阶段，德国利用津浦铁路向英、德借款的谈判，在邮传部和津浦铁路寻找、安插代理人，破坏台枣铁路的建设。4个阶段中，德国方面的压力之大，几乎没有哪个中国企业能够承受。但是，中兴煤矿公司不仅挺了过来，一次次绝地复生，而且建成了45公里的台枣铁路，又将有临枣支线铁路连接津浦路，一号大井即将投产，日发电量1.8万度的发电厂

① 王守中：《德国侵略山东史》，人民出版社1988年版，第251页。
② 王守中：《德国侵略山东史》，人民出版社1988年版，第251页。
③ 王守中：《德国侵略山东史》，人民出版社1988年版，第252页。

也将建成。德国为了胜利的荣耀可以不择手段，威廉二世的军政府甚至可以轻易地发动一场战争。他们能够眼睁睁地在被他们视为殖民地的山东境内，看着中兴煤矿公司成功吗？

中华民国成立后，德国非但没有放弃对中兴煤矿公司的侵占企图，甚至没有放弃一步步独霸中国的妄想。一个重要的历史事实是：1913 年 12 月，德国迫使中国政府签约，承诺首先向德国方面贷款购买材料，铺设从高密经沂州、峄县至韩庄，连接津浦铁路的、总长 300 公里的铁路。与这条铁路同样条件的，还有从济南至顺德（今河北邢台），连接京汉铁路的、总长约 200 公里的铁路。

从济南至京汉铁路线上顺德的铁路，无疑是德国向长江流域扩展势力的需要。自侵占胶州湾之后，德国一再流露出向长江流域扩展势力、一步步独霸中国、建立德意志世界大帝国的梦想。1909 年 3 月 7 日，当德国与晚清政府签署了《湖广铁路借款条约》，德国媒体欢呼雀跃，声称这次借款的成功，打破了英国所声明的对扬子江流域的独占权，是德国资本在"和平的战争"中取得了胜利，是德国"经营中国方面"的一大成功。1909 年 3 月 7 日这天，对德国资本来说，"真是一个永远不可忘记的纪念日"。[①] 德国资本对中国的入侵，简直达到了疯狂的状态。济南至京汉铁路线顺德的铁路，无疑又是这样的一个"胜利"。而高密至韩庄的铁路线呢？它对德国的意义在于何处？

1908 年，清政府在同德国议定津浦铁路借款正合同的过程中，曾经向德国提出："津浦路约已有端倪，查胶约新载各路，或包括在干路之内，或为干路之支路，均应归中国自办"[②]，并命驻德公使与德国外交部磋商。德国外交部故作姿态，说什么"不能再让"，最后才允许"俟

---

① 潘琪昌主编：《百年中德关系》，世界知识出版社 2005 年版，第 48 页。
② 王守中：《德国侵略山东史》，人民出版社 1988 年版，第 263 页。

津镇路约定妥，再行商议"。① 其实这时，德国已经认为，沂州府的矿业对他们价值不大，津浦铁路建成后，胶沂济铁路就失去修建的价值。既然如此，历史进入中华民国之后，德国为什么反而又压迫袁世凯政府给予其高密经沂州至韩庄铁路的修筑权呢？这条铁路与胶沂济铁路相比较，带来的主要变化在于，从沂州至济南段变成了从沂州至峄县、韩庄段。也就是说，德国人所在意的地方是峄县—韩庄段。峄县至韩庄段就在峄县境内，经过枣庄大煤田。前述台枣铁路案中，正是德国早在1904 年所画津镇铁路路线图中，就特别标明要修筑韩庄—峄县的支线铁路。为什么呢？先是为了在枣庄开办德国的煤矿。此路不通，便要通过运路垄断，挤垮中兴煤矿公司，掠夺枣庄煤田。这条韩枣支路既未载于津镇铁路借款草合同，亦未载于津浦铁路借款正合同，却成为陈璧、李德顺等人破坏台枣铁路的"权威王牌暗路"。1913 年，德国又设计出了高密—沂州—峄县—韩庄的铁路。除了打枣庄煤田的主意，对于德国来说，它还有什么更大的价值呢？

对于从高密到韩庄的这条铁路，所签条约的规定特别现实："借款以铁路及车辆行车进款作保，并给借款银行酬劳费二毫半外，铁路由德国铁路公司筑造，德国派行车总管、总工程师和会计稽查等"。② 也就是说，这条名义上归中国的铁路由德国筑造，由德国管理，到期如果不能还上借款，则铁路归德国所有。既然不惜代价拿到了高韩铁路的承筑权，德国财团会放过中兴煤矿公司吗？

台枣铁路依靠中国自己的工程师张并庚建成，当时除京张铁路外，绝无仅有。经营一个现代化的煤矿更为复杂，因为设备购自德国，张莲芬要选谁做矿师，关键在于德国方面愿意给谁。这正像孙悟空怎么跳不

① 王守中：《德国侵略山东史》，人民出版社 1988 年版，第 263、264 页。
② 王守中：《德国侵略山东史》，人民出版社 1988 年版，第 296 页。

出如来佛的掌心。

1906 年，中兴煤矿公司订购礼和洋行、瑞记洋行的铁路和大井物料，礼和洋行、瑞记洋行是山东德商财团的重要股东，最有可能向中兴煤矿公司派出矿师。1911 年，中兴煤矿公司向北洋保商银行借款 130万两白银，还在纠纷之中，而北洋保商银行的大股东正是德商礼和洋行与瑞记洋行。北洋保商银行既然与周学熙有着密切关系，礼和洋行与瑞记洋行有可能通过中兴煤矿公司董事长周学渊疏通关系，向中兴煤矿公司派出矿师。中兴煤矿公司大井设备的其他供货方，也可以向中兴煤矿公司派出矿师。总之，五金工程师高夫曼冒充煤矿矿师，被德国财团顺理成章地安排进了中兴煤矿公司。与高夫曼同时进入中兴煤矿公司的，还有发电厂的德籍技师 4 人——德国财团通过提供技术设备、矿师和间接借款，已经掌控了中兴煤矿公司的命脉。

在中兴煤矿公司的档案中，有一份由时任董事长周学渊领衔署名，要求兖州府和山东都督府派员保护中兴煤矿公司所聘矿师高夫曼的文件。山东行政公署据此指令："今峄县中兴煤矿公司董事周学渊等呈已悉，据情将聘订矿师高夫曼华洋文合同咨送工商交通部查核备案"，署名是"都督兼民政长周"。[①] 为冒充矿师的高夫曼的到来兴师动众，真是莫大的讽刺。

四、高夫曼与 1915 年"二一"灾变

高夫曼于 1913 年 3 月 30 日到枣庄。1915 年 2 月 1 日，中兴煤矿公司枣庄总矿发生特大水火瓦斯爆炸，导致 458 名矿工丧失生命。这位矿师把他的书籍一把大火烧掉算是忏悔，接着就走人了——外国列强在

---

① 《山东行政公署都督兼民政长周函及批》，中兴公司档案《往来信函》，1913 年 3 月。

中国享有治外法权，中国的法律管不着他们。致使 458 名矿工死亡的高夫曼一走了之。

　　事实的真相很快就查清楚了。1915 年 1 月 31 日夜，正在井下作业的工人感觉有水从正面顶上流出，便赶紧向高夫曼报告——经理张莲芬为筹款之事正在北京。不料，高夫曼竟傲慢地说："毋庸惊慌，仍令各工继续往前工作。"① 下达过命令，高夫曼继续安然睡觉。2 月 1 日清晨五六点钟，老峒内的积水混着煤气突然爆发，冲墙倒壁，汹涌异常。随流涌至的煤末约 2000 吨，700 尺大巷东西之路每边塞满约 500 尺。瓦斯在大巷内又与灯火接触，轰然爆炸，声若雷鸣，引起熊熊大火。整个巷道浓烟滚滚，井口更被旧木、铁车、煤末冲塞，罐笼不能升降，水泵亦被淹没。当时在井下工作的矿工共 673 人，只逃出 12 人，其余的全部被阻隔在井内。面对这种局面，高夫曼束手无策。在副经理戴绪万的主持下，于水势稍退的第三天，井上的工人们冒着生命危险纷纷下井救人，经过一天多的时间，才将塞满煤末、石块、乱木的大巷挖开一条通道，救出矿工 203 人。458 名矿工失去了生命。

　　而早在几天前，井下工人即发现煤壁有水珠渗出。向高夫曼报告后，他仅令人在渗水的煤壁附近修筑了两道防水闸门，就算完事。从事故发生的过程来看，并非仅仅由于高夫曼是五金工程师，而是因为高夫曼玩忽职守，视中国工人的生命如儿戏！身为工程师的高夫曼，必然也接受过德国的正规教育培训，以德国人的一丝不苟，他怎能犯那么低级的错误呢？看看高夫曼在中兴煤矿公司的两年里做了些什么，有助于认识他的真实面目。

　　我们还是从 1915 年的这场事故说起。事故发生在什么地方呢？在中兴煤矿公司枣庄总矿二十八丈旧窑附近。早在两年前高夫曼刚刚到矿

---

① 邝荣光：《中兴煤矿计划书》，载枣庄市政协文史资料第 19 辑《中兴风雨》，第 47 页。

时，副经理戴绪万就曾提醒高夫曼，二十八丈旧窑处须留意水患及瓦斯，有高夫曼于1913年5月在中兴煤矿公司股东会上的报告书为证。该报告书中说："戴君论二十八丈旧窑，效用必著。所可虑者，旧井林立，采取已多。如二十八丈窑，与西方煤路相距颇迩，戴君云，此井当日采煤无多，惟须留意水患及瓦斯，以备不虞；且积水几何，不能悬测。"① 既然戴绪万已有过这样的提醒，两年后发现渗水，岂可仅搭两道防水闸门就算完事？中国治水的老祖宗都知道一个道理，治水靠堵是堵不住的，必须进行疏导。高夫曼怎么会连这一点也想不到呢？当1915年1月31日夜工人报告有水从上面流出，高夫曼岂可无动于衷，令工人继续作业？虽然高夫曼的报告书中没有明说，但有经验的人都知道，打井放老峒之水，既可拓宽煤路，更可排除险情。戴绪万建议在二十八丈旧窑处开井，应该正是基于这样的目的。在中兴煤矿公司从小到大、从土到洋的发展过程中，戴绪万一直主管小井并主张以小井养大井。所以，戴绪万主张在二十八丈旧窑处开井，必然是开小井。开小井的好处是，不仅可以放老峒的水以排除险情、增加出煤，同时可节约大量经费。这对资金紧张如影随形的中兴煤矿公司是十分重要的。高夫曼却把出煤和治理老峒之水对立起来，对戴绪万的建议不予采纳，不同意在二十八丈旧窑开井，却敢在此处采煤。对水患问题，高夫曼仅仅提出"在二十八丈窑安置电机刻不容缓"。② 似乎有了排水的电机，一切水火瓦斯事故都毋庸担心了。

"二一"灾变后的事故调查更可证明高夫曼的不作为。事后的调查中，开滦煤矿测绘技术人员陈惟士在报告中说：枣庄总矿自新的大井投产之后，"表面规模日见宏大，内中缺点尚多，管理不得其法"。"井下

---

① 《第三次股东会矿师报告书》，中兴公司档案文牍第六册，1913年5月。
② 《第三次股东会矿师报告书》，中兴公司档案文牍第六册，1913年5月。

工作，首推测量绘图，谋定后动，约期工竣，大则可以防危险，再则可以省工料。而该矿于测量一事，向未注意。洋矿师虽专管大井，测量绘图亦未讲求，即已做成之工程，竟无详图可考。"而且，"该矿一道行以上之煤，大半由小井以土法取出，所余者不及半数。其隙处积水必多。势须按照详图，预为防备，方可采取。附呈代拟该矿之井下工作图，系就洋矿师之大井工作略图，及布积臣管理之各小井工作象形图合而绘成，不过略具形式而已。缘大井之工作图，尺数不尽可靠，且无深数度数。原小井草图，乃用铅笔随便记载者，尚未用测量器考校；方向、度数、深数均付阙如"。[①]

即便是五金工程师，高夫曼也应该懂得测量绘图对于采矿的重要性。连这样基础性的工作都不做，他在枣庄煤矿两年又都做了些什么呢？概括起来，他做了两件事。

第一件事，极力显示他的才学，哗众取宠。

1913年5月24日，在中兴煤矿公司第三次股东大会上，高夫曼这时来矿不足两个月，就做了一篇洋洋洒洒的报告。报告的开头即说："数星期前，承经理咨询新井未来之紧要问题，兹谨屡陈如下。"[②]下面，高夫曼列了7条大纲，分别是：煤炭之状况及煤品之高下；枣庄矿区之范围及蓄藏之煤量；如每日出煤千吨，关于井工完全之布置需资几何；每日出煤千吨需用几何时；每日出煤千吨，每吨煤需费几何；深200米正井工出煤之极量几何；论以往之布置；等等。很显然，经理张莲芬向高夫曼咨询矿井的未来，是要考查高夫曼。高夫曼来到枣庄煤矿的1913年3月30日，中兴煤矿公司的一号大井和自备发电厂已基本建成。一方面是考查；另一方面，张莲芬也想从高夫曼那儿了解自己辛辛苦苦

---

① 参见李修杰、苏任山：《枣庄煤矿工运史》。

② 《第三次股东会矿师报告书》，中兴公司档案文牍第六册，1913年5月。

建设起来的大井和发电厂的情况。股东大会即将召开，张莲芬也是为了让高夫曼有所准备，以便在股东大会上亮相。

高夫曼报告的开头还说："中兴公司与鄞人均有前人报告，虽详细不同，然所有要点，几尽于此。一礼和洋行汉治萍煤铁矿公司莱农报告书；又礼和洋行之腾格尔曼报告书；最后有矿务调查员喀里麦之报告书，为北京德公使及德政府而作也。"①

高夫曼手中的3份材料，全部是由礼和洋行提供的。矿务调查员喀里麦，应该就是1898年德国派遣到中国山东的探矿队成员。这个探矿队隶属于德华矿务公司，实际上也是礼和洋行的变种。所以，矿务调查员喀里麦为德国驻华公使及德国政府所做的报告书，与莱农和腾格尔曼的报告书一样，都是礼和洋行搞的。高夫曼握有的材料，全部为礼和洋行所提供。据此，高夫曼的身份也就不言而喻了。

礼和洋行是晚清时期向中国推销德国军火的最大军火商。胶州湾事件后，参与垄断山东铁路和矿产的礼和洋行还是德国向长江流域扩张势力的急先锋。1905年，湖广总督张之洞曾就售卖矿砂一事致信河南巡抚陈夔龙："闻豫省近铁路州县有黑铅矿，经德商礼和洋行私与该处不安分之土人议购此种矿砂。此为洋人干涉内地矿权之渐，万不可许。湘省前因订售锑砂，与该德商交涉，受彼挟制挑剔，至今未了。前车之鉴，不可不防……务望尊处密查严禁，断不准民间将矿砂售与礼和。"②礼和洋行掠夺中国之胃口，于此也可见一斑。礼和洋行是中兴煤矿公司的物料供应商，并作为大股东支持北洋保商银行利用借款勒索中兴煤矿公司，公然违约，逼迫张莲芬。这样的一个礼和洋行已经把五金工程师高夫曼安排进了中兴煤矿公司，担任了中兴煤矿公司总矿师，可不是个

① 《第三次股东会矿师报告书》，中兴公司档案文牍第六册，1913年5月。
② 汪敬虞编：《中国近代工业史资料》第二辑上册，科学出版社1957年版，第174—175页。

好兆头。然而在民国初年，随着袁世凯的善后大借款，列强在中国的势力又呈增长态势，袁世凯政府甚至有对列强开放矿产的讨论；就中兴煤矿公司而言，张莲芬的地位不断下降，即使他仍然存有对德商的警惕，对于高夫曼的聘任，也只能边使用、边考查，按双方订立的合同办事。当时洋人在中国的地位，较之晚清民众开展收回利权运动之时已不可同日而语。这些背景正是高夫曼大肆展示自己与礼和洋行密切关系的原因，甚至是一种炫耀。

高夫曼在两年之中做的第二件事，就是竭力鼓吹多出煤、快出煤、开新井，向德国大量订购机器。

1913 年的第一次报告中，高夫曼根据副经理戴绪万的提议提出加开分井。不同点在于，戴绪万提出在二十八丈旧窑加开分井的重要目的是出于增产和安全双重考虑，而高夫曼的主要目的在于"井工汽管升降机、电机台绞车机、节煤机绞车轮与绳及其他引电管之类，一部受损动制全局，一日停工亏损已巨，较之别开新井，其费加多，孰得孰失不难辨也"。[①] 高夫曼要求加开新井，似乎把效率放在了第一位。对于盼望早日见到大矿成效的中兴人，这是颇具诱惑力的言辞。然而，面对高夫曼为加开新井罗列的一长串须赴德国采购的机械设备，或由于资金原因，或出于对高夫曼推销商面目的反感，或由于根本不赞成高夫曼的主张，股东大会没有通过高夫曼加开新井的提议。因为目的不同，高夫曼也根本未提在二十八丈旧窑开小井之事。

1914 年 5 月，高夫曼再次提出加开新井。高夫曼说："新井内工程虽详于鄙人报告书中，然诸君尤当注意，即为未来第二新井打算，此井以本矿进行而论，亟宜从事，万不可后，去年报告书中已曾言之。以下所陈情形，即关于将来新井问题，盖出煤数目，以鄙人计划，新井每

---

① 《第三次股东会矿师报告书》，中兴公司档案文牍第六册，1913 年 5 月。

十六小时须出煤两千吨，若二十四小时须出三千吨"。①

尤为让人觉得不可思议的是，高夫曼在这第二次报告书中，大谈安全隐患已经被他完全排除，甚至二十八丈旧窑的隐患也已经被他完全排除。他洋洋自得地说："查矿内第一要事即为水患。就本大井而论，其来水之方不为老井之水，即为石崖所积之水，一有不慎，必坐而待毙。加以此间土井开采多年，其中深远几何，与大井距离几何，往事渺茫，无从凭测，故年来鄙人对于工程进行一项，凡风巷、煤巷、于煤槽应留几何，以为防水之计，势不得不慎审评察之。"②

高夫曼是怎样排除井下安全隐患的呢？一言以蔽之，就是安装抽水机。高夫曼在他1914年报告的《抽水》栏下写道："去夏曾装置每分钟可抽水七百立脱，即二百五十米达容量之直立电汽抽水机，试验之后，甚不合用，故已拆除。至于大电力抽水机于十二月十四日始行装置"。"鄙人……拟在下山再装汽力抽水机两座，一防有意外之水，一防此两者之中或有一损坏，即取公司已有者用之。除此之外，仍应购进应用之小电力抽水机一部，每分钟抽水五百立脱，高可二百米达者，前往购买，尚在途中。"③

关于二十八丈旧窑，高夫曼说："现在二十八丈窑之水已经汲干，益到煤槽，为东北石巷之穿通二十八丈窑煤田，每日出三百吨。"④

一面自诩高明，吹嘘因安装各种抽水机而排除了所有隐患。

一面鼓吹开新的大井，并列出一揽子向德国购买设备的大单。

高夫曼两年中做的第三件事，就是对技术管理人员和熟练工人大换血。

① 《第四次股东会高夫曼报告书》，中兴公司档案文牍第七册，1914年5月。
② 《第四次股东会高夫曼报告书》，中兴公司档案文牍第七册，1914年5月。
③ 《第四次股东会高夫曼报告书》，中兴公司档案文牍第七册，1914年5月。
④ 《第四次股东会高夫曼报告书》，中兴公司档案文牍第七册，1914年5月。

在 1914 年的矿师报告书《矿工情形》栏下，高夫曼说："去岁股东会时，新井所用矿工多半系唐山人，因唐山矿工在新修矿内经验多年，但工资颇昂。因此公司改良办法，鼓励本地矿工给予包揽新井工程，俾本地矿工得知新井工程习惯，其始固属不易，刻已备得方法，与唐山矿工无甚差异。惜工价既轻，进行较缓，所有石洞，为横巷、马路、水仓等，均系每日计工，嗣归包工大加改良，今昔比较，其利益有过于百倍者。"①

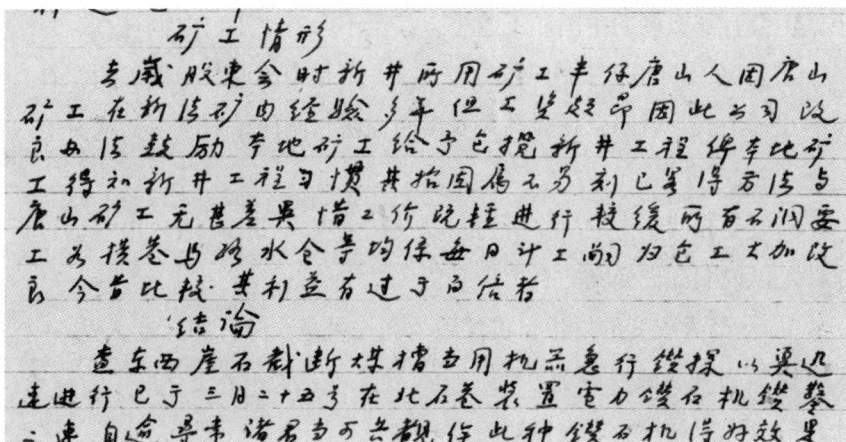

高夫曼在中兴煤矿公司第四次股东大会上的矿师报告书中，鼓吹以新工人取代熟练工人

高夫曼不仅在报告中对井下矿工由熟悉新井工程的唐山工人换上不熟悉情况的本地工人大加赞赏，还在私下里要求撤换原来的中国监工。这有公司经理张莲芬在第四次股东大会上的报告为证。张莲芬在报告中说："高（夫曼）矿师前次面称，井下用中国人监工，既少矿学，又多

---

① 《第四次股东会高夫曼报告书》，中兴公司档案文牍第七册，1914 年 5 月。

徇情，拟聘用外国监工三员，管理井上下机器一员，每人月薪三百元内外为度。此等洋员仍归正副矿师节制。且由经理处与之商定，五月中旬高矿师即自行回国聘雇，往返约四月期限。"[1]

身为矿师，主张将熟练工人换为不懂技术、无井下经验的普通工人，这真是奇也怪哉！至于用德国监工替换中国监工，看看高夫曼在两年中的所作所为，倒并不奇怪。

如果 1915 年 1 月 31 日夜间，当班的是唐山有经验的熟练工人，发现顶层有水声之后，绝不会按照高夫曼的指令继续往前作业，那次事故中就不会有那么多的中国矿工遇难，甚至不会有矿工白白牺牲。

如果 1915 年 3 月 31 日之前几天，井下是中国监工，熟练的、有经验的技术工人，就不会任凭高夫曼用两道防水闸门敷衍了事，从而招致"二一"大灾变！

高夫曼在两年中的所作所为，以及在大灾来临之际表现出的玩忽职守，足以说明高夫曼究竟是个什么货色。

"二一"大灾变的发生，仅仅因为高夫曼是个外行的五金工程师吗？仅仅因为高夫曼傲慢地玩忽职守吗？不！高夫曼一定还有更深的背景。让他的灵魂永远接受人类良知的审判吧。

五、张莲芬之死——一个堂·吉诃德式英雄的悲剧

1915 年 2 月 1 日，中兴煤矿公司发生灾变之时，张莲芬正在做什么呢？正在北京与北洋保商银行协商。与他同行的，还有主任董事周学渊。周学渊于 1912 年 5 月召开的中兴煤矿公司第一次股东大会上当选为首任董事长，两年中未给公司召得一元股款，除了打压张莲芬，没有

----

[1] 《第四次股东会经理报告书》，中兴公司档案文牍第七册，1914 年 5 月。

什么业绩，所以在 1914 年中兴煤矿公司第四次股东大会上落选，但仍然当选主任董事。

当"二一"灾变的噩耗传来，张莲芬如雷击顶，立即启程返回，到达枣庄时已是 1915 年 2 月 4 日。面对哭号的死难者家属、愤怒的士绅百姓、荷枪实弹的士兵、遍地疮痍的矿场……张莲芬强自镇定，一边请来老友金铭、李朝相协助安抚死难者家属，从优抚恤，安顿秩序；一边向农工商部报告，请来国内的矿学专家调查事故原因，商讨修复大井的办法；与地方上的协调，则交予戴绪万。时年 65 岁的张莲芬已多次请求辞职，可总是经不住众股东的坚决挽留——众股东的挽留是一个方面，在内心深处，他知道自己多么渴望经由自己的手把一个完整且走向稳定的机械化大煤矿建设起来，亲眼看着它在与洋煤的竞争中鸣笛高歌。万万没有想到，会出现这样的惨败。

自 1899 年中兴煤矿公司成立，经历了多少艰难困苦？他带领中兴煤矿公司一步步走了过来，靠的是什么？靠的是挽救国家、民族危亡的信念，靠的是自强不息的精神，靠的是地方百姓的支持。多少次，对建大井、修铁路不满的人状诉中兴煤矿公司，满纸不实之词，但是，一次次的诬告都被事实驳了回去——是穷民百姓亲身经历的事实保护了中兴煤矿公司。多年来，中兴煤矿公司抱定宗旨，上为国家谋富强，下为百姓谋衣食，坚持维护公司利权，一心一意谋求发展。平常年景，多少穷民依靠中兴煤矿公司谋生，或下井挖煤，或摆摊贩货，或长途运煤，或坐地烧焦；遇饥荒灾年，远近饥民求赈，中兴煤矿公司一边向地方捐助，一边尽量安排用工。中兴煤矿公司成立之初便设立消防队。一直驻矿的副经理戴绪万待矿工如亲人，常常亲自下井巡视安全情况。可是，自从聘任了洋矿师高夫曼，大井与小井分开管理，大井的技术安全就一概交给了洋矿师……想到这一决策，张莲芬怅然心寒：这可是自己做出的分工呀！中兴煤矿公司与德商斗了多年。民国元年为中兴煤矿公司欠德商捷成洋行的 2 万多马克货款，德国驻济南领事竟指使捷成洋行无理扣取张莲芬私人存入该行的存款 2700 元抵偿①，德商对张莲芬的仇恨是多么深重！怎么可以把大井的管理一概交给高夫曼？悔之晚矣！愧之晚矣！张莲芬听说了，这一次大灾发生后，高夫曼束手无策。是戴绪万听取老工人的建议，在水势稍退时，用罐笼把两只公鸡送到井下试探瓦斯情况，公鸡被提上来后仍然活着。戴绪万立即组织人员下井抢救，又救出 203 名矿工！可是，对于死去的 458 名矿工，怎么说？怎么向他们的家属解释？怎么向士绅百姓解释？明明接到井下报告知道上层有水，还强令工人继续作业，这不是草菅人命是什么？当开滦煤矿技术人员陈惟士的调查报告交到张莲芬手上，当邝荣光告诉他高夫曼不是采矿师，而是五金工程师，张莲芬明白了。他明白那是一个圈套、那是德国人花费心血设置的一个圈套，一个陷阱。而他居然掉进了那个陷阱！与德国人斗争了那么多年，最后还是落入了对手的圈套！张莲芬突然感到心力交瘁，身体再也无法支持。

这时候，德国人又来了，他就是北洋保商银行的董事长巴贝。几个月来，张莲芬在北京一次次与保商银行总经理叶登榜商议，他告诉叶登榜，中兴煤矿公司日产煤已达 1300 吨，两家之间的生意来日方长。中兴煤矿公司向保商银行借银，原定 8 厘年息、复利计算，保商银行单方面提高利率已属违背合同。中兴煤矿公司方面为照顾关系，同意自湖北起义之后缴付的 63 万两银子提高 2 厘利息，已很难向众股东交代，先期借予的 47 万两银子无论如何不能加息，那样做，于情于理都说不过去。叶登榜也无话可说。可是，那个叫巴贝的德国人不听张莲芬讲的道理。现在，巴贝亲自来了。巴贝告诉张莲芬：不仅先期交付的 47 万两银子要加息，而且，全部 130 万两银子的加息必须再提高 2 厘，由原定

———————

① 参见中兴公司档案《德驻济领事函取捷成洋行货价》卷及《张莲芬复德领事贝函》。

8 厘提高至 1 分 2 厘！ [1] 这是公然的讹诈！张莲芬怒斥他：你这是趁火打劫！巴贝却哈哈大笑：还记得德华银行经理尔特慕向你商购中兴煤矿公司，你是怎样拒绝的吗？还记得德国驻华公使穆莫阻止中兴煤矿公司使用机器时，你是怎样回答的吗？还记得瑞记洋行董事长田夏礼提出向台枣铁路投资 100 万马克时，你是怎么回应的吗？还记得山东铁路公司经理提出向台枣铁路入股白银 100 万两时，你是怎么拒绝的吗？你出台章程，先招足华股，再招德股。我就是想让你明白一个道理：德国想做的事情，没有人能够阻拦。从前的清廷不能阻拦，现在的袁世凯总统同样不能阻拦。与德国相对抗的人，不会有好下场。巴贝说完就走了。

巴贝走了。张莲芬陷入昏迷之中。张莲芬知道，自己可能看不到大井修复的那一天。1914 年 8 月间，他染上寒热病，忽冷忽热，持续一个多月。病体稍微好转，他就为保商银行的事去了北京。多年来一直处于焦虑之中，身、心两方面的疲累让他一次次萌生退意。可是，股东大会一次次坚决挽留，他一次次收回辞呈。这固然是由于内心的目标尚未实现，更重要的，他是不忍心哪！中兴煤矿公司的资金缺口那么大，有他在，东挪西借，还能勉强应付。自己是不是太过自信了呢？他自责，深深地自责。陷入德国人的圈套不说，高夫曼居然还是个冒牌的矿师，这不单是欺骗，简直是戏弄！这就是戏弄！这是他最不能忍受的耻辱。张莲芬一生刚强，最后竟遭受到如此的戏弄，竟蒙受了如此的耻辱！

这些年，他忍受了太多屈辱，从来不去表白自己。也就是在一年前召开的中兴煤矿公司第四次股东大会上，感觉力不从心的张莲芬坚决提出辞职，吐露了些许心声。15 年来，他与助手戴绪万所经受的"磨折、困难、危险，笔难罄书。虽不敢言诸事措施皆为得当，然于银钱自信毫

---

[1]　张道兴：《保商银行借款及纠纷》，载枣庄市政协文史资料第 19 辑《中兴风雨》，第 21 页。

无侵移。且见公司左支右绌，利必后取，薪每留存，帐据俱在，按年可稽"。①

之所以这么表白，张莲芬是想让诸位股东明白：经理之信用、名誉，稍有损失，公司即先受大害。必正风气，以为后来者铺平道路。

然而，辞职不成，事情却不幸被他言中：作为经理，他已经被剥夺了太多应有的权力，还不得不应对别有用心的谣言和诋毁。这令他束手束脚，无法果断决策，包括对高夫曼的使用和管理……

张莲芬知道自己时日无多。他用自己最后的生命应对灾变，设法恢复矿井。他请来了国内的许多专家考察论证、出谋划策，也请来了周学熙。

张莲芬知道周学熙对中兴煤矿公司的图谋，但他也欣赏周学熙的才干。不错，无论是启新洋灰公司，还是滦州煤矿，周学熙都是在袁世凯支持下，利用官款建成，然后用企业盈利退还官款，清理官股，迅速做大做强的；加之京津地区风气开化，周学熙背后又有其父周馥这棵大树和袁世凯的支持，可谓天时、地利、人和样样占尽。可是，没有魄力和才干，迅速实现赢利和清退官股都是不可能的事情。周学熙能够做到，也必是机关算尽。但是，周学熙最终将滦州煤矿并入开平煤矿，开六滦四，滦州煤矿大量的权益尽被开平英人侵吞，这让所有看好周学熙的人大跌眼镜。张莲芬希望周学熙能亲口告诉他：将滦州煤矿归并于开平煤矿是迫不得已。如果那样，他就可以原谅周学熙，放心地把中兴煤矿公司交与这位才高八斗的实业家。他也就了无牵挂啦。所以，他邀请了周学熙。大井恢复急需资金，他相信周学熙看到中兴煤矿公司眼前的这一切，不会无动于衷。毫无门户之见的张莲芬，只盼有一位能带领中兴煤矿公司继续前行的接班人。

---

① 《第四次股东会经理报告书》，中兴公司档案文牍第六册，1914 年 5 月。

周学熙来了。周学熙并未与张莲芬深谈，便带人考察灾后大井。

周学熙提着厚厚的一摞报告书，来到他的病榻前。

张莲芬支起病体仔细翻看。

周学熙告诉他：大井恢复需要 100 万元，这个钱，我可以出借。但是，必须由我举荐总经理。

张莲芬已掀到最后一页，突然发现，这个报告书是一个英国人署名并且是写给开平煤矿总经理——英人那森的。[1]

张莲芬问周学熙：这是怎么回事？为什么向英国人报告？

周学熙回答：你知道的，开平煤矿和滦州煤矿已经合并。

张莲芬又问：难道你不是使的权宜之计？

周学熙指着报告书回答：这也是权宜之计。我既然代表开滦煤矿而来，当然要交给那森一份报告。我正要筹办一家大银行，还指望那森给予支持呢！

张莲芬怒吼：你这是出卖！

周学熙平静地回答：你这人的毛病就是过于执着。你就不曾想过，开平煤矿和滦州煤矿合并的呈文虽然是我写的，但是呈文被批准的时候，是袁世凯做大总统，袁世凯的儿子袁克定做开滦煤矿督办，而我已经是民国的财政总长了。难道袁大总统也是出卖？

张莲芬突然昏厥过去。昏迷中，他朦胧忆及一些陈年旧事：1898 年的冬天，很冷，很冷。道路泥泞。他奉命带领中国矿师邝荣光和德国矿师富里克一道来到枣庄，在原中兴矿局的基础上筹办煤矿。当时的情况已十分危急。那个春节，他没有回天津与家人团聚，就在原中兴矿局股东金铭家的客房借住。农历大年初三，华德中兴煤矿股份公司就在金铭公兴窑的基础上挂牌成立。

---

[1]　参见中兴公司档案《周缉之先生报告书（一九一五年）》。

　　那个春天在济南，张莲芬再次见到了恩师李鸿章。恩师已十分老迈。自甲午战败、《马关条约》签订，李鸿章的名望一落千丈，但他仍然念念不忘国家自强。他到达德国时，一定要拜访令德国实现统一、称霸欧洲的前德国首相俾斯麦，见面后的谈话主题即是中国的汉学和现代化。寒暄之后，李鸿章谦卑地说："此外的目的是想向阁下请教的。"俾斯麦问："是关于什么事？"李鸿章说："我们中国应当如何改良革新？"①当时，李鸿章为黄河河工之事驻留济南，早已门前冷落。见到张莲芬，李鸿章的第一句话就问：中兴公司筹办得怎么样了？张莲芬答：已经挂牌成立。李鸿章问：取何名称？张莲芬答：您推荐德璀琳入公司以抵制山东德人，公司就叫华德中兴煤矿股份公司。李鸿章痛苦地自言自语：今天的德人已非昔日德人。他随即问：你打算办成何等规模？张莲芬答：从前由于资金太少，中兴矿局创办多年，无大成效。现今，列强瓜分我中国，铁路、矿山为首要目标。只有办成机器大矿，方能与列强争夺利权。李鸿章沉思良久，提笔函檄峄县知县："以峄境矿质优美，久为外人所窥，宜急会同地方绅耆筹款兴办，以保利源。"②临别，李鸿章执意把张莲芬送出门外。轻轻策马前行，回望恩师已然孱弱的身影，张莲芬强抑泪水。中兴、中兴，执着于中兴自强之梦，李鸿章奋斗不息，广纳雅言，鼓动于中枢，经营于地方，披肝沥胆，亲力亲为，而晚年昧于大势，固守和局，丧权辱国。功过自由国人评说，其为国自强之心却从未稍减。

　　还有挚友刘铭传。

　　还有同乡胡燏棻。

　　……

---

① 丁建弘：《李鸿章与俾斯麦》，载《德国史论文集》，青岛出版社 1992 年版，第 347 页。

② 《峄县志·峄县官窑创办记》，1903 重修。

中兴、中兴，中兴是中兴人的追求，更是中国一代代变法革新者的梦想和遗恨。

清廷批准了华德中兴煤矿公司办大矿、修铁路的一揽子计划，同时批准了公司制定的严厉定章：公司股份华六德四。洋总办许其稽核银钱账目，但不得揽权掣肘。议论这条定章时，德璀琳坚决不同意，指着张莲芬说：你这是侮辱！一个德国人是不能接受这样的侮辱的。张莲芬不稍退让：我尊重正直的德国人，却不能信任依仗枪炮闯进中国烧杀抢掠的德国人。为了这样的德国人，这个定章必须做这样的规定。德璀琳嚷道：可我不是烧杀抢掠中国的德国人！张莲芬说：所以，我们才可能合作。德璀琳恨恨地对张莲芬说：告诉你，为了你这个愚蠢的主张，我一分钱的股份也不会参与！德璀琳果然说到做到，可是，他伙合美国人胡佛骗占了开平矿局。

开平，又是开平。

那次是德璀琳和张翼。这次是周学熙。这是张莲芬从前认识的周学熙吗？宁愿眼前是倾轧中兴煤矿公司的周学熙，而不愿看到竟是心甘情愿出卖滦州煤矿的周学熙。

多年来，为了避免走上开平煤矿和滦州煤矿的道路，张莲芬对德商坚决抵制，甚至对邮传部坚决抵制，于中兴煤矿公司内部则以多项举措强固自身。早在清光绪三十三年（1907年），便制定公司《暂行规定》：一切应尊商律办事，不得沾染官场习气，遇事宜

张莲芬为专意办矿，辞去头品顶戴山东盐运使职务

307

求核实，处务切从俭省。以期矿务日兴，永保盛名。随着中兴煤矿公司的快速发展，他一再告诫经理、员司："公司纯属商业性质，与服官当差大有不同，为经理员司者，均当以伙友自视。经理必以考察治矿为先，研究营业为务，于银钱则丝毫勿苟，待员司则一秉大公。员司则当廉勤自励，恪尽职务，方能顾全公司信用，保守自己名誉，借以无负股东之委托。"①对周氏兄弟在中兴煤矿公司内兴风作浪，张莲芬一忍再忍，顾全大局，正面引导："董事股东者，亦当以诚信相待，勿事怀猜忌。董事必须详考事理之得失，随时商理股东，亦当细究内容之损益，据实指正，毋以传闻为事实，毋以功过为私罪，俾使办事诸人得以奋勉从事，庶收群策群力之效果"②，"中国创设公司，恒有经理、员司不顾股东血本事，甫举办或任意开销，或挪移肥私，竟将股本无形亏折，甚至曾不数年化为乌有。亦有股东当困难之际，视为畏途，束手旁观，迨稍有转机，又妄指从前办理之过失，欲遂一己思想之利权，终使淆乱不振，挽救无方"。③ 而现在，他居然请来了周学熙，这不是引狼入室吗？

1915 年 12 月，张莲芬在深深的痛苦中逝去，享年 65 岁。这位堂·吉诃德式的英雄，他的悲剧不是他个人的，而是我们这个民族的，是我们这个民族注定要付出的代价。

六、张莲芬之死——以及周学熙与张翼之间的恩怨情仇

中兴煤矿公司档案中有一份《董事会特别报告股东书》，向中兴煤矿公司的股东通报周学熙交来的借予中兴煤矿公司 100 万元的相关条

---

① 《第四次股东会经理报告书》，中兴公司档案文牍第六册，1914 年 5 月。
② 《第四次股东会经理报告书》，中兴公司档案文牍第六册，1914 年 5 月。
③ 《第四次股东会经理报告书》，中兴公司档案文牍第六册，1914 年 5 月。

件。其借款条件之苛刻，令中兴煤矿公司股东顿时感受到将被吞并的危险，因而坚决反对。其中，股东慎余书屋、赵介卿等提出质疑，有句话是这么说的："今张（莲芬）总理以办事棘手有让贤之举，周缉之（学熙）先生以实业专家有承办之意，此诚可为各股东得人贺。然而改革之始，或恐失其地位，滋造浮言"。① 由此一句可知，张莲芬邀约周学熙来枣庄调查，的确有借助周学熙挽救中兴煤矿公司的意愿。张莲芬曾因周氏兄弟在中兴煤矿公司内意欲揽权、兴风作浪而深恶痛绝，为什么在弥留之际会产生让贤于周学熙的想法呢？这固然是因为修复灾后大井所需要的那笔巨额资金，更重要的则在于周学熙的确是一位了不起的人物。

周学熙，1865 年生于安徽建德，世代耕读传家。其父周馥致仕，官至两广总督。周学熙的两个哥哥周学海、周学铭，都由进士出身跻身显宦。1895 年，维新变法的热潮兴起。29 岁的周学熙恰逢顺天乡试，翁同龢主考。周学熙中了第十八名举人，称"十八魁"。当时，其父周馥为直枭。按清制，周学熙的考卷在官字号卷，不得入十八魁，最优也只能排到第十九名。但当年恰好因故未补足十八魁，翁同龢激赏周学熙的文章，破例将其列入十八魁。不想发生了科场作弊现象，于是，被列入十八魁的周学熙首当其冲受到质疑。重新复试，结果，周学熙竟取得了一等一名。按常规，复试生不准列一等，只准列二等，但是考官们再次破格，将周学熙列为一等一名。周学熙的才学可见一斑。后来，周学熙参加会试，却因经文中引用汉儒《说文》中的两句话，与主考官李鸿藻的治学方向不合，未能得中。受维新变法思潮影响，周学熙毅然告别科举生涯，转投北洋。1898 年，由直隶总督裕禄荐举，周学熙担任直隶开平矿局会办。庚子事变起，张翼受德璀琳蛊惑，委托德璀琳全权代理开平矿局矿务。周学熙则因其父任职四川省、护送母亲入川，未参与

---

① 《董事会特别报告股东书》，中兴公司档案文牍第六册。1915 年。

其事。后来，周学熙受袁世凯委托，筹办山东大学堂，遵中体西用之旨，开自然科学科目，不出一年，大纲拟就，规制初定，其效率之高令人称奇，从此深受袁世凯器重。1901 年，袁世凯由山东巡抚升任署理直隶总督兼北洋通商大臣，周学熙成为袁世凯的得力助手。直隶的新政事业冠于全国，周学熙实为开创、筹划之人。周学熙先创办天津银圆局，招工备材，因陋就简，日夜进行，70 天就开工生产，鼓铸银圆，确定币制，以余利济用。对于被八国联军劫掠一空的天津，此举解决了燃眉之急。袁世凯随即又委托周学熙任直隶工艺局总办。周学熙锐意经营，首设实习工厂，招各县学徒，设染织、陶冶、烛皂、火柴、木工、机械诸科；并在天津城乡倡设民立工厂 11 处，在直隶其他州县设工艺局工厂 60 余处。其后，他因地制宜，创设天津劝业铁工厂，厂内附设半工半读学校，培养机匠工人才；又创办工艺学堂，设专门班预备班，选聘外籍教师教学，后发展为天津高等工业学堂。其他有教育制品所供应各学校教具；有商办国货售品所以推销国货；有劝工陈列所展览国内外的工业产品，定期邀中外人才为工商界讲演工商问题；有工商研究所定期学习、讨论发展工商业的办法……周学熙对于直隶和天津早期工商业发展的开创奠基功绩，在中国近代工业史上光可耀日。①

周学熙同时也为个人事业积聚了难得的政治资本和人脉、财源。周学熙总办直隶工艺局期间，同时总办直隶官银号和银圆局，最初用银圆局的盈余接济工艺局，后来又兼任长芦盐运使，掌盐库的财权。铸币、银号、盐库官款，周学熙一手掌握了直隶全省的财权，另一手创办直隶工商各业，而袁世凯对其言听计从。因唐山细绵土厂被周学熙设法收回，袁世凯又听计于他，命他创办滦州煤矿以收回开平煤矿。周学熙就

---

① 参见周志俊：《我的家世与个人经历》，载山东文史资料选辑第二十二辑，山东人民出版社 1986 年版。

这样建立起了完全可以用他的名字命名的"北方工业王国"。

相比之下，张莲芬创办的中兴煤矿公司时时处于危机之中。正如其多年的助手戴绪万后来所言："本公司自前清光绪二十五年开办迄今十有八年，其间险象层出，若水患若火患若构讼若革命……前总理（张莲芬）始终身当其厄，加以股款不充日夜筹贷，毕生精力实瘁于此，以故一病遂致不起"。[①]

几乎同时投身于戊戌变法后实业救国、挽救国家、民族危亡的大潮，张莲芬和周学熙两人都付出了极大的努力，而命运何其不同。周学熙似乎一帆风顺。然而，清宣统元年袁世凯因"足疾"被罢官返乡，对一直一帆风顺的周学熙不能不是一个精神上的打击。虽然任职农工商部丞参上行走，但是在精神、人格上，他由收回利权运动中一个满腔热血的志士，变成一个为了野心和私利不择手段的官僚资本的代表人物。周学熙放弃"收开"使命，最终以股东利益至上，置国家利权于不顾，在失去开平约10年后，又失去了享有诸多特权的滦州；对湖北大冶水泥厂的兼并，既依靠官权，又依靠上不了台面的卑劣手段，追逐垄断利润而至于此，从前的热血变成冷血；对中兴煤矿公司的吞并，似乎以渗透煽惑的方式与经济上的围困两手并举，其父辈及其本人与张莲芬的友谊破坏殆尽。

在走投无路的情况下，张莲芬选择的是坚持；而周学熙还未到走投无路的境地，便在与开平煤矿的竞争中选择了放弃。然而，张莲芬仍然对周学熙抱有期望。在生命弥留之际，他选择了周学熙，但他绝想不到周学熙对他的信任的亵渎。周学熙居然毫无顾忌地抛出了意在吞并中兴煤矿公司的借款条件。兹将1915年年底《周缉之先生交来借款条件附开滦公司包销说略》摘录于下：

[①] 《第六次股东会经理报告书》，中兴公司档案文牍第六册，1916年。

　　一、议今由华丰兴业社借给中兴煤矿公司国币银一百万元，常年八厘利息，于交款之日起每年付息两次，以六月底十二月底为付息之期。将来代销货价内华丰得扣中用百分之三（即每百元扣三元）。

　　此项借款以中兴煤矿有限公司全部分产业作为第一次抵押品。另附清单。如厂内外地皮房屋井上及其铁道驳船及库料材料并各处机房等统共在内。

　　此项借款用十分之七扩充大井上下工程机器，十分之三作为行本。如日后行本不足用之时，或机器房屋井上下工程有应大修及添盖之时，应由华丰按照本合同所订条件随时续行借予。

　　此项借款偿还时间以三十年为限。前五年还息不还本。自第六年起至三十年止，分二十五年全数还清。每年应还债本二十五分之一，利随本减。满十五年后，中兴亦可随时提议将债本提前还债。但在二十年期内应照实欠债额加百分之二十连息截日核算。惟均须先期一年具函通知华丰。

　　此项债款届第三十年期满后如不能全数归还，须再展限三年。但至期仍未能清偿，应即由华丰将合同内及产业单内所押全部分产业归华丰永远执业。

　　每年除全部经费及营业一切开支外，所得盈利尽先提付此项债款息银，余款再先提债本总额三分之一，存储备还（如上年因无余款未提，下年应补提足数）。如再有余款，分作十四成之二成作办事人花红，以七成归各股东，以五成归借新款之股东。

　　中兴前所订各种合同，如购料售货洋员司年期薪俸等项，除购料等合同一律作为无效外，其余均为新总理酌量分别认为有效无效。如经许可，亦须由新总理另订合同，或于旧合同签字盖戳为证，余则一律取消。

新总理所投资事业，如华记湖北水泥厂等处，以及有特别关系之启新公司自用之煤及或本矿别项出品，可照成本价售给。

附开滦（公司）包销说略：

敬启者，所拟租办中兴煤矿一节与前租湖北厂合同情形不同，故略为增改，并告黄阶平从速拟定该矿用人办事及工程用款节略，呈计查核。

现计大致用以工程机器项下约七十万元，行本项下三十万元。将来可将矿兵更夫免去，仅用巡警百五十名以代之，由驻矿监督节制。大约连监督薪水每月三千元可以敷用。即日出煤千吨，约摊洋一角，其关于井上下事权统归驻矿矿司办理，以一事权而专责成。按现在开滦情形，凡兴办新事，如唐山矿司须禀那森批准者，此亦可以规定何事禀请总理批示，何事商请监督做主。大约与唐山总矿司相商，可以请其担任。每吨煤出井成本连巡警费合算二元五角似可办到。至售煤一节，若与那森相商，每年包销三十万吨，井上交货。块煤统算每吨三元五角亦可办到。因开滦末煤售与本公司及铁路不到三元一二角，中兴有五六成块煤，且成色较佳，开滦代售似可从中取利也。照此办理，每年获利三十万元似有把握。中兴股东第一年后可分得九万三千余元，以后息随本减，必愈增多，诚与本公司两有裨益。且开滦总矿司担任矿务，则人才、材料、机器自有通融，可使此矿立于不败之地。而开滦代售免去抵制，亦彼此有益。否则以开滦之势力，若特别规定在扬子江一带照成本之价每日零售一千吨，抵制中兴，诚易为力。故本公司不必自行售煤为得计也……倘以此项办法为然，当晤那森及总矿司先到磋商。俱有端倪，再与中兴商酌，较有根据也。①

---

① 《董事会特别报告股东书》附件，中兴公司档案文牍第六册。

这份借款条件书视中兴煤矿公司如破产，对中兴煤矿公司的股东施以威胁利诱，对开滦煤矿的英商那森则狼狈为奸。欲以100万元借款吞并有500万元资产的中兴煤矿公司，其借款条件之苛刻比之保商银行，那真是大巫笑小巫了。

谁都知道，中兴煤矿公司的中等煤与开滦煤矿的上等煤不相上下，中兴煤矿公司的块煤以优惠价供应津浦铁路火车用煤是5元一吨，按周学熙的估量，中兴煤矿公司的块煤占五六成。周学熙却提出，以每吨统算3.5元的价格包给开滦煤矿的英人那森销售。这不仅是明火执仗的抢夺，更是出卖！

周学熙对中兴煤矿公司如此痛下狠手，尤其对邀约他前来考察并意欲让贤于他的弥留之际的张莲芬如此不顾情面、出手狠毒，于情于理，实在难以解释。这究竟是为什么呢？

在周学熙创办北洋事业的经历中，败给开平煤矿的那森是他的第一次挫折。这第一次挫折不仅让他失去了对滦州煤矿的控制权，而且让他成为出卖滦州煤矿的罪魁，成为"'收开'不成反'失滦'"的一个笑柄，让他在全体中国人面前丢尽了脸面。而造成这一后果的原因，在于他意志的脆弱，还在于有一个人在"收开"过程中从中作梗。这个人，正是曾经栽在开平矿局被盗卖事件中的原华德中兴公司督办张翼。

历史上，开平矿局被卖后有三次"收开"，前两次"收开"都有周学熙的影响。周学熙因在第一次"收开"中成功收回被英商占据的细棉土厂，创办了近代中国第一家水泥企业——启新洋灰公司而大负盛名，也因第二次"收开"失败并最终使滦州煤矿与开平煤矿合并而背上骂名。他的成功和失败都与张翼"卖开"纠葛不已，构成了二人之间的恩怨情仇。

当年因为张翼参与"卖开"，中国办得最为成功的洋务民用企业开平矿局为英人所占，直隶省失掉了一个滚滚财源。1903年，袁世凯三参张翼。张翼赴伦敦起诉墨林公司，却只拿到了伦敦法院的一纸判决书。该判决书宣判：副约对于各被告（指英商墨林公司和开平矿务有限公司）都是具有约束力的。但英国法官又说，这个副约不能构成一个本院所能强制执行的合同。①张翼就拿着这样一个判决书向清廷汇报，说是已经胜诉，不了了之。所以，执着于收回开平矿局的周学熙对张翼的敌视可想而知。

1906 年，周学熙在袁世凯的支持下创办滦州煤矿。滦州煤矿以北洋官家用煤的名义，矿界定为 340 方里，官督商办。招股 200 万两白银，由天津官银号负责筹银，而天津官银号就掌握在周学熙手中。袁世凯另拨官股 50 万两白银，资金很快筹齐。1908 年，又增加股额 300 万两白银；其中，北洋拨官款 80 万两白银、直隶盐斤加价 50 万两白银、提拨学款 30 万两白银。可谓下了大本钱。滦州煤矿的煤田为 340 方里，开平煤矿仅有 10 方里。两相比较，滦州煤矿的优势自不待言。在市场方面，直隶总督袁世凯命令北洋机械局、铁工厂、轮船招商局、京奉铁路等一律使用滦州煤矿的煤炭。直隶民间为抵制开平煤矿，也主动购用滦州煤矿的煤炭。在直隶总督袁世凯的支持下，1908 年，滦州矿局另外设立了滦州矿地公司，该公司垄断了滦州的矿地管理经营权，无论华商、洋商，再有想开矿者，经与该矿地公司订明地股办法，报请北洋通商大臣批准后，才能成为合格矿商。而滦州煤矿用地由该公司随时拨付。直隶总督袁世凯下了这么大的本钱，可见其夺回开平煤矿的决心有多么大。袁世凯的决心也就是周学熙的决心。

开平煤矿方面自然倍感压力。1907 年，袁世凯批准周学熙拟订的滦州煤矿公司创始办法和招股章程后，开平公司的英人那森便请出英国外交部，以滦州煤矿侵犯了开平煤矿矿界为借口，照会清廷外务部要求

①　参见唐山市政协文史资料第十六辑《开滦》，第 35 页。

停开滦州煤矿，被外务部驳回。滦州煤矿开矿所需机械，一律从德国著名厂家购进，丝毫不受英商挟制。在技术管理上，滦州煤矿用的多是中国的技术人员，只聘用了 3 名德国工程师。为培养人才，滦州煤矿还于1910 年开办了一所培训矿业技术人员的学校。1908 年，滦州煤矿开始出煤；1910 年 11 月，日产量已达到 1300 吨（中兴煤矿公司创办 14 年后，于 1913 年日产达到 1300 吨——作者注）。滦州煤矿所产之煤几乎全部在华北销售，开平煤矿与滦州煤矿之间展开了你死我活的斗争。1909年，迫于全国收回路矿主权斗争的压力，清政府责成新任直隶总督陈夔龙负责办理收回开平煤矿主权。在周学熙的谋划下，陈夔龙提出了一个既能很快收回开平煤矿，又在经济上毫不吃亏的赎买办法：与英方达成协议，收买价格为 178.2 万英镑，常年 10 厘利息，由中国政府担保，5年以后、20 年以前还清。按赎买价格和利息合计，每年付本息及开平煤矿的债本共 15.1 万英镑，而开平煤矿年盈利 24 万英镑，不仅可足以偿付赎矿的本息费用，还有余利。这是多大的好事啊！这时候，已经是宣统年间。周学熙的靠山袁世凯已被罢黜，出身于醇亲王府的张翼又得了势。张翼得知此方案之后，深恐清廷批准而对他不利，于是自 1910年 10 月至 11 月间，连奏 3 本，参奏陈夔龙。他重谈旧调，仍然主张开平公司履行副约，以达中外合办、他再当督办的梦想。张翼当年赴英诉讼时，曾向伦敦法院提出索赔 30 万英镑。伦敦法院只是糊弄他，他什么也没有得到。这次为阻挠"收开"并满足个人私利，张翼竟私自向开平公司索要当年提出的 30 万英镑赔款。张翼还找到英国外交部，说这30 万英镑赔款未偿付前，你不能移交开平公司的产业，以此阻挠"收开"。张翼向来和醇亲王载沣过从甚密。载沣因 3 岁的儿子溥仪登基做了皇帝而成为摄政王，大权在握。开滦之争在历史上又表现为袁世凯和张翼之争，所以在感情的天平上，载沣倾向张翼不言而喻。而直隶总督陈夔龙的主张是得到直隶士绅和京官们的支持的，载沣也不能轻易否定，于是就派满族亲贵载泽和邮传部大臣盛宣怀再行复查。复查结果仍然认为赎买的办法可行，但提出不应由国家担保，应该由滦州煤矿公司筹增商股设法"收开"。"收开"关乎国家主权，既经反复论证，国家为何不能担保？若国家担保，"收开"便成为国家行为，开平煤矿的英商就会更加忌惮；而国家躲在一边，滦州煤矿在气势上顿时短了一截。在此后的市场竞争中，英商就会更加肆无忌惮，早已清退了官股的滦州煤矿怎能承担得起如此倾轧？载泽或许是带着成见框框去办这宗调查的。盛宣怀就不该这样了，因为盛宣怀是办经济的老手，怎么会拎不清其中的利与害呢？居然搞了那样一个结论！最终，摄政王载沣采纳了他们的意见，并批评陈夔龙所拟订的由清政府担保发行公债赎回开平煤矿的做法，"不先请示，殊属非是，定毋庸议"。[①] 这一裁决做出之后，开平煤矿的英商乘机再度压低煤价，甚至不惜亏本加以促销，使滦州煤矿的销路严重受阻。周学熙和滦州煤矿主要董事动摇了"收开"的决心和信心，于 1911 年 5 月派人同开平煤矿谈判两公司合并的问题。

数年努力、辛苦只为"收开"，却被张翼给搅黄了，逼得周学熙失望、恼怒之下向开平煤矿的英人那森低头，赔了夫人又折兵。这口气，他岂能咽下？

关于开平煤矿与滦州煤矿合并，1911 年旧历十一月二十四日，周学熙曾致信滦州煤矿股东，内称："公司总理责任，以营业为范围。至办他公司合并，则本公司至于收歇地位，应另举清理人，非总理所能与闻。故鄙人于合办一事，始终莫赞一词。今日之事，可否决悉听股东自酌。但鄙人亦股东一份（分）子，兹以个人名义，愿进一言，祈诸公择之。窃闻开（平）之所以必并滦（州）者，以滦为劲敌耳；滦之所以合开者，以滦无后盾耳。彼此情势显然，何去何从，孰得孰失，自在诸公

---

① 参见唐山市政协文史资料第十六辑《开滦》，第 46 页。

之洞鉴。"①这段话清楚地表明，周学熙由于失去袁世凯这一后台，又失去政府作为后盾，已完全陷于消极。他内心深处或有一句想说未说的话：掌握国家权杖的人尚且不关心"收开"成败，我这是操的哪门子心?!他就在这样极度的愤怒和失望中放弃了自己"收开"的使命，放弃了捍卫国家利权的信念，也放弃了他作为官员和实业家的道德底线。

由此，我们也就不难理解，为什么1911年12月29日，周学熙主动同那森会谈合并问题时，那森会捉摸到周学熙有吞并中兴煤矿公司的意图。周学熙恨乌及屋，对张翼之恨，是周学熙下决心对中兴煤矿公司下手的一个重要原因。

周学熙于1915年实施吞并中兴煤矿公司，也不排除政争的因素。当时，周学熙二度出任袁世凯政府的财政总长，与交通银行总经理梁士诒代表的"粤系"发生矛盾。周学熙是安徽人，时称"皖系"，与袁世凯的谋士杨士琦为同党。皖、粤政争在上层闹得沸沸扬扬。梁士诒当时正是所谓"交通系"的首脑。中兴煤矿公司自从与津浦铁路产生借款担保关系，就与"交通系"主要成员结缘。不仅徐世昌、朱启钤、朱曜、孟锡玉、鲍星槎、任凤苞等津浦铁路和交通银行要员成为中兴煤矿公司的股东，且几年间中兴煤矿公司的借贷银行主要依靠交通银行，借了还，还了再借。对中兴煤矿公司与北洋保商银行的纠纷，津浦铁路和朱启钤、任凤苞等人也积极斡旋。中兴煤矿公司与"交通系"的关系如此密切，对周学熙来说，也是如鲠在喉。梁士诒，字燕孙，张莲芬在给任凤苞的信中所提及的"燕老"应该就是梁士诒。政争一向是残酷无情的，敌手的朋友就是敌手。以周学熙的性格，他对中兴煤矿公司的仇视便油然而生。加之在提议农工商部加入官股问题上，已经辞职为民的张莲芬坚持官股与商股平权，不向周学熙让步，周学熙吞并中兴也就觉得无须

---

① 汪敬虞编：《中国近代工业史资料》第二辑上册，科学出版社1957年版，第74页。

投鼠忌器了。

为什么周学熙之弟周学渊担任中兴煤矿公司董事长之后，做的第一件事情就是削弱张莲芬的权力，甚至利用谣言派人暗查张莲芬？为什么周学渊本来负有筹募股金的责任，却两年间不曾为中兴煤矿公司招得一元？为什么周学渊负有对外交涉的责任，对中兴煤矿公司与保商银行的纠纷却只点火、不交涉？根源应该在周学熙身上。

张莲芬眼看周学熙堕落到如此地步，其愤怒和痛心不可言喻。而实际上，他也已经没有力量再说什么。这位悲剧人物就这样带着巨大的遗憾和深深的痛苦离开了他执着的使命和事业，离开了他再也无力保护的中兴煤矿公司。

七、鞋子合不合适，只有脚知道

自 1899 年元月中兴煤矿公司在枣庄挂牌成立，至 1915 年 12 月张莲芬在经理任上殉职，近 17 年中，中兴煤矿公司的股东大会制从无到有、逐渐成熟，在中兴煤矿公司生死存亡的关键时刻发挥了决定性作用，为中兴煤矿公司以后的发展奠定了基础。

1915 年年末，当周学熙向中兴煤矿公司交来"借款之条件"，欲对中兴煤矿公司趁机打劫之时，中兴煤矿公司的股东纷纷致函董事会坚决反对。股东周大雅堂、可久堂、树德堂、李靓容等驳诘借款条件说："窃查峄矿矿产丰富，煤质佳美，久为各国所垂涎……今华丰社慨然假百万元之投资而所获得特别利益有六：一曰取得新经理之权；二曰八厘之利息；三曰百分之三卖货之扣用；四曰五成之余利；五曰新经理他种营业之特权；六曰三十三年后有丝毫之债务未清，即可没收其全部分之产业。历来借外债之合同，未有严酷至此者。且以债权者充经理人，又有没收之条款，如其意向别有所在，股东无从预防，尤堪危惧。又或以为此次投资之目的，实为开滦杜绝竞争起见，故又有为开滦包销之文。若是则本矿将来之发达不惟非所计及，且恐故有抑勒之意。"①对周学熙的驳斥和揭露可谓一针见血。另有股东慎余书屋、赵介卿、孙念生的《周缉之先生所开条件之质疑》《周缉之先生开滦包销说略之质疑》《周缉之先生所开条件外之研究》。其中，《周缉之先生所开条件外之研究》强调，经理资格应由股东选举取得，不应以债权人资格担任，新经理应有对中兴煤矿公司的全局规划，并承担公司以往所借债款的偿还责任，对新借债款应有偿债的具体计划，并昭示股东，按部章要求确保股东的权利，并加强董事会的监督职能等等，表明中兴煤矿公司股东依法维护公司利益、股东权益的使命感和责任感。在众股东的反对声中，公司董事会没有接受周学熙的借款，令周学熙煞费苦心炮制的计划付之东流。

其时，还发生了另一件事。一位叫张文祁的中兴煤矿公司股东写信给"洪宪皇帝"袁世凯，称："皇帝陛下前在东抚时多方维持，得以成立，嗣因商股招未足额，宣统年间又由商部以提倡实业为急，奏派丞参上行走周学熙到矿调查，拟宜官商合股扩充办法，未及施行。现因总经理张莲芬病故，商力艰难，经理不易得人，而外债日重，诚恐他族攘夺，商力不足撑持，拟请政府简派大员督饬办理，并由财政部补助官股，酌予保息，使商股藉以保存，矿业亦无虞坐失"。②中兴煤矿公司董事会因此立即致函农商部，标题即为《董事会以张文祁委派督饬未经股东开会并未经董事会通过实属违背法律故有此禀》。农商部支持了中兴煤矿公司董事会上书袁世凯的要求："所有张文祁等请派员督办中兴煤矿公司并由部助股保息各节，拟请毋庸置议"③，此事遂作罢。

在上述两件事中，中兴煤矿公司股东的表现可圈可点。首先是他们

---

① 《董事会特别报告股东书》及相关函文，中兴公司档案文牍第六册，1915年。
② 《董事会特别报告股东书》及相关函文，中兴公司档案文牍第六册，1915年。
③ 《董事会特别报告股东书》及相关函文，中兴公司档案文牍第六册，1915年。

面对巨大灾变的承受能力。周学熙之所以敢于开出那样苛刻的借款条件，绝非随意为之，而是因为在他看来，中兴人必定已成惊弓之鸟，惶恐不已，对于他这位救世主的到来，尽管不能说欢迎，起码也会视为救命稻草。可是，他想错了。中兴煤矿公司是历经千难万险才走到今天的，不像他麾下的那些矿厂，有官款可依，有特权在手，顺风顺水，最后一个不顺，便主动去归并于英商开平公司了。其次是中兴煤矿公司股东对公司的热爱。周学熙所开借款条件虽然等于变相吞并了中兴煤矿公司，但是对于中兴煤矿公司股东的利益还是照顾到了。在周学熙看来，股东投资为的就是利益，只要保住他们的利益，不管公司归于谁，他们是不会过问的。他又错了。中兴煤矿公司的事业，是一代又一代中兴人为维护国家、民族利权共同拼搏奋斗创建起来的。1905 年出台的《暂行及添招新股章程》第十七款有一段说："本公司照现在日出煤三百吨内外，除去开支一切用项，按每年积存煤焦计算之，已获微利。所有（清光绪）二十九年（即 1903 年）腊月以前老新各股入股日期，多则二十余年，少亦五六年，除照原股议加息股三成外，分利未得。"[1]20余年分利未得的，当然是自 1880 年中兴矿局挂牌成立后的老股东，包括当地士绅金铭、李朝相等人，及周盛传家族、戴氏家族、张莲芬等。五六年分利未得的，即 1899 年华德中兴煤矿公司成立时入股的股东。分利未得、只拿到息股的中兴人，在中兴煤矿公司危难叠加、前途难料的困境中坚忍不拔，为的什么？在这些股东眼里，中兴煤矿公司不仅是他们的利益所在，更是他们生命价值的载体。有中兴煤矿公司在，就有他们的精神在，有他们几十年为维护国家、民族利权而奋斗的人生在；中兴煤矿公司垮了，他们的精神、他们的生命都不堪承受。在 1914 年中兴煤矿公司第四次股东大会上郑重提出辞职的张莲芬曾说："莲芬虽

---

① 《暂行及添招新股章程》中兴公司档案文牍第五册。

辞去正经理之职，然十五年心血尽用于矿，又兼平生所积，全入为股份，兹今虽根基已定发达可期，尚不能遽然忘情，不顾而去。"①张莲芬的这段话，其实也代表了中兴煤矿公司多数新老股东和办事人员对公司的深厚感情。面对周学熙的图谋，中兴煤矿公司股东奋起抵制，正是中兴人长期坚守中兴煤矿公司的必然结果。再次，表现了中兴煤矿公司股东的智慧和他们的现代企业管理理念。他们不仅条分缕析地驳斥了周学熙所开借款条件，而且义正词严地提出："经理资格应由股东选举取得，不应以债权人资格担任"。这与1909年农工商部提出向中兴煤矿公司加入官股时，中兴煤矿公司出台章程，强调"续筹官款协助之股，均为维持矿政起见，应享利益与商股一律不稍异"，在精神上是完全一致的。当年，或许提出向中兴煤矿公司注入官股的周学熙，对中兴煤矿公司将官股与商股的权利平等对待甚为不满，农工商部最终没有向中兴煤矿公司入股；时隔6年，官气十足的周学熙仍然不能理解中兴人。最后，表现出了中兴人的勇气。对个别股东投靠袁世凯，提出由政府入股，改商办为官督商办，中兴煤矿公司股东一致反对，致函农商部，指出个别股东的行为违背了《公司法》。以上几点，足以表现中兴煤矿公司股东们的主体意识、平等意识和股东大会制的成熟。

中兴煤矿公司股东大会制的成熟，以1913年5月召开的第三次股东大会废除官利制为重要标志。官利制，即不论公司盈亏，投资人每年都领取一定比例的利息，称为"官利"。中国公司不管官督商办、官商合办还是完全民营，从洋务运动开始至民国时期，一直沿用官利制以招募股资。官利制的实行，使股东不关心企业经营，会给企业造成很大负担。西方企业从无官利之说。有官利制存在，股东大会制的民主形式就会因为缺乏对企业的应有关注而偏离方向，甚至沦为派别斗争的工具。

---

① 《第四次股东会经理报告书》，中兴公司档案文牍第六册，1914年5月。

1913 年的中兴煤矿公司第三次股东大会上，张莲芬因势利导，废除了官利制。事情缘起于一些股东索要官利。1911 年，辛亥革命爆发，中兴煤矿公司所在地枣庄及沿运河的分销煤厂、沿津浦铁路的分销煤厂及长江中下游一带的分销煤厂都受到冲击，公司遭受很大损失；1912年，民国初建，政局不稳，银根奇紧，中兴煤矿公司招募股资受阻；保商银行又单方面强行对中兴煤矿公司借款加息，公司十分困难，经营亏耗。个别新股东以从前的招股章程定有 1 分官利，屡次向公司索取，并因此责备张莲芬。张莲芬在中兴煤矿公司第三次股东大会上指出："论欧美公司之例，本无官利之事，中国若无官利，必无人肯入股金"。[1]并提出变通办法："所有辛亥、壬子两年股利，即发行不记名股票，嗣后与老股一律分利。"[2]除辛亥、壬子两年的官利改股本之外，张莲芬还提出废止官利制，即："自民国二年（即 1913 年）起，视本年所得之利，俟次年股东常会时，以一分为常利（即官利），有余始提花红。不足一分不提花红。如不足一分，由股东会议酌提公积若干，摊分股利若干，以期股东与各办事人两无偏枯。"[3]张莲芬提出废除官利制的办法实际上是一种过渡的办法：第一，如果年盈利超过 1 分，即以 1 分为官利，1分以外的部分提取公积金及花红。花红即股东和办事人员按比例分配的企业红利。第二，如果年盈利不足 1 分，官利就不能保证了。要在盈利中首先提足公积金，然后摊分股利，办事人员的花红取消。张莲芬作为经理属于办事人员，这个过渡办法压缩了公司办事人员的利益，以压缩办事人员利益带动对官利的部分废除。股东大会讨论的时候，对废除官利制是有争议的。有同意张莲芬废止官利制提议的，有提出不提花红，办事人员不免偏枯的，还有主张以余利先行弥补辛亥、壬子两年股利

[1]　《第三次股东会经理报告书》，中兴公司档案文牍第六册，1913 年 5 月。
[2]　《第三次股东会纪事》，中兴公司档案文牍第六册。
[3]　《第三次股东会经理报告书》，中兴公司档案文牍第六册，1913 年 5 月。

的。讨论结果是："以嗣后公司所得利益不及一分概不分给花红……如逾一分，则先提花红，次提公积，如有盈余，再行分摊"①，正式废除了官利制。1914 年的中兴煤矿公司第四次股东大会上，对股利一事又有讨论。当时，讨论了 1913 年 5 月至 1914 年 5 月的年度经营情况，"至股利一层，上年合计每股应得六厘。不过年来种种借款及购买外洋各项机器材料，均须付价，现在尚无现款可付股利，可否仍照填给股票办法，凡满百元以上之股利，照给股票，不满百元者，商酌缓期给款，请股东公决"。② 这次讨论的内容是，将应分股利改为股本或延缓支付期限。当时，"陈君小庄起立，云南中股东多数恃息济用，似不能不发"。③这位陈君小庄是谁呢？就是 1895 年督办峄县中兴矿局的"南股"代表陈小庄，也就是听说山东巡抚李秉衡请旨下来，要一体封禁山东矿务，便连招呼都不打，连同公司账册席卷而去的那个陈小庄。股东大会临时选出的主席朱旭初说："公司既无现款，惟有借钱发利，然借钱发利，法律不许。今有交通办法，如愿填股票者，即行填票，本年即与老股东一律派利。如愿缓期付现者，应请定期。此种办法，诸位以为然否？"④朱旭初，即朱钟琪。1913 年废除官利制时，他也是股东大会临时主席。朱钟琪见反对意见不好驳斥，就提出了这样一个折中方案。这时，山东实业公司代表"李君云生起立云：公司目前并无存款，鄙人所知。惟鄙人为实业司代表，省署现正开办预算，此项股利已列入预算，如不能照付，殊属碍难"。⑤ 李云生显然是中兴煤矿公司内极少量官股的代表。按说已是民国年代，对于洋务运动时期不得不采用的官利制理应废

---

① 《第三次股东会纪事》，中兴公司档案文牍第六册。
② 《第四次股东会纪事》，中兴公司档案文牍第六册，1914 年 5 月。
③ 《第四次股东会纪事》，中兴公司档案文牍第六册，1914 年 5 月。
④ 《第四次股东会纪事》，中兴公司档案文牍第六册，1914 年 5 月。
⑤ 《第四次股东会纪事》，中兴公司档案文牍第六册，1914 年 5 月。

除，作为官股代表的李云生却要求立即照发股利。这时候，股东"鲍君星槎云：公司营业未盛，难以付息，此在全国商务营业中亦所常有。必强经理处借款付息，鄙人实难赞成。股东出资营业，原欲获利，必须俟营业发达方可如愿。此两年以来时局未定，本矿地点又当战争之冲，今幸保得无失，不可再有自啖其肉之行为，致妨害公司进行之大局。应以缓发为是"。① 之后，有人提议缓期 6 个月发放股利。鲍星槎又发言说："公司性质无借贷发利之理，况公司目前如婴儿哺乳，全恃保姆维持调护，岂宜再行剥利？营业未旺遽行分利，鄙人始终不愿。"② 最后，众议折中。

鲍星槎时为交通银行董事。鲍星槎之所以坚决支持张莲芬的意见，1913 年、1914 年两度当选中兴煤矿公司股东大会临时主席的朱钟琪之所以支持张莲芬的主张，与他们的抱负、眼界分不开，更与张莲芬的人格力量分不开。廉洁，是张莲芬的"人格名片"之一。中兴煤矿公司在1905 年出台的《暂行及添招新股章程》第八款说："本公司购买外洋机器材料等件，例有五厘用钱，如天津自来水公司，即归总经理人取用。今（张）莲芬既定薪水，即不取此项用钱。或提存公司账房留存，作公司华洋总副办董事员司酬劳之费，或竟扣除此用，核实报账，以示无私之意"。③ 1914 年旧历五月，第四次股东会上，张莲芬在经理报告中说道："自己与副经理戴绪万自公司开办至今，自信于银钱毫无侵移。且见公司左支右绌，利必后取，薪每留存，账据俱在，按年可稽。"④ 多年中，张莲芬的意志、张莲芬的胸怀、张莲芬的廉洁、张莲芬带领中兴煤矿公司取得的成就，形成了中兴煤矿公司强大的凝聚力，吸引了当时中

① 《第四次股东会纪事》，中兴公司档案文牍第六册，1914 年 5 月。
② 《第四次股东会纪事》，中兴公司档案文牍第六册，1914 年 5 月。
③ 《暂行及添招新股章程》，中兴公司档案文牍第五册，光绪三十一年十月十七日。
④ 《第三次股东大会经理报告书》，中兴公司档案文牍第六册，1913 年 5 月。

国的各路英才。这正是中兴煤矿公司于 1913 年第三次股东大会上能够部分废除官利制的原因。

废除官利制的意义是巨大的。"一般而言，股份企业的股东对于公司企业不仅仅是投资者，而且也是直接、间接的经营管理人，企业经理、职员等不过是其经营管理的代理人而已"①，但是，"官利制使股东身份发生了变异，他们放弃了企业经营管理权，使自己在投资企业的同时，又兼具了企业的债权人。在这种制度下，股东所关心的只是如何收受股息，对于企业的经营并不感兴趣，只考虑股息愈大愈有利，毫不关心企业经营情况如何"。②"它严重影响了企业的正常开办和经营。由于官利一般不计企业之盈亏，且均须自股东入股之日起派付，这就使得企业在筹建和开办之初，无利可言或赢利甚少的情况下，只得动用股东或借款来付息"③，"它侵耗了企业的资本积累，阻滞了企业的扩大生产"。④企业为支付高额官利，很难提取公积金，也很难提取折旧费，由此而只能原地徘徊。"大量资料证明，官利制自中国近代产业发轫就已产生，为各类股份企业所盛行，其一直延续至民国中后期"。⑤"历史学家严中平先生指出：根据我们所找到的资料来看，官利制度显然是这个时代（指晚清）的通行制度，各公司无不如此。以致清朝灭亡，官利制也没有随之消亡。民国时期，它还作为一种惯例而被几乎所有股份制企业遵循"。⑥ 中兴煤矿公司在 1913 年召开的第三次股东大会上决议部分废除

---

① 施友佴、杨波：《论"官利制"的利与弊》，《福州党校学报》1996 年第 1 期。

② 施友佴、杨波：《论"官利制"的利与弊》，《福州党校学报》1996 年第 1 期。

③ 施友佴、杨波：《论"官利制"的利与弊》，《福州党校学报》1996 年第 1 期。

④ 施友佴、杨波：《论"官利制"的利与弊》，《福州党校学报》1996 年第 1 期。

⑤ 施友佴、杨波：《论中国近代股份制企业的发展与"官利制"》，《福建财会干部管理学院学报》1995 年第 2 期。

⑥ 郭郛、陈家晓：《近代股份制企业中的"官利制"探析》，《西安教育学院学报》2000 年第 2 期。

官利制，这在当时的企业中是一个创举。

在 1905 年之前的多年中，中兴煤矿股东投资后拿到的都是利转股。1913 年，又废除了官利，中兴煤矿公司股东更加自觉地把个人命运与企业命运连在了一起。这是中兴煤矿公司股份制度成熟的重要标志，也是 1915 年危难之时，众股东关注公司命运、力挺公司渡过难关的内在动力。张莲芬应该感到欣慰，因为他毕竟看到了诸位股东为捍卫中兴煤矿公司挺身而出。

中兴煤矿公司的体制建设经历了 3 个阶段。第一阶段，从 1899 年元月在原中兴矿局的基础上挂牌续建，正式成立，至 1905 年出台《暂行及添招新股章程》，为官督商办体制，张翼为督办，张莲芬为总办，德璀琳为德国总办。这一阶段的官督商办体制不同于洋务运动时期：一是有财务监督，洋总办德璀琳即负责稽核银钱出入；二是虚官督、实总办，张莲芬为公司实际负责人，亦即实际上为总办制。第二阶段，从 1905 年在商部注册至 1912 年 5 月第一次股东大会召开，为总办制和总理制，先后以张莲芬为总办、总理，戴绪万为帮办、协理。这个阶段的公司董事会，实际上是股东代表会议，是重大事项的议事、决策机构。第三阶段，从 1912 年 5 月第一次股东大会到 1915 年 12 月张莲芬逝世，以股东大会为最高权力机构，经理处、董事会、查账员三权分立。经理处以张莲芬为正经理，戴绪万、胡圣余为副经理。董事长先后为周学渊、朱钟琪。查账员先后为叶景葵、赵尔巽、张勋。

中兴煤矿公司之所以经历上述 3 个阶段，是由当时的情况决定的。在第一阶段，为抵制德国人觊觎枣庄煤田，必须争取清廷的支持；为迅速筹集到 200 万元股金，必须依靠张翼督办的开平矿局；为抵制侵占山东的德国人，拉德璀琳这位拿中国朝廷俸禄的德国人加入，有利于缓解外交压力。这就必须采取官督商办体制。实总办而虚官督，并由洋总办德璀琳负责稽核银钱出入，相当于后来的监察人。第二阶段，商部成立以后,颁布了《公司律》等一系列保护工商业、逐步与西方公司制对接的法律法规。股份制企业内,官权与商权平等,有法可依,官督机制不再是必需。在中兴公司内,督办张翼由于私自非法卖出开平煤矿,已失去督办资格。根据《公司法》,1905 年出台的《暂行及添招新股章程》第十三款规定:"凡认股招股有集至十万元以上者,无论华德官商,均可派作公司董事,有决议之权。本公司拟设董事十人内外,惟须各董事股东公认,以为其人堪充董事始准列名。俟股本招有成数,华德各董事议定人数,定期齐到峄矿会议详细章程,俾得照章举办。目下铁路未通,各董事往来不易,应定每年四月初一日到矿会议一次,将次年应办之事预为商定,兼核上一年账目,及会议酌分上一年利息。如公司遇有重大事件,须由总办函约各董事定期到矿会议。至少须到董事十分之六七方可开议"。① 从这一款的规定不难看出,此时尚未确定人数的董事会实际上是股东代表会议。日常一切大事,由总办和帮办决定。这个阶段,股本未能筹齐,修筑台枣铁路被提上日程,从招募股金到与德商协议购买铁路、矿山物料,重大事项一个接一个。与山东德商及德国驻华公使的外交问题、与清政府大部的文牍往还、与地方势力的矛盾纠葛等等,都必须当机立断、全力以赴,相对专权的总办制更适合应对种种复杂局面。当然,首要的先决条件是总办的个人素质。一个为政廉洁、治理有方、智勇兼备、既通晓商业又通晓政治、善于凝心聚力的总办的专权,实际上更有利于应对特殊时期的复杂局面。中兴煤矿公司根据这一时期的情况选择了这种方式,于光绪三十一年,既 1905 年 11 月 1 日在商部成功注册。1908 年 11 月 24 日,中兴煤矿公司董事会报直隶总督兼北洋通商大臣杨士骧转咨农工商部,去销"华德"字号,改为商办山东峄县中兴煤矿股份有限公司,任命张莲芬为总理,由中外合资转

---

① 《暂行及添招新股章程》,中兴公司档案文牍第五册,光绪三十一年十月十七日。

为完全商办，是顺应全国收回路矿主权运动做出的重大抉择。由于公司内本无德人股份，所以，随着张莲芬辞去官职，这一体制的转换也是顺其自然。1912年元月，中华民国成立。当年5月，中兴煤矿公司召开第一次全体股东大会。自此，中兴煤矿公司实行股东大会领导下的经理处、董事会、查账员三位一体的领导体制。由于台枣铁路已完全建成，股本用于路、矿两方的数额已核计清晰，董事会人数已能确定，公司规模扩张，总投资已达500万元，实施现代企业管理体制既是必要的，也已经完全具备条件。

事实证明，现代企业管理体制的实施并非一帆风顺。中兴煤矿公司第一届董事会成立之后，立即削弱经理处的权力，报请农工商部，改张莲芬的总理为正经理，对外交涉行文一律由董事会负责，千元以外的支配权一律经董事会批准，这是不利于经理的工作和公司发展的。首先，骤然削弱创办人和经理人张莲芬的权力引起内部矛盾，使得人心惶惶；其次，违背了客观实际。董事会成员包括董事长周学渊在内，长期不到矿办公。1913年召开的中兴煤矿公司第三次股东大会上，张莲芬在报告书中说道："公司以出煤焦为重，凡动用银钱购买机器材料，均发生于总矿。董事会监督稽查皆属切要，若董事会远在他处，不独往返函商多延时日有误机宜，尤恐闻见不确易生猜疑。拟请诸公议决，永将董事会设立在矿，以便与经理就近商办诸事，而免隔阂"。[①] 1914年，在第四次股东大会上，张莲芬再次提出："查董事为股东代表，重在监察各事，随时纠正，免生弊端，致损公益。惟监督应从根本着手。枣矿为总汇之所，凡有购买材料，添办工程，用人营业，无一不发生于总矿。故必须有董事驻矿，遇事考察，认真监察，既得事理之真确，自可措施之裕如。愚见如果更举董事，务有二三人无他事之系念，有精细之才能，

---

① 《第三次股东会经理报告书》，中兴公司档案文牍第六册，1913年5月。

得以轮流驻矿，切实办事，以副诸股东之付托，可付将来之重任，斯公司股东两蒙幸福。若所举各人，无暇在矿常驻，不能详究各事内容，徒于事后随意指责，不独无补公司之大局，实足流散办事之人心。"[①]董事会成员不到枣庄总矿，却连千元之外的支配权都握在董事会，一切对外行文都必须经过董事会，这让经理处怎么工作呢？因此，这种权力划分完全脱离实际。董事会既然规定筹股、监督、对外等权力归董事会，却几年中不为中兴煤矿公司筹得股金，揽权又不办事，给民国初年的中兴煤矿公司造成了极大的损失。所幸，张莲芬在极为艰难的处境下坚守经理岗位，对董事会的不作为一再公开提出批评、建议，使中兴煤矿公司股东大会领导下的三位一体的领导体制逐步完善、成熟，中兴煤矿公司股东的主人翁意识和行使民主权利的水平不断提高，并在1914年选举出了以朱钟琪为董事长的新的董事会。当灾难来临，中兴煤矿公司董事会和全体股东发挥了中流砥柱的作用。

纵观中兴煤矿公司管理体制的变迁，可以套用一句话：鞋子合不合适，只有自己的脚知道。任何体制都是由人操控的，领导成员的综合素质会影响到体制运转过程中的必要调整。不断调整是任何体制都需要的，关键在于：一切从实际出发。

---

① 《第四次股东会纪事》，中兴公司档案文牍第六册，1914年5月。

第七章　徐世昌当选中兴公司董事长的前前后后

袁世凯意欲称帝。世事洞明的徐世昌退出政坛，随后成为北洋系新的核心。中兴煤矿公司正值存亡绝续时刻。第六次股东大会一致推举徐世昌任董事长，徐世昌则举荐朱启钤代理董事长。黎元洪、赵尔巽、张学良、倪嗣冲、赵荣廷、张怀芝、陶湘等等军政经界翘楚，先后在这个时期成为中兴煤矿公司大股东。

一、承前启后任凤苞

任凤苞，字振采。早在1908年的台枣铁路案期间，身为津浦路北段帮办的任凤苞就曾在奉命调查中兴煤矿公司时力主公道，为中兴煤矿公司洗去不白之冤。台枣铁路案过后，中兴煤矿公司急需兴工筑路、开掘大井、购买机器，招股不到，资金奇紧。任凤苞又与朱启钤、徐世昌等人设法以津浦铁路用煤担保，先由交通银行，后由北洋保商银行借予中兴巨款。1911年辛亥革命后，政局动荡。保商银行以此为借口，无理要求将借款利率由原定8厘提高到1分2厘，经任凤苞多次斡旋，才同意年息为1分。其间，中兴煤矿公司的资金常常难以为继。任凤苞以交通银行协理的有利地位，以及津浦铁路因担保贷款派驻中兴煤矿公司监理员的身份，不断为中兴煤矿公司东挪西借，使中兴台枣铁路得以于1911年年底全线竣工，使中兴煤矿公司的大井工程及发电厂均于1913年告竣。张莲芬对任凤苞的感激之情，多次在私底下表露无遗。1914年，在中兴煤矿公司第四次股东大会上，张莲芬更向全体股东报告："莲芬自开办迄今已十有五年，先后所收股本现洋不过百万元，而矿路两项所用之本已近五百万元。若非前津浦徐督办、沈帮办，及朱桂辛、冯次台、梁燕孙、任振采、孟玉双诸公尽力维持，已属不堪设想。"[①]这里的徐督办，即前督办津浦铁路大臣、时任袁世凯内阁国务卿的徐世昌。徐世昌，字菊人，号卜五，时人称其为"东海相国"。朱桂辛，即促成中兴煤矿公司与津浦铁路合作的幕后推手，前津浦铁路北段督办，民国成立后任袁世凯内阁交通总长、内务总长的朱启钤。朱启钤，字桂辛。"沈帮办""冯次台"都是晚清徐世昌属下的津浦铁路要员。梁燕孙即梁士诒。梁士诒，字燕孙，时任交通银行总理。在徐世昌辞去国务卿之后，梁士诒担任了一段时期袁世凯政府的内阁总理，是当时政坛上呼风唤雨的交通系的龙头老大。交通系的其他要员龙建章、叶玉虎、任凤苞、关赓麟，被称为交通系龙、虎、凤、麟四大将。由于任凤苞的地位，中兴煤矿公司与保商银行之间的纠纷一直由任凤苞协调并取得了重大成果。所以，张莲芬曾在信中称，任凤苞"使公司转危为安，则感大德更无已时，且不受他人欺压矣"。[②]除了在资金上扶助中兴煤矿公司，在管理方面，任凤苞作为监理员也多有作为。张莲芬曾在信中提及，任凤苞到矿两个月，与公司协理戴绪万一同协商机关改进工作的事情并大加赞赏。上述事情表明，任凤苞无论对外交涉还是对内管理都是很有才干的。因此，在张莲芬逝世、公司危难的关键时刻，中兴煤矿公司董

① 《第四次股东会经理报告书》，中兴公司档案文牍第六册，1914年5月。
② 《张莲芬给任凤苞的信》，中兴公司档案《往来信函》，1913年10月19日。

事会决意推举任凤苞代理公司正经理。任凤苞上任后，一面改良公司管理，一面招商筹款。1916 年 11 月 6 日，中兴煤矿公司召开第六次股东大会。时任总矿经理的戴绪万在补报 1915 年经营情况时说道："今总理（指任凤苞）乃历年维持之人，故当危疑震撼之时，京津各股东群相推戴，幸蒙不弃，勉任其难，立筹巨款，遂得撑持至今。"[1] 这说明，任凤苞代理中兴煤矿公司总经理期间，的确起到了中流砥柱的作用。周学熙的弟弟周学渊，于 1914 年第四次股东大会上落选董事长之后任主任董事。当中兴煤矿公司股东推戴任凤苞为代理正经理时，周学渊迭次去信向任凤苞发难。中兴煤矿公司董事会曾接到任凤苞转来的周学渊的发难信，并向任凤苞表示："先后抄送周董事学渊来函，均已聆悉。查敝会日前开会，公举我公代理正经理一事，系经多数赞成，周董事亦曾公认。不意周君竟以个人名义致函台端，无理要求，横生枝节。敝会同人均深惶懂。现即叠据京津股东公函陈述意见，众议金同，仍坚持前议，务请我公以公司大局为重，即日就职。"[2] 董事会落款第一人为周家驹，第二人为孟锡玉。周家驹即原中兴矿局重要创办人、李鸿章麾下盛军统帅周盛传之子。孟锡玉即当年与任凤苞一同帮助中兴煤矿公司借款的津浦路属员。他们都是与中兴煤矿公司荣辱兴衰与共的老股东。任凤苞斟酌形势，决定就职。任凤苞接受中兴煤矿公司正经理职位时曾有一段自述："本系老股东之一，前在津浦铁路供职，即与（梁）燕孙、（朱）桂辛诸公，随同东海相国（徐世昌）全力扶助，以迄于今。诚以我国自办之矿仅此一处尚堪与他人争衡，所惜数年以来，大局多故，金融紧迫，未能以实力专注此矿。兹不幸而张君（莲芬）又以病逝……京津股东推举鄙人暂代张君遗席"。[3] 任凤苞的自白，不仅进一步说明了"交通系"

① 《第六次股东会经理报告书》，中兴公司档案文牍第六册，1916 年 10 月。
② 《中兴董事会复任振采的信》，中兴公司档案《往来信函》，1916 年。
③ 《任振采决定就职代理正经理致中兴董事会函》，中兴公司档案《往来信函》，1916 年。

要员们对中兴煤矿公司多年的扶持，同时也向今人揭示了一个重要事实，即当时中国自办之矿，仅此中兴煤矿公司"尚堪与他人争衡"，中兴煤矿公司在中国近代工业史上和中国民族工业中的"唯一"地位在当时已被世所公认。而任凤苞就职仅9个月，即在1916年9月3日提出辞职。其辞呈称："拥遥领之虚名，对于公司实际既难考核，尤难负责。目前之困难，几无法维持，外人之觊觎终恐成为事实，愚昧断不能胜任，俯准辞去公司正经理一职。"① 任凤苞的本职是交通银行协理，所以，自称"拥遥领之虚名"也是事实。然而，真正的原因还在后面一句："目前之困难，几无法维持，外人之觊觎，终恐成为事实"。任凤苞当时遇到的最大困难究竟是什么呢？什么样的困难比他在大灾之际接手中兴煤矿公司更大呢？这要从交通系与皖系两大政治势力之间的较量说起。

所谓交通系，始自1907年年底交通银行的成立。成立交通银行的首倡者，是时任邮传部五路提调处提调的梁士诒。交通银行设立之后，梁士诒出任新成立的邮传部铁路总局局长兼交通银行帮理，并于1911年袁世凯任晚清内阁总理期间出任邮传部大臣。袁世凯任中华民国大总统后，梁士诒任交通银行总理，任凤苞任协理。由于梁士诒长期管理全国铁路系统，交通银行又掌握全国铁路财源，逐渐形成了以梁士诒为首的交通系，在国家的政治、经济领域有着举足轻重的影响力。1915年，袁世凯在成为事实上的终身总统之后，又预谋帝制自为，希望梁士诒的交通系能够支持他的倒行逆施。梁士诒最初犹豫不决。袁世凯便要了个把戏，利用内阁中交通系与皖系的矛盾，指使担任肃政史的皖系要员赴津浦路密查，罗列交通系十大罪状。这一事件更涉及京汉、京绥、沪宁、正太四路，造成了轰动一时的五路大案。交通次长叶恭绰和津浦路局长赵庆华都被停职。交通系一时惶然，密议对策。当时，国际上支

---

① 《任振采决定辞去代理正经理致中兴董事会函》，中兴公司档案《往来信函》，1916年。

持袁世凯称帝最坚决的是德国的威廉二世皇帝。德国是世界强国却实行皇族内阁执政，这很有迷惑性。交通系要员于是转变态度，积极支持袁世凯称帝，重新为袁世凯所倚重。梁士诒时任全国税务督办，承诺为袁世凯称帝从交通、税务两大系统筹措资金2000万元。梁士诒还策动成立变更共和国体为帝制的全国请愿联合会，为复辟帝制大造舆论。交通系的另一重要人物、先后任袁世凯政府交通总长和内务总长的朱启钤，担任了袁世凯登基大典筹备处的处长。袁世凯政府中的安徽人段祺瑞、杨士琦、周学熙本来都是袁世凯的心腹阁僚和左膀右臂，段祺瑞主军政，周学熙主财政，各有一套人马，时人称其为皖系。皖系的段祺瑞不支持袁世凯称帝，天不怕、地不怕的周学熙也不支持袁世凯复辟帝制。所以，在1915年8月16日为复辟帝制设立的"筹安会"成立之后，周学熙就被晾在了一边。周学熙知道自己的财政总长是做不成了，于是与开平公司的那森商议后，掉头来到大灾后的枣庄总矿。中兴煤矿公司不仅由他的死对头张翼参与创办，而且多年得到交通系支持，如若不然，告借无门的中兴煤矿公司早已被周学熙收入囊中。现在也还不晚，中兴煤矿公司遇到特大灾难，机会又来了。如果把中兴煤矿公司收入周氏工业王国，他周学熙虽然丢了滦州煤矿，却又执掌起国内独一无二的、纯粹华商投资的大煤矿，他在民族工业史上的地位便不可撼动。财源滚滚自不待说，还能一箭双雕，既打击了张翼，又打击了交通系那帮政敌。周学熙怀着仇恨和野心来到中兴煤矿公司，遭到中兴煤矿公司股东的公开反对。张莲芬死后，任凤苞代理了正经理。交通系正在当红，周学熙一时无计可施。人算不如天算。袁世凯只做了83天的"皇帝"，便黯然宣布取消帝制、恢复共和，在全国讨逆的滚滚洪流中于1916年6月死去。紧接着副总统黎元洪接任大总统，通缉复辟帝制的要犯13人，梁士诒、朱启钤都在其中。交通系呈现败局。交通银行协理任凤苞虽未去职，但因背后的强劲靠山一时倒塌，地位岌岌可危。他就任中兴煤矿公司代理正经理时，就遭遇周学渊的无理阻挠，现在中兴煤矿公司内部、外部，周氏力量正暗流涌动。而由于梁士诒垮台，身为交通银行协理，任凤苞的注意力不得不从中兴煤矿公司移开，专守交通银行的地位。这时候，他唯一能做出的选择就是辞去中兴煤矿公司代理正经理。辞呈中那句"目前之困难，几无法维持。外人之觊觎终恐成为事实"，正是他当时处境的反映。任凤苞的自信心发生动摇，他认为已无力抗衡周学熙对中兴煤矿公司的野心。

然而，任凤苞也绝非一般人物。他把拳头收缩回去专任交通银行协理，正是一种以退为进的谋略。窥伺局势，他发现黎元洪对所谓"恢复帝制要犯"的通缉不过是走过场、做样子。虽然袁世凯倒台了，但是"北洋系"的实力尚在。梁士诒避难去了香港，而朱启钤一直就在北戴河。徐世昌、朱启钤都是中兴煤矿公司股东，又都赋闲下野，这不正是上天赐予中兴煤矿公司的机遇吗？任凤苞于 1916 年 9 月 3 日辞职。中兴煤矿公司第六次股东大会一改从前 5 月份召开，而于当年 11 月份在天津召开。徐世昌被选为董事长。他提名由朱启钤代理董事长，并提名任凤苞为中兴煤矿公司主任董事。这一事实也能说明，任凤苞在辞职前后曾经为中兴煤矿公司的复兴奔走、策划。

在中国近现代经济史上，任凤苞是一位可圈可点的重要人物。胡仲文的《四行准备库及四行储蓄会经营始末记》中有一段关于任凤苞的叙述，原话是这样写的："当时盐业、金城、中南、大陆四银行在业务上虽然是各自经营，但是遇有重大问题时，彼此是互通声气、一致对外的。例如承担摊销北洋政府发行公债和摊派借款等事，'北四行'的负责人总是互通声气，采取一致态度，形成了一个小集团，这就是'北四行'名称的来源。'北四行'小集团的形成，固然是由吴（鼎昌）、周（作民）、谈（在唐）、胡（笔江）四人之间的关系所确定，但如再深究一步，则在他们四人背后，尚有一个重要的幕后人物起着指导作用，此人就是金城银行终身董事、中南银行董事和盐业银行董事长的任凤苞。任凤苞，曾任北洋交通银行协理多年，与北洋军政要人过往甚密，而周作民和胡笔江又都在交通银行任过职，全是任凤苞的主要助手，与任（凤苞）的关系甚为密切。当时'北四行'的背后支持者就是交通银行，这就形成了任凤苞与'北四行'的特殊关系。因此遇有'北四行'与北洋政府之间发生某些不好处理的问题时，经常请任凤苞出面向北洋政府军政要人进行疏通。'北四行'创立伊始，都和交通银行建立往来关系。尤其金城银行开业初期有关票据结算、资金周转方面仰赖交通银行协助之处尤多。不仅如此，'七·七'事变以后华北沦陷，盐业银行吴鼎昌到后方任贵州省主席，为了支持盐业银行在沦陷区的局面，请出任凤苞为盐业银行代理董事长，以后实任董事长一直到任（凤苞）故去。"①

以上这段叙述，正说明了任凤苞在中国近现代经济史上的重要作用和地位。

自1916年被选为中兴煤矿公司主任董事，任凤苞此后连选连任至1928年。1928年，蒋介石为推动战争车轮筹款，欲没收中兴煤矿公司。在那场斗争中，我们将再次看到任凤苞的身影。

二、徐世昌担任中兴煤矿公司董事长

从1913年中兴煤矿公司部分废除官利制，到1915年至1916年年初之间，中兴煤矿公司股东抵制周学熙的吞并图谋、抵制个别股东请求复辟帝制的袁世凯向中兴煤矿公司注入官股等，中兴煤矿公司股东展现了强烈的资产阶级主体意识、自主自决的担当意识。事实上，中华民国

---

① 胡仲文：《四行准备库及四行储蓄会经营始末记》，载《上海文史资料存稿汇编》。

的成立、一系列资本主义经济法律法规的制定和完善，大大促进了民国初年的资本主义工商业发展。这也正是袁世凯复辟帝制不到 3 个月便宣告失败的根本原因。不幸的是，那场复辟帝制的闹剧为刚刚脱胎于半殖民地半封建社会的中华民国埋下了分裂、战乱、倒退的祸根。而袁世凯最信任的朋友徐世昌不仅没有参与袁世凯的复辟，而且在 1916 年 11 月中兴煤矿公司最为困难之际担任了公司董事长，此后长期致力于消弭国内战乱、寻求实现和平的道路。这期间，在几个关键的时间和事件节点上，徐世昌的表现可圈可点。其一，1911 年，清政府以践诺立宪为名，组织起"皇族内阁"，不得人心。在汉族官员很少的"皇族内阁"中，徐世昌被任命为协理大臣，成为职位最高的汉族官员。徐世昌却在此时极力疏通，希望重新启用已被罢黜返乡的袁世凯。他不但自己上书摄政王载沣，力陈"破除常格，擢用扶危济变之才"[①]，还对另一位协理大臣、满族人那桐说："此席我居不称，唯慰亭（袁世凯，字慰亭——作者注）才足胜任，而以朋党嫌疑，不便论列。怎么办？"[②]那桐听他所言既诚恳又在理，便答应道："是何难，我去说。"[③]遂上折载沣："查有开缺军机大臣尚书袁世凯，智勇深沉，谋道宏远……以疾去官，现已积有岁时，当早医调就愈"[④]，推荐由袁世凯代替自己。清末新政时期，袁世凯在练兵修武、废科举、兴办新式教育、发展资本主义工商业等多个领域做出了不凡的贡献。慈禧太后怕他势大欺主，对他明升暗降；载沣当上摄政

---

① 周秀明、王莹编著：《总统的无奈·民国八大总统的最后结局》，华文出版社 2006 年版，第 285 页。

② 周秀明、王莹编著：《总统的无奈·民国八大总统的最后结局》，华文出版社 2006 年版，第 285 页。

③ 周秀明、王莹编著：《总统的无奈·民国八大总统的最后结局》，华文出版社 2006 年版，第 285 页。

④ 周秀明、王莹编著：《总统的无奈·民国八大总统的最后结局》，华文出版社 2006 年版，第 285 页。

王后，干脆让他回家歇着。这不仅对袁世凯个人不公正，对风雨飘摇中的晚清朝廷更是一大损失。徐世昌想方设法重新推出袁世凯，于私于公都值得肯定。这种政治胸怀，一般人难以企及。其二，袁世凯于1914年镇压了二次革命后，宣布实行终身总统制的新约法。清亡后一直避居不出的徐世昌终于同意出山，当了袁世凯的国务卿，遭到许多清朝遗臣的嘲讽而不避。但是，当袁世凯再往前走一步，要复辟帝制时，徐世昌毅然辞职。看看同时代的康有为，便可明白徐世昌的出山助袁。戊戌变法时，康有为主张君主立宪，变法失败后仍然主张君主立宪，其原由在于希望以君主之威推动改革，避免国家因改革而陷于战乱。徐世昌出山助袁世凯做终身总统，其出发点或许与康有为相似：不想眼看着国家处于分裂、战争状态，希望推行强人政治——这或许是那个时代的局限——连极力主张民主、共和的孙中山都不得不拱手把大总统职位让与袁世凯，又何况徐世昌呢！袁世凯复辟帝制失败后，宣布恢复总统制，恳求徐世昌相助。徐世昌不得已，又当了一个月的国务卿，便推给段祺瑞，临别时，反复叮嘱段祺瑞"固北洋团体，保项城（指袁世凯——作者注）威信"。这时，他预感到国家将乱的危险，既不能劝袁世凯退位，又自知无力助袁世凯回天，只能离开政治漩涡中心，洁身自好。其三，当袁世凯命悬一线，徐世昌接信后赶去探视。袁世凯面前当时有4人：徐世昌、段祺瑞、张镇芳、王士珍。袁世凯在遗嘱中写了3位继承人的名字，按顺序是：黎元洪、徐世昌、段祺瑞。黎元洪因为是副总统，按《中华民国约法》，是当然的继位人，所以排在第一位。但黎元洪不是"北洋派"的人，手中又无兵权，袁世凯也早就不承认民初约法，因而，黎元洪不仅不敢去想继位的事儿，甚至有性命之忧。段祺瑞握有兵权，但是他的名字排在最后。段祺瑞等北洋军人是绝不愿意黎元洪继位的。徐世昌虽已无实职，却是北洋元老，多有威望。在场的人一致请徐世昌发表意见，徐世昌说："现在南方独立，收拾残局是一件极其艰难的工作。依我的愚见，根据《约法》，应推副总统继位。"① 徐世昌这里说的"约法"，不是袁世凯的新约法，而是孙中山的旧约法。见徐世昌这样说，在场的"北洋派"人都不便再说什么，正战战兢兢的黎元洪于是成了中华民国第三任总统。

黎元洪继任总统是对孙中山所制定的临时约法的承认，正是南方革命党人的要求。徐世昌实实在在做了一件顺应历史潮流，有利于南北和解、结束国家动乱的好事。

袁世凯复辟帝制不仅祸乱中华民国，也祸及中兴煤矿公司。戊戌变法中出卖光绪皇帝，是袁世凯人生中的第一个重大污点；从孙中山手中接过大总统之位却复辟帝制、背叛中华民国，是袁世凯人生中的第二大污点。这令一直辅佐他的周学熙成为第一个抛弃他的人——周学熙作为袁世凯政府的财政总长，以辞职表达了对复辟的立场。从前，袁世凯被罢黜曾深深刺激到以他为靠山的周学熙；袁世凯复辟称帝，则从另一个方面刺痛了周学熙。周学熙本人不仅早已成为官僚资产阶级的代表人物，不能接受袁世凯称帝；周学熙的家族作为晚清显宦，也不能接受袁世凯称帝。袁世凯对政治道德底线的二次突破，促使周学熙在资本领域再次突破人性中正常竞争的底线，对中兴煤矿公司的吞并达到近乎疯狂的程度。当中兴煤矿公司董事会推举任凤苞代理公司经理之后，周氏兄弟居然从中阻挠、破坏。刚刚经历"政坛地震"的徐世昌就在这时候来到了大灾后岌岌可危的中兴煤矿公司，接受中兴煤矿公司第六次股东大会的推举，担任了公司第三任董事长。

在中兴煤矿公司的发展历程中，徐世昌起到了重大作用。1909年，台枣铁路案结束之后，中兴煤矿公司迎来了难得的发展机遇期，但是，

---

① 周秀明、王莹编著：《总统的无奈·民国八大总统的最后结局》，华文出版社2006年版，第292页。

资金紧缺成为严重的制约瓶颈。是时任邮传部尚书兼督办津浦铁路大臣的徐世昌，同意由津浦铁路担保还款，由隶属于邮传部的交通银行向中兴煤矿公司贷银60万两，解决了中兴煤矿公司的燃眉之急。1910年，中兴煤矿公司总理张莲芬再次寻求借银。徐世昌此时二度升任军机大臣并兼任督办津浦铁路大臣，他本来同意由津浦铁路担任还款，由交通银行再度向中兴煤矿公司贷款，并且同意津浦铁路入股中兴煤矿公司新招股份的一半。但事情定下来之后，邮传部尚书已换成老资格的盛宣怀。盛宣怀提出"更议"办法加以阻挠，津浦铁路入股中兴煤矿公司没有实现，交通银行也不能再向中兴煤矿公司贷款。最后，由津浦铁路担保以用煤还款，中兴煤矿公司向新成立的北洋保商银行借银130万两，并以新借银还上了1909年交通银行的借银60万两。虽然保商银行借款案一直纠缠不清，张莲芬多年来为中兴煤矿公司的资金接续东挪西借、疲惫不堪，但是如果没有那笔钱，台枣铁路在1911年年底完全建成、大井和发电厂于1913年建成投产，几乎都是不可能的。尤其是徐世昌令津浦铁路南段，于1911年修筑从津浦线临城车站至中兴煤矿公司枣庄总矿的30公里铁路支线，不仅彻底解决了中兴煤矿公司的运煤问题，而且大大方便了枣庄的交通运输，使枣庄成为人流、物流、信息流的集散地，极大地促进了枣庄的城市建设。按理，津浦铁路以山东南部边缘的韩庄为界，分为南、北两段，临枣支路建设属于津浦铁路北段的事情。但当时南段已建成通车，北段由于天津站选址及北段原总办李德顺的贪腐案而大大影响了进度，尚在建设之中。徐世昌打破常规，令津浦线南段修筑临枣支线铁路，不仅为津浦铁路用煤、运煤计，更是为了解决中兴煤矿公司大井建成之后的运煤问题。台枣铁路案期间，面对邮传部强令台枣铁路停工，中兴煤矿公司总办张莲芬曾一再提议由中兴煤矿公司自筑临枣支线铁路，以保证津浦铁路用煤、运煤，但是从以后数年中兴煤矿公司招股困难、资金紧缺的实际情况看，由中兴煤矿公司修筑临枣

1916 年，中兴煤矿公司第六次股东大会推选徐世昌担任董事长

支线，难度不可估量。临枣支线铁路于 1913 年正式建成通车，中兴煤矿公司自此跨入现代化煤矿行列，成为当时国内唯一能与外煤竞争的大型煤矿。

在 1916 年 11 月担任中兴煤矿公司董事长，是徐世昌支持中兴煤矿公司、支持中国民族煤矿企业发展的又一重大举措。徐世昌的政治资源和政治智慧随着他的到来，成为中兴煤矿公司的无形资产。

据中兴煤矿公司创办人之一张翼的儿子张叔诚回忆："1915 年该矿发生大灾，经理张莲芬因忧致疾逝世，当世绝续时刻，有识之士对国人兴办中兴煤矿报以同情和支持，由徐世昌出面联络南北人士增加资本力谋改善。"[1] 徐世昌联络到了哪些人呢？北方有奉系军阀张作霖、皖系的倪嗣冲、直系的重要将领张怀芝，政界有时任总统的黎元洪、曾任东三省总督的赵尔巽，财界有黎元洪家乡湖北的纺织大王赵荣廷、银行家陶湘、大商人庄仁松等等。一直驻节徐州的"辫子大帅"张勋，是在 1913 年中兴煤矿公司最困难的时候以 10 万两银子入股的。北洋系各路首领几乎都聚集到了中兴煤矿公司。中兴煤矿公司的资本迅速增至 380 万元（距 1909 年商部批准的 500 万元股额还差 120 万元）。

1916 年，中兴煤矿公司第六次股东大会董事会成员选举的结果是：郑学慈，得票 1640 权；徐世昌，得票 1542 权；张学良，得票 1472 权；

---

[1] 张叔诚、谈在唐：《中兴公司经营始末》，载枣庄市政协文史资料第 19 辑《中兴风雨》，第 7 页。

任凤苞，得票 1441 权；庄仁松，得票 1438 权；周家驹，得票 1364 权；袁祚廙，得票 1254 权；戴绪适，得票 1023 权；许珩，得票 632 权。当选的 9 名董事中，徐世昌的票数排在第二位。郑学慈、张学良、任凤苞、周家驹、戴绪适都是中兴煤矿公司的老股东。其中，郑学慈是一直跟随张莲芬的创业者，第一次股东大会上即当选董事；至于张学良，曾有人写文章认为就是张作霖之子张学良，其实不是。因为张作霖之子张学良出生于 1901 年，其时仅 15 岁。中兴煤矿公司董事会章程规定，不足 20 岁的股东不能选为董事。从张学良年谱看，这一年，他还在上学。当选中兴煤矿公司董事的张学良是已故经理张莲芬之子，字仲平。周家驹是中兴矿局筹建时为中兴矿局筹资的淮军将领周盛传的儿子，第四次股东大会上曾当选董事。戴绪适是一直协助张莲芬创业的、中兴煤矿公司副经理戴绪万的叔伯兄弟，也是甲午威海卫海战中吞金而亡的戴宗骞的儿子。除中兴煤矿公司的老股东 5 人外，庄仁松是长期包销中兴煤矿煤炭的商人。按中兴煤矿公司章程规定，董事长由当选董事互选产生。选举结果，徐世昌当选董事长。

　　徐世昌出面联络南北人士为中兴煤矿公司注资，力挽中兴煤矿公司颓势，然而董事选举结果，老股东占绝大多数。对于这样的结果，徐世昌欣然接受，这与他一向的做事风格是一致的：审时度势，顺其自然。中国文化的"天人合一"观念认为，人是天地所生，应顺应自然规律，不仅在处理人与自然界的关系时应当顺应自然，在处理人生、社会的各种问题时也要顺应自然。纵观徐世昌的为官之路，他深刻把握了中国传统文化的这个理念。他从不强求出头，只做自己能做、该做的事情。袁世凯在小站练兵时请他办理营务处，他不忌讳中国文化重文轻武的传统，毅然接受，是因为他看到训练新式军队是强国御侮的必然之路，是大势，是大道；瞿鸿机与袁世凯政争时，他暗中保护了袁世凯和庆亲王，也并未伤害瞿鸿机。徐世昌之所以做这个好人，是因为他明白得很，反腐败是个系统工程，以慈禧太后为首的清廷根本没有心理准备，也不会真正反腐，以反腐为名，搞政争之实，有害无益。做这件好事，避免了慈禧的尴尬，维护了实行新政的大局，也保护了好友袁世凯。1906 年，徐世昌主动请缨出任东三省总督，因为日俄在中国东北的那场战争以俄国失败告终，日本在东北的势力大增。战后的东北亟待恢复。东北的内政、外交都十分棘手。国家有难，匹夫有责，他的主动请缨正是因应时局……这一切都说明，徐世昌是善于独立思考、深谙传统文化精髓的一代大儒。尊重中兴煤矿公司股东大会的选举结果，正是他深厚修养的体现。

徐世昌在中兴煤矿公司领导体制的确立上，也展现出大儒的风采。

西方公司的股份制是三权分立、相互制约、职责分明，但中国传统文化下产生的是一元化的层级式领导。中兴煤矿公司自 1912 年第一次股东大会实行董事会、经理人、查账员三位一体的体制以来，董事会监督制约过分，经理人处处受到掣肘，干活的不能管事，管事的不干活专挑漏子。张莲芬一再呼吁董事会成员要考察实际情况，有的放矢地实行监督，不能以疑似之言为实，无端指责，从而涣散人心。通过废除官利制等举措，到 1914 年第四次股东大会时，股东们的意见逐步统一，甚至提出董事会应对经理人取辅助主义，总之是支持张莲芬的领导。其实，不管什么体制，关键是要适合实际情况。徐世昌担任中兴煤矿公司董事长之后，既实行董事会、经理人、监察人的三位一体体制，又突出董事会的领导，实行董事会领导下的分层级管理。即在公司行政划分上，分为总公司—总矿—各地分销煤厂 3 个层级。总公司设董事长、主任董事，主任董事分管总公司的经理工作，不设总经理；总矿设正、副经理，隶属于总公司；各分销煤厂设分公司。董事长直接领导两名主任董事，并每周召开一次董事会。这种体制实际上把总公司、董事会和经理处合而为一，内部又职责分明，以董事长为最高领导。董事长看似处于第一线，但是由于有主任董事分管经理工作，总矿经理又具有相应的自主权，各分销煤厂经理也具有一定的经营自主权，所以，消除了相互掣肘事件发生的可能性。这种领导体制既适合股份制企业的一般特点，又实现了从上而下的一元化领导，符合中国人的文化理念，也符合中兴煤矿公司当时的实际。当时的实际情况是，在任凤苞辞去中兴代理正经理之后，公司还没有产生令全体股东信任的经理人。顺应人们的文化理念、顺应公司的实际，正是顺应自然的思维方式。

徐世昌当选董事长之后，在董事会人事安排上做了两件事。一件事是任命任凤苞、张学良、袁祚廙三人为主任董事。任凤苞本来就是中兴煤矿公司股东推戴的代理正经理。张学良以高票当选董事，不仅仅因为其父亲是张莲芬，他在公司内早已担负重任。据中兴煤矿公司档案记

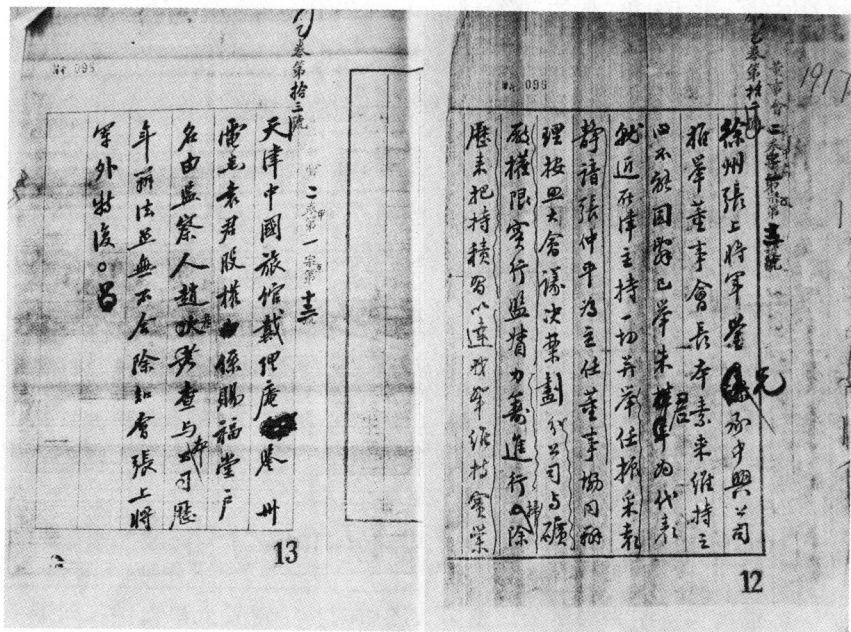

徐世昌当选中兴煤矿公司董事长后，举荐张莲芬之子张学良（仲平）等人担任主任董事

载，与德国桥梁公司等外商打交道时，张仲平独当一面。袁祚廙是朱启钤的贵州同乡，与朱启钤过从甚密。徐世昌做的第二项人事安排，就是推举朱启钤为代理董事长。朱启钤没有当选董事，却被推举为代理董事长，这又是徐世昌的非常之举。朱启钤在袁世凯政府时期不仅担任过交通总长、内务总长，还曾经被任命为国务总理但推脱没有就任。栋梁之才当委以栋梁之任，徐世昌的非常之举正是顺应了自然法则，也正是他高出一般股东之处。以朱启钤为中兴煤矿公司代理董事长，以任凤苞、张学良、袁祚廙三人为主任董事分管总公司经营，直接对朱启钤负责，这种人事安排可谓"黄金搭档"。

徐世昌的第三大举措，是将中兴总公司迁至天津河东区二马路。当时的天津为全国商业大都会，近在京畿，又是中国东部大动脉津浦铁路的始发站，北有关内外大铁路直通北京、沈阳，南控长江中下游，英才荟萃，信息通达。天津距枣庄总矿仅一天路程，且能遥控沿津浦铁路和长江中下游的数十处分销煤厂，总公司设在这里，等于安上了"千里眼"、"顺风耳"，路路皆通。

总之，1916年11月6日，中兴煤矿公司第六次股东大会召开，选举徐世昌为新的董事长，组建了强有力的新领导班子，进一步完善了企业管理体制，将总公司迁移至工商业大都会天津，人才纷至，财路拓宽，信息畅通，一扫大灾之后笼罩于中兴煤矿公司的颓气，为中兴煤矿公司的发展开辟了一个新时代。

三、代理董事长朱启钤

徐世昌当选中兴煤矿公司董事长之后的一个重要人事安排，即推举朱启钤为代理董事会长。他的推荐书是这样写的：

迳启者，昌谬承诸股东选举董事，复蒙诸同人以会长一席相推。自维衰朽，愧负殊深。只以本公司大局所关，本鄙人素来维持之心，不得不勉力担任。惟俗务羁身，不能常川到会，兹举股东朱存素君(即朱启钤。朱启钤著有《存素堂丝绣录》，人们亦称其为"存素"——作者注)为代表。希即查照是荷。专布顺颂公绥。

徐世昌启

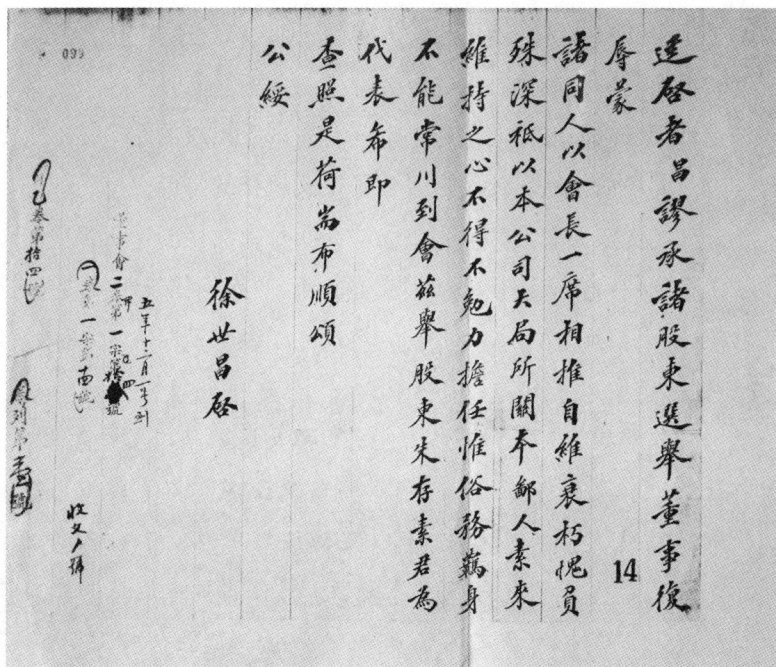

徐世昌当选中兴煤矿公司董事长后，举荐朱启钤担任代理董事长

朱启钤于 1909 年任津浦铁路北段总办时，在中兴煤矿公司与津浦路合作和津浦路担保还款、为中兴煤矿公司筹措借款过程中，都发挥了关键性的作用，为什么在中兴煤矿公司第六次股东大会上没有能够进

入领导班子呢？据李华年、杨祖凯所编《朱启钤先生年谱简表》记载：
"1916年6月10日，西南军务院提出通缉帝制祸首杨度等人。7月14日，
总统黎元洪下令通缉杨度、朱启钤等人。"①朱启钤因支持袁世凯复辟帝
制获罪，正在被通缉期间，这应该是他未被选进中兴煤矿公司领导班子
的原因。

朱启钤与袁世凯复辟帝制究竟有怎样的关系？年轻时候的朱启钤曾
与唐才常、杨笃生、章士钊等后来加入同盟会的人士过从甚密，怎么会
参与复辟帝制？他为什么会成为袁世凯复辟帝制的要员？套用一句古
话："常在河边走，哪有不湿鞋"，朱启钤长期被袁世凯重用、提携，是
他成为袁世凯复辟帝制牺牲品的重要原因。

朱启钤担任津浦铁路北段总办期间，表现了出众的才华，不仅主持
了津浦铁路北段的修筑，还亲自督建了德式风格的济南火车站和洛口黄
河大桥。他的勤勉、高效和能力颇为时人所称道。民国初年，内阁总理
变换频繁，朱启钤曾5次被任命为交通总长，3次担任或兼任内务总长。
朱启钤担任交通总长期间，雄心勃勃地规划了全国铁路网：

> 定铁路国营之策，以揽全局；预拟交达之路，尤要者凡四：自
> 江宁以达长沙，曰"宁湘"，以溯黔楚上游，以溯豫章腹里；自
> 大同以达成都，曰"同成"，以避夔巫之艰，以夺荆襄之险，出
> 于其途者，可以朝辞白帝，暮驰紫塞；自浦口以达信阳，曰"浦
> 信"，以疏蔡申舒霍之富，而输之江浒；自兰州以达东海，曰
> "陇海"……②

---

① 启功主编：《朱启钤学术研讨会文集·冉冉流芳惊绝代》，贵州人民出版社2005年
版，第292页。
② 瞿宣颖：《蠖园文存·序》，载启功主编：《朱启钤学术研讨会文集·冉冉流芳惊绝
代》，贵州人民出版社2005年版，第75页。

　　这些计划在当时固然无法实现，却可见朱启钤对于巩固国防、便利商旅、强国富民的信念。1913 年，赵秉均内阁倒台。袁世凯曾任命朱启钤代理国务总理，未就，之后改任朱启钤为熊希龄内阁的内务总长。1914 年年初，朱启钤任内务总长兼交通总长。1914 年 5 月，徐世昌任内阁国务卿，朱启钤再任内务总长，兼京都市政督办。在其任，谋其政，朱启钤不管做什么事情，总要尽善尽美。担任京都市政督办时，他关注的目光落在了北京市政建设上。朱启钤着手改造的最大工程是北京正阳门。正阳门俗称前门，是明清两代内城的正门，地处京城正中。由于四周店铺林立、街道狭窄，交通受到影响。清末，京奉、京汉两条铁路相继修到正阳门箭楼两侧，并分别建立车站，交通更严重受阻。朱启钤向总统袁世凯上了《修改京师前三门城垣工程呈》，由于资金筹划自有主张，袁世凯立即予以批准。1915 年 6 月 16 日，由朱启钤主持的正阳门改造工程冒雨正式开工，他手持袁世凯颁发的特制银镐刨下了第一块城砖……由于谋划得当，工程至当年年底便全部完工。此项工程规模宏大：拆除了正阳门瓮城的东西月墙，两侧开设新门；新筑两条宽 20 米的马路并开辟人行道；修建排水暗网，以防止夏季雨水积聚；全面翻修箭楼。现在正阳门箭楼中西合璧的独特建筑装饰风格，就是那时的成果。该工程打通了京城的东、西中轴线，为新中国成立后北京城的现代化建设奠定下良好的基础。此外，朱启钤还主持打通了府右街、南长街与北长街、南池子与北池子，开通了京城南北方向的要道。在南池子和南长街路口，设计建起了富有特色的拱形门，成为东西长街上独特的景致。① "民国成立之初，大总统府设在中南海，朱启钤把中南海南侧的宝月楼下层改建为新华门，拆除内侧的皇城墙，使大门直通西长安街，又在门内修建了大影壁，在路南建起一排西式风格的花墙，如今新华门

① 《中华读书报》，2006 年 3 月 6 日。

已成为中国政府的象征。"①"修缮开放天安门两侧的社稷坛，兴建北京的第一家公园——中央公园（即现在的中山公园），是朱启钤又一造福后人的善举。他把改造正阳门时拆除天安门对面千步廊的大料用于公园建设，并亲自规划指挥，不仅节约了开支，还使旧料得到充分利用。他对园中千年古柏尤为爱护，逐一登记造册，并安排妥善管理，这些古柏至今仍郁郁葱葱，成为公园中的著名景观。"②其间，朱启钤还整理北京街市沟渠。宣武门南一带，水道淹圮，民居昏暗。朱启钤征询居民意见，为之开辟城门，疏通沟渠，改明沟为暗沟，填平下洼。《北京街巷图志》记载："进入民国，北京的街巷布局开始变化。民国二年，内务总长朱启钤撤除旧门额上满文、汉字并列的形式，改为由书法家邵炯写只有汉字的新式门额。"③朱启钤在他任职的所有事业上，都有独到创见，都有显著成效，袁世凯不能不对他特别欣赏。1915年，袁世凯欲复辟帝制，对梁士诒、朱启钤为首的交通系先打后拉。9月设大典筹备处，朱启钤以内务总长兼任大典筹备处处长。或许，他从袁世凯手中接过专门为改造北京正阳门工程特制的银镐时，心中便生出了"士为知己者死"的那种感情。所以，当袁世凯一步步走向复辟，他最终没能跳下袁世凯复辟的战车。

尽管感情因素是朱启钤参与袁氏复辟的重要原因，但是，朱启钤毕竟属于上层知识精英，不是随波逐流的政客，做出一项重大政治抉择，必然有他自己的认识。朱启钤虽然曾与戊戌变法时期的激进人士交往频密，但那时候的政治追求没有超出君主立宪的范围。辛亥革命爆发，中华民国成立，君主制变成总统制，然而，袁世凯任大总统，统治国家的

① 《中华读书报》，2006年3月6日。
② 《中华读书报》，2006年3月6日。
③ 参见《朱启钤先生年谱简表》，载启功主编：《朱启钤学术研讨会文集·冉冉流芳惊绝代》，贵州人民出版社2005年版，第291页。

还多是旧时代的官僚，具有新思想的国民党人在统治阶层内饱受排挤站不稳脚跟。而辛亥革命本身又是一场准备十分仓促的革命，一般国民甚至把它理解为又一次改朝换代，就是上层人物也对民主共和到底为何物不甚了了。也就是说，民主共和制在整个社会还不能成为主流意识形态。对于这一点，孙中山在中华民国成立 13 年之后的 1924 年发表的三民主义演讲中，有过很好的总结。孙中山的三民主义概括起来就是民族、民权、民生，其中的民权即人民当家做主的权利，大体相当于民主这个概念。孙中山讲到，欧洲国家二三百年以来争民权，为什么争民权呢？是为了自由和平等。孙中山说："民权这个名词，外国学者每每把它和自由那个名词并称，所以在外国很多书本和言论里头，都是民权和自由并列。欧美两三百年来，人民所奋斗的所竞争的，没有别的东西，就是为自由，所以民权便由此而发达。"[①] 他又说："平等这个名词，通常和自由那个名词都是相提并论的。欧洲各国从前革命，人民为争平等和自由，都是一样的出力，一样的牺牲，所以他们把平等和自由都是看的一样重大。"[②] 但是，孙中山说，欧洲人为争民主、争自由战斗了 300 来年，那是因为中世纪的欧洲人太没有人身自由和平等的权利了。他们在专制统治下思想不自由，言论不自由，行动不自由。比如到一个地区生活，就必须信仰某种宗教；违背宗教教义，有杀身的危险；等等。再就平等来说，在欧洲的封建等级制度下，贵族都是世袭的。职业也都是世袭的，耕田种地的人，子子孙孙都要耕田种地；祖辈做什么事业，子孙就不能改变。生活在这种等级制下的被统治者，永远没有改变命运的希望。而中国的情形就不同。外国人评论中国人，都说中国人是一片散沙，一片散沙的意思就是太自由了。中国人为什么有这么大的自由度

---

① 孙中山：《三民主义》，九州出版社 2012 年版，第 85 页。
② 孙中山：《三民主义》，九州出版社 2012 年版，第 97 页。

呢？孙中山认为，由于中国自秦朝专制直接对人民"诽谤者族，偶语者弃市"，遂至促亡，以后历朝统治，大都对于人民取宽大态度。孙中山说："回想民国以前，清朝皇帝的专制是怎么样的呢？十三年以前，人民和清朝皇帝有什么关系呢？在清朝时代，每一省之中，上有督抚，中有府道，下有州县佐杂，所以人民和皇帝关系很小。人民对于皇帝只有一个关系，就是纳粮，除了纳粮之外，便和政府没有别的关系。因为这个缘故，中国人民的政治思想便很薄弱。人民不管谁来做皇帝，只要纳粮，便算尽了人民的责任。政府只要人民纳粮，便不去理会他们别的事，其余都是听人民自生自灭。由此可见，中国人民并没有受到很大的专制痛苦。因为国家衰弱，受外国政治经济压迫，没有力量抵抗，便弄到民穷财尽，人民便受贫穷和痛苦。"① 正因为如此，中国的一般民众，不能领会什么叫作自由，就好像人类呼吸着空气而不自知一样。平等也是。中国虽然也有贵族，但贵族不是永远世袭的，普通百姓通过科举考试或者凭靠战功也能进入上层社会，甚至封侯拜相。所以，中国封建社会没有出现欧洲中世纪那种令人窒息的、无法忍受的残酷专制。当然，欧洲经过300多年为自由、平等而争民权的战争之后，情形早已不同，社会飞速发展。因此，中国人要向欧洲学习，但不可照搬，把争自由、争平等当作争民权的目的，而要把争民族和国家的独立自由平等、争人民的富裕当作争民权的目的。孙中山总结中华民国成立13年仍然政体混乱、没能着力去建设国家的教训，因而说了上述这些话，提出三民主义以改造国民党，强调不能照搬欧美的自由、平等，尤其是自由的概念、代议制的概念等等，无疑是对中华民国执政理念的修正。而他所列举的中国社会的实际情况，无疑是许多热血人士抱定君主立宪思想的原因。当中华民国成立时，世界上发达、富裕的国家中，英国和日本是君

---

① 孙中山：《三民主义》，九州出版社2012年版，第89页。

主立宪制，德国是君主制。陈兴中、吴宇平在《盖棺犹是老书生》一文中写道："朱启钤处于信息不对称的时代，又深受君主立宪思潮的影响，很难理解共和和革命的主张。从传统知识分子的立场来看，他希望一个强有力的中央集权政府的建立和一个政治强人的出现来扭转中国混乱局面，从而使中国走向统一和发展之路。而当时的西方社会也充斥着一种中国的国情只适合专制统治的舆论。德国皇帝威廉二世更是公开发表谈话，说共和政体不适合中国，当建立强有力的君主制度。显然，这种国际舆论对朱启钤拥戴帝制有着深刻的影响。"① 所以，朱启钤拥戴帝制固然是他人生中的重大失误，但绝不是一个孤立的现象。中国社会因剧烈的政体对撞，正酝酿着更剧烈的震荡和更深刻的变革。总之，朱启钤因此成为复辟帝制八大祸首之一——直到 1918 年冯国璋担任总统，才撤销对他的通缉。

有徐世昌的影子罩着，黎元洪总统虽然颁布了对复辟帝制八大祸首的通缉令，但是并没有穷追猛打。这期间，朱启钤避居北戴河，又办了一件大事——组织北戴河公益会，主持北戴河景区建设。北戴河海滨原本是一荒僻乡村。1893 年修筑津榆铁路时，英国工程师金达发现这里沙软潮平、气候宜人，是一块未开发的宝地，于是在京津一带极力渲染。有华人等开始在这里大量购地，英国传教士率先在这里建造别墅。1898 年，清政府正式辟北戴河为避暑区，划定了避暑区域，准许中外人员杂居，却没有任何管理措施。随着越来越多的外籍人士及其家眷从京津及各地来北戴河海滨建房居住，他们开始以宗教名义自组团伙、购买土地，共同对付中国当局和中国人，甚至通过领事裁判权，以每亩地 5 角钱的价格永租居民土地，插手当地中国居民的事务，欺压百姓。民

---

① 启功主编：《朱启钤学术研讨会文集·冉冉流芳惊绝代》，贵州人民出版社 2005 年版，第 267 页。

国初期，北洋上层有欧化人物也开始在北戴河购房，于夏季避暑，而外国人甚至对中国上层的这些人物也嗤之以鼻、不屑一顾。北戴河俨然成了外国人的领地。1916年来这里避居的朱启钤看到这种情况，决心拒外人、争主权，把北戴河置于中国人的管理之下。他毫不犹豫地策划、筹谋，于1917年成立中国人自己的组织——北戴河公益会。该公益会聚义募资，筑路建桥，设立医院，兴办教育，开辟公园，兴建苗圃，整修古迹，独立行使了对北戴河海滨的管理权。1918年朱启钤被特赦后，北洋政府正式批准了该公益会组织。10余年间，靠自筹资金，北戴河公益会修筑开辟干支道路36条，培育名贵树木数十万株。开办医院是利用德军旧营房；兴办莲花石公园是依山就势；开办学校两处，主要依靠当地村居、公益会给予资金补助；另外，开辟公共浴场3处。使北戴河景区初具规模、管理井然有序，为以后的发展奠定了坚实的基础。

朱启钤就是这样一个人：他不是一位完人，但是不论顺境、逆境，总在实实在在地做事；他也曾眷恋官场，因为在传统的官本位的中国，官场提供的平台能够让他施展自己的才华、抱负。

年高之后，朱启钤曾对弟子说过：有时候，一件偶然发生的事情，会对人的一生产生重要的影响。他本人对建筑桥梁工程的兴趣源于他父亲的死。朱启钤的父亲是在第二次乡试不中，由贵州回河南的路上走桥墩时溺水身亡的。那时候，朱启钤才3岁，从此随母亲住在外祖父家。懂事之后，朱启钤便决心探究建桥工程。晚清思想界兴起的实学思潮，也促使朱启钤对工程建筑和一切实用之学乐而不疲。中国大地上，留下了他在建筑工程方面深深的印迹：津浦铁路，黄河大桥，济南老火车站，北京东、西长安街，天安门广场（他主持拆除紫禁城前的千步廊，建成天安门广场），正阳门前箭楼的改造……还有享誉中外的北戴河景区等等。他创设的中国营造学社招贤纳士，邀请建筑学家梁思成和刘敦桢分别执掌法式部与文献部，邀请汉学家胡玉缙，美术史学家叶翰，史学家陈垣，地质学家李四光，考古学家李济、马衡加盟其中。这个学术平台培养了一大批中国自己的建筑研究专家，取得了辉煌的成就。中国营造学社重新校订、出版了几乎失传的中国古建筑《营造法式》；收集、出版了重要的古代建筑典籍《园治》《梓人遗制》《工段营造录》《明代营造史料》《同治重修圆明园史料》《中国建筑设计资料参考图籍》等；对中国自古以来的工匠进行专门辑录，编成《哲匠录》；保护、收集珍贵的建筑文物历史记载。中国营造学社还对当时所存古建筑进行调查、测绘，基本摸清了中国建筑自辽代至清代的轨迹，积累了丰富的第一手研究资料，为中国建筑史学研究打下了坚实的基础。① 可以说，朱启钤是中国建筑史学研究的开山鼻祖。

目光独到、才高八斗的朱启钤因袁世凯复辟帝制的失败受到了沉重一击，但他的人生价值定位在做事，而不是专于做官，所以，他没有像许多官场的遗老遗少一样沉沦下去。1916 年 11 月，他从正在经营的北戴河景区来到枣庄的中兴煤矿公司，受徐世昌委托，担任中兴煤矿公司代理董事会长。

朱启钤在中兴煤矿公司股东中有深厚的人脉基础。1914 年的中兴煤矿公司第四次股东大会上，张莲芬曾说过："从前徐菊老、朱桂翁诸位先生及诸公一片公心，设法维持，方能借交通（银行）之款，方能借保商（银行）之款，否则此矿不保久矣。"② 徐菊老即徐世昌，徐世昌字菊人。朱桂翁即朱启钤，朱启钤字桂辛。对于朱启钤的能力、声望及其对中兴煤矿公司的贡献，以张莲芬为首的中兴人始终念念不忘。中兴煤矿公司与保商银行之间的纠纷，朱启钤也曾出面帮助解决。作为中兴煤矿公司股东，朱启钤与中兴煤矿公司一直保持着密切关系。在中兴煤矿

---

① 张中奎：《朱启钤与中国营造学社》，载启功主编：《朱启钤学术研讨会文集·冉冉流芳惊绝代》，贵州人民出版社 2005 年版，第 204 页。

② 《第四次股东会经理报告书》，中兴公司档案文牍第六册，1914 年 5 月。

公司第六次股东大会上当选监察人的张叔诚（中兴煤矿公司创办人张翼之子），在其回忆文章中曾说："袁静谙（即当选董事袁祚廙，静谙是其字）为朱启钤的贵州同乡，由朱介绍加入董事会为其助手。"① 张叔诚并说："由于其（指朱启钤）与张翼过去的渊源关系，对张叔诚多有提携照顾。"② 由张叔诚的回忆可以看出，朱启钤在中兴煤矿公司第六次股东大会召开之前，参与了大会的筹备工作，并对中兴煤矿公司领导班子的人事安排提出了他的建议。

中兴煤矿公司股东大会按照惯例，在每年的农历四月初一召开，阳历正当 5 月份。1916 年，由于张莲芬病逝，周学熙欲吞并中兴煤矿公司，其弟周学渊作为中兴煤矿公司主任董事，直接写信阻挠任凤苞担任代理正经理。正当存亡绝续之时，内部斗争加剧，这使中兴煤矿公司第六次股东大会一直推延到当年 10 月 19 日才得以召开。由于公司形势的特殊性，股东大会召开之前必须做好充分准备，以保证大会顺利召开，并推举出一个强有力的、各方面都能接受的领导班子，开创中兴煤矿公司的新局面。被中兴煤矿公司董事会推举为代理经理的任凤苞显然已经不能担负这项重任，因为任凤苞在其写于 9 月份的辞职信中充满了对中兴煤矿公司前途的悲观、失望，认为"外人之觊觎终恐成为事实"。从 9 月至 10 月，仅一个月的时间，任凤苞带着那么严重的悲观情绪，不可能成功地筹备中兴煤矿公司第六次股东大会。但是，任凤苞也绝不会对中兴煤矿公司的事情完全撒手。怎么办呢？朱启钤就在北戴河。任凤苞在津浦铁路局工作时曾是朱启钤的助手，正是由于朱启钤的提议，任凤苞才代表津浦铁路担任驻中兴煤矿公司的监理。两人又同属交通系，

---

① 张叔诚、谈在唐:《中兴公司经营始末》，载枣庄市政协文史资料第 19 辑《中兴风雨》，第 7 页。

② 张叔诚、谈在唐:《中兴公司经营始末》，载枣庄市政协文史资料第 19 辑《中兴风雨》，第 7 页。

声气相通。审时度势，任凤苞会找到朱启钤，商议如何挽救中兴煤矿公司。朱启钤会说：请出徐相国呀，他正在赋闲。他曾经扶持过中兴煤矿公司。现在，中兴煤矿公司陷入如此困境，他不会无动于衷的。任凤苞会仍有顾虑：以徐相国的身份，袁世凯从前请他出山，请了多少次都请不动。一个中兴煤矿公司的事儿，他会出面吗？朱启钤会说：徐相国最看重的是一个"道"字。他认为不合于道的事情，自然不会出头，哪怕是高官厚禄；他认为合于道的事情，会不以事小而不为。何况中兴煤矿公司的事情不算小，那是唯一的中国人自办的大煤矿。洋大人总是看中国人这也不行，那也不行。中兴煤矿公司能不能成功，不仅仅涉及与外商的竞争，也关乎中国人的颜面。事关中国人颜面的事情，徐相国不会不管。于是，任凤苞跑到徐世昌的老家河南辉县，找到隐居的徐世昌。徐世昌果然答应出头。就这样，由任凤苞和朱启钤商议，并由任凤苞召集中兴煤矿公司董事集议，中兴煤矿公司第六次股东大会于1916年11月6日在枣庄召开。会议选举出来的领导班子中，老股东占多数，老股东中，张莲芬之子张学良和张翼之子张叔诚脱颖而出，分别担任董事和监察人。张学良被徐世昌任命为主任董事。另外两名主任董事——任凤苞和袁祚廙，与朱启钤的关系非同一般。也正因为朱启钤在幕后筹备了中兴煤矿公司第六次股东大会，所以，徐世昌当选后推举朱启钤代理董事长。这或许也是徐世昌接受出任中兴煤矿公司董事长的一个条件。

朱启钤担任代理董事长之后，为中兴煤矿公司开创新局面做出杰出贡献。1917年，经股东会同意，朱启钤在天津河东二马路购置办公大楼，主导了公司总部搬迁天津；同年，改革了公司管理制度，健全了公司会计制度，制定了《中兴煤矿公司章程》《董事会议事规则》《总公司办事规则》《总公司暂行章程》等一系列规章制度，纲举目张。中兴煤矿公司在新的董事会领导下，员司职责分明、各负其责，化繁为简，便于遵循，也便于考核，有助于提高办事效率，也有利于调动员司们的积极性；利用与徐世昌的关系，由徐世昌出面联络南北人士，为中兴煤矿公司注资。到 1917 年，中兴煤矿公司总股本增至 380 万元，并通过发行债券，募集资金 100 万元，解决了一直困扰公司发展的资金问题。尤其重要的是，朱启钤大胆重用中兴煤矿公司原副矿师朱言吾为矿师，主持大井排险和技术管理；放手由公司原任副经理戴绪万担任总矿经理，主持总矿一切工作；聘请著名地质学家丁文江为公司顾问，对枣庄矿区的煤炭蕴藏进行详细勘探。从实际出发，大、小井并举，土洋结合，使中兴煤矿公司的一号大井迅速恢复生产。整顿并加开多处小煤井及山家林分矿，使中兴煤矿公司抓住了第一次世界大战中列强忙于欧战，无暇

中兴煤矿公司位于天津的总部大楼

东顾，及欧战对物资需求大幅增加的重大机遇期。

由于他的杰出贡献，1918 年召开的中兴煤矿公司第八次股东大会上，股东黎大德堂领衔，联合诸股东共同署名，提请董事会任命朱启钤为中兴煤矿公司继张莲芬之后的第二任总经理。股东黎大德堂不是别人，正是 1916 年下令通缉朱启钤的中华民国第三任总统黎元洪。

四、为守兼优戴绪万

戴绪万，在诉告中兴煤矿公司的案卷中，曾有称其为"威海逃勇"的。[①] 逃勇肯定不是，但他是在那场甲午海战中活过来的兵勇应该是铁定的事实。为什么说他不是逃勇呢？首先因为清廷对从战场上逃脱的人的刑罚是很重的。前面曾经写到，由于停泊在威海卫的舰船没有接到上级的命令，在危在旦夕的情况下，主帅丁汝昌既不敢率舰迎击日军，又不敢率舰冲出港湾，最后，非但没能为国家保住海军那点儿家底，使刘公岛的无辜百姓免受屠戮，反而是以自杀令北洋海军的舰船全部成为日军的战利品。常言道：将在外，君命有所不从。可是，丁汝昌却以这样的方式保住了自己的名节！一直建议丁汝昌率领舰队冲出重围的蔡廷干就没能保住"名节"：蔡廷干见死谏不成，便发动鱼雷艇突出重围到达烟台港，结果被光绪皇帝以"逃亡"罪名，严令地方拿获，即行正法。戴绪万若是战场逃亡，他能免得了蔡廷干的下场？戴绪万究竟是怎么活下来的不得而知，但有一种可能是存在的：戴绪万是镇守威海卫北帮炮台的戴宗骞的亲侄子，由于这种关系，他很有可能是戴宗骞的亲兵，或贴身护卫。当发现戴宗骞已吞金身亡，戴绪万知道这阵地已经不可能守住，失败已成定局，于是冲出重围，捡了一条命。他没有选择殉国，因

---

① 《中兴董事会呈复田毓嶍控案》，中兴公司档案文牍第五册，民国元年八月十日。

为那样做已经没有意义，从来没有哪一位军事家认为一支部队在失败的情况下不应该选择突围。同蔡廷干一样，戴绪万的骨子里没那么多奴性，有的是血气方刚的智勇。不过，戴绪万并未遭到通缉，也许因为他只是一介兵勇。由此看来，年轻的戴绪万不仅经历过生死考验，而且也是从戊戌变法那场伟大的思想启蒙运动中走过来的。对于国家、民族的命运，他有着比一般人更为深刻的体验。

1905年，台枣铁路建设被提上日程，华德中兴煤矿公司的机构设置、人事安排都需要进行调整。张莲芬致书山东巡抚杨士骧，称戴绪万"才长心细，为守兼优。自公司开办以来，布置工程筹设分厂，均系该守一手经理。尤于矿务具有心得。拟恳宪台赏准，作为公司驻矿帮办。遇有重要事情，仍随时商由本司酌核。凡属公司应办之事件，均归主持。总分各厂员司夫役悉听更调，以期事无推诿，日臻完善，更令该守感奋图报"。[1] 经杨士骧批准，戴绪万正式升为张莲芬的副手。为守兼优：为者，有作为，有创见；守者，能干事，能坚持，能守成。张莲芬对戴绪万的评价非常高。从1899年至1905年，中兴煤矿公司所经历的艰难困苦毋庸赘述。这一阶段正是公司创业的初期，就是在正常情况下也是不容易的，何况那时候正值庚子事变发生、《辛丑条约》签订这一中国历史上最黑暗、最痛苦、最不堪回首的时期呢？1908年，华德中兴煤矿公司改为商办山东峄县中兴煤矿股份有限公司。股东代表朱钟琪在给直隶总督杨士骧的禀文中，请求转咨农工商部札委张莲芬为公司总理，并评价戴绪万说："指分山东试用道戴绪万驻矿多年，办理始终不懈，矿有成效，该道之功居多"，因此"拟请派为协理"。[2] 自1912年8月中兴煤矿公司特别股东会报请农工商部批准，张莲芬为正经理，戴绪

---

① 《头品顶戴山东盐运使中兴公司总办张莲芬争山东巡抚杨》，1905年。

② 《禀直督杨并咨农工商部撤销"华德"字号改公司为商办山东峄县中兴煤矿股份有限公司文并批》，中兴公司档案，光绪三十四年十一月。

万为副经理。

1880 年成立峄县中兴矿局，1899 年，成立华德峄县中兴煤矿股份有限公司，戴氏家族都是重要的创办者和经营者。1879 年，枣庄当地士绅金铭、李朝相赴天津寻求李鸿章的帮助，李鸿章随即派戴华藻、米协麟二人到峄县枣庄地方勘察。随后，中兴矿局成立，他们二人被委派为矿局委员。戴华藻是经营峄县枣庄煤矿的戴氏家族第一人。戴华藻即戴绪万的伯父。1881 年，中兴矿局资金缺口大，无法购买机器。戴绪适的父亲戴宗骞及直隶候补道张莲芬，邀约"周家驹、贾起胜、金福曾、陈德睿及津沪各埠数十人入股（白银）七万余两添购机器，竭力进行"。① 戴绪适即为中兴煤矿公司第一次、第六次股东大会的当选董事。戴宗骞正是甲午海战失败后吞金自杀的威海卫北帮炮台统领。后来，戴华藻补授直隶望都知县，其弟戴凤藻接手中兴矿局，病死在任上。戴凤藻死去，其弟戴睿藻再被任命为中兴矿局委员。1893 年，因半截筒子小窑失火，戴睿藻被李鸿章撤职，改委另一中兴矿局股东、江苏候补知府陈德睿。不久，中兴矿局停办。1898 年，张莲芬欲重办中兴矿局，戴睿藻是重要支持者。张莲芬在给直隶总督王文韶的禀文中说："正在筹议间，适戴从九睿藻由籍来津，再三面商，值此时事多艰，外人窥伺，每见各省凡有可开之矿，无不奏明兴办。况此已成之基，煤多质佳，岂肯以资本不足弃之不顾。拟恳宪台咨请山东抚宪转饬峄令，仍准将机器暂存枣庄，不必迁移……如准复开，仍由职镇等会同陈丞、戴从九招添股本。"② 戴睿藻是戴绪万的叔父。戴绪万这一辈在中兴煤矿公司的有 3 人，分别是戴绪盛、戴绪适、戴绪万。戴绪万的上一辈在中兴煤矿公司的是 4 个人：戴宗骞、戴华藻、戴凤藻、戴睿藻。戴氏两代 7 人

① 《中兴董事会呈复田毓嵋控案》，中兴公司档案文牍第五册，1912 年 8 月 10 日。
② 《禀覆直督峄县枣庄中兴煤矿后置机器议明作股并再续行招股开办请予转咨文》，中兴公司档案文牍第一册，光绪二十四年四月二十五日。

投资、经营中兴煤矿公司，以戴绪万在管理岗位上的时间最长、影响最大。中兴煤矿公司成立之初，督办直隶全省矿务的张翼为公司督办，派方有谷、戴绪万为驻矿办事之人。方有谷年老体弱。当时，张莲芬任天津道，公司管理即依靠戴绪万和当地股东金铭、李朝相。

戴绪万的有为，首先在于他遇事有主意、有办法。中兴煤矿公司创办之初，决定招股200万元，建机械化大井、修筑台枣铁路，但是，除了原中兴矿局的厂房、旧抽水机、存煤等折合白银7万两，张翼交来5万余两，共折洋款20万元，未能招到更多股金。戴绪万全力领导用土法开采小井，就地炼焦，以此保证生产接续，维持工人的生活和日常开支。到1904年，即开办了15座煤窑，日产煤炭达到300吨，微有盈利。同时，沿800里运河建起了济宁、台儿庄、码头、界首、韩庄、瓜州6个分销煤厂。有了这样的基础，张莲芬梦寐以求的台枣铁路的修筑终于可以被提上议事日程。戴绪万才长心细，自中兴煤矿公司成立、开办，便安排消防人员日夜分班巡查，10多年中没有发生大的事故。1911年，小窑因通风不畅失火，戴绪万"立即督率夫役、护勇、救火器具，亲往灌救。一面将井下煤夫提出，火势稍杀，即派人下井救援"。[1]1915年，大井灾变发生，张莲芬正在北京。据老工人回忆，当时，德国矿师高夫曼束手无策。戴绪万听从工人的建议，将公鸡放在筐内送入井下测试煤气情况。约一小时后提上井口，两只公鸡安然无恙，知井下风路已通。他又与老工人王延新、徐传友商议。随后，修复罐笼，挑选工人下井抢救，每人给京钱400文。工人下井后，将大巷内堵塞的煤末、矸石、老料挖开，挖了将近一天，终于见到门路，救出被阻于峒内的工人202人。当时前往中兴煤矿公司调查实情的地矿专家邝荣光，在报告中也说及这件事。他说："煤气爆炸时，该井约有七百工人在内，迨不测之事

① 《中兴董事会呈复田毓峋控案》，中兴公司档案文牍第五册，1912年8月10日。

已过，在第三日内各机匠下井修理罐笼，闻有人在峒内呼喊。因即报告戴协理，由戴（绪万）协理立刻令工人下井，将大行塞满之煤与石头赶紧挖开，至一日之久，遂救出被塞于峒内工人 202 名。彼时德矿师毫无主意，皆戴协理之力也。"①邝荣光所说"在第三日内各机匠下井修理罐笼"，应该是把公鸡放到井下又提上来，确信井下风路已通之后的事情。

戴绪万的为守兼优、才长心细还体现在他不管分内分外，时时处处为公司着想。1913 年，在中兴煤矿公司资金最为困难、负责招股的董事近两年未能为公司招得万元股金的情况下，戴绪万找到驻节徐州的张勋招得 10 万两银子。张莲芬多次提及此事。戴绪万不仅能干，而且能与职员和工人和谐相处。对此，中兴煤矿公司的老辈人中还有一些流传的故事。有一则故事说，逢年过节，戴绪万和下属一起玩牌，会故意输给下属一些钱，作为他个人对下属的一种奖赏。虽然不足为信，却能说明他在公司内的口碑很好。1914 年，在中兴煤矿公司第四次股东大会上，张莲芬向诸位股东报告："莲芬与戴经理自开办至今，所受磨折困难危险情形，笔难罄书，真有不忍言之痛苦……固不敢言诸事措施悉皆得当，无心之失意外之耗，必所不免，然确可自信于银钱毫无侵移，且见公司左支右绌，利必后取，薪每留存，账据俱在，按年可稽。"②

戴绪万机敏、果断、有主见，对于矿师高夫曼在中兴煤矿公司第三、第四两次股东大会上一再提出开辟第二大井是不赞成的。中兴煤矿公司档案内，有一份高传柏、曹亚伯于 1915 年 1 月 10 日所作《调查中兴煤矿的报告》。该报告开头即表明，是"奉谕调查山东峄县中兴煤矿公司，遵于一月十日由京启程，十一日驰该矿，与该经理、工程师等接洽，参观矿内一切情形。所有该矿煤田之丰富、煤质之精美，为中国所

---

① 邝荣光：《中兴公司计划书》，1915 年 10 月，载枣庄市政协文史资料第 19 辑《中兴风雨》，第 47 页。
② 《第四次股东会经理报告书》，中兴公司档案文牍第六册，1914 年 5 月。

仅见。无论中外矿学专家业经调查该处者，均有记述赞美。甚至该矿矿区内外图记亦甚完备详明。即其已往工程，虽艰于资金未能大举，然历年逐渐布置条理井然，基础已臻稳固。就该公司矿区三百一十七方里面积以内再图扩充，将来成绩之佳，盖非开滦、萍乡各矿所能比。惟进行办法须就时势与经济问题切实拟议，方于事实有裨"。① 这一段中的最后一句话"惟进行办法须就时势与经济问题切实拟议"，表明中兴煤矿公司内部对于公司如何发展有尖锐的意见对立。高传柏、曹亚伯二人是从京城奉命来的，京城中管理矿业的就是农工商部，说明对中兴煤矿公司如何发展的争论已经惊动了民国政府主管部门。那么，争论的焦点在什么地方呢？高传柏、曹亚伯那句"须就时势与经济问题切实拟议"已有点明，他们提出的解决办法更能说明争论的焦点所在。

二人提出，若开大井，每井竣工约需三四年之久，"所需机料必向外洋购办，值此欧战未息，订购尤难应手"。② 毫无疑问，这是针对高夫曼像德商推销员一样鼓吹开大井、列出一揽子又一揽子采购大单的驳斥。中兴煤矿公司该怎么发展呢？二人提出："管见以为入手扩充办法，应先于矿区上段浅处，自东而西添开一百米以外西法小井十余处，图采旧井未尽之煤（查该矿土法旧井，星罗棋布，然皆开采未久即已停闭，取煤无多）。其此项小井所需机炉等件，除该矿旧存当多可资应用外，且能自行制造备用。统计每井工料至多用款四万余元，开两年余当能收效。按照矿区之广阔，以现在上段煤槽蕴藏估计，开凿小井十处，每月每井出煤四五百吨，约已足供十余年采取，以为大井工程先导。不

---

① 高传柏、曹亚伯：《调查中兴煤矿的报告》，载枣庄市政协文史资料第19辑《中兴风雨》，第44页。

② 高传柏、曹亚伯：《调查中兴煤矿的报告》，载枣庄市政协文史资料第19辑《中兴风雨》，第44页。

特出产加多，于营业上亦获金融之周转。"[1] 高传柏、曹亚伯二人提出的办法，正是中兴煤矿公司一直采用的办法：以小井养大井。朱启钤先生在回忆文章《中兴公司创办纪实》一文中曾写道："张莲芬相信洋办法，全力主张用机器开采大井，协理戴（绪万）先生相信土办法，全力领导土法开采小井。各得其所，人尽其才。两位意见不同，职工也受到土洋分驰的影响。张莲芬是大气魄官长，能筹得股款。但因购买机器、材料，金钱流出，矿上拮据。只有靠土法开采小煤井，就地炼焦以解燃眉之急……张戴两位先生分工合作，以小养大，由土到洋是有道理的。"[2] 朱启钤这段回忆称赞了张莲芬和戴绪万的相互配合，但也点出了"两位意见不同，职工也受到土洋分驰的影响"，说明张莲芬与戴绪万的"意见不同"，在朱启钤到达中兴煤矿公司任职时，是有一定影响的。这种分歧不会发生在中兴煤矿公司初创和扩张建设阶段，那两个时期主要体现的是张莲芬与戴绪万二人的互补性。这在张莲芬举荐戴绪万为帮办、董事会推举戴绪万为协理等文件中都写得很清楚。而 1913 年大井、发电厂、台枣铁路竣工投产之后，中兴煤矿公司亟须一个稳定期、巩固期，矿师高夫曼却一再鼓吹上新井。这个时期，戴绪万与张莲芬极有可能产生认识上的分歧。高传柏、曹亚伯二人提出的以小井养大井的办法，正是戴绪万一贯的主张。从外部形势看，欧战正在进行，建新的大井需向外洋购买物料，困难很大；从内部看，张莲芬为筹措资金东挪西借、心力交瘁，以小井养大井才是从实际出发的举措。

　　不仅以小井养大井，高传柏、曹亚伯二人还指出了加开小井的诸多好处："查该矿区内停闭之土法旧井既多，其中积水及瓦斯毒气往往足

---

[1]　高传柏、曹亚伯：《调查中兴煤矿的报告》，载枣庄市政协文史资料第 19 辑《中兴风雨》，第 44—45 页。

[2]　朱启钤：《中兴公司创办纪实》，载枣庄市政协文史资料第 19 辑《中兴风雨》，第 19 页。

为工程障碍，有西法小井先就上游清除，则将来大井工作，即不致再受旧井之害。其利一；大井凿取下端最深煤槽，通风尤其紧要，将来即可以小井之窿作为大井通风之路。其利二；大井出煤既多，窿内运道将碍拥，搞此项小井窿路，届时或为运送物料，以及工程、人出入之便道。其利三；小井煤既取尽，处处与大井窿路贯通，将来大井之路既多，设有危险，窿内工作之人亦避出。其利四。"①高传柏、曹亚伯二人的这些看法应该主要是采纳了戴绪万的意见。在《调查中兴煤矿的报告》的开头，二人即阐明"与该经理、工程师等接洽"。所以，二人提出的办土窑的意见不会是高夫曼的，就应该是戴绪万的。张莲芬身为正经理，对矿师的意见不便多加指责。在高夫曼于1913年上任矿师之初，戴绪万就曾指出二十八丈窑老峒的水患，并建议在二十八丈窑处开井。可见，戴绪万对开凿小井以排除险情、增加产量的思想是一贯的。而高夫曼却因二十八丈窑有水患而拒绝在此处开小井，只强调开大井，只知道建挡水墙，只知道购买、安装抽水机，只知道一味下单购买洋设备，甚至把监工也换成洋人。高夫曼的这些行径必然引起戴绪万的强烈不满，必然引起公司内员工的担忧和反对。

高传柏、曹亚伯二人的结论说："总之大井为该矿根本计划，固甚切要。然因工程浩大，且值购运机料当有隆碍之隙，即资金充足亦难一气呵成。故与其专注大井，只图实效于将来，毋宁先开小井，以为大井之辅助。盖小井成本轻而收效速，且于大井工程进行有种种密切关系。现虽先办小井，而大井进行之筹备实已隐寓于其中。"②

高传柏、曹亚伯二人的调查结论明显代表了戴绪万的主张，对于

---

① 高传柏、曹亚伯：《调查中兴煤矿的报告》，载枣庄市政协文史资料第19辑《中兴风雨》。

② 高传柏、曹亚伯：《调查中兴煤矿的报告》，载枣庄市政协文史资料第19辑《中兴风雨》。

一直为解决资金危机疲于奔命的张莲芬，又何尝不是一种解脱呢？然而，这一调查结论沉重打击了德籍矿师高夫曼。高传柏、曹亚伯二人于1915年1月11日来到中兴煤矿公司枣庄总矿开始调查。1月31日，工人报告井下出现水患征兆。2月1日夜，当班工人听到煤壁上方有流水声。高夫曼居然令工人毋庸惊慌、继续作业，不采取任何措施，导致特大水、火、瓦斯爆炸。这其中是否有一定的因果联系不得而知，但是，高传柏、曹亚伯二人到中兴煤矿公司调查，焦点显然在于如何发展中兴煤矿公司：是从实际出发，量力而行，土洋结合，大、小井并举，还是一味贪大求洋。据此推断，这次调查事件的发生是戴绪万和高夫曼矛盾爆发所导致的。戴绪万显然是正确的。联想到1901年，驻矿收税委员曾西屏受人贿赂，处处刁难中兴煤矿公司，血气方刚的戴绪万与其坚决斗争，官司打到了时任直隶总督兼北洋通商大臣袁世凯处。最后查明曾西屏贪赃营私，予以撤职，保全了中兴煤矿公司的利益。14年过去了，戴绪万还是那个疾恶如仇、敏锐果断、勇于担当的戴绪万。这种性格，正是戴绪万有所作为的内在因素。正是因为有戴绪万，张莲芬才得以专注于解决公司生存发展的外部制约——资金困境和宏观规划。

　　大灾之后，高夫曼一走了之。朱言吾代理正矿师，负责恢复大井工作。戴绪万一边协助张莲芬处理善后事宜，一边专注于小井生产。堪称奇迹的是，1915年中兴煤矿公司出煤量与1914年相比，竟相差无几。"年底结总，虽亏空十万有奇，而除去大井恤赏善后各款十七万余，保商（银行）加息三万余，盈亏相抵，亦尚有余。"[1] 这一年，戴绪万利用矿上现有设备，带领工程技术人员，又开挖了6座旧井！由于第一次世界大战，生铁需求大增，煤价大涨。中兴煤矿公司就这样度过了最为艰难的1915年。

---

① 《第六次股东会经理报告书》，中兴公司档案文牍第六册，1916年10月9日。

1916 年，在中兴煤矿公司第六次股东大会上，戴绪万代表经理处向股东报告："近年以来大井层出险工，出煤无多，矿用各款甚赖小井挹注。今春集议另开大井，冀为桑榆之补，故特由农工商部延请地质专家来矿查勘，大井地点早经竣事。特新辟大井须用的款目下尚未筹得，急切未能开工，而各处销场极畅，日出之煤，大有供不应求之势。且现在金融奇紧，开支甚为支绌，纵能勉开大井，亦非一年半载所能成，实属缓不济急。与其坐以待困，不如亟开小井以图目前之补救。附矿小井仍拟添开，不但出煤，并可清理前开旧井积水，以除大井之病。且附矿（山家林分矿）东西两端横亘五十余里，旧煤井甚多，皆在公司三百一十七方里之内，极应预开分矿，不独为总矿之辅助，并可杜他人之垂涎。"①

第六次股东大会完全同意戴绪万的报告。大会闭幕之后，戴绪万被任命为中兴煤矿公司枣庄总矿经理。代理董事长朱启钤对戴绪万土洋并举，大、小井结合，以小井养大井的思路非常赞赏。1917 年，中兴煤矿公司顾问丁文江在枣庄矿区打钻勘探以定打井地点，一时未找到厚煤层、大储量、具有大办价值的地点，到天津向朱启钤汇报情况。朱启钤说道："探深煤为时过久，不如先探较浅之地。遂决计以第二及第三计划同时并进，于贾家庄之西距城河旧有鸡子石老窑一千多尺处定一钻点。"② 这说明，朱启钤在总结 1915 年灾变的教训之后，倾向于采取高传柏、曹亚伯的办矿办法，亦即肯定了戴绪万的思路和成功经验。

中兴煤矿公司自第六次股东大会之后采取了一系列防御措施，实行土洋并举的生产方式，加开多座小井。在矿师朱言吾的努力下，大井经

---

① 《第六次股东会经理报告书》，中兴公司档案文牍第六册，1916 年。
② 《丁文江报告书》，中兴公司档案。

过近一年的修复恢复生产，加之迅速增加股本、发行债券，公司实力大大增强，重新焕发生机，迎来了第一次世界大战后中国资本主义工业大发展的战略机遇期。从 1916 年到 1922 年，枣庄总矿由总公司决策，在经理戴绪万的率领下，先后创建了以徐世昌的字"鞠仁"命名的福利型医院，免费为矿工和附近几十里内的居民看病；大兴土木，扩展矿场，建造市房，建成枣庄中心内街，这条街道在之后大约 60 年的时期内，一直是枣庄最繁华的一条街道，至今仍发挥着作用；1922 年，公司二号大井开工，1923 年落成投产。二号大井投产后，公司资金规模达 750 万元，公司股票成为抢手证券，中兴煤矿公司步入发展的快车道。

五、五四新文化运动后期的丁文江及其在中兴煤矿公司的活动

丁文江，字在君，生于 1887 年，卒于 1936 年。他短暂的一生像彗星划过中国的天空。丁文江少读私塾，1902 年赴日留学，1904 年再赴英国留学，直至 1911 年回国。1913 年，丁文江在民国政府农工商部地质科任上创建了中国近代第一个地质教学机构——地质研究所，培养了一批地质专业人才；1916 年，丁文江又创建了中国近代第一个地质调查机构——地质调查所。丁文江的工作，"使中国地质学界很快就与国际学术界建立了密切的关系，使中国地质研究能在一个国际化的环境里成长"。[1] 换句话说，就是使中国的地质研究能够与当时的国际水平接轨，从而为中国地质事业奠定了基础。丁文江在动物学、古生物学、人类学等方面也都做出了卓越的贡献。丁文江作为科学家的地位毋庸置疑，而

---

[1]　《丁文江文集·前言》，湖南教育出版社 2008 年版，第 22 页。

他还是一位思想评论家。20 世纪 20 年代初，丁文江做了两件大事，据著名学者胡适说："一件是他和我们发起一个评论政治的周报——《努力周报》——这个其实是他最热心发起的，这件事可以表现在君对于政治的兴趣；一件是他在《努力周报》开始'科学与人生观'的讨论，展开了中国现代思想史上一个大论战。"[1] 丁文江怎么会开展这样一场大论战呢？这要从五四新文化运动的思潮说起。

五四新文化运动是戊戌变法之后又一次伟大的思想启蒙运动。戊戌变法开启了中国知识阶层追求民主与科学的进程，大大推动了资本主义工商业的发展，成为结束 2000 多年封建专制统治、建立中华民国的思想和社会基础。五四新文化运动在戊戌变法既有的成果上进一步高扬民主和科学的旗帜，但是，其内涵已经与戊戌变法倡导的民主与科学大不相同。其一，五四新文化运动进一步抨击封建社会伦理纲常对人性的压抑、戕害，倡导人的平等、自由，提出了包括婚姻自主在内的妇女解放问题，肯定了人生对实现自我价值的追求。人的个人权利，已不再是除了国权、族权、家权等集体权力之外可有可无的事情。而戊戌变法时期倡扬的民主，主要指代议制的政治民主。其二，五四新文化运动倡导的民主，进一步强调社会平等、强调对劳苦大众的解放。对这方面，戊戌变法虽有涉及，但不是主要方向。其三，五四新文化运动高扬的科学精神除了西方哲学的逻辑方法之外，增加了马克思主义的经济学方法和社会发展学说。其四，五四新文化运动一方面进一步抨击传统文化的伦理纲常，另一方面，则重新反思传统文化的价值。戊戌变法则是打着复古的旗号推动改革。五四新文化运动之所以呈现出以上特点，是因为那个时期发生的一系列重大事件。第一件大事就是袁世凯和张勋先后复辟帝

---

[1]　胡适：《丁文江的传记》，载《胡适文集》第七册，第 442—443 页；转引自《丁文江文集·前言》，湖南教育出版社 2008 年版，第 41 页。

制并造成军阀割据。这使人们认识到，仅仅实行政治上的民主是行不通的，必须从文化心理上改造社会，以个人的解放作为实行民主政治的社会基础。第二件大事是欧洲大战的爆发，暴露了西方帝国主义并非那么进步、文明，西方资本主义文化绝非人类文化的制高点，它们瓜分世界的争夺已经成为战争的根源。这引发了人们对中国积贫积弱的重新认识，那不仅是由于中国的落后，更由于帝国主义列强的搜刮、剥削。第三件大事是俄国十月革命的爆发，不仅让中国人民看到了区别于帝国主义的、消灭了剥削和压迫的社会模式，而且使马克思主义的科学世界观传入中国。这种科学世界观从经济入手解释社会现象，阐释社会发展，远比令一般中国人感到抽象的自由、平等、博爱来得更实在、更切中时弊、更能解决中国因为列强侵略而面临的亡国危险。第四件大事是巴黎和会成为列强分赃的会议。作为欧战战胜国之一的中国，未能实现废除列强的领事裁判权及其对中国进出口关税的把持。巴黎和会甚至承认袁世凯时期与日本秘密签订的"二十一条"条约，承认日本继承战败的德国在山东半岛的权益。这使反帝爱国的五四青年运动成为五四新文化运动的高峰。这期间，"全盘西化"的思潮一度主导新文化运动的方向，而对中国传统文化的梳理和思考，也及时地拓展了新文化运动的阵地。丁文江发起创办《努力周报》，并以该报为阵地开始了科学与玄学的论战，阐述科学精神对人生观的影响，捍卫了五四新文化运动高扬的科学精神的大旗；而论战的另一方也进一步展开了对中国传统文化价值的挖掘、弘扬，填补五四新文化运动的不足。两方面的论争成为中西文化碰撞、融合的深入发展。

这次论战起于1923年2月的一天。与丁文江有同学之谊的张君劢在清华学校做题为《人生观》的讲演，该演讲做出了三个判断："第一，人生观之特点，决定了科学之发达不能解决人生之问题。第二，中国的儒家创造了精神文明，欧洲科学之发达，造成的是物质文明。第三，科学的功用在于向外，只能征服自然界。"①总之一句话，科学与人生观没有关系。丁文江予以反驳，很快写出了《玄学与科学——评张君劢的〈人生观〉》，拉开了科学与玄学论战的大幕。

丁文江与张君劢的论战经历了 3 个回合。后来，共产党人陈独秀、国学大师胡适以及国民党人吴稚晖等人也加入进来。梁启超作为丁文江和张君劢的老师，在论战中起了推波助澜的引导作用。论战的结果，加剧了以陈独秀为代表的马克思主义，以丁文江、胡适为代表的科学实验主义，以梁启超、张君劢为代表的文化保守主义的三足鼎立之势。②

当时就有人认为，这场论战实际上是梁启超有意挑起的，因为这场论战最早可追溯到梁启超回国以后出版的《欧游心影录》这部书。梁启超在该书中对欧洲文明发出了怀疑的感叹，对科学发展所引起的战争恶果提出了批评。接着，梁漱溟出版了《东西文化及其哲学》一书，提出了世界文化的"三条路向说"，即印度、中国、西方。梁漱溟预言："世界未来文化就是中国文化的复兴，有似希腊文化在西方复兴那样。"二梁在当时一片激扬的"西化"声浪中，标新立异，带有极大的反潮流性质。③梁启超为了挽回儒学意识形态解构后的民族文化缺失，认为"需要一些深具西学背景、且植根于中学土壤的学人站出来，重新挑起文化保守主义的大梁"④，于是，"文学上吴宓、梅光迪创刊的《学衡》，科学界张君劢挑起的科学与人生观问题的论战，以及随后冯友兰的出现，都是在这种背景下应运而生的新的文化保守主义的代表"。⑤而张君劢、丁文江同为梁启超的学生，梁启超对他们二人的了解不言而喻。所以当

---

① 《丁文江文集·前言》，湖南教育出版社 2008 年版，第 47 页。
② 《丁文江文集·前言》，湖南教育出版社 2008 年版，第 53 页。
③ 《丁文江文集·前言》，湖南教育出版社 2008 年版，第 42 页。
④ 《丁文江文集·前言》，湖南教育出版社 2008 年版，第 42 页。
⑤ 《丁文江文集·前言》，湖南教育出版社 2008 年版，第 42 页。

时，有人猜测这场论战是由梁启超主使的。今天看来，如果真是梁启超主使了这次论战，他的目的无非是希望问题愈辩愈明。但是，他大概没有想到，由他发起的对欧洲文明的怀疑，不仅在五四新文化运动中产生了潜在的巨大作用，而且成为今日中华民族文化建设的宝贵财富。而丁文江文笔犀利的辩论文章也产生了重大影响。

第一次世界大战的发生不仅导致中国的知识精英开始怀疑西方文化，一些西方学者也把探寻的目光投向了中国的儒家文化。中国传统文化尤其是儒家文化，延续了 5000 年的中华文明，内在的生命力向世界证明了它的价值。然而，如果就此认为西方的科学技术与人类的精神文明是两码事，那就不仅是对西方科学技术的曲解，也是对中国传统文化的贬低，因为中国传统文化中是包含了西方科学技术发展的所有因子的，否则的话，中国就不会有以四大发明为代表的光辉的古代科学技术。第一次世界大战的发生，包括帝国主义发动的一切侵略战争，虽然与科学技术的发展有直接的关系，但是，发动战争的是帝国主义国家的统治者。这些统治者发动战争、掠夺别国、争霸世界的原因，在于他们的社会制度、文化传统、个人野心、阶级利益。他们只是把科技成果作为战争的武器，并非追求科学的精神。帝国主义者发动战争的错误，不能由科学的发展来承担。

今天，我们对这场论战更具体的情况无从了解，但从保守主义代表张君劢关于人生观演讲所做的 3 个判断来看，主张科学主义的丁文江认为，物质科学与精神科学的分别不能成立，心理现象受科学方法支配，人生观不能同科学分家，这些论点显然是正确的。首先，科学的方法是一种求真的方法。求真本身就是一种精神现象。其次，人生观是在学习和实践过程中形成的。所谓学习，有书本的学习，有向社会的学习，学习本身也是一种实践过程。对科学知识的学习和对科学事业的追求正是一个实践的过程，怎么能说科学与人生观没有关系呢？

　　五四新文化运动推动了中国人民反帝反封建的斗争，直接催生了中国共产党，并促进了中国国民党的自我改造，开启了新民主主义革命的进程。由新文化运动造就的一代新人面对军阀混战、国家动乱、民族危亡，纷纷投入刀光剑影的实际革命，掀开了中国近代史上最为波澜壮阔，也最为惨烈的一幕。这是中兴煤矿公司和弱小的中国资本主义经济将要面对的社会生态。

　　五四新文化运动为中国革命和新中国的建设提供了宝贵的思想财富，其中"实验是检验真理的标准"的学说更是启迪了 20 世纪 70 年代末的思想解放运动。而丁文江不仅是科学人生观的倡导者，更是科学精神的实践者。他在科学人生观指引下于中国地质学方面开创性的工作为科学史所铭记。著名学者李济评价他"是一个划时代的人……他的提倡科学与一般的提倡，有点重要的分别。一般的所谓提倡，往往都是设一个机关，安置几个人，发表几篇文章而已。他却倒转来做，先扎硬功夫。他办地质调查所，先从训练学生起，训练调查人员，先叫他们下煤矿做苦力工作，训练完了，成绩不合格的，仍是不用他们。一切的野外工作，他都领导先干，以身作则。这种实事求是的精神，可以说是他地质调查所成功最重要的原因。地质调查所工作的成绩，已为世界所公认了"。[①] 李济的评价是对丁文江献身科学精神的一个最恰切的说明。身为留学归来的学者，1916 年 7 月 14 日，在地质研究所首届学生毕业典礼上，丁文江告诫大家："第一不可染留学生习气；第二不可染官僚习气"。[②]

　　1919 年，丁文江为《地质汇报》作英文序时，首先引用了德国地质学家李希霍芬在其著作《中国》第一卷上的一段话："中国读书人专

---

① 《丁文江文集·前言》，湖南教育出版社 2008 年版，第 23 页。
② 《丁文江文集·前言》，湖南教育出版社 2008 年版，第 17 页。

好安坐室内，不肯劳动身体，所以他种科学也许能在中国发展，但要中国人自做地质调查，则希望甚少。"然后，他反驳说："现在可以证明此说并不尽然，因为我们已有一班人登山涉水，不怕吃苦。"[1]1916年，丁文江带领学生踏勘枣庄矿区。为中兴煤矿公司勘测工作所做的开创性工作，正是丁文江实事求是、献身科学精神的又一具体体现。

《枣庄煤矿志·大事记》记载："1916年，聘丁文江为中兴公司顾问。"有丁文江的《中兴公司开钻探矿报告》为证。该报告开头写道："民国五年春间，文江初次至矿调查，戴（绪万）经理、朱（言吾）矿师均力言欲开新井，必须于向无老峒之地庶可免水患而省工力，故当日计划以安营、邹坞、黄贝一带磨石岭之北为最适宜。但煤之深浅不可详知，故拟于严家埠之南（甲）、冶常子之西（乙）、刘家沟之南（丙）各打一钻，预计以在严家埠者为最浅，在刘家沟者为最深，如是可以最少之钻孔探最大区域，是为第一次打钻计划。（民国）六年春，美国东方公司承认包工宾福士博士，言为开新井计，所定钻探区域不必如是之广，似应缩小范围，使钻孔相距较近。其言至为有理，遂改定严家埠之南（丁）、邹坞之北（戊）、布户之西（己）各打一钻，是为第二次打钻计划"。[2]

根据丁文江的探矿报告，这次打钻前

从1916年开始担任中兴煤矿公司顾问的丁文江

---

[1]　《丁文江文集·前言》，湖南教育出版社2008年版，第17页。

[2]　丁文江：《中兴公司开钻探矿报告》，中兴公司档案，1917年。

后共制定、修改了4次钻孔计划。打钻探矿在当时是什么概念呢？丁文江于1919年为农工商部写的《矿政管见》中写道："故欲发现新矿必自寻觅露头始，普通谓为探矿……吾国土法矿业之兴，由来已久。普通金属除铁矿外，其露于地面之部分大概发掘已殆尽，非施工试探不能知其底蕴。况重要金属，如金如银如锡如铅，其矿量较丰富者均在川滇湘鄂交通不便之县，觅矿者既有施行之难，复感试掘之困……若欲以新法研究此种古矿之价值，必先知地质之大略，旧坑之分布，然后用钻探，或试凿井，抽机泄水，转扇通井，其所费不赀，所得无定。"[1]一句话，钻探找矿当时在中国前所未有；对重要金属矿藏的寻找尤其在偏远地区应试用钻探；钻探要先审度地质状况再打钻，但是，不一定就有大的收获。丁文江是首倡科学钻探的地质学家，但他并不否定土法找矿的可能性。关于土法找矿，丁文江曾经论述说："开矿为吾国固有之实业，其开始殆与吾国文化同时。举凡著名矿产，大抵曾有人开采，其结果则有利有弊。盖土法开采，均从工程较易之处着手。故凡露于地面之部分（即所谓露头）往往发掘已罄。探矿者按照普通探矿方法，以知矿产之何质，其势不可能。此其弊也。然露头虽去，而土窑甚多。凡可见之于地面者，往往可证之于地腹。此种情形，尤以煤田为甚。故如唐山、井陉、临城各大井，均未经打钻，即行开工。苟非有土窑，则必不能如此之易。"[2]丁文江对土法找矿利弊的分析开拓了中国探矿的科学路径，他所提供的方法、培养的人才，打破了洋人对中国地质矿业勘探的垄断，为中国矿业企业的发展建立了不可磨灭的功勋。这正是中兴煤矿公司在1916年聘请丁文江钻探的原因。

对中兴煤矿公司的邀请，丁文江在报告开头说："戴经理、朱矿师

---

[1] 《丁文江文集》第三卷，湖南教育出版社2008年版，第202页。

[2] 丁文江：《修改矿业条例意见书》，《丁文江文集》第三卷，湖南教育出版社2008年版，第220页。

均力言欲开新井，必须于向无老峒之地庶可免水患而省工力"。① 丁文江在这里用了"力言"二字，表明在丁文江看来，中兴煤矿公司欲开新井，不一定非要打钻，在旧窑基础上也完全可以打新井。

中兴煤矿公司发生灾变之后，为查找原因、寻求出路，当时的总经理张莲芬曾邀请地矿专家邝荣光来矿调查并提出改良意见。邝荣光在《中兴煤矿计划书》中，详细阐述了中兴煤矿公司与英国控制的开滦煤矿、日本控制的抚顺煤矿的激烈竞争，提出必须在3年内将中兴煤矿公司出煤成本，由4元3角降至1元4角的具体办法："金九、金十两土窑与大井相距最近，欲多出煤宜将金十窑桶改大径十四尺，用砖结成并凿深至七百尺大行，与现行大井相连，该窑预计每日出煤一千吨……计十八个月或两年工程即可告竣。金九窑宜改为大井通风之用，因现在之透风井未用砖结，此井之煤柱无论何时，恐有老窑之火。金十窑上下工程布置完善时，此后每日出煤可增至一千吨，连大井每日一千一百吨，中兴煤矿公司将来至少每日可出煤两千吨或每年六十万吨。每吨煤溢利一元，每年即可获利六十万元。如此则矿局已臻发达之境。"②

邝荣光提出的计划十分具体。任凤苞代理总经理后聘用丁文江为顾问，希望在没有老峒的广大矿区内再探新井，并且由一向主张加开土窑的戴绪万之口说出"欲开新井，必须于向无老峒之地庶可免水患而省工力"，一则说明当时的中兴煤矿公司对于在旧窑密布之处开窑心有余悸，二则说明中兴煤矿公司决心探明百里矿区内的煤藏。

丁文江实事求是地采取了"两步走"的方法。首先仍然在煤藏丰富的枣庄境内寻找开新井的最佳地点。有丁文江于1916年写给中兴煤矿公司代理总经理任凤苞的信，及任凤苞给丁文江的复信为证。丁文江

---

① 丁文江：《中兴公司开钻探矿报告》，中兴公司档案，1917年。
② 邝荣光：《中兴煤矿计划书》，载枣庄市政协文史资料第十九辑《中兴风雨》，第47页。

在给任凤苞的信中说："来矿十日，得瑞典人伊立生君之助，已将地质详图大略测就。打钻地点亦有把握。"①任凤苞的复信则说："备念勤劳显著，擘画大井，欣慰之余，益深感佩。此次伊君到矿，极力帮忙，曷深感激，承示谢函稿，妥洽之至。地质详图测就，打钻亦有把握。"②

《枣庄矿务局志》记载：丁文江于1916年为枣庄煤矿绘就了第一份煤层分布地质测绘图。来矿10天，便深入井下，绘就了枣庄煤矿第一份煤层分布地质测绘图，这是何等的效率、何等的科学精神！

1916年10月，戴绪万在中兴煤矿公司第六次股东大会上所作的《经理报告书》内也说："今春集议另开大井，冀为桑榆之补。故特由商部延请地质专家来矿查勘，大井地点早经竣事。特新辟大井须用的款目下尚未筹得，急切未能开工。"③戴绪万的这段话也表明，丁文江已经为中兴煤矿公司的新井确定了最佳位置。这就是1922年在一号大井北约1.5公里处开辟的二号大井，也称北大井。

丁文江并未就此止步。他的第二步便是在枣庄广大矿区探寻新矿床。戴绪万在1916年的《经理报告书》中说："且附矿（山家林分矿）东西两端横亘五十余里，旧煤井甚多，皆在公司三百一十七方里之内，极应预开分矿。不独为总矿之辅助，并可杜他人之垂涎。"④戴绪万这样讲是有针对性的，因为民国初年，袁世凯政府有一种议论，认为应该在外商遵守中国矿法的情况下，对外商开放矿权。1916年，袁世凯当了"皇帝"后还应英使、美使要求，专门组织对此事的讨论。丁文江于1920年所作《修改矿业条例意见书》对那次的讨论作了总结。在原来拟就的意见书中，丁文江为了防止在开放矿权的情况下，因外国商人享

---

① 《丁文江给任凤苞的信》，中兴公司档案《往来信函》，1916年。

② 《任凤苞给丁文江的复信》，中兴公司档案《往来信函》，1916年。

③ 《第六次股东大会经理报告书》，中兴公司档案，1916年。

④ 《第六次股东大会经理报告书》，中兴公司档案，1916年。

有领事裁判权及中外商人存在技术水平差异而致中方吃亏，提出了许多具有可操作性的建议。但是，1919 年欧战结束后召开的巴黎和会不仅不因为中国为战胜国而取消列强在中国的领事裁判权，且同意日本继承德国在山东的特权。所以丁文江在 1920 年，改变了自己的观点。他在给商部总长、次长的信中说："上书（指《修改矿业条例意见书》——作者注）作于民国七年二月（即 1918 年 2 月），时正奉派赴巴黎参与和议事，故书中屡以取消领事裁判权为开放之条件为言。时隔两年，时势迁移，取消领事裁判权之希望较民国七年尤无把握。故修改矿法亦复当务之急。以原书中言外资输入之利害历史颇详，供当局之参考，故附印于此，并书数语，以志其始末云。"[①] 丁文江到枣庄调查是在 1916 年，正值开放矿权的议论沸沸扬扬之时，而丁文江又是当事者。中兴煤矿公司邀请丁文江来枣庄勘探广大矿区，其一为确定新大井的位置，第二个目的应在于加开分矿，对外商的侵入预为防范。戴绪万、朱言吾二人在向丁文江说及请他钻探的原因时，只说其一，未说其二，应该在于丁文江当时是商部矿业方面的负责人，又是主张有条件对外商开放矿权的。然而，根据变化了的情况随时修正自己的主张，正是丁文江科学精神的真切体现。

　　丁文江接受中兴煤矿公司的邀请，并担任中兴煤矿公司的顾问，实在出于对中兴煤矿公司的爱护、扶助之情。1923 年，丁文江所著《中国矿业纪要》一文中对中兴煤矿公司是这样写的："中兴公司之历史，与汉冶萍似同而实异，盖亦始于官督商办，继于借重外资。然卒以办事之忠诚，值时会之顺利，而成今日振兴之局。朔其原起，则亦倡始于李文忠（鸿章）公。文忠于光绪六年奏办峄县矿局，派戴华藻以二万金先

---

① 丁文江：《修改矿业条例意见书》，《丁文江文集》第三卷，湖南教育出版社 2008 年版，第 220 页。

办土窑，成绩显著。至（光绪）二十一年，因水患淹没工人一百余名，为东抚李秉衡所封。（光绪）二十二年由直督禄裕、直隶矿务督办张翼派张莲芬接办，议添招德股，改名为华德中兴公司。其后德股未集，改用华股。至（光绪）三十一年收股至八十万两，改名为中兴有限公司，呈部注册。（光绪）三十四年，自修台枣支路运煤，张莲芬复辞兖州道员（应为山东盐运使——作者注），专任公司总理。弃官营业，毁家纾难，五十年来，一人而已。民国四年大井新成，忽招水祸，张君未几病殁。幸继任者善成其志，又值欧战，煤价骤增，遂获厚利。年来增加产额，添开新井。民矿中成立既以中兴为最早，成绩亦当以中兴为最著也。"①这段记述表明了丁文江对中兴煤矿公司的中肯评价和高度赞誉。

那么，1916年继为中兴煤矿公司擘画大井、绘就井下详图后，在矿区打钻勘探的成果怎么样呢？按丁文江的报告，前后共打了4钻，均不理想。丁文江在他的报告结尾处建议："故今后之计划应分四期如左：（一）贾家庄之第七号钻如能见大煤，则可移钻向南，于（丑）及（丁）两处继续钻探。（二）现在山家林之六号钻无论有无大窑，均应将孔钻陆续移向东部，于韩家窑、邹坞车站、大甘霖一带钻探。（三）如第一计划失败，宜移钻于陶庄附近逐次钻探。（四）陶庄探矿结果如佳，宜逐次移钻于黄贝、武穴、磨石岭之东试探。"②丁文江上述所点钻探地点，此后建设成功的有邹坞煤矿、陶庄煤矿、山家林煤矿、甘霖煤矿、黄贝煤矿。其中，陶庄煤矿于1924年开办，其余为新中国成立后开办。丁文江这位学贯中西的中国地质学和地质事业的开拓者，在枣庄矿区留下了深深的足迹。

---

① 丁文江：《中国矿业纪要·民矿》，《丁文江文集》第三卷，湖南教育出版社2008年版，第62页。
② 丁文江：《中兴公司开矿钻探报告》，中兴公司档案，1917年。

　　丁文江在中兴煤矿公司开钻勘探过程中表现出来的，正是他充满科学精神的人生态度。他把实事求是的科学精神留给了中兴煤矿公司，促使中兴煤矿公司在以后的发展中更加注重人才的引进、培养，更加注重先进科学技术的引进创新。到 20 世纪 30 年代，中兴煤矿公司全部废除土法采煤，引进国际上最先进的簸煤机和割煤机，成为旧中国机械化程度最高的煤矿企业。

第八章　北洋军阀混战中的
　　　　　中兴煤矿公司

军阀混战，民不聊生。每次战争背后都有日本人插手。日本帝国主义趁机扩大对中国的政治渗透和经济侵略。中兴煤矿公司成为抵制日煤的强劲力量，成为日本人的眼中钉。发生在枣庄的临城劫车案导致中兴煤矿公司一蹶不振，导致兼任中兴煤矿公司董事长的黎元洪二次下台。日本人是否是这次事件的幕后黑手？

一、日本对山东的侵略及其对外扩张的文化基因

近代日本对山东的侵略，是其吞并中国战略的关键一步。

1895 年《马关条约》的签订，令日本一夜暴富，除霸占了中国的台湾和澎湖列岛之外，拿到了 2 亿两白银的巨额赔款，勒索到 3000 万两"赎辽费"和 150 万两驻兵威海的 3 年驻军费，"共得白银 23150 万两，折合日元 37425 万元，是日本 1894 年全年财政收入 7800 万日元的 4.7 倍多，也大大超过它 1896—1898 年 3 年间全国税收 26899 万日元的

总和"。① 其后，日本利用从中国榨取的巨额钱财，发展以军工为龙头的大工业，以其中的 3 亿日元用于军费特别支出，扩军备战。其备战的主要方向就是中国。1896 年、1897 年、1899 年、1900 年中，日本先后逼迫清政府与之签订了《中日通商行船条约》《通商口岸日本租界专条》《福州日本专管租界条款》《厦门日本专管租界条款》《厦门日本专管租界续行章程》，继其他列强之后，在中国享有了领事裁判权、片面最惠国待遇，开始将侵略势力全面渗透中国。庚子事变中，日军与所谓"联军"一起进攻中国京津地区，对中国人民烧、杀、抢、掠，并盗走了故宫中的大量稀世珍宝，再次获得战争赔款 3479 万两白银。从那时候起，到 1914 年 8 月利用第一次世界大战爆发的机会武力登陆山东，取代德国在山东的特权，日本至少 3 次伺机吞并中国。第一次是 1904 年发生在中国东北的日俄战争。日本取得对俄战争的胜利，重新占领了中国的辽东地区，继占领台湾、插足福建而构筑成侵华南翼之后，进而构筑了侵华北翼，将其视为雄飞中国大陆的起点。第二次是辛亥革命期间，一面阻挠、破坏辛亥革命，一面企图乘机瓜分中国。1911 年 10 月 15 日，日本军部提出瓜分中国的 8 项纲领："(1) 照平素主张，先标榜保全中国；(2) 到一定程度，援助清朝，防止其颠覆；(3) 同时在绝密情况下助长叛乱分子，而于适当时机居中调停，使满汉两族分离为南北两国；(4) 作为报酬，使有利于解决满州问题……(8) 在我分得的地方，北拥立满人小朝廷，南拥立汉人小朝廷，并以此为诱饵，将其他列强分割地区的人心全部收归于我，以此准备第二幕的演出。"② 当时的参谋本部第二部部长宇都宏太郎对 8 项纲领的第一项解释说："如能获得整个中

---

① 关捷主编：《日本与中国近代历史事件》，社会科学文献出版社 2006 年版，第 139—140 页。

② 关捷主编：《日本与中国近代历史事件》，社会科学文献出版社 2006 年版，第 246—247 页。

国，当然最为上策。然而在列强对峙的今天，这一定不能一气实现，不得不承认目前的实际情况，实为遗憾。不过我国不能取得，也不能让他人获取。这就是我所持的所谓保全中国论，即不是为中国而保全中国。"①第三次是利用袁世凯称帝复辟，以支持袁世凯称帝为条件，登陆山东，逼迫袁世凯政府承认"二十一条"，妄图利用欧洲列强大战之机，独霸中国。

1914年8月13日，"德国感到难以保住山东的侵略利益，同时为了拉拢袁世凯政府，表示愿将胶州湾租借地无条件地交还中国，为此，德国代办马尔参与袁政府进行的秘密谈判。日本政府得知这一消息后大为恼怒，代使小幡酉吉向袁政府外交次长曹汝霖提出警告，阻止中国接受德国建议，并声称：'此事不向英日咨询，直接与德协商，日后必生重大危险。'在日本的威胁下，袁政府不敢堂堂正正地收回山东主权，竟电请美国政府代为接受，然后再转交给中国。可是还没有得到美国的答复，日本就向胶州湾派出海军，封锁了胶州湾"。②日本在准备就绪之后，正式对德国宣战。不顾中国已宣布中立，日本新任驻华公使日置益"面见袁政府外交总长孙宝琦，无理要求按1904年日俄战争先例，将山东省黄河以南划为日本对德'作战区域'，撤退胶济铁路中国驻军"。③"同月30日，袁世凯政府置国家民族利益于不顾，通知陆宗舆转告日本政府：'胶沂路潍县以东至青岛一带，日人可任便布置'。"④袁世凯政府同时照会各国驻华使节："与1904年日俄在辽东境内交战事实相仿，惟有参照先例，不得不声明在龙口莱州及连接胶州湾附近

---

① 关捷主编：《日本与中国近代历史事件》，社会科学文献出版社2006年版，第247页。
② 关捷主编：《日本与中国近代历史事件》，社会科学文献出版社2006年版，第466页。
③ 关捷主编：《日本与中国近代历史事件》，社会科学文献出版社2006年版，第466—467页。
④ 关捷主编：《日本与中国近代历史事件》，社会科学文献出版社2006年版，第467页。

各地方，确实为各交战国军队必须行用至久之地点，本政府不负完全中立之责任。"① 袁世凯政府的软弱助长了日本的气焰，"1914 年 9 月 2 日，日本借口对山东半岛的德军作战，派 2000 余人在山东半岛的龙口登陆，相继占领了莱州、平度、潍县等地，并沿胶济线进攻，10 月进占济南"。② 潍县、济南及胶济路全线均不在袁世凯政府划定的交战区范围，中国政府为此多次抗议。日本毫不理会，在占领胶济路沿线各地后，开始进攻青岛。日、英联军于 1914 年 11 月 7 日攻占青岛，"接收了德国经营的胶济铁路和煤矿以及在山东的所有侵略权益"。③ 从这一年开始，到 1922 年华盛顿会议后中国收回青岛，日本侵占山东达 8 年之久。

侵占山东，是日本妄想趁第一次世界大战之机独吞中国的前奏。1915 年 1 月 18 日，日本驻华公使日置益按照日本政府预定的方针，向袁世凯政府正式提出"二十一条"，并要求从速答复。"二十一条"的主要内容是：

> 要求承认日本享有德国原在山东的一切权利，并加以扩大。中国不得将山东的土地和沿海岛屿让与或租与他国，日本得在省内建筑铁路，开辟主要城市为商埠；要求将旅顺、大连租借期和南满、安奉两路交还期限，均延展至 99 年为期，日本能在南满、东蒙享有优越地位，包括土地租借权、居住权，以及开矿各种权利；要求中日合办汉、冶、萍公司，附近矿山，包括汉阳铁厂、大冶铁矿和萍乡煤矿，不准公司以外之人开采；要求中国不得将沿海港湾岛屿让与或租与他国；要求聘用日人充任中国政治、财政、军事顾问；

---

① 关捷主编：《日本与中国近代历史事件》，社会科学文献出版社 2006 年版，第 467 页。
② 关捷主编：《日本与中国近代历史事件》，社会科学文献出版社 2006 年版，第 467 页。
③ 关捷主编：《日本与中国近代历史事件》，社会科学文献出版社 2006 年版，第 468 页。

中国某些地方的警政和军械厂由中日合办；要求武昌与九江、南昌及南昌与杭州、潮州间的筑路权，以及福建省内铁路、矿山等的投资优先权。①

"二十一条"不仅要求继承德国在山东的权利，殖民中国内蒙古和东北，而且要把整个中国置于日本的统治之下。

日本在登陆山东后，"通告交战地内的中国人民，要为日军尽力，否则就要受到惩罚。日军所到之处，'占用民房，强买物品，勒派车辆，并有伤毙人命情事，又奸淫妇女……至居民闻风而散'"。②1915 年 5 月 9 日，在日本驻华公使的威逼、恫吓下，袁世凯政府决定接受日本的全部侵略要求并拟定复文。日本从此视中国为它的保护国。山东从此沦为日本侵略的重灾区。

有论日本文化者，认为日本是一个等级森严的国家，每一个人都必须安于其位，在等级制所赋予他的等级内从事活动。封建时代，日本社会的等级以天皇、将军、领主贵族为统治阶层，其下依次为士、农、工、商，再下为贱民。贱民也称"秽民"，即说不出口的污秽行业的工人，"诸如清道夫，被执行死刑者的掘墓人，死去动物的剥皮和皮革工"。③士、农、工、商 4 个阶层中的"士"，不是中国传统的士大夫的士或绅士，而是腰挎双刀的武士。这些武士是封建领主的家臣，从领主那里领取俸禄。当领主之间发生战争，武士就是冲锋在前的人。武士和农夫是日本明治维新前保持封建社会稳定的基础，但农夫是居于工、商之上的普通人，而武士所佩戴的刀标志着他属于特权阶层。当时的法

---

① 关捷主编：《日本与中国近代历史事件》，社会科学文献出版社 2006 年版，第 469 页。
② 关捷主编：《日本与中国近代历史事件》，社会科学文献出版社 2006 年版，第 467—468 页。
③ [美] 露丝·本尼迪克特：《菊与刀》，北塔译，译林出版社 2013 年版，第 49 页。

律赋予武士的特权，甚至包括"对士无礼，对上不敬之庶民，可斩立决"。① 由此可见日本封建时代等级秩序的森严程度。日本封建社会后期，有钱的商人和陷于贫困的武士结合，逐渐形成了一个新的阶层，叫作士商联盟。士商联盟最终推动了明治维新。明治维新后的日本虽然废弃了士、农、工、商、贱民这类的等级，但是，由选举产生的国会议员根本没有发言权，国家仍然依照等级制原则在国家和国民之间分派职责。等级制体现于一层层政府机构、官员的设置，以及社会的细胞——每一个家庭内部。辈分、年龄、性别都是家庭内部划分等级的标准。长子有继承权，能够对弟弟行使父亲般的特权；妇女走路必须跟在丈夫的后面，女孩子的地位低于所有兄弟；等等。天皇在日本历史上是具有神性的"云上人"②，位于等级制的巅峰。日本社会由于等级森严而超常稳定，天皇或握有权力，或充当傀儡，却世代世袭，几百年不变。因此，有论日本文化者，认为日本的对外侵略是基于企图输出日本等级制度的"安全"③ 公式，认为日本错就错在把强求自己的东西强加给别的国家。

不，虽然日本宣称企图建立所谓"大东亚共荣圈"，但那不单是输出日本式的"安全"公式，在根本上，那是为了扩张和掠夺。在领土掠夺、特权攫取和经济劫掠之外，那是对东亚民族的文化侵夺和精神摧残，那是企图将日本置于东亚各民族之上，让东亚各国人民像奴隶一样匍匐于日本人的脚下。日本的对外侵略，是日本文化中的地理环境、好战的武士道与等级制相混合的产物。

日本登陆山东之前对中国的领土野心已如前述。其侵占中国领土所要求的最直接的权利是什么呢？是开矿权、设厂权、筑路权，是领事裁

① ［美］露丝·本尼迪克特：《菊与刀》，北塔译，译林出版社2013年版，第51页。

② ［美］露丝·本尼迪克特：《菊与刀》，北塔译，译林出版社2013年版，第76页。

③ ［美］露丝·本尼迪克特：《菊与刀》，北塔译，译林出版社2013年版，第76页。

判权，是片面最惠国待遇，是居住权，是移民等等。日本在山东获取特权之后，对山东经济全面渗透，不择手段；并且以山东为跳板，向华北、华中延伸。1918 年 9 月，日本提出修筑从济南至京汉路顺德的铁路线和从高密至徐州的铁路线，要求北洋政府向日本借款铺筑这两条铁路，日本从中谋取特权，从而控制京汉铁路和整个津浦铁路——这两条铁路是中国腹地最重要的两条大动脉，其政治、经济意义不言而喻。日本不仅继承了德国人的衣钵，而且把德国人要求的高密至津浦线韩庄站的铁路变更为从高密至徐州的线路。徐州是津浦、陇海两大铁路的交会点，日本人侵略中国的胃口、速度、攻势都比德国人大得多。日本对青岛的殖民统治和对胶济路沿线的统治，比德占时期严重得多。不但设有陆军部、宪兵总部、警察部，还不顾中国政府抗议设立了民政部，权力大大超过德占时期。从前，青岛为德国租界，但行政权归中国，胶济路沿线也没有德国驻军。日本人却在胶济路沿线的高密、坊子、张店、济南等地分别派驻了宪兵分队，并设了 45 个派出所。特别险恶的是，日本仿照日本国内的市、町、村制，将青岛市区的街区、道路等用日本地名命名。日本像吸血鬼一样在青岛增加了许多税种，甚至对街头摊贩也要征税。课税对象则中日有别，对日本商人连营业税都不收。为了便于日本人购买土地，竟废除了土地增价税。日本一度完全霸占了青岛的中国海关，大批日本军用物资和建筑器材一概免除进口税。大批日本人移民山东，涌向山东腹地。日本的东亚烟草株式会社、日本邮船株式会社、大阪商船株式会社、原田汽船株式会社、横滨正金银行及数家日本洋行，在济南开设了办事处、营业所。日本人并在济南成立了日本人会，发行日本喉舌《齐鲁时报》。当时的日本调查机构人员曾不无得意地说："时下我官民各机构齐备，不觉有丝毫不便，商埠地已尽入日本人势力之手。照此以往，济南之将来颇可瞩望。为此，我日本人应齐心协力，俾使济南实业界永为日本商人势力

支配。"① 凡此种种，哪里仅是输入日本的"安全"公式？而是赤裸裸的
侵略、掠夺和奴役！

"在占据青岛的 8 年期间，日本殖民当局对日本工商资本给予了各
种政策扶持和经营优势。正是在殖民扩张政策的支持推动下，伴随空前
的日本殖民潮，日本资本以前所未有的规模涌入青岛及胶济沿线地区，
在工业、商业、金融、盐业、矿业等领域的投资经营达到空前的程度，
并在若干行业达到几乎垄断的地步。"② 以青岛为基地，日本进而将经济
活动的范围扩展到山东广大腹地。

利用山东廉价的劳动力、丰富的原材料，直接在华投资设厂，是日
本从经济上侵略山东的重要手段。"迄第一次世界大战结束，日本资金
在山东开设的工厂几乎遍及所有产业部门。"③ 走私，亦是日商的拿手绝
活儿，尤其是铜钱走私。第一次世界大战爆发后，日本对各种军用物资
的需求大增。铜、锌作为军火生产原料，更是价格大涨。中国的铜钱含
铜 50%、锌 25%，按当时市场上的铜、锌价格，铜钱的实际价值高于
币值。日商及形形色色的日本移民纷纷到山东各地收购铜钱，把贩运铜
钱当作一种特殊事业经营。"铜制钱的走私贩运主要经由胶济铁路由内
地运至青岛，然后输往日本。从 1915 年 6 月开始大规模走私贩运，到
1917 年 3 月，由胶济铁路运至青岛的制钱共 37932 余吨，铜块（将铜
钱炼成铜以躲避中国政府稽查）35633 吨，总数达 73566 吨。"④ "中国

---

① 庄维尼、刘大可：《日本工商资本与近代山东》，社会科学文献出版社 2005 年版，
　第 76—77 页。

② 庄维尼、刘大可：《日本工商资本与近代山东》，社会科学文献出版社 2005 年版，
　第 117 页。

③ 庄维尼、刘大可：《日本工商资本与近代山东》，社会科学文献出版社 2005 年版，
　第 125 页。

④ 庄维尼、刘大可：《日本工商资本与近代山东》，社会科学文献出版社 2005 年版，
　第 178—179 页。

政府以日本人往来走私频繁，在地方滋惹事端，曾多次向日本当局提出抗议，要求禁止日本人制钱买卖。但在日本占领当局看来，禁止制钱收购买卖，至少亦有数千日本人顿失生活基础，实非小问题，因此自始至终采取了阳奉阴违的手法，表面上由日本领事传知日商禁止制钱买卖，但实际上却纵容支持其到内地收买。"① 而为了阻止山东地方政府查禁，"走私者往往携带武器，组织卫队，而为搜掠铜钱，走私者甚至不惜用胁迫手段。据当时有关文献记载：'某国（日本）人之在胶济线者，多服华服，赴四乡收买铜钱，乡人初不敢应，则胁之以兵，临之以威，乡人不得已而为之买收'"。②

若是没有日本殖民当局的支持，日本商人何能如此携刀带枪地强行收购中国铜钱以走私？

由铜钱走私，可知日本侵占山东期间，其经济活动无所谓合法、非法，唯以满足日本商人和日本国家的利益为宗旨。日本对中国的侵略，哪里仅是什么输出他们的"安全"公式呢？

日本对亚洲国家的侵略，与日本文化心理上的地理危机感密切相关。作为一个小小的岛国，日本面对的是浩瀚的太平洋，太平洋的深奥汹涌必然在古代日本人心中烙下神秘而可怖的印迹。这种神秘、恐怖的力量令日本民族天然地形成了服从强权的特点，只要这种强权能够让他们感到安全。有一个例子很能说明这一点：日本明治维新之前的德川时代，封建领主对农民的剥削已达到四成至八成的强度，即农民收入的40%，甚至于最高达到80%，必须作为税收上缴给所属领主。实在不堪忍受的农民直接向领主要求减税，但是领主不予理睬。忍无可忍的

---

① 庄维尼、刘大可：《日本工商资本与近代山东》，社会科学文献出版社2005年版，第180页。

② 庄维尼、刘大可：《日本工商资本与近代山东》，社会科学文献出版社2005年版，第180页。

农民于是联名向最高统治者将军写信要求减税。将军一般会支持农民的
要求，命令领主减税。领主也会听从将军的命令。但在满足农民要求的
同时，为首的农民领袖将被处死，因为他犯了逾越等级的罪行。而农民
们不会去保护他们的领袖，只能怀着敬意去为他们的领袖收尸，因为农
民们清楚地知道等级是不可逾越的。他们虽然希望减税，可是同时，愿
意维护国家的等级制度，因为在国家的等级制中，只要不越位，他们就
是安全的。这个故事，出自《菊与刀》这本分析日本民族文化的著作。
《菊与刀》的作者认为，这是日本人"各就其位"的社会等级安排使然。
然而从日本对"安全"的追求甚至高于对生命权利的追求来看，日本人
的不安全感是何等的严重。这种不安全感才是日本严酷等级制度的社会
心理基础。人是大自然的产物，日本人的严重不安全感与日本的地理环
境是密不可分的。日本人向往中国大陆。日本社会曾流传一首《马贼之
歌》，诗中写道：

> 我就要走了，你也来吧，
> 狭窄的日本让我住腻了。
> 波涛滚滚的对岸支那，
> 支那那里四亿的民众在等待。①

据说，这首诗是日本人对中国辛亥革命的赞美。但是从诗的内容
看，其中更包含着对中国大陆的向往。这种对中国大陆的向往再越过一
步，就成为日本近代以来侵略扩张政策的社会心理基础。

在日本近代侵略扩张政策的形成过程中，传统的武士阶层发挥了重
要的作用，因为明治维新的思想家们就是来自日本德川时代地位低下的

---

① 关捷主编：《日本与中国近代历史事件》，社会科学文献出版社 2006 年版，第 252 页。

商人和握有特权的武士阶层的士商联盟。① 这种士商联盟是通过联姻、入赘的形式，使商人脱离了原来的阶层，进入武士的行列；又使贫穷的武士（武士按等级规定，不准从事生产活动和拥有土地，只能领取领主发放的俸禄）获得了财产。武士因跟随领主从事各种活动而富有政治经验，商人因经商而善于纵横捭阖，这两个富于智慧的阶层的联盟成就了明治维新，从而同时跨入日本的决策高层。日本的军国主义于是有了天然的决策团队。传统的武士精神成为日本军国主义的灵魂，也成为日本对外侵略扩张的灵魂。

在日本的等级制中，天皇位于巅峰的位置。天皇是神性的，天皇的神性应是日本民族由地理因素形成的内心的神秘所造成的。据说，不少太平洋岛国的国王都具有神圣的、不可动摇的地位。明治维新之前，掌握日本国家权力的最高统治者是将军。将军之下的封建领主处于割据状态，领主们既有武士作为侍从和武装力量，又有在领地内收税和司法的权力。各领主之间划界而治，甚至通商都有障碍。天皇只是象征性的统治者。明治维新以后，新的统治者废除了领主收税权，树立了天皇在等级顶端的唯一地位。在精神文化层面，打造国民对天皇的绝对忠诚。忠和孝是日本从中国汉唐时代起学习、吸收儒家文化形成的概念，儒家文化在日本历史上有深厚的社会基础。但是，儒家文化到了日本之后就被改造了，改造得适合于日本的等级制需要。儒家文化的核心是仁、义、礼、智、信，仁是五德中至高的伦理。在中国，仁是对一切人的要求：在统治者，仁体现为以民为本的王道，在普通百姓，仁体现为仁慈、仁爱、仁义、忠恕、孝道等各种行为道德。统治者必须行王道、有仁德，才能得到百姓的拥护，否则，水能载舟，亦能覆舟。然而到了日本，仁就变成了江湖上行侠仗义的同义词。日本文化道德的最高要求不是仁，

---

① ［美］露丝·本尼迪克特：《菊与刀》，北塔译，译林出版社 2013 年版，第 63 页。

而是忠。明治维新之后的统治者通过等级制度安排和国家神道这一宗教机构，打造国民忠的精神，忠是每个人对圣主天皇报恩，而天皇成为神道的最高祭司和日本统一与永恒的象征。这种忠的精神是在家庭这一社会最小单元中养成的。在家庭等级秩序中，不管上一等级的人多么无德无状，下一等级的人也必须按照等级礼仪的要求对他们尽孝尽义。日本人走向社会后，便把在家庭中受到的等级、忠义教育应用于社会人际关系。忠，于是成为日本社会等级制度和日本社会忠于神性天皇的文化根基，也成为日本社会超稳定的文化根基。极端的忠义文化、武士道精神，与日本统治当局扩张侵略政策的结合，会成为一种可怕的、灾难性的力量。而日本的地理环境，又助长着政策制定者们对外扩张的欲望。

简言之，日本近现代对中国和整个亚洲的侵略，直接的原因不是输出他们的"安全"公式，而是为了扩张领土，掠夺资源，压迫、奴役别国人民。

日本进占山东后，直接接手了德国投资开采的坊子煤矿、淄川煤矿、金岭镇铁矿，并开始对博山矿区进行渗透。青岛守备军和"满铁"调查课先后多次派人到淄博矿区进行大范围勘查，掌握了煤矿和煤井的分布。自 1916 年起，在博山直接或间接经营煤矿的日商达百余人。1915 年 7 月，北洋政府颁布全国小矿区临时条例，规定煤田面积不足270 亩的矿区，一律称作小矿区，小矿区不得与外国人订立合同或借贷外国资本。日本资本无法取得对博山民营煤矿的合法经营权，便采取非法手段，暗中出资经营，或利用日本占据的胶济铁路控制博山民营煤矿的运销权，进而达到控制煤矿的目的。

1918 年 1 月 6 日，日本一个地质学家来到枣庄，对矿区勘查之后编写了《峄县炭矿视察报告书》。[①]1918 年的中兴煤矿公司经过大灾后

———————————
① 《枣庄矿务局志·大事记》，煤炭工业出版社 1995 年版。

的 3 年重建，一号大井已恢复生产，以枣庄总矿和山家林分矿为中心，西式小煤井增加到数十处，遍布矿区。这年的 5 月，在中兴煤矿公司第八次股东大会上，代理董事长朱启钤以高票通过当选公司总经理，公司经营状况彻底好转，正着手准备建设二号大井。日本人无法对枣庄矿区进行渗透。中兴煤矿公司在中国煤炭市场上早已成为英占开滦煤矿和日资抚顺煤矿的竞争对手，此后更成为日本的眼中钉、肉中刺。

二、中兴人赵尔巽、黎元洪对日本侵略图谋的反击

赵尔巽，祖籍辽宁省辽阳市，清同治年间进士，历任湖南巡抚、四川总督、盛京将军、湖广总督，1911 年出任东三省最后一任总督，1914 年任清史馆馆长，1916 年在中兴煤矿公司第六次股东大会上当选监察人。

晚清最后一任东三省总督、中兴煤矿公司股东赵尔巽

赵尔巽在清末以直言敢谏闻名。作为清代遗臣，他的政治立场不言而喻，但是在关乎国家、民族安危的大是大非面前，毫不含糊。1912 年中华民国成立后，日本军部利用清室皇族和蒙古王公进行满蒙"独立"运动。满蒙"独立"运动的始作俑者是宗社党。宗社党的成员是以肃亲王善耆为首的清廷皇族遗臣。宗社党起初的目的是挽救清廷的灭亡，坚持君主立宪政体，反对清帝退位，逼迫袁世凯下台。在眼看无法达到目的的情况下，宗社党的目标就转为依靠日本搞满蒙"独立"。满蒙"独立"的实质是把内蒙古和东北变为日本的殖民地。1912年二三月间，日本派川岛浪速将肃亲王善耆和

内蒙古的喀喇沁王、巴林王 3 人分别由北京带出。之后，喀喇沁王和巴林王潜回内蒙古招兵买马，组成蒙军，以全部领地为抵押，向日本借款购买日本武器。不久，日本参谋本部的松井大尉率十数名内蒙古士兵到设有三井仓库的公主岭购买武器，又勾结当地宗社党人强掠 47 辆马车，伙同百余名土匪，在数十名日本浪人的参与下，于 1912 年 5 月 27 日向内蒙古出发。运送武器之事被已宣布脱离清廷的东三省总督赵尔巽探知后，他立刻命令奉天后路巡防营统领吴俊升拦截。6 月 7 日，运兵车走到郑家屯，遭到吴俊升部阻击。双方激战后，松井等 13 人被俘，并击毙日军 13 人。马车运载的武器全部被烧毁。日本驻奉天总领事立刻与赵尔巽交涉，赵尔巽于 6 月 18 日将被俘的日本兵引渡给公主岭的日本警官。喀喇沁王不甘心失败，于同年年底又向日本借款 9 万日元，继续从事满蒙“独立”运动。肃亲王善耆统率的宗社党也在日本的支持下，购买枪械武器，组织“勤王军”，准备武装叛乱。东三省当局在得知事机后，果断地将宗社党的活动定为叛乱，查封了海城、开原、公主岭、怀德等地的宗社党机关，逮捕了大批宗社党成员。①

　　日本为策动满蒙“独立”，无孔不入。孙中山的南京临时革命政府于 1912 年元月 1 日建立之后，曾考虑采取军事行动武力统一中国。由于孙中山长期在日本指挥中国的革命活动，当时的革命队伍中夹杂着一些日本浪人。当初，当孙中山决定组织 6 路北伐军同时行动、推翻清朝统治之时，日本当局一方面支持东三省当局扑灭革命党以维护日本在东北的利益，另一方面表示“不怕紊乱，认为日本人可乘紊乱之机扩大侵略”。② 日本外务大臣内田在致驻奉天总领事落合的电报中说：“如果革命党势力日益壮大，即使满洲秩序一时发生紊乱，亦未尝不是我国对满

---

①　关捷主编：《日本与中国近代历史事件》，社会科学文献出版社 2006 年版，第 278—279 页。

②　关捷主编：《日本与中国近代历史事件》，社会科学文献出版社 2006 年版，第 273 页。

洲政策得以向前推进之契机。"① 然而，孙中山以国家统一大业为重，审慎斟酌，一面以军事力量北伐，一面争取袁世凯支持共和，把大总统之位让与袁世凯。当日本操纵复辟势力企图搞所谓满蒙"独立"时，以孙中山为首的南方革命党正式发表声明，表示坚决反对，坚持国家统一。日本阴谋操纵的第一次满蒙"独立"运动宣告失败。

赵尔巽先后担任过盛京将军和东三省总督，对日俄战争后在东北势力日增的日本侵略者比一般清廷官员有着更清醒的认识。辽宁抚顺煤矿本来为中国道员王承尧等人所禀请开办，后来，俄国人加入少许股份，并无经营权，却因修筑中东铁路，俄国强行夺取，日俄战争后，又被日本人攫为"满铁"所有。1906年，赵尔巽任盛京将军时曾照会日本总领事，以该矿股份中国人居多，议令商还。日本总领事则以内有俄国人的股份，强行视为战利品。1911年，赵尔巽任东三省总督时又与日本交涉，无奈之下承认了日本对抚顺煤矿的开采权，但是严格限定了矿界，迫使日方承诺日本政府尊重中国的一切主权。

赵尔巽在挫败了分裂国家的满蒙"独立"运动之后即辞职退隐。从1914年起，赵尔巽受袁世凯之请主持编撰《清史稿》，总结、记录清廷298年统治方方面面的是是非非。于他，那是一项极有意义的事业，耗尽了他晚年十数年的心血。其间，赵尔巽把关注的目光投向中国唯一能与外洋相竞争的中兴煤矿公司，这也正是符合他强国富民愿望的最好选择。

赵尔巽还有一段很有意思的逸闻，即担任盛京将军期间，为推行新政、整治治安，曾派部下朱庆澜剿匪。首当其冲的是时而为官、时而为匪的张作霖。兵匪交战，张作霖以百发百中的枪法一枪打掉了朱庆澜顶戴上的花翎。赵尔巽由此觉得张作霖是个难得的人才，于是决心以智招

---

① 关捷主编：《日本与中国近代历史事件》，社会科学文献出版社2006年版，第273页。

降。张作霖害怕有诈，就对前来招降的人说自己喜欢吃鸭舌水饺，一次
能吃 50 个鸭舌做成的水饺。赵尔巽听说后，立即命人把 50 个鸭舌做成
的水饺送上。张作霖知道赵尔巽是诚意招降，遂归顺赵尔巽。张作霖归
顺后不久，赵尔巽成立东三省保安会，自任会长，由张作霖任军事部副
部长。张作霖实现了人生的大转折，为之后成为"东北王"打下了基础。
所以，张作霖从此对赵尔巽充满敬畏，言听计从。赵尔巽入股中兴煤矿
公司，张作霖也以年仅 15 岁的长子张学良的名义一次投资中兴煤矿公
司 6 万元，成为公司大股东。

　　这一时期成为中兴煤矿股东的还有黎元洪。黎元洪与赵尔巽也有一
段特殊的交往。那是 1907 年。湖广总督张之洞离鄂入京，出任军机大
臣，改由盛京将军赵尔巽补授湖广总督。赵尔巽到任后，对湖北新军镇
统张彪不满意，想以协统黎元洪取代张彪。张彪多年跟随张之洞。他是
旧军人出身，能力较差，嫉妒心又强，对出身寒微、被张之洞视为"智
勇深沉"的黎元洪更是常常作梗。但黎元洪感激张之洞对自己的知遇之
恩，又知道张彪是张之洞的亲信心腹，因而总是巧妙地化解张彪给自己
制造的麻烦，还处处帮助张彪甚至推功揽过，终于解除了与张彪之间的
隔阂。赵尔巽想以协统黎元洪取代张彪的镇统职位。黎元洪坚决推辞，
说张之洞刚刚调离湖北，就把他宠信的人排挤掉，这样不好，劝赵尔巽
仍任用张彪，暗中又嘱咐张彪赶紧想办法。张彪的妻子原是张之洞的婢
女，张彪急忙让其赴北京见张之洞，求张之洞出面说话。张之洞难却其
请，给赵尔巽写了封信。黎元洪不愿接受任命，军机大臣张之洞又写信
替张彪说话，赵尔巽也就打消了当初的念头。由这件事可见赵尔巽的识
才、惜才，也可见黎元洪的谨厚和器量。

　　黎元洪承张之洞赏识，在短短几年之中，由千总而守备，又都司，
再副将，复升任协统。因镇统张彪能力差，黎元洪成为湖北新军实际上
的主帅。湖北新军的编练、操演、整训等重大事务，张之洞都交由他策

划、制定。可见，黎元洪虽然为人谨厚，却绝对不是泛泛之辈。1898年、1899年、1901年3年中，黎元洪受张之洞之命3次赴日本考察陆军、骑兵建设和兵工厂生产情况。首次赴日本考察军事教育时，他在东京、大阪的公园里看到陈列着不少日本军队在甲午战争中从中国掠获的"战利品"，深感悲愤与屈辱，曾联络当地的华侨要求清政府驻日官员与日本政府交涉，撤除这些展品，遭到日本当局的拒绝。首次进入一个陌生国度，又是去做学生的，就敢于质疑对方的行径，并想办法解决，虽然没能取胜，却展现了黎元洪的爱国情操，以及在大是大非问题上敢作敢为的品格。

1911年10月11日，黎元洪被逼无奈，当了革命党军政府的都督。在黎元洪不知情的情况下，以"黎都督"名义发布的安民告示张贴之后，武昌群情振奋，全国各省纷纷响应，脱离清廷。素有人望的黎元洪被正式逼上梁山，成为武昌首义统帅。袁世凯当大总统后对黎元洪极不放心，一遍遍催他赴京担任副总统之职。黎元洪不去，袁世凯于是派段祺瑞将黎元洪挟持至京，把他一家子安置在从前慈禧太后囚禁光绪皇帝的瀛台居住。黎元洪为求自保，一切事情任听自便，不闻不问。若说黎元洪就是个苟且偷生的人也冤枉他。袁世凯称帝复辟，封黎元洪为"武义亲王"。黎元洪冒着性命危险，坚辞不受。大事不糊涂的黎元洪能在袁世凯的软禁之下平安度过数年光景，他的智慧实在了得。

智勇深沉、谨厚稳重的黎元洪由徐世昌推举，在国民党、护国军的支持下终于冲破了以段祺瑞为首的北洋系的阻挠，正式继任大总统职位，于1916年8月1日召集国会裁撤了袁世凯独裁时期立法院、国民会议发布的各种法令，恢复了《中华民国临时约法》，实现了国民党人几年来流血牺牲、为之奋斗的政治目标。但是，一心希望仿效袁世凯实行个人独裁的国务总理段祺瑞，也因此成为黎元洪的政治对手。段祺瑞身为总理，手握军权，以出卖主权换取日本人的支持，独揽大权。黎元洪坚决与他斗争。

段祺瑞拟任总理时，拟订了一个内阁成员名单交给黎元洪，黎元洪看后说："我别无意见，但有两个人须加入：唐绍仪、孙洪尹；有三个人不可用：刘冠雄、章宗祥、曹汝霖。"① 段祺瑞不得不表示同意。章宗祥、曹汝霖正是1914年袁世凯政府时期与日本谈判"二十一条"的两个卖国贼。

早在袁世凯复辟帝制时期，日本人发现袁世凯已不能控制全国局势，便一反常态，加紧扶植和拉拢袁世凯的老部下、时任陆军总长的段祺瑞。执掌兵权的段祺瑞任国务总理后仗着自己是皖系头领，背后有日本支持，根本不

中华民国第三任总统、中兴煤矿公司股东黎元洪

把当总统的黎元洪放在眼里。为了借助日本发展皖系势力，段祺瑞于1916年年底派曹汝霖以向日本天皇赠送大勋章的名义秘密赴日交涉，临行前，即谋划"将中国关于农工商矿有价值的开列出来，同日本商量何者中国自办，何者中日合办，何者让日本人办。一方面日本帮助中国，一方面日本亦获得利益，不必枝枝节节，遇事麻烦，以达到中日亲善之目的"。② 曹汝霖赴日前，黎元洪请他吃晚饭。饭后，曹妆霖将这些所谓"改善中日关系"的卖国方案向黎元洪兜售。黎元洪这才恍然大悟，拍案呵斥说："你到日本预备卖国！你们这样卖国，还要我随同卖国。这种毫无心肝的人，我不能叫你到日本去！"第二天早上，黎元洪

---

① 李书源：《民初五大总统列传·柔暗总统黎元洪》，吉林文史出版社1995年版，第195页。

② 许田：《对德奥参战》；转引自李书源：《民初五大总统列传·柔暗总统黎元洪》，吉林文史出版社1995年版，第214—215页。

恨恨不已地对国务院秘书长说:"卖国,卖国,说了气死人。你告诉段总理,决不能让曹某去日本,另外换人。"①

　　黎元洪哪里能阻挡得住段祺瑞与日本的交易。第一次世界大战期间,日本依靠段祺瑞继续操纵中国外交。由于美国希望中国参加对德作战,以阻止日本势力在中国的发展,日本坚决反对中国参战。后来,日本与英美等国家私下达成交易:即使中国参战,青岛仍然属日本殖民地,日本仍可保持在山东的权益。这个肮脏的交易达成后,日本便转而积极支持中国参战。段祺瑞为扩大自己的势力,在编练"参战军"参加第一次世界大战的名义下,先后8次向日本借款,总价值约1.45亿日元。作为对这些借款的回报,段祺瑞先后与日本签订了《中日陆军共同防敌军事协定》和《中日海军共同防敌军事协定》。根据这些协定,日本"切实控制了中国军队的组织训练以及主要武器制造材料的方便"②,合法地取得对中国陆、海军的一切统治权。上述协定签订后,日本不经中国同意,即大肆调遣军队进入中国国境,进驻北满,驻军中东路,在哈尔滨设立兵站总监部,并以武力迫使中国军队从满洲里撤退。日本军队还多次派人到新疆地区活动,企图驻兵西北。除军事利益外,日本还通过向段祺瑞借款,控制了中国的财政、金融,巩固并扩大了在中国的侵略特权和势力范围;通过掠夺矿产资源,把中国变成了日本的原料产地。段祺瑞借款史称"西原借款"。时任日本首相寺内说:"本人在任期间,借予中国之款,三倍于从前之数。实际扶植日本在中国之权利,何止十倍于'二十一条'。"③

　　1917年5月,北京的英文报纸《京报》披露了段祺瑞借款1亿日

① 李书源:《民初五大总统列传·柔暗总统黎元洪》,吉林文史出版社1995年版,第215页。
② 关捷主编:《日本与中国近代历史事件》,社会科学文献出版社2006年版,第488页。
③ 关捷主编:《日本与中国近代历史事件》,社会科学文献出版社2006年版,第491页。

元，由日本人帮助整理兵工厂、训练军队的事实，激起全国人民的无比愤慨。黎元洪因此毫不手软地解除了段祺瑞国务总理的职务，但皖系军阀的势力遍布各省，段祺瑞指使各省军阀纷纷宣布脱离中央……

日本人乘机扶持旧军人出身的张勋与段祺瑞合作。

在与亲日卖国的段祺瑞的斗争中，黎元洪最终失败，被受日本人利用、企图复辟的"辫子大帅"张勋赶下台去。但是，黎元洪的斗争与全国人民反对日本帝国主义侵略的斗争上下呼应，为其后的"南北议和"、巴黎和会上中国代表拒绝签字，甚至五四爱国运动谱写了序曲。

黎元洪于中兴煤矿公司第六次股东大会前后入股中兴公司。中兴煤矿公司董事张叔诚① 在其回忆文章《中兴公司经营始末》中写道："开辟第二大井时，提议添足股本 500 万元，取消不记名股份。该矿兴办之初有一规定，在增股时老股东有优先认股权。张翼的原股为 55000 两（白银），经 20 年之久未发给股息，历年积累的股息以 1 分计已达 40 万元之多，在其逝世后，无力优先认购股份，将其权利转让黎元洪。黎开始对该矿投资仅 5 万元，后得张叔诚转让的优先股，先后共投资 75 万元。黎元洪拨出 15 万元赠与武汉大学为奖学金。"② 根据张叔诚的这段回忆，黎元洪应该是在 1916 年中兴煤矿公司第六次股东大会前后先入股 5 万元，到 1920 年中兴煤矿公司第十次股东大会决议增资建设二号大井时，又大举投资 70 万元。之所以这样推断，是因为黎元洪于 1919 年中兴煤矿公司第九次股东大会上当选董事长，并曾在 1918 年的第八次股东大会上倡议设立公司总经理，联络众多股东签名，推举代理董事长朱启钤担任总经理职务，所以，黎元洪入股中兴煤矿公司一定是在 1918 年之前。据《民初五大总统列传·柔暗总统黎元洪》披露："幽居瀛台的两

---

① 张叔诚系张翼之子。

② 张叔诚、谈在唐：《中兴公司经营始末》，载枣庄市政协文史资料第 19 辑《中兴风雨》，第 11 页。

年里，黎元洪曾向山东中兴煤矿公司投资 60 万元。"[1] 表明黎元洪投资中兴煤矿公司是在 1916 年担任总统之前。60 万元应该不是一次性的投资。黎元洪第二次从总统位置上下来之后，潜心于中兴煤矿公司的事务，每星期召集一次董事会议，所议事项至繁至细，细到某项支出几元几分几厘，皆有记录在案。由这些记录，可见黎元洪毫无官僚之气。黎元洪任中兴煤矿公司董事长 10 年，直至 1928 年蒋介石没收中兴煤矿公司矿产后，因脑溢血逝世。

三、1918 年，徐世昌力主南北议和及朱启钤出任北方总代表

1918 年 10 月 10 日，徐世昌就任中华民国大总统，并提出南北和平统一的主张。徐世昌是继黎元洪和冯国璋之后的民国总统，面对的是南北分裂、战乱不息的局面。

黎元洪继任总统后，恢复了《中华民国临时约法》和国会，革命党人热烈拥护，不存在国家分裂问题。由于张勋复辟，革命党人再次举兵讨伐。为了对付张勋复辟，保全中华民国国体，黎元洪在被驱赶下台之前，一面召驻在南京的副总统冯国璋到北京代理总统，一面请虽已被免职，但手中握有军权的段祺瑞再任总理，举兵讨逆。段祺瑞本来对张勋复辟采取默认态度，就是为了制造让自己重新上台的机会。日本方面支持张勋复辟，也是为了给被免去总理职务的段祺瑞制造机会。此时，机会来了。段祺瑞立即举兵讨逆，成为中华民国的"再造英雄"。段祺瑞再掌总理职权之后，为了实行独裁统治，反对南方党人恢复《中华民国

---

[1] 李书源：《民初五大总统列传·柔暗总统黎元洪》，吉林文史出版社 1995 年版，第 271 页。

临时约法》的要求，反对召开国会，以与日本的军事协定①为保障，继续扩大对日借款，训练、扩编军队，决心以武力平定南方政府，一手制造了中国的分裂和内战。段祺瑞和冯国璋本来都属袁世凯的北洋军，可是在袁世凯死后，北洋军早已分裂为直、皖、奉三大势力。直系的冯国璋为英美所支持。英美为了制衡日本利用段祺瑞的武力独吞中国的企图，支持冯国璋和平统一中国。虽然英美是为了维护自身在中国的利益，但是客观上有利于中国，符合中国各个阶层的要求和利益。段祺瑞与冯国璋势不两立。"府院之争"②比黎元洪时期更加激烈，国家机器陷于瘫痪。在这种情况下，1918 年 10 月 10 日，北洋系精神领袖徐世昌在冯国璋、段祺瑞拥戴下，由段祺瑞所操纵的"安福国会"选举为中华民国大总统。

段祺瑞本来以为，徐世昌主要是由他一手推上总统位子的，应该支持他才是。然而，徐世昌亲眼看到了段祺瑞媚日、卖国、独裁给国家带来的灾难和危险。1918 年的中国，日本虎视于外，军阀割据于内。北方有直、皖、奉三派北洋军阀。南方的临时军政府以云南和两广的军阀队伍为主体，孙中山名义上为军政府大元帅，实际上，各路军阀极力排斥孙中山。只有南北议和、结束内战，才能发展中国经济，抵御外敌。所以，徐世昌走上总统位置后做的第一件事，就是宣布走国家和平统一道路。段祺瑞此时也无可奈何，因为徐世昌接受担任总统的条件，即是冯国璋和段祺瑞双双离开总统与总理职位。在徐世昌就任大总统之前，冯国璋于 1918 年 10 月 7 日辞去代理总统，段祺瑞于 10 月 9 日宣布辞去总理职务。

---

① 指段祺瑞于 1918 年 5 月 16 日、19 日先后与日本签署的《中日陆军共同防敌军事协定》、《中日海军共同防敌军事协定》。

② "府院之争"是民国初年特有的现象，意即代表总统意志的总统府和代表总理意志的国务院之间的矛盾、斗争。

徐世昌立刻筹划南北议和，10月24日，下令前方停战。11月15日，徐世昌召开督军团会议。参加会议的督军一致表示服从总统，赞成和平统一，同时发布了前方军队罢战命令。在政府作为的同时，民间也积极呼应。1918年11月3日，熊希龄、张謇、蔡元培等社会名流在北京成立和平期成会，全国各团体纷纷响应。一时间，企盼和平、结束战争，成为举国上下的共同愿望和一致要求。

朱启钤就在这时被徐世昌任命为南北议和的北方总代表。

1918年，在担任中兴煤矿公司代理董事长并实际统管公司经理事宜两年之后，46岁的朱启钤在当年5月举行的中兴煤矿公司第八次股东大会上以高票当选总经理。中兴煤矿公司复设总经理一职并聘朱启钤为总经理，是由黎元洪提议的。据《中兴公司第八次股东会纪事》记载："股东黎大德堂等22160股提议为公司久远计，请复设总经理并聘朱桂辛君充任，付众表决。大众讨论之结果，谓宜投票取决。朱桂辛君谓：立法用人不应混而为一。总经理应否复设为一问题，任用何人又为一问题，宜分两次表决（众赞成）。计投票赞成复设总经理者共657权，赞成举朱桂辛君为总经理者661权。多数通过，即聘朱桂辛君为本矿总经理。"[1] 朱桂辛即朱启钤，大德堂是黎元洪的堂号。

中兴煤矿公司总经理朱启钤于1919年出任南北议和北方总代表

---

① 《第八次股东会纪事》，中兴公司档案，1918年。

朱启钤在总经理就职演说中，说了一句"但愿天佑中国，大局早日平定，以我矿之积极进行，方兴正未有艾"。[1] 当时的中兴煤矿公司，已深受动乱之害。尽管第一次世界大战使日本之外的帝国主义国家无暇东顾，煤、铁等原材料需求增加，价格上涨，加之公司内建章立制，加强管理，从实际出发，大、小井工程并举，中兴煤矿公司已完全恢复生产并日臻发达，但是，野外勘探工作很不顺利。军阀割据、民不聊生，致使土匪猖獗。据中兴煤矿公司老技术人员俞道吾于 20 世纪 80 年代回忆：1917 年，由丁文江介绍，中兴煤矿公司向河南的英国福公司租到了一台钻机，并包给了福公司的英国技工打钻。由福公司派的两名英国技工在枣庄待了不到一年，因遭土匪追袭，吓得逃回河南，合同无形中止。这件事在中兴煤矿公司 1918 年第八次股东大会记录中也有反映。《中兴公司第八次股东会纪事》中的"钻探新井情形"项写道："查钻探新井一事，上年本与美国东方公司订约包办，因租地购机种种需时，不无耽延。幸工作尚速，至年底已钻三处。乃正接续进行，而土匪蜂起，骚扰钻场，洋技师几受枪伤，仓卒逃出，不肯再往。"[2] 如果这种动乱的局面继续下去，不堪设想。朱启钤在徐世昌任总统后，当选参议院副议长，但他没有就任。对南北议和北方总代表一职，他却当仁不让。

1918 年 12 月，南北议和开始筹备。1919 年 2 月 21 日，南北议和正式开始，在上海举行。南北代表各 10 名。北方代表中，除朱启钤代表徐世昌之外，另有代表安福系的 2 名，代表段祺瑞的 1 名，代表旧交通系梁士诒的 1 名，代表直系冯国璋的 1 名，代表直系李纯的 1 名，代表奉系张作霖的 1 名，代表研究系的 2 名；南方代表中，唐绍仪为总代表，此外有代表孙中山的，代表岑春煊、陆荣廷、唐继尧、四川、贵

[1] 《第八次股东会纪事》，中兴公司档案，1918 年。
[2] 《第八次股东会纪事》，中兴公司档案，1918 年。

州、福建的，还有代表政学系的。

由代表的分布，即可看出这次议和的复杂和艰难。虽然全国人民翘首渴盼和平，但各政治派别都有自己的盘算。其中，尤以吴鼎昌所代表的安福系持论极端。朱启钤在《关于南北和议事复叶遐奄》的《补充》中有一段说："安福国会议员等出面参加和议，而以吴鼎昌为其总指挥。故自始形成各一系统……痕迹显著者即为吴鼎昌之庚电……庚电之由来，系因南北开议累月，仍无结果，其后始探知安福系固不欲和议成功，而直系亦别有企图，根本难合其拍。"① 安福系是段祺瑞搞的以皖系人物为主的派系。段祺瑞以这个派系为主，在执政期间拼凑起一个国会，史称"安福国会"。段祺瑞仰仗有日本人的支持，是执意要以武力统一全国的，所以，朱启钤说："安福系固不欲和议成功"。但是，朱启钤没有料到直系也别有企图。之所以这么说，是由于直系的军事实力派人物——当时的江苏督军李纯是极力主张联络南方党人实现议和的。正因为李纯是有实力的主和派人物，朱启钤在议和期间几乎每天与他通电协商，力争他的支持。没有想到的是，直系军阀力主议和是企图利用南方党人的政治诉求实现一己之利。南方党人的政治诉求在张勋复辟时主要为恢复中华民国国体，恢复《中华民国临时约法》，以保证权力行使过程中的民主、民权。张勋复辟失败后，段祺瑞再度执政，并废除了民国初年的国会，拼凑了一个"安福国会"，以便于推行卖国、独裁统治。因此，南方党人政治诉求的主要内容变为恢复临时约法，废除"安福国会"，恢复旧国会，废除从袁世凯政府到段祺瑞时期与日本人签署的所有卖国条约，包括"二十一条"和中日军事协定。而徐世昌担任大总统正是段祺瑞授意"安福国会"选举的结果。虽然冯国璋当时表示同意退

---

① 叶恭绰：《1919南北议和之经过及其内幕》，载《中华文史资料文库》第一卷，中国文史出版社1996年版。

出代总统职位，迎接徐世昌出任大总统，但那是言不由衷的表态。其原因，一是无法和段祺瑞共事，二是无法反对徐世昌任总统的提议，因为徐世昌不仅是北洋系的精神领袖，而且也算是段祺瑞、冯国璋二人的老师。学生怎能反对老师呢？但是，如果能利用南方党人欲恢复旧国会的诉求搞掉"安福国会"，那么，"安福国会"选出的大总统就是不合法的，直系军阀通过联络党人，就有机会再掌国家权柄。

由南北议和而搞掉坚决主张走和平统一道路的大总统徐世昌，这哪里是谋求和平？本来，朱启钤对安福系的企图是清楚的，没想到，直系也另有图谋，南方党人作为北洋政府的对立面，其基本诉求本来就是难以通融的。面对这种复杂局面，朱启钤没有退缩。他反复给各方面做工作，寻找大家都能接受的妥协方案。最后，终于达成一项折中方案，即召集 1917 年张勋复辟时解散的旧国会之宪法会议，"将前二国会①通过的宪法草案继续完成，追认徐世昌为总统，新旧两国会同时解散，再根据新宪法，选举新国会"。②达成这样一项能为南方党人代表所接受的协议是很不容易的，可是，这项解决办法既不能被南方临时军政府接受，更不能为段祺瑞所接受。段祺瑞尽管已不是内阁总理，但是手中有军队，更有一个受他操控的"安福国会"。安福系代表吴鼎昌向北京政府汇报后，给朱启钤发来"庚电"，要求朱启钤"态度似应强硬，力往决裂一方面去做。再以金钱为饵，或可使少川就国会问题之范围"。③少川是南方总代表唐绍仪的字。吴鼎昌传达的意思，就是以金钱拉拢唐绍仪，使之在国会问题上就范，否则，就"力往决裂一方面去做"。

---

① 应指民国初年的国会和黎元洪任总统时的国会。

② 罗马：《南北议和中的朱启钤》，载启功主编：《朱启钤学术研讨会论文集·冉冉流芳惊绝代》，贵州人民出版社 2005 年版。

③ 张祥光：《朱启钤与 1919 年南北和议》，载启功主编：《朱启钤学术研讨会论文集·冉冉流芳惊绝代》，贵州人民出版社 2005 年版。

　　南方总代表唐绍仪曾任袁世凯政府的第一任总理，因袁世凯一心废除《中华民国临时约法》，令内阁无法作为，愤而辞职，加入反袁斗争，担任南方临时军政府秘书长；又见南方临时军政府派系林立、钩心斗角，于是出走海外；听说南北议和，不惜自掏腰包，回国担任了南方总代表。① 如果和谈仅在朱启钤和唐绍仪二人之间进行，这次和谈肯定能够取得成功。这是因为，在朱启钤方面，一心谋求和平，对南方提出的条件不断寻求妥协方案，与唐绍仪会上会下往返晤谈、推心置腹；唐绍仪则一心恢复《中华民国临时约法》和国会，改革国家政治，捍卫国家主权，毫无私心。然而，北方代表中安福系的人员执意破坏和谈。"安福国会"议员甚至攻击朱启钤同南方连成一气，建议撤除其北方总代表之职。南方临时军政府因为军阀的左右，也难以做出必要的让步。朱启钤终于在 1919 年 5 月 14 日被迫辞职。历时数月的南北和谈宣告破裂。

　　关于南北议和，朱启钤在《关于南北和议事复叶遐奄》一文中有两段话，其中一段表白了心迹。朱启钤写道："我以不才，荷徐东海（世昌）多年知遇，及畀以北方总代表之重任，私意其时所倡议的南北和平统一为全国所渴望，且徐（世昌）乃文治派，声望颇高，或可借以调和各派，而减少军阀的横恣……固不料事与愿违。"② 还有一段话客观评价了南北议和在历史上的意义。这段话说："综合观之，此一场戏剧，前后绵历三年方始了结，其间与第一次世界大战的巴黎和会、中国新民主主义开始的五四运动及华盛顿九国会议等等巨大变迁，均有因果根苗关系。虽会议本身一事无成，却为当时历史上不可缺少的一页。其足纪者，惟有响应五四运动阻止巴黎和会中国代表签字的通电，及要求公布

---

① 南北双方代表团自筹资金出席谈判，唐绍仪为此还了 10 多年的债。
② 张祥光：《朱启钤与 1919 年南北和议》，载启功主编：《朱启钤学术研讨论会论文集·冉冉流芳惊绝代》，贵州人民出版社 2005 年版。

中日密约等，不失为有价值有影响的行动。"①

　　朱启钤所述南北议和的价值之一，为阻止中国代表在第一次世界大战结束之后举行的巴黎和会上签字。由于中国参战，中国也与美、英、法、日一起成为第一次世界大战的战胜国。中方代表在巴黎和会上要求废除中日密约及中国收回德国在山东的一切权益。这两件事直接涉及日本。所谓"中日密约"，首先指日本强迫袁世凯政府签署的、旨在吞并中国的"二十一条"；其次指段祺瑞与日本之间于 1918 年 5 月 16 日、19 日先后签订的《中日陆军共同防敌军事协定》《中日海军共同防敌军事协定》；再次指 1918 年 9 月，段祺瑞与日本之间关于山东问题的换文。这个换文在第一次世界大战即将结束之际，莫名其妙地同意日本在山东济南和青岛驻军，同意"胶济铁路归中日两国合办经营"，毫无来由地拱手出卖山东，为巴黎和会上中方收回山东权益设置了障碍。所有上述条约、协定、换文，由于害怕中国人民的强烈反对，都是秘密签署的，都属于中日密约。在南北议和中，涉及中日密约的谈判有多次。第一次是 1919 年 2 月 22 日的第二次会议。会议记录记载："唐（绍仪）总代表提出请北京政府宣布与日本所订之军事密约及附件，并反对支取参战借款余额一千七百万元。"② 这里的"军事密约"，显然指段祺瑞与日本之间出卖中国军事指挥权的中日陆军、中日海军两大协定。两天之后的 2 月 24 日南北和谈第三次会议记录记载：中日军事协约问题，"朱（启钤）总代表报告：已接到国务总理钱能训复电，允将协约抄送本会"。③2 月

---

① 张祥光：《朱启钤与 1919 年南北和议》，载启功主编：《朱启钤学术研讨会论文集·冉冉流芳惊绝代》，贵州人民出版社 2005 年版。

② 叶恭绰：《1919 南北议和之经过及其内幕》，载《中华文史资料文库》第一卷，中国文史出版社 1996 年版。

③ 叶恭绰：《1919 南北议和之经过及其内幕》，载《中华文史资料文库》第一卷，中国文史出版社 1996 年版。

28日第五次会议的一项内容为："朱总代表报告北京寄到中日军事协约全文，计有中日军事协定文书一件，陆军共同防敌协定条文一件，海军共同防敌协定条文一件，解释终了文书一件，共四件，并谓寄欧洲和会专使相机披露者亦只此四件，此外别无附件。"①4月9日的第六次会议上，南方总代表唐绍仪提出"取消中日协定"。朱启钤在答复中，对唐绍仪的这项提议及其他涉及军事、政治、经济、教育、社会的议题表示同意，双方达成六大项三十分项合并议案。当时，巴黎和会正在进行，为举国所瞩目的南北议和所达成的议案，尤其是"取消中日协定"的共识，对出席巴黎和会、主张废除"二十一条"的中方代表而言，无疑是巨大的鼓舞和支持。由于巴黎和会上中方代表的交涉失败，北洋政府不能捍卫国家利益，1919年5月4日，北京爆发了声势浩大的反日爱国青年运动。5月6日，南北议和第七次会议讨论山东问题，由双方总代表致电巴黎和会中国专使："巴黎中国使馆转陆（宗舆）专使暨各专使钧鉴，青岛本中国领土，租借德国，并非何国之属地。中国既对德宣战，租借条约当然无效，青岛当然为中国所有，不能听任何国之处分，故吾人对于和会要求退还青岛，实为正当不易之举。近闻和会有不能容纳中国主张之说，人心激昂，举国一致。北京及各地人民连日均有激烈之表示，不知和会情况究属如何，倘和会承认他国之要求，不容纳中国之主张，我四万万国民为公理公义计，断无承认之理由。请勿予签字，以伸公道，而保国际之地位。"②落款是：朱启钤、唐绍仪。5月13日，第八次会议再次就"对于欧洲和会所拟山东问题条件，表示不承认"，"中日之间一切密约宣布无效，并严惩当日订立密

---

① 叶恭绰：《1919南北议和之经过及其内幕》，载《中华文史资料文库》第一卷，中国文史出版社1996年版。

② 叶恭绰：《1919南北议和之经过及其内幕》，载《中华文史资料文库》第一卷，中国文史出版社1996年版。

约关系之人"①，双方达成共识。南北议和会议呼吁出席巴黎和会的中国代表拒不签字，与五四学生运动的诉求相一致，对徐世昌政府的态度产生了重大影响。据《日本与中国近代历史事件》一书记载："5月13日之前，政府对此并没有明确的态度（指在巴黎和会签字），6月4日，中国代表团就此问题向政府请示时，政府研究的结论是'签字对中国更有利'"。② 徐世昌政府始终在犹豫。一直到6月25日，徐世昌才致电中国代表团，指示拒绝签字。但是，中国代表团在预定签字的日期并没有接到这个电报。代表团全体成员已自行决定：绝不签字。巴黎和会上的斗争为日后解决山东问题留下了余地。

南北议和会议坚决地支持了五四青年运动，影响了出席巴黎和会的中方代表的态度，受到了全国人民的拥护。5月19日，北京18所学校的学生总罢课并上书总统徐世昌提出的六大要求的第六条，便是"维持南北和议"。③ 巴黎和会上拒绝签字、五四青年爱国运动和南北议和3件大事使山东问题再次成为悬案，山东问题终于在1922年的华盛顿会议上得到部分解决。华盛顿会议是第一次世界大战后美国对日本的一次清算，中国山东问题借机再度提出。最后，"日本以中日合办山东铁路为条件，答应归还胶州湾租借地"。

在反对日本侵略、争取国家和平统一的斗争中，朱启钤以南北议和会议为平台，发挥了重要作用，推动时局朝着对国家、人民有利的方向发展，建立了不朽的功勋。值得称道的是，南北议和由时任中兴煤矿公司董事长的大总统徐世昌倡议促成，中兴煤矿公司大股东、已卸任总统职务的黎元洪竭力支持，又由时任中兴煤矿公司总经理的朱启钤担任北

---

① 叶恭绰：《1919南北议和之经过及其内幕》，载《中华文史资料文库》第一卷，中国文史出版社1996年版。
② 关捷主编：《日本与中国近代历史事件》，社会科学文献出版社2006年版，第368页。
③ 关捷主编：《日本与中国近代历史事件》，社会科学文献出版社2006年版，第329页。

方总代表。他们面对分裂还是统一、战争还是和平的国家道路选择时所做的决策、所坚持的立场、所进行的努力，也是他们作为中兴人的角色所要求的。

1918 年，奋斗属于全体中国人民，奋斗属于中兴煤矿公司。

四、临城劫车案，日本是否为幕后黑手

1923 年 5 月 6 日凌晨，在中兴煤矿公司枣庄总矿西南 30 公里津浦铁路临城（今枣庄薛城）车站、沙沟车站之间的铁道线上，发生了震惊中外的临城大劫案。被绑架的中外旅客有数十人。其中，外籍旅客 37 人，逃脱 11 人，途中释放外籍妇女、儿童 10 人，被绑架入山 16 人；中国旅客 25 人。被绑架入山的外籍旅客中，美籍 6 人，英籍 5 人，墨西哥籍 2 人，法籍 2 人，意大利籍 1 人。另有 1 名英国人被流弹打死。内有美国陆军少校、英国《密勒氏评论报》主编、美国《中国远东商业报》编辑、美国《大陆报》主编、意大利律师、法国医生等；中国旅客中，有袁世凯的女婿、清末直隶总督杨士骧的儿子杨琪山，复旦大学教授，政府职员，商人，还有中兴煤矿公司副经理胡希林的侄子。实施劫持的，是枣庄北部山区被北洋军围困数月的所谓"山东建国自治军"，用官方的话说就是土匪。为首的人叫孙美瑶。这个事件以孙美瑶集团接受招安解决。外籍被劫持者于 6 月 14 日全部释放，中国被劫持者于 7 月 9 日孙美瑶接受招安后全部释放。

临城劫车案震惊朝野，轰动世界。

事件发生的直接原因是孙美瑶集团的自救。是否还有幕后的操纵者呢？如果有，幕后的人物又会是谁呢？有研究者认为，是早期同盟会会员、江淮"安清三老"之一的张象珍。这种分析不无道理。张象珍，字聘卿，今山东省枣庄市北郊 10 余公里的东伏山人，与孙美瑶之兄孙美

珠情同手足，同为青帮成员。孙美珠是所谓"山东建国自治军"的发起者和首脑，战死后由其弟孙美瑶接任首领。张象珍在上海主持旅沪山东会馆的事务，与同为"安清三老"的枣庄籍人张锦湖关系密切。沈印骞的《临城劫车案内幕》一文开篇即写道："这次劫车案，早期同盟会会员、江淮'安清三老'之一的张象珍是最主要的幕后策划人之一。而黄金荣跑到抱犊崮当调解人，则是仰仗国民党元老、青帮元魁、通海镇守使、两淮盐运使的张锦湖张老太爷的威望而进行的有预谋的活动。最后仍由张锦湖出面，指令当时的徐海镇守使陈调元，以半私方、半官方的形式，了结了此案。"①

张象珍或为该事件的直接策划者，但张象珍身边是否有其他黑手呢？据时任剿匪部队营长的万伯龙回忆，临城劫车案的发生有日本人的影子。其《临城劫车案始末》一文中有一段的标题是《安福系入山勾匪》，内中写道：

　　临城劫车案发生后，或谓孙美瑶为乃兄报仇，故意在我的防地上制造严重事件，是借刀杀人的举动。实际上孙等很明白，闯的乱子越大，招引的追剿部队就越多，这是一种自速灭亡的愚蠢行为。那么他为什么还劫了车呢？显然是背后有人主使。此案发生是有先兆的。在两个月以前，我团第二营营长杜吉卿驻防临城车站时，在临城街内人和客店查获一个嫌疑犯，带营询问。杜营长一见此人就很惊讶，原来他是从前保定军官学校第一期辎重科的排长，虽然认得，但不知他的姓名。因为杜是步兵科的学员，对方不认识杜。杜想他来临城干什么呢？问了姓名后，就问他是做什么的？他说是一个粮商前来买粮食的。临城本是个产粮区，南北粮商往来不绝，因

① 枣庄市政协文史资料第21辑《临城劫车案》，第277页。

此有了专门接待粮商的行业粮栈，设有仓库和斗行伙计、帐房经理等人员。每次车到，都有专人赴站，招揽客人。每个粮商都带有行李、网篮、算盘和行情单子，接站的人一看就知道他是个大粮商，把他恭恭敬敬像接财神似地接走了。从没有粮商个人去住一般客店的。还有，粮商一般都不带现款，只要此地有货可买，一纸电报，用款马上就可汇来，或者带有银行支票，一进门就交柜上了。而这个人带着3000多元的现款，也没带算盘，更没有行情单子，一望就知道是一个冒充粮商的。又问他来做粮商以前干什么？他说一生就是干这个生意的。杜营长便屏去左右，首先问他："你认识我吧？"他说不认识。杜说："你是不是保定军校辎重科排长？"他闻言大惊，张惶失色，不知所措。杜把他冒充粮商行为一一揭穿了，他神色大变。杜说："你不要害怕，我是保定军校的学生，念师生之谊，一定掩护你。你入山干什么？给我说了，没关系。"他的神情才稍微安定下来。他名叫聂成章，这次进山是奉段祺瑞的安福系所差，给前已入山的代表送款子。只知孙美瑶已被段系招抚了，听候差遣，其余详细情节他不知道。杜说："第一营营长万伯龙，也是你的学生。"他说很熟，问在此地吗？杜说："他不驻在此地，现在滕县。当前形势风云正紧，久留彼此不便。你进山带了这些款项，进红枪会的区域，你也过不去。山内打死个异乡人，是无人过问的。我亲自送你上车，回天津吧。"当夜就把聂成章送走了。后来杜与我见面，私下谈论了一回。我们确已知道山内之匪已被招抚，他的行动就带有政治意味了。[①]

万伯龙还在《北京政府对临案的处置》一节中写道：

---

① 枣庄市政协文史资料第21辑《临城劫车案》，第65—66页。

英美等国这时已知道这次劫车案不是政府和人民仇视排外的行为，而是从事内战的阴谋家一种政治阴谋，在幕后策动。这次被劫列车中没有一个日本人乘坐，蛛丝马迹，不无可寻，是有意离间英美与直系政权关系的。①

当年调查此事的陈无我所著《枣庄十日记》1923 年 5 月 19 日记载：据《大晚报》，德国老教士来弗尔"前此入山说项，曾有私书寄本埠中国汽车公司之佛里门报告情形，又续有来书云：临城 5 月 16 日发某某等鉴，今请以二次入山，图释被掳之人种种情形奉告左右。此次于 15 日从枣庄出发往匪薮，为程约 13 英里。以晨间 8 时往……吾等行至半途约 6 里许，忽遇一日本人，询问何以来此？该日本人言不能说英国话，而能书英国字，流利与汉语无异。吾等同行者共 3 人，其 2 人为德医与荷（兰）国教士，当时均不许日本人前进。该日本人入山或为匪军所杀，则以后之事更属危险。而日本人不愿即退。吾等遂出言胁之，日本人始允退回。吾等皆疑此人与日本政府有关"。② 先是怕日本人上山后被杀，后来见日本人不听劝告还要上山，便以言语相威胁，那个日本人才答应返回。于是，来弗尔等 3 人怀疑此日本人与日本政府有关系，是日本政府派出的间谍。

这些当时发生的事情，令时人把临城劫车案的幕后黑手锁定为日本人。日本政府出于什么动机策动这样一场大案呢？这与当时日本在中国地位的变化直接相关，也与中国形势的变化有关。

五四反日爱国运动使依靠日本膨胀起来的段祺瑞的皖系成了过街老鼠，被全国人民唾弃，也使日本政府利用亲日政府在华扩张势力的计划

---

① 枣庄市政协文史资料第 21 辑《临城劫车案》，第 69 页。
② 陈无我：《枣庄十日记》，载枣庄市政协文史资料第 21 辑《临城劫车案》，第 180 页。

一时受挫。加上美国的排挤，日本独霸中国的步伐不得不暂时停顿。日美矛盾加剧。第一次世界大战之后，主要帝国主义国家英、法两国势力削弱，德、奥解体，俄国发生十月革命，苏联成立。于是在中国，发了战争财的美国与日本展开争夺。1917年1月2日，日、美缔结《蓝辛协定》。① 该协定中，美国于字面上承认日本在中国有"特殊利益"，实际上则要求日本保证在中国实行"门户开放"。美国特别说明，所谓"特殊利益"，无非是一般邻国都存在的那种"特殊关系"，或"经济的利益"。日本则认为，所谓"特殊利益"是指"势力范围"或"特殊势力"。《蓝辛协定》体现了双方的激烈交锋。1918年11月，美国国务卿蓝辛正告北洋政府：要想得到美国的援助，就必须停止单独接受日本的对华投资。为了对抗日本对华的"西原借款"，美国提出由美、英、法、日4国组成对华借款团，对华的政治贷款和经济贷款都作为借款团的共同事业，并提出：各国银行团现有的合同或优先权凡是没有着手的事业，也都提供给4国对华借款团。如果这样，日本根据"二十一条"要求和"西原借款"所获得的铺筑铁路的优先权，也都要移交给4国对华借款团。日本的实力无法抗拒美国，只得表示同意组建4国对华借款团，但提出"将'满蒙'除外，它提供山东的优先权，交换条件是要英国提供长江流域、法国提供南部中国的优先权。这个'满蒙除外'的要求，引起了各国的强烈反对。直到1920年5月，日本答应放弃东部内蒙古及一些筑路优先权，只把'满蒙'事业及南满地区若干铁路投资除外，各国才达成协议"。② 1920年7月，以段祺瑞、徐树铮为首的皖系军阀与曹锟、吴佩孚为首的直系军阀发生直皖战争。日本政府以不干涉中国内政为幌子，不反对皖系军阀在战争中使用边防军。所谓"边防军"，是以日本

---

① 关捷主编：《日本与中国近代历史事件》，社会科学文献出版社 2006 年版，第 372 页。
② 关捷主编：《日本与中国近代历史事件》，社会科学文献出版社 2006 年版，第 373 页。

武器装备起来、受日本军人训练、用日本借款建立起来的，由段祺瑞、徐树铮控制的军队，是当初在名义上准备参加第一次世界大战的。中、日两国曾发表过声明，在中国内战中不使用边防军。日本公然违背承诺，表示不反对将边防军用于直皖战争，实际上是挑起战争，继续支持段祺瑞用武力统一中国，以恢复日本吞并中国的战略和策略。直皖战争以皖系失败告终，日本在中国的地位大受削弱，中国人民要求追究日本制造中国内战责任的呼声也高涨起来。直系军阀上台，英、美在华势力增长。1922 年，在多国参与的华盛顿会议上，中国再次提出山东问题。会议让中、日两国在会外直接谈判，美、英以观察员身份列席。日本以日、中合办山东铁路为条件，答应归还胶州湾租借地，并附加了诸多其他条件。尽管山东问题得到部分解决，但是，中国方面提出的公布、审查各国在华的特权、利益和废除对中国的政治、司法、行政自由的限制等 10 条要求，全部遭到拒绝。华盛顿会议使第一次世界大战时由日本独霸中国变为多国共同控制中国，日本的在华影响力弱化。日本与美、英、法等列强的矛盾加剧。

日本在黎元洪任总统时期为重新扶持段祺瑞上台，不惜挑动张勋复辟，对张勋先是暗中支持，几乎每天联络，待张勋复辟成为事实，又支持段祺瑞讨逆。最终，黎元洪下台，段祺瑞重新执政。日本连这样的事情都能干，何况挑起一个临城劫车案呢？对日本来说，那是小菜一碟。临城劫车案掳去美、英、法、意等多国人质，势必迫使美、英、法、意向直系军阀控制的北洋政府施压。日本可伺机东山再起。

直系军阀控制的北洋政府这时候是何种状态呢？

徐世昌推动的南北议和虽然失败，但南北议和反对内战、抵制皖系军阀依靠日本借款出卖主权、穷兵黩武的这笔政治财富着实成了一笔财富。军阀们需要它时就拿过来充点门面，不需要时就一脚踢开。那时，徐世昌为了实现南北议和，还把段祺瑞的亲信徐树铮派到日本去观操，引起了段祺瑞和安福系国会议员的强烈不满。直系军阀方面，冯国璋下台之后，曹锟的势力最大。曹锟眼瞅着那个副总统宝座，徐世昌却一直把那个位置给南方的领袖留着，这便令曹锟十分恼怒。段祺瑞尽管不做内阁总理了，却还做着参战督办，并以参战督办的身份一边控制着国会，一边发展皖系军力，以待时机。私下里，段祺瑞许诺利用自己控制的"安福国会"推举曹锟为副总统。但段祺瑞推动了两次国会选举，皆因国会人数不足流产。曹锟对段祺瑞也就失去了信心。忽然有一天，曹锟发现段祺瑞的心腹徐树铮依仗兵权成了名副其实的"西北王"，地位不仅在自己之上，而且也在"东北王"张作霖之上，于是便联合张作霖对抗段祺瑞。被段祺瑞驱赶到湖南与南方临时军政府部队作战的曹锟部将吴佩孚早已忍受不了段祺瑞，坚决要求撤离湖南，并提出"南北同居一家，并非外患仇雠，何必重兵防守"，控诉段祺瑞"顺我者昌，逆我者亡，举满清所不敢为、项城（指袁世凯——作者注）所不敢为者，而悍然为之"。[1]1920年4月8日，曹锟在保定邀8省反皖联盟决定"宣布安福系卖国祸国罪状，勒令解散"。[2]吴佩孚自行撤军到达郑州后发表声明：反对安福系包办南北议和（朱启钤辞去北方总代表后，由安福系头目任总代表），建议召开国民大会解决一切问题。[3]段祺瑞为了迎战直系的吴佩孚，令徐树铮掌握的边防军向北京集结。徐世昌为了消弭内战，一边请奉系张作霖入京调停，一面依各方面要求，罢免了徐树铮西北边防军总司令的职务。段祺瑞决定动用武力讨伐曹锟、吴佩孚，行动前要求徐世昌下令惩办曹锟。徐世昌不肯签署命令。段祺瑞派徐树铮包围了总统府。直皖战争终于在1920年7月14日爆发。由于奉系军阀暗中支持直系，日本方面忌惮英、美，不敢大力支持段祺瑞，7月18

① 李书源：《民初五大总统列传·布衣总统曹锟》，吉林文史出版社1995年版，第88页。
② 李书源：《民初五大总统列传·布衣总统曹锟》，吉林文史出版社1995年版，第88页。
③ 李书源：《民初五大总统列传·布衣总统曹锟》，吉林文史出版社1995年版，第91页。

日，直皖战争以皖系失败而结束。段祺瑞倒台后，徐世昌又不得不在直、奉两派军阀之间搞平衡。1922年，直奉大战爆发，直系军阀再度胜利。曹锟、吴佩孚志得意满，不甘心居于徐世昌之下，这时便想出一个主意：驱赶徐世昌，抬出下台时总统任期还未届满的黎元洪，以便在黎元洪任期届满后，由曹锟、吴佩孚二人走上前台。

黎元洪目睹了政坛上的光怪陆离，又有第一次在总统位置上下台的切身体会，坚决不就任"傀儡总统"。可是架不住曹锟一再表忠心，并以恢复民初约法、和平实现南北统一相诱惑，他终于有条件地出山。黎元洪提出的条件还有：废督裁兵。各省任命省长，以掌行政。这的确是救治军阀混战的一剂良药。为了让黎元洪出山，曹锟居然一一答应。黎元洪于是在1922年6月6日发表通电，历数督军制五大害：其一，兵额太大，结果是无人不兵、无兵不匪，召集则聚匪成兵，遣散则兵变为匪；其二是督军拥兵为雄，搜刮民财，截留国赋，造成府库空虚、市廛萧条；其三，督军们连年征战，各为雄长，荼毒百姓，侵夺邻封；其四，滥用威权，干涉政治，囊括赋税，位置私人，破坏了民治原则；其五，破坏了政党政治。因督军权重，政党往往以督军为后盾，督军也时时借政党以自固，使政潮迭起、国无宁日。[1] 黎元洪上述督军制的五大弊端可谓切中时弊。而曹锟为了走"让黎元洪上台"这个夺权过场，居然对黎元洪废督裁兵的要求也予以应允。

黎元洪本来是段祺瑞的政治仇敌。现在，黎元洪不仅又上了台，而且要废督裁兵，恢复《中华民国临时约法》，实现南北和平统一。万一黎元洪的计划一一实现，中国实现了和平统一，消除了军阀割据状态，强固了中央政府，日本独霸中国就变成了永远的梦想。这是日本政府无

---

① 李书源：《民初五大总统列传·柔暗总统黎元洪》，吉林文史出版社1995年版，第280页。

论如何不能听之任之的。接替寺内内阁的日本原敬内阁虽然在强劲的对手美国面前有所收敛，改变了寺内内阁赤裸裸的对华侵略政策，但是全盘继承并维护了寺内内阁在华既得利益，甚至扬言："为日本利益着想，中国既没有必要文明，亦不需要富国强兵。"① 如此恶毒的原敬内阁是不会在意挑起一场劫车大案的。

临城劫车案发生后，日本生怕事态不能扩大。东京的报纸评论说，中国政府腐败，无力保护铁路，应由国际共管中国铁路；日媒还大肆宣扬说，美国准备不承认中国政府，并提出由大总统黎元洪亲自赴枣庄与土匪议和等等。但由于被劫人质中没有日本人，日本政府无法正式向中国政府提出进一步损害中国主权和侮辱中国国格的要求。

日本一直觊觎枣庄的中兴煤矿公司。在津浦路沿线和长江中下游区域，日本霸占的抚顺煤矿所产之煤成本低廉，与英占开滦煤矿的煤炭一起，成为中兴煤矿公司的强劲对手。1918 年，日本的地质人员窜到枣庄勘查煤田，所幸无从下手。华盛顿会议后，由于日本移民被迫大批撤离青岛，日资企业失去占领时期特权的支撑，以及山东人民抵制日货的强劲力量，先后有 70 多家中小型日资企业停业。而日本自 1914 年强制接收的德占时期的坊子煤矿、淄川煤矿、金岭镇铁矿，在华盛顿会议后也被中国收回，交给由中国政府特许的中日合资公司经营。这三大矿占地总面积 1229 平方公里，矿区面积之大，为中国国内之冠。日本的心中之痛可想而知。而日资抚顺煤矿的老对手中兴煤矿公司，于 1922 年动工兴建二号大井，事业蒸蒸日上。日本又怎能容忍？在山东枣庄地区挑起一场大乱，中兴煤矿公司势必受到影响。中华民国总统黎元洪还兼任中兴煤矿公司董事长，把黎元洪拉下台，也会影响到中兴煤矿公司。为了一泄心头之恨，搞乱中兴煤矿公司，日本巴不得有个由头挑起一场

---

① 关捷主编：《日本与中国近代历史事件》，社会科学文献出版社 2006 年版，第 372 页。

大乱，所以，策动一场火车大劫案对于从来不讲信用、不择手段的日本强盗来说，简直就是一件极其自然的事情。那个时期，有不少日本人加入孙中山的革命阵营，其中不乏别有用心之徒。因此，即使是早期同盟会会员、山东枣庄籍人张象珍为救助孙美瑶的人直接策划了临城大劫案，日本人也极有可能在暗中起了关键性的作用。

枣庄北部山区山清水秀，连绵数十里的山崮盛产各种干鲜水果和菽麦。最大的抱犊崮终年树木葱茂，山上有道观、庙宇，是鲁南、苏北一带香客们朝拜的圣地。19 世纪 60 年代初，抱犊崮山区出现了一支与太平天国有密切联系的幅军，之后又有捻军的余勇避难于此。1917 年张勋复辟后，天灾、人祸不断，山外饥民开始流移山里，山里过不下去的农民也开始在秋后农闲时以行劫为生计。1918 年后，第一次世界大战的部分参战华工，以及在军阀南北混战中失去饭碗的一些士兵也开始在抱犊崮落草。本来是富户的孙美珠、孙美瑶兄弟因不堪土匪的侵扰和官府以"通匪"罪名相逼迫，终于与其祖叔孙桂芝仿效梁山好汉聚义起事。其起事《十项宣言》规定："不准奸盗邪淫；不准携人耕具；不准拦劫行旅客商；不准乱拉票客；锟牛顷地管我饭；楼台殿阁该我钱；不准勒索乡民，买卖公平；不准糟蹋妇女；不准欺软凌弱，打骂贫苦兄弟；尊老爱幼，不准惊扰本地乡亲。"[1] 孙氏兄弟很快成为抱犊崮的匪首，在诸城、日照、费县、青州、曲阜等地打过许多围子。1919 年至 1920 年间，北洋政府成立了苏鲁豫皖剿匪总司令部，调遣主力围剿抱犊崮。而孙氏兄弟也在 1920 年的清明节，于抱犊崮山脚下会合各路人马，宣布成立"山东建国自治军五路联军"[2]，公开打出反对北洋军阀政府的旗帜。1923 年

---

[1] 吴庆华：《孙氏集团与临城劫车案》，载枣庄市政协文史资料第 21 辑《临城劫车案》，第 194 页。

[2] 吴庆华：《孙氏集团与临城劫车案》，载枣庄市政协文史资料第 21 辑《临城劫车案》，第 197 页。

2月，孙中山在广州第三次成立革命政府。据知情人士回忆，"山东建国自治军"中的夏慕尧、丁开法、侯六合等一批知识分子都是受孙中山派遣改造这支队伍的。而在河南被打败的军阀鲍德全、皖系核心人物徐树铮、投靠奉系的马良，都派人联络过这支队伍。湖南军阀张敬尧的部下更是这支队伍的重要组成部分。奉系军阀张作霖曾答应赠送给"山东建国自治军"枪支弹药，但要求它改番号为山东野战军第四支队，脱离与孙中山的关系，为孙氏兄弟所拒绝。"山东建国自治军"于是成为掌握北京政权的直系军阀的心头大患。1923年春，山东督军田中玉的军队将抱犊崮围得水泄不通。"山东建国自治军"主力在外围活动，而总部设在抱犊崮山顶。山顶面积有10多亩，粮食不缺，缺的是水。为解抱犊崮之围，经过密谋、策划，临城大劫案发生了。由于"山东建国自治军"纪律极严，不侮辱妇女，所以，中外报刊的记者，各国驻宁、沪、津、济的领事，以及乘客的亲友纷纷赶到枣庄，均欲亲自进山探视。各国领事也愿与"山东建国自治军"接洽，要求北洋政府撤除围困抱犊崮的军队，以和平手段解决。

共产国际代表马林在《向导》周报上发表文章称："帝国主义国家在中国的所作所为，就是要抢掠整个中国，他们进口鸦片、耶稣教，因此得到削弱我们国家的机会……累次的议和使他们牵制中国的力量日强一日，而使中国日弱一日。中国政府失掉管理财政之权，失掉定关税的权利。有了这些权利才能够使政府自己的地位巩固，压服军阀。这些军阀永世的扰乱，但是常常是列强的诡计。今日的军阀是明日的土匪，当土匪的活动程度到了不仅残杀中国人民，掠夺中国的财产，各国公使又组织一切新的活动来反对中国。土匪横行完全是列强干预的结果。实在说，列强对中国比土匪还要危险。"①

---

① 枣庄市政协文史资料第21辑《临城劫车案》，第6页。

临城大劫案以黎元洪下台，曹锟在美、英扶持下如愿登上总统宝座告终。接受招安半年后，新编旅长孙美瑶被诱杀于中兴煤矿公司枣庄总矿办公大楼。

刚刚落成的中兴煤矿公司总矿大楼见证了临城劫车大案

中兴煤矿公司从临城大劫案开始长期有军队驻扎，每况愈下。

临城大劫案发生后，北京政府要员和中外记者、各国领事、被劫乘客的家属纷纷来到枣庄，一律由中兴煤矿公司接待、安排食宿，还要向驻军提供粮饷钱物。当时有一则民谣："五月里来端午节，十万大兵围了山。招安马子出了山，各村各街扎营盘。六月里来晒龙袍，新编旅长孙美瑶。封官赐爵把令传，又给银元又分钱。公司号饭无停闲，忙得饭铺团团转。"[①]中兴煤矿公司所受袭扰由此民谣可见一斑。1922年，在

---

① 培才、福人辑：《临城劫车案民谣》，载枣庄市政协文史资料第21辑《临城劫车案》，第285页。

中兴煤矿公司第十二次股东大会上，因病要求辞职的驻矿经理戴绪万，受到以黎元洪为会长的董事会的一致挽留，却在临城大劫案发生后的1923年5月忧忧逝世。中兴煤矿公司失一栋梁！驻矿副经理胡希林的侄子在这次劫案中被掳至抱犊崮。戴绪万逝世后，胡圣余深恐不能维持局面，也向公司递上辞呈。胡圣余在1923年5月16日写给公司的信中说："此时谣言四起，人心警惶，路局沿途格外戒严，在矿任事之人多有局促难安之意。泥沟地面常啸聚数百人，乘机思逞，矿厂左右亦复肆扰不休，实属无人愿往。"①

如果真是日本挑起了这场临城大劫案，那么，它既向美、英对手复了仇，还达到了逼黎元洪二次下台的目的，也沉重打击了中兴煤矿公司，为中兴煤矿公司的发展埋下了深深的隐患。而一切证据线索都指向日本人。

五、民国初年的那些光明与中兴煤矿公司的发展

自1916年第六次股东大会至1923年第十三次股东大会的8年中，尽管政局动荡、军阀混战，中兴煤矿公司还是取得了长足的发展。煤炭产额从1916年的24万吨，增至1923年的65万吨。股本额在1916年为234万元（外欠260万元），至1918年收足380万元，1921年收足500万元。1922年，议定扩充股本500万元，使总股本达到1000万元。先期收220万元，几个月内，首期认股数超额数万元。至1923年，股额已至910多万元。1924年，股款收足，总股本达1000万元。中兴煤矿公司于1922年开建二号大井，1924年建成，煤炭产额增至82万吨。1916年至1924年，中兴煤矿公司的煤炭销路大畅，浦口、上海、无锡、

---

① 《第十三次股东会往来信函》，中兴公司档案，1923年。

常州、南通、镇江、清江、码头、界首、台儿庄、滕县、临城、苏州、瓜洲，都有中兴煤矿公司的自销煤场；除自销外，还有镇兴、广庆诚、同义、裕记、诚信、兴记等公司代销中兴煤矿公司的煤炭，使中兴煤矿公司煤炭除运河两岸地区和长江中下游区域外，遍销津浦铁路中段和南段的济南、泰安、济宁、德州、禹城、归德、徐州、蚌埠、符离集、固镇，以及沪宁、沪甬杭诸线的宁波、乌衣、余姚、海门等广大地区。此外，还有一些大的煤商号单独承销中兴煤矿公司的煤炭。招商局、江南造布厂，以及上海、南通、苏州、无锡等地的大生、申新、广勤、业勤、豫康、庆丰、华丰、大纶、振新等纱厂，茂新、复新等面粉公司，还有丽新染织厂、锦记丝厂等，都与中兴煤矿公司签有长期供煤合同。1922 年的中兴煤矿公司特别股东会议遂一致决定建立洋灰厂、浦口出口煤码头，增购轮船、驳船，以应生产和运销需要。在社会事业方面，1913 年，中兴煤矿公司发电厂建成，枣庄市民用上了电灯，这在鲁南、苏北是仅有的；1919 年，中兴煤矿公司建成福利型的鞠仁医院，不仅免费为矿工医疗，还为方圆数十里的农民免费看病；20 世纪 20 年代，又建中兴小学、中兴中学、中兴职业学校，在台儿庄也建中兴小学一处；与此同时，中兴煤矿公司大兴土木，建造市房，于 1920 年扩建了中心内街以繁荣市场；1923 年，新建枣庄煤矿办公大楼。1919 年当选中兴煤矿公司监察人的湖北巨商徐荣廷在发言中赞叹："荣廷以为中国所办各矿率多借重外资，求材异地，即使著有成效，而利权已无不外溢，可胜浩叹。荣廷前岁莅矿，亲见本矿规模宏阔，知前人缔造之艰难，懔后来保持之匪易"。[①] 徐荣廷是民初著名商人，在租办原湖北布、纱、丝、麻 4 局基础上，创办起武昌裕华、石家庄大兴两纱厂，在 20 世纪 20 年代末拥有纱锭约 7 万锭、布机近 900 台，后又创办起西安大华纱厂，成

---

① 《第九次股东会纪要》，中兴公司档案，1919 年。

为雄踞华中的裕大棉纺资本集团的首脑。廖廖数语中，他对中兴煤矿公司的钦佩、惊叹溢于言表。连年军阀混战，但中兴煤矿公司为什么能创造如此骄人的业绩？

首先是因为中华民国建立之初，实现了一定程度的政治民主。在资产阶级的参与下，新生的临时政府很快就着手制定经济法律法规，不仅数量较多，种类比较齐全，内容也比较详尽，既参照了西方资本主义的经济法律法规，又较多地吸收了工商界的意见，体现了鼓励发展资本主义经济的导向。孙中山领导的南京临时政府在其存在的 4 个月中，就颁布了一系列临时性的经济法规，开启了制定经济法律法规的序幕。袁世凯政府为了尽快恢复和发展社会经济，先后任用资产阶级代表人物刘揆一和张謇分别任工商总长、农林总长，开始系统地制定、颁布经济法律法规，使清末新政时期开始产生的资本主义经济秩序得到了进一步的调整和改善。比如，关于财产所有权和经营自主权，民初的《公司条例》规定："凡公司均为法人"，有照章招集和运用资本之权，其财产受政府保护。在经营上，各公司均有按照其注册的营业范围自主经营的权利。矿业权一经取得，即被"视为物权，准用关于不动产诸法律之规定"，地面业主或任何他人不得抗拒或侵犯等等。这一条同时表明了，当时已有物权可被视为不动产不得侵犯的原则。如果晚清时期有这样的法律法规，中兴煤矿公司的台枣铁路就能依法受到保护，当时的邮传部就无权以无中生有的借口强令台枣铁路停工，几乎置中兴煤矿公司于死地。其他的如实行保息和补助政策、1914 年年初对"与国际贸易处竞争之地位者"和"为制造品之原料者"的商品减免税厘[1]等规定，对于保护和鼓励民族工商业都起到很好的作用。民初的《矿业条例》所订矿税较清

---

① 沈家五：《张謇工商总长任期经济资料选编》，第 19 页；转引自虞和平主编：《中国现代化历程》第三卷，江苏人民出版社 2001 年版，第 423—424 页。

末大为减轻，并取消了清末旧章中，每年提取余利的 1/2 归政府和业主均分的规定。1908 年，因晚清新颁矿章加征矿税，缩减已取得的矿界，无理规定矿业企业余利的 1/2 归政府和地面业主均分，张莲芬曾上书政府，痛切陈辞，坚决抵制，却仅解决了保留矿界一件事。另如减少新办企业注册费，减轻了企业负担。关于银行营业、证券交易、外资利用、侨资引进等的法律法规，关于中央、商业、海外、兴农、农业、殖边、惠工、储蓄、庶民等银行则例，整顿了金融秩序，活跃了金融市场，使融资渠道社会化和国际化，为工商企业的资金筹措改善了条件。另外，注意在保护利权的前提下利用外资、促进货币市场统一等法规举措，都促进了资本主义工商业发展。例如，《矿业条例》规定："凡与中华民国有约之外国人民得与中华民国人民合股取得矿业权，但必须遵守本条例及其他关系诸法律。外国人民所占股份不得逾全股十分之五。"在领事裁判权依然存在的情况下，这种对于股份比例的规定是必须的。经济法律法规体系的建立，资本主义经济秩序的整顿、完善，使中国资本主义的发展不仅抓住了第一次世界大战中主要帝国主义国家无暇东顾的机遇，而且在帝国主义国家于 1921 年之后再度东顾时，部分企业具备了一定的竞争力。中兴煤矿公司正是具有同外资煤矿竞争实力的、为数不多的煤矿企业。在 1917—1927 年中国资本主义发展的黄金时期，由于煤炭价格的上涨和市场份额的扩张，中兴煤矿公司的规模迅速扩大。1921 年之后，受日、美资本扩张的挤压，国内的纺织、面粉等轻工业开始衰退，煤炭价格回落，加之外资煤矿产额的增加，中兴煤矿公司出现存煤。在这种情况下，1922 年年初，中兴煤矿公司召开特别股东大会，一致决定将股本由 500 万元扩张至 1000 万元，增开第二大井，开设洋灰厂，建设浦口码头，购买轮船以开辟中兴煤的海上运路。逆势而上的姿态，表明了中兴煤矿公司的实力和信心。

　　其次，民国初建，虽然袁世凯掌权后企图实施独裁统治乃至复辟帝制，但是，没有一次不受到孙中山领导的国民党人的坚决反对，所谓"护国""护法""二次革命"等，正是资产阶级政党领导的争取政治民主、维护辛亥革命成果的斗争。这些斗争使民主政治思想较为广泛地传播，深入人心。因而，民国初年，思想界特别活跃，国民反对帝国主义侵略的活动从未间断。五四新文化运动正是思想文化界反帝反封建运动的成果和伟大新斗争的序幕。五四新文化运动提倡的科学和民主精神，不仅影响了当时的政治进程，影响了资产阶级经济法律法规的建设，也深刻影响了企业的文化建设和制度建设。在制度建设方面，中兴煤矿公司于1916年第六次股东大会上建立健全了董事会、监察人制度，董事任职期限由原来的2年改为3年，届满改选须留任1/3。董事长和3名主任董事常驻公司办事。同时明确，董事会为公司领导机关，司立法、监察之责；选任经理应以人才为前提，不拘一格。这些制度使中兴煤矿公司的管理体制更加科学、民主，提高了公司决策的科学性和效率，改变了过去董事会只揽权、不办事的现象。在执行过程中，中兴煤矿公司根据实际情况，应兴应革、随时改进。例如，1916年的第六次股东大会决定只设驻矿正、副经理，没有设置公司总经理。总经理的工作实际在董事会，由代理董事长朱启钤和3位主任董事——任凤苞、张学良（仲平）、袁静谱主持。至1918年的第八次股东大会上，朱启钤当选总经理，中兴煤矿公司正式实行董事会、经理人、监察人三权分立的制度。当时规定，总经理助理须由2名董事担任。于是，张学良、袁静谱以主任董事身份担任总经理助理，目的在于使董事会和经理人之间的联系更加紧密。到1921年的第十一次股东大会，总经理朱启钤建议总经理助理不再由董事担任，因为总经理助理是经理人才，一旦在董事选举中落选，就不能担任助理职务，有悖唯才是举的方针。由这些变更可以看出，中兴煤矿公司的制度是随着实际情况的需要不断变革的，从而保证了总公司强有力的领导。在分配制度上，1913年召开的第三次股东大会决定废除官利制，这在当时国内的企业中是没有先例的。当年，没有固定的年利（即官利），就很难募集到股本。官利制的废除使企业分配制度与国际接轨，促使股东必须关心企业经营状况，从而加强股东和董事会对经理工作的关心与监督，并且大大减轻了公司必须定期支付股息，甚至高利举债支付股息的沉重负担。1918 年召开的中兴煤矿公司第八次股东大会上有提议恢复官利制的，据第八次股东会纪事录记载："提议恢复官利事。查本公司官利曾经癸丑年股东常会表决取消，有第三届股东大会纪事录可查。现各公司多无官利办法，碍难恢复。众无异议。" 1922 年的第十二次股东大会上，又有大股东联名提议提高花红占盈利的比例，由原来的十分之一二提至十分之二，提高了公司办事人员的花红，也提高了执事和经理人员的积极性。由于中兴煤矿公司上下齐心协力，在总经理朱启钤的提议下，公司每年提取的折旧和公积金成递增之势。以 1916 年至 1920 年的 5 年为例，折旧和公积金扣取数额分别为：5.1831 万元、30.03067 万元、70.5220 万元、114.9947 万元、216.6284 万元。其中，1919 年的 114 万余元包括 50 万元的营业准备金，1920 年的 216 万余元包含 50 万元的特别公积金。以 1920 年为例，折旧和公积金几乎占当年盈利 240 万元的 75%，占总股本 380 万元的57%。巨额公积金的提取，无疑促进了中兴煤矿公司在文化教育和社会事业上的投入，增强了公司的经济实力，为公司在 1921 年之后全国经济不景气之下的逆势而上打下了坚实的基础。

在企业文化建设上，据 1918 年第八次股东大会"修改章程"条记录："本公司章程草案曾经上届股东大会通过，现奉部批，有须更正者数条。其中关于选举权及议决权两条亟须议定。查旧章选举权每十股一权，议决权每五十股一权。今部批饬照公司条例办法，每一股应有一权。但在十一股以上者，方得以章程限制之。现拟将选举权改为每一股有一权；议决权改为十股以下者每一股有一权，十股以上者每二股有一权。"选举权和决议权大幅度地向中小股东倾斜，表明中兴煤矿公司遵照中华民国的公司法，扩大了中小股东的民主权利。这无疑有利于调动全体股东的积极性，促使公司领导层的选举和决策过程更趋于公平、合理；即使在今天，对于提高企业管理水平、保护广大股东的权利也有借鉴意义。物质基础的厚实、民主权利的提高，是文化和社会福利事业发展的重要条件。笔者曾采访过一位叫吉佐堂的原中兴煤矿公司员工，议及中兴鞠仁医院在1919年设立后，有X光机等先进诊疗手段，有从德国聘请的医学专家，医院内培养了许多做实验用的动物标本，设备水平超过济南的省立医院；除免费为公司职工看病外，每天有一定数额向当地农民发放的免费就医票，对解决枣庄地区民众的就医问题起了很大作用。整个山东南部农村的严重病人，都是躺在担架床上到枣庄就医。中兴煤矿公司先后投资兴建的中兴小学、中兴中学、中兴职业学校则不仅解决了职工子弟的教育问题，也对培养人才、提高职工文化水平起了重要作用。中兴学校的校训是：为中华崛起而读书，彰显了中兴煤矿公司从创建以来始终秉持的爱国主义精神。中兴煤矿公司投资公共建设，先后建成中心内街、南北马道，加上临枣铁路连接津浦路，台枣铁路连接大运河，既运煤炭，也有客运班车，交通非常便利。因此，不仅吸引了南北客商，也吸引了各方艺人。说书的、唱戏的、打拳的、卖艺的应有尽有，两个"中华舞台"京剧轮流演出。另外，还有演魔术的、砸扬琴的、唱花鼓戏的、演杂技的、演双簧的、打花棍儿的、数来宝的、唱花腔的……枣庄俨然成了一座繁华的都市。就中兴煤矿公司的人员构成看，其高层管理者尽为国内政治、经济、军事乃至文化界的名流。就文化界来说，中兴煤矿公司的董事陶湘既是收藏家，又是金融大亨；中兴煤矿公司的监察人赵尔巽是《清史稿》的主编；丁文江不仅是中国第一代著名地质学家、人类学家，在许多学术领域造诣深厚，而且还是一位热心时务的政论家。丁文江于1916年被聘为中兴煤矿公司顾问，与中兴煤矿公司总经理朱启钤、主任董事任凤苞，及后来成为中兴煤矿公司董事的张学良将军关系密切。1925 年，少帅张学良成为中兴煤矿公司董事之后，丁文江经常代表他参加中兴煤矿公司的董事会会议。中兴煤矿公司总经理朱启钤不仅是政治、经济界的名流，而且是北戴河景区的保护、创建和开发者，还是后来中国营造学社的创建人，对保护、弘扬、研究中国古代建筑艺术做出了重要贡献。除高层管理人员外，中兴煤矿公司的职工中，采矿技术人员来自唐山，机电技术人员来自广东、上海，铁路技术人员来自青岛铁路学校，行政管理人员来自寿州，护矿人员源于沧州……加上从德国聘请的技师、医疗专家等，中兴煤矿公司总矿驻地枣庄可谓风云际会。早在中兴煤矿公司于 1989 年建立之初，就风行一句调侃的话，叫作"东倒西歪屋，南腔北调人。"而到了 20 世纪 20 年代，中兴煤矿公司总矿所在地枣庄已经成为中外、南北文化汇集交融的政治、经济、文化高地，从而增强了吸引力和辐射力，促进了中兴煤矿公司各项事业的发展。

中兴煤矿公司在 20 年代的崛起，与公司总经理朱启钤的个人素质是密不可分的。朱启钤是一位深受中西文化陶冶的、崇尚科学务实求真的实业家，也是卓越的企业领导人。他在 1916 年担任中兴煤矿公司代理董事长并实际兼揽公司总经理的时候，正值大灾之后，大井原状未复，外债追呼日迫，状况岌岌可危。早在 1913 年，洋矿师高夫曼就喊着要开辟第二大井，并且把需要赴德国购买的机械清单都列好了。大灾之后，不少业内人士也提出需开辟新的大井，又值欧战期间煤价提升，但直到 1921 年，中兴煤矿公司的二号大井才破土动工。是朱启钤不想开辟新大井吗？不是的。朱启钤既讲求科学，也讲求实际。从 1916 年到 1921 年，通过在矿区内广泛勘探，中兴煤矿公司在矿界内共开小井 26 座。据 1919 年统计，当年一号大井得煤 36 万吨，小井得煤 32.4 万吨。小井的总产额几乎与大井持平。在用人上，朱启钤唯才是举，重实践经验和工作能力，任用富有经验的中兴煤矿公司原副矿师朱言吾为矿师。不拘一格、从实际出发的管理理念，使中兴煤矿公司抓住了第一次世界大战带来的机遇期，壮大了实力，又为新大井的开辟积累了凝聚力。

朱言吾严谨、果断、认真，注重安全。如1918年一号大井扩张过程中，发现"旧井太多，首应排除积水，进行不无障碍"。于是"择开旧井八处，以为排泄积水之用"①，并决定加开大井的出煤井口，减轻运输成本，增加出煤量。当年的高夫曼若能听取戴绪万的建议，在存有水患的二十八丈窑处开辟小井泄水，既有排除隐患的作用，又能增加产量，哪会出现1915年的"二一"大灾难！在朱言吾的带领下，一号大井年年扩张，日产量由恢复生产时的几百吨提升至1000余吨，到1921年提升至2000余吨。为开办中兴煤矿公司自己的水泥厂，1924年，朱启钤不惜斥巨资派送朱言吾赴欧美考察。考察两年回矿后，朱言吾担任公司副经理，主管水泥厂建设。在行政管理上，朱启钤始终重用戴绪万为驻矿经理。1922年，戴绪万因患肺病请求辞职。当时，戴绪万病情严重，驻矿经理又无合适人选，以黎元洪为首的全体董事联名写信挽留。戴绪万感动之下继续坚守岗位，直至1923年5月逝世。新井勘探上，朱启钤在丁文江离开后，重用本矿技术人员俞道吾。俞道吾在丁文江勘探的基础上发现了陶庄矿区。于是，中兴煤矿公司二号大井于1923年建成投产后，陶庄分矿也于1923年开办。为进一步培养俞道吾，朱启钤1924年派俞道吾随矿师朱言吾一道赴欧美考察矿政两年。朱启钤实事求是、不崇洋媚外的做事风格和重用人才、尊重人才、培养人才的举措凝心聚力，极大地促进了中兴煤矿公司的发展。当然，中兴煤矿公司早在1912年就与津浦铁路局订立了互惠合同，因而在运销上有很

---

① 《第八次股东会纪事》，中兴公司档案，1918年。

大便利，这也是公司发展的重要因素。中兴煤矿公司高层人员手中大都握有一定权力，对中兴煤矿公司也有很大帮助。据说有一次，载有中兴煤矿公司煤炭的火车在安徽遭到饥民哄抢，中兴煤矿公司股东、军阀倪嗣冲一个命令下来，问题就解决了。不容否认，这些都是中兴煤矿公司发展的有利因素。然而，倪嗣冲的命令能管得了饥民，也能管得了一次比一次升级的军阀混战吗？

六、帝国主义联手扑灭反内战力量，中兴煤矿公司随同民族工业整体下滑

临城劫车案期间，黎元洪虽然还在大总统的位子上，但是已经被实际掌握权力的直系军阀曹锟闹得无法办公。曹锟本来打算让黎元洪过渡一下，自己名正言顺地接大总统的班。没想到，黎元洪上台之后动了真格的，不仅要恢复旧国会和民初约法，还要废督裁兵，这是曹锟根本不能接受的。所以，他假意赞同黎元洪提出的二度上台的条件，表示率先废督裁兵。待黎元洪一上台，曹锟就开始制造事端，逼他下台。当临城劫车案发生时，曹锟一面看黎元洪政府的热闹；一面制造政潮，破坏内阁制定宪法。1923 年 6 月 6 日，临城劫车案发生一个月时，黎元洪任命的内阁总理张绍曾被逼辞职。表面看来，张绍曾内阁被迫辞职是曹锟欲驱逐黎元洪采取的步骤，实际上是因为黎元洪二次上台后力求在任期内完成宪法制定工作，使国家走上法制道路，以法制约束、压制军阀，因而力促张绍曾内阁制定宪法。这不仅得罪了军阀，也得罪了美、英、日等帝国主义列强。再者，1922 年的华盛顿会议上，中国代表即再次向日本提出废除"二十一条"；并强调中国同为第一次世界大战战胜国，应与各战胜国有平等的地位，在会上提出公布、审查各国在华的特权、利益，废除对中国的政治、司法、行政自由的限制等 10 条要求。结果，

全部遭到拒绝。黎元洪上台后，继续为此努力。临城劫车案前夕，黎元洪政府已拟定在北京召开各列强相关人物参加的、关于中国收回关税权的会议，各大报记者纷纷从上海赶赴北京。这一重要信息，正是临城劫车案策划者决定在 1923 年 5 月 6 日凌晨劫持蓝钢皮列车的重要原因。①由此可知，黎元洪在二次上台后为争取国家利益做出的努力。临城劫车案发生后，内阁总理张绍曾积极斡旋，并向国内外表示："临城劫车案与撤废治外法权乃完全不相关涉之问题，故其解决亦裁判为两事，分别解决，不能混为一谈。尤有进者，中国国民今决不甘居外人之下，务必求得比较的平等待遇而后已。纵万一有一二国不欲以比较的平等待遇予中国人民，而设法使此撤废治外法权一事为无限之延期，全国人民亦必全力以争之。因此事乃至不平等之事也。"②这样的总理、这样的总统，哪个帝国主义国家能够容忍他们呢？张绍曾被迫辞职后，黎元洪不为所动，继续组织新内阁。黎元洪对他的幕僚们说："民国六年（1917 年），我受督军团和张勋的胁迫，违法解散了国会，致使天下动乱，人民生命涂炭，已经六载。此次出任总统，既然依法而来，就当依法而去。如果国会将我的任期说明，朝满而夕必去，但是如果有人依赖非法的暴力胁我去职，那我将为国家维持纪纲法律，决不会再重蹈覆辙，遗害于百姓人民。"③但是到 1923 年 6 月 11、12 两日，他住处的电话、自来水均被切断；6 月 13 日，军警们公然要到东厂胡同黎元洪的住宅逼他下台。在这样的情形下，内阁总理无人敢任，原内阁中尚未辞职的两个人也逃出

---

① 参见沈印骞：《临城劫车案内幕》，载枣庄市政协文史资料第 21 辑《临城劫车案》，第 278 页。内有："在第一次世界大战中，我国参加协约国而获得了战胜国的地位。当时的北洋政府很想借此机会把由外国人控制的关税权收回。因此定于 5 月上旬在北京召开关税会议，华洋各省代表参加。"

② 《张绍曾答美国记者问》，载枣庄市政协文史资料第 21 辑《临城劫车案》，第 9 页。

③ 李书源：《民初五大总统列传·柔暗总统黎元洪》，吉林文史出版社 1995 年版，第 308 页。

北京。无奈之下，黎元洪向外交团和国会各发一函，声明因不能在京自由行使主权，自 6 月 13 日起，中央政府迁往天津。

野心勃勃的曹锟不顾黎元洪还在天津用电报发布号令，不顾全国人民的反对，以 5000 元一张的票子收买国会议员，筹备大选。在外交方面，曹锟于 7 月份接受驻华外交使团的通牒，包括同意编制护路矿队，由外国人管辖。英、美等帝国主义国家为了把代理人曹锟扶上台去，对临城劫车案的善后处理没有提出更为苛刻的条件。曹锟终于贿选成功，于 1923 年 10 月 6 日当上了梦寐以求的中华民国总统。

中华民国那点儿可怜的西式民主，在经历了多年的军阀混战和中央政府无法作为的状态之后，也伴随着曹锟贿选的成功而宣告了它的彻底破产。孙中山在广州组织正式的国民政府，自任非常大总统，提出"联俄、联共、扶助农工"三大政策和"民族、民权、民生"三民主义，组织力量，决心再度武力讨伐北洋政府。东北的张作霖则积极整军备武，联络皖系残部及全国各地反直力量，讨伐曹锟政权。曹锟深陷火海包围，还于 1924 年率先发动江浙战争，进攻皖系残余、江浙军阀卢永祥。不待外部进攻，直系内部的冯玉祥早就看不下去了，于 1924 年 10 月 23 日发动北京政变，囚禁曹锟。冯玉祥推翻了曹锟，东北的张作霖乘机入关进占天津。冯玉祥力邀孙中山北上，然而，坐拥武装、虎视眈眈的奉、皖军阀和北京的列强驻华公使们哪个容得下孙中山？尤其是日本，对孙中山废除不平等条约的呼吁痛恨至极，于是利用与奉系张作霖的关系，由张作霖出面，举荐老牌亲日派段祺瑞出山，并一次向段祺瑞提供了 50 万元的活动经费。冯玉祥无计可施，只得听从张作霖，请出段祺瑞。段祺瑞毫不客气地组成了"中华民国临时执政府"，就任"中华民国临时执政"。这位"临时执政"总揽军民政务，统率陆、海军，对外代表中华民国，对内负责召集国务会议，任命国务院分掌的外交、内务、财政等部，是中华民国成立以后前所未有的、总揽一切大权的国家元首。1925 年 4 月 24 日，段祺瑞正式下令取消国会参、众两院，驱散国会议员，段政权成为名副其实的独裁政权。① 再度执政后，段祺瑞秘密与日本订立了新的借款合同——日本允许段政府提用以前停止支付的参战借款 500 万元。而作为交换条件，段祺瑞解除了对清朝末代皇帝溥仪的监视，纵容溥仪离开北京前往天津，为日本建立伪满洲国提供了条件。另外，段祺瑞政府放纵列强，尤其是日本对中国的经济侵略。日本在华势力和对中国的经济渗透再度增强。

自 1925 年开始，中兴煤矿公司的局面急转直下。

1924 年爆发的第二次直奉战争，使受到日本支持的奉系军阀势力从东北进入华北，扩展到直隶、山东、江苏、安徽。段祺瑞执政府任命的山东督军——奉系军阀张宗昌首先重创中兴煤矿公司。1925 年 8 月，张宗昌强行加征中兴煤矿公司的煤炭额外矿产税每吨 0.4 元，全年合洋 38 万元，并限 10 天内缴清。中兴煤矿公司无奈之下，以报效军饷的名义寄给张宗昌 10 万元。张宗昌仍不罢休，借口中兴煤矿矿警队勾结土匪，将矿警队的武器全部缴去。由于北部山区匪患严重，中兴煤矿公司面临极大危险。董事会奔走疏通，要求董事张学良出面干预。张学良的父亲张作霖时为北京政府幕后的实力派人物——安国军大元帅。张学良给张宗昌写了信，张宗昌才同意发还中兴煤矿公司矿警队的武器，但加征的每吨 0.4 元的矿产税丝毫不减。按民国法律法规，中兴煤矿公司每年按章缴纳矿区税、矿产税、统税、海关出口税。但是，自张宗昌督鲁，"矿区、矿产两税，均由山东政府变更税率，格外加重。临时捐输，如铁路赈捐及河工捐等，以及由枣庄运煤与夫矿用材料运往枣庄，均另纳货物税，或征收重复，或性质苛细，本矿迫于功令，无不忍痛缴纳，

---

① 参见王江鹏：《国民革命掀高潮，东洋近邻举屠刀》之《焕章北京政变，加藤排孙扶段》一节，载关捷主编：《日本与中国近代历史事件》，社会科学文献出版社 2006 年版，第 383 页。

直鲁举券公债，派定数目，亦竭力认缴，甚至因地方驻军管辖势力范围重复课赋，此方责以就地解纳，彼方又令其遵章另解。一税两征，事齐事楚，直令人莫所适从矣。此外属于地方者如讨赤特捐，如预征丁漕垫解军需，如山东公债，名目繁多，不可胜举"。①民初的经济法律法规荡然无存。

关于战争造成的直接损失，成文于1928年的《中兴公司节略》记载道："本矿从前本不驻兵，自临城劫车重案发生，山东官府以抱犊崮山深菁密，凤称匪穴，不能不加镇压，于是枣庄一带遂为驻军区域。且年来财政困难，军饷竭蹶，驻在军队遂仰给于地方。地方不足，遂移转于公司，以致日久几成习惯，公司供给频繁，疲于奔命。甚至于焦炭、木材、粮食、牲口随时征发，物产器具任意取携。"1925年冬，"鲁南战争延及矿区本矿，全部事业几毁于炮火之下。此外沿长江运河各分厂，或军队过境，或适当火线，均受损失。他若占驻房屋、银钱借贷、兑换纸币与夫迎送酬应犒劳，其损失更不可估计"。以上直接损失，1925、1926两年并算，"为数可达二百万元之巨。负累之深可以概算矣"。②

战争造成的间接损失除苛捐杂税外，更有运路不畅、煤炭积压。多年来一向与中兴煤矿公司互利合作的津浦铁路，居然也和中兴公司之间产生龃龉。朱启钤的长子朱海北，于1986年提供了一份取自朱启钤故居的打印材料——《中兴公司与津浦铁路关系案略》（以下简称《案略》）。《案略》在开头简要叙述了中兴煤矿公司与津浦铁路之间自张莲芬时代开始的友谊和互利合作、津浦路对中兴煤矿公司的重要性，以及两家纠纷的由来。路、矿两家的纠纷起自何处呢？《案略》说："该路贯通直、鲁、苏、皖四省，物产丰富，整理得人，原可日臻发达。无如年来国

---

① 《中兴公司节略》，中兴公司档案，1928年。
② 《中兴公司节略》，中兴公司档案，1928年。

中战事迭起，每遇军事，不论直接间接，莫不受重大影响，以至近今货运停顿，车轨损坏，维持乏术，恢复无期，整理难望，势等破产。抚今追昔，不胜浩叹。而公司同时被其拖累。以有形可计，如到期债款延不清理，煤价、车租积欠不付三项，共计至本年末达二百二十余万之巨。"这些借款，分别发生于 1922 年 10 月、1923 年 8 月、1924 年 10 月、1925 年 10 月、1927 年 2 月。这期间借了还，还了借。前三次借款，津浦铁路局还能履约。从第四次借款起，津浦铁路局拖本欠息，不能清偿债务。第四次借款的时间是 1925 年 10 月。

1925 年，发生了日本直接出兵击败张学良的老师郭松龄部事件，还发生了日、美、英、法支持奉系军阀张作霖和直系军阀吴佩孚讨伐冯玉祥的国民军事件。日、美、英、法怎么会联手支持奉、直两系讨伐冯玉祥呢？一是因为冯玉祥反对曹锟发动的内战，在直系内倒戈，并欲迎孙中山复位；二是因为奉系的郭松龄反对张作霖发动内战，反对张作霖对日妥协，要求张作霖下台，让位与具有进步倾向的少帅张学良。反内战的郭松龄与冯玉祥结成了同盟。张作霖在日本人支持下消灭郭松龄之后，又在日、美、英、法支持下进攻冯玉祥的国民军。1925 年秋至 1926 年年初，日、美、法 3 国供给奉系集团 20.4 万支步枪、1.5 万支马枪、7000 万发子弹、4 架飞机及其他武器；英国不仅供给直系吴佩孚 1.5 万支步枪，还向张作霖提供了 500 万英镑的军用贷款。连张作霖、吴佩孚进攻冯玉祥的计划，都是日、英帝国主义制定的。这一年的战争主要发生在北方。由于具有"讨赤"色彩，战争特别惨烈，致使津浦路多次中断，大批车辆被用于军事，铁路局面临破产。受津浦路影响，中兴煤矿公司在 1925 年只生产煤炭 82 万多吨，通过津浦路仅运出 37 万多吨。存煤如山！

什么是帝国主义？这就是帝国主义。它们追求的从来都只是自身的利益。它们绝不会顾及被侵略国家民众的死活。它们是中国内战的制造者，是和平的破坏者。历史永远是一面镜子。

自 1925 年之后，日、美、英等 10 个帝国主义国家的银行、商铺和企业遍布中国，垄断了中国的经济。以纺织业为例，日本内外棉株式会社共有 19 个工厂，只有 3 个在日本国内，另外 16 家分别在中国的东北、青岛和上海。日本利用中国廉价的劳动力和原料，不缴纳关税，将产品直接卖给中国，对中国轻纺工业的冲击显而易见。日资在华纺织业对中国工人的残酷剥削和压榨举世罕见。纺织业之外，1925 年中国的铁矿总产量将近 102 万吨，全部被日本通过投资和贷款所控制。1926 年，中国的煤业投资总额超过 3.5 亿元，其中日资和中日合资占 56.7%，日资垄断了中国大部分煤炭资源，加上英、美等其他帝国主义国家的侵略份额，中国的民族资本从资本到市场，受到更为严重的排挤和压迫。民族资本的压缩，也直接影响到中兴煤矿公司的销路。在津浦铁路局不能履约的情况下，中兴煤矿公司自身的财力每况愈下，为什么还于 1925 年、1927 年两次借款给津浦铁路呢？《案略》说："公司虽同处艰窘地位，只以外关国债信用，内悯路工员役薪资"，加以"(津浦铁) 路局一再淳嘱，言辞迫切，难拂其请。不得已经董事会议决，慨允竭力设法代筹或转贷，以应其急"。由于津浦路是向英、德借贷修筑的，必须按期还贷，所以有"外关国债信用"的问题。中兴煤矿公司与津浦路的纠纷，完全由帝国主义操纵的军阀内乱引起。中兴煤矿公司与中国民族资本在 20 世纪 20 年代的衰退，完全是因帝国主义挑动内战，操纵军阀，获取特权，加紧对中国的经济渗透和垄断所造成！不赶走所有帝国主义，不推翻军阀统治，中国就只有死路一条。

七、工人阶级的呐喊

中国的知识精英、中国的有识之士，都在苦苦寻求挽救中国的道路。辛亥革命取得胜利，成立了中华民国，可是，中国依然内战连绵、四分五裂。帝国主义进一步加剧了对中国的侵略。多少年来，中国一直在向先进的西方国家学习，从器物层面上升到制度层面，又上升到文化层面，甚至提出"全盘西化"，对中国的儒家文化连根拔掉。但是，西方的民主，中国学得来吗？西方的民权，中国学得来吗？西方的平等、自由，中国学得来吗？中国学不来。中国学不来这些的根本原因，首先在于帝国主义不让我们得到这些。当年，德国占领山东时，曾公然照会中国政府，不准中兴煤矿公司使用机器生产；在所有德国霸占区域，不准中国企业用机器生产。日本帝国主义企图吞并中国，原敬内阁就曾公开扬言："为了日本的利益，中国既没有必要文明，亦不需要富国强兵"。① 巴黎和会上，中国代表提出废除"二十一条"、解决山东问题，及废除列强在中国的领事裁判权、协定关税等特权。唯其如此，中国才能获得在国际上拥有平等地位所必需的最基本条件。但是，美、英与日本早有勾结，对第一次世界大战战胜国——中国的合理要求一概拒绝，可怜中国10万劳工的血汗乃至性命白白牺牲在欧洲的战场上。1922年的华盛顿会议并不把中、日之间的问题列为会议正式内容，仅同意中、日在会场外自行谈判；对于中国再次提出的收回关税权、废除领事裁判权、审查列强在中国的特权等一系列正义要求，又是一概拒绝。经过华盛顿会议，中国由日本的独霸变成多国列强的共管。从此之后，日、美、英和它们在中国的军阀代理人没有一天不在打内战。曾经在晚清时期发动并领导了维护路矿主权运动的中国资产阶级经过辛亥革命的洗礼，建立了中华民国。他们本应挑起拯救中国、制止军阀内战的大梁，然而，他们的力量太薄弱了，在帝国主义的排挤下，在各国列强对中国经济实行垄断的现实中，中国的资本主义无法发展。中国资产阶级的力

① 关捷主编：《日本与中国近代历史事件》，社会科学文献出版社2006年版，第372页。

量是那么微弱，以至于民国初年有两度复辟帝制的事件发生，以至于资产阶级共和国的民主先后被袁世凯、段祺瑞的独裁所取代，而他们卖国、独裁甚至复辟帝制所依靠的，都是通过卖国条约换来的日本帝国主义的支持……20世纪20年代的中国，精英们已经无心再去讨论什么"全盘西化"。面对无休无止的军阀战争和控制北京政府的军阀们的卖国，精英们绞尽脑汁，曾提出"各省自治"或"联省自治"①，以对抗控制北京政府的军阀们的卖国行径。可是，这无异于饮鸩止渴，各省军阀们的"自治"倘若成功，必然是国家的破碎。精英们自己也害怕出现这样的结果。

　　文化的探讨和残酷的现实让精英们明白了一个道理：中国必须立足于中国本位，汲取中华文化的精髓，在此基础上，学习西方先进的东西，创造一种适合中国国情的、具有中国特色的文化，以此启蒙中国人民，挽救中华民族的危亡。这正是戊戌变法中启蒙思想家们所秉持的理念。经过五四新文化运动，这个道理在更高层次上被认识。康有为借鉴西方的进化论，结合中国传统文化的"三世说"和《礼运·大同》篇而写出巨著《大同书》；马克思主义的共产主义学说一经传入中国，便与中国人理想中的大同社会相契合。中国传统文化有深厚的民权精神，为政者不仁，人民就有权利推翻他。所以，马克思主义的阶级斗争学说传入中国后，便很容易动员起中国的劳苦大众；近代中国受尽了列强的欺压、剥削、掠夺，列宁关于帝国主义是垄断的资本主义、是战争根源的论述，成为现代中国坚决反抗外来侵略的指路明灯。在现代中国，西方的自由、平等变成中国人民争取国家独立、民族平等、亿万劳苦大众翻身解放的伟大斗争。中国共产党人在实践中不断地将马克思主义植入中国的土地和中国文化，孙中山的三民主义也大量吸收、借鉴了苏联的经

---

① 虞和平主编：《中国现代化历程》第二卷，江苏人民出版社2001年版，第655页。

验并根植于中国的实际。现代中国的革命在中国新的文化理念指引下轰轰烈烈地展开，并在这个过程中聚合、裂变。中国的民族资产阶级不可避免地受到了冲击。但是，由于其深受帝国主义和封建军阀的压迫，由于其从诞生的那一天起便以维护国家、民族利权，挽救中华民族危亡为己任，它始终对革命抱着同情的态度，有时候怀疑，但更多的时候是支持和拥护。

1926 年，共产党员纪子瑞来到枣庄，深入到矿井下了解煤矿工人的疾苦。这一年正是军阀张宗昌督鲁。为筹措军费，张宗昌对中兴煤矿公司强行加征额外矿产税每吨 4 角。先是勒令 10 天内交款 38 万元，中兴煤矿公司被迫交出 10 万元。张宗昌因数额不足，便借口中兴煤矿公司的矿警通匪，将矿警队的武器全部收缴。自临城劫车案发生之后，当局以维护治安为名在枣庄派驻一个团的兵力。驻军的供应仰给地方，地方仰给中兴煤矿公司，中兴煤矿公司疲于应付。而为了防备匪患，中兴煤矿公司自临城劫车案发生后，将护矿队扩大为两个大队、六个中队和一个差遣队，加上台枣铁路的巡警，官兵总数达到 800 多人。由于各种苛捐杂税，中兴煤矿公司的开支大大增加。而由于山东、江苏、河南、安徽地区战争频繁，津浦路的车辆和运河的船只主要被用于运输军用物资，煤炭运销停滞……所有这一切灾难，最终都压到工人身上。1926 年又遭天灾，工人的生活苦不堪言。共产党员纪子瑞的到来，像烈火点燃干柴。枣庄地区第一个共产党的支部成立了。1927 年 6 月，北伐军来到枣庄。枣庄煤矿工人正式成立劳工会，拟定向中兴煤矿公司资本家提出改善工人待遇的 16 条要求。在欢迎北伐军到来的大会上，工人们发出了"打倒帝国主义""打倒北洋军阀"的呐喊。

中兴煤矿公司从小到大、从土到洋，到 20 世纪 20 年代中期发展为全国第三大煤矿，并成为全中国唯一能与外煤竞争的民族资本企业。其中，既有一代代中兴精英们坚忍不拔的奋斗、努力，更有无数煤矿工人的血汗、泪水。当中兴公司在初创时期以土法开矿时，张莲芬亲自制定的《雇佣矿丁章程》规定：公司雇用的矿丁，"每四人一对……出煤一吨给京钱八十文，大煤块加给四十文。每对只准班头、夫头提四筐工价，此外按日给发，不得短少分文。万一井下有遇险身亡情事，由公司偿给棺木，恤赏京钱二百文。因伤残废者，视其轻重。酌给抚赏。现在所雇，本地人居多，亦有新泰、莱芜两县之人。来去听其自便"。[①] 当时做出这种规定，保证矿工的收入，在张莲芬是尽到了努力。因为那时无人入股，资金极度紧张，本来是计划立即办机械化大矿的，却不得不土打土闹。原来入股的老股东有账面利息，却从未领到规定的官利现金。可是，从这个规定也不难看出，当时的用工方式是利用班头、夫头，班头、夫头不仅有用工权，而且被允许从矿工的劳动收入中按一定比例提取工价。这种管理方式也是落后的，但与土法生产的低水平是适应的。

随着生产的发展、设备的增加，中兴煤矿公司的用工制度和工资支付办法也逐渐复杂起来，"在工制上，出现了所谓里工、外工、零工、散工等种种名目；在分配上，也产生日薪、零付、花红、包工等办法"。[②] 后来，又出现了包工制。所谓里工是由公司直接雇佣的长期工，按月由矿上发给工资，普通月饷为每月 7 元，此后稍有增加。其较有经验者，自 10 元至二十几元不等。此外，每年还发给花红、火炭等。外工就是由包工头代表资本家雇佣的矿工，"其使用范围相当广泛，除井下掘窑采煤者外，总矿各处以及各分销厂都有雇佣。因其属于'包工

---

① 苏任山:《中兴煤矿公司工人反对封建把头包工制的斗争》,载中共枣庄市委党史资料征集研究委员会编:《枣庄地区党史资料选辑》第二辑,1984 年内部资料, 第 133 页。
② 苏任山:《中兴煤矿公司工人反对封建把头包工制的斗争》,载中共枣庄市委党史资料征集研究委员会编:《枣庄地区党史资料选辑》第二辑,1984 年内部资料, 第 134 页。

制',所以人数很不固定,完全视生产需要而定"①,"由于外工均系包工头雇佣,所以公司并不直接管理和发给工资,而由包工头每月预订包工单,下井工每月10号及20号酌量借给工资,月终结清。公司并派人监视包工头按工数发给"。②

包工制据说也是从西方传入的一种制度。"它的管理机构叫包工柜,其总负责人称包工头(俗称大头子),包工头的下面还设有查头子,二头子,作帐先生,司帐先生,以及跑号的种种名目。"③这些人都靠从工人的劳动成果中提取费用生活。因为包工头掌握着用工权和管理权,所以,公司实际上难以监督他们按包工柜的总收入,依规定比例发放外工们应得的收入。他们对矿工的剥削甚至高达1/9。除了克扣外工的工资,包工头还逼迫工人送礼,并利用高利贷、窑户铺等多种方式盘削工人,甚至动辄打骂、侮辱外工。加上每天10个小时以上的劳动,外工的劳动是超负荷的,生活也是得不到保障的。

但是,同外商在中国开设的企业相比较,中兴煤矿公司即使外工的待遇也比那里工人的待遇要好很多。以上海日本纱厂为例,沪西小沙渡是日本纱厂最集中的地区,这里有日本内外棉工会社会的8个纱厂,1.7万名工人。"一般工人日工资只有2—3角钱,最高5角,最低不到1角。"④"当时有一种规矩,工人初进内外棉厂,要先给厂主做半个月的活儿,把所得的工资存在厂里,叫做'存工',说是到退厂时发

---

① 苏任山:《中兴煤矿公司工人反对封建把头包工制的斗争》,载中共枣庄市委党史资料征集研究委员会编:《枣庄地区党史资料选辑》第二辑,1984年内部资料,第134页。

② 苏任山:《中兴煤矿公司工人反对封建把头包工制的斗争》,载中共枣庄市委党史资料征集研究委员会编:《枣庄地区党史资料选辑》第二辑,1984年内部资料,第135页。

③ 苏任山:《中兴煤矿公司工人反对封建把头包工制的斗争》,载中共枣庄市委党史资料征集研究委员会编:《枣庄地区党史资料选辑》第二辑,1984年内部资料,第135页。

④ 《日本大班牟暴利中国工人受役》,载关捷主编:《日本与中国近代历史事件》,社会科学文献出版社2006年版。

还，实际上，很少人能拿到这笔钱。"①"日本的厂主、领班还巧立名目，今天'生日'，明天喜庆，总是变着花样，让工人给他们'送礼'。日本厂主还常常拖延发放工资的时间，把工人应得工资存入银行生息。日本资本家为管制工人而规定的种种罚款，更是名目繁多。无故不到要重罚（重则开除），在车间里说话、工作劳累时打瞌睡、走错车间、出了次布都要罚款，甚至无牌上厕所也要罚款（500个工人两个牌）。"②"内外棉工厂实行所谓'六进六出'制度，即规定工人早上6点钟进厂，下午6点钟出厂，每天连续工作长达12个小时，不准工人坐一下。到了星期六换班时，还勒令工人延长六小时，厂里没有工人食堂，吃饭时不允停车。"③"日本资本家还对工人任意施与种种歧视和迫害，实行残暴的管制。日本的大班、领班把中国工人看成是任意奴役的牛马，经常打骂工人为'贱种'、'亡国奴'，声称在上海滩找100条狗难，找100个工人容易。"④"大班和领班还对工人任意拳打脚踢，他们发明了许多口头禅，用脚踢叫'吃大腿'，用手指节敲打头颅叫'赏毛票子'。日本厂主对工人实行一种恶毒的'抄身制'。厂门两旁用一排牢狱似的弯弯曲曲的木栅拦住，只容一个工人侧身子走过去……有两个专门抄身的人，他们还逐个地对工人浑身上下搜查，从头到脚都搜，连饭篮、衣包都要解开看看，有的借此侮辱女工。几百个工人排成长长的行列，等待搜查，至少也需要一个多小时。不管下雨、下雪，工人们都要这样被当做盗贼似地

---

① 《日本大班牟暴利中国工人受役》，载关捷主编：《日本与中国近代历史事件》，社会科学文献出版社2006年版。

② 《日本大班牟暴利中国工人受役》，载关捷主编：《日本与中国近代历史事件》，社会科学文献出版社2006年版。

③ 《日本大班牟暴利中国工人受役》，载关捷主编：《日本与中国近代历史事件》，社会科学文献出版社2006年版。

④ 《日本大班牟暴利中国工人受役》，载关捷主编：《日本与中国近代历史事件》，社会科学文献出版社2006年版。

无理搜查"。①

中国要打倒帝国主义、推翻军阀统治、发展民族经济，最大的力量在民众之中。1923 年召开的中国共产党第二次全国代表大会，对帝国主义侵略中国的历史进行了全面分析。大会宣言指出：帝国主义列强在鸦片战争之后的 80 多年里，"在中国掠夺领土，划设租界，瓜分势力范围，攫取铁路、航运、邮电的经营管理权，并协定和管理关税；这样，帝国主义者不仅便利于输出资本和掠夺原料，而且掌握了中国的经济命脉。外国资本家还在中国占领矿山，开设工厂，进行商品输出。为了达到掠夺中国的目的，帝国主义贿赂中国的官僚政客，派遣顾问牧师，掠夺领事裁判权，并派遣军队、警察、军舰于中国领土之内。总之在这八十年里，中国已经事实上变成它们共同的殖民地了……华盛顿会议后，帝国主义列强对中国的侵略已变为协同侵略。这将完全掠夺中国人民的经济独立，使中国人民变成国际托拉斯的奴隶"。② 军阀对中国的统治，是阻碍中国发展的一个重要因素。"中国名为共和，实际上仍在封建式的军阀势力统治之下。"这些封建军阀"各据一方，为了外国帝国主义利用和各自利益的争夺，互相战争不已"。这种情形，"致使资产阶级工商业受到了阻损，不能发达，农民经了多少不堪忍受的摧残；工人阶级的痛苦日增不已"。另外，北洋政府还"滥征各种苛税，故生产事业更因之而毁坏日甚"。③ 在中国"这种半独立的封建国家，执政的军阀每每与国际帝国主义互相勾结，因为军阀无不欢迎外资以供其军资与浪费，国际帝国主义在相当的限制以内，也都乐以全力借与军阀，

---

① 《日本大班牟暴利中国工人受役》，载关捷主编：《日本与中国近代历史事件》，社会科学文献出版社 2006 年版。

② 虞和平主编：《中国现代化历程》第二卷，江苏人民出版社 2001 年版，第 633 页。

③ 《中国共产党第二次至第六次全国代表大会文件汇编》，第 6 页；转引自虞和平主编：《中国现代化历程》第二卷，江苏人民出版社 2001 年版，第 634 页。

一是可以造成他们在中国的特殊势力，一是可以延长中国内乱，使中国永远不能发展实业，永远为消费国家，永远为他们的市场。在这样状况之下的中国实业家，受外资竞争，协定关税，地方扰乱，官场诛求，四面八方的压迫，简直没有发展的希望"。① 中国共产党在分析中国状况的基础上认识到：在中国，只有首先开展反帝、反封建的民主革命，才能为国家经济建设的顺利进行开辟道路，才能为社会主义制度的建立创造历史前提。中国共产党第二次全国代表大会正式制定了民主革命纲领，提出无产阶级的革命必须分两步走。在当时的历史情况下，中国共产党的主要奋斗目标是：消除内乱，打倒军阀，建设国内和平，统一中国为真正的民主共和国。正因为中国共产党依据马列主义实事求是地分析国情，提出了符合中国国情的路线、纲领和政策，并在实践中不断地加以完善，孙中山才根据中国国情和资产阶级力量弱小的特点，提出了"联俄、联共、扶助农工"三大政策和"民族、民权、民生"的三民主义。

1927 年 6 月，北伐军到达枣庄之后，枣庄煤矿工人在中共支部的领导下，在北伐军的支持下，发出了"打倒帝国主义！打倒军阀"的呐喊，并由劳工会出面，向中兴煤矿公司资方提出了改善工人待遇的 16条要求。这 16 条要求是：

一、工会有代表工人之权，凡遇工人犯厂规者，必须通过本会派代表双方讨论处理办法，确属工人理屈，才准开除，并按其最近薪资数目，发给半年的薪金作为川资，遣返原籍。

二、工资一律提高。原工资 5 元至 10 元者加倍；20 元以下者

---

① 中共中央书记处：《六大以前》，人民出版社 1980 年版，第 17 页；转引自虞和平主编：《中国现代化历程》第二卷，江苏人民出版社 2001 年版，第 635 页。

加7成;30元以下者加4成;40元以下者加2.5成;50元以下者加1.5成;50元以上至100元者加1成。

三、每年须加薪一次,起码不得少于4元。不得无故开除工人。工人自退者须发给三个月的工资。

四、每年分派花红,工人与职员一律平等。工作时间每天均为8小时,自7月1日起实行。

五、公司须建造工人住房。电灯、自来水一切齐备。地点由工人指定,限半年内完竣。大小工每月一律发给煤炭一吨。

六、工人退休时必须发退休金。工作满一年者发一个月薪金的退休金,满三年者发三个月的,满五年者发一年的,满10年者发两年的,均按最近薪水数目发给。

七、凡遇工人生病,要双方指定医院医治,医药费均由公司负担,病人工资照给。因工伤者要发给双资。因工毙命者,要按其最近工资数目发给三年工资作为抚恤金,以安家室。

八、工作满三年者给假三个月,每逢星期日、纪念日、节令日(如清明、端午、中秋、冬至等节日)须休息一天,春节休息七天,元旦休息3天。休假日一律照发工资。如不停产的要发给双薪。

九、学徒满三年者升工匠,由工科员考试,按其成绩优劣而定薪金,最少24元。

十、建立工人学校,培养工人子弟。校中经费由公司负责。

十一、建立工会俱乐部。使用家具由公司购办。公司每月津贴工会经费300元。

十二、机务处,五厂取消一切包工制,转入里工节制。

十三、井下外工一律照以上规定办理。

十四、本会有权指派监督员,监督工人做工。

十五、本会有开除压迫工人的公司职员之权。

十六、工人工作满 20 年者按其最近工资数目给四、五年养老金。[①]

上述条件的提出，表现了工人阶级意识的觉醒。中兴煤矿公司为缓和与工人的矛盾，经过种种势力，制定了《职工改良待遇办法》，同意将工人、职员、军警的原有的薪资增加 20%，机械工实行 8 小时工作制，井下矿工留井下 10 小时（8 小时工作，2 小时吃饭、休息）。对于其他改善工人福利的措施，也相应进行了调整。

当时，中兴煤矿公司的境况正每况愈下，不可能满足工人提出的全部条件。能够部分答应工人提出的条件，一则迫于形势，二则与公司总经理朱启钤的思想倾向分不开。朱启钤曾以患神经衰弱为由于 1924 年向董事会提出辞职，由于董事会坚决挽留而继续坚持工作。作为一代知识精英，朱启钤当年其实十分彷徨。1922 年，他代表徐世昌赴法国时，曾捐出 5 万元国币资助留法勤工俭学的进步青年。当时，北洋政府的拨款都是交给华法教育会。[②] 能得到政府资助的，都是中国留法的"贵族学生"。而寻求救国道路的留法勤工俭学的学生十分艰苦，经常处于饥饿状态，却得不到华法教育会的资助。朱启钤看到这种情况，将 5 万元捐款直接给了贫困学生。徐特立于 1946 年在《回忆留法勤工俭学时代的王若飞同志与黄齐生先生》一文中，说到此事："平民留学生和贵族留学生两营垒的对立，在法国最为明显。徐世昌任总统时曾捐国币十万元。徐的代表朱启钤到法时，捐款五万元。其名义均都救济勤工俭学学生，但前十万元是支给华法教育会间接分配，结果得款者不是勤工俭学学生，而是不勤工俭学的学生。后五万元直接分配给勤工俭学学生。因

---

① 李修杰、苏任山：《枣庄煤矿工运史》1986 年版，第 60—61 页。

② 华法教育会，是北洋政府派驻法国、管理中国留学生的一个机构。

此华法教育会出版的报纸，对于徐世昌是登报致谢。对于朱启钤，则称之为收买勤工俭学学生的收买费。"①

　　新中国成立后，徐特立还专门就此事请章士钊向朱启钤表达谢意。章士钊给朱启钤的便笺转达此事说："前日（中共）中央委员徐特立来访，称民国十一年（1922 年）公过巴黎，适值勤工俭学学生濒于饥饿，公慨然拨赠国币五万元。谢函乃彼起草，嘱为公追述此事，深表谢意。"② 由这件事可知，朱启钤有同情、倾向共产党人的一面。但是，在如何才能挽救国家、民族命运这个大问题上，他又是犹疑、彷徨的。这或许正是他罹患神经衰弱的原因。作为中兴煤矿公司总经理，他尽到了应有的努力；对于中兴煤矿公司工人的呐喊和要求，他给予了所能做出的回应。

　　为了凝聚公司上下员司，一心一意谋发展，挽救公司颓势，中兴煤矿公司股东大会于 1926 年决定为前总理张莲芬铸造铜像，朱启钤亲自撰写题记。其所作《清故山东盐运使张公像记》有一段说："创事之艰，公无所避，及其乐成，公无所私。是以利沾于劳佣，惠溥于商旅。市有堡，工有舍，乡有塾，医有馆，凡以为峄之民策安乐生聚者，莫不自公倡之。洎于今患难迭来，凡百执事，守公贻谋，不敢或怠，屹屹崇墉，簌簌比屋，系公之功与矿为无穷……职工之怀公惠泽者，相与状公容止，范铜刻铭，树之矿中，以永思谋。"这段题记，实际上也表达了朱启钤的人生境界和追求，表达了中兴煤矿公司员工的共同追思和情怀。戴绪万于 1923 年逝世后，以黎元洪为董事长的中兴煤矿公司董事会在天津为其举办了隆重的葬礼；1926 年，又决定为前总理

---

① 罗马：《纪念先贤，缅怀功绩》，载启功主编：《朱启钤学术研讨会论文集·冉冉流芳惊绝代》，贵州人民出版社 2005 年版，第 281—282 页。

② 罗马：《纪念先贤，缅怀功绩》，载启功主编：《朱启钤学术研讨会论文集·冉冉流芳惊绝代》，贵州人民出版社 2005 年版，第 282 页。

张莲芬铸造铜像。这两项举措表明了中兴煤矿公司高层和全体股东、员工对老一代中兴人的崇高敬仰，以及对几十年中锻造形成的中兴精神的继承。这是中兴煤矿公司在艰难、复杂的环境中与时俱进的不息动力。

第九章　蒋介石没收中兴煤矿公司矿产背后的角力

1928 年，蒋介石向处于停产状态下的中兴煤矿公司限期索要军饷 500 万元。为军饷，还是为战局？北京城的安国军大元帅正是中兴煤矿公司董事张学良之父张作霖。当北伐军与安国军即将开战之时，中兴煤矿公司总经理朱启钤致电张学良，要求张学良停止内战。张学良表示一切遵从。此后，东北军退回关外，张学良易帜换上青天白日旗。蒋介石不战而屈人之兵，中兴煤矿公司却再受重创。金融界大亨路见不平，纷纷出手，好一场翻云覆雨的大戏。

一、中兴煤矿公司董事张学良

张学良，一个已被镌刻在中国现代历史上的英雄名字。中兴煤矿公司董事张学良是否就是这位英雄呢？是，也不是。说是，是因为发动西安事变的张学良的确于 1925 年中兴煤矿公司的第十五次股东大会上当选为董事。说不是，是因为中兴煤矿公司董事中还有一位张学良，即张莲芬之子张学良。

张莲芬之子张学良，字仲平。早在张莲芬逝世之前，张学良就已参与中兴煤矿公司与德国公司之间的谈判、贸易业务。1915 年年底，张

452

莲芬逝世。张学良于 1916 年的第六次股东大会上当选主任董事，协助代理董事长朱启钤主持天津总公司的工作；1918 年，朱启钤当选公司总经理，张学良以主任董事被选为总公司主任，连任至 1925 年；1925 年的第十五次股东大会上，张学良以总票数第一的名次再度当选董事，其总公司主任一职改为总经理协理；1928 年，张学良再次高票当选董事会首席董事，并被任命为总经理首席协理，此后，连选连任至 1938 年华北沦陷、枣庄沦陷。张学良能在中兴煤矿公司顶层管理岗位上连选连任 21 年，有总经理朱启钤的栽培、爱护，也必须有他个人的才干和努力。1928 年，蒋介石为筹措军饷，下令没收中兴煤矿公司矿产。在中兴煤矿公司与蒋介石斗智斗法的数月之中，张学良作为公司代表，斡旋折冲，最终逼迫蒋介石发还中兴煤矿公司矿产。在不畏强权、与蒋介石斗争这一点上，张仲平学良与名满天下的张汉卿学良还真有一比。不过，本篇重点要讲的中兴煤矿公司董事张学良，是张汉卿学良。

　　张学良与中兴煤矿公司的关系，可以追溯到 1916 年的第六次股东大会。当时，正值中兴煤矿公司大灾之后，"大井尚未恢复，外债追呼日迫"。[①]淡出政界的徐世昌本着历来扶助民族工业的精神就任中兴煤矿公司董事长，曾任盛京将军和最后一任东三省总督的赵尔巽当选监察人，一向扶持中兴煤矿公司的朱启钤由徐世昌举荐代理董事长。徐世昌、赵尔巽都曾经在东北主政，朱启钤也曾经在东北任蒙古事务局督办，所以，中兴煤矿公司第六次股东大会选出的领导班子与东北有千丝万缕的联系。张学良的父亲、有"东北王"之称的张作霖，正是在徐世昌、赵尔巽、朱启钤等人主政东北的时候迅速发迹的，因此，他与徐世昌、朱启钤都很熟悉，与赵尔巽还是儿女亲家。第六次股东大会后的当务之急是招募股资，张作霖自然不能置身事外。他以长子张学良的名义

----

① 《第六次股东会经理报告书》，中兴公司档案文牍第六册，1916 年。

一次向中兴煤矿公司投资 6 万元。当年的张学良才 15 岁，就成了中兴煤矿公司大股东。

张学良第一次直接与中兴煤矿公司打交道是在 1922 年。1922 年 2 月，中兴煤矿公司为建设第二大井和水泥厂，以及在浦口建造码头，买轮船，决定将公司股本由 500 万元扩充至 1000 万元，先期暂召 250 万元。中兴煤矿公司为此在天津召开了一次特别股东会讨论这件事。张学良是大股东，理应出席会议。当时，第一次直奉战争刚刚结束不久，奉系失败，退回山海关外，张学良正帮助乃父整军经武，因而没能出席这次特别股东会。张学良是个很有礼数的人，他为不能出席会议事，给中兴煤矿公司驻天津的总公司拍发了一封电报，"委托周养安君代表出席"。① 张学良再次与中兴煤矿公司打交道，是在 1924 年夏天第二次直奉战争爆发前夕。当时，年仅 24 岁的张学良已创建起东北空军，任奉军第二十七师师长兼奉军东北航空大队大队长。张学良由秦皇岛赴北戴河试飞从法国购进的水上飞机时，亲自登门拜访了在北戴河避暑的朱启钤，并邀请朱启钤全家观看飞机在水面上飞行。张学良此举表明，他对朱启钤是非常尊重的。说起来，朱启钤与张学良家的关系很不一般。1907 年，朱启钤跟随任东三省总督的徐世昌赴东北，任襄赞政务并蒙古事务局督办。张学良之父张作霖为五路巡防营的前路统领，驻扎洮南府。朱启钤视察政情至洮南，沿途都是张作霖派人护送、警戒。1919 年，中兴煤矿公司面临的匪患严重，朱启钤曾在股东大会上提议由奉军派一营队伍驻矿守卫。当时，关内并无奉军驻扎。可见，朱启钤与张作霖的关系十分密切。

1916 年，张学良投资中兴煤矿公司成为大股东时只有 15 岁。15 岁

---

① 《董事张学良因事请假，委托周养安君代表出席》，中兴公司档案，第十二次股东大会来往信函，1922 年。

这年，恰值张学良的人生观发生重大转变。在此之前的张学良，周围尽是阿谀奉承之人，生活既无压力，也无意义。天资聪颖的张学良不满足于现状，加入了奉天基督青年会，受到了西方人文精神的深刻影响，对日本帝国主义在东北的横行霸道十分反感。其实，早在此前，张学良对侵略东北的日军就十分痛恨。晚年接受台湾记者采访时，张学良曾说："我们东北人啊……我们受日本的压迫很厉害。您知道我们在东北受日本的压迫，（签订）二十一条的时候，我真是痛苦。我到现在还痛苦。"[①]痛苦的张学良无可奈何。1915 年夏，天津南开中学校长张伯苓到奉天基督青年会作了一场演讲，题目为《中国之希望》。张伯苓演讲的第一句话就是："中国是不会亡的。""中国何以不会亡呢？"因为"有我在"。假使每一个中国人都能这样想："有我在，中国就绝对不会亡！四万万人，一心一德，中国焉有不强之理呢？"[②]张伯苓对"中国不会亡"的精辟阐述振聋发聩。14 岁的张学良大为震动，并痛下决心，不能总是浑浑噩噩，必须为国家做点什么，"乃立誓本个人之良心，尽个人之能力，努力以救中国"。[③]张学良在之后的人生道路上，多次忆得张伯苓这次演讲对他人生的这一重大影响。立志报国的张学良于次年成为中兴煤矿公司大股东，对于中兴煤矿公司先后在张莲芬和朱启钤带领下，抵御外侮，艰苦创业，终于成为当时中国唯一能与外煤相竞争的现代化大煤矿的历程耳闻目睹。作为后生晚辈，张学良怎能不执礼甚恭呢？何况，朱启钤是政坛宿耆，从北京的新华门、长安街，到中国最繁忙的津浦铁路，处处留有朱启钤深深的足迹。就连这北戴河景区，也是朱老前辈靠自己的号召力动员起人、财、物力和行政资源，整顿开发、创建起来的呢！

---

① 周海峰编：《张学良传·序言》，作家出版社 2006 年版，第 1 页。

② 周海峰编：《张学良传》，作家出版社 2006 年版，第 7 页。

③ 周海峰编：《张学良传》，作家出版社 2006 年版，第 7 页。

张学良与朱启钤的会面，无论对中兴煤矿公司，还是对张学良及朱、张两家的关系，都具有重要的意义。首先，作为中兴煤矿公司总经理，朱启钤是不会放过任何对公司有利的机会的。中兴煤矿公司总公司之所以在朱启钤接手后设在天津，目的之一就是联络各方贤达，源源不断地为公司输入人才。年仅24岁的张学良已经是奉军的顶梁柱，言谈举止洒脱诙谐，不仅胸怀报国大志，而且意志坚定。张学良又是中兴煤矿公司大股东，很自然，朱启钤会在这次会面时邀请他加入中兴煤矿公司的领导团队。在张学良方面，虽然他已是叱咤风云的将军，他的前程不可限量，而他对于内战在内心一直是排斥的。他更向往的是和平与建设。他自己在这方面有不少言论。他后来主政东三省的几年中使东三省成为人才和经济高地的实践，也证明了这一点。所以，对于担任中兴煤矿公司董事，尤其是能与他所敬仰的朱启钤前辈共同工作，张学良自然感到非常荣幸。一年后，即1925年6月，张学良在中兴煤矿公司第十五次股东大会上当选董事，应该是他们这次会面的一个顺理成章的重要成果。正是在1924年夏季北戴河期间，决定了民族英雄张学良将成为中兴煤矿公司的领导成员。这是中兴煤矿公司的光荣，也是张学良的光荣。1924年夏季的这次会面，还开启了张、朱两家超出友谊的关系。自那一年的夏季之后，每年的那个时候，两家人都会在北戴河避暑，相互之间的关系越加密切。张学良的弟弟张学铭与朱启钤六女朱洛筠喜结良缘。朱启钤五女朱湄筠嫁给了张学良的秘书朱光沐。朱启钤的长子朱海北后来成为张学良的司令官公署少校副官、北平绥靖公署侍卫处少校副官，负责处理张学良的生活、社交事务。就连赵四小姐与张学良相识，也是由于随朱家两位小姐参加社交活动的缘故。1962年，周恩来总理曾秘密捎给软禁于台湾的张学良一封信，上写"善自珍摄，修身养性，前途有望，后会有期"。带信赴台湾的人正是朱启钤的五女儿朱

湄筠。① 由此也可看出张、朱两家当年至为密
切的关系。以后发生的事情证明，结识朱启
钤并加入中兴煤矿公司领导团队，对张学良
的人生道路也产生了重大影响。

　　1925 年 8 月，刚刚被段祺瑞政府任命为
山东督军的张宗昌向中兴煤矿公司一次强征
额外矿产税 38 万元，未达目的便强行没收中
兴煤矿公司矿警队的武器，将中兴煤矿公司
置于极其危险的状况。由张学良出面写信，
张宗昌才不得不发还矿警队的武器。当时的
情况是怎样的呢？ 1924 年 9 月的第二次直奉
战争以奉系胜利而告结束，张学良因战功卓
著，被任命为锦州—山海关—天津铁路沿线
警备司令部司令，升任陆军中将，驻扎天津。

1925 年，在中兴煤矿公司第
十五次股东大会上当选为董事的东北
军少帅张学良

其父张作霖进入北京，以安国军大元帅操控
"中华民国临时执政府"的实权，调动奉军大举入关，相继占据了直隶、
山东、安徽、江苏大部分地区和上海市。张宗昌正是张作霖的部下。25
岁的张学良在这一年虽然加官晋爵，然而内心极为痛苦。张学良后来在
纪念孙中山的一次演说中曾这样剖白："余于 19 岁即参加战争，历年来
对于战争不论其战胜或战败，均感觉万分痛苦。余曾因战事至马牧集下
车至附近加以视察。该地人民多躺卧地上，面黄肌瘦，呻吟憔悴，痛苦
不堪言状。姑询之，则谓家中壮丁均被拉夫，田产房屋，又被军队占
领，于是余感觉万分痛苦……在作战之将士莫不以抛头颅溅热血为无上
之光荣，殊不知男儿不协力对外，为国牺牲，徒事内讧，实为极大耻

---

① 《张学良生平大事年表》，载周海峰编：《张学良传》，作家出版社 2006 年版。

辱。其实内争之肇始，并非全体将士之意旨，不过一二军阀为争夺地盘而已。"①字里行间，透露出张学良对军阀内战的深恶痛绝，及其对受害民众的同情和愧疚。奉系的张宗昌督鲁后，与日本侵华势力紧密勾结，首先剑指中兴煤矿公司。张学良恰在这一事件发生前的 1925 年 6 月 2 日正式当选中兴煤矿公司董事，对中兴煤矿公司因内战和张宗昌的行为所遭受的荼毒自然也感同身受。如果说从前的张学良还只知打仗，那么，担任了中兴煤矿公司董事的张学良已切身体会到了军阀混战带给国家、人民的严重危害。《张学良传》一书也说：1925 年，"张学良驻防天津，经常往来于天津、北京之间，广泛接触社会各界人士，拓宽视野，开始关注社会政治问题"。②毫无疑问，在这一年对张学良影响最大的社会活动当属与朱启钤的密切交往及担任中兴煤矿公司董事。同在 1925 年，张学良在上海调查五卅惨案时即对记者说，自己是一个军阀，"且自承认为坏军阀，然私意酷爱和平。去岁直奉之战，实不得已，至今念及，尸横遍野，犹有余痛"。③不能不说，张学良在战后的短短几个月中有这样的感受和认识，是他一贯的爱国思想使然，也是他作为中兴煤矿公司董事所应有的立场。

根据《张学良传》记载，1928 年 5 月 10 日，张学良复电北洋元老朱启钤，表示"但能息争救国，无不遵从"。④当时的情况又是怎样的呢？中兴煤矿公司总经理朱启钤给张学良发了一个怎样的电报？众所周知，1926 年 6 月，国共合作武力讨伐北洋政府的北伐战争爆发，以蒋介石为总司令的国民革命军节节胜利。而 1927 年，蒋介石、汪精卫先后背叛革命，屠杀共产党人，北伐战争中断。1928 年 1 月，蒋介石二度北

---

① 周海峰编：《张学良传》，作家出版社 2006 年版，第 104 页。
② 周海峰编：《张学良传》，作家出版社 2006 年版，第 21 页。
③ 周海峰编：《张学良传》，作家出版社 2006 年版，第 21—22、21、22 页。
④ 周海峰编：《张学良传》，作家出版社 2006 年版，第 39 页。

伐，渡长江，过黄河，直逼京津。这时国内的旧军阀，占据湘豫的吴佩孚、占据苏浙的孙传芳已经失败，而盘踞北京的奉系军阀——安国军司令张作霖仍有相当的力量。北伐军与奉系军阀的一场恶战即将爆发。朱启钤虽是北洋元老，与张作霖、张学良交情颇深，但是早已退出政界，这时候以电报形式对张学良谈息战之事，似乎是有急迫之情事。翻阅中兴煤矿公司档案，原来就在 1928 年 4 月份，中兴煤矿公司遇到了一次灭顶之灾。身为国民党军队总司令的蒋介石，下令成立整理中兴煤矿委员会。其战地政务委员会的命令称："查该公司开办以来成绩颇著，近年张（作霖）、孙（传芳）等逆盘踞扰乱，以致产销深受影响。现在枣庄等地业经我军克复，本会为保障该公司利益及国家税收，特设整理委员会，以期改良而资提倡"。[①] 这项命令说得冠冕堂皇，但关键是看这个所谓"整理委员会"做了些什么。4 月 17 日，整理委员会成立，成立后即几次命令中兴煤矿公司派代表谈判。在谈判中，对中兴煤矿公司采取高压手段，要求中兴煤矿公司交付 500 万元军饷。中兴煤矿公司拿不钱来，整理委员会便强行接收中兴煤矿公司的经营权，派人驻在总矿的工程、煤务、收支等处及浦口、台儿庄等重要分销煤厂，指挥营业管理，并在临城、徐州设立专门的运销机构，封储矿厂存煤，不准中兴煤矿公司自行销售；之后，在上海登报招商投标，自行出售中兴煤矿公司存煤。整理委员会这样做，等于全盘接收了中兴煤矿公司的经营、销售权，并攫夺了中兴煤矿公司存煤。而数十万吨存煤是中兴煤矿公司数百万元债务的抵押品。山雨欲来风满楼。整理委员会的高压攫夺预示着更大的危机还在后头。早在 1927 年北伐军第一次到达枣庄的中兴煤矿公司时，中兴煤矿公司就曾报效军饷 100 万元，蒋介石因此下令保护中

---

① 《为设置整理中兴煤矿委员会令》，载枣庄市政协文史资料第 19 辑《中兴风雨》，第 122 页。

兴煤矿公司。而中兴煤矿公司方面，自 1925 年以后因运输不畅，年年削减产额，加之铁路不还借款，战争直接间接摧残，中兴煤矿公司债台高筑达 500 余万元，几近破产。善者不来，来者不善。这次，蒋介石再次以高压手段要求中兴煤矿公司报效巨额军饷。整理委员会气势汹汹，宣布中兴煤矿公司有所谓"军阀逆股"①，其矛头所向，直指中兴煤矿公司董事张学良。朱启钤本是政坛宿耆，对蒋介石的心思和中兴煤矿公司的命运所系洞若观火。他之所以于 1928 年 5 月 10 日给张学良发电要求停止战争，正是出于保护中兴煤矿公司。当然，朱启钤本人也对中国统一充满渴望。他深知张学良反对内战，而又不能违抗其父张作霖的命令。蒋介石大兵压境，正是张学良说服其父的好时机。张学良是张作霖的肱股，只要张学良决心停战，对张作霖必能产生决定性的影响。朱启钤出自资产阶级一直渴望和平、统一的立场，认为无论为中兴煤矿公司计，为张学良这位忘年之交计，还是为中国的统一大业计，都应该劝说张学良停战息兵。我们不知道朱启钤那封电报的电文，然而《张学良传》中关于 1928 年 5 月 10 日，张学良和奉系另一将领杨宇霆复电北洋元老朱启钤，表示"但能息争救国，无不遵从"的事实向我们透露，朱启钤致电张学良的主要目的是"息争救国"：张学良如能听从劝告，令蒋介石没收中兴煤矿公司的借口全无，便能挽救中兴煤矿公司。

深明大义的张学良对朱启钤的劝导言听计从。紧接着，5 月 11 日，张学良致电上海总商会称："南北一家，彼果无弯弓射我之成心，我确有免胄寻盟之真意"。②上海是蒋介石发迹之地，亦是蒋介石军队筹措军饷的主要财源。张学良致电上海总商会，一是表明自己有停战和平之心，二是希望上海总商会探寻蒋介石的本意，避免奉军在停战时被蒋军

---

① 《蒋总司令令中兴公司交出全部矿产文》，中兴公司档案 1928 年 7 月。
② 周海峰编：《张学良传》，作家出版社 2006 年版，第 39 页。

吃掉。与此同时，张学良还动员以东三省议会议长为首的各界代表前来北京，吁请张作霖撤回东北。张学良的努力没有白费。1928 年 6 月 2 日，张作霖发表出关通电，宣布因厌恶穷兵黩武，决定退出京师。

1928 年 6 月 4 日凌晨，张作霖撤离北京。而早在 1927 年 6 月，新出任首相的日本右翼军国主义者田中义一便在东京召开秘密会议讨论对华政策，提出《对华政策纲领》。《对华政策纲领》的主要宗旨是使"满洲从中国分离出来"[①]，确保日本在中国东北地区的特殊地位和权益。为达此目的，日本计划首先在东北再攫取两条铁路的修筑权及"武力保护日本在华居留民"[②] 等一系列特权。由于张作霖对日本人的要求并非真心接受，一再推诿，日本右翼在张作霖决心退出北京后，认为他已无利用价值，便决心除掉张作霖。1928 年 6 月 4 日，张作霖乘火车离开北京经过皇姑屯时被日本特务炸死。日本人本以为炸死了张作霖，接替张作霖主政东北的张学良会如惊弓之鸟言听计从。可是，他们打错了如意算盘。28 岁的张学良强忍悲痛，冷静应对，提出治理东北的 5 项施政纲领：罢兵言和以求和平，精兵裁冗以利农耕，提倡实业、推广教育、整理司法以推改革，蠲除苛捐杂税以利民生。张学良主政东北一个月后，即在 1928 年 7 月 1 日发出通电，宣布与南京方面停止军事行动，并派代表与蒋介石谈判东北易帜、实现全国统一问题。盘踞东北的日本人其间一再向张学良施加强大压力，逼迫他在东北搞独立王国，以实现日本人使满蒙从中国分离出去的既定方针。6 月 25 日，日本驻奉天总领事声称接到日本首相田中义一的训令，劝告张学良"勿过于向南方采取接近态度"[③]；7 月 12 日，该总领事公然向张学良表示，日本反对东北当局与南方妥协而易帜，并以东北的秩序将陷于混乱相威胁；7 月 19 日，

---

① 周海峰编：《张学良传》，作家出版社 2006 年版，第 40 页。
② 周海峰编：《张学良传》，作家出版社 2006 年版，第 40 页。
③ 周海峰编：《张学良传》，作家出版社 2006 年版，第 51 页。

该总领事把田中义一的书面警告交给张学良，表示如果张学良保持东北"独立"，日本愿在军事和财政上给予支持。张学良巧妙地反问："我是不是可以把日本不愿中国统一的意见，或东北不能易帜是由于日本干涉的情形向南京政府报告？"[1]当面揭穿了日本右翼的嘴脸。为了以全中国之力抵制日本帝国主义分离东北的野心，张学良坚决斗争，巧妙周旋，抓住美、英等国反对日本独占东北，而日本国内在野党猛烈夹击田中义一内阁的时机，于1928年12月29日，领衔发表《东北易帜通电》。东三省同时撤下北洋政府的五色旗，宣告了北洋军阀时代的终结。至此，中国南北长达十数年的分裂局面消除，实现了形式上的全国统一，维护了国家领土、主权的完整，沉重打击了日本帝国主义企图分离东北并以东北为基地，进而吞并整个中国的野心。从张学良调解张宗昌没收中兴煤矿公司矿警队的武器，接受朱启钤吁请、敦促张作霖撤离北京，到主政东北期间实行一系列改善国计民生的施政纲领，顶住日本压力，实现东北易帜，促进全国和平、统一，可以看出张学良思想上贯穿的一条红线：追求国家的和平、统一，力谋国家的富强、发展。作为中兴煤矿公司董事，张学良的所作所为与中兴煤矿公司一贯秉持的理念完全一致。这个28岁的年轻人，像海绵吸水一样汲取了充足的思想养分，一步一步实现着自己的报国志向，与他周围的思想氛围有直接的关系，而中兴煤矿公司及他的忘年之交朱启钤无疑对他产生了极其重要的影响。

有中兴煤矿公司老人回忆，20世纪20年代后期，张学良曾来到中兴煤矿公司枣庄总矿。进入总矿大楼时，他不是进正门，而是从侧门进入。张学良当时对旁边的人解释：中兴董事中，（徐世昌）大总统、朱（启钤）总经理都是长辈，他们来这里走正门。我应走侧门才是。这的确符合张学良一贯谦逊的作风。

---

[1]　周海峰编：《张学良传》，作家出版社2006年版，第51页。

二、没收中兴煤矿公司矿产，蒋介石一石三鸟

1928 年 4 月 14 日，二次北伐的国民党部队攻克鲁南后，所谓战地政务委员会突然宣布成立整理中兴煤矿委员会，冠冕堂皇的理由是"保障该公司利益及国家税收"。[①] 多年来，中兴煤矿公司深受战争之害。尤其是奉系军阀张宗昌督鲁以后，由于张宗昌是看日本人脸色行事的，独霸一方，大权在握，即便张学良说话，他也不过敷衍而已，照样对中兴煤矿公司诛求无度。1925 年、1926 年、1927 年 3 年中，中兴煤矿公司产煤分别为 82 万吨、60 万吨、25 万吨，销售量分别为 39 万吨、37 万吨、8 万吨。产额年年大幅下降的原因除张宗昌的搜刮之外，主要原因是津浦路的火车大都用来运送军用物资和日本煤炭。华盛顿会议后，中国收回由日本占领的坊子、淄川、金岭镇 3 处矿权，但是根据协定，须中日合办。最后，由靳云鹏等人与日本的三井、三菱、大仓、久原等财阀成立筹备会，共同组建中日合办的鲁大矿业公司。但鲁大矿业公司成立之初，日本方面将德国经营时的矿山财产作价 500 万元，直接归于日本政府所有。所以，对鲁大矿业公司，日本虽然仅投资 125 万元，总资本却达到 625 万元。中方投资的 75 万元，仅占总股本的 10% 强。鲁大矿业公司实际上仍然是日本控制的公司。自 1925 年段祺瑞执政至 1928 年奉系的张宗昌退出山东的 4 年中，鲁大矿业公司的年产额分别为 73 万吨、65 万吨、71 万吨、73 万吨，与中兴煤矿公司所产煤炭的逐年下滑形成鲜明的对照。中兴煤矿公司迫不得已，于 1927 年 8 月停止生产。至 1928 年 4 月，中兴煤矿公司已停产 8 个月之久。蒋介石二次北伐成功，中兴煤矿公司正盼着和平有望，能转危为安。哪想到，所谓整理中兴煤矿委员会甫一成立，便像太上皇似的命令中兴煤矿公司选派全权代

[①]　《战地政务委员会为设置整理中兴煤矿委员会令》，中兴公司档案，1928 年 4 月。

表"限期到会协商办法"①，要求中兴煤矿公司一次报效军饷 500 万元。中兴煤矿公司大祸临头！

蒋介石派出的整理委员会欲置中兴煤矿公司于死地，做了日本人想做而不能做的事情，这是为什么呢？其实，早在发动四一二反革命政变前的 1927 年 3 月，蒋介石就派戴季陶作为自己的代表前往日本，争取日本政府的支持。四一二政变后，日本等帝国主义国家紧密配合蒋介石，封锁武汉革命政府，迫使汪精卫于 1927 年 7 月 15 日叛变革命。这时，以田中义一为首相的日本新内阁召开东方会议，出台"田中奏折"。"田中奏折"叫嚣："欲征服中国，必先征服满蒙；欲征服世界，必先征服支那（即中国）"。② 随着日本对华实行强硬政策，日本与美、英的在华利益发生冲突，于是，日本开始阻止受英、美支持的蒋介石的北伐战争。但蒋介石一向奉行的方针是"攘外必先安内"，所以对于日本，他采取的是妥协退让。中兴煤矿公司是当时国内唯一能与日煤竞争的民族企业，本应力加保护，但是在蒋介石眼里，一切都要为他的所谓"统一大业"让路。那么，在蒋介石的"统一大业"中，动摇中兴煤矿公司的经济基础、降低中兴煤矿公司信誉有什么好处呢？

第一大所谓"好处"其实在上文已经说过，就是针对中兴煤矿公司董事张学良。

蒋介石在 1928 年 7 月 5 日在《令中兴公司交出全部矿产文》的末尾处写道："前来查中兴公司北方军阀所占，逆股颇巨，其余奸商所占股份平日多借军阀为护符。故此次竟敢朋比为奸，背约要挟，希图阻挠军饷，实属咎由自取，应将该矿所有财产一律充公……合行令仰该公司即便遵照，克日将所有财产逐一点交俞（飞鹏）主任接收，切实整理。

---

① 《请推选代表协同董事会合力挽救并就进行要点征求股东意见案》，中兴公司档案，1928 年 5 月。

② 关捷主编：《日本与中国近代历史事件》，社会科学文献出版社 2006 年版，第 451 页。

如敢违抗，定当严办不贷。凛凛切切。总司令：蒋中正"。[1]这一纸训令，真如雷霆万钧。其中所谓"背约要挟"，是指整理委员会主任俞飞鹏在给蒋介石的报告中，诬陷中兴煤矿公司不能上交巨额军饷是"款已筹定，复肆无理要求"。[2]什么"无理要求"呢？俞飞鹏的报告列举了三条："一则曰，公司向沪银行所借之款，必须职会（指整理委员会）代为担保；再则曰，将来该公司自购车辆，须由职会负责代向交通部立案，准其永远归公司自由。二者完全办妥后，方肯交款。"[3]俞飞鹏的这个小报告太过毒辣。事实是，中兴煤矿公司用于抵债的存煤已被整理委员会封储自卖，银行因中兴煤矿公司债款抵押物不复存在，而拒绝贷款。银行并提出，除非国家担保，才可能给予中兴煤矿公司贷款。倘若整理委员会不出面，中兴煤矿公司怎么可能得到国家的担保呢？此外，因津浦铁路南段路局撤销，津浦路租用中兴煤矿公司的车皮不仅不付租金，并且不承认有租车皮这件事，致使公司因无车皮而无法运输煤炭（其实，那些车皮都用来运送军用物资或日本煤炭了）。中兴煤矿公司已无力借款，哪有什么"的款已筹定"？俞飞鹏肆意诬陷中兴煤矿公司，也是因为他摸准了蒋介石的脉。蒋介石在没收命令中说："中兴公司北方军阀所占，逆股颇巨，其余奸商所占股份平日多借军阀为护符"，其实是自欺欺人的一派胡言。就中兴煤矿公司方面说，该公司的前身是 1880 年正式挂牌的官督商办矿局。1899 年 1 月正式续办，定名为山东峄县华德中兴煤矿股份公司。1908 年收归华商自办，注册为商办山东峄县中兴煤矿

---

[1] 《抄〈国民革命军总司令部训令，山东峄县枣庄中兴煤矿公司为令遵事案〉》，中兴公司档案，1928 年 7 月。

[2] 《抄〈国民革命军总司令部训令，山东峄县枣庄中兴煤矿公司为令遵事案〉》，中兴公司档案，1928 年 7 月。

[3] 《抄〈国民革命军总司令部训令，山东峄县枣庄中兴煤矿公司为令遵事案〉》，中兴公司档案，1928 年 7 月。

股份有限公司。1915年，中兴煤矿公司遭遇大灾。为挽救中兴煤矿公司，一批政要如徐世昌、朱启钤、黎元洪、赵尔巽等人联络号召为中兴煤矿公司募股，张作霖、张勋、倪嗣冲、张怀芝等人纷纷向中兴煤矿公司注资。投资中兴煤矿公司最多的还有津浦铁路局要员，以及徐荣廷、周星棠为代表的湖北企业家。1922年，中兴煤矿公司扩股，认股者更多的为中小股东。张作霖以张学良的名义一次投资6万元，张勋先后投资80万元，倪嗣冲、张怀芝也有投资，所谓"军阀股份"在中兴煤矿公司的750万元总股本之中约占十分之二三。再者，倪嗣冲所代表的皖系军阀早在第一次直奉战争后便基本形不成气候。张勋自复辟事件后偃旗息鼓，再也没有复出，早已是军、政界的过季人物。而民国初年，军阀、官僚纷纷参与振兴实业活动，比之过去把钱财用于买地、建屋，实在是一种历史的进步。从1912年年初到1914年年初，军阀、官僚参与发起的经济团体就有10多个，对保障资产阶级利益、促进经济法律法规建设发挥了重要作用。官僚、军阀直接投资工矿实业也掀起了一个高潮。在直隶、北京、江苏，官僚、军阀投资实业的人次和企业数依次分别为185/53；178/43；42/29，使直隶和北京地区的工商业发展状况明显改善。而在上述地区的投资人中，涉及军阀、官僚约90名，几乎包括了当时省军级以上全部军政要员。蒋介石对这些情况应该非常清楚。在北方的旧军阀中，皖系军阀首脑段祺瑞是至为反动的。而蒋介石因曾在北洋的保定军官学校上过学，一直尊段祺瑞为师，执礼甚恭。可见，蒋介石所谓"军阀、奸商朋比为奸"，不可能是指所有旧军阀，而是指尚与其为敌的旧军阀。蒋介石北伐的矛头所指是谁呢？是吴佩孚、孙传芳和北京的张作霖。吴佩孚、孙传芳早在1926年国共合作的第一次北伐中就已经被击败，蒋介石二次北伐的矛头所指主要是北京的奉系军阀张作霖以及失败后投奔张作霖的孙传芳。而孙传芳与中兴煤矿公司并无关系，所以蒋介石的矛头所指就是张作霖的奉系军阀。但张作霖已于 1928 年 6 月 4 日退出北京，并在返回东北的途中被日本人炸死于皇姑屯，因此，蒋介石 7 月 5 日的命令中所谓"军阀、奸商"主要是指张学良。东北军已撤到关外，蒋介石为何还要借张学良打击中兴煤矿公司呢？因为张学良虽然停止打内战，撤回了东北，却还是悬挂北洋时期的五色旗，没有归于南京国民政府的统一领导之下。由于蒋介石向中兴煤矿公司施加了强大压力，5 月初，中兴煤矿公司总经理朱启钤曾致电张学良要求停止内战。张学良复电表示："但能息争救国，无不遵从"。随即，奉系于 6 月初退出北京，回到关外。如果进一步加大压力，通过中兴煤矿公司迫使张学良归顺南京政府，四两拨千斤，岂不是上上之策？

如果张学良就是不肯归顺，以"军阀、奸商朋比为奸"为借口，把中兴煤矿公司变为国民政府控制的国家企业，成为国民党发动战争的提款机，也不失为一着高棋。蒋介石、宋子文并非没有这个打算。在中兴煤矿公司档案中，有一份《十七年七月十三日第七十九次国府会议纪要》。

"（民国）十七年七月十三日"即 1928 年 7 月 13 日，距离蒋介石下令没收中兴煤矿公司矿产刚过去 8 天。《纪要》只有（二），没有（一），显系中兴煤矿公司有针对性的摘录。这（二）部分的内容正是"蔡元培、王世杰、徐元诰、宋子文、薛笃弼报告"。该报告称："处理逆产条例修正案已遵照日前会议席上多数人之意见重加修正。附送修正案全文。决议修正公布《修正处理逆产条例》。"[1] 随后是"处理逆产条例修正各条文"。其中，原来的《处理逆产条例》第一条为："自民国十四年(1925 年)七月一日国民政府成立之日起曾犯暂行反革命治罪法第二条至第七条之行为者其财产为逆产。"[2]

---

[1]　《十七年七月十三日第七十九次国府会议纪要》，中兴公司档案，1928 年 7 月。
[2]　《十七年七月十三日第七十九次国府会议纪要》，中兴公司档案，1928 年 7 月。

《修正处理逆产条例》第一条则为："自（民国）十四年七月一日起犯暂行反革命治罪法之罪经法庭判定者；又自民国元年一月一日起有危害民国之行为罪迹昭著，经国府明令通缉者，亦同其财产视为逆产。"①对于如何界定"逆产"，增加了"自民国元年一月一日起有危害民国之行为罪迹昭著，经国府明令通缉者"。由当时的情势和时间节点看，增加的后一句话显然主要是针对中兴煤矿公司总经理朱启钤的，因为朱启钤曾担任袁世凯复辟帝制时的大典筹备处处长，其行为属于"危害民国"，并曾在黎元洪继任总统后遭通缉。但是，朱启钤遭通缉一事早在冯国璋代总统任期内就明令撤销并赦免。修正条文第一条只说曾"明令通缉者"，就是不说通缉已被撤销者不在此列。事实上，通缉已被撤销、赦免者是不应该在治罪范围，并将其财产视为"逆产"处理的。蒋介石、宋子文当然清楚这个理说不过去，所以在修改的第一条中只提"曾遭通缉"，模棱两可，让别人挑不出理来。其目的，就是打压中兴煤矿公司总经理朱启钤，让朱启钤有口难言：一来，可以逼迫朱启钤继续向张学良施压；二来，"树倒猢狲散"，通过打压朱启钤在舆论上先声夺人，摧毁中兴煤矿公司的士气，使"没收"这一举动顺理成章。

蒋介石没收中兴煤矿公司的矿产还有一个他自己内心的隐情，即打击时任中兴煤矿公司董事长黎元洪。1926年，著名文人、同盟会早期领导成员之一章太炎曾两度在报刊上发表文章，鼓吹应该再次推举黎元洪为总统。对章太炎的文章，一般人并不会当回事，但是在蒋介石就不同了。当时的蒋介石是黄埔军校校长、北伐军总司令。蒋介石的野心不言而喻，他是不会允许有人与他比肩而立的。而黎元洪是个颇富戏剧性的人物。黎元洪不是革命党人，却在武昌起义胜利后被革命党人强推为临时军政府都督；袁世凯本不想传位给身为副总统的黎元洪，黎元洪却

---

① 《十七年七月十三日第七十九次国府会议纪要》，中兴公司档案，1928年7月。

偏偏继袁世凯之后成为中华民国大总统；出人意料的是，1922 年，黎元洪竟再度被强行推上总统宝座。黎元洪在政坛上的幸运简直是神鬼莫测！蒋介石势头正猛的时候，居然有人再次鼓吹让 60 岁出头的黎元洪复出，在蒋介石是不能不防的。据李书源所著《柔暗总统黎元洪》一书记载："1928 年 5 月，居住天津的黎元洪与夫人去英租界赛马场看赛马突然昏倒。发病的原因固然在于旧疾，但也与黎的精神受到刺激有关。原来 1928 年 5 月，蒋介石的北伐已到山东境内。一位副官告诉他说：蒋介石的军队已到临城（枣庄市薛城旧名临城），要没收中兴矿。中兴煤矿是黎投资最多的企业，黎晚年家用，特以此为抵注。黎当时又是该矿的董事长，所以听到这个消息，黎元洪非常焦虑，便派长子绍基携带自己的亲笔信去南京找老友谭延闿向蒋介石疏通。蒋称：别人的我没收，黎黄陂的我不能没收。黎稍放心……但随后蒋又下令叫中兴煤矿承担军饷 500 万元，如逾期不交，就没收煤矿。这使黎精神上遭到沉重打击，最后诱发旧疾"。[①]1928 年 6 月 3 日，黎元洪逝世。他在逝世前留下 10 条遗嘱，内容涉及 1928 年济南五三惨案的解决；实行垦殖，化士兵为农工；振兴实业，以法律保障人民的权利；调剂劳资，制定详细法规；正德、厚生、利用不可偏废，中华数千年立国之根本精神常较物质文明为重要；革命为迫不得已之事，但愿一劳永逸，俾国民得以早日休养生息，恢复元气；等等。至死仍关心国家政治时局，黎元洪之精神境界，又怎能为蒋介石所容忍？

　　蒋介石没收中兴煤矿公司的矿产明面上的理由为筹措军饷。

　　军饷始终是蒋介石发动内战期间的头等大事。军队一动就要花钱。从 1928 年 2 月 9 日蒋介石在徐州举行第二次北伐誓师大会，到 6 月 15

---

① 　李书源：《民初五大总统列传·柔暗总统黎元洪》，吉林文史出版社 1995 年版，第 326—327 页。

日南京政府宣布取得北伐胜利的 4 个多月中，财政部部长宋子文的主要精力，都用在筹措经费方面。其战时财政金融政策归纳起来，就是"榨取"二字。蒋介石、宋子文通过军事行动，实行财税统一、币制统一，这些都无可厚非。问题在于，他们借机以国家资本主义的名义，进行对经济、金融和工商业的垄断，由此大发战争财。

最明显的一个例子，就是国民党中央银行对中国银行和交通银行的控制。1923 年，宋子文为推销"加募"的江海关二五附税国库券，曾通过蒋介石两次致电中国银行总经理张嘉璈，要他与交通银行总经理一起赶到南京，商量推销事宜。中国银行本由清王朝的大清银行改制而成，1912 年创立于北京。初期仅有官股 300 万元，1917 年加入商股 700 万元。1921 年，官股全部退出，商股增加，总股本达 1800 万元，是当时中国最有实力的银行。常任总经理张嘉璈被蒋介石予取予求、欲壑难填的大胃口吓怕了，那一次知道没有好事，便未应召去南京。蒋介石于是大骂张嘉璈"阻挠北伐"，限张嘉璈于 1 个星期内承销 1000 万元国库券。中国银行是商业银行，张嘉璈怎敢独自做主跳这个无底洞？最终决定分 3 个月，垫上 600 万元。宋子文大为不满，开始运用政治高压和经济蚕食打压中国银行。交通银行因实力强大，受中国银行牵连，也在宋子文打压之列。宋子文以强制手段，分别向中国银行和交通银行注入官股 500 万元及 200 万元；以此为跳板，向两行派进官股董事，并限制两行业务。20 世纪 30 年代中期，进一步注入官股，宋子文担任了中国银行董事长，宋子文的弟弟宋子良成为交通银行常务董事。其他董事长、总经理人选，也由宋子文和孔祥熙指定。中国、交通两银行最终成为宋子文、孔祥熙的囊中之物。事实上，所谓注入的官股，不过是宋子文帮蒋介石发行债券的债票，是全中国人民的财产。

蒋介石以筹措军饷为名没收中兴煤矿公司矿产的举动，其来势之猛烈，较之宋子文对待中国、交通两银行毫不逊色。整理中兴煤矿委员会一成立，便以封储中兴煤矿公司 50 万吨存煤相要挟，要求中兴煤矿公司交出 500 万元的军饷。中兴煤矿公司拿不出 500 万元，整理委员会便夺取了中兴煤矿公司的经营管理权，并在上海招标出售中兴煤矿公司存煤。50 万吨存煤是什么概念呢？以 10 元 1 吨计算，50 万吨存煤的价值也在 500 万元。500 万元，这是中兴煤矿公司向各大银行借款的总额。中兴煤矿公司的总股本是 1000 万元，当时的债务就占了 1/2。所以，50 万吨存煤就是中兴煤矿公司未来恢复生产所必需的全部本钱，而这些本钱也已经变成债务银行的抵押品。银行与中兴煤矿公司之间的贷款合同规定：每售出 1 吨煤，须交出 6 元作为偿付债款之用。整理委员会夺取了中兴煤矿公司全部债务的抵押品和中兴煤矿公司的经营、运销权，实际上已剥夺了中兴煤矿公司的生命线。中兴煤矿公司会不会被蒋介石以筹措军饷的名义，变为新军阀控制的所谓"国有资产"呢？

三、八方聚力，中兴煤矿公司与蒋介石打了个平手

1927 年 6 月，北伐军来到枣庄。为支援北伐，中兴煤矿公司在极为困难的情况下，自愿认购"二五库券"①100 万元。中兴煤矿公司总经理朱启钤为筹措这 100 万元，不惜卖掉了自己的部分房产。款项还未筹足，驻枣庄的北伐军突然南撤。奉系张宗昌的部队又重新占据枣庄。这种情况下，中兴煤矿公司仍然派总经理协理张仲平(张莲芬之子张学良，字仲平，以下都以张仲平相称，与张汉卿、张学良区别)赴南京，亲手将百万元巨款交付国民党财政部。长期遭受军阀张宗昌的蹂躏，中兴宽大公司希望国民党的北伐能够成功。

---

① "二五库券"全称为江海关二五附税国库券，是宋子文为蒋介石政府筹措军费的手段。

　　蒋介石的战地政务委员会对此十分清楚，对中兴煤矿公司的情况也十分清楚。1928年4月14日，战地政务委员会的命令说："查该公司开办以来成绩颇著，近年因张、孙等逆盘踞扰乱，以致产销深受影响。"①可是4月17日成立整理中兴煤矿委员会之后，对中兴煤矿公司立刻就翻了脸，先是要求中兴煤矿公司立即报效500万元军饷，中兴煤矿公司拿不出；接着，就一面封储中兴煤矿公司的50万吨存煤，一面监视枣庄总矿及台儿庄、浦口各煤厂，将总矿存煤运到徐州自行销售，还在上海登报招商，出卖全部中兴煤矿公司存煤，并命令中兴煤矿公司即刻报效军饷100万元。既然中兴煤矿公司办理中兴煤矿公司卓有成效，为何还要接管它的运销权并监视它？既然知道因张作霖、孙传芳等军阀盘踞造成中兴煤矿公司产销深受影响，为何还像强盗一样，封储中兴煤矿公司存煤自行销售，并命令中兴煤矿公司即刻拿出100万元？其后，因一时拿不出100万元，又完全接管了中兴煤矿公司的经销权呢？1927年，中兴煤矿公司在困难的情况下以百万元巨款购买国民党发行的"二五库券"，蒋介石曾亲自下令保护中兴煤矿公司。命令中说："呈悉，据称该公司历受军阀骚扰诛求，濒于破产，自愿认购库卷一百万元补助军需，请求保护等情，具见深明大义，殊堪嘉许，应准分电前敌各军予以保护，并分函财（政）、交（通）两部查照办理，以维实业。仰即知照。此批：总司令蒋中正"。②蒋介石的签名上还盖了大印。从1927年至1928年，新、旧军阀拉锯，在枣庄几进几出。中兴煤矿公司总矿被迫停产数月，情况较一年前更糟糕。蒋介石却自食其言，翻脸不认人，气势汹汹，必致中兴煤矿公司于死地而后快。对蒋介石的图谋，中兴煤矿公司总经理朱启钤洞若观火。朱启钤一面派自己的助手、总经理协理

---

① 《战地政务委员会为设置整理中兴煤矿委员会令》，中兴公司档案，1928年4月。

② 《蒋总司令批令》，中兴公司档案，1927年7月21日。

张仲平和罗义生为公司全权代表，赴上海与整理委员会主任俞飞鹏谈判；一面致电公司董事、奉军首领张学良，要求张学良不要与北伐的国民党军队开战，谋求和平统一。张学良接电后，立即着手做奉军退到关外的种种准备。奉军于 1928 年 6 月 4 日退回东北。6 月 4 日是张学良的生日，也是其父张作霖的忌日。张作霖因对日本关东军阳奉阴违、不甚买账，又失去了北京政府的权力，被日本视为既不听话又无用处的障碍，在 1928 年 6 月 4 日返回东北途中，被日本特务炸死于沈阳附近的皇姑屯。闻听张作霖在返回东北的途中被日本特务炸死，蒋介石当然知道即将主政东北的一定是年仅 28 岁的张学良。以张学良与朱启钤的密切关系和张学良中兴煤矿公司董事的身份，由朱启钤进一步向张学良施加影响，东北的统一或指日可待。这正应了那句"以小人之心，度君子之腹"。追求国家的和平统一是朱启钤一贯的信念，其孜孜于 1919 年的南北议和就是一个明证。多年来，新、旧军阀予取予求，骚扰不断，致使中兴煤矿公司濒临破产。他本人更是身在其中，首当其冲。他致电张学良呼吁停止战争，既是出于中兴煤矿公司的利益，更是出于国家统一大业，同时也出于他了解张学良是一个深怀爱国抱负的年轻人，并非由于害怕蒋介石施压。当然，蒋介石施压也是一个现实的原因。战事既息，蒋介石反而变本加厉地压迫中兴煤矿公司，朱启钤唯有抗争。

中兴煤矿公司为了对付整理委员会的高压手段，积极争取主要债权人的支持。中兴煤矿公司的主要债权人，是属于江浙财团的南五行系（中国银行、交通银行、上海储蓄银行、浙江兴业银行、浙江实业银行）和属于华北的北四行系（盐业银行、中南银行、大陆银行、金城银行）。到 1928 年年底止，中兴煤矿公司欠银行的款项达 500 余万元，其中绝大多数是欠南五行系和北四行系的。这些债款的担保品就是中兴煤矿公司的存煤。整理委员会标售存煤和接收中兴煤矿公司的营业管理权，直接损害了银行债团的利益，使银行债团收回债务有落空的危险。因此，各银行债团一开始就积极支持中兴煤矿公司。金城、大陆、浙江兴业、盐业、中南 5 家银行联合发出公函，要求整理委员在标售存煤时应履行中兴煤矿公司还债章程契约（按原契约规定，中兴煤矿公司存煤在 50 万吨以内的每售 1 吨，须交出 6 元，作为偿付债款之用）。同时，银行债团方面推江浙财团首脑之一、政学系主要人物钱新之出面说情。中兴煤矿公司还疏通了国民党农矿部部长易培基公开通电蒋介石，要求给中兴煤矿公司留一部分存煤，以作公司恢复工程之需。易培基还以农矿部名义在国民政府的国务会议上递交提案，阻止整理委员会接收或干涉中兴煤矿公司。① 联合发出公函的 5 家银行中，金城、大陆、中南、盐业银行属北四行系。据曾经担任四行储蓄会上海总稽核处会计员的胡仲文回忆，北四行系"有一个重要的幕后人物起着指导作用，此人就是任金城银行终身董事、中南银行董事和盐业银行董事长的任凤苞"。② 任凤苞曾任北洋政府交通银行协理多年。金城银行的周作民、中南银行的胡笔江都在交通银行任过职，都是任凤苞的助手，与任凤苞关系密切。北四行创立之初，也都受到交通银行的支持，有困难也经常请任凤苞出面疏通，"这就形成了任凤苞与'北四行'的一种特殊关系"。③ 任凤苞一直是中兴煤矿公司的董事、主任董事。联合发出公函的另一家银行是浙江兴业银行。浙江兴业银行的创办人和董事长叶揆初，正是在 1913 年中兴煤矿公司第三次股东大会上当选查账员（即监察人）的叶揆初。叶揆初曾任大清银行监督，是曾任中兴煤矿公司董事长的朱钟琪的女婿，与张莲芬过从甚密。在银行债团对蒋介石的斗争中，我们看到了中兴煤矿公司股东的身影。

---

① 王作贤：《没收中兴公司财产的经过》，载枣庄市政协文史资料第 19 辑《中兴风雨》。
② 胡仲文：《四行准备库及四行储蓄会经营始末记》，载《上海文史资料存稿汇编》。
③ 胡仲文：《四行准备库及四行储蓄会经营始末记》，载《上海文史资料存稿汇编》。

　　中兴公司做了上述准备活动以后，于（1928年）5月上旬在上海和整理委员会代表俞飞鹏谈判。在谈判中，开始俞的态度强硬，要价很高，向中兴公司提出：（一）公司股份，凡属军阀逆股应查充国民党官股；（二）以存煤中的30万吨，全数充公。关于查封逆股双方争议不大。第二条则是争论的焦点。当时中兴公司欠债500万元，主要靠存煤恢复生产和还债，当然不能同意以30万吨充公。至于存煤自行出售，在内战不断、军运紧急的情况下，中兴公司根本搞不到车辆运输。当时中兴公司又无法借现款，因此中兴要求减少款数，折煤交款。俞飞鹏根据当时中兴的财力，特别考虑到标售公司存煤遭到江浙财团和华北财团的反对，再加上整理委员会在沪标售存煤无人问津，因此改变要价，同意钱新之、胡笔江等人的从中说情，把500万元军饷减到100万元。①

　　经过第一个回合的较量，中兴煤矿公司取得重大胜利。

　　俞飞鹏要求中兴煤矿公司必须一次付清100万元现款。中兴煤矿公司只能想办法借款。中兴煤矿公司首席谈判代表张仲平为保住矿产，经请示总公司同意，提出以中兴煤矿公司矿产做抵押向银行债团借款100万元。但银行方面提出，除以矿产做抵押外，须请山东省政府批准立案，自缴纳特款后遇有一切特别税，准予对中兴煤矿公司豁免，并由整理委员会呈请交通部同意，令津浦铁路局签字担保、确定运输方案之后，银行方可为这笔中兴煤矿公司捐饷发行100万元短期债券。银行的算盘打得清楚又明白：即使拿到中兴煤矿公司矿产，如果出产的煤炭运不出去，苛捐杂税再跟上来，要那个矿产有什么用呢？无奈之下，张仲平又以中兴煤矿公司煤炭的10年包销权向承销商借这笔款。要是在正

---

① 王作贤：《没收中兴公司财产的经过》，载枣庄市政协文史资料第19辑《中兴风雨》。

常年月，能得到中兴煤炭 10 年的包销权等于抱住了一个聚宝盆，那是哪个承销商都不敢想象的。但是，张仲平当时找到的大承销商刘鸿生初则答应，继则要求保证运输畅通。张仲平穷尽了一切能想的办法，只好对俞飞鹏据实相告。俞飞鹏却蛮不讲理，于 1928 年 6 月 9 日警告张仲平，限 3 天之内把 100 万元饷款交足，否则将"另有办法"。① 张仲平再三陈述原委，请俞飞鹏帮助疏通运输事项。俞飞鹏却坚持先交足 100 万元，再帮助疏通运输。谈判僵持到 6 月 27 日，俞飞鹏乘车离开上海回南京，表示不再谈判。张仲平随车跟往南京做最后的努力，仍无法挽回。张仲平知道谈判的路已经堵死，于是就在南京下榻的地方分别草拟了两份文稿，一份由他本人以中兴煤矿公司总公司名义递交南京国民政府和农矿部，向国民政府和农矿部申诉；另一份寄回总公司，由总公司投递给南京的蒋介石。征得总公司同意后，张仲平于 1928 年 6 月 30 日呈文国民政府和农矿部。哪知道 7 月 1 日早晨，他接到俞飞鹏来电。电文说："倾奉总座由汉拍来艳电，内开：中兴煤矿之款如三十日以前不付清，是系军阀奸商朋比抵抗，着即用总司令名义公布，将矿完全充公。"② 原来，俞飞鹏向蒋介石告了黑状，诬陷中兴煤矿公司已找到承销商，手里攥着钱不缴，要挟整理委员会并要挟政府为银行方面担保，以及疏通运输等等——官僚政客的丑恶、卑劣于此可见一斑。在此之前，张仲平于南京再向农矿部呈文，要求农矿部作为矿业主管部门主持维护，并建议总公司"于宣传一节，自为不可少之事"，"宣传文字须津沪两方同时发布才好"。当时的蒋介石军权、党权在握，唯有国民政府主席一职还没有到手。张仲平就想出这个争取国民政府同情的主意，以国民政府来压制权势熏天的蒋介石，其胆魄之大，不愧是张莲芬的儿子。

① 《罗义生就中兴矿被没收致宾如函》，中兴公司档案，1928 年 7 月 1 日。
② 《罗义生就中兴矿被没收致宾如函》，中兴公司档案，1928 年 7 月 1 日。

当时的国民政府主席谭延闿是孙中山的追随者，在国民党内是中间偏左一些的人物。南京国民政府于 1927 年年底成立之后，在《施政纲要》中把"提倡保护国内之实业"[①] 作为一项十分重要的内容，并制定了 5 项具体方法。这正是南京国民政府受到资产阶级拥护的原因。《施政纲要》的制订与谭延闿的努力是分不开的。蒋介石的整理委员会为索军饷不择手段，是与《施政纲要》相悖的。

张仲平在南京向国民政府申诉，中兴煤矿公司总经理朱启钤则直面蒋介石。1928 年 7 月 2 日，朱启钤在上海《大公报》上发表《致蒋总司令函》；7 月 3 日，张仲平在南京将《中兴煤矿公司呈蒋总司令文》呈递蒋介石。针对蒋介石在 7 月 1 日面谕俞飞鹏将中兴煤矿公司矿产全部充公，该文有理有据地进行了驳斥。首先，中兴煤矿公司成立于前清光绪二十五年（1899 年），"完全为中国人自办唯一著名之矿。初非假近今军阀资本所创立之业，亦非借近今军阀势力所获得之权"[②]；其次，中兴煤矿公司因军阀蹂躏、战争影响，积债至 500 余万元之巨。由于盼望国民革命军北伐成功，以期保护振济，所以，1927 年夏天，蒋介石率军北伐时，中兴煤矿公司派员赴上海，以公司及董事的私人房产向银行抵借 100 万元应募"二五库券"。"怎料北伐成功延期一年，公司困敝更加百倍，整委会复令公司筹饷百万。因公司一再抵借，押品早空，信用复失，加以管理运销之权尚操之于整委会，投资者不免怀疑未能应命。不得已复告贷于煤商，不惜牺牲十年包销之权，筹集一时助饷之款。不意该商因运输及保障之条件未遂，事竟垂成而败。此情经过悉为俞（飞鹏）主任暨钱前次长所目睹。是第二次百万助饷之款，不能遵限交纳者，非不为也，实不能也。绝无军阀奸商朋比抵抗之情形。盖

---

① 虞和平主编：《中国现代化历程》第二卷，江苏人民出版社 2001 年版，第 709 页。
② 《中兴煤矿公司呈蒋总司令文》，中兴公司档案，1928 年 7 月 3 日。

不抵抗于去夏扰攘之间，而抵抗于今年统一之后，公司虽愚，何至于此"。① 逐条驳斥后，张仲平的这篇文章重述了第一个100万元"二五库券"助饷之后，蒋介石批示保护中兴煤矿公司的诺言。文章没有责难蒋介石失诺，却自我检讨说，是"因经理人筹款无术，致钧座宿诺之失践"。对经理人"应如何加以严惩之处，悉听钧裁"。②"唯股东权利若因经理人牵连受累，似于情法稍失其平。"③ 这段文字无异于扇了蒋介石一个响亮的耳光，又令蒋介石鸡蛋里挑不出骨头来。文章最后提出要求：

一、第二个100万元现金数照市场价折煤缴纳之；

二、振兴实业为政府对内五项宣言之首，亦是公司职责所在，应请整委会将管理运销权交予公司。

1928年7月5日，恼羞交加的蒋介石悍然以国民革命军总司令部名义正式下令没收中兴煤矿公司全部矿产，由俞飞鹏的所谓整理委员会全部接管。

朱启钤也再出重拳，在天津召开特别股东会，发动全体股东向蒋介石抗争。在中兴煤矿公司档案中，有一份国民政府军事委员会批总字第4411号文，具呈人为山东峄县中兴煤矿公司全体股东。呈文的内容是："为呈明不服没收处分请予纠正，准其恢复营业以纾商困由。"军事委员会主席正是蒋介石。解铃还须系铃人，朱启钤知道，蒋介石这一关是绕不过去的。朱启钤一面发动全体中兴煤矿公司股东抗争，一面推举有影响力、能和南京方面说得上话的股东奔走活动。当时推举了两个人，一

---

① 《中兴煤矿公司呈蒋总司令文》，中兴公司档案，1928年7月3日。
② 《中兴煤矿公司呈蒋总司令文》，中兴公司档案，1928年7月3日。
③ 《中兴煤矿公司呈蒋总司令文》，中兴公司档案，1928年7月3日。

位是中兴煤矿公司股东、汉口总商会会长周星棠，另一位是黎元洪的儿子黎重光。黎元洪因中兴煤矿公司事件深受刺激，于 1928 年 6 月 4 日在天津逝世。蒋介石少了一个宿敌，下令为黎元洪下半旗志哀，给黎元洪举办了隆重的国葬。其子黎重光这时候站出来为中兴煤矿公司说话，蒋介石怎么说也得给点儿面子。

周星棠是主动请缨。一则，汉口是大商埠，周星棠、徐荣廷等中兴煤矿公司股东在国内有很大的影响力；二则，汉口的股东投资中兴煤矿公司 200 多万元，且全部为商股，与蒋介石政府的要员们论起理来腰杆硬实。周星棠代表中兴煤矿公司向时为财政部部长的宋子文提出的解决办法是，由财政部核发库券 100 万元，由中兴煤矿公司筹措现款，或由财政部代为筹措现款，由中兴煤矿公司负责偿还。

除中兴煤矿公司股东外，上海银行业公会于 9 月 2 日致电国民政府，措辞强硬。电云："国民政府，军事委员会，蒋总司令，财政部，农矿部，司法部，工商部钧鉴：中兴煤矿公司全部财产奉令没收一事，敝会各会员银行，或因受押该公司股票，或因为该公司发行债券，受此影响，均遭牵累……查处理逆产条例第六条有云：公司商店之财产，有一部分为逆产时，处理逆产委员会，得没收该项财产，但不得侵及其他投资者之权利……俞主任飞鹏致电所谓逆股充公，商股仍旧，不过将条例第六条之规定重言申明，并非撇开条例以缴款百万为避免全部没收之代价。是故缴款迟速，与该公司股东合法取得之股权，并无关系。"[1]上海银行业公会用蒋政权自己制定的法律条例反击了蒋介石没收中兴煤矿公司全部矿产的做法，接下来，进一步从实业界与金融界的信用关系警告蒋政权说："该公司担任此项报效义务，质言之，仅与普通筹助军饷同一性质，似未便以金融阻滞无力筹缴，遽尔没收其全部财产，使民产

---

[1] 《申报》，1928 年 9 月 3 日；转引自陈真编：《中国近代工业史资料》第三辑，第 701 页。

与逆产，受同一之处分，致条例第六条保障民产之精神，为之摧毁无余……各银行与该公司，虽非立于同一地位，惟金融与实业，息息相关，必实业有安全之保障，而后金融有长足之进步。银行收受存款，其唯一义务，即在运用适宜，使存户不受意外损失，而于款与实业工厂，担保确实，在一般人心理中，实视为最安全之投资。如果政府予夺任性，法律保障失其效用，前车之鉴，人有戒心，银行谁敢放款与工厂，存户谁敢存款于银行……政府近方着手建设，此后凡百进行，全赖人民信仰，法律有确实之保障，庶咸愿出其血汗之资，以为政府攘流之助。吾国实业，方在萌芽，招集巨款，尤非易事，前此任何公司，谁能保无政客军阀之投资？如以少数人而牵动全局，则国中稍有名之实业，谁保其不为中兴煤矿之续？以中兴公司百万元报效之未缴，而使人民长虑却顾，永失其与国家全力建设之机会，是国家所得者微，所失者大。银行业一方有巩固自身业务之责任，一方亦有助长国家经济之天职，尤不愿见当局措施有千虑之一失，致国家建设事业，误入歧途。应请钧府贵令钧座大部秉其公正之精神，纳谏如流，将没收中兴煤矿暨标卖存煤之举，逐一收回成命。"[1]

上海银行业公会会长正是江浙财团首脑钱新之。1928年7月22日，钱新之曾亲笔上书蒋介石，为中兴煤矿公司说话。函称："上年（1927年）六月国民政府发行第一次二五库券，彼时国军甫抵徐州，北方工商各业尚多观望，无敢应募，独中兴煤矿公司处军阀势力之下，首先派员来沪应募库卷达九十余万元。"[2] 钱新之在1927年蒋介石与宋子文的矛盾激化时，被蒋介石任命为南京国民政府财政部次长。蒋介石发迹，靠的就是江浙财团，而钱新之当时任江浙财团商业联合会常委、北四行四

---

① 《申报》，1928年9月3日；转引自陈真编：《中国近代工业史资料》第三辑，第701—702页。

② 《钱新之上蒋总司令函稿》，中兴公司档案，1928年7月。

库联合准备库及四行储蓄会协理，早在 1920 年就是上海银行业公会会长。钱新之的话，蒋介石是不敢当作耳旁风的。钱新之在信中接着说："铭在财政次长任内曾经陈明钧座，备案嘉义，许谓能踊跃输款，深明大义，经（民国）十六年七月二十一日（1927 年 7 月 21 日）钧座批示内开：据呈悉连年军阀骚扰情形，请予保护，并认购库券一百万元补助军需。该公司深明大义，踊跃输款，自应飞饬前敌各军予以保护，并分函财交两部各在案……上年（1927 年）首先赴义之经过，绝非临时投机可比，似应在特别保护奖励之列。遂闻战时各种部勒加于该公司者尚未撤销，且因输款未交，有完全充公之说，揆之情理，似未为平。"① 钱新之作为中兴煤矿公司一年多来一切经过的见证人和 1927 年接受中兴煤矿公司募捐的经手人，这一番实事求是的陈述让蒋介石实在无言以对。钱新之最后提出的解决办法是："查照前批，以观后效，没收之令，暂缓执行。饬整理（委员）会将中兴矿事仍交该公司自行经理，所有助饷之款或予折煤缴纳，或予宽限分筹，只需交通逐渐恢复，现款自可次第筹捐，庶期公私兼顾，恩威两全。"② "铭因前财次长任内，彼时矿政为财政部兼管，故于该公司应募库券曾为劝导，深知该公司向义助饷前情，不得不将经过事实说明。"③

　　1928 年 7 月 13 日，财政部部长宋子文等人主持修正《处理逆产条例》，蛮不讲理地将矛头直指敢于直言顶撞蒋介石的中兴煤矿公司总经理朱启钤。7 月 22 日，钱新之写了这封给蒋介石的信。钱新之控制下的上海银行业公会于 1928 年 9 月 2 日，再次以金融界集体的名义直斥蒋政权的违法行为，表达了全中国金融界的愤怒呼声。在金融界、商界、政界及中兴煤矿公司全体股东的坚决反击之下，羽翼尚未丰满的蒋

---

① 《钱新之上蒋总司令函稿》，中兴公司档案，1928 年 7 月。

② 《钱新之上蒋总司令函稿》，中兴公司档案，1928 年 7 月。

③ 《钱新之上蒋总司令函稿》，中兴公司档案，1928 年 7 月。

介石不得不做出让步，同意中兴煤矿公司缓交 100 万元现款，1928 年
9 月 26 日，蒋介石下令将矿产发还中兴煤矿公司。而这时，张学良为
防止日本帝国主义进一步蚕食东北，主动表示愿统一于南京国民政府之
下，东北易帜正紧锣密鼓地进行。

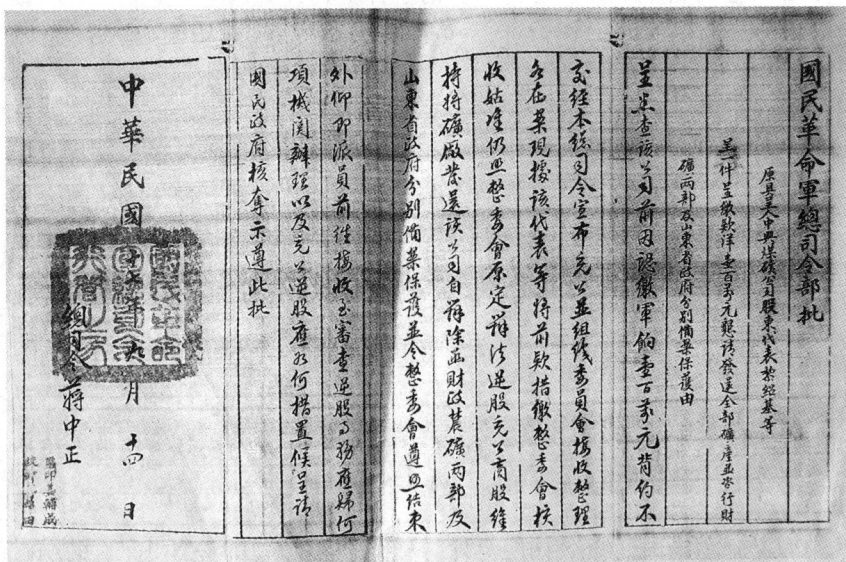

1928 年 9 月，蒋介石签署发还中兴煤矿公司矿产的命令

这一场大战，中兴煤矿公司与蒋介石真是打了个平手。中兴煤矿公
司虽然被迫再上缴 100 万元军饷，在道义上却赢了个盆满钵满。蒋介石
尽管在道义上输了分，但既拿到了 100 万元军饷，又不费一枪一弹使东
北易帜，在形式上统一了中国。

四、1928 年：张学良的对日斗争与蒋介石对日妥协

对于中兴煤矿公司，1928 年是遭致毁灭性打击的一年。

对于中国，1928 年是新、旧军阀交替，帝国主义在华势力此消彼长，新生与死亡搏斗开局的第二年。以奉系军阀从北京撤回东北及易帜为标志，蒋介石为代表的新军阀基本统一了中国。列强方面，1922 年的华盛顿会议上，由于中国代表的力争，由于中国自 1919 年巴黎和会之后一浪高过一浪的反对日本帝国主义侵略的斗争，由于英、美等国与日本在华势力的争夺，中国人民终于推翻了第一次世界大战后对德和约中涉及山东的不平等条款，收回了部分主权，在法律形式上结束了日本对青岛的军事占领和政治控制。但是，日本仍保留了相当的在华政治、经济特权。1922 年后，日本侵略中国的主要策略是扶持亲日军阀势力，制造中国内乱。日本则乘机巩固、扩大在中国的特权，加大对中国的货物倾销，打压中国的民族经济。日本支持的皖系军阀与奉系军阀先后挑起了 1920 年的直皖战争和 1924 年的直奉战争，扶持起亲日的段祺瑞政权。1925 年，奉系内部的进步军官郭松龄联合冯玉祥反对张作霖穷兵黩武，日本直接出兵帮助张作霖镇压、杀害郭松龄，并乘机提出了进一步殖民东北的一系列要求。张作霖对日本的野心始终保持着一份警惕，拖延在日本提出的不平等条约上签字，1928 年 6 月 4 日被日本特务炸死于皇姑屯。1926 年，国共合作北伐。日本人极为恐慌，于 1927 年召开"东方会议"，出笼了"田中奏折"，确立了以东北为跳板占领中国，进而占领整个亚洲的战略。

在具体实施步骤上，"东方会议"达成了"使满蒙从中国分离出来"的认识，为"确保在满蒙特殊的地位权益"，要拿到在满蒙的行政权、治安权、居留权，及满蒙铁路的权益；并确立了在中国内部"贯彻满蒙分离政策"，支持国民党右派势力镇压中国共产党。

事实上，早在 1927 年 4 月初，日本政府为破坏北伐，已制定了一份拉拢蒋介石分裂国共合作的计划，并不断制造事端，出动兵力武装干

涉中国革命。蒋介石在向日本担保"永不反日"①并把屠杀共产党人的
政变计划向日本密报之后，悍然发动了四一二反革命政变，致使共产党
人和革命群众血流成河。四一二反革命政变发生之后，武汉国民革命政
府公开谴责蒋介石，开除了蒋介石的国民党党籍。日本帝国主义为配合
蒋介石，令在武汉的日本银行、洋行、轮船公司等一律拒用武汉政府发
行的纸币，大量套进银圆和维持市面周转的铜圆，与英、美等国调动大
批军舰威吓武汉政府，切断武汉与北京、上海、广州、重庆的交通。蒋
介石则在帝国主义支持、配合下对武汉实施军事包围。本来就摇摆、动
摇的汪精卫终于和蒋介石同流合污，于 1927 年 7 月发动了屠杀共产党
人的七一五反革命政变。面对以蒋介石为首的国民党右派的分裂、叛变
和法西斯专政，中国共产党人被迫于 1927 年 8 月 1 日发动南昌起义。
自此，国共之间的 10 年内战开始。

　　日本帝国主义借力蒋介石破坏中国革命、分裂中国的目的完全实现
了。接下来，日本自甲午战争以后吞并中国的计划就可以大举实施。"田
中奏折"正是在这种情势下出炉的。蒋介石以为日本是他的主子了，其
实，日本除分裂国共外，还极力拉拢、扶植地方势力分疆裂土，破坏蒋
介石统一中国。1928 年正是在上述各种矛盾的交织中到来的，也是在
磨刀霍霍的日本帝国主义的威胁之下到来的。

　　中兴煤矿公司由于其坚决维护国家利权的一贯立场及其雄踞国内煤
炭企业的地位，对外煤尤其是日资煤矿有着强大的竞争力，在国内深孚
众望。1927 年，中兴煤矿公司又为支援北伐统一大业，千方百计筹措
款项，购买"二五"库卷 100 万元。蒋介石却对这些铁的事实不管不顾，
自食其言，于 1928 年 7 月悍然没收中兴煤矿公司的矿产。这一年，中
兴煤矿公司全年停产，没有产出 1 吨煤炭。而日资控股的山东鲁大煤矿

---

① 　关捷主编：《日本与中国近代历史事件》，社会科学文献出版社 2006 年版，第 439 页。

的年产量却达到 59 万吨，中国的铁路是不敢不运输日本的煤炭的。张仲平在为蒋介石决定没收中兴煤矿公司矿产等问题给交通部的申诉信中，特别指出："复查煤炭燃料为民生所必需。所有本矿在长江一带创得之各销路，现已供给断绝，日煤遂得充斥。即如国有铁路向为本矿所供给者，亦不得不仰求外煤。利权他溢，实堪痛心。"[1] 蒋介石迫害、打击中兴煤矿公司，正是为亲者所痛，为日本所快。这一年的年底，蒋介石终于当选南京国民政府主席，成为党、政、军权集于一身的国家首脑。其对中兴煤矿公司的诛求与他对日妥协的立场是一致的，也显示了他为达目的不择手段的政客做派。对于一个国家领导人，手段体现的是政策。不择手段即是不顾政策。蒋介石的这种政客做派注定了蒋氏政权的灭亡。

围绕着中兴煤矿公司的存亡，蒋介石在冠冕堂皇的言辞和大棒政策下与时为第二代"东北王"的张学良角力。当然，中兴煤矿公司或许只是蒋介石与张学良角力的筹码之一。这场角力其实是不对称的。这种不对称性，突出地表现为张学良和蒋介石在 1928 年分别实施了出发点完全不同的对日外交。鉴于张学良作为中兴煤矿公司董事的身份，以及这场角力对于中国现代历史进程的重要意义，我们在此做一粗略的比较。

1928 年 7 月 2 日，东北三省议会联合会召开，年仅 28 岁的张学良被推举为东三省保安总司令兼奉天省保安司令。7 月 23 日，东北临时保安委员会成立，张学良被推举为委员长，统一管理东北的内政外交等重大事务。在东三省掌权，如何对待日本势力是一个重大考验。张作霖与日本"蘑菇"数年，终被日本人炸死。张学良在少年时代就痛恨日本对中国的侵略，加上杀父之仇，誓死不与日本人合作。在《张学良传》一书中，中兴煤矿公司总经理朱启钤是唯一出现在书中，劝说张学良不

---

[1] 《呈交通部文》，中兴公司档案，1928 年 6 月。

打内战走和平道路的人物，可见朱启钤一贯追求国家富强、和平、统一的思想对他有极深的影响。遵照朱启钤的建议，东北军和平撤回关外后，张学良立即于 1928 年 7 月 1 日通电全国，宣布与南京方面停止军事行动，并派出 4 名代表前往北京，与蒋介石的代表秘密商谈东北易帜，撤下北洋政府的标志——五色旗，换上青天白日旗。1928 年 7 月中旬，张学良决定在三民主义原则基础上，公开宣布易帜。这时候，日本人斜路杀出，公然干涉东北易帜，妄图使东北成为"独立王国"。

早在 6 月 25 日，日本驻奉天总领事林久治郎曾谒见张学良，声称接到首相田中义一的训令，要张学良在"东北宜保境安民为重，勿过于向南方采取接近态度"。①

7 月 12 日，林久治郎第二次谒见张学良，公然表示日本反对东北当局与南方妥协而易帜，并威胁说：此举将导致东北陷入混乱。言外之意，日本要武力干涉。

张学良稳健、持重，于 7 月 16 日回访林久治郎，将东北与南京政府方面商洽和平统一的进展情况做了通报，特别向其征求意见，以堵住日本方面日后挑衅的借口。

7 月 19 日，林久治郎把日本首相田中义一的书面警告交给张学良，内容为：第一，南京政府的地位尚未稳定，东北实无必要与之联系；第二，南京方面若以武力压迫东北，日本愿不惜牺牲，尽力相助；第三，如东北财政发生困难，日本愿充分接济。

张学良阅后，很冷静地问林久治郎："我是不是可以把日本不愿中国统一的意见，或东北不能易帜是由于日本干涉的情形向南京政府报告？"②

---

① 周海峰编：《张学良传》，作家出版社 2006 年版，第 51 页。
② 周海峰编：《张学良传》，作家出版社 2006 年版，第 51 页。

　　鉴于日本的巨大压力，张学良决定东北易帜分步进行，授意奉系势力统治下的热河的都统汤玉麟于 7 月 19 日通电宣布"改易青天白日旗，一体服从三民主义"，并致电蒋介石说明原委。①

　　7 月 21 日，蒋介石的代表复电张学良："总座之意，以日人态度如此，尊处愈有当机立断、毅然宣告之必要。盖日人此等举动，非仅悍然干涉我国内政，直已视东三省为彼俎上物。今惧别生枝节而犹豫不决，以后将永远受宰割，东三省不复为我国领土，先生亦岂能更有立足之地？""东三省存亡，即中国之存亡，系乎先生今日之举措，务望即日宣告易帜，完成统一。"②

　　蒋介石希望东北易帜越快越好，但日本人经营中国东北数十年，张学良不能不考虑一旦翻盘将给东北带来的危险，因此必须寻找时机。除了日本的压力之外，东北军内部的阻力也非常之大。反对意见认为换了旗，就得听别人指挥，失去了自主。张学良明确表示："换旗不换旗，这是关系东北前途，也关系中国大局的问题。日本不愿意我们换旗，其用心所在，大家都清楚，就是要挟持东北独立，但要俯首听命于他，做一个傀儡。这等于出卖民族利益，成为历史罪人，我们绝不能这样做。"③

　　日本政府见张学良没有在 7 月 22 日宣布易帜，于是趁热打铁，于 8 月初任命前驻华公使林权助为特使，专程赴奉天，以参加张作霖丧礼名义劝说张学良不要易帜。8 月 4 日，日本驻奉天总领事林久治郎设宴招待林权助和张学良，张学良仅带外交秘书王家桢出席。

　　会谈一开始，林久治郎就用蛮横的口气，对张学良说："林权助男

---

① 　周海峰编：《张学良传》，作家出版社 2006 年版，第 51 页。

② 　周海峰编：《张学良传》，作家出版社 2006 年版，第 51 页。

③ 　周海峰编：《张学良传》，作家出版社 2006 年版，第 52 页。

爵这次来沈吊唁张大元帅，第一件事就是叫你不要换旗。"① 随后，林久治郎等人转达了日本政府的意见，诸如：满洲堪称日本的外围地，不允许中国南方势力侵入满洲等等。针对张学良提出的中国统一问题，日本方面软硬兼施，表示不反对统一，但不能损害日本在满蒙的权益，并提出保障日本人的居住、营业自由等等殖民东北的新的要求。

8月6日，林权助向张学良递交了日本首相兼外务大臣田中义一的信。田中义一在信中明确表示反对东三省同关内统一，要求张学良实行东北"自治"。

8月8日，林权助拜访张学良，对张学良说："东三省应听从日本之忠告，终止对南方妥协。"并威胁说："田中已具决心，将以强固之意见，决取自由行动，那将会发生重大之事情。"②

8月9日，张学良回访林权助，双方唇枪舌剑。

林久治郎说："屡次传达帝国政府对于南北妥协反对意志，谅贵总司令已经理解日本的意向。总之，日本政府此刻认为国民政府内部杂乱无章，行为尚多共产色彩(纯属指鹿为马!)，东三省若与国民政府妥协，势必侵犯日本之既得权益与特殊地位。因此，日本政府此刻劝贵总司令暂取观望态度，较为妥当。不幸倘若东三省蔑视日本之警告，擅挂青天白日旗，日本必强固决心，采取自由行动。此刻务请贵总司令毅然决心行其所是，勿为浮言所动。倘有不逞分子，尽可以武力弹压，日本愿出全力相助也。"③

张学良回答："我是中国人，我的思想自然以中国的立场为出发点，这就是我所以想完成中国统一、实行分治合作、以实现东三省经济和平政策的原因所在。贵国政府的警告，我因照顾邦交，愿以个人资格加以

---

① 周海峰编：《张学良传》，作家出版社 2006 年版，第 53 页。
② 周海峰编：《张学良传》，作家出版社 2006 年版，第 53 页。
③ 周海峰编：《张学良传》，作家出版社 2006 年版，第 54 页。

考虑，不过必须以东三省人民的利益和志愿为依归。如果东三省人民公意要求统一，我惟有依照人民公意。贵总领事提到日本将采取自由行动，如果以国际关系言之，我想日本政府将不至甘冒干涉中国内政之不韪。今天我不能理解的是日本政府何以种种威胁，反对中国实行统一。"[1]

林久治郎竟横霸地说："理论业已终结。简而言之，日本政府具有决心，反对东三省向南方妥协，所谓干涉内政，亦所不辞。"[2]

林权助也强调说："简单言之，田中首相已具有决心，我愿听听贵总司令之决心如何。"[3]

张学良身在虎穴，面对高压，坚定地答道："我的决心以东三省人民意志为转移。我绝不能拂逆东三省人民之心理而有所为也。"[4]

这时，又有一个叫作佐藤安之助的插话："贵总司令如果违背田中首相心理，就将发生重大事情。"[5]

林权助倚老卖老地说："令尊和我是好朋友，我把你当作自己的子侄。你还年轻，希望你听我的话，你的思想是很危险的。"[6]

张学良立即还以颜色："我和贵国天皇同庚，阁下知不知道？对于阁下刚才的话，我所能回答的，就是这些。"[7]

张学良针锋相对，一面电告蒋介石进行外交斡旋，一面派员向林权助疏通。双方终于达成三个月内东北不易帜、三个月后日本不加干涉的谅解。当林权助回国时，张学良设宴送行。席间，张学良对林权助说：

---

[1] 周海峰编：《张学良传》，作家出版社 2006 年版，第 54 页。
[2] 周海峰编：《张学良传》，作家出版社 2006 年版，第 54 页。
[3] 周海峰编：《张学良传》，作家出版社 2006 年版，第 54 页。
[4] 周海峰编：《张学良传》，作家出版社 2006 年版，第 54 页。
[5] 周海峰编：《张学良传》，作家出版社 2006 年版，第 54 页。
[6] 周海峰编：《张学良传》，作家出版社 2006 年版，第 54 页。
[7] 周海峰编：《张学良传》，作家出版社 2006 年版，第 54 页。

"林老先生，你替我想的事比我自己想的都周到，但是有一样事，您没有替我想到。"林权助问是什么事，张学良严肃地说："我是一个中国人。"① 林权助听了哑口无言。

经过长达半年的艰苦斗争，1928 年 12 月 29 日凌晨，张学良领衔发表《东北易帜通电》。东三省各政府机关、团体、工厂、民居一律悬挂青天白日旗，降下了代表北洋政府的五色旗。经过 10 年的军阀混战，中国终于实现了形式上的统一。真不敢想象，如果不是智勇双全的张学良主政，当时谁能顶住日本如此大的压力，在这么短的时间内实现东北易帜。

反观 1928 年的蒋介石，他虽然实现了中国在形式上的统一，但这种统一是建立在对帝国主义尤其是日本帝国主义顺从和妥协的基础上的。1928 年 4 月底，蒋介石率领的北伐军打到济南，将济南城三面包围。北洋军阀张宗昌连夜撤出济南，北伐军遂顺利开进济南城。5 月 2 日夜，率领炮兵随第一集团军进入济南的蒋介石亲信陈诚，突然命令炮兵团连夜撤出济南城，弄得部下不知所以然。陈诚在撤出济南后对部下邱行湘解释说：日军已在济南寻衅，大战即将爆发。蒋总司令密令我们连夜撤出济南，避免与日军冲突。原来，张宗昌撤出济南之后，日本帝国主义即于 5 月 2 日派兵进驻济南。炮兵是蒋介石手里的王牌部队。畏敌如虎的蒋介石得知日本已决计武力干涉北伐军进入济南，就连夜命令炮兵部队先行撤退。5 月 3 日，日本军队突然袭击国民党军，几乎歼灭其两个营。国民党军刘峙部的两个师奋起自卫反击，很快压倒了日军的嚣张气焰。蒋介石却严令不许抵抗，并派出外交人员 17 人与日本人谈判。其实，根据 1922 年华盛顿会议的规定，无论何种日本兵力，概不得留于山东境内任何地方。反击日本的武装干涉不仅符合国际法，而且完全有

---

① 周海峰编：《张学良传》，作家出版社 2006 年版，第 54 页。

把握取胜，因为日军当时进入济南的人数与蒋介石第一集团军的人数相差悬殊。然而，就是在这种情况下，蒋介石竟卑躬屈膝地派员与杀害自己部下官兵的日本交涉。蒋介石的态度更助长了日本的气焰。日军见蒋军撤退，乘机枪杀中国负伤官兵800余人，并公然破坏国际惯例，枪杀南京政府的外交人员17人，一手制造了震惊中外的济南惨案。而第一集团军撤出济南后，于5月下旬绕过济南日军，继续沿津浦路北进。蒋介石这也叫北伐？1928年8月，张学良为东北易帜遭日本一再阻挠、反对一事致电蒋介石。蒋介石于是派外交部部长张群赴日，向日本政府表示，只要日本不干涉东北易帜、不反对中国统一，愿意着手讨论中日之间的各种悬案，并承认日本在中国东北的特殊地位。所谓"愿意着手讨论中日之间的各种悬案"，即是愿意讨论日本提出而没有被中国接受的种种特权。这就是蒋介石的对日外交！

比较1928年张学良和蒋介石对待民族工业的旗帜——中兴煤矿公司的态度以及对日外交的立场，二人的境界高下一目了然：一个不愧为大义凛然的民族英雄，另一个则是对内专横霸道，对外投机妥协、卑躬屈膝的弄权政客。

1928年发生的这一切，正是1931年九一八事变、1936年西安事变、1949年蒋氏政权在大陆覆没退台的开场锣鼓。

第十章　金融财团和中兴煤矿公司的联手

随着中国的权力中心从北京转移到南京，中兴煤矿公司总部也从天津二马路迁移到上海国际饭店。1928 年 11 月，中兴煤矿公司第十七次股东大会就在这里举行。财团首脑钱新之、叶揆初、叶琢堂在这次大会上当选董事，钱新之被推举为中兴煤矿公司第三任总经理。从 1928 年到 1938 年的 10 年是中兴煤矿公司又一个发展的黄金时期。连接台枣铁路和陇海线的台赵铁路、连云港码头、中兴轮船公司、中兴煤矿公司第三大井都在这一时期建成。中兴煤炭远销海外。钱新之怎样抵制日本侵略者自九一八事变之后对华北、山东的经济侵略，又是怎样大手笔调度资金，实现中兴的跨越式发展的呢？

一、1928 年的失业工会、工会整理委员会和 1930 年的克礼柯案

1928 年 4 月，当国民党大员俞飞鹏代表战地委员会进驻中兴煤矿公司，成立所谓"整理中兴煤矿委员会"，封储中兴存煤，接管中兴煤炭营销权，派员对中兴煤矿公司各重要机关实施监视工作之时，中兴煤矿公司因战争祸乱，存煤如山，债台高筑，已停止生产达 8 个月之久。

4000多井下工人被解雇，在饥饿和死亡线上挣扎，甚至卖儿鬻女。工人中的共产党员张福林、蒋福义等人根据失业工人的要求，组织起失业工会，向整理委员会控制下的公司资方提出"复工，救济，发放拖欠工资"①的要求。俞飞鹏当即派国民党人周学昌来到枣庄总矿，成立所谓工会整理委员会②，对失业工会进行瓦解，以威胁、利诱手段要求张福林等人解散失业工会。失业工会坚持斗争达4个月之久，以张福林等4名共产党员的被捕而宣告失败。张福林、蒋福义、王文彬、郭长清4名工人党员被捕于1928年8月。此时，枣庄煤矿已全部为蒋介石所没收。

资本家与工人，是相互矛盾、相互斗争、相互依存的两个阶级。资产阶级与无产阶级由于其相互依存的关系，当他们的利益冲突不那么尖锐，能够和谐共处时，就能促进企业的发展、扩张；相反，如果矛盾尖锐、不可调和，则直接影响企业的发展乃至生存。在半封建半殖民地的中国，由于帝国主义的经济渗透、扩张，由于军阀混战导致对企业的巧取豪夺，由于民族资产阶级的力量本来就十分弱小，保护民族资本的发展是政府的重要职能。而保障企业工人生存状况的提升，既是保护民生、民权的应有之义，也是保证民族资本发展的重要前提。

国共合作的大革命中，中国工人阶级积极参与了对帝国主义和北洋军阀的斗争。但是，蒋介石、汪精卫向中国共产党举起了屠刀，以新军阀取代旧军阀。大革命失败后，中国人民，尤其是中国工人阶级陷入了更深的苦难之中。中兴煤矿公司枣庄煤矿1928年失业工人的斗争和失败，正是当时社会悲惨状况的写照。

蒋介石政权能不能带领中国人民完成反帝、反封建的任务呢？1927年，蒋介石随国共合作的北伐军进驻南昌后，便积极与日本勾结，

---

① 李修杰、苏任山：《枣庄煤矿工运史》，1986年出版，第68页。
② 工会整理委员会全称为枣庄矿区工会整理委员会，直属国民党党部领导。

"会见了日本驻九江领事江户千太郎。蒋介石向江户千太郎表示，要尽可能地尊重现有条约；承认外国借款，并且如期偿还；保护外国人投资的企业……此外，蒋介石留学日本时的老师小室敬二郎奉海相财部彪的差遣来到牯岭访蒋，在无拘束的长谈中，蒋介石表明了没有受苏俄利用和指导，苏俄不可能在中国再现；也没有考虑过用武力收回上海租界；理解满洲同日本在政治、经济上的重大关系，日本人在日俄战争中流过血，'有感情上的问题'，对'满洲问题'必须'特殊考虑'"。① 这时的蒋介石，根本就没有考虑过反对帝国主义的问题。1928 年五三惨案的发生，更是蒋介石执行亲日、媚日、对帝国主义投降路线的典型事例。帝国主义的侵略，是中国经济不能发展、中国人民日益贫困、中国军阀不断混战、中国四分五裂被殖民的种种恶果的祸根。蒋介石的所谓"革命"，见着帝国主义列强就绕道走，保护帝国主义在中国依靠不平等条约获得的特权，甚至周密地考虑到日本在中国东北地区的所谓"感情问题"，那么，中国人的感情呢？所以，蒋介石政权根本不可能带领中国走向独立，更别说富强。蒋介石的所谓"革命"，实质上就是以新军阀代替旧军阀。1928 年蒋介石对民族资本的中兴煤矿公司的无情扼杀，与帝国主义和北洋军阀的行径如出一辙，有过之而无不及。蒋介石政权当年成功没收的商办企业，有河南焦作的中原公司、安徽烈山煤矿、安徽益华铁矿等，都是因为其中有少量所谓"军阀逆股"而连累一般的投资者。如果不是坚决斗争，中兴煤矿公司必遭同样的命运。

从 20 世纪 20 年代开始，中国共产党以微弱的力量高举火炬，点燃了整个中国底层社会，并促使中国的工人和农民跟随中国共产党前仆后继、浴血奋战。终于使饱受屈辱的中国实现了国家独立，废除了近百年

---

① 关捷主编：《日本与中国近代历史事件》，社会科学文献出版社 2006 年版，第 433—434 页。

来在帝国主义逼迫下签署的一切不平等条约，结束了帝国主义对中国的瓜分和侵略，肃清了帝国主义在中国的一切残余势力，推翻了穷兵黩武的蒋介石新军阀的统治，结束了中国四分五裂的状态，这一切的力量来源也正在于中国人民所遭受的压迫和痛苦之深重。中国共产党领导枣庄工人向资方争取经济利益的斗争开始于1926年，而中兴煤矿公司煤炭产量在军阀的压迫下严重下滑开始于1925年。这两个时间节点，既表明了中兴煤矿公司资方所受帝国主义和军阀战争的压迫之重，也表明了中兴煤矿公司工人生存状况之所以进一步恶化的原因。1928年失业工会的组织领导者、共产党员张福林在其回忆录中说：他于1925年就在枣庄煤矿电务处当工人，那时，"工人生活艰苦，再加上当时军阀混战，南有吴佩孚、孙传芳，北有张作霖、张宗昌，在地区上互相吞并，争权夺利，扩张地盘，拥兵霸占一方。真是烽火四起，民不聊生。广大人民群众不仅受到了兵荒马乱和土匪抢劫的苦难，而且承受着地方官府、土豪劣绅、资本家的敲诈勒索，担负着沉重的杂税和高利贷的盘剥，社会秩序极为混乱，坑、诓、拐、骗、买卖妇女小孩的现象随时都可以发生，人们的生命财产没有保障，被逼到了走投无路的境地"。[①] 这就是当时的社会现实。蒋介石发还中兴煤矿公司矿产是在1928年9月1日之后，而失业工会领袖遭逮捕是在1928年8月份。意味深长的是，从1928年4月到1928年9月，蒋介石派俞飞鹏成立整理中兴煤矿委员会，逐步剥夺了中兴煤矿公司资方的全部权力。中兴煤矿公司资方和工人，实际上同时遭受着帝国主义支持下的蒋介石新军阀的压迫和榨取。

　　所谓"工会整理委员会"还做过一件轰动全国的大事。1930年12月5日，工会整理委员会召开第一次职工代表大会，成立官办的枣庄煤

---

① 中共枣庄市委党史资料征集研究委员会编：《枣庄地区党史资料》第一辑，1983年内部资料，第37—38页。

矿工会，定名为山东峄县中兴煤矿公司工会。会议期间，通过了"请（国民党）中央转饬中兴总公司撤退（总矿师）克礼柯案"。[①] 这，又是怎么回事呢？

1928 年年底，蒋介石同意发还枣庄矿产后，中兴煤矿公司公司在上海举行第十七次股东大会，讨论恢复生产问题。会议决定，重金聘请德国人克礼柯担任公司总矿师，负责恢复生产。其月薪为大洋 1500 元，高于历任总矿师，是一般职员的数十倍。这次股东大会任命的中兴煤矿公司驻枣庄总矿委员会主任委员的月薪是 600 元，4 名副主任委员（相当于原来的总矿副经理）的月薪分别为 500 元、400 元，可见公司对克

中兴煤矿公司总矿师克礼柯的宿舍

---

① 李修杰、苏任山：《枣庄煤矿工运史》，第 83 页。

礼柯的重视程度。克礼柯毕业于德国矿科学校，1901 年侨居中国，曾先后任河北正丰、井陉煤矿矿师 18 年，既有学识，又有经验。这是一位真正的德国人，视荣誉为生命，工作一丝不苟。他对自己带来的助手和属下的副矿师、监工、练习生都要求严格，规定他们早下井、晚上井，现场交班。他特别重视采用最新采矿技术，力推使用采煤机、运输机，实现机械化采煤。克礼柯于 1929 年 1 月到职，2 月 6 日就拿出了复工计划，并提出了一系列改革措施。

措施之一：封闭小井，开发大井。克礼柯到职时，中兴煤矿公司尚有 80 多处土窑。1929 年 7 月，克礼柯请示总公司批准，把 80 多处土窑全部封闭，停止出煤；集中一、二号大井，即南、北两大井生产；又在原金 9 号窑的基础上兴建三号大井，即东大井。克礼柯在关闭小井的理由中说："从前小井甚多，颇为散慢，抬筐出煤之法太旧且下面空气不好，于工人卫生有碍。采煤方法不好，危及工人生命"。[1]

措施之二：由房柱式采煤法改为长壁式采煤法。1931 年，山东省实业厅编的《矿业报告》中称："采煤方法比较，长壁取煤较房柱取煤为多。长壁法，小槽煤可采取 95% 以上，大槽煤可采取 90%，而房柱法不过 70% 而已"。[2]1934 年，当时的实业部部长孔祥熙在一份关于中兴煤矿公司采煤方法的报告上批示："中兴公司的长壁法采煤在我国首此一家，方法甚好，应在全国应用。"[3]

措施之三：改人力为机械化、自动化。原来大巷运输用人推、骡拉，劳动强度大，效率低。克礼柯到职后，先于 1930 年 2 月改为循环轮绳运输，后改用电机运输，省力，安全，速度快。在采煤工作面，用割煤机落煤、簸煤机运煤，代替了原来的人力刨煤、筐拉运煤。克礼柯

---

① 常文涵：《克礼柯案》，载政协枣庄市委员会编文史资料第二辑，1986 年。

② 常文涵：《克礼柯案》，载政协枣庄市委员会编文史资料第二辑，1986 年。

③ 常文涵：《克礼柯案》，载政协枣庄市委员会编文史资料第二辑，1986 年。

在介绍使用割煤机的好处时说:"用机器采煤,全部工作异常简单、稳固,而尤为安全。如职工熟练此种采煤法后,将乐于从事,可以收事半功倍之效。"①

此外,克礼柯在技术领域的改革,还有在采煤区推广暗井运输,利用自然力,使重车下落时空车随之上升;放老空积水,由打小井提水改为井下打钻放水,既可放净老空积水,又省工而安全。

克礼柯还有一项涉及人事分配制度的改革,即改包工制为公包制。所谓"包工制",即由包工头按月向矿上承包一定的工作量,然后按每个工人的工作量发给薪酬。发多发少,包工头说了算。工人对包工头的中间盘剥敢怒不敢言,影响生产积极性。克礼柯的"公包制",按他的话说:"系令多数工人伙包工程,彼等知其多做工则多得钱,故必然特别努力"。②

纵观克礼柯上述一系列改革措施,其优点之一在于有利于生产安全;之二在于节省成本,节约煤炭资源;之三在于大大减轻体力劳动强度,提高劳动效率;之四在于能保证工人多劳多得,减去包工头的中间盘剥。克礼柯的改革方案能够从多方面考虑到矿工的利益,既体现了其管理的科学性,也体现了其对工人处境的同情,可以说,是对1928年及之前的1926年,中兴煤矿公司工人为捍卫自身利益举行斗争运动的一种回应。中兴煤矿公司驻矿委员会和以朱启钤为董事长的总公司坚决支持,及时予以批准实施,但正如克礼柯在给中兴煤矿公司的报告中所说:"因改此法甚为难,且恐有极少数不明事理之人闻之将招致反对,更有包工头当然为不愿。"③改革果然遭到了以化名"幺永和"为首的一部分既得利益者的强烈反对。他们伙同一些习惯旧规的人,诬蔑克礼柯

---

① 常文涵:《克礼柯案》,载政协枣庄市委员会编文史资料第二辑,1986年。
② 常文涵:《克礼柯案》,载政协枣庄市委员会编文史资料第二辑,1986年。
③ 常文涵:《克礼柯案》,载政协枣庄市委员会编文史资料第二辑,1986年。

"刁狡成性""诡诈为心""破坏生产""舞弊营私""罪大恶极""罄竹难书"，共罗织了42条"罪状"，要求中兴煤矿公司"派员查验撤换该矿师，并登报声明理由，以便中国任何矿厂不得任用此人"。[①] 南京国民党党部派驻中兴煤矿公司枣庄总矿的所谓"工会整理委员会"，在其召开的中兴煤矿公司第一次职工代表大会上就通过了这么一项提案，把总矿师克礼柯告到了南京政府和中兴煤矿公司设在上海的总公司，掀起了轰动一时的"反柯运动"。克礼柯在答辩中提出："未见过新样子的煤矿，不懂新式机器，不研究外国节省新法，焉知好坏？如有一富于学识之矿师来此，定可看出。"[②] 中兴总公司据此与南京政府实业部洽商，由中兴煤矿公司聘请，南京政府实业部派分管煤矿的程文勋局长到枣庄总矿调查，澄清了是非，肯定了克礼柯的改革。克礼柯改革的成功，帮助中兴煤矿公司迅速走出困境，成功开辟了三号大井，使中兴煤矿公司煤矿炭年产量逐年攀升，基本稳定在150万吨以上，最高年产量达到182万吨，成为当时全国机械化程度最高、规模仅次于开滦煤矿的现代化大煤矿。

问题在于，国民党的工会整理委员会为什么要为一些人的"反柯运动"推波助澜？说到底，国民党在没收中兴煤矿公司矿产未果的情况下，仍然希望在这个大公司内邀买人心，站住脚跟，一方面削弱共产党在枣庄工人中的影响，另一方面在山东省打上一个楔子。当时，山东的主政者为原冯玉祥"十三太保"之一的韩复榘。在1929年的蒋冯阎大战中，韩复榘受蒋介石收买倒戈，随即被蒋介石任命为山东省政府主席。韩复榘任山东省主席之后，像历任山东主政者一样，对日本势力虚与委蛇，甚至相互勾结，以保住地位。日本对山东的基本政策是促使山东"自治"，并以山东"自治"促进华北"自治"，从而使中国的华北、东北与

---

①　常文涵：《克礼柯案》，载政协枣庄市委员会编文史资料第二辑，1986年。

②　常文涵：《克礼柯案》，载政协枣庄市委员会编文史资料第二辑，1986年。

日本搞所谓"一体化经济圈"①，进一步侵略中国。韩复榘本来不愿意听蒋介石招呼，因此，也就借助蒋介石害怕日本人的心理，向南京方面提出在山东县一级不设国民党的党部，并提出蒋介石的军队不得进入山东。蒋介石因害怕日本，居然也予以默认。

进入20世纪30年代，韩复榘派一个团的兵力常驻枣庄，既是为了镇压工人斗争，更重要的在于控制中兴煤矿这个滚滚财源。

1928年的五三惨案是日本人给蒋介石的一记响亮耳光，蒋介石但知廉耻，不能不记住这次侮辱。而韩复榘仗着日本人撑腰，不准国民党在山东县一级设立党部，一步步按照日本人的旨意推动山东"自治"，也让蒋介石恼恨不已。在这种情况下，他不得不祭起了孙中山"民族、民权、民生"的三民主义大旗，装点门面，收买人心，打击异己势力。所以，俞飞鹏的工会整理委员会于1928年8月镇压了中兴煤矿公司的失业工会之后便常驻煤矿，于1930年12月正式召开职工代表大会，成立枣庄煤矿工会，在中兴煤矿公司发展国民党的势力。国民党控制的矿工会也做过一些为工人争取福利的努力，在1929年至1931年的3年中，先后数次与资方代表协商，前后3次达成协议，同意为工人增加少量工资和举办福利事业。到1934年，通过共产党人组织的工人争取外工福利的斗争和国民党工会的工作，以及克礼柯改革的推行，中兴煤矿工人的劳动时间减少1/3，工资额增加了1/3。可见，即使在第二次国内革命战争的白色恐怖时期，国共两党虽然互不相容，但是只要国民党还能打三民主义的旗号，两党的工作就有异曲同工的地方。这也是国民党和共产党在抗日战争中能够第二次合作的先天性因素。

---

① 庄维民、刘大可:《日本工商资本与近代山东》，社会科学文献出版社2005年版，第344页。

二、钱新之在中兴煤矿公司总经理任上：大手笔调度资金

1928 年 9 月国民党政府发回中兴煤矿公司矿产之后，12 月 16 日出版的《新闻报》以《中兴煤矿发还商股之后之状况》为题报道称："中兴煤矿公司自整理委员会俞飞鹏等接收发还后，迄今两月，所在经过情形及现在状况，颇为一般企业家所注目，兹特探悉如下……双方几经磋商，始由国府批准整理会交回商股。现详查结果，商股占十分之七八，逆股仅十分之二三……现整理会既交回各股，股东大会复推钱新之为总经理，胡慎予为驻矿总经理，朱桂辛（启钤）为董事会长，设总办事处于上海。惟以该矿需款太巨，暂难复工，经各董事在沪会商后，拟继续招股，一方再请农矿赞助，予以保障。据闻明春可以复工。"[①] 由这篇报道，可知中兴煤矿公司当时受舆论关注的程度。该报道基本反映了中兴煤矿公司当时的情况及其所面临的资金问题。具体情况是怎样的呢？

1928 年 11 月，中兴煤矿公司召开第十七次股东大会。因应时局变化，由朱启钤大力推荐，在危亡之际站出来力挺中兴煤矿公司的财团首脑钱新之当选中兴煤矿公司第三任总经理，叶景葵、叶琢堂、周作民当选董事。叶景葵，字揆初。前文已经说过，他是浙江兴业银行董事长，1912 年到 1914 年曾担任中兴煤矿公司查账员[②]；叶琢堂历任上海银行常务董事、中国银行董事、四明银行常务董事。叶琢堂与蒋介石的关

①　陈真编：《中国近代工业史资料》第三辑，第 702—703 页。

②　1913 年 5 月，《中兴煤矿公司第三次股东会记事》记载："请推举临时主席一人，当经多数股东公推叶君揆初为主席。叶君再三谦让，始就席。"另有："遂请查账员报告。主席、原查账员叶君揆初与周君伯洪出席报告，已将上年各账查明签字盖章，确与账略相符。并谓公册账簿须待工程一切完备再行改良。又谓现在任职期满，应请辞职，请股东改选。张君毓蕖提议，自上年九月起计，至现在未及一年，应俟明年改选董事时一律改选，经多数股东认可。"

系非比寻常,当年蒋介石在上海滩穷困潦倒时,是叶琢堂提供 5 万元资金资助蒋介石去广州闯荡。在中兴煤矿公司矿产遭没收之际,叶琢堂也曾暗中疏通蒋介石。周作民为金城银行董事长。当时的中国,民族资本企业在夹缝中生存。帝国主义的挤压、军阀的敲诈、黑社会的威胁、当局的压迫,哪一方面应对不到、平衡不了,公司都难以生存。朱启钤于1916 年代理中兴煤矿公司董事长,1918 年当选总经理,网罗了一大批国内政、军、经、学各界一流人才进入中兴煤矿公司领导团队,为中兴煤矿公司的生存、发展注入了强劲动力,使中兴煤矿公司进入了一个极为辉煌的时期。而今,时过境迁。为了中兴煤矿公司能起死回生,吸收为蒋介石所倚重的财界首脑进入中兴煤矿公司,又为中兴煤矿公司带来了大约 10 年的高速发展时期。

钱新之,名永铭,字新之,以字行,晚号北监老人。他原籍浙江吴兴,1885 年出生于上海,幼时读四书五经。因为当时维新风气大涨,上海又领风气之先,钱新之 12 岁即入教授新学的育才书塾,毕业后于1902 年考入天津北洋大学攻读财政经济,翌年以优异成绩得官费入日本神户高等商业学校,续习财经并专心于银行学。

1908 年,钱新之毕业归国,应南京高等商业学校聘任从事教职。1911 年,辛亥革命爆发,上海光复。钱新之弃教从政,在沪军都督陈其美手下从事财经工作,这使他与同在陈其美手下任职的蒋介石有相识之缘。1912 年,陈其美被北京政府任为工商总长,钱新之随次长王正廷至北京接收前清政府的农工商部。完成清理工作后,他在工商部任会计课长。袁世凯镇压国民党后,钱新之离职回沪。1915 年,筹办中国实业银行,钱新之受聘赴东北作经济情况的考察。上述经历使刚刚步入而立之年的钱新之积累了扎实的财经专业知识和实际工作经验,为业内人士所注目。

1916 年,中国银行上海分行抗拒北京政府的停兑令时,钱新之展示出才华。当时的交通银行总理梁士诒为支持袁世凯复辟称帝，把交通银行变成袁世凯的提款机。银行为财政垫款急剧增加，纸币超量发行，导致发生挤兑风潮及北京政府发出停兑令，造成举国震惊。中国银行上海分行与商股股东合作，成立中国银行商股股东联合会，以实业界巨子张謇为会长，以浙江兴业银行董事长叶揆初为副会长，以钱新之为秘书长，坚决抵制停兑令。当时，股东联合会反对袁世凯政府停兑令的许多文件出自钱新之之手。停兑风潮之后，中国银行上海分行信誉日隆，而交通银行的信誉一落千丈。为重新振兴交通银行的业务，钱新之受聘为交通银行上海分行副经理，由此正式开始了他的银行业生涯。

1920年，已经掌握了交通银行的钱新之担任上海银行公会会长。该会倡议建立全国银行联合会，并成立由钱新之、马寅初、陈光甫等人组成的筹备委员会。同年12月，全国银行联合会第一次会议在上海召开。对上海银行公会，有学者评论说：它代表着一群杰出的、年轻有为的银行家的势力，并鼓吹他们的主张。这群年轻人为推动银行业的发展，进行各种财政金融改革，进行了不懈的努力。总的来说，他们是提倡经济体系和政治制度现代化的一群人。第二次直奉战争后，段祺瑞执政，钱新之失去了交通银行的领导权。北方的盐业银行董事长吴鼎昌，趁机邀请钱新之建立金城、大陆、中南、盐业4家银行的联合金融机构——四库联合准备会和四行储蓄会，以提高4家银行的集团实力，抗拒金融风险，求得更大发展。钱新之以四行联合准备会和四行储蓄会副主任的身份主持工作。在钱新之主持下，4行的储蓄业绩大涨，钞票发行额不断增加，并于20世纪20年代末耗资500万元，在上海兴建国际饭店，高24层，号称"远东第一大厦"，成为上海当时的地标性建筑。

钱新之的卓越才干和在中国南北金融界的地位引起了蒋介石的注意，加之钱新之和蒋介石都在国民党元老陈其美手下共过事，两个人政治立场接近，优势互补，一拍即合。1927年1月，蒋介石收编了大量旧军队，却军饷不足，对他的统治地位造成威胁。时值旧历年关，蒋介石忧心忡忡，写了一封亲笔信给钱新之。钱新之接到蒋介石派人面递的亲笔信后，筹措 50 万元，解决了蒋介石年关的急需。钱新之雪中送炭，蒋介石铭记于心。1927 年 2 月，北伐军占领杭州，钱新之被内定为浙江省财务委员会委员，开始进入政界；4 月，南京国民政府成立，钱新之被任命为财政部次长，代理部务，正式进入蒋介石的执政团队。不过，当因蒋宋联姻，宋子文再度担任财政部部长，钱新之又重回金融界。重回金融界的钱新之，仍然与蒋介石保持着特殊关系，奠定了他在中国银行界无人堪与相比的地位。所以，1928 年中兴煤矿公司矿产遭蒋介石没收时，钱新之能理直气壮地站出来与蒋介石说理，钱新之所联络的金城、大陆、盐业、中南四大银行，及兴业银行也以中兴煤矿公司债主身份与蒋介石过招儿，更有上海银行公会向蒋介石公开发难，迫使蒋介石不得不做出让步：一是收回没收中兴煤矿公司矿产的命令，发还中兴煤矿公司全部矿产；二是命令山东省政府保护中兴煤矿公司，并令交通部转饬津浦铁路局，拨车运煤，维持中兴煤矿公司与津浦铁路局原订的契约；三是同意帮助售煤，筹得现款 45 万元，并从银行团借到期票 55 万元，交整理委员会作为 100 万元军饷。[①] 由原来的折售 30 万吨存煤、要价 500 万元，变为同意交付 100 万元军饷，由不承担运煤，变为协助运煤，由限期交清 100 万元欠款，变为延期筹措 100 万元，蒋介石做出了很大让步。而中兴煤矿公司由于这一次起死回生的斗争，又延揽了一批精英人才，获得了新的发展机遇。

正像 1916 年朱启钤等人进入中兴煤矿公司时，公司情势极为险峻一样，钱新之担任中兴煤矿公司总经理的 1928 年年底，中兴煤矿公司

---

① 王作贤：《没收中兴公司财产的经过》，载枣庄市政协文史资料第 19 辑《中兴风雨》，第 129 页。

的债务高达 500 多万元，煤矿停产已一年零五个月；从外部看，蒋介石在名义上统一了国家，其实不过是旧军阀变成了新军阀，蒋冯阎大战亦爆发在即。所以中兴煤矿公司形势依然十分危险。但是，由于钱新之的影响力，由政府发话，津浦铁路局同意拨车运煤，并维持与中兴煤矿公司原订契约，中兴煤矿公司存煤能够变现，产、供、销的瓶颈问题得以解决，中兴煤矿公司的危机也就迎刃而解。如同 1916 年中兴煤矿公司第六次股东大会决定将总公司设在当时风云际会的天津，1928 年年底的第十七次股东大会则决定把中兴煤矿公司总部迁往上海，就设在钱新之主持修建的"远东第一大厦"——上海国际饭店。长江中下游地区是中国民族工业的发祥地，更是中兴煤矿公司传统的煤炭市场。公司总部设在中国金融中心上海，不仅得信息、物流、地域之利，而且有助于进一步开拓国内外市场，提高中兴煤矿公司在国际上的影响力和竞争力。随着公司总部迁往上海，钱新之的大动作有 3 个：一是与陇海铁路局合作，由中兴煤矿公司于 1933 年垫款 100 万元，修筑陇海铁路台赵支线。台赵线从台儿庄过运河与陇海铁路干线在赵墩车站相连，全长 31 公里，于 1935 年 1 月竣工通车。二是垫款 100 万元，在陇海铁路的终端连云港修筑两座码头，一号码头归陇海铁路使用，二号码头为中兴煤矿公司专用码头。连云港当时的名字叫"老窑"，老窑背依云台山，前临连岛。两座码头建成后，云台山和连岛相接，从此改"老窑"为"连云港"。连云港建设于 1933 年 7 月动工，1936 年 1 月竣工，历时两年多，是当时中国完全自筹款项修筑的第一大港。连云港建成后，中兴煤矿公司的煤炭可以经枣台—台赵铁路，转陇海东线，直达连云港，再经水路至上海的中兴浦东码头，彻底解决了中兴煤矿公司的产销矛盾。钱新之担任中兴煤矿公司总经理的第三个大动作，是在 1937 年 6 月 1 日成立中兴轮船公司。中兴煤矿公司原有船舶部，所属船只航行于从台儿庄至杭州的运河水路上。临枣铁路接通津浦铁路的 1913 年之后，运河水路依然是中兴煤矿公司维护沿运河煤炭市场的运输通道。在淮安、镇江的史志上，记载着中兴煤矿公司煤炭在当地生产、生活中长期发挥作用的

中兴公司上海港（中兴）码头

中兴公司武汉运煤码头

历史。台赵铁路修筑于 1933 年，连云港码头建成于 1936 年 1 月，中兴轮船公司成立于 1937 年 6 月，从这几个时间节点，可以看出钱新之在中兴煤矿公司总经理任内，对开辟海上运煤通道的通盘规划。煤炭从海上运输，费用大大节省，且不受时局动荡造成铁路运输阻塞的制约。然而，从台赵铁路到连云港的修建，都是极其艰难的。由此，我们不能不佩服中兴煤矿公司高管层，尤其是总经理钱新之大刀阔斧、坚韧不拔的作风及其高瞻远瞩的目光。联想到钱新之还是太平洋保险公司的创办人，我们不能不认为，这位出生于浙江吴兴，奋斗于上海滩的金融界翘楚，是近代中国少有的具有蓝水战略眼光的一代精英。

钱新之担任中兴煤矿公司总经理的近 10 年中，日本帝国主义先后制造了九一八事变和七七事变。继东北沦陷之后，山东先于华北，成为日本政治、经济侵略的重灾区。为了维护中国的民族工业，财政部部长宋子文于 1928 年 7 月敦促国民政府通过了《筹备关税自主裁撤厘金案》，发布《关于重新订约之宣告》，向各国政府提出重新订立关税条约的要求，相继与美国、挪威、比利时、意大利、德国、丹麦、葡萄牙、荷兰、英国、瑞典、法国签订了关税新约。唯有大量向中国市场倾销商品的日本帝国主义坚决反对重新订约。1929 年，宋子文主持制定的海关进口税则公布施行，日本也拒绝执行。1931 年九一八事变之后，日本经济进一步渗透中国。一贯主张对日强硬的宋子文重新修订进口税则，按进口货物的性质，将税率幅度的最高限提到 50%，强制实施。日本则以政府走私应对。在宋子文一再提高进口税的几年中，钱新之是国民政府控制下的中国银行和交通银行的常务董事，他实际上已经进入国民政府金融决策的核心。1933 年，钱新之在高涨的抗日救亡运动中，以中兴煤矿公司总经理身份联合中国其他煤矿的企业家，呼吁政府救济国煤，促使国民政府于 1933 年提高外煤进口税，由原来的每吨 1.6 元增至 3.4 元。提高外煤进口税的举措无疑打击了日本的经济侵略，大大提高了国产煤炭的竞争力。中兴煤矿公司抓住机遇，在公司内部推动克礼柯改革，推行公包制和效率奖，开发建设第三大井。到1936年，中兴煤矿公司年产煤炭达到180万吨。这一时期，对学校教育和职工福利的投资也大大提高。

中兴煤矿公司第三大井井口现场

　　同一时期，打着中日合办幌子，实际上由日本控制的鲁大公司、博东公司、章丘旭华公司，通过加大贷款投资，利用矿区矿产税低和决定运费的特权，谋求提高产量和扩大销量。1923—1933年，中日合办煤矿的年产量约占山东省煤炭产量的1/4。自1933年起，山东"全省原煤产量则从200万吨上升至300多万吨，而其中主要是民族资本中兴煤矿的产量的增加。中兴煤矿1932年产量97万吨，1933年113万吨，

1934 年达到 130 万吨……1937 年，枣庄中兴煤矿产煤 173 万吨……20 世纪 30 年代中日战争全面爆发前，山东原煤产量大幅增加，表明中日两国资本均加大投入，形成激烈竞争的局面"。[①]

同一代一代的中兴人一样，钱新之这位中兴煤矿公司第三任总经理，在动荡、复杂、险峻的政治和经济形势下，竭尽心力发展中兴煤矿公司，与日本帝国主义的经济侵略进行了卓有成效的斗争。耐人寻味的是，"曾慨然同意留在大陆的钱新之于解放前夕先去香港，后赴台湾。到台之后对蒋介石的政策不满，愤而写了两封信，一封写给周恩来，另一封写给蒋介石。写给周恩来总理的信备述新中国十余年建设的成就，并谓在台为时虽短，所见所闻，时有痛心，正在贻书忠告，早日载诚，以谋统一。写给蒋介石的信则直言无隐，剀切劝导，劝蒋早日和平，以归统一。谁知两封信装错了信封，蒋介石接到写给周恩来的信怒不可遏，派人警告钱新之，并下令钱新之信件一律检查。钱新之知已误事，病致不起，于 1958 年逝世，享年 75 岁"。[②] 可敬钱新之！可叹钱新之！祖国的统一必将告慰他的在天之灵。

三、连云港建设及台赵枣铁路和中兴轮船公司

"连云港是中兴煤矿公司为输出煤炭和陇海铁路局联合修建的，因其背依云台山，前临连岛，遂以首字定名为连云港。该港 1933 年 7 月动工，1936 年 1 月竣工，它是当时中国自筹款项修建的大港。"[③]

据连云港史志组抄录的历史档案，关于陇海铁路"中兴公司煤炭码

---

① 庄维民、刘大可：《日本工商资本与近代山东》，社会科学文献出版社 2005 年版，第 443 页。

② 潘仰尧：《钱永铭其人》，载《上海文史资料存稿汇编》。

③ 王作贤：《中兴公司与连云港》，载枣庄市政协文史资料第 19 辑《中兴风雨》，第 94 页。

头垫款"一项称：1933 年 12 月，陇海铁路同中兴煤矿公司签订了煤炭码头 100 万元的垫款契约，以其中的 85 万元，用于该路港务的各种设施改造工程。①

这一叙述表明，修筑连云港的资金是由中兴煤矿公司垫付的。

契约要点如下：一、本垫款分为以下七期支付：民国二十三年（即 1934 年）一、二、三月每月二十万元，计六十万元；民国二十三年四、五、六、七月每月十万元，计四十万元，合计一百万元。二、本项垫款自码头开始使用之日起，于七年内按以下方法偿付：每年六月底和十二月底分两期偿付。第一年至第三年，每年十万元，计三十万元；第四年—第五年，每年十五万元，计三十万元；第六年—第七年，每年二十万元，计四十万元，合计一百万元。三、年利（单利）八分，但从垫款达到一百万时的第一年至第三年，年利减收二分，即为六分，以后再恢复至八分。本项垫款截至民国二十四年底（即 1935 年年底）余额如下：本金（借款）1,000,000 元，满期尚未偿付的利息 85,000 元，合计 1,085,000 元。②

修筑连云港的设想，首先是由中兴煤矿公司提出的。

曾任中兴煤矿公司连云港分厂经理的浦禹峤著文回忆：1930 年夏，蒋冯阎大战激烈，交通梗阻，陇海铁路西不能逾归德，津浦铁路北不能达济南，军运频繁，商运阻滞。其时，中兴煤矿每天产煤 3000 吨，只能利用自有工具和自筑台枣铁路，昼夜将煤炭赶运至台儿庄分厂。一方

---

① 侵华日军中国驻屯军司令部铁道班：《陇海铁路调查报告》，华北产地调查书类第五编七卷一号，1937 年 7 月，江苏省连云港市文史资料编写组提供。
② 侵华日军中国驻屯军司令部铁道班：《陇海铁路调查报告》，华北产地调查书类第五编七卷一号，1937 年 7 月，江苏省连云港市文史资料编写组提供。

面，以民船沿运河分销沪宁全线；另一方面，在陇海铁路滨河大榆树地方建置煤炭堆栈，借陇海铁路将中兴煤转运至大浦车站。大浦车站距出海口尚有10多公里。这10多公里借大浦至出海口的临洪河使用船只运煤出海，由海路运抵上海。但临洪河的泥沙愈积愈深，中兴煤矿公司决定开筑连云港。邀请专家实地查勘数百次，多次集议，最后决定在老窑兴工建筑煤码头。与陇海铁路局商定，先修建码头两座。在第一座码头之前，伸筑一避浪堤。在一、二两座码头之间，另挖掘一深水区。低潮时，海水可保持6米深，潮汛时，海水可增高6米，共计12米。5000吨级轮船，进、出港没有问题。老窑背山面海，地势狭隘，绝无平坦之区。其后所有平地建设，如车站、停车场、货栈、仓库、煤栈等，均是开山垫海而成，工程艰巨浩大。第一码头及地面工程，应该就是陇海铁路局所记载的由中兴煤矿公司垫款100万元修筑。"第二码头，该码头是由中兴公司投资75万元兴建的，上有两条专用线，为中兴公司运煤出口而设。"① 连自身投资及为陇海铁路垫款，中兴煤矿公司为建设连云港总投资达175万元。

连云港建设工程以中兴煤矿公司为主，具体指挥者即黎元洪之子、中兴煤矿公司驻矿委员黎绍基。其中的经过至为艰难。

中兴公司确定开港计划后，即与荷兰治港公司洽谈，以300万元估价由其承包。合同签订后，于1933年3月荷兰治港公司即召集员工，赴老窑连云港工地，预备一切。

1933年7月，荷兰治港公司宣布建港工程正式动工，为确保工程之顺利完成，荷兰治港公司在原来的测量设计报告及海底钻井记录的基础上，重新进行了钻探，以验证前测量之报告，钻探结

---

① 王作贤：《中兴公司与连云港》，载枣庄市政协文史资料第19辑《中兴风雨》，第94页。

果，预定码头地点海底胶泥之深与该泥承重量之弱，均出乎预料之外，原设计之钢板桩墙——德国产赖生式钢板桩，不能确保预计之安全，然而此种钢板桩，已在德国厂家购定装船待发。而改良计划，亦无经济办法，惟有勇往迈进之一途。中兴公司随即决定继续修筑连云港。

西连岛南北两面，是天然屏障，但由于受到来自东北及西北大风的困扰，及远海浪波的侵袭，仍不便于船只停泊，为保障西边建筑码头打桩工作顺利进行，不留后患，以确保船只安全，所以在筑港工程开工后，荷兰治港公司即致力于防波堤的建筑。

筑坝之初，因近海岸的海底土层硬，一切进展顺利。筑坝至海岸200米外，海底胶泥渐厚，石坝开始下沉。为了防止石坝继续下沉，首先进行载重试验，测得准确数据，而后采用停火车在石坝上的办法碾压，以增加海底泥土的静抗力，既而，"填土继起，而此坝已不移动矣。"该防波堤与第一码头连成一体，从老窑海岸沿线直角向北，伸到鹰游门水域，全长950米，皆用从后云台山挖凿的碎石和石块填砌而成。堤上是石块和水泥加固的高2米宽1米的石垣。东坡"表面用1至3吨之大石块砌铺后，不但整齐可观，港外浪涛亦不足为患矣"。

1933年8月，修筑第一码头的钢板桩由外洋轮船运到，10月1日开始了打入钢板桩的工作。打桩之初，由于近海岸处海底黄土硬度大，虽进度较慢却很牢固。打到远离海岸时，出现了胶泥过多、桩墙基不牢的问题，遂决定从26米起，用挖泥船将此处基沟胶泥挖去，换填海沙。当进行到265米时，因风浪太大，加之填石及拉锚未能同步进行，致使板桩经不住风浪冲击，而左右摇荡，海底胶泥也因之失其固力，造成自110米以外的55米板桩墙，向外推移，板桩下端被强扭成弓形的严重事故。究其原因，板桩之长度不及硬底，而海底之胶泥又太深，且背后虽有锚墙拉杆，板桩却已基本浮动，整体推移是其失败之所在。据此又谋补救之道。拔出已移动之板桩（157根）。将基沟加深，挖出海底软泥直至硬底，然后换填海沙和石碴，把打板和拉锚同时进行。此法仍不完善，由于海底胶泥息度小，当码头内部填土石之后，其被土石重压，加之板墙短，阻力甚小，又致使后边锚墙及板桩回墙，整个随泥推动，板桩下部向外走动。荷兰治港公司采取了进一步的补救方法，拔出已松动之板桩，向欧洲再购买36米长之板桩88根。几经改造终于渡过难关。第一码头接防波堤西侧，全长450米，宽60米，可系船长度350米。是陇海铁路局的专用码头。在码头上有一条专用线，从货车上可以直接装船。第一码头采用螺旋钢螺旋桩的建造方法，使用德国的耐用不锈钢板，并根据海底的胶泥深浅，灵活使用不同规格的板桩，皆用打桩机打入海底，联结处用钉相结，复用钢丝紧结码头腰部，空隙处填入泥沙和石碴。

第二码头是由中兴公司投资75万元兴建的，上有两条专用线，为中兴公司运煤出口而设。因装煤工作另备运煤机直接装船，故船只不须紧靠码头，所以码头墙得以省去。船所凭依者为靠船桩，在岸壁坡脚处，以钢板桩打入海底，围成圆筒，作为靠船桩，间隔设立以便调船。另设一木质平台供普通小件货物装卸及客人上下船使用。该码头与第一码头相距260米，故海底情形与之大体相同。而此码头又采用一般的预制料建造方法，因此，虽按原设计加深加宽了外堤沟，仍出现了石堤下沉外移的现象。经过4次反复改进，才于1936年初竣工。

几经艰难，连云港终于按原计划建成：港内有东西2座码头及一道防波堤，航道长5公里，疏浚水深5—6米，疏浚至5米处达到深海，两码头相距260米，形成一小港，可停靠4千吨轮船 6 艘。①

连云港至上海 360 海里，至青岛 97 海里，以当地缺乏淡水，所有来港船只，均须预先装足水量，以致使载货吨量减少。中兴公司复起带头作用，说服当地大地主，挖出黄涡水源（距连云港站约3 公里）将该地水源引至码头，因之轮船火车所需，以及当地 5 万人口之饮用水问题，始告解决。此项寻水引水工程艰巨，所耗人力、物料亦颇可观。②

中兴煤矿公司投资建设的连云港煤码头

① 王作贤：《中兴公司与连云港》，载枣庄市政协文史资料第 19 辑《中兴风雨》，第 94 页。
② 浦禹峤：《连云港开埠经过》，载枣庄市政协文史资料第 19 辑《中兴风雨》，第 96 页。

连云港建成后，港内起重机、装煤机、货仓、卸煤机、翻车机、堆煤场、贮水池、车站、停车场、货栈、煤栈一应俱全。港内还有50千伏安交流发电所一座，及灯塔等等。

连云港建成后，中兴煤矿公司又垫款100万元修筑陇海铁路的支线路——台赵铁路，即从台儿庄到赵墩车站的铁路，使枣庄的煤炭直接通过台枣铁路和台赵铁路转陇海铁路至连云港装船，大大提升了运输速度，降低了成本。连云港史料编写组自《连云港海港史资料汇编》摘录：

> 再山东峄县之中兴煤矿，为中国煤矿之巨擘，煤质精良，产额丰富，上海各厂皆采用之。只以运输不便，未能与外煤竞争。为提倡国煤发展，路运双方（指陇海铁路局和中兴煤矿公司）协议修筑台赵支线。由该矿自修之路线终点台儿庄站，展筑至本路运河车站附近之赵墩，与干线衔接，俾在矿装煤可直达本路连云港车站，海陆联运直达上海及长江一带。全线计长31公里。订立合同由该矿借垫工款一百万元，俟通车后，由煤斤运费内提成扣还。于（民国）二十二年（1933年）十一月间开工，（民国）二十四年（1935年）三月一日正式通车开始营业。[①]

从1933年至1936年，中兴煤矿公司垫款投资的数额达数百万元。这固然与第三大井投产后产额大幅增加有直接关系，也与中兴煤矿公司与金融界的密切关系分不开。1934年，叶景葵当选中兴煤矿公司董事长。他作为浙江兴业银行的董事长，与财界首脑、中兴煤矿公司总经理钱新之互为搭档，无疑在融资方面给中兴煤矿公司提供了极大的便利。

---

① 《连云港海港史资料汇编》（近代部分），江苏省连云港市文史资料编写组提供。

他们大手笔调度资金，为中兴煤矿公司的发展奠定了稳固的基础。

1937 年 4 月 11 日，万事俱备，中兴轮船公司决议成立。

中兴煤矿公司总经理钱新之在会上发言说：前数年，中兴煤矿公司因转运煤焦需要轮船，"所以陆续买进大轮七艘，小轮一艘，拖轮二艘，铁驳六艘。今年中兴煤矿公司股东常会决议，应将轮船公司分立。股份总额定为国币 150 万元，即由中兴煤矿公司即中兴煤矿公司之股东如数认之"。①

中兴轮船公司成立未几，七七事变爆发。

---

① 《中兴轮船公司发起人会议决议录及新董事监察成立会议案》，中兴轮船公司档案，1937 年 5 月 22—25 日。

第十一章　抗日热潮中的中兴煤矿公司

抗战 8 年间，中兴煤矿公司高层拒绝威逼利诱，誓死不与日伪合作。中兴煤矿公司工人在中国共产党的领导下，加入鲁南抗日义勇军、运河支队、苏鲁支队。家喻户晓的铁道游击队的故事，就发生在主要为中兴煤矿公司运送煤炭的津浦铁路临枣支线上。

一、中共苏鲁豫皖边区特委领导的抗日斗争，奠定了台儿庄大战胜利的群众基础

以枣庄矿区为中心发展起来的中共苏鲁豫皖边区特委，与中兴煤矿公司有天然的关系。在全国白区工作损失达 95% 的情况下，中共苏鲁豫皖边区特委的生存、发展堪称奇迹。它在枣庄这一包含 20 多个县的广大地区领导的抗日斗争，为台儿庄大战的胜利奠定了群众基础，并深刻影响到中兴煤矿公司高层管理人员和广大职工。

1932 年 10 月，曾参加第一次国内革命战争的共产党员郭子化在河南永城暴动失败后，受中共徐州特委的派遣，到枣庄矿区开展革命工作。当时，领导枣庄工人运动的田位东、郑乃序刚刚在济南千佛山下慷慨就义，中共山东省委受到严重破坏，中共中央委托江苏省委派人赴枣

庄开展工运工作。郭子化就是在这种背景之下肩挑药箱，以行医为掩护，来到白色恐怖下的枣庄，开设"同春堂"药店，广交朋友，谨慎发展党员，建立起中共枣庄矿区支部。

1933年五一节前，郭子化总结枣庄矿区中共组织建设的经验教训，领导了矿区工人争取花红的罢工。花红即超额生产奖金。中兴煤矿公司的里工和军警都有花红，而出力最大、工作环境最苦的外工（即由包工柜管理、使用的工人，多数为井下工人）一直得不到花红，这是极不合理的。由于策略正确，1933年的五一罢工取得完全成功，数千名外工从此分到了花红。这次斗争打破了枣庄白色恐怖下的沉闷气氛，矿区党支部很快由一个发展到两个，并建立了矿区党委，郭子化担任了矿区党委书记。枣庄地区的老党员邱焕文建立起中西药品合作社，成为党委机关的联络站。

1933年5月至8月间，中共徐州特委几乎全部遭到破坏。郭子化在失掉组织联系的情况下，独立开展党的工作，并担负起恢复徐州地区中共组织的任务。1935年年初，依托中共枣庄矿区组织，峄县抱犊崮山区、费县高桥、临沂大炉等地的党组织相继发展。为了加强苏北、鲁南一带党的统一领导，郭子化先后召开了枣庄矿区和微山湖西、沛县地区党组织负责人参加的会议，实事求是地总结了过去执行"左"倾教条主义路线盲动冒险造成严重损失的惨痛教训，决定成立苏鲁边区临时特别工作委员会，郭子化为书记。中共苏鲁边区临时特委决定：各级党的组织要经常领导群众斗争，锻炼群众，提高觉悟，积小胜为大胜；在组织形式上，党的组织要小、要精悍，群众组织要公开，要注意阶级成分；在党的斗争策略上，要运用"隐蔽自己、杀伤敌人"的原则，不应暴露党的组织和领导骨干；在工作方式上，党员要职业化，反对无职业、四不像的活动方式；要克服认为不暴动就是右倾机会主义的革命急性病，同时要摒弃排斥青年知识分子的倾向。由于中共苏鲁边区临时特委制定了正确的工作路线、方针、策略和工作方法，党的组织很快以枣庄为中心发展到河南、安徽的几个县。在枣庄矿区，除"同春堂"药店、中西药业合作社之外，还发展广仁医院作为党的联络和掩护点，并通过控制选举，把国民党方面组织的药业公会变成了共产党掌握的行业组织。以这些实体和行业组织为掩护，中共苏鲁边区特委的工作得以迅速发展。1936年年底，中共苏鲁边区特委决定改为苏鲁豫皖边区特委，以适应实际情况和革命发展的需要，积蓄力量，等待时机。

1933年徐州党组织遭到破坏后，山东党组织也遭到严重破坏。到1936年年底中共苏鲁豫皖边区特委成立，3年多中，郭子化一直寻求与上级党组织接上关系。1937年在延安召开苏区代表会议和白区工作会议。上级中央正式承认了苏鲁豫皖边区特委，并充分肯定了特委制定的工作路线、方针、政策、策略和具体工作方式，给予了高度评价。在这几年中，有一位著名的共产党员对枣庄地区党的工作给予了重要帮助，这个人就是后来惨死于特务屠刀下的杨虎城的秘书宋绮云。

宋绮云，原籍江苏邳县，他和夫人徐丽芳与郭子化是同乡、同学，都是参加过大革命的老共产党员。1935年年底中共苏鲁边区临时特委成立后，郭子化即派人赴西安找到宋绮云，一来想通过宋绮云寻找党的组织，二来希望从经济上得到宋绮云的帮助。当时，中共苏鲁边区临时特委虽然有"同春堂"药店、中西药业合作社、广仁医院等，但对穷苦百姓看病经常是不收钱的，加之往来人员的食宿安排，经费十分困难，甚至连日常生活都不能维持，主要靠郭子化利用一些社会关系帮助接济。宋绮云那时的公开身份是杨虎城的秘书，代杨虎城办了一份《西安文化日报》，自任社长，以此为掩护，从事党对杨虎城的第十七路军的秘密工作。由于中央红军长征还没有到达延安，宋绮云当时也无法与党组织接上关系。宋绮云亲自来过枣庄，就住在"同春堂"药店。到1935年下半年，由陈赓领导的中共中革军委驻上海办事处在西安设立特别支部，负责做军队工作。宋绮云是支部成员，他向中共西北特支反映了郭子化在枣庄地区建立苏鲁边区特委及与上级党组织失掉关系的情况。中共西北特支立刻通过宋绮云通知郭子化去西安。1935年冬，郭子化到达西安，与中共西北特支接上组织关系。郭子化从西安返回枣庄时，宋绮云的爱人徐丽芳特意为他做了棉被和冬衣。自从枣庄党的组织与宋绮云接上关系，宋绮云便经常以同乡、老友的身份寄钱给郭子化，接济枣庄党组织；有时连寄钱也不方便时，就寄贵重衣物，变卖后作为党的活动经费。有一年冬季，寄了四五件西口皮袄。宋绮云还一直赠寄一份《西安文化日报》，供枣庄党组织了解国内外形势，指导中共苏鲁豫皖边区特委的工作。1937年，接到宋绮云通知，郭子化第三次赴西安。宋绮云转告郭子化，中共西北特支已通过林伯渠将苏鲁豫皖边区特委的工作转告中共中央，中共中央通知郭子化到延安向中共中央汇报工作并参加党的苏区代表会议和白区工作会议。郭子化汇报工作后，中共中央正式批准了苏鲁豫皖边区特委，同时肯定了特委过去5年中的工作路线，并决定苏鲁豫皖边区特委划归河南省委领导，开展抗日民族统一战线工作，发展党的组织，推动群众抗日运动。当时中共中央交给河南省委书记朱理治的党员名单有460人，其中属于苏鲁豫皖边区特委的党员就有300余人。

郭子化返回枣庄途中，七七事变爆发。根据中共中央指示，苏鲁豫皖边区特委决定：

第一，扩大城市和乡村的抗日民族统一战线工作。在枣庄矿区，对中兴煤矿公司职员和地方上层人物广泛宣传国共合作、团结抗日；对徐州市、各县各阶层有民族意识的上层人物，广泛进行团结抗日教育，争取他们赞成抗日民族统一战线；在抱犊崮山区利用社会关系，联络临沂、费县、峄城、滕县接壤地方旧时防匪联庄会的各个会长，进行抗日民族统一战线工作。

　　第二，利用上层统一战线工作的开展，积极进行对下层工农群众的宣传教育和发展党的组织，使上层统战工作与下层群众工作结合起来，发展人民抗日运动。

　　第三，利用过去防匪联庄会的基础，秘密组织武装，利用韩复榘的扩军自卫，组织和掌握人民抗日武装，并防止反动军阀、官僚和恶霸地主招兵自卫、不肯抗日。

　　全国抗战初期，淞沪抗战和南京保卫战先后失败。以李宗仁为司令长官的徐州第五战区的对日作战能否取得胜利，成为打破日军鼓吹的 3 个月灭亡中国的关键一战。以郭子化为首的中共苏鲁豫皖边区特委于 1937 年 11 月迁移至徐州，开展以徐州为中心的抗日民族统一战线工作及抗日救亡运动。郭子化在徐州第七师范学校上学时，曾担任过学界领袖，在上层有很多关系，也有很高的威信。李宗仁为保证徐州会战的胜利，在中国共产党和民众抗日热潮的影响下，于 1937 年年底成立了第五战区民众抗日总动员委员会，自任主任，聘任国民党的党、政、军要员和苏、鲁、皖 3 省知名人士担任委员，特邀中共苏鲁豫皖边区特委书记郭子化以社会名流身份担任总动委委员，邀请中共铜山县工委书记郭影秋为总动委组织部总干事。中共苏鲁豫皖边区特委以第五战区总动委的名义，把大批流亡到徐州的沦陷区青年学生组织起来，举办抗敌训练班，前后培训学员 5300 多名，由匡亚明、臧克家、张百川等知名人士出任政治教官，培训了大批抗日青年骨干。其中，第一期的 300 名学员编成十几个工作团，派往苏鲁豫皖边区各县开展抗日工作。枣庄矿区、沛县、滕县等地，都举办了抗日青年训练班；邳县建立了青年救国团，成员发展到 1000 多人；临沂、郯城地区的青年救国团达到 50 多个分团，有数万名团员。除了对青年的工作外，中共苏鲁豫皖边区特委努力发展在共产党领导下的、各党派参加的统一战线组织。总动委成立之后，苏鲁豫皖边区各县也相继成立了动委会。第五战区 4 省结合部 20 多个县的动委会指导员，绝大部分由共产党员或倾向共产党的进步人士担任。中共苏鲁豫皖边区特委起草公布了各级动委会组织条例，规定各级动委会是动员民众抗日的领导机构，应动员民众抗日，组织民众抗日团体，武装工人、农民，肃清汉奸。在动委会这个半政权性质的群众组织领导下，第五战区职工联合会，枣庄、贾汪、烈山3个煤矿的职工联合会、青年救国会、妇女救国会、儿童救国团等各种抗日组织如雨后春笋般涌现，为台儿庄大战的胜利奠定了群众基础。在郭子化的努力下，第五战区总动委秘书长刘汉川、组织部部长夏次叔、青年训练班班主任雷宾南、战勤处处长李明扬，以及临沂专员张里元、丰县县长董玉珏、沛县县长冯子固、铜山县县长曹寅甫等人，都积极拥护共产党合作抗战的主张，支持总动委的工作，成为4省边区抗日武装队伍发展壮大及台儿庄大战胜利的政治和社会保障。

中共苏鲁豫皖边区特委于1937年9月，发展了边区共产党组织领导的第一个秘密抗日武装。中共苏鲁豫皖边区特委迁入抱犊崮山区之后，建立"广德堂"药店，以它为掩护，开展统一战线工作。当地的"山大王"万春圃成为郭子化的朋友。临沂专员兼保安司令张里元调万春圃商议恢复联庄会的事情，万春圃请示郭子化。郭子化当即决定万春圃应召进城，并要万春圃答应张里元，完全负责在最短时期内恢复临沂、费县、峄县、滕县4县联庄会。之后，4县联庄会武装几乎全部为共产党所掌握，成为后来创造抱犊崮山区抗日根据地的基础。万春圃和他的儿子万国华先后加入了共产党。1938年3月18日，在枣庄和峄县相继沦陷之后，以峄县联庄会军政教官身份做统战工作的共产党员郭致远，向国民党军第四十军军机处处长要来57支步枪、3万发子弹，武装起部分党员、群众和由枣庄进入山区的中兴煤矿公司工人、学生，正式拉起一支五六十人的抗日武装队伍。

中共苏鲁豫皖边区特委委员张光中一直做临城、沛县两地党的工作。1938年3月初，郭子化、张光中通过统一战线关系，从第五战区徐州专员兼战勤处处长李明扬处取得"第五战区游击总指挥部人民抗日义勇队"的番号。李明扬委托张光中为队长，在沛县、滕县、峄县地区发展人民抗日武装，建立起苏鲁人民抗日义勇总队。

记述大革命的著作《在大革命的洪流中》的作者朱道南曾参加过广州起义，与党组织失掉联系之后，返回故乡峄县邹坞区北于村，不久担任了峄县教育局的视学，与中共苏鲁豫皖边区特委领导下的鲁南中心县委接上了组织关系。朱道南善于开展社会工作，利用经常去各学校督促和检查工作的机会，团结了一批人才。当时，亲日的山东省政府主席韩复榘利用梁漱溟成立的乡村建设研究院培训出来的人员担任校长和教员，在鲁南地区搞乡农学校的试验。这种乡农学校在地方上，将行政、文教、财政、司法、军事等各方面的权力都集中到自己手里。朱道南意识到，如果让乡农学校发展起来，乡村地主豪绅的武装必然进一步发展，并走向反动。于是，他组织群众，对暗中准备搞"维持会"、迎接日军到来的邹坞乡农学校校长王汉卿坚决打击。朱道南于1937年秋组织邹坞暴动，击毙了王汉卿，并大造舆论，令峄县县政府不敢下乡"清剿"。峄县教育局吓得决定散伙，每人发了200元的逃亡费。朱道南领到200元逃亡费后，把参加暴动的人员集合起来，以邹坞联庄会成员为骨干，拉起了一支60人的抗日队伍。

滕县沙沟镇曙光小学校长董一博也是与党组织失去联系的共产党员。他与曾任东北军炮兵旅旅长的胞兄董尧卿在七七事变之后，主动与阎锡山部原师长、滕县滕文中学校长杨士元，及曾任福建镇守使的孔昭同联络，共商筹建武装，抗击日本侵略，于1937年10月从韩复榘那里要来番号，并经第五战区批准，拉起一支抗日队伍——鲁南民众抗敌自卫军。司令部设在枣庄，下设政训处、参谋处、招编处、军需处。同年11月，朱道南领导的抗敌自卫团加入自卫军。两三个月时间，鲁南民众抗敌自卫军就扩展到 300 多人；其中，青年学生 200 多人，枣庄煤矿工人、农民、市民 100 多人；编为 3 个旅、1 个特务营。董尧卿任第二旅旅长。自卫军在中兴煤矿公司办公大楼前誓师抗日。董一博、董尧卿兄弟在枣庄期间与中共苏鲁豫皖边区特委接上了关系，双双加入了中国共产党。滕县保卫战打响之后，自卫军司令杨士元逃往大后方。这支队伍由董尧卿带领，成为中共苏鲁豫皖特委领导下的抗日队伍。许多共产党员在其中工作。

在滕东地区活动的共产党员李乐平、王佑池、梁玉柏和中共山东省委派到邹县滕县一带活动的王见新，以及由徐州平津同学会派来的于公等人，在组织农会的基础上，以善固为基地，举办了农民抗日救国训练班，1938 年 3 月，在训练班的基础上组织起一支 40 多人的农民抗日武装，很快发展到 150 多人。

在台儿庄会战和徐州会战期间，中共苏鲁豫皖边区特委所属的各地党组织和抗日武装、抗日团体，都为支援、配合会战做了大量工作。在台儿庄战役的中心战场苏鲁边一带，中共苏鲁豫皖边区特委委员张光中领导的沛县人民抗日义勇队 3 次袭击津浦铁路临城（今薛城）的日军，烧毁临城火车站，破毁铁路 0.5 公里，毙敌 10 人；1938 年 3 月中旬和 4 月，朱道南领导的峄县人民抗日武装先后在邹县城前和临枣支线打击日军；4 月，滕县人民抗日义勇队在滕县岗头山前的公路上伏击了日军运输车队；3 月中旬，日军进犯枣庄时，董尧卿、董一博率抗敌自卫军配合国民党军第四十军阻击敌人；5 月，台儿庄会战后，为了破坏日军向西转移、再犯徐州的行动，抗日义勇队于夜间破袭了临枣铁路和公路，白天在邹坞附近的公路北侧，伏击敌人的辎重部队，毙敌数人，缴获满载军用品的辎重车两辆。

台儿庄会战期间，共产党领导的抗日团体也积极支援、配合中国军队作战。枣庄职工抗日救国会负责人张福林接到郭子化"破坏敌人运输"

的指示后，动员了数百名工人，将临枣、台枣、台赵铁路 100 多公里的大部分路段破坏；邳县青年救国团组成有 1000 副担架的担架队，在敌机不断轰炸的情况下，在炮火中沿运河两岸抢救伤员；青年救国团还在各交通要道设立了战地服务团或民众联合办事处，负责接待过往的中国军队，为军队提供向导；在陇海铁路的运河车站、赵墩车站上，设有儿童服务队，给过往的中国军队送茶水；靠近前线的车辐山车站战地安慰所，为中国军队传送信件，提供临时休息场所。邳县青年救国团的支前工作受到了中国军队的称赞。邳县青年救国团还组织了 2000 辆小车，乘夜深入敌后，用驴驮、担挑、车推的办法，抢运富户逃难后丢下的粮食支援前线、救济难民。运粮队伍在敌机轮番扫射、运河各渡口被封锁的情况下，夜以继日地抢渡运河，有的人受伤，有的人献出宝贵生命。连续抢运 10 多个昼夜，运送粮食数十万斤，有力地支援了台儿庄大战。

　　1938 年 5 月 16 日，中国军队撤离徐州，中共苏鲁豫皖边区特委机关也由徐州再次转移到枣庄北部的抱犊崮山区。5 月 21 日，中共苏鲁豫皖边区特委在今枣庄市山亭区西集镇老古泉村召开扩大会议，决定成立苏鲁人民抗日义勇总队，特委委员张光中任总队长，特委委员何一萍任政委。总队下辖 3 个大队和 1 个警卫连，沛县及临城的抗日武装（原为沛县人民抗日义勇队）编为第一大队，滕县人民抗日义勇队编为第二大队，峄县人民抗日义勇队编为第三大队。总队机关设秘书处、副官处、军需处、军医处。董尧卿、董一博率领的鲁南民众抗敌自卫军仍然沿用原有番号。同年 6 月 11 日，中共徐西北区委在丰县创建人民抗日义勇队第二总队，直辖中共苏鲁豫皖边区特委，原苏鲁人民抗日义勇总队改称人民抗日义勇队第一总队。

　　中共苏鲁豫皖边区特委领导的 3 支抗日武装，在其后的抗敌反顽斗争中发挥了重要作用。1938 年 8 月，中共苏鲁豫皖边区特委划归苏鲁豫皖边区省委，后划归山东省委。1938 年 12 月，八路军第一一五师三四三旅进入苏鲁交界的微山湖西地区，在当地党组织和抗日义勇队第二总队的配合下，迅速打开了湖西抗战的新局面，队伍由 1700 余人扩大到近万人。1939 年 3 月，第一一五师代理师长陈光、政委罗荣桓率东进支队进入鲁西，于 9 月初进入抱犊崮山区，与苏鲁人民抗日义勇队第一总队会师。此后，苏鲁人民抗日义勇队第一总队改编为苏鲁支队，划归第一一五师建制。

原苏鲁人民抗日义勇军枣庄情报站的两名骨干——洪振海和王志胜，利用扒火车缴获的两挺机关枪和数支长、短枪组织起 10 余人的枣庄铁道队。苏鲁支队成立后，鲁南铁道队在小陈庄正式建立，洪振海为队长，杜季伟为政委，王志胜为副队长。鲁南铁道队隶属于张光中任支队长的八路军第一一五师苏鲁支队。

董尧卿带领的队伍后来编入开明士绅孔昭同的队伍共同抗日，数千兵力一直战斗在抱犊崮西北的滕县、邹县、泗水、费县之间。1939 年 9 月，孔昭同面对国民党顽固势力的种种威胁，派自己的秘书和旅长董尧卿联络八路军第一一五师，请求第一一五师派出干部到自卫军工作，随即向罗荣桓和陈光提出立即编入八路军的请求。1940 年 2 月，孔昭同、董尧卿部正式改编为八路军第一一五师曲泗邹滕费游击支队。孔昭同任支队司令员。朱德总司令亲自签发了孔昭同的任命书。

朱道南创建的抗日自卫团先加入鲁南人民抗日自卫军，后编入苏鲁人民抗日义勇总队第三大队。在艰苦的战斗中，朱道南带领的队伍进入峄县南部，团结地方武装孙伯龙、邵剑秋部共同抗日。一次对日寇的伏击战斗中，全歼日军小分队 22 人，在运河两岸开创了全歼日军的范例。队伍发展到 400 多人，直属中共峄县县委领导。1939 年年底，第一一五师决定将活跃于运河南北两岸的，以孙伯龙部、胡大勋部为主体的抗日队伍合编为八路军第一一五师运河支队，孙佰龙为支队长，朱道南为政委。

由万春圃、万国华父子掌握的原临沂、峄县、费县、滕县边区联庄会武装，也于 1941 年编入八路军第一一五师。

至此，原来由中共苏鲁豫皖边区特委建立、发展起来的抗日武装先后并入八路军第一一五师，在 8 年抗日战争中做出了杰出的贡献，特别是鲁南铁道大队——铁道游击队扒火车、杀鬼子的传奇故事在中国家喻户晓。

二、淞沪会战·徐州大会战·中兴煤矿公司炸船封港，抵御日寇

1937 年 8 月 13 日，淞沪会战爆发。刚刚成立的中兴轮船公司奉中兴总公司之命，在上海港炸沉两艘轮船以阻止日军登陆。1938 年 3 月，为阻滞日军从连云港登陆，驰援徐州会战，中兴煤矿公司命令中兴轮船公司炸沉"中兴"号大轮，并炸毁连云港煤码头，为台儿庄大战的胜利做出了特殊的贡献。①

从 1878 年枣庄当地士绅金铭、李朝相受洋务运动影响创办股份制砂石大窑，在此基础上产生峄县中兴矿局算起，以维护国家利权、反抗

---

① 关于这两次炸船和毁港，李修杰、苏任山所著《枣庄煤矿工运史》一书记载："在上海淞沪抗战和和台儿庄会战期间，中兴资方代表人物在各阶层人民尤其是本矿工人抗日救亡爱国热情的鼓舞下，还指示中兴煤矿公司的'子公司'——中兴轮船公司拨出三艘轮船先后在上海及连云港沉船封港，以延缓日寇登陆时间，阻止其对战场的供给和补充。"
　另据转抄自连云港史志办的上海海运局档案科资料《中兴轮船公司情况》："抗战胜利后，将国民党政府凿沉之中兴、大宝、盖苏三轮赔偿价美金卅万元，全部投入复业。"
　再据连云港港史编写组摘自陇海局的档案《本局 1938 年处置轮船破坏连云港码头办法来往函电》，一共 12 只轮船沉没：招商 1 只，东川 3 只小轮，铁驳荷兰 6 只，大轮中兴 1 只，陇海 4 只。

外来侵略、复兴中华为使命的中兴煤矿公司，几落几起，百折不挠地走过了 60 年岁月，最终以自我毁灭的炸船封港反击了日本帝国主义。

刚刚组建的中兴煤矿公司的子公司——中兴轮船公司为抗击日寇流淌出鲜血，流淌出泪水，流淌出中华民族生生不息的生命光辉。

1938 年 2 月，枣庄沦陷之前，台儿庄大战爆发在即。中兴煤矿公司做好了毁灭的准备，遣散了全部外工和 1200 多名职员，拆除电机厂和煤矿重要设备，与存煤一起向后方转运。

1938 年 3 月 17 日，枣庄沦陷。

1938 年 4 月 29 日，中兴煤矿公司董事会在汉口开会，"一致主张坚决反抗，决不与日伪合作"。[①] 此时的公司董事长是叶景葵。叶景葵是杭州人。其岳父朱钟琪与张莲芬同为浙江余杭人，在中兴煤矿公司创办初期，以山东商务局道员鼎力襄助，同张莲芬患难与共。叶景葵也是一位极有民族气节的志士。1905 年，叶景葵任盛京将军赵尔巽的财政总局会办时，主动为浙路公司在东三省招募股资 11 万元；在为浙路公司融资的浙江兴业银行创办时，自认股份 5000 元；浙江的沪杭甬铁路成为收回路权运动中最为成功的商办铁路，叶景葵也贡献了一份力量。1907 年夏，叶景葵交卸东北财政事务之后，曾在济南拜访中兴煤矿公司总办张莲芬，询问应该何去何从。张莲芬对他说："专营则精，兼务则废，前途正宜自决。"[②] 叶景葵随后开始关注浙江兴业银行，并于 1909 年任浙江兴业银行汉口分行总理；1911 年，因署理大清银行监督，辞去浙江兴业银行汉口分行总理一职；随即，因武昌革命而去职，于 1912 年在中兴煤矿公司担任查账员（即后来的监察人）；1915 年起，担任浙江兴业银行董事长。叶景葵担任浙江兴业银行董事长之

---

① 《中兴公司节略》，中兴公司档案，1928 年。

② 《叶揆初传略》，载《上海文史资料存稿汇编》。

后施行一系列改革措施，使浙江兴业银行成为除中国银行、交通银行之外存款额最大的银行。在浙江兴业银行董事长任上，叶景葵坚持该行宗旨，强调服务于民族工商实业的振兴，对民族工商实业的贷款压低利率。先后有 600 余家民族工商实业得到浙江兴业银行的放款，其中 20 家临危得到解救。张謇的大生纱厂、范旭东创办的永利制碱公司、荣宗敬的荣氏企业、中兴煤矿公司等多家国内著名民族工业企业，都因得到浙江兴业银行的放款而不断发展。1927 年之后，浙江兴业银行因抗拒蒋介石摊派垫款，指责国民党实行掠夺人民的法币政策，抨击国民党政权的舞弊、腐败而受制于蒋介石政权，业务开始衰落。1934 年，朱启钤因忙于中国营造学社的工作辞去中兴煤矿公司董事长，叶景葵这位中兴煤矿公司的老股东，被推选为中兴煤矿公司新一任董事长。[1] 因总经理钱新之在财界兼职过多，中兴煤矿公司这一时期实际上是董事长负责制。1934 年、1935 年、1936 年，中兴煤矿公司先后建成连云港码头、台赵铁路、中兴轮船公司，叶景葵可谓功勋卓著。七七事变后，日本军部曾就"与中兴公司合作事"派员"欲与叶（景葵）商谈，叶不允"。[2]

1938 年 5 月 18 日，伪华北临时政府实业部函寄中兴煤矿公司董事会，"查询本矿状况，要求填表登记，本公司均不答复"。[3]

1938 年 6 月 25 日，伪实业部向中兴煤矿公司董事会发出通告：

> 为通告事，查该公司所有矿区，自事变后，即由日本军部管理经营，兹拟将该矿本中日经济合作之原则改组合办。所有该公司财产依照现值公开估价。限于（民国）二十九年（1940 年）三月十

---

① 《第二十八次股东会纪要》，中兴公司档案，1934 年。

② 《叶揆初传略》，载《上海文史资料存稿汇编》。

③ 《中兴公司节略》，中兴公司档案，1938 年。

日为止，派负责人员来京接洽，逾期不到，即由政府酌量处置，随后将处置办法，另饬知照，幸勿观望延误，是为切要。除登报外，特此通告。①

中兴煤矿公司接到通告后，"仍依原定方针决不与日伪组织有所交涉，亦不与日伪组织通函，始终置之不理"。②

1934年卸任中兴煤矿公司董事长的朱启钤，此后担任中兴煤矿公司董事、监察人，中兴轮船公司常务董事，一直是中兴煤矿公司核心圈的人物。朱启钤强烈的爱国心不仅表现在他从政和创办实业的经历中，尤其表现在他对中国传统建筑艺术的抢救、保护、传承和弘扬之中。中国传统建筑艺术博大精深、巧夺天工，但是由于传统文化重诗文书画，轻技术工艺，所以，传承建筑艺术的著述极少。1919年，朱启钤偶然发现了一本记述宋代建筑技术的《营造法式》，立即核勘影抄，并自费雕版刊行《营造法式》。随着汉晋木简、敦煌文物大量流到海外，到20世纪二三十年代，国外（特别是日本）汉学研究有了相当的发展，甚至有凌驾于中国之上的趋势。朱启钤感慨万千，毅然自筹经费，创建中国营造学社，从事中国古建筑研究，争取主导国际汉学研究。朱启钤于1925年开始筹办中国营造学社。1930年，中国营造学社在他的寓所——北平（今北京）宝珠子胡同正式成立，梁思成担任法式部主任，刘敦桢担纲文献部。他们运用近代科学的勘查、测量、制图技术，以及比较、分析的方法，对中国建筑方面的古籍文献进行了研究、整理。《清式营造则例》《工程做法则例》《文渊阁藏书全景》《明代营造大事年表》等等，对中国古建筑研究做出了不可磨灭的贡献，开创了中国建筑学

---

① 《中兴公司节略》，中兴公司档案，1938年。
② 《中兴公司节略》，中兴公司档案，1938年。

先河。

除古代建筑外，朱启钤对中国工艺美术史的研究也做出独到贡献，他的《丝绣笔记》卷上有《汉晋唐外国之丝绣》《织金工出自西域》《唐时云南之绫罗》《贵州之绒锦及诸葛锦》……由他的这些著述，可以看到他对民族艺术的热爱、对祖国文化的挚爱。朱启钤的爱国情怀体现于他一生的足迹中。

1931 年九一八事变后，日本占领东北。朱启钤托其盟弟荣叔章，以伪满名义宣布在东北的清朝内府刻丝绣品为国宝，并印巨册《纂组英华》，使这批宝贵的文物未被劫往日本。1937 年七七事变后，"日伪组织一直多方威胁利诱，企图逼（朱）启钤就范。初时汉奸江朝宗组织北平治安维持会，兼任委员长，要启钤参加，启钤拒不参与列名"。①1938 年，"汉奸王克敏组织北平临时政府，王与潘毓桂等又逼启钤参加，启钤以正在编纂《贵州碑传集》为辞一再拒绝。日伪不满，又以赵堂子胡同为警备地区为由，强令启钤搬家，启钤被逼迁往北总布胡同。此后亦不断受到种种无理威逼，启钤亦以称病，预立遗嘱，分配遗产等多种办法，与日伪周旋，始终未与敌伪政权同流合污，表现了崇高的民族气节"。②

曾在 1916 年第六次股东大会上被推举为中兴煤矿公司董事长的民国前总统徐世昌，于七七事变后即闭门谢客。华北沦陷后，日本曾计划由徐世昌出面组织伪华北政权。日军师团长板垣征四郎及特务头子土肥原贤二约徐世昌定期会见，但徐世昌均托病未见。最后，日本派徐世昌的得意门生金梁等人前往游说，动员徐世昌权作过渡，然后迎伪满州国

① 《朱启钤先生年表简编》，载启功主编：《朱启钤学研讨会论文集·冉冉流芳惊绝百代》，贵州人民出版社 2005 年版。

② 《朱启钤先生年表简编》，载启功主编：《朱启钤学研讨会论文集·冉冉流芳惊绝百代》，贵州人民出版社 2005 年版。

皇帝溥仪到北京"正位"，亦遭到徐世昌的严词拒绝。①1939年，徐世昌所患膀胱炎日趋严重。北平协和医院的泌尿科专家谢元甫来天津为他诊断后，决定动手术。但天津各医院设备较差，需要到北平住院治疗。徐世昌担心到北平后会遭到日本人劫持，坚持不去北平，最后病情恶化，于6月6日病故，终年85岁。香港《大公报》于次日发表了题为《徐世昌死矣》的评论，肯定徐世昌的晚节。6月8日，国民政府主席林森下令褒奖：

徐世昌，国立耆宿，望重群伦。比年息影津门，伏游道素。寇陷华北，屡思威胁利诱，逞厥阴谋，独能不屈不挠，凛然自守，高风亮节，有识同钦……②

发动了震惊中外的西安事变的中兴煤矿公司董事、民族英雄张学良，更是中兴煤矿公司的骄傲！

整个抗日战争期间，中兴煤矿公司高管无一人为日伪所利诱。

据数十年任中兴煤矿公司董事的张叔诚回忆：七七事变后，"当时的董事会长叶景葵、总经理钱新之均在上海，后去香港转往重庆；常务董事兼驻矿委员张叔诚逃回天津；董事兼驻矿委员黎绍基避居上海。日本人侵占（枣庄）矿区，有意与该矿主持人进行所谓经济合作，曾由日本兴亚院头子盐泽清宣和日本特务机关长喜多诚一出面，托大汉奸王荫泰（王当时是伪华北政务委员会实业总署督办）三次向张叔诚磋商，劝诱张出来与他们合作。张不为所动，避居天津英租界，托病拒绝其要

---

① 《徐世昌·因膀胱炎而病逝的文治总统》，载周秀明、王莹编：《八大总统的最后结局·总统的无奈》，华文出版社2006年版，第303页。

② 《徐世昌·因膀胱炎而病逝的文治总统》，载周秀明、王莹编：《八大总统的最后结局·总统的无奈》，华文出版社2006年版，第303页。

求，未与合作"。①

1937 年淞沪会战和 1938 年台儿庄大战期间，中兴煤矿公司毅然炸船封港以延迟日寇登陆，绝非偶然！在 8 年抗战中，中兴煤矿公司职员、工人、学生的抗日斗争成为鲁南人民抗日斗争的重要组成部分。

1938 年 5 月正式成立的苏鲁人民抗日义勇总队总人数达 600 余人，其中第三大队有 260 余人，人数最众，枪支最多，力量最强。第三大队主要由两部分组成：一部分是朱道南在发动邹坞暴动后拉起的队伍。另外一部分，是在抱犊崮山区以开药店行医为掩护，并担任为中共苏鲁豫皖边区特委所掌握的包括峄县在内的四县联庄会军政教官的郭致远拉起来的一支队伍。台儿庄战役中，国民党军第四十军庞炳勋部驻扎在抱犊崮，郭致远为其治好了病，交上朋友。庞炳勋部撤退时，欲炸毁抱犊崮黄龙洞内的武器弹药。郭致远在此之前向其要出 57 支枪、3 万发子弹，把部分农民党员和枣庄沦陷后撤退到山里的工人、学生、市民武装起来。这支队伍的主体就是中兴煤矿公司的工人和学生，其中包括矿警队队员。中兴煤矿公司的工人和学生在苏鲁人民抗日义勇总队第三大队成为骨干力量，第三大队副教导员张洪仪，中队指导员李作森、杜继贤等人都是中兴中学的学生党员。

除苏鲁人民抗日义勇总队第三大队之外，以共产党员董一博、董尧卿的队伍为骨干的鲁南抗日民众自卫军于 1937 年 10 月进驻枣庄招兵扩军时，市民、工人、学生积极报名参军。两三个月的时间，自卫军就编为 3 个旅、1 个特务营。中兴中学的学生党员和进步学生 20 多人被中共苏鲁豫皖边区特委派进这支队伍后，进入政训处工作，对改造这支

---

① 张叔诚、谈在唐：《中兴公司经营始末》，载枣庄市政协文史资料第 19 辑《中兴风雨》，第 7 页。

伍起到重要作用。

中兴煤矿公司的学校能为国家、民族培养出一大批人才，与中共苏鲁豫皖边区特委的工作是分不开的。早在 1936 年，中兴煤矿公司枣庄火车站副站长高利民就在自己家中办起了读书会，吸引中兴煤矿公司学校的学生前去阅读进步书籍，如翻译小说《铁流》《母亲》《表》等等，还有介绍东北抗联斗争生活的书——萧军的《八月的乡村》，引起了学生们对抗日救亡运动的极大关注。高利民还系统地给读书会的学生们讲授艾思奇的《通俗哲学讲话》、狄超白的《通俗经济学讲话》，以及科学社会主义基础知识，使学生们熟悉了马克思、恩格斯、列宁、斯大林，了解了苏联、苏维埃、无产阶级革命和社会主义社会，引导学生们结合在读书会中学到的知识去认识社会现实问题。

1936 年西安事变爆发，迫使每一个中国人对国民党"攘外必先安内"的政策表明态度：是立即发动抵抗日寇的抗日战争，还是先打内战？张学良、杨虎城是坚决主张抗日的大无畏的英雄，还是叛将？这些问题，在中兴中学的青年学生中争论得尤为激烈。西安事变和平解决之后，很多人大惑不解。中兴职业中学工科高二年级学生、共产党员张洪仪把读书会的活动引入学校内，向同学们积极宣传共产党建立抗日民族统一战线的主张，组织同学们阅读进步书籍，出班级壁报，宣传全民抗战，并通过组织篮球队，锻炼身体，联络感情，做了大量宣传工作，发展了共产党的组织。中兴职业中学校方鉴于学生们的抗日激情，组织了一次全校班级间的辩论会，题目就是：现阶段是否应该发动抗日战争。辩论结果是，主张立即发动抗日战争的一方大获全胜，获得了校方颁发的优胜锦旗。

七七事变爆发后，中共地下党负责人联络组织了枣庄各界抗敌后援会，组织中兴职业中学和中兴中学的进步学生成立起抗日宣传队。抗日宣传队以中兴职业中学读书会发起人张洪仪为队长，在各小学、集市、附近农村进行宣传活动，教唱革命歌曲，报道战场形势，讲述日寇侵略罪行；并利用学校的铅字印刷机，在中兴煤矿公司同仁宿舍办起《抗敌报》，广为散发传播。抗日宣传队着重宣传，日本帝国主义发动的侵略战争有使中国变为日本殖民地的危险；宣讲日本在东北、华北的暴行；宣讲东三省人民成为亡国奴的悲惨境况；宣传中共提出的各民族、各阶级团结抗战的总任务，以及"有钱出钱，有力出力"的全民族抗战总方针；宣讲国共两党、两军抗战的成绩，反对投降妥协和叛国投敌，反对国际绥靖派的妥协阴谋活动。1938年年初，日寇沿津浦铁路南下，战线推进到兖州。第五战区陆军第二十二集团军配属的四川旅沪同乡会战地服务团的宣传队进驻枣庄，与中共苏鲁豫皖边区特委领导下的鲁南中心县委接上关系。中共鲁南中心县委决定，在党领导下的中兴煤矿公司的进步工人、学生、职员及全体抗日宣传队队员，参加旅沪同乡会战地服务团的宣传队和医疗队，一方面进行战地救助，一方面以战地服务团的名义，更活跃地进行抗战宣传。1938年一二月间，筹备召开了一次两万多人参加的群众抗日集会，会后进行了声势浩大的示威游行。

这一系列抗日宣传活动使枣庄成为一片抗日的热土，使民众抗日的热潮转化为抗击日寇侵略的具体行动。在战线逼近、枣庄即将沦为敌占区之际，中共及时组织抗日义勇军在敌后战斗。参加战地宣传队、医疗队的绝大多数队员转入枣庄北部的抱犊崮山区，参加了抗日义勇军，后来随抗日义勇军编入八路军野战部队序列。在党的培养、教育下，有的同志为中华民族的解放献出了生命，更多的队员成长为党和国家在各条战线上的领导干部。

不能不指出的是，中兴煤矿公司的学校能走出一大批抗日战士和中国革命、建设事业的栋梁人才，与中兴煤矿公司的创建者重视文化教育事业、注重提高职工文化素养是分不开的。从1923年开始，中兴煤矿公司先后办了6所学校，分别是1924年开办的中兴小学、1930年开办的陶庄中兴塾小学、1934年开办的台儿庄分厂小学、1930年开办的中兴中学、1936年开办的职业中学和工人补习学校。

1923年，中兴煤矿公司驻矿经理戴绪万首倡以矿场闲房设立小学。中兴煤矿公司总经理朱启钤也深感办学乃当务之急，遂决定以职工花红提存的同仁公益基金的利息为办学的常年经费，以中兴煤矿公司创办之初的驻矿管理人员方伯超为中兴小学筹备处主任，并组织了保管同仁公益基金董事会，朱启钤亲任会长。中兴小学于1924年落成，首批学生107人，分为3个年级、5个班，专职教师有8人；到1936年，发展到18个班、912人。中兴小学顽强生存了23个春秋，形成了一套完善的组织系统和教育模式。校务会议是最高权力机关。学校对师资的要求十分严格，教小学者必须是师范专业毕业。办学之初，教师大多来自南京女子师范；20世纪30年代，教师大多是天津南开大学和天津女子师范专科学校的毕业生。教师待遇从优，月平均工资在50元以上，为公司一般职工的两倍。学校不收学费，不收书籍费，品学兼优者享受助学金待遇。工人子弟和军警子女占生源的70%。

在教学上，学校注重学生自己计划与研究，教师多处于辅导地位。学校重视对成绩的考查并相应制定了一系列促进提高学习效能的办法，把平时练习与临时测验、学期测验、阶段测验等结合起来，考查学生的成绩，并举行各项竞赛会，表彰成绩优异者。为了减少学生学习的困难，学校专门设立了10个研究组，诸如：怎样指导初入学的儿童，怎样增进儿童对算术课的兴趣，怎样设立博物馆等等。

学校特别注重学生的体能和德育教育。检查学生体格、检查清洁状况、预防疾病、分配运动等，都成为经常性的制度。课外活动特别丰富，有休闲作业、各种比赛、自治练习、康乐活动、整洁活动等。内容包括各种集会、勤勉比赛、周刊比赛、轮值纠察、救护伤病、管理图书、揭示新闻、管理农场、举办学级演讲、收集救国储金、球类比赛、田径运动等等，旨在提高学生的社会适应性。在道德教育方面，学校以"发扬中国固有道德"为宗旨，努力使学生养成知廉耻的观念、亲善精诚的美德、节俭劳动的习惯、生产合作的智能、奉公守法的理念、爱国爱群的思想。为此，学校成立了训育组织，制定了中心训练、常规训练、特殊训练等切实可行的措施，并以恳亲会的形式向家长通报学生的情况。

中学和职业中学的教学，更加注重学生的自动学习、思考、实验、实习。训育方面，学校以训育、教育合一，师生共同生活，主严肃、排放任，尚开导、去压制，重积极、轻消极为实施原则。"以思想科学化和革命化，行为团体化和积极化，生活平民化为实施水准，采取团体训练、个别训练、家庭训练等方式。"[1] 从这样的学校走出来的学生，在拯救国家命运的抗日战争中，怎么可能不走上战场，杀敌报国！从这样的学校走出来的学生，更有可能成为国家栋梁之才。中兴煤矿公司能以这样的原则兴办学校，是公司自1899年创办以后反抗外来侵略、维护国家利权的办矿宗旨所决定的，是自1878年中兴矿局创办以后富国强民、复兴中华的梦想所决定的，是60年间一代代中兴人的坚持、坚守和奋斗所决定的。

1938年3月，在连云港炸沉的是"中兴"号大轮。

中兴，寓意中兴煤矿公司的兴旺发达。"中兴"号大轮被炸，是中兴人为中华民族的生存和复兴做出的抉择。

中兴，从这个名称被使用的那一天起，就寓意着中华民族的复兴。

---

[1]　张道兴、宋学红:《中兴办学记》，载枣庄市政协文史资料第19辑《中兴风雨》，第179页。

自鸦片战争爆发 100 多年来，无数先烈就像"中兴"号大轮一样，以他们的血肉之躯投入挽救民族危亡的伟大斗争，为中华民族的伟大复兴流尽了最后一滴血。

中兴轮船公司"中兴三号"轮

尾　声

　　1949 年国共和谈时，章士钊以李宗仁政府和谈代表的身份参加会议。周恩来一见到章士钊便问道："行老先生，你我的老朋友朱（启钤）先生现在哪里？情形怎样？没去台湾吧？"[①]章士钊将朱启钤在上海的处境如实告诉了周恩来。周恩来马上授意章士钊写信给朱启钤，要他留在大陆。章士钊立即写好了信，周恩来交由著名演员金山派人设法送往上海。第一封信因送信人途中牺牲未能送到。朱启钤只收到了第二封信。看到周恩来充满真切情意的来信，朱启钤全家毅然留在了上海。上海解放后，周恩来又派朱启钤的外孙章文晋将朱启钤全家接到北京。朱启钤到北京后，对新中国充满了热情。作为原中兴煤矿公司的董事长，他与常务董事张叔诚、黎绍基、周叔廉等人商量后，决定把滞留香港的中兴轮船公司的轮船召回内地支援国家建设。1951 年 4 月，中兴轮船公司的 18 条轮船从香港启程开赴天津港，成为新中国航运事业的基础。

　　中兴，中兴，中兴，
　　中华民族百年追梦！

---

① 　张宗高：《周恩来与朱启钤的一段交往》，《党史文汇》1997 年第 4 期。

后　记

　　从 1973 年到 1984 年，我在枣庄矿务局机关工作 11 年之久，其中 9 年时间做宣传工作，却对枣庄矿务局的前身——中兴煤矿公司的事迹知之甚少。那个年代，对涉及资本家的事情是讳莫如深的。

　　1987 年秋季的一天，我巧遇枣庄矿务局史志办主任王作贤先生。他兴奋地把尚未付印的一摞枣庄矿务局志清样本交给我，告诉我中兴煤矿公司的事情值得好好写一写。那时候，我请求调离枣庄市委研究室到了枣庄日报社。用手中的笔反映改革开放的伟大时代，是我的夙愿。

　　2002 年冬季的一个周末，我接到枣庄电视台台长程伟先生的电话，说枣庄市委宣传部要求枣庄电视台做一部外宣纪录片精品，希望我能提出一个选题来。我说，就做关于中兴煤矿公司的吧。几经讨论，这个纪录片的脚本就交由我和女儿来完成。枣庄煤矿工会的秦绪彦先生带我们到新中兴公司宣传科，借来了枣庄煤矿史志办工作人员抄写的中兴煤矿公司档案文牍。我们被这些文牍中记载的内容感动了，中兴煤矿公司一代代创业者强烈真挚的爱国情怀和艰苦卓绝的奋斗精神深深地打动了我们。沿着这些文牍提供的线索，我们又到枣庄矿业集团档案馆查阅了大量的原始档案。2003 年春，4 集电视纪录片文本《中兴之梦》完成，但是因为非典，纪录片最终未能投拍，文本在《枣庄日报》以整版篇幅发表。

此后，我在工作之余便投入对中兴煤矿公司题材纪实文学的创作。但是，由于对晚清、民国的历史和社会文化背景，对中兴煤矿公司人物、事件涉及的当时的情境十分生疏，加之中兴煤矿公司档案中出现的人物、事件往往只是一个人名、一句话，很难连缀起故事情节，所以，在写了约50万字的初稿之后，我萌生了进一步研究中兴煤矿公司的想法。枣庄市人大常委会副主任魏建国先生了解到我的创作情况后，与枣庄市财政局沟通，拨出两万元专款用于我对中兴煤矿公司的采访、研究工作。2007年，在枣庄市政协文史委和家人的支持下，我先后三次对中兴煤矿公司运营所涉及的地方进行实地考察，特别考察了运河、长江沿岸区域及先后作为中兴煤矿公司所在地的天津和上海。其间，得到了天津市政协文史委、上海市政协文史委、合肥市政协文史委，及淮安、镇江、无锡、常州、苏州、余杭等政协文史委的无私帮助，获得了一些与中兴煤矿公司相关事件、人物有关的宝贵资料。

2008年，我在退休之际加入由枣庄矿业集团新中兴公司发起成立的中兴历史文化研究会，作为研究会理事，我感到一种责任；2011年，在一次文化工作座谈会上，枣庄学院院长胡小林先生热情地邀约几位文化人为枣庄地方文化研究做些事情。这些都促使我更加自觉地投入对中兴煤矿公司文化的研究。

本书的写作过程中，两个女儿始终是我得力的支持者和好帮手，《百年追梦》的写作是我们母女的一次愉快合作。

没有前人所做的修史编志工作，就不会有《百年追梦》的创作；没有各个方面提供的支持和帮助，《百年追梦》可能还在艰难孕育的过程之中。感谢魏建国先生和枣庄市财政局提供的帮助，及由此带来的对我的巨大推动；感谢枣庄矿业集团档案馆馆长霍昱旋女士及各位工作人员，一次次不厌其烦地陪伴我们查阅原始档案；感谢新中兴公司宣传科

541

提供的帮助；感谢枣庄市委宣传部给予的关注和支持；感谢枣庄学院对本书出版的资助；感谢枣庄学院党委书记、中兴历史文化研究院名誉院长胡小林先生为本书作序；感谢全国政协委员、人民出版社社长黄书元先生对本书的热情关注。特别令我感动的是，已届90高龄的大诗人贺敬之老人，不弃后学浅陋，欣然为《百年追梦》题写了书名。

　　最后，向创造了中兴业绩的一代代中兴人表示最深切的敬意！

王庭芝

2016 年春

统　　筹：侯俊智　侯　春

责任编辑：侯　春

装帧设计：王春峥

图书在版编目（CIP）数据

百年追梦——基于文化视野对中兴煤矿公司的解读 / 王庭芝，王壮，王展 著.
　－北京：人民出版社，2016.4

ISBN 978 － 7 － 01 － 015821 － 1

I. ①百… 　II. ①王… 　②王… 　③王… 　III. ①中兴煤矿公司 － 工业史

　IV. ① F426.21

中国版本图书馆 CIP 数据核字（2016）第 026411 号

百年追梦

BAINIAN ZHUIMENG

——基于文化视野对中兴煤矿公司的解读

王庭芝　王　壮　王　展 著

人民出版社 出版发行

（100706　北京市东城区隆福寺街 99 号）

环球东方（北京）印务有限公司印刷　新华书店经销

2016 年 4 月第 1 版　2016 年 4 月北京第 1 次印刷

开本：710 毫米 × 1000 毫米 1/16　印张：34.75

字数：420 千字

ISBN 978 － 7 － 01 － 015821 － 1　定价：75.00 元

邮购地址 100706　北京市东城区隆福寺街 99 号

人民东方图书销售中心　电话：（010）65250042　65289539